2016 年

江苏省高等学校
社科统计资料汇编

本书课题组 编

东南大学出版社
SOUTHEAST UNIVERSITY PRESS
·南京·

图书在版编目(CIP)数据

2016年江苏省高等学校社科统计资料汇编 /《江苏省高等学校社科统计资料汇编》课题组编. —南京:东南大学出版社,2018.3

ISBN 978-7-5641-7677-8

Ⅰ.①2… Ⅱ.①江… Ⅲ.①高等学校—社会科学—科学研究—统计资料—汇编—江苏—2016 Ⅳ.①G644-66

中国版本图书馆CIP数据核字(2018)第056753号

2016年江苏省高等学校社科统计资料汇编

编　　者	本书课题组
出版发行	东南大学出版社
出 版 人	江建中
社　　址	南京市四牌楼2号
邮　　编	210096
印　　刷	虎彩印艺股份有限公司
开　　本	787 mm×1092 mm　1/16
印　　张	40.5
字　　数	983千字
版　　次	2018年3月第1版
印　　次	2018年3月第1次印刷
书　　号	ISBN 978-7-5641-7677-8
定　　价	108.00元

(本社图书若有印装质量问题,请直接与营销部联系。电话:025-83791830)

编委会名单

content 目录

八　社科研究、课题与成果(来源情况) ……………………………………………………… 349

一、编写说明

(一) 高等学校名称说明

本报告中的高校名称以2016年底的名称为准，报告编写完成时部分高校做了更名，在此做出说明：

1. 盐城卫生职业技术学院(高校代码：12682)已于2017年年初更名为江苏医药职业学院。
2. 江苏建康职业学院(高校代码：14255)已于2017年年初更名为江苏卫生健康职业学院。
3. 民办明达职业技术学院(高校代码：10826)已于2017年年初更名为明达职业技术学院。

(二) 指标说明

1. 社科人力：指高等学校职工中，在本年内从事大专以上人文社会科学教学、研究与咨询工作以及直接为教学、研究与咨询工作服务的教师和其他技术职务人员、辅助人员，按年末实有人数统计。(校机关行政人员、离退休人员和校外兼职人员不在统计范围内，本年度从事社科活动累计工作时间在一个月以上的外籍和高教系统以外的专家和访问学者只录入数据库，不在统计范围内。)

2. 社科研究与发展经费：用于统计本年度各个高校人文、社会科学R&D经费收入、支出和结余情况。

3. 社科研究与发展机构：用于统计经学校上级主管部门或非上级主管部门批准以及学校自建的人文、社会科学研究机构。

4. 社科研究、课题与成果：用于统计本年度列入学校上级主管部门、非上级主管部门和学校年度计划，以及虽未列入计划但通过签订协议、合同或计划任务书经学校社科研究管理部门确认并在当年开展活动的人文、社会科学各类研究课题。成果部分用于统计本年度人文、社科研究成果情况，包括立项和非立项研究成果。所有研究成果均由第一署名者单位(以成果的版权页为准)填报。

5. 社科研究、课题与成果(来源)：用于统计本年度列入学校上级主管部门、非上级主管部门和学校年度计划，以及虽未列入计划但通过签订协议、合同或计划任务书经学校社科研究管理部门确认并在当年开展活动的人文、社会科学各类研究课题的来源情况。成果部分用于统计本年度列入学校社科计划课题的研究成果来源情况，均由第一署名者单位(以成果的版权页为准)填报。

6. 社科研究成果获奖：用于统计本年度各个高校人文、社会科学立项和非立项研究成果获奖情况，只包括国家级、部级和省级奖。

7. 社科学术交流：用于统计本年度高校人文、社会科学学术交流情况。

8. 社科专利：用于统计本年度高校人文、社会科学专利情况。

二、参与统计的高等学校名单

1. 参与统计的公办本科高等学校名单

高校代码	高校名称	办学类型	办学层次	举办者	所在地
10284	南京大学	公办	本科	教育部	南京
10285	苏州大学	公办	本科	省教育厅	苏州
10286	东南大学	公办	本科	教育部	南京
10287	南京航空航天大学	公办	本科	工业与信息化部	南京
10288	南京理工大学	公办	本科	工业与信息化部	南京
10289	江苏科技大学	公办	本科	省教育厅	镇江
10290	中国矿业大学	公办	本科	教育部	徐州
10291	南京工业大学	公办	本科	省教育厅	南京
10292	常州大学	公办	本科	省教育厅	常州
10293	南京邮电大学	公办	本科	省教育厅	南京
10294	河海大学	公办	本科	教育部	南京
10295	江南大学	公办	本科	教育部	无锡
10298	南京林业大学	公办	本科	省教育厅	南京
10299	江苏大学	公办	本科	省教育厅	镇江
10300	南京信息工程大学	公办	本科	省教育厅	南京
10304	南通大学	公办	本科	省教育厅	南通
10305	盐城工学院	公办	本科	省教育厅	盐城
10307	南京农业大学	公办	本科	教育部	南京
10312	南京医科大学	公办	本科	省教育厅	南京
10313	徐州医学院	公办	本科	省教育厅	徐州
10315	南京中医药大学	公办	本科	省教育厅	南京
10316	中国药科大学	公办	本科	教育部	南京

续表

高校代码	高校名称	办学类型	办学层次	举办者	所在地
10319	南京师范大学	公办	本科	省教育厅	南京
10320	江苏师范大学	公办	本科	省教育厅	徐州
10323	淮阴师范学院	公办	本科	省教育厅	淮安
10324	盐城师范学院	公办	本科	省教育厅	盐城
10327	南京财经大学	公办	本科	省教育厅	南京
10329	江苏警官学院	公办	本科	省公安厅	南京
10330	南京体育学院	公办	本科	省体育局	南京
10331	南京艺术学院	公办	本科	省教育厅	南京
10332	苏州科技大学	公办	本科	省教育厅	苏州
10333	常熟理工学院	公办	本科	省教育厅	苏州
11049	淮阴工学院	公办	本科	省教育厅	淮安
11055	常州工学院	公办	本科	省教育厅	常州
11117	扬州大学	公办	本科	省教育厅	扬州
11276	南京工程学院	公办	本科	省教育厅	南京
11287	南京审计大学	公办	本科	省教育厅	南京
11460	南京晓庄学院	公办	本科	南京市政府	南京
11463	江苏理工学院	公办	本科	省教育厅	常州
11641	淮海工学院	公办	本科	省教育厅	连云港
11998	徐州工程学院	公办	本科	徐州市政府	徐州
12048	南京特殊教育师范学院	公办	本科	省教育厅	南京
12213	南京森林警察学院	公办	本科	国家林业局	南京
12917	泰州学院	公办	本科	泰州市政府	泰州
13573	金陵科技学院	公办	本科	南京市政府	南京
14436	江苏第二师范学院	公办	本科	省教育厅	南京

2. 参与统计的公办专科高等学校名单

高校代码	高校名称	办学类型	办学层次	举办者	所在地
00466	盐城幼儿师范高等专科学校	公办	专科	省教育厅	盐城
00583	苏州幼儿师范高等专科学校	公办	专科	省教育厅	苏州
10848	无锡职业技术学院	公办	专科	省教育厅	无锡
10849	江苏建筑职业技术学院	公办	专科	省教育厅	徐州
10850	南京工业职业技术学院	公办	专科	省教育厅	南京
10958	江苏工程职业技术学院	公办	专科	省教育厅	南通
10960	苏州工艺美术职业技术学院	公办	专科	省教育厅	苏州
11050	连云港职业技术学院	公办	专科	连云港市政府	连云港
11051	镇江市高等专科学校	公办	专科	镇江市政府	镇江
11052	南通职业大学	公办	专科	南通市政府	南通
11054	苏州市职业大学	公办	专科	苏州市政府	苏州
11288	沙洲职业工学院	公办	专科	苏州市政府	苏州
11462	扬州市职业大学	公办	专科	扬州市政府	扬州
11585	连云港师范高等专科学校	公办	专科	连云港市政府	连云港
12047	江苏经贸职业技术学院	公办	专科	省教育厅	南京
12106	泰州职业技术学院	公办	专科	泰州市政府	泰州
12317	常州信息职业技术学院	公办	专科	省经济和信息化委员会	常州
12679	江苏海事职业技术学院	公办	专科	省教育厅	南京
12681	无锡科技职业学院	公办	专科	无锡市政府	无锡
12682	盐城卫生职业技术学院	公办	专科	省卫生和计划生育委员会	盐城
12684	南通科技职业学院	公办	专科	南通市政府	南通
12685	苏州经贸职业技术学院	公办	专科	省教育厅	苏州
12686	苏州工业职业技术学院	公办	专科	苏州市政府	苏州
12688	苏州卫生职业技术学院	公办	专科	省卫生和计划生育委员会	苏州
12702	无锡商业职业技术学院	公办	专科	省教育厅	无锡
12703	南通航运职业技术学院	公办	专科	省交通运输厅	南通
12804	南京交通职业技术学院	公办	专科	省交通运输厅	南京
12805	淮安信息职业技术学院	公办	专科	省经济和信息化委员会	淮安
12807	常州纺织服装职业技术学院	公办	专科	省教育厅	常州
12808	苏州农业职业技术学院	公办	专科	省农业委员会	苏州
12920	南京科技职业学院	公办	专科	省教育厅	南京

续表

高校代码	高校名称	办学类型	办学层次	举办者	所在地
13101	常州轻工职业技术学院	公办	专科	省教育厅	常州
13102	常州工程职业技术学院	公办	专科	省教育厅	常州
13103	江苏农林职业技术学院	公办	专科	省农业委员会	镇江
13104	江苏食品药品职业技术学院	公办	专科	省教育厅	淮安
13106	南京铁道职业技术学院	公办	专科	省教育厅	南京
13107	徐州工业职业技术学院	公办	专科	省教育厅	徐州
13108	江苏信息职业技术学院	公办	专科	省教育厅	无锡
13112	南京信息职业技术学院	公办	专科	省经济和信息化委员会	南京
13114	常州机电职业技术学院	公办	专科	省教育厅	常州
13137	江阴职业技术学院	公办	专科	无锡市政府	无锡
13748	无锡城市职业技术学院	公办	专科	无锡市政府	无锡
13749	无锡工艺职业技术学院	公办	专科	省教育厅	无锡
13751	苏州健雄职业技术学院	公办	专科	苏州市政府	苏州
13752	盐城工业职业技术学院	公办	专科	省教育厅	盐城
13753	江苏财经职业技术学院	公办	专科	省教育厅	淮安
13754	扬州工业职业技术学院	公办	专科	省教育厅	扬州
14000	江苏城市职业学院	公办	专科	省教育厅	南京
14001	南京城市职业学院	公办	专科	南京市政府	南京
14056	南京机电职业技术学院	公办	专科	南京市政府	南京
14180	南京旅游职业学院	公办	专科	省旅游局	南京
14255	江苏建康职业学院	公办	专科	省卫生和计划生育委员会	南京
14256	苏州信息职业技术学院	公办	专科	苏州市政府	苏州
14295	苏州工业园区服务外包职业学院	公办	专科	苏州市政府	苏州
14329	徐州幼儿师范高等专科学校	公办	专科	徐州市政府	徐州
14401	徐州生物工程职业技术学院	公办	专科	徐州市政府	徐州
14475	江苏商贸职业学院	公办	专科	省供销合作总社	南京
14493	南通师范高等专科学校	公办	专科	省教育厅	南通
14541	江苏护理职业学院	公办	专科	省卫生和计划生育委员会	淮安
14542	江苏财会职业学院	公办	专科	省财政厅	连云港
14543	江苏城乡建设职业学院	公办	专科	省住房和城乡建设厅	常州
14589	江苏安全技术职业学院	公办	专科	省安全生产监督管理局	徐州

3. 参与统计的民办及中外合作办学高等学校名单

高校代码	高校名称	办学类型	办学层次	举办者	所在地
10826	民办明达职业技术学院	民办	专科	民办	盐城
11122	三江学院	民办	本科	民办	南京
12054	九州职业技术学院	民办	专科	民办	徐州
12056	南通理工学院	民办	本科	民办	南通
12078	硅湖职业技术学院	民办	专科	民办	苏州
12680	应天职业技术学院	民办	专科	民办	南京
12687	苏州托普信息职业技术学院	民办	专科	民办	苏州
12689	东南大学成贤学院	民办	本科	民办	南京
12809	苏州工业园区职业技术学院	民办	专科	民办	苏州
12919	炎黄职业技术学院	民办	专科	民办	淮安
12921	正德职业技术学院	民办	专科	民办	南京
12922	钟山职业技术学院	民办	专科	民办	南京
12923	无锡南洋职业技术学院	民办	专科	民办	无锡
13017	江南影视艺术职业学院	民办	专科	民办	无锡
13100	金肯职业技术学院	民办	专科	民办	南京
13105	建东职业技术学院	民办	专科	民办	常州
13113	江海职业技术学院	民办	专科	民办	扬州
13571	无锡太湖学院	民办	本科	民办	无锡
13579	中国矿业大学徐海学院	民办	本科	民办	徐州
13646	南京大学金陵学院	民办	本科	民办	南京
13654	南京理工大学紫金学院	民办	本科	民办	南京
13655	南京航空航天大学金城学院	民办	本科	民办	南京
13687	中国传媒大学南广学院	民办	本科	民办	南京

续表

高校代码	高校名称	办学类型	办学层次	举办者	所在地
13750	金山职业技术学院	民办	专科	民办	镇江
13842	南京理工大学泰州科技学院	民办	本科	民办	泰州
13843	南京师范大学泰州学院	民办	本科	民办	泰州
13905	南京工业大学浦江学院	民办	本科	民办	南京
13963	昆山登云科技职业学院	民办	专科	民办	苏州
13964	南京视觉艺术职业学院	民办	专科	民办	南京
13980	南京医科大学康达学院	民办	本科	民办	连云港
13981	南京中医药大学翰林学院	民办	本科	民办	泰州
13982	南京信息工程大学滨江学院	民办	本科	民办	南京
13983	苏州大学文正学院	民办	本科	民办	苏州
13984	苏州大学应用技术学院	民办	本科	民办	苏州
13985	苏州科技大学天平学院	民办	本科	民办	苏州
13986	江苏大学京江学院	民办	本科	民办	镇江
13987	扬州大学广陵学院	民办	本科	民办	扬州
13988	江苏师范大学科文学院	民办	本科	民办	徐州
13989	南京邮电大学通达学院	民办	本科	民办	扬州
13990	南京财经大学红山学院	民办	本科	民办	南京
13991	江苏科技大学苏州理工学院	民办	本科	民办	苏州
13993	南通大学杏林学院	民办	本科	民办	南通
13994	南京审计大学金审学院	民办	本科	民办	南京
14160	宿迁学院	民办	本科	民办	宿迁
14163	苏州高博软件技术职业学院	民办	专科	民办	苏州
14528	扬州中瑞酒店职业学院	民办	专科	民办	扬州
16403	西交利物浦大学	中外合作办学	本科	民办	苏州

三、社科研究与发展概况

1. 江苏省十三市高等学校人文、社会科学活动人员情况表

各市名称	编号	总计		按职称划分						按最后学历划分			按最后学位划分		其他人员
			女性	小计	教授	副教授	讲师	助教	初级	研究生	本科生	其他	博士	硕士	
		L01	L02	L03	L04	L05	L06	L07	L08	L09	L10	L11	L12	L13	L14
合　计	/	43 779	24 281	43 778	4 479	13 218	21 767	3 990	324	25 534	18 105	139	7 914	21 981	1
南京市	1	17 735	9 698	17 735	2 281	5 423	8 599	1 354	78	12 253	5 431	51	4 798	8 622	0
无锡市	2	2 832	1 792	2 832	159	695	1 337	572	69	1 426	1 397	9	250	1 470	0
徐州市	3	3 239	1 748	3 239	330	1 070	1 600	219	20	1 840	1 396	3	527	1 625	0
常州市	4	2 852	1 613	2 852	228	757	1 560	286	21	1 302	1 542	8	266	1 405	0
苏州市	5	5 122	2 874	5 121	495	1 516	2 474	613	23	2 812	2 303	6	787	2 592	1
南通市	6	2 302	1 334	2 302	195	759	1 229	89	30	1 143	1 151	8	213	1 346	0
连云港市	7	1 248	723	1 248	84	464	544	131	25	436	812	0	51	611	0
淮安市	8	1 961	976	1 961	158	574	1 104	110	15	930	1 012	19	188	1 034	0
盐城市	9	1 748	929	1 748	178	559	799	212	0	835	893	20	172	915	0
扬州市	10	1 793	932	1 793	184	558	849	188	14	1015	767	11	319	824	0
镇江市	11	1 755	932	1 755	145	572	922	116	0	974	779	2	292	814	0
泰州市	12	849	512	849	36	196	537	52	28	390	458	1	48	456	0
宿迁市	13	343	218	343	6	75	213	48	1	178	164	1	3	267	0

2. 江苏省十三市高等学校人文、社会科学研究与发展经费情况表

各市名称	编号	总数					基础研究				
		课题数（项）	当年投入人数（人年）	其中:研究生	当年投入经费（千元）	当年支出经费（千元）	课题数（项）	当年投入人数（人年）	其中:研究生	当年投入经费（千元）	当年支出经费（千元）
		L01	L02	L03	L04	L05	L06	L07	L08	L09	L10
合计	/	28 636	6 712.6	702.8	572 090	498 018	12 340	3 020.2	308.5	211 090	166 198
南京市	1	12 919	2 949	402.5	323 903	267 793	6 157	1 493	185.1	120 628	86 330
无锡市	2	1 672	388.8	34.8	26 525	26 434	352	76.4	4.7	29 61.5	3 109
徐州市	3	2 710	759.6	89.6	41 489	39 405	1 318	394.8	55.4	20 478	20 591
常州市	4	1 913	526.6	2.7	29 293	25 545	305	78	0	3 575.6	2 896
苏州市	5	2 449	511.1	24.1	39 753	41 818	1 032	222.6	12.5	12 724	13 530
南通市	6	1 402	299.5	5.6	13 751	15 451	561	136.8	3.5	5 295.5	5 257
连云港市	7	600	86.9	0	3 516	2 822.7	189	21.4	0	509.6	536.7
淮安市	8	1 246	194.3	0	25 302	21 124	539	102.4	0	6 985.1	5 747
盐城市	9	1 005	261.3	0	29 132	19 123	492	177.8	0	22 314	13 969
扬州市	10	1 129	235.5	12	14 983	15 293	694	112.8	6.1	9 361.7	8 881
镇江市	11	1 173	393.9	131.5	22 544	22 062	427	141.8	41.2	5 211.8	4 662
泰州市	12	247	68.5	0	1 548	933.97	131	31.8	0	794.2	520.2
宿迁市	13	171	38	0	350.2	214.69	143	30.6	0	250.2	170.2

续表

各市名称	编号	应用研究					实验与发展				
		课题数（项）	当年投入人数(人年)	其中:研究生	当年投入经费(千元)	当年支出经费(千元)	课题数（项）	当年投入人数(人年)	其中:研究生	当年投入经费(千元)	当年支出经费(千元)
		L11	L12	L13	L14	L15	L16	L17	L18	L19	L20
合计	/	16 293	3 692.3	394.3	360 988	331 818	3	0.1	0	13	2
南京市	1	6 759	1 456	217.4	203 262	181 461	3	0.1	0	13	2
无锡市	2	1 320	312.4	30.1	23 563	23 325	0	0	0	0	0
徐州市	3	1 392	364.8	34.2	21 011	18 813	0	0	0	0	0
常州市	4	1 608	448.6	2.7	25 717	22 649	0	0	0	0	0
苏州市	5	1 417	288.5	11.6	27 029	28 288	0	0	0	0	0
南通市	6	841	162.7	2.1	8 455.7	10 194	0	0	0	0	0
连云港市	7	411	65.5	0	3 006.4	2 286	0	0	0	0	0
淮安市	8	707	91.9	0	18 317	15 377	0	0	0	0	0
盐城市	9	513	83.5	0	6 818.3	5 153.9	0	0	0	0	0
扬州市	10	435	122.7	5.9	5 621.7	6 411.8	0	0	0	0	0
镇江市	11	746	252.1	90.3	17 332	17 400	0	0	0	0	0
泰州市	12	116	36.7	0	753.8	413.81	0	0	0	0	0
宿迁市	13	28	7.4	0	100	44.5	0	0	0	0	0

3. 江苏省十三市高等学校人文、社会科学研究与课题来源情况表

各市名称	编号	课题来源							
		合计	国家社科基金项目	国家社科基金单列学科项目	教育部人文社科研究项目	高校古籍整理研究项目	国家自然科学基金项目	中央其他部门社科专门项目	省、市、自治区社科基金项目
		L01	L02	L03	L04	L05	L06	L07	L08
南京市	1	12 919	1 050	73	885	22	353	610	1 145
无锡市	2	1 672	42	15	156	0	17	30	111
徐州市	3	2 710	175	21	165	12	36	72	181
常州市	4	1 913	49	3	84	0	0	12	101
苏州市	5	2 449	178	13	144	5	32	40	149
南通市	6	1 402	50	3	70	4	0	22	66
连云港市	7	600	4	0	9	0	0	1	84
淮安市	8	1 246	26	0	31	1	1	17	72
盐城市	9	1 005	29	4	29	0	1	11	76
扬州市	10	1 129	83	7	88	0	0	14	56
镇江市	11	1 173	54	3	97	0	49	32	90
泰州市	12	247	0	2	0	0	2	0	4
宿迁市	13	171	0	0	1	0	0	1	3

续表

各市名称	编号	课题来源							
		省教育厅社科项目	地、市、厅、局等政府部门项目	国际合作研究项目	与港、澳、台地区合作研究项目	企事业单位委托项目	学校社科项目	外资项目	其他
		L09	L10	L11	L12	L13	L14	L15	L16
南京市	1	2397	1501	39	4	1 635	3 149	5	51
无锡市	2	396	231	2	3	348	321	0	0
徐州市	3	590	578	1	0	202	652	0	25
常州市	4	419	506	1	0	287	429	0	22
苏州市	5	516	625	3	0	420	324	0	0
南通市	6	325	312	0	0	214	331	0	5
连云港市	7	98	108	0	0	33	263	0	0
淮安市	8	289	266	0	0	307	236	0	0
盐城市	9	224	205	0	0	241	180	0	5
扬州市	10	228	263	0	0	126	264	0	0
镇江市	11	231	217	0	0	259	141	0	0
泰州市	12	77	78	0	0	15	69	0	0
宿迁市	13	65	50	0	0	0	51	0	0

4. 江苏省十三市高等学校人文、社会科学研究与发展课题成果表

各市名称	编号	总数：课题数（项）	总数：当年投入人数（人年）	总数：其中：研究生	总数：当年投入经费（千元）	总数：当年支出经费（千元）	出版著作（部）：合计	出版著作（部）：专著	出版著作（部）：其中：被译成外文	出版著作（部）：编著教材	出版著作（部）：工具书参考书	出版著作（部）：皮书/发展报告	出版著作（部）：科普读物	古籍整理（部）	译著（部）	发表译文（篇）	电子出版物（件）	发表论文（篇）：合计	发表论文（篇）：国内学术刊物	发表论文（篇）：国外学术刊物	发表论文（篇）：港、澳、台地区刊物	获奖成果数（项）：合计	获奖成果数（项）：国家级奖	获奖成果数（项）：部级奖	获奖成果数（项）：省级奖	研究与咨询报告（篇）：合计	研究与咨询报告（篇）：其中：被采纳数
		L01	L02	L03	L04	L05	L06	L07	L08	L09	L10	L11	L12	L13	L14	L15	L16	L17	L18	L19	L20	L21	L22	L23	L24	L25	L26
合计	/	28 636	6 713	702.8	572 090.4	498 017.6	1 825	962	38	790	29	8	36	21	166	41	44	28 020	26 981	1 002	37	402	0	16	386	2 251	1 166
南京市	1	12 919	2 949	402.5	323 903.1	267 792.8	883	456	14	370	20	5	32	12	108	26	36	12 339	11 660	661	18	254	0	13	241	785	517
无锡市	2	1 672	388.8	34.8	26 524.75	26 433.94	124	34	0	89	1	0	0	2	3	4	0	1 640	1 605	35	0	18	0	1	17	114	60
徐州市	3	2 710	759.6	89.6	41 489.37	39 404.55	165	95	2	65	4	0	1	0	7	0	1	2 424	2 368	55	1	29	0	0	29	277	96
常州市	4	1 913	526.6	2.7	29 292.66	25 544.82	92	46	1	45	1	0	0	0	2	1	0	1947	1 937	9	1	17	0	1	16	251	135
苏州市	5	2 449	511.1	24.1	39 753.44	41 818.17	203	124	18	75	3	1	0	6	23	5	3	3 392	3 270	113	9	37	0	1	36	243	110
南通市	6	1 402	299.5	5.6	13 751.2	15 450.8	86	55	1	29	0	0	2	0	4	0	0	1 594	1 536	55	3	7	0	0	7	216	17
连云港市	7	600	86.9	0	3 516	2 822.65	33	19	0	14	0	0	0	0	0	0	0	558	557	1	0	8	0	0	8	18	8
淮安市	8	1 246	194.3	0	25 302.4	21 123.57	64	40	0	23	0	1	0	0	7	2	4	989	953	34	2	8	0	0	8	85	10
盐城市	9	1 005	261.3	0	29 131.84	19 122.59	53	35	0	18	0	0	0	0	0	0	0	986	978	7	1	5	0	0	5	131	101
扬州市	10	1 129	235.5	12	14 983.45	15293.19	60	30	1	30	0	0	0	1	6	1	0	922	921	1	0	11	0	0	11	90	90
镇江市	11	1 173	393.9	131.5	22 544	22 061.91	32	24	0	6	0	1	1	0	5	2	0	551	525	25	1	3	0	0	3	32	17
泰州市	12	247	68.5	0	1 548	933.97	21	4	1	17	0	0	0	0	1	0	0	437	430	6	1	2	0	0	2	9	5
宿迁市	13	171	38	0	350.2	214.69	9	0	0	9	0	0	0	0	0	0	0	241	241	0	0	3	0	0	3	0	0

5. 江苏省十三市高等学校人文、社会科学学术交流情况表

各市名称	编号	校办学术会议		学术会议			受聘讲学		社科考察		进修学习		合作研究		
		本校独办数	与外单位合办数	参加人次		提交论文(篇)	派出人次	来校人次	派出人次	来校人次	派出人次	来校人次	派出人次	来校人次	课题数(项)
				合计	其中:赴境外人次										
		L01	L02	L03	L04	L05	L06	L07	L08	L09	L10	L11	L12	L13	L14
合计	/	765	276	11 160	940	9 141	1 827	3 962	3 717	3 223	4 451	1 877	1 024	1 050	487
南京市	1	572	153	5 562	595	4 347	951	1 579	1 477	1 217	1 737	640	537	448	291
无锡市	2	21	17	624	33	545	85	413	340	157	282	44	60	185	9
徐州市	3	27	25	1 374	33	969	117	458	386	249	419	212	41	39	17
常州市	4	14	16	468	30	402	98	194	289	301	457	53	49	47	30
苏州市	5	64	27	1 021	153	991	204	513	127	462	485	210	135	182	22
南通市	6	7	2	168	45	123	94	214	266	191	181	339	51	19	11
连云港市	7	11	2	103	0	70	10	20	85	69	39	80	0	0	0
淮安市	8	18	4	1156	15	1052	119	253	207	139	357	147	27	6	15
盐城市	9	4	25	221	14	214	68	105	89	49	124	44	42	31	29
扬州市	10	23	5	330	6	309	44	72	109	50	90	44	21	19	18
镇江市	11	2	0	69	15	81	9	59	84	48	128	29	31	29	30
泰州市	12	0	0	52	1	27	28	69	200	171	115	17	30	45	15
宿迁市	13	2	0	12	0	11	0	13	58	120	37	18	0	0	0

四、社科人力

1. 全省高等学校人文、社会科学活动人员情况表

		总计		按职称划分						按最后学历划分			按最后学位划分		其他人员
			女性	小计	教授	副教授	讲师	助教	初级	研究生	本科生	其他	博士	硕士	
	编号	L01	L02	L03	L04	L05	L06	L07	L08	L09	L10	L11	L12	L13	L14
合计	/	43 779	24 281	43 778	4 479	13 218	21 767	3 990	324	25 534	18 105	139	7 914	21 981	1
管理学	1	7 139	3 663	7 139	801	2 041	3 538	689	70	4 612	2 511	16	1 725	3 660	0
马克思主义	2	1 855	973	1 855	227	715	791	116	6	1 170	684	1	367	1 057	0
哲学	3	674	278	674	129	243	261	40	1	556	117	1	304	286	0
逻辑学	4	66	33	66	7	20	38	1	0	31	35	0	5	35	0
宗教学	5	28	7	28	11	10	7	0	0	28	0	0	25	3	0
语言学	6	6 860	5 178	6 860	296	1 763	4 208	562	31	3 632	3 225	3	565	3 726	0
中国文学	7	1 841	1 021	1 841	317	692	729	91	12	1215	623	3	651	739	0
外国文学	8	1 304	933	1 304	104	363	771	62	4	896	408	0	209	774	0
艺术学	9	5 676	3 036	5 676	489	1 358	2 864	918	47	3 048	2 605	23	487	3 094	0
历史学	10	621	224	621	137	220	239	24	1	504	117	0	311	204	0
考古学	11	33	6	33	18	8	5	2	0	25	8	0	20	5	0
经济学	12	4 320	2 330	4 320	592	1 431	1 940	320	37	2 853	1 460	7	1 195	2 059	0
政治学	13	595	256	595	101	200	252	38	4	403	191	1	164	294	0
法学	14	1 785	788	1 785	258	637	738	147	5	1 182	600	3	488	921	0
社会学	15	682	360	682	92	225	321	36	8	542	137	3	261	323	0
民族学与文化学	16	44	23	44	6	9	24	5	0	25	19	0	14	14	0
新闻学与传播学	17	587	325	587	75	148	297	60	7	418	169	0	122	318	0
图书馆、情报与文献学	18	2 001	1 287	2 001	139	507	1 197	130	28	689	1 246	66	191	617	0
教育学	19	3 745	2 066	3 744	406	1 123	1 845	328	42	2 193	1 542	9	507	2 228	1
统计学	20	227	104	227	38	82	97	10	0	144	83	0	59	111	0
心理学	21	478	308	478	63	128	222	63	2	352	126	0	116	267	0
体育科学	22	3 218	1 082	3 218	173	1 295	1 383	348	19	1 016	2 199	3	128	1 246	0

2. 公办本科高等学校人文、社会科学活动人员情况表

		总计		按职称划分						按最后学历划分			按最后学位划分		其他
			女性	小计	教授	副教授	讲师	助教	初级	研究生	本科生	其他	博士	硕士	人员
	编号	L01	L02	L03	L04	L05	L06	L07	L08	L09	L10	L11	L12	L13	L14
合计	/	26 838	13 607	26 838	3 756	9 172	12 565	1 331	14	18 107	8 676	55	7 414	12 327	0
管理学	1	4 141	1 898	4 141	617	1 341	1 997	185	1	3 121	1 019	1	1 596	1 734	0
马克思主义	2	1 096	500	1 096	190	468	405	33	0	769	327	0	336	545	0
哲学	3	523	189	523	118	194	194	17	0	453	70	0	292	181	0
逻辑学	4	22	9	22	6	4	12	0	0	17	5	0	5	13	0
宗教学	5	28	7	28	11	10	7	0	0	28	0	0	25	3	0
语言学	6	3 803	2 721	3 803	240	1 111	2 280	171	1	2 518	1 285	0	525	2 175	0
中国文学	7	1 193	577	1 193	268	447	460	18	0	931	260	2	609	373	0
外国文学	8	1 000	701	1 000	100	304	552	44	0	726	274	0	203	578	0
艺术学	9	3 049	1 525	3 049	410	915	1 417	305	2	1 927	1 117	5	461	1 668	0
历史学	10	525	181	525	131	186	192	16	0	447	78	0	302	149	0
考古学	11	31	5	31	17	8	5	1	0	23	8	0	19	4	0
经济学	12	2 675	1 225	2 675	500	1 002	1 111	62	0	1 950	722	3	1 086	1 011	0
政治学	13	444	171	444	92	154	180	18	0	331	113	0	156	205	0
法学	14	1 368	539	1 368	245	528	515	80	0	968	399	1	475	636	0
社会学	15	531	264	531	84	189	244	14	0	448	81	2	244	225	0
民族学与文化学	16	37	19	37	6	8	19	4	0	23	14	0	14	9	0
新闻学与传播学	17	400	197	400	65	112	193	30	0	316	84	0	117	207	0
图书馆、情报与文献学	18	1 390	878	1 390	118	400	810	60	2	583	768	39	186	455	0
教育学	19	2038	1 052	2 038	303	705	927	98	5	1 408	629	1	465	1 152	0
统计学	20	157	68	157	34	59	61	3	0	118	39	0	56	74	0
心理学	21	311	179	311	55	103	137	16	0	264	47	0	115	156	0
体育科学	22	2 076	702	2 076	146	924	847	156	3	738	1 337	1	127	774	0

2.1 管理学人文、社会科学活动人员情况表

高校名称		总计		按职称划分						按最后学历划分			按最后学位划分		其他人员
			女性	小计	教授	副教授	讲师	助教	初级	研究生	本科生	其他	博士	硕士	
	编号	L01	L02	L03	L04	L05	L06	L07	L08	L09	L10	L11	L12	L13	L14
合计	/	4 141	1 898	4 141	617	1 341	1 997	185	1	3 121	1 019	1	1 596	1 734	0
南京大学	1	126	39	126	41	43	39	3	0	123	3	0	107	16	0
东南大学	2	111	40	111	33	37	40	1	0	99	12	0	71	27	0
江南大学	3	95	59	95	11	40	38	6	0	84	11	0	36	32	0
南京农业大学	4	238	91	238	47	74	101	16	0	189	49	0	96	98	0
中国矿业大学	5	131	54	131	25	54	52	0	0	125	6	0	99	28	0
河海大学	6	141	63	141	30	41	66	4	0	126	15	0	97	32	0
南京理工大学	7	106	48	106	16	35	49	5	1	94	12	0	65	29	0
南京航空航天大学	8	114	41	114	32	35	44	3	0	107	7	0	75	29	0
中国药科大学	9	31	19	31	2	9	15	5	0	24	7	0	9	15	0
南京森林警察学院	10	46	22	46	0	11	18	17	0	16	30	0	3	20	0
苏州大学	11	105	49	105	15	32	55	3	0	63	42	0	27	46	0
江苏科技大学	12	158	71	158	23	49	84	2	0	106	52	0	51	65	0
南京工业大学	13	166	89	166	22	72	68	4	0	138	28	0	57	89	0
常州大学	14	64	22	64	10	14	35	5	0	50	13	1	31	19	0
南京邮电大学	15	99	50	99	21	32	44	2	0	88	11	0	50	38	0
南京林业大学	16	49	16	49	3	9	37	0	0	44	5	0	19	25	0
江苏大学	17	162	56	162	25	63	66	8	0	142	20	0	70	70	0
南京信息工程大学	18	136	58	136	26	42	68	0	0	117	19	0	90	33	0
南通大学	19	88	48	88	5	33	49	1	0	71	17	0	11	68	0
盐城工学院	20	90	44	90	12	39	39	0	0	49	41	0	10	73	0
南京医科大学	21	24	9	24	3	3	17	1	0	23	1	0	14	9	0
徐州医科大学	22	33	14	33	2	7	22	2	0	18	15	0	4	26	0
南京中医药大学	23	63	41	63	7	6	50	0	0	58	5	0	23	37	0

续表

高校名称		总计		按职称划分						按最后学历划分			按最后学位划分		其他人员
	编号		女性	小计	教授	副教授	讲师	助教	初级	研究生	本科生	其他	博士	硕士	
		L01	L02	L03	L04	L05	L06	L07	L08	L09	L10	L11	L12	L13	L14
南京师范大学	24	67	28	67	13	27	21	6	0	63	4	0	30	34	0
江苏师范大学	25	109	38	109	12	37	60	0	0	66	43	0	16	58	0
淮阴师范学院	26	83	39	83	2	19	57	5	0	61	22	0	11	56	0
盐城师范学院	27	47	20	47	4	14	24	5	0	42	5	0	12	31	0
南京财经大学	28	178	79	178	30	53	92	3	0	138	40	0	105	34	0
江苏警官学院	29	38	21	38	0	11	17	10	0	16	22	0	7	14	0
南京体育学院	30	16	5	16	1	1	13	1	0	4	12	0	0	3	0
南京艺术学院	31	24	13	24	2	2	19	1	0	15	9	0	0	19	0
苏州科技大学	32	127	69	127	5	38	61	23	0	76	51	0	20	62	0
常熟理工学院	33	57	31	57	4	23	30	0	0	37	20	0	14	26	0
淮阴工学院	34	81	36	81	9	39	32	1	0	50	31	0	22	50	0
常州工学院	35	63	32	63	9	7	45	2	0	41	22	0	10	36	0
扬州大学	36	81	27	81	11	31	39	0	0	51	30	0	29	25	0
南京工程学院	37	132	78	132	3	40	83	6	0	88	44	0	26	72	0
南京审计大学	38	164	85	164	21	57	80	6	0	138	26	0	89	63	0
南京晓庄学院	39	18	10	18	3	5	10	0	0	17	1	0	8	9	0
江苏理工学院	40	70	38	70	12	22	29	7	0	37	33	0	9	30	0
淮海工学院	41	81	36	81	16	21	44	0	0	39	42	0	13	34	0
徐州工程学院	42	149	62	149	20	61	62	6	0	82	67	0	17	74	0
南京特殊教育师范学院	43	10	7	10	2	2	6	0	0	6	4	0	2	4	0
泰州学院	44	25	13	25	3	6	13	3	0	16	9	0	7	16	0
金陵科技学院	45	136	81	136	24	44	57	11	0	78	58	0	33	54	0
江苏第二师范学院	46	9	7	9	0	1	7	1	0	6	3	0	1	6	0

2.2 马克思主义人文、社会科学活动人员情况表

高校名称		总计		按职称划分						按最后学历划分			按最后学位划分		其他人员
			女性	小计	教授	副教授	讲师	助教	初级	研究生	本科生	其他	博士	硕士	
	编号	L01	L02	L03	L04	L05	L06	L07	L08	L09	L10	L11	L12	L13	L14
合计	/	1 096	500	1 096	190	468	405	33	0	769	327	0	336	545	0
南京大学	1	38	12	38	13	17	8	0	0	32	6	0	30	2	0
东南大学	2	29	11	29	4	9	15	1	0	25	4	0	20	5	0
江南大学	3	34	20	34	5	16	13	0	0	23	11	0	12	12	0
南京农业大学	4	13	4	13	0	5	7	1	0	12	1	0	5	7	0
中国矿业大学	5	32	13	32	8	12	12	0	0	24	8	0	21	6	0
河海大学	6	26	12	26	5	9	12	0	0	24	2	0	18	7	0
南京理工大学	7	13	6	13	2	6	5	0	0	11	2	0	7	4	0
南京航空航天大学	8	21	9	21	3	12	4	2	0	20	1	0	10	10	0
中国药科大学	9	24	10	24	3	8	13	0	0	21	3	0	8	13	0
南京森林警察学院	10	3	2	3	0	1	0	2	0	3	0	0	1	2	0
苏州大学	11	52	23	52	11	27	13	1	0	26	26	0	9	23	0
江苏科技大学	12	29	9	29	5	16	8	0	0	16	13	0	4	15	0
南京工业大学	13	23	14	23	1	8	11	3	0	18	5	0	2	20	0
常州大学	14	14	6	14	2	5	7	0	0	12	2	0	2	12	0
南京邮电大学	15	14	6	14	3	6	5	0	0	12	2	0	7	5	0
南京林业大学	16	33	14	33	4	11	18	0	0	31	2	0	13	18	0
江苏大学	17	15	9	15	2	6	6	1	0	11	4	0	2	9	0
南京信息工程大学	18	48	22	48	8	22	18	0	0	37	11	0	18	24	0
南通大学	19	53	29	53	14	22	17	0	0	41	12	0	12	36	0
盐城工学院	20	52	16	52	10	19	20	3	0	29	23	0	7	38	0
南京医科大学	21	37	23	37	4	16	17	0	0	29	8	0	9	23	0
徐州医科大学	22	9	2	9	0	6	3	0	0	8	1	0	1	7	0
南京中医药大学	23	10	7	10	0	3	7	0	0	8	2	0	4	5	0

续表

高校名称	编号	总计	女性	按职称划分 小计	教授	副教授	讲师	助教	初级	按最后学历划分 研究生	本科生	其他	按最后学位划分 博士	硕士	其他人员
		L01	L02	L03	L04	L05	L06	L07	L08	L09	L10	L11	L12	L13	L14
南京师范大学	24	41	12	41	19	14	7	1	0	35	6	0	18	17	0
江苏师范大学	25	23	12	23	2	8	13	0	0	12	11	0	5	11	0
淮阴师范学院	26	17	8	17	5	7	4	1	0	11	6	0	0	11	0
盐城师范学院	27	35	15	35	10	8	14	3	0	30	5	0	10	22	0
南京财经大学	28	22	8	22	5	8	9	0	0	14	8	0	6	12	0
江苏警官学院	29	24	5	24	2	8	8	6	0	8	16	0	2	12	0
南京体育学院	30	7	5	7	2	2	3	0	0	2	5	0	1	2	0
南京艺术学院	31	12	8	12	2	7	3	0	0	10	2	0	3	9	0
苏州科技大学	32	14	4	14	2	4	6	2	0	9	5	0	2	9	0
常熟理工学院	33	25	10	25	1	18	6	0	0	14	11	0	7	14	0
淮阴工学院	34	14	7	14	3	5	6	0	0	7	7	0	5	7	0
常州工学院	35	16	10	16	1	8	5	2	0	4	12	0	2	6	0
扬州大学	36	47	19	47	8	32	7	0	0	31	16	0	17	14	0
南京工程学院	37	21	12	21	2	10	8	1	0	15	6	0	3	13	0
南京审计大学	38	21	9	21	4	5	10	2	0	16	5	0	9	11	0
南京晓庄学院	39	15	11	15	1	6	8	0	0	12	3	0	4	9	0
江苏理工学院	40	30	16	30	3	11	15	1	0	15	15	0	3	14	0
淮海工学院	41	28	11	28	6	12	10	0	0	10	18	0	2	13	0
徐州工程学院	42	21	12	21	3	10	8	0	0	11	10	0	3	13	0
南京特殊教育师范学院	43	10	6	10	1	7	2	0	0	6	4	0	3	4	0
泰州学院	44	5	4	5	0	3	2	0	0	3	2	0	0	3	0
金陵科技学院	45	10	5	10	0	4	6	0	0	9	1	0	2	8	0
江苏第二师范学院	46	16	12	16	1	9	6	0	0	12	4	0	7	8	0

2.3 哲学人文、社会科学活动人员情况表

高校名称		总计		按职称划分						按最后学历划分			按最后学位划分		其他人员
			女性	小计	教授	副教授	讲师	助教	初级	研究生	本科生	其他	博士	硕士	
	编号	L01	L02	L03	L04	L05	L06	L07	L08	L09	L10	L11	L12	L13	L14
合计	/	523	189	523	118	194	194	17	0	453	70	0	292	181	0
南京大学	1	40	9	40	18	9	12	1	0	39	1	0	37	2	0
东南大学	2	42	18	42	10	17	15	0	0	41	1	0	38	3	0
江南大学	3	10	3	10	2	3	5	0	0	9	1	0	8	1	0
南京农业大学	4	8	2	8	1	1	6	0	0	8	0	0	4	4	0
中国矿业大学	5	13	6	13	2	7	4	0	0	13	0	0	11	2	0
河海大学	6	16	7	16	3	7	6	0	0	15	1	0	12	3	0
南京理工大学	7	11	3	11	0	3	8	0	0	9	2	0	7	2	0
南京航空航天大学	8	7	1	7	1	3	3	0	0	7	0	0	3	3	0
中国药科大学	9	1	0	1	0	0	1	0	0	1	0	0	1	0	0
南京森林警察学院	10	5	2	5	1	0	2	2	0	4	1	0	1	4	0
苏州大学	11	22	4	22	14	6	2	0	0	22	0	0	18	3	0
江苏科技大学	12	10	3	10	1	4	5	0	0	8	2	0	3	5	0
南京工业大学	13	2	2	2	0	2	0	0	0	2	0	0	2	0	0
常州大学	14	8	2	8	2	3	3	0	0	7	1	0	6	1	0
南京邮电大学	15	13	5	13	0	10	2	1	0	11	2	0	7	4	0
南京林业大学	16	7	4	7	0	0	7	0	0	7	0	0	4	3	0
江苏大学	17	12	5	12	2	6	4	0	0	11	1	0	6	5	0
南京信息工程大学	18	11	4	11	1	3	7	0	0	11	0	0	7	4	0
南通大学	19	23	4	23	4	11	8	0	0	18	5	0	8	13	0
盐城工学院	20	15	6	15	5	6	4	0	0	8	7	0	0	14	0
南京医科大学	21	1	0	1	0	0	1	0	0	1	0	0	1	0	0
徐州医科大学	22	6	3	6	0	3	2	1	0	4	2	0	0	5	0
南京中医药大学	23	14	5	14	3	8	3	0	0	12	2	0	8	4	0

续表

高校名称		总计		按职称划分						按最后学历划分			按最后学位划分		其他人员
			女性	小计	教授	副教授	讲师	助教	初级	研究生	本科生	其他	博士	硕士	
	编号	L01	L02	L03	L04	L05	L06	L07	L08	L09	L10	L11	L12	L13	L14
南京师范大学	24	40	16	40	13	15	11	1	0	37	3	0	21	16	0
江苏师范大学	25	27	13	27	9	9	9	0	0	20	7	0	13	10	0
淮阴师范学院	26	19	9	19	6	7	6	0	0	18	1	0	6	12	0
盐城师范学院	27	5	2	5	0	1	2	2	0	4	1	0	1	3	0
南京财经大学	28	9	3	9	2	2	5	0	0	5	4	0	5	2	0
江苏警官学院	29	5	1	5	1	4	0	0	0	3	2	0	1	4	0
南京体育学院	30	2	0	2	0	1	0	1	0	1	1	0	0	1	0
南京艺术学院	31	0	0	0	0	0	0	0	0	0	0	0	0	0	0
苏州科技大学	32	19	6	19	2	6	8	3	0	16	3	0	14	2	0
常熟理工学院	33	3	0	3	0	1	2	0	0	3	0	0	2	1	0
淮阴工学院	34	13	3	13	2	5	6	0	0	11	2	0	4	8	0
常州工学院	35	1	0	1	0	0	1	0	0	0	1	0	0	1	0
扬州大学	36	9	2	9	4	1	4	0	0	8	1	0	7	1	0
南京工程学院	37	13	7	13	2	3	8	0	0	8	5	0	6	4	0
南京审计大学	38	11	7	11	0	3	7	1	0	9	2	0	5	4	0
南京晓庄学院	39	13	7	13	2	6	5	0	0	10	3	0	2	8	0
江苏理工学院	40	10	2	10	1	6	2	1	0	9	1	0	5	4	0
淮海工学院	41	4	2	4	1	0	3	0	0	3	1	0	1	2	0
徐州工程学院	42	13	8	13	1	7	3	2	0	12	1	0	1	11	0
南京特殊教育师范学院	43	1	0	1	0	1	0	0	0	1	0	0	0	1	0
泰州学院	44	2	0	2	0	1	1	0	0	2	0	0	2	0	0
金陵科技学院	45	4	2	4	0	2	1	1	0	3	1	0	2	1	0
江苏第二师范学院	46	3	1	3	2	1	0	0	0	2	1	0	2	0	0

2.4 逻辑学人文、社会科学活动人员情况表

高校名称		总计		按职称划分						按最后学历划分			按最后学位划分		其他人员
			女性	小计	教授	副教授	讲师	助教	初级	研究生	本科生	其他	博士	硕士	
	编号	L01	L02	L03	L04	L05	L06	L07	L08	L09	L10	L11	L12	L13	L14
合计	/	22	9	22	6	4	12	0	0	17	5	0	5	13	0
南京大学	1	6	0	6	4	0	2	0	0	5	1	0	4	1	0
东南大学	2	1	1	1	0	0	1	0	0	1	0	0	1	0	0
江南大学	3	0	0	0	0	0	0	0	0	0	0	0	0	0	0
南京农业大学	4	0	0	0	0	0	0	0	0	0	0	0	0	0	0
中国矿业大学	5	0	0	0	0	0	0	0	0	0	0	0	0	0	0
河海大学	6	1	1	1	0	1	0	0	0	1	0	0	0	1	0
南京理工大学	7	0	0	0	0	0	0	0	0	0	0	0	0	0	0
南京航空航天大学	8	0	0	0	0	0	0	0	0	0	0	0	0	0	0
中国药科大学	9	0	0	0	0	0	0	0	0	0	0	0	0	0	0
南京森林警察学院	10	0	0	0	0	0	0	0	0	0	0	0	0	0	0
苏州大学	11	0	0	0	0	0	0	0	0	0	0	0	0	0	0
江苏科技大学	12	1	0	1	0	0	1	0	0	0	1	0	0	0	0
南京工业大学	13	0	0	0	0	0	0	0	0	0	0	0	0	0	0
常州大学	14	0	0	0	0	0	0	0	0	0	0	0	0	0	0
南京邮电大学	15	0	0	0	0	0	0	0	0	0	0	0	0	0	0
南京林业大学	16	0	0	0	0	0	0	0	0	0	0	0	0	0	0
江苏大学	17	1	0	1	0	0	1	0	0	1	0	0	0	1	0
南京信息工程大学	18	0	0	0	0	0	0	0	0	0	0	0	0	0	0
南通大学	19	0	0	0	0	0	0	0	0	0	0	0	0	0	0
盐城工学院	20	0	0	0	0	0	0	0	0	0	0	0	0	0	0
南京医科大学	21	0	0	0	0	0	0	0	0	0	0	0	0	0	0
徐州医科大学	22	0	0	0	0	0	0	0	0	0	0	0	0	0	0
南京中医药大学	23	1	1	1	0	0	1	0	0	1	0	0	0	1	0

续表

高校名称		总计		按职称划分						按最后学历划分			按最后学位划分		其他人员
			女性	小计	教授	副教授	讲师	助教	初级	研究生	本科生	其他	博士	硕士	
	编号	L01	L02	L03	L04	L05	L06	L07	L08	L09	L10	L11	L12	L13	L14
南京师范大学	24	0	0	0	0	0	0	0	0	0	0	0	0	0	0
江苏师范大学	25	1	0	1	1	0	0	0	0	0	1	0	0	0	0
淮阴师范学院	26	2	1	2	1	1	0	0	0	2	0	0	0	2	0
盐城师范学院	27	1	1	1	0	1	0	0	0	0	1	0	0	0	0
南京财经大学	28	0	0	0	0	0	0	0	0	0	0	0	0	0	0
江苏警官学院	29	2	1	2	0	0	2	0	0	2	0	0	0	2	0
南京体育学院	30	0	0	0	0	0	0	0	0	0	0	0	0	0	0
南京艺术学院	31	0	0	0	0	0	0	0	0	0	0	0	0	0	0
苏州科技大学	32	0	0	0	0	0	0	0	0	0	0	0	0	0	0
常熟理工学院	33	0	0	0	0	0	0	0	0	0	0	0	0	0	0
淮阴工学院	34	0	0	0	0	0	0	0	0	0	0	0	0	0	0
常州工学院	35	0	0	0	0	0	0	0	0	0	0	0	0	0	0
扬州大学	36	0	0	0	0	0	0	0	0	0	0	0	0	0	0
南京工程学院	37	1	1	1	0	0	1	0	0	0	1	0	0	1	0
南京审计大学	38	0	0	0	0	0	0	0	0	0	0	0	0	0	0
南京晓庄学院	39	0	0	0	0	0	0	0	0	0	0	0	0	0	0
江苏理工学院	40	0	0	0	0	0	0	0	0	0	0	0	0	0	0
淮海工学院	41	1	0	1	0	0	1	0	0	1	0	0	0	1	0
徐州工程学院	42	3	2	3	0	1	2	0	0	3	0	0	0	3	0
南京特殊教育师范学院	43	0	0	0	0	0	0	0	0	0	0	0	0	0	0
泰州学院	44	0	0	0	0	0	0	0	0	0	0	0	0	0	0
金陵科技学院	45	0	0	0	0	0	0	0	0	0	0	0	0	0	0
江苏第二师范学院	46	0	0	0	0	0	0	0	0	0	0	0	0	0	0

2.5 宗教学人文、社会科学活动人员情况表

高校名称		总计		按职称划分						按最后学历划分			按最后学位划分		其他人员
			女性	小计	教授	副教授	讲师	助教	初级	研究生	本科生	其他	博士	硕士	
	编号	L01	L02	L03	L04	L05	L06	L07	L08	L09	L10	L11	L12	L13	L14
合计	/	28	7	28	11	10	7	0	0	28	0	0	25	3	0
南京大学	1	14	2	14	8	5	1	0	0	14	0	0	14	0	0
东南大学	2	2	1	2	0	1	1	0	0	2	0	0	2	0	0
江南大学	3	0	0	0	0	0	0	0	0	0	0	0	0	0	0
南京农业大学	4	0	0	0	0	0	0	0	0	0	0	0	0	0	0
中国矿业大学	5	1	0	1	1	0	0	0	0	1	0	0	0	1	0
河海大学	6	2	1	2	1	0	1	0	0	2	0	0	2	0	0
南京理工大学	7	0	0	0	0	0	0	0	0	0	0	0	0	0	0
南京航空航天大学	8	0	0	0	0	0	0	0	0	0	0	0	0	0	0
中国药科大学	9	0	0	0	0	0	0	0	0	0	0	0	0	0	0
南京森林警察学院	10	0	0	0	0	0	0	0	0	0	0	0	0	0	0
苏州大学	11	1	0	1	0	1	0	0	0	1	0	0	1	0	0
江苏科技大学	12	0	0	0	0	0	0	0	0	0	0	0	0	0	0
南京工业大学	13	1	1	1	0	1	0	0	0	1	0	0	0	1	0
常州大学	14	0	0	0	0	0	0	0	0	0	0	0	0	0	0
南京邮电大学	15	0	0	0	0	0	0	0	0	0	0	0	0	0	0
南京林业大学	16	0	0	0	0	0	0	0	0	0	0	0	0	0	0
江苏大学	17	0	0	0	0	0	0	0	0	0	0	0	0	0	0
南京信息工程大学	18	0	0	0	0	0	0	0	0	0	0	0	0	0	0
南通大学	19	1	0	1	0	0	1	0	0	1	0	0	1	0	0
盐城工学院	20	0	0	0	0	0	0	0	0	0	0	0	0	0	0
南京医科大学	21	0	0	0	0	0	0	0	0	0	0	0	0	0	0
徐州医科大学	22	0	0	0	0	0	0	0	0	0	0	0	0	0	0
南京中医药大学	23	0	0	0	0	0	0	0	0	0	0	0	0	0	0

续表

高校名称		总计		按职称划分						按最后学历划分			按最后学位划分		其他人员
			女性	小计	教授	副教授	讲师	助教	初级	研究生	本科生	其他	博士	硕士	
	编号	L01	L02	L03	L04	L05	L06	L07	L08	L09	L10	L11	L12	L13	L14
南京师范大学	24	0	0	0	0	0	0	0	0	0	0	0	0	0	0
江苏师范大学	25	1	0	1	1	0	0	0	0	1	0	0	1	0	0
淮阴师范学院	26	0	0	0	0	0	0	0	0	0	0	0	0	0	0
盐城师范学院	27	0	0	0	0	0	0	0	0	0	0	0	0	0	0
南京财经大学	28	0	0	0	0	0	0	0	0	0	0	0	0	0	0
江苏警官学院	29	1	0	1	0	1	0	0	0	1	0	0	1	0	0
南京体育学院	30	0	0	0	0	0	0	0	0	0	0	0	0	0	0
南京艺术学院	31	0	0	0	0	0	0	0	0	0	0	0	0	0	0
苏州科技大学	32	0	0	0	0	0	0	0	0	0	0	0	0	0	0
常熟理工学院	33	0	0	0	0	0	0	0	0	0	0	0	0	0	0
淮阴工学院	34	1	1	1	0	1	0	0	0	1	0	0	0	1	0
常州工学院	35	0	0	0	0	0	0	0	0	0	0	0	0	0	0
扬州大学	36	3	1	3	0	0	3	0	0	3	0	0	3	0	0
南京工程学院	37	0	0	0	0	0	0	0	0	0	0	0	0	0	0
南京审计大学	38	0	0	0	0	0	0	0	0	0	0	0	0	0	0
南京晓庄学院	39	0	0	0	0	0	0	0	0	0	0	0	0	0	0
江苏理工学院	40	0	0	0	0	0	0	0	0	0	0	0	0	0	0
淮海工学院	41	0	0	0	0	0	0	0	0	0	0	0	0	0	0
徐州工程学院	42	0	0	0	0	0	0	0	0	0	0	0	0	0	0
南京特殊教育师范学院	43	0	0	0	0	0	0	0	0	0	0	0	0	0	0
泰州学院	44	0	0	0	0	0	0	0	0	0	0	0	0	0	0
金陵科技学院	45	0	0	0	0	0	0	0	0	0	0	0	0	0	0
江苏第二师范学院	46	0	0	0	0	0	0	0	0	0	0	0	0	0	0

2.6 语言学人文、社会科学活动人员情况表

高校名称		总计		按职称划分						按最后学历划分			按最后学位划分		其他人员
			女性	小计	教授	副教授	讲师	助教	初级	研究生	本科生	其他	博士	硕士	
	编号	L01	L02	L03	L04	L05	L06	L07	L08	L09	L10	L11	L12	L13	L14
合计	/	3 803	2 721	3 803	240	1 111	2 280	171	1	2 518	1 285	0	525	2 175	0
南京大学	1	134	98	134	21	57	53	3	0	120	14	0	65	52	0
东南大学	2	152	106	152	13	58	79	2	0	110	42	0	29	81	0
江南大学	3	94	81	94	5	21	66	2	0	85	9	0	15	70	0
南京农业大学	4	93	78	93	3	30	57	3	0	63	30	0	6	61	0
中国矿业大学	5	5	3	5	0	4	1	0	0	5	0	0	2	3	0
河海大学	6	23	14	23	3	12	6	2	0	20	3	0	10	10	0
南京理工大学	7	68	49	68	4	10	52	2	0	51	17	0	17	31	0
南京航空航天大学	8	82	53	82	5	34	42	1	0	62	20	0	14	48	0
中国药科大学	9	62	41	62	2	14	36	10	0	45	17	0	3	41	0
南京森林警察学院	10	25	18	25	1	11	12	1	0	10	15	0	0	14	0
苏州大学	11	210	141	210	15	61	110	24	0	131	79	0	41	101	0
江苏科技大学	12	93	74	93	1	20	72	0	0	74	19	0	3	69	0
南京工业大学	13	105	84	105	5	32	63	5	0	67	38	0	7	73	0
常州大学	14	83	66	83	6	17	54	6	0	55	28	0	10	53	0
南京邮电大学	15	68	44	68	9	17	41	1	0	48	20	0	10	39	0
南京林业大学	16	75	55	75	4	10	59	2	0	45	30	0	7	37	0
江苏大学	17	151	108	151	7	43	97	4	0	80	71	0	13	68	0
南京信息工程大学	18	99	75	99	3	13	81	2	0	66	33	0	3	67	0
南通大学	19	139	104	139	11	65	62	0	1	87	52	0	16	101	0
盐城工学院	20	60	36	60	4	23	32	1	0	28	32	0	2	47	0
南京医科大学	21	50	42	50	0	14	34	2	0	33	17	0	2	32	0
徐州医科大学	22	39	24	39	1	9	27	2	0	17	22	0	0	17	0
南京中医药大学	23	43	34	43	2	10	31	0	0	22	21	0	6	24	0

续表

高校名称		总计		按职称划分						按最后学历划分			按最后学位划分		其他人员
			女性	小计	教授	副教授	讲师	助教	初级	研究生	本科生	其他	博士	硕士	
	编号	L01	L02	L03	L04	L05	L06	L07	L08	L09	L10	L11	L12	L13	L14
南京师范大学	24	184	114	184	34	50	97	3	0	168	16	0	72	96	0
江苏师范大学	25	149	83	149	14	40	95	0	0	111	38	0	34	82	0
淮阴师范学院	26	104	70	104	3	25	76	0	0	57	47	0	10	49	0
盐城师范学院	27	85	46	85	7	24	46	8	0	70	15	0	16	54	0
南京财经大学	28	75	48	75	5	28	42	0	0	41	34	0	2	39	0
江苏警官学院	29	29	22	29	0	8	18	3	0	12	17	0	3	18	0
南京体育学院	30	14	10	14	0	3	11	0	0	10	4	0	1	7	0
南京艺术学院	31	16	13	16	0	4	12	0	0	7	9	0	0	7	0
苏州科技大学	32	120	89	120	6	34	63	17	0	87	33	0	14	80	0
常熟理工学院	33	73	53	73	5	28	38	2	0	56	17	0	13	47	0
淮阴工学院	34	69	50	69	4	26	37	2	0	36	33	0	2	49	0
常州工学院	35	65	51	65	3	12	49	1	0	42	23	0	3	42	0
扬州大学	36	159	107	159	11	39	106	3	0	105	54	0	24	82	0
南京工程学院	37	65	47	65	1	12	46	6	0	32	33	0	1	35	0
南京审计大学	38	78	56	78	5	26	39	8	0	63	15	0	14	57	0
南京晓庄学院	39	121	97	121	6	34	81	0	0	66	55	0	8	58	0
江苏理工学院	40	101	78	101	3	22	68	8	0	59	42	0	6	57	0
淮海工学院	41	53	40	53	3	16	33	1	0	25	28	0	3	27	0
徐州工程学院	42	103	76	103	2	32	55	14	0	46	57	0	7	42	0
南京特殊教育师范学院	43	9	8	9	0	5	2	2	0	6	3	0	1	6	0
泰州学院	44	70	49	70	2	16	45	7	0	15	55	0	3	26	0
金陵科技学院	45	69	54	69	0	27	38	4	0	46	23	0	4	44	0
江苏第二师范学院	46	39	32	39	1	15	16	7	0	34	5	0	3	32	0

2.7 中国文学人文、社会科学活动人员情况表

高校名称		总计		按职称划分						按最后学历划分			按最后学位划分		其他人员
			女性	小计	教授	副教授	讲师	助教	初级	研究生	本科生	其他	博士	硕士	
	编号	L01	L02	L03	L04	L05	L06	L07	L08	L09	L10	L11	L12	L13	L14
合计	/	1 193	577	1 193	268	447	460	18	0	931	260	2	609	373	0
南京大学	1	63	12	63	32	18	12	1	0	60	2	1	57	3	0
东南大学	2	24	12	24	2	8	13	1	0	21	3	0	14	7	0
江南大学	3	25	12	25	8	12	5	0	0	21	4	0	15	6	0
南京农业大学	4	3	2	3	0	0	3	0	0	2	1	0	1	1	0
中国矿业大学	5	21	10	21	5	10	6	0	0	17	4	0	15	3	0
河海大学	6	4	1	4	2	1	1	0	0	4	0	0	1	3	0
南京理工大学	7	9	4	9	2	5	2	0	0	7	2	0	3	4	0
南京航空航天大学	8	0	0	0	0	0	0	0	0	0	0	0	0	0	0
中国药科大学	9	0	0	0	0	0	0	0	0	0	0	0	0	0	0
南京森林警察学院	10	0	0	0	0	0	0	0	0	0	0	0	0	0	0
苏州大学	11	86	30	86	32	28	23	3	0	81	5	0	63	20	0
江苏科技大学	12	14	7	14	1	5	8	0	0	6	8	0	3	6	0
南京工业大学	13	5	3	5	2	2	1	0	0	4	1	0	3	1	0
常州大学	14	5	2	5	0	1	3	1	0	5	0	0	2	3	0
南京邮电大学	15	9	6	9	0	5	4	0	0	4	5	0	2	3	0
南京林业大学	16	22	15	22	0	6	16	0	0	17	5	0	5	12	0
江苏大学	17	17	10	17	3	3	10	1	0	13	4	0	8	5	0
南京信息工程大学	18	46	32	46	6	17	23	0	0	41	5	0	33	8	0
南通大学	19	57	24	57	13	24	20	0	0	51	6	0	36	14	0
盐城工学院	20	23	16	23	1	9	13	0	0	13	10	0	3	14	0
南京医科大学	21	1	1	1	0	0	1	0	0	1	0	0	0	1	0
徐州医科大学	22	12	10	12	0	2	10	0	0	7	5	0	0	8	0
南京中医药大学	23	2	1	2	0	0	2	0	0	2	0	0	2	0	0

续表

高校名称		总计		按职称划分						按最后学历划分			按最后学位划分		其他人员
			女性	小计	教授	副教授	讲师	助教	初级	研究生	本科生	其他	博士	硕士	
	编号	L01	L02	L03	L04	L05	L06	L07	L08	L09	L10	L11	L12	L13	L14
南京师范大学	24	96	44	96	30	40	25	1	0	94	2	0	76	18	0
江苏师范大学	25	68	29	68	23	20	25	0	0	57	11	0	35	22	0
淮阴师范学院	26	71	29	71	19	26	26	0	0	50	20	1	26	28	0
盐城师范学院	27	54	24	54	6	20	27	1	0	46	8	0	24	22	0
南京财经大学	28	16	11	16	2	9	5	0	0	11	5	0	7	4	0
江苏警官学院	29	14	2	14	3	4	6	1	0	8	6	0	4	7	0
南京体育学院	30	0	0	0	0	0	0	0	0	0	0	0	0	0	0
南京艺术学院	31	7	4	7	2	4	1	0	0	5	2	0	5	1	0
苏州科技大学	32	29	15	29	8	11	9	1	0	24	5	0	15	11	0
常熟理工学院	33	16	9	16	4	7	5	0	0	14	2	0	12	3	0
淮阴工学院	34	14	8	14	0	4	10	0	0	8	6	0	4	6	0
常州工学院	35	29	14	29	5	12	12	0	0	13	16	0	8	10	0
扬州大学	36	57	18	57	16	26	15	0	0	53	4	0	48	6	0
南京工程学院	37	5	4	5	0	0	5	0	0	3	2	0	0	3	0
南京审计大学	38	19	11	19	3	9	4	3	0	11	8	0	7	5	0
南京晓庄学院	39	50	30	50	12	23	15	0	0	34	16	0	18	16	0
江苏理工学院	40	22	12	22	7	10	4	1	0	19	3	0	9	10	0
淮海工学院	41	30	16	30	8	7	15	0	0	17	13	0	5	17	0
徐州工程学院	42	45	34	45	1	15	28	1	0	30	15	0	7	26	0
南京特殊教育师范学院	43	8	6	8	0	4	4	0	0	7	1	0	1	6	0
泰州学院	44	42	19	42	3	18	21	0	0	7	35	0	5	12	0
金陵科技学院	45	25	15	25	3	13	7	2	0	17	8	0	8	11	0
江苏第二师范学院	46	28	13	28	4	9	15	0	0	26	2	0	19	7	0

2.8 外国文学人文、社会科学活动人员情况表

高校名称		总计		按职称划分						按最后学历划分			按最后学位划分		其他人员
			女性	小计	教授	副教授	讲师	助教	初级	研究生	本科生	其他	博士	硕士	
	编号	L01	L02	L03	L04	L05	L06	L07	L08	L09	L10	L11	L12	L13	L14
合计	/	1 000	701	1 000	100	304	552	44	0	726	274	0	203	578	0
南京大学	1	73	38	73	22	24	27	0	0	72	1	0	53	19	0
东南大学	2	10	8	10	2	2	5	1	0	7	3	0	3	4	0
江南大学	3	12	10	12	2	3	7	0	0	12	0	0	3	9	0
南京农业大学	4	1	1	1	0	1	0	0	0	1	0	0	1	0	0
中国矿业大学	5	117	79	117	7	36	66	8	0	103	14	0	12	97	0
河海大学	6	8	3	8	1	3	4	0	0	6	2	0	2	4	0
南京理工大学	7	15	11	15	2	3	7	3	0	12	3	0	3	9	0
南京航空航天大学	8	13	10	13	0	5	8	0	0	13	0	0	8	5	0
中国药科大学	9	11	7	11	0	0	9	2	0	4	7	0	0	4	0
南京森林警察学院	10	1	1	1	0	0	1	0	0	1	0	0	0	1	0
苏州大学	11	45	30	45	10	11	20	4	0	37	8	0	15	19	0
江苏科技大学	12	19	13	19	1	7	11	0	0	16	3	0	1	15	0
南京工业大学	13	6	4	6	0	3	2	1	0	5	1	0	2	4	0
常州大学	14	3	2	3	0	1	0	2	0	3	0	0	1	2	0
南京邮电大学	15	16	11	16	1	9	6	0	0	12	4	0	5	7	0
南京林业大学	16	1	0	1	0	0	1	0	0	1	0	0	0	1	0
江苏大学	17	8	4	8	1	3	4	0	0	7	1	0	3	5	0
南京信息工程大学	18	23	13	23	4	8	11	0	0	18	5	0	4	16	0
南通大学	19	51	34	51	3	19	29	0	0	34	17	0	7	33	0
盐城工学院	20	22	17	22	1	10	10	1	0	7	15	0	0	16	0
南京医科大学	21	3	2	3	0	1	2	0	0	3	0	0	1	2	0
徐州医科大学	22	0	0	0	0	0	0	0	0	0	0	0	0	0	0
南京中医药大学	23	9	6	9	0	2	7	0	0	2	7	0	0	4	0

续表

高校名称		总计		按职称划分						按最后学历划分			按最后学位划分		其他人员
			女性	小计	教授	副教授	讲师	助教	初级	研究生	本科生	其他	博士	硕士	
	编号	L01	L02	L03	L04	L05	L06	L07	L08	L09	L10	L11	L12	L13	L14
南京师范大学	24	79	64	79	17	24	34	4	0	77	2	0	33	44	0
江苏师范大学	25	37	25	37	3	14	20	0	0	31	6	0	5	28	0
淮阴师范学院	26	32	24	32	1	10	21	0	0	18	14	0	2	18	0
盐城师范学院	27	17	11	17	3	7	7	0	0	17	0	0	4	12	0
南京财经大学	28	9	5	9	1	4	4	0	0	7	2	0	1	5	0
江苏警官学院	29	1	1	1	0	0	0	1	0	1	0	0	0	1	0
南京体育学院	30	12	8	12	0	1	6	5	0	4	8	0	0	4	0
南京艺术学院	31	2	1	2	0	0	2	0	0	2	0	0	0	2	0
苏州科技大学	32	21	17	21	2	5	13	1	0	19	2	0	6	13	0
常熟理工学院	33	16	13	16	0	5	11	0	0	14	2	0	0	15	0
淮阴工学院	34	15	12	15	0	6	9	0	0	6	9	0	1	9	0
常州工学院	35	43	34	43	1	6	34	2	0	18	25	0	5	17	0
扬州大学	36	40	23	40	5	8	27	0	0	25	15	0	7	17	0
南京工程学院	37	16	9	16	0	4	7	5	0	12	4	0	3	12	0
南京审计大学	38	20	16	20	2	7	10	1	0	14	6	0	4	13	0
南京晓庄学院	39	7	5	7	1	3	3	0	0	6	1	0	0	6	0
江苏理工学院	40	16	12	16	1	8	7	0	0	8	8	0	1	7	0
淮海工学院	41	74	56	74	0	27	47	0	0	29	45	0	2	35	0
徐州工程学院	42	39	30	39	3	8	27	1	0	19	20	0	2	16	0
南京特殊教育师范学院	43	20	18	20	1	2	16	1	0	11	9	0	0	17	0
泰州学院	44	6	4	6	1	1	4	0	0	1	5	0	1	2	0
金陵科技学院	45	6	4	6	1	1	4	0	0	6	0	0	0	6	0
江苏第二师范学院	46	5	5	5	0	2	2	1	0	5	0	0	2	3	0

2.9 艺术学人文、社会科学活动人员情况表

高校名称		总计		按职称划分						按最后学历划分			按最后学位划分		其他人员
			女性	小计	教授	副教授	讲师	助教	初级	研究生	本科生	其他	博士	硕士	
	编号	L01	L02	L03	L04	L05	L06	L07	L08	L09	L10	L11	L12	L13	L14
合计	/	3 049	1 525	3 049	410	915	1 417	305	2	1 927	1 117	5	461	1 668	0
南京大学	1	38	17	38	13	14	11	0	0	32	5	1	31	2	0
东南大学	2	62	24	62	14	18	27	3	0	58	4	0	41	17	0
江南大学	3	174	84	174	29	73	67	5	0	135	39	0	40	85	0
南京农业大学	4	21	10	21	2	5	13	1	0	15	6	0	5	10	0
中国矿业大学	5	57	27	57	9	17	28	3	0	45	12	0	10	42	0
河海大学	6	4	2	4	1	1	2	0	0	2	2	0	0	2	0
南京理工大学	7	29	13	29	2	7	14	6	0	27	2	0	7	20	0
南京航空航天大学	8	54	23	54	15	15	21	3	0	29	25	0	11	18	0
中国药科大学	9	0	0	0	0	0	0	0	0	0	0	0	0	0	0
南京森林警察学院	10	9	6	9	0	3	1	5	0	4	5	0	0	5	0
苏州大学	11	119	52	119	34	34	44	7	0	48	71	0	14	37	0
江苏科技大学	12	5	4	5	0	0	4	1	0	4	1	0	0	4	0
南京工业大学	13	40	18	40	6	13	19	2	0	39	1	0	13	25	0
常州大学	14	57	25	57	8	12	28	9	0	46	11	0	10	38	0
南京邮电大学	15	28	16	28	4	8	10	6	0	26	2	0	6	20	0
南京林业大学	16	69	42	69	6	15	41	7	0	58	11	0	15	43	0
江苏大学	17	53	22	53	4	18	20	11	0	30	23	0	7	24	0
南京信息工程大学	18	49	22	49	5	8	28	8	0	42	7	0	8	37	0
南通大学	19	101	51	101	9	44	45	2	1	54	47	0	11	63	0
盐城工学院	20	51	20	51	2	15	31	3	0	24	27	0	6	36	0
南京医科大学	21	1	1	1	0	0	1	0	0	0	1	0	0	0	0
徐州医科大学	22	3	3	3	0	0	3	0	0	1	2	0	0	1	0
南京中医药大学	23	3	3	3	0	1	2	0	0	3	0	0	1	2	0

续表

高校名称		总计		按职称划分						按最后学历划分			按最后学位划分		其他人员
			女性	小计	教授	副教授	讲师	助教	初级	研究生	本科生	其他	博士	硕士	
	编号	L01	L02	L03	L04	L05	L06	L07	L08	L09	L10	L11	L12	L13	L14
南京师范大学	24	180	84	180	43	59	53	25	0	131	49	0	37	96	0
江苏师范大学	25	101	51	101	13	40	48	0	0	47	54	0	11	39	0
淮阴师范学院	26	109	48	109	5	22	79	3	0	53	54	2	7	53	0
盐城师范学院	27	79	43	79	2	16	37	24	0	52	27	0	3	45	0
南京财经大学	28	43	22	43	3	14	26	0	0	37	6	0	5	33	0
江苏警官学院	29	0	0	0	0	0	0	0	0	0	0	0	0	0	0
南京体育学院	30	3	3	3	0	0	1	2	0	3	0	0	1	2	0
南京艺术学院	31	468	208	468	106	151	185	26	0	302	164	2	92	265	0
苏州科技大学	32	128	59	128	17	32	55	24	0	75	53	0	14	70	0
常熟理工学院	33	58	32	58	6	19	32	1	0	29	29	0	3	36	0
淮阴工学院	34	51	26	51	1	9	35	6	0	29	22	0	4	38	0
常州工学院	35	80	39	80	8	18	46	8	0	47	33	0	9	44	0
扬州大学	36	80	39	80	9	27	42	2	0	43	37	0	9	35	0
南京工程学院	37	65	36	65	3	21	36	5	0	40	25	0	5	47	0
南京审计大学	38	14	8	14	0	4	5	5	0	6	8	0	0	11	0
南京晓庄学院	39	105	72	105	5	25	69	6	0	66	39	0	3	64	0
江苏理工学院	40	78	42	78	4	25	41	8	0	40	38	0	3	39	0
淮海工学院	41	33	18	33	0	3	28	2	0	23	10	0	0	23	0
徐州工程学院	42	86	51	86	3	25	39	19	0	36	50	0	1	43	0
南京特殊教育师范学院	43	50	33	50	3	16	21	10	0	22	28	0	4	20	0
泰州学院	44	72	42	72	8	21	26	16	1	27	45	0	6	37	0
金陵科技学院	45	63	41	63	5	21	29	8	0	34	29	0	4	42	0
江苏第二师范学院	46	76	43	76	3	26	24	23	0	63	13	0	4	55	0

2.10 历史学人文、社会科学活动人员情况表

高校名称		总计		按职称划分						按最后学历划分			按最后学位划分		其他人员
			女性	小计	教授	副教授	讲师	助教	初级	研究生	本科生	其他	博士	硕士	
	编号	L01	L02	L03	L04	L05	L06	L07	L08	L09	L10	L11	L12	L13	L14
合计	/	525	181	525	131	186	192	16	0	447	78	0	302	149	0
南京大学	1	53	13	53	26	17	10	0	0	53	0	0	49	4	0
东南大学	2	5	1	5	1	0	4	0	0	4	1	0	3	1	0
江南大学	3	5	0	5	1	3	1	0	0	5	0	0	2	3	0
南京农业大学	4	18	3	18	4	10	4	0	0	16	2	0	11	5	0
中国矿业大学	5	2	0	2	0	1	1	0	0	2	0	0	2	0	0
河海大学	6	3	2	3	0	0	3	0	0	3	0	0	3	0	0
南京理工大学	7	9	2	9	2	3	4	0	0	8	1	0	5	3	0
南京航空航天大学	8	3	2	3	0	1	1	1	0	3	0	0	2	1	0
中国药科大学	9	2	1	2	0	0	2	0	0	2	0	0	2	0	0
南京森林警察学院	10	1	0	1	0	0	0	1	0	1	0	0	0	1	0
苏州大学	11	34	10	34	17	9	8	0	0	32	2	0	26	6	0
江苏科技大学	12	6	1	6	0	4	2	0	0	6	0	0	3	3	0
南京工业大学	13	5	2	5	0	3	2	0	0	3	2	0	2	1	0
常州大学	14	5	3	5	1	0	4	0	0	5	0	0	4	1	0
南京邮电大学	15	12	6	12	2	8	2	0	0	9	3	0	8	1	0
南京林业大学	16	3	1	3	1	1	0	1	0	3	0	0	1	2	0
江苏大学	17	14	5	14	1	6	7	0	0	11	3	0	8	4	0
南京信息工程大学	18	17	2	17	4	1	12	0	0	17	0	0	14	3	0
南通大学	19	15	5	15	2	8	5	0	0	14	1	0	9	5	0
盐城工学院	20	5	3	5	2	2	1	0	0	4	1	0	3	2	0
南京医科大学	21	0	0	0	0	0	0	0	0	0	0	0	0	0	0
徐州医科大学	22	1	0	1	0	0	1	0	0	1	0	0	0	1	0
南京中医药大学	23	9	4	9	3	0	6	0	0	8	1	0	6	2	0

续表

高校名称		总计		按职称划分						按最后学历划分			按最后学位划分		其他人员
			女性	小计	教授	副教授	讲师	助教	初级	研究生	本科生	其他	博士	硕士	
	编号	L01	L02	L03	L04	L05	L06	L07	L08	L09	L10	L11	L12	L13	L14
南京师范大学	24	45	18	45	14	15	15	1	0	37	8	0	29	8	0
江苏师范大学	25	35	15	35	11	12	12	0	0	30	5	0	23	7	0
淮阴师范学院	26	22	9	22	4	10	8	0	0	18	4	0	11	7	0
盐城师范学院	27	21	9	21	4	7	8	2	0	18	3	0	5	13	0
南京财经大学	28	10	6	10	0	3	7	0	0	7	3	0	3	4	0
江苏警官学院	29	2	0	2	1	0	0	1	0	2	0	0	2	0	0
南京体育学院	30	1	0	1	0	0	1	0	0	0	1	0	0	0	0
南京艺术学院	31	0	0	0	0	0	0	0	0	0	0	0	0	0	0
苏州科技大学	32	27	9	27	9	7	8	3	0	22	5	0	12	10	0
常熟理工学院	33	6	2	6	2	3	1	0	0	5	1	0	4	1	0
淮阴工学院	34	8	2	8	0	3	5	0	0	8	0	0	3	5	0
常州工学院	35	4	2	4	0	2	2	0	0	1	3	0	0	1	0
扬州大学	36	40	6	40	11	15	13	1	0	36	4	0	28	9	0
南京工程学院	37	3	1	3	0	1	1	1	0	2	1	0	1	1	0
南京审计大学	38	8	2	8	1	2	5	0	0	8	0	0	4	4	0
南京晓庄学院	39	13	4	13	3	7	3	0	0	8	5	0	6	2	0
江苏理工学院	40	9	4	9	2	2	3	2	0	5	4	0	1	4	0
淮海工学院	41	4	0	4	0	0	4	0	0	3	1	0	0	4	0
徐州工程学院	42	18	15	18	0	11	6	1	0	10	8	0	0	10	0
南京特殊教育师范学院	43	0	0	0	0	0	0	0	0	0	0	0	0	0	0
泰州学院	44	11	7	11	1	5	5	0	0	7	4	0	2	5	0
金陵科技学院	45	3	1	3	0	1	2	0	0	3	0	0	3	0	0
江苏第二师范学院	46	8	3	8	1	3	3	1	0	7	1	0	2	5	0

2.11 考古学人文、社会科学活动人员情况表

高校名称		总计		按职称划分						按最后学历划分			按最后学位划分		其他人员
			女性	小计	教授	副教授	讲师	助教	初级	研究生	本科生	其他	博士	硕士	
	编号	L01	L02	L03	L04	L05	L06	L07	L08	L09	L10	L11	L12	L13	L14
合计	/	31	5	31	17	8	5	1	0	23	8	0	19	4	0
南京大学	1	18	2	18	11	5	2	0	0	14	4	0	13	1	0
东南大学	2	0	0	0	0	0	0	0	0	0	0	0	0	0	0
江南大学	3	0	0	0	0	0	0	0	0	0	0	0	0	0	0
南京农业大学	4	0	0	0	0	0	0	0	0	0	0	0	0	0	0
中国矿业大学	5	0	0	0	0	0	0	0	0	0	0	0	0	0	0
河海大学	6	0	0	0	0	0	0	0	0	0	0	0	0	0	0
南京理工大学	7	0	0	0	0	0	0	0	0	0	0	0	0	0	0
南京航空航天大学	8	1	0	1	1	0	0	0	0	1	0	0	1	0	0
中国药科大学	9	0	0	0	0	0	0	0	0	0	0	0	0	0	0
南京森林警察学院	10	0	0	0	0	0	0	0	0	0	0	0	0	0	0
苏州大学	11	0	0	0	0	0	0	0	0	0	0	0	0	0	0
江苏科技大学	12	0	0	0	0	0	0	0	0	0	0	0	0	0	0
南京工业大学	13	0	0	0	0	0	0	0	0	0	0	0	0	0	0
常州大学	14	0	0	0	0	0	0	0	0	0	0	0	0	0	0
南京邮电大学	15	0	0	0	0	0	0	0	0	0	0	0	0	0	0
南京林业大学	16	0	0	0	0	0	0	0	0	0	0	0	0	0	0
江苏大学	17	0	0	0	0	0	0	0	0	0	0	0	0	0	0
南京信息工程大学	18	0	0	0	0	0	0	0	0	0	0	0	0	0	0
南通大学	19	0	0	0	0	0	0	0	0	0	0	0	0	0	0
盐城工学院	20	0	0	0	0	0	0	0	0	0	0	0	0	0	0
南京医科大学	21	0	0	0	0	0	0	0	0	0	0	0	0	0	0
徐州医科大学	22	0	0	0	0	0	0	0	0	0	0	0	0	0	0
南京中医药大学	23	0	0	0	0	0	0	0	0	0	0	0	0	0	0

续表

高校名称		总计		按职称划分						按最后学历划分			按最后学位划分		其他人员
			女性	小计	教授	副教授	讲师	助教	初级	研究生	本科生	其他	博士	硕士	
	编号	L01	L02	L03	L04	L05	L06	L07	L08	L09	L10	L11	L12	L13	L14
南京师范大学	24	7	0	7	4	2	1	0	0	3	4	0	2	1	0
江苏师范大学	25	0	0	0	0	0	0	0	0	0	0	0	0	0	0
淮阴师范学院	26	1	1	1	0	0	1	0	0	1	0	0	0	1	0
盐城师范学院	27	0	0	0	0	0	0	0	0	0	0	0	0	0	0
南京财经大学	28	0	0	0	0	0	0	0	0	0	0	0	0	0	0
江苏警官学院	29	0	0	0	0	0	0	0	0	0	0	0	0	0	0
南京体育学院	30	0	0	0	0	0	0	0	0	0	0	0	0	0	0
南京艺术学院	31	0	0	0	0	0	0	0	0	0	0	0	0	0	0
苏州科技大学	32	0	0	0	0	0	0	0	0	0	0	0	0	0	0
常熟理工学院	33	1	0	1	1	0	0	0	0	1	0	0	1	0	0
淮阴工学院	34	0	0	0	0	0	0	0	0	0	0	0	0	0	0
常州工学院	35	0	0	0	0	0	0	0	0	0	0	0	0	0	0
扬州大学	36	0	0	0	0	0	0	0	0	0	0	0	0	0	0
南京工程学院	37	0	0	0	0	0	0	0	0	0	0	0	0	0	0
南京审计大学	38	0	0	0	0	0	0	0	0	0	0	0	0	0	0
南京晓庄学院	39	0	0	0	0	0	0	0	0	0	0	0	0	0	0
江苏理工学院	40	0	0	0	0	0	0	0	0	0	0	0	0	0	0
淮海工学院	41	0	0	0	0	0	0	0	0	0	0	0	0	0	0
徐州工程学院	42	0	0	0	0	0	0	0	0	0	0	0	0	0	0
南京特殊教育师范学院	43	1	1	1	0	0	1	0	0	1	0	0	1	0	0
泰州学院	44	0	0	0	0	0	0	0	0	0	0	0	0	0	0
金陵科技学院	45	0	0	0	0	0	0	0	0	0	0	0	0	0	0
江苏第二师范学院	46	2	1	2	0	1	0	1	0	2	0	0	1	1	0

2.12 经济学人文、社会科学活动人员情况表

高校名称		总计		按职称划分						按最后学历划分			按最后学位划分		其他人员
			女性	小计	教授	副教授	讲师	助教	初级	研究生	本科生	其他	博士	硕士	
	编号	L01	L02	L03	L04	L05	L06	L07	L08	L09	L10	L11	L12	L13	L14
合计	/	2 675	1 225	2 675	500	1 002	1 111	62	0	1 950	722	3	1 086	1 011	0
南京大学	1	109	29	109	46	44	18	1	0	108	1	0	100	8	0
东南大学	2	108	42	108	18	51	39	0	0	85	23	0	59	27	0
江南大学	3	33	13	33	5	22	6	0	0	30	3	0	22	8	0
南京农业大学	4	62	28	62	17	17	25	3	0	59	3	0	50	8	0
中国矿业大学	5	36	18	36	7	12	17	0	0	31	5	0	21	14	0
河海大学	6	62	20	62	18	18	24	2	0	57	5	0	38	19	0
南京理工大学	7	69	41	69	14	32	22	1	0	60	9	0	33	31	0
南京航空航天大学	8	29	13	29	10	14	5	0	0	27	2	0	15	12	0
中国药科大学	9	18	8	18	1	8	8	1	0	18	0	0	8	10	0
南京森林警察学院	10	10	8	10	0	6	3	1	0	2	8	0	0	2	0
苏州大学	11	100	49	100	26	49	24	1	0	68	32	0	36	42	0
江苏科技大学	12	66	36	66	4	27	35	0	0	31	35	0	14	25	0
南京工业大学	13	26	12	26	4	11	11	0	0	16	10	0	7	14	0
常州大学	14	38	15	38	6	13	17	2	0	31	7	0	19	14	0
南京邮电大学	15	32	19	32	4	12	16	0	0	27	5	0	8	19	0
南京林业大学	16	40	20	40	9	15	16	0	0	31	9	0	12	20	0
江苏大学	17	90	47	90	10	33	41	6	0	67	23	0	25	42	0
南京信息工程大学	18	62	38	62	9	23	30	0	0	49	13	0	30	21	0
南通大学	19	64	31	64	12	26	26	0	0	52	12	0	18	38	0
盐城工学院	20	55	24	55	4	26	22	3	0	22	33	0	6	36	0
南京医科大学	21	0	0	0	0	0	0	0	0	0	0	0	0	0	0
徐州医科大学	22	2	1	2	1	0	1	0	0	0	2	0	0	1	0
南京中医药大学	23	21	14	21	1	7	13	0	0	20	1	0	6	14	0

续表

高校名称		总计		按职称划分						按最后学历划分			按最后学位划分		其他人员
			女性	小计	教授	副教授	讲师	助教	初级	研究生	本科生	其他	博士	硕士	
	编号	L01	L02	L03	L04	L05	L06	L07	L08	L09	L10	L11	L12	L13	L14
南京师范大学	24	82	29	82	22	31	28	1	0	67	15	0	42	27	0
江苏师范大学	25	93	40	93	23	27	43	0	0	73	20	0	40	42	0
淮阴师范学院	26	31	13	31	5	10	16	0	0	22	8	1	9	13	0
盐城师范学院	27	54	22	54	5	15	27	7	0	45	9	0	13	32	0
南京财经大学	28	349	153	349	64	126	159	0	0	239	110	0	160	81	0
江苏警官学院	29	6	2	6	3	1	1	1	0	3	3	0	1	2	0
南京体育学院	30	8	4	8	1	1	3	3	0	1	7	0	0	1	0
南京艺术学院	31	1	0	1	0	1	0	0	0	1	0	0	1	0	0
苏州科技大学	32	31	13	31	9	9	11	2	0	23	8	0	7	17	0
常熟理工学院	33	19	7	19	2	10	7	0	0	13	6	0	3	15	0
淮阴工学院	34	37	16	37	8	10	16	3	0	15	20	2	7	22	0
常州工学院	35	36	17	36	6	9	20	1	0	18	18	0	7	16	0
扬州大学	36	148	60	148	25	56	67	0	0	97	51	0	41	58	0
南京工程学院	37	49	27	49	3	11	31	4	0	26	23	0	5	27	0
南京审计大学	38	282	127	282	59	104	112	7	0	240	42	0	167	88	0
南京晓庄学院	39	46	25	46	3	15	27	1	0	40	6	0	14	26	0
江苏理工学院	40	102	54	102	17	35	44	6	0	49	53	0	19	41	0
淮海工学院	41	33	14	33	1	13	19	0	0	20	13	0	5	18	0
徐州工程学院	42	78	41	78	9	33	33	3	0	36	42	0	4	39	0
南京特殊教育师范学院	43	1	0	1	1	0	0	0	0	1	0	0	1	0	0
泰州学院	44	14	8	14	3	2	9	0	0	7	7	0	2	5	0
金陵科技学院	45	38	24	38	5	15	17	1	0	19	19	0	10	13	0
江苏第二师范学院	46	5	3	5	0	2	2	1	0	4	1	0	1	3	0

2.13 政治学人文、社会科学活动人员情况表

高校名称		总计		按职称划分						按最后学历划分			按最后学位划分		其他人员
			女性	小计	教授	副教授	讲师	助教	初级	研究生	本科生	其他	博士	硕士	
	编号	L01	L02	L03	L04	L05	L06	L07	L08	L09	L10	L11	L12	L13	L14
合计	/	444	171	444	92	154	180	18	0	331	113	0	156	205	0
南京大学	1	53	18	53	12	16	24	1	0	51	2	0	39	12	0
东南大学	2	16	5	16	1	8	6	1	0	14	2	0	7	7	0
江南大学	3	4	1	4	3	0	1	0	0	4	0	0	3	1	0
南京农业大学	4	5	1	5	1	1	3	0	0	5	0	0	2	3	0
中国矿业大学	5	3	0	3	3	0	0	0	0	3	0	0	3	0	0
河海大学	6	19	10	19	5	5	8	1	0	19	0	0	10	9	0
南京理工大学	7	6	1	6	0	3	2	1	0	5	1	0	4	1	0
南京航空航天大学	8	10	5	10	3	6	1	0	0	10	0	0	7	3	0
中国药科大学	9	0	0	0	0	0	0	0	0	0	0	0	0	0	0
南京森林警察学院	10	8	2	8	0	5	1	2	0	6	2	0	2	5	0
苏州大学	11	27	7	27	12	10	4	1	0	21	6	0	10	10	0
江苏科技大学	12	11	5	11	2	3	5	1	0	8	3	0	3	5	0
南京工业大学	13	4	2	4	0	3	0	1	0	2	2	0	0	3	0
常州大学	14	5	1	5	2	0	3	0	0	4	1	0	3	2	0
南京邮电大学	15	6	2	6	3	2	1	0	0	6	0	0	2	4	0
南京林业大学	16	1	0	1	0	1	0	0	0	1	0	0	0	1	0
江苏大学	17	10	4	10	2	4	4	0	0	7	3	0	5	2	0
南京信息工程大学	18	12	6	12	2	4	6	0	0	9	3	0	4	6	0
南通大学	19	11	4	11	3	7	1	0	0	6	5	0	4	5	0
盐城工学院	20	2	1	2	0	1	1	0	0	2	0	0	0	2	0
南京医科大学	21	0	0	0	0	0	0	0	0	0	0	0	0	0	0
徐州医科大学	22	3	2	3	0	1	2	0	0	2	1	0	2	1	0
南京中医药大学	23	4	2	4	0	0	4	0	0	3	1	0	1	2	0

续表

高校名称		总计		按职称划分						按最后学历划分			按最后学位划分		其他
			女性	小计	教授	副教授	讲师	助教	初级	研究生	本科生	其他	博士	硕士	人员
	编号	L01	L02	L03	L04	L05	L06	L07	L08	L09	L10	L11	L12	L13	L14
南京师范大学	24	24	10	24	7	8	9	0	0	24	0	0	11	13	0
江苏师范大学	25	16	6	16	2	8	6	0	0	12	4	0	4	8	0
淮阴师范学院	26	27	8	27	5	9	13	0	0	21	6	0	4	18	0
盐城师范学院	27	4	0	4	1	0	3	0	0	4	0	0	1	3	0
南京财经大学	28	5	2	5	1	1	3	0	0	4	1	0	0	4	0
江苏警官学院	29	4	1	4	1	2	1	0	0	3	1	0	1	3	0
南京体育学院	30	3	2	3	0	0	2	1	0	3	0	0	0	3	0
南京艺术学院	31	0	0	0	0	0	0	0	0	0	0	0	0	0	0
苏州科技大学	32	22	11	22	1	5	11	5	0	14	8	0	4	11	0
常熟理工学院	33	2	0	2	0	0	1	1	0	2	0	0	1	1	0
淮阴工学院	34	13	5	13	3	4	6	0	0	5	8	0	0	11	0
常州工学院	35	4	2	4	1	0	3	0	0	3	1	0	1	2	0
扬州大学	36	19	8	19	5	6	8	0	0	11	8	0	6	5	0
南京工程学院	37	19	10	19	0	5	13	1	0	11	8	0	2	11	0
南京审计大学	38	9	3	9	3	1	5	0	0	9	0	0	6	3	0
南京晓庄学院	39	4	2	4	2	1	1	0	0	2	2	0	0	2	0
江苏理工学院	40	7	1	7	2	2	2	1	0	4	3	0	2	3	0
淮海工学院	41	3	1	3	0	2	1	0	0	2	1	0	0	3	0
徐州工程学院	42	12	7	12	1	6	5	0	0	2	10	0	0	6	0
南京特殊教育师范学院	43	0	0	0	0	0	0	0	0	0	0	0	0	0	0
泰州学院	44	14	6	14	1	10	3	0	0	0	14	0	0	6	0
金陵科技学院	45	11	6	11	1	4	6	0	0	5	6	0	1	4	0
江苏第二师范学院	46	2	1	2	1	0	1	0	0	2	0	0	1	1	0

2.14 法学人文、社会科学活动人员情况表

高校名称		总计		按职称划分						按最后学历划分			按最后学位划分		其他人员
			女性	小计	教授	副教授	讲师	助教	初级	研究生	本科生	其他	博士	硕士	
	编号	L01	L02	L03	L04	L05	L06	L07	L08	L09	L10	L11	L12	L13	L14
合计	/	1 368	539	1 368	245	528	515	80	0	968	399	1	475	636	0
南京大学	1	74	27	74	26	31	16	1	0	69	5	0	56	14	0
东南大学	2	63	23	63	11	30	19	3	0	61	2	0	49	11	0
江南大学	3	34	17	34	3	16	14	1	0	31	3	0	16	15	0
南京农业大学	4	17	6	17	2	6	9	0	0	15	2	0	2	15	0
中国矿业大学	5	15	4	15	3	4	8	0	0	8	7	0	7	4	0
河海大学	6	40	14	40	8	21	11	0	0	40	0	0	29	9	0
南京理工大学	7	26	11	26	3	7	16	0	0	23	3	0	14	8	0
南京航空航天大学	8	23	10	23	4	8	10	1	0	20	3	0	9	10	0
中国药科大学	9	12	4	12	1	4	3	4	0	9	3	0	3	6	0
南京森林警察学院	10	85	35	85	7	34	24	20	0	49	36	0	4	66	0
苏州大学	11	79	20	79	29	31	18	1	0	61	18	0	50	17	0
江苏科技大学	12	8	3	8	1	3	4	0	0	5	3	0	1	5	0
南京工业大学	13	32	13	32	10	16	5	1	0	26	6	0	9	15	0
常州大学	14	23	7	23	6	7	9	1	0	18	5	0	10	11	0
南京邮电大学	15	14	6	14	1	11	2	0	0	11	3	0	4	8	0
南京林业大学	16	11	10	11	1	1	9	0	0	9	2	0	1	8	0
江苏大学	17	54	19	54	7	23	23	1	0	47	7	0	15	32	0
南京信息工程大学	18	31	18	31	4	10	16	1	0	27	4	0	9	19	0
南通大学	19	24	13	24	3	10	11	0	0	16	8	0	3	19	0
盐城工学院	20	8	2	8	1	2	4	1	0	6	2	0	2	4	0
南京医科大学	21	2	1	2	0	1	1	0	0	2	0	0	1	1	0
徐州医科大学	22	13	6	13	0	0	9	4	0	5	8	0	0	8	0
南京中医药大学	23	11	5	11	2	3	6	0	0	9	2	0	3	6	0

续表

高校名称		总计		按职称划分						按最后学历划分			按最后学位划分		其他人员
			女性	小计	教授	副教授	讲师	助教	初级	研究生	本科生	其他	博士	硕士	
	编号	L01	L02	L03	L04	L05	L06	L07	L08	L09	L10	L11	L12	L13	L14
南京师范大学	24	82	18	82	28	29	24	1	0	76	6	0	56	20	0
江苏师范大学	25	32	9	32	7	15	10	0	0	11	21	0	6	17	0
淮阴师范学院	26	35	12	35	5	17	13	0	0	30	4	1	7	25	0
盐城师范学院	27	30	12	30	5	12	11	2	0	23	7	0	7	16	0
南京财经大学	28	43	18	43	10	19	14	0	0	36	7	0	12	25	0
江苏警官学院	29	158	62	158	18	55	62	23	0	48	110	0	17	83	0
南京体育学院	30	2	1	2	1	0	1	0	0	1	1	0	0	1	0
南京艺术学院	31	0	0	0	0	0	0	0	0	0	0	0	0	0	0
苏州科技大学	32	13	5	13	0	5	7	1	0	9	4	0	0	12	0
常熟理工学院	33	1	0	1	0	0	1	0	0	1	0	0	0	1	0
淮阴工学院	34	12	4	12	1	4	7	0	0	11	1	0	2	10	0
常州工学院	35	10	6	10	1	4	5	0	0	3	7	0	1	7	0
扬州大学	36	49	17	49	15	24	10	0	0	33	16	0	20	13	0
南京工程学院	37	11	5	11	1	0	9	1	0	6	5	0	1	6	0
南京审计大学	38	63	32	63	10	22	26	5	0	54	9	0	28	30	0
南京晓庄学院	39	9	5	9	1	2	5	1	0	8	1	0	5	3	0
江苏理工学院	40	12	7	12	2	2	8	0	0	8	4	0	2	6	0
淮海工学院	41	29	12	29	2	10	17	0	0	9	20	0	4	11	0
徐州工程学院	42	35	17	35	1	13	19	2	0	10	25	0	3	13	0
南京特殊教育师范学院	43	0	0	0	0	0	0	0	0	0	0	0	0	0	0
泰州学院	44	15	5	15	2	7	6	0	0	9	6	0	4	9	0
金陵科技学院	45	16	8	16	1	7	7	1	0	6	10	0	0	10	0
江苏第二师范学院	46	12	10	12	1	2	6	3	0	9	3	0	3	7	0

2.15 社会学人文、社会科学活动人员情况表

高校名称		总计		按职称划分						按最后学历划分			按最后学位划分		其他人员
			女性	小计	教授	副教授	讲师	助教	初级	研究生	本科生	其他	博士	硕士	
	编号	L01	L02	L03	L04	L05	L06	L07	L08	L09	L10	L11	L12	L13	L14
合计	/	531	264	531	84	189	244	14	0	448	81	2	244	225	0
南京大学	1	43	11	43	17	19	7	0	0	43	0	0	36	7	0
东南大学	2	16	10	16	2	5	9	0	0	16	0	0	11	5	0
江南大学	3	12	5	12	2	5	5	0	0	12	0	0	8	4	0
南京农业大学	4	19	13	19	2	8	7	2	0	15	4	0	10	5	0
中国矿业大学	5	2	2	2	0	2	0	0	0	1	1	0	1	0	0
河海大学	6	62	23	62	16	17	28	1	0	61	1	0	50	11	0
南京理工大学	7	8	4	8	1	3	4	0	0	8	0	0	6	2	0
南京航空航天大学	8	5	2	5	0	3	2	0	0	5	0	0	4	1	0
中国药科大学	9	0	0	0	0	0	0	0	0	0	0	0	0	0	0
南京森林警察学院	10	6	5	6	0	2	4	0	0	4	2	0	0	6	0
苏州大学	11	28	10	28	10	11	7	0	0	26	2	0	11	15	0
江苏科技大学	12	13	6	13	2	4	7	0	0	10	3	0	4	6	0
南京工业大学	13	5	2	5	0	2	3	0	0	4	1	0	1	4	0
常州大学	14	16	7	16	3	5	8	0	0	14	2	0	8	6	0
南京邮电大学	15	31	15	31	8	13	8	2	0	28	3	0	13	15	0
南京林业大学	16	4	2	4	0	0	4	0	0	4	0	0	2	2	0
江苏大学	17	3	1	3	0	3	0	0	0	2	1	0	0	3	0
南京信息工程大学	18	17	12	17	0	5	12	0	0	16	1	0	8	8	0
南通大学	19	9	3	9	2	6	1	0	0	7	2	0	6	1	0
盐城工学院	20	4	4	4	0	1	2	1	0	3	1	0	0	4	0
南京医科大学	21	4	3	4	0	3	1	0	0	4	0	0	1	3	0
徐州医科大学	22	4	3	4	0	2	1	1	0	3	1	0	0	3	0
南京中医药大学	23	15	11	15	1	4	10	0	0	14	1	0	4	11	0

续表

高校名称	编号	总计		按职称划分						按最后学历划分			按最后学位划分		其他人员
			女性	小计	教授	副教授	讲师	助教	初级	研究生	本科生	其他	博士	硕士	
	编号	L01	L02	L03	L04	L05	L06	L07	L08	L09	L10	L11	L12	L13	L14
南京师范大学	24	24	9	24	7	10	7	0	0	21	3	0	12	9	0
江苏师范大学	25	19	11	19	0	7	12	0	0	11	8	0	6	9	0
淮阴师范学院	26	6	1	6	0	4	2	0	0	5	1	0	2	3	0
盐城师范学院	27	8	3	8	0	2	5	1	0	7	1	0	3	4	0
南京财经大学	28	11	6	11	0	5	6	0	0	10	1	0	6	4	0
江苏警官学院	29	11	6	11	2	1	7	1	0	6	4	1	1	7	0
南京体育学院	30	1	1	1	0	1	0	0	0	1	0	0	0	1	0
南京艺术学院	31	0	0	0	0	0	0	0	0	0	0	0	0	0	0
苏州科技大学	32	12	7	12	1	3	7	1	0	12	0	0	4	8	0
常熟理工学院	33	2	1	2	1	1	0	0	0	2	0	0	2	0	0
淮阴工学院	34	12	7	12	1	2	9	0	0	7	4	1	2	8	0
常州工学院	35	4	1	4	1	0	3	0	0	3	1	0	0	4	0
扬州大学	36	18	9	18	1	9	8	0	0	18	0	0	9	9	0
南京工程学院	37	10	6	10	0	2	8	0	0	9	1	0	3	7	0
南京审计大学	38	4	1	4	0	0	2	2	0	3	1	0	2	2	0
南京晓庄学院	39	12	10	12	1	3	8	0	0	10	2	0	2	8	0
江苏理工学院	40	2	1	2	0	2	0	0	0	2	0	0	1	1	0
淮海工学院	41	1	1	1	0	0	1	0	0	1	0	0	1	0	0
徐州工程学院	42	38	23	38	2	11	25	0	0	10	28	0	0	13	0
南京特殊教育师范学院	43	4	2	4	1	1	1	1	0	4	0	0	1	3	0
泰州学院	44	3	1	3	0	1	2	0	0	3	0	0	1	2	0
金陵科技学院	45	1	1	1	0	0	0	1	0	1	0	0	0	1	0
江苏第二师范学院	46	2	2	2	0	1	1	0	0	2	0	0	2	0	0

2.16 民族学与文化学人文、社会科学活动人员情况表

高校名称		总计		按职称划分						按最后学历划分			按最后学位划分		其他人员
			女性	小计	教授	副教授	讲师	助教	初级	研究生	本科生	其他	博士	硕士	
	编号	L01	L02	L03	L04	L05	L06	L07	L08	L09	L10	L11	L12	L13	L14
合计	/	37	19	37	6	8	19	4	0	23	14	0	14	9	0
南京大学	1	2	0	2	2	0	0	0	0	2	0	0	2	0	0
东南大学	2	2	0	2	0	1	1	0	0	1	1	0	1	0	0
江南大学	3	0	0	0	0	0	0	0	0	0	0	0	0	0	0
南京农业大学	4	1	1	1	0	0	0	1	0	1	0	0	0	1	0
中国矿业大学	5	0	0	0	0	0	0	0	0	0	0	0	0	0	0
河海大学	6	10	7	10	1	3	6	0	0	7	3	0	4	2	0
南京理工大学	7	0	0	0	0	0	0	0	0	0	0	0	0	0	0
南京航空航天大学	8	0	0	0	0	0	0	0	0	0	0	0	0	0	0
中国药科大学	9	0	0	0	0	0	0	0	0	0	0	0	0	0	0
南京森林警察学院	10	0	0	0	0	0	0	0	0	0	0	0	0	0	0
苏州大学	11	0	0	0	0	0	0	0	0	0	0	0	0	0	0
江苏科技大学	12	0	0	0	0	0	0	0	0	0	0	0	0	0	0
南京工业大学	13	1	1	1	0	1	0	0	0	1	0	0	1	0	0
常州大学	14	0	0	0	0	0	0	0	0	0	0	0	0	0	0
南京邮电大学	15	1	0	1	0	1	0	0	0	1	0	0	1	0	0
南京林业大学	16	0	0	0	0	0	0	0	0	0	0	0	0	0	0
江苏大学	17	1	1	1	0	0	1	0	0	1	0	0	1	0	0
南京信息工程大学	18	0	0	0	0	0	0	0	0	0	0	0	0	0	0
南通大学	19	0	0	0	0	0	0	0	0	0	0	0	0	0	0
盐城工学院	20	0	0	0	0	0	0	0	0	0	0	0	0	0	0
南京医科大学	21	0	0	0	0	0	0	0	0	0	0	0	0	0	0
徐州医科大学	22	0	0	0	0	0	0	0	0	0	0	0	0	0	0
南京中医药大学	23	1	1	1	0	1	0	0	0	0	1	0	0	0	0

续表

高校名称	编号	总计		按职称划分						按最后学历划分			按最后学位划分		其他人员
			女性	小计	教授	副教授	讲师	助教	初级	研究生	本科生	其他	博士	硕士	
	编号	L01	L02	L03	L04	L05	L06	L07	L08	L09	L10	L11	L12	L13	L14
南京师范大学	24	0	0	0	0	0	0	0	0	0	0	0	0	0	0
江苏师范大学	25	3	0	3	2	0	1	0	0	3	0	0	3	0	0
淮阴师范学院	26	0	0	0	0	0	0	0	0	0	0	0	0	0	0
盐城师范学院	27	0	0	0	0	0	0	0	0	0	0	0	0	0	0
南京财经大学	28	0	0	0	0	0	0	0	0	0	0	0	0	0	0
江苏警官学院	29	0	0	0	0	0	0	0	0	0	0	0	0	0	0
南京体育学院	30	1	0	1	0	1	0	0	0	0	1	0	0	0	0
南京艺术学院	31	0	0	0	0	0	0	0	0	0	0	0	0	0	0
苏州科技大学	32	0	0	0	0	0	0	0	0	0	0	0	0	0	0
常熟理工学院	33	1	1	1	0	0	1	0	0	1	0	0	0	1	0
淮阴工学院	34	0	0	0	0	0	0	0	0	0	0	0	0	0	0
常州工学院	35	0	0	0	0	0	0	0	0	0	0	0	0	0	0
扬州大学	36	0	0	0	0	0	0	0	0	0	0	0	0	0	0
南京工程学院	37	0	0	0	0	0	0	0	0	0	0	0	0	0	0
南京审计大学	38	0	0	0	0	0	0	0	0	0	0	0	0	0	0
南京晓庄学院	39	0	0	0	0	0	0	0	0	0	0	0	0	0	0
江苏理工学院	40	1	1	1	0	0	0	1	0	1	0	0	0	1	0
淮海工学院	41	0	0	0	0	0	0	0	0	0	0	0	0	0	0
徐州工程学院	42	12	6	12	1	0	9	2	0	4	8	0	1	4	0
南京特殊教育师范学院	43	0	0	0	0	0	0	0	0	0	0	0	0	0	0
泰州学院	44	0	0	0	0	0	0	0	0	0	0	0	0	0	0
金陵科技学院	45	0	0	0	0	0	0	0	0	0	0	0	0	0	0
江苏第二师范学院	46	0	0	0	0	0	0	0	0	0	0	0	0	0	0

2.17 新闻学与传播学人文、社会科学活动人员情况表

高校名称		总计		按职称划分						按最后学历划分			按最后学位划分		其他人员
			女性	小计	教授	副教授	讲师	助教	初级	研究生	本科生	其他	博士	硕士	
	编号	L01	L02	L03	L04	L05	L06	L07	L08	L09	L10	L11	L12	L13	L14
合计	/	400	197	400	65	112	193	30	0	316	84	0	117	207	0
南京大学	1	37	10	37	18	13	6	0	0	32	5	0	26	6	0
东南大学	2	3	1	3	0	1	2	0	0	3	0	0	2	1	0
江南大学	3	5	3	5	0	2	3	0	0	3	2	0	1	2	0
南京农业大学	4	0	0	0	0	0	0	0	0	0	0	0	0	0	0
中国矿业大学	5	1	0	1	0	1	0	0	0	1	0	0	0	1	0
河海大学	6	16	9	16	3	3	10	0	0	16	0	0	9	7	0
南京理工大学	7	14	4	14	2	2	9	1	0	6	8	0	2	5	0
南京航空航天大学	8	9	5	9	0	5	4	0	0	6	3	0	2	4	0
中国药科大学	9	1	1	1	0	0	0	1	0	1	0	0	0	1	0
南京森林警察学院	10	6	3	6	1	0	2	3	0	5	1	0	0	5	0
苏州大学	11	40	19	40	7	11	15	7	0	36	4	0	17	18	0
江苏科技大学	12	1	1	1	0	0	1	0	0	1	0	0	0	1	0
南京工业大学	13	5	4	5	0	3	2	0	0	5	0	0	1	4	0
常州大学	14	1	1	1	0	1	0	0	0	0	1	0	0	1	0
南京邮电大学	15	11	5	11	1	6	4	0	0	10	1	0	3	7	0
南京林业大学	16	6	3	6	0	1	3	2	0	5	1	0	0	5	0
江苏大学	17	0	0	0	0	0	0	0	0	0	0	0	0	0	0
南京信息工程大学	18	6	4	6	0	3	3	0	0	4	2	0	0	4	0
南通大学	19	8	5	8	1	1	6	0	0	8	0	0	1	7	0
盐城工学院	20	7	4	7	1	3	2	1	0	4	3	0	0	5	0
南京医科大学	21	1	1	1	0	0	1	0	0	1	0	0	0	1	0
徐州医科大学	22	1	1	1	0	1	0	0	0	0	1	0	0	0	0
南京中医药大学	23	3	3	3	0	2	1	0	0	0	3	0	0	0	0

续表

高校名称		总计		按职称划分						按最后学历划分			按最后学位划分		其他人员
			女性	小计	教授	副教授	讲师	助教	初级	研究生	本科生	其他	博士	硕士	
	编号	L01	L02	L03	L04	L05	L06	L07	L08	L09	L10	L11	L12	L13	L14
南京师范大学	24	56	20	56	14	17	21	4	0	45	11	0	17	27	0
江苏师范大学	25	16	7	16	4	6	6	0	0	11	5	0	4	8	0
淮阴师范学院	26	10	2	10	1	3	6	0	0	6	4	0	1	5	0
盐城师范学院	27	5	4	5	0	0	4	1	0	5	0	0	0	4	0
南京财经大学	28	17	9	17	3	4	10	0	0	16	1	0	10	6	0
江苏警官学院	29	3	3	3	1	0	2	0	0	1	2	0	1	1	0
南京体育学院	30	2	1	2	0	1	0	1	0	2	0	0	0	2	0
南京艺术学院	31	0	0	0	0	0	0	0	0	0	0	0	0	0	0
苏州科技大学	32	9	5	9	0	3	4	2	0	7	2	0	1	7	0
常熟理工学院	33	4	4	4	0	0	4	0	0	3	1	0	1	2	0
淮阴工学院	34	0	0	0	0	0	0	0	0	0	0	0	0	0	0
常州工学院	35	13	10	13	1	2	9	1	0	5	8	0	0	9	0
扬州大学	36	34	15	34	5	7	21	1	0	26	8	0	8	18	0
南京工程学院	37	1	1	1	0	0	1	0	0	1	0	0	0	1	0
南京审计大学	38	0	0	0	0	0	0	0	0	0	0	0	0	0	0
南京晓庄学院	39	20	10	20	1	5	11	3	0	18	2	0	4	14	0
江苏理工学院	40	0	0	0	0	0	0	0	0	0	0	0	0	0	0
淮海工学院	41	5	3	5	0	0	5	0	0	5	0	0	0	5	0
徐州工程学院	42	4	2	4	0	0	4	0	0	3	1	0	0	3	0
南京特殊教育师范学院	43	1	1	1	0	0	1	0	0	1	0	0	0	1	0
泰州学院	44	4	3	4	1	0	3	0	0	4	0	0	1	3	0
金陵科技学院	45	7	5	7	0	2	4	1	0	4	3	0	2	2	0
江苏第二师范学院	46	7	5	7	0	3	3	1	0	6	1	0	3	4	0

2.18 图书馆、情报与文献学人文、社会科学活动人员情况表

高校名称		总计		按职称划分						按最后学历划分			按最后学位划分		其他人员
			女性	小计	教授	副教授	讲师	助教	初级	研究生	本科生	其他	博士	硕士	
	编号	L01	L02	L03	L04	L05	L06	L07	L08	L09	L10	L11	L12	L13	L14
合计	/	1 390	878	1 390	118	400	810	60	2	583	768	39	186	455	0
南京大学	1	55	20	55	25	16	14	0	0	50	4	1	41	10	0
东南大学	2	97	70	97	3	17	74	3	0	49	40	8	5	45	0
江南大学	3	38	28	38	2	16	18	2	0	15	23	0	2	11	0
南京农业大学	4	57	24	57	6	24	26	1	0	46	11	0	29	18	0
中国矿业大学	5	3	2	3	2	1	0	0	0	2	1	0	1	2	0
河海大学	6	32	10	32	9	13	10	0	0	29	3	0	21	9	0
南京理工大学	7	24	12	24	3	6	15	0	0	21	3	0	19	3	0
南京航空航天大学	8	50	37	50	0	6	39	5	0	14	36	0	1	14	0
中国药科大学	9	54	35	54	2	7	42	3	0	20	25	9	2	21	0
南京森林警察学院	10	11	7	11	2	2	5	2	0	4	7	0	1	4	0
苏州大学	11	37	23	37	8	19	9	1	0	24	13	0	10	12	0
江苏科技大学	12	37	22	37	2	6	25	4	0	7	30	0	1	5	0
南京工业大学	13	31	26	31	2	14	11	4	0	22	9	0	2	18	0
常州大学	14	11	8	11	1	0	9	1	0	5	6	0	1	4	0
南京邮电大学	15	32	20	32	1	13	18	0	0	15	17	0	0	15	0
南京林业大学	16	23	19	23	0	7	15	1	0	2	15	6	0	3	0
江苏大学	17	45	24	45	3	10	32	0	0	23	22	0	6	17	0
南京信息工程大学	18	30	22	30	2	8	18	2	0	14	16	0	4	12	0
南通大学	19	46	28	46	6	19	18	3	0	23	23	0	4	26	0
盐城工学院	20	38	24	38	3	17	17	1	0	9	29	0	1	16	0
南京医科大学	21	30	20	30	1	6	23	0	0	15	15	0	0	18	0
徐州医科大学	22	32	21	32	1	9	22	0	0	4	28	0	0	4	0
南京中医药大学	23	48	36	48	7	10	29	0	2	31	17	0	8	21	0

续表

高校名称		总计		按职称划分						按最后学历划分			按最后学位划分		其他人员
			女性	小计	教授	副教授	讲师	助教	初级	研究生	本科生	其他	博士	硕士	
	编号	L01	L02	L03	L04	L05	L06	L07	L08	L09	L10	L11	L12	L13	L14
南京师范大学	24	43	27	43	2	14	25	2	0	18	25	0	7	15	0
江苏师范大学	25	60	41	60	3	12	45	0	0	13	47	0	0	13	0
淮阴师范学院	26	34	16	34	2	12	20	0	0	10	20	4	2	13	0
盐城师范学院	27	24	14	24	2	4	16	2	0	8	16	0	2	8	0
南京财经大学	28	44	28	44	1	17	26	0	0	5	37	2	2	6	0
江苏警官学院	29	15	10	15	1	4	5	5	0	4	10	1	0	4	0
南京体育学院	30	8	4	8	0	3	5	0	0	2	6	0	0	1	0
南京艺术学院	31	24	18	24	1	7	15	1	0	7	15	2	0	10	0
苏州科技大学	32	34	26	34	0	13	15	6	0	12	22	0	0	13	0
常熟理工学院	33	20	11	20	3	9	8	0	0	3	17	0	1	1	0
淮阴工学院	34	24	11	24	1	5	17	1	0	6	14	4	2	6	0
常州工学院	35	15	11	15	0	6	8	1	0	2	13	0	0	3	0
扬州大学	36	10	5	10	2	3	5	0	0	8	2	0	6	2	0
南京工程学院	37	29	23	29	1	3	23	2	0	8	21	0	1	8	0
南京审计大学	38	22	14	22	2	5	10	5	0	12	10	0	4	13	0
南京晓庄学院	39	9	4	9	0	5	4	0	0	2	7	0	0	2	0
江苏理工学院	40	19	13	19	1	6	12	0	0	6	13	0	0	6	0
淮海工学院	41	48	33	48	1	14	33	0	0	2	46	0	0	7	0
徐州工程学院	42	9	5	9	1	2	6	0	0	2	7	0	0	2	0
南京特殊教育师范学院	43	12	8	12	1	2	9	0	0	3	8	1	0	3	0
泰州学院	44	12	10	12	0	3	9	0	0	2	9	1	0	3	0
金陵科技学院	45	8	3	8	1	3	3	1	0	2	6	0	0	3	0
江苏第二师范学院	46	6	5	6	1	2	2	1	0	2	4	0	0	5	0

2.19 教育学人文、社会科学活动人员情况表

高校名称		总计		按职称划分						按最后学历划分			按最后学位划分		其他人员
			女性	小计	教授	副教授	讲师	助教	初级	研究生	本科生	其他	博士	硕士	
	编号	L01	L02	L03	L04	L05	L06	L07	L08	L09	L10	L11	L12	L13	L14
合计	/	2 038	1 052	2 038	303	705	927	98	5	1 408	629	1	465	1 152	0
南京大学	1	17	9	17	6	5	6	0	0	15	2	0	14	2	0
东南大学	2	21	9	21	2	9	10	0	0	13	8	0	8	7	0
江南大学	3	37	24	37	6	8	22	1	0	33	4	0	16	17	0
南京农业大学	4	16	5	16	1	5	10	0	0	10	6	0	3	9	0
中国矿业大学	5	3	0	3	1	1	1	0	0	3	0	0	2	1	0
河海大学	6	27	11	27	5	9	12	1	0	26	1	0	10	15	0
南京理工大学	7	33	19	33	2	9	20	2	0	26	7	0	9	18	0
南京航空航天大学	8	16	7	16	2	6	6	2	0	14	2	0	4	10	0
中国药科大学	9	5	2	5	0	0	5	0	0	4	1	0	0	4	0
南京森林警察学院	10	12	8	12	0	3	5	4	0	6	6	0	0	6	0
苏州大学	11	61	24	61	18	26	17	0	0	40	21	0	20	21	0
江苏科技大学	12	45	27	45	1	3	40	1	0	34	11	0	0	34	0
南京工业大学	13	30	17	30	0	15	14	1	0	18	12	0	3	22	0
常州大学	14	44	15	44	5	7	28	4	0	29	15	0	6	26	0
南京邮电大学	15	47	27	47	4	23	20	0	0	38	9	0	10	29	0
南京林业大学	16	10	3	10	0	1	8	1	0	7	3	0	0	7	0
江苏大学	17	26	9	26	3	13	9	1	0	17	9	0	14	3	0
南京信息工程大学	18	35	24	35	5	8	21	1	0	30	5	0	6	27	0
南通大学	19	165	82	165	32	61	63	4	5	118	47	0	26	124	0
盐城工学院	20	89	40	89	5	37	44	3	0	33	56	0	4	63	0
南京医科大学	21	8	5	8	1	2	4	1	0	2	6	0	1	2	0
徐州医科大学	22	43	29	43	0	9	29	5	0	28	15	0	1	33	0
南京中医药大学	23	40	24	40	4	9	27	0	0	36	4	0	12	24	0

续表

高校名称		总计		按职称划分						按最后学历划分			按最后学位划分		其他人员
			女性	小计	教授	副教授	讲师	助教	初级	研究生	本科生	其他	博士	硕士	
	编号	L01	L02	L03	L04	L05	L06	L07	L08	L09	L10	L11	L12	L13	L14
南京师范大学	24	186	88	186	63	75	43	5	0	179	7	0	113	65	0
江苏师范大学	25	71	33	71	11	29	31	0	0	54	17	0	17	40	0
淮阴师范学院	26	95	34	95	11	30	54	0	0	62	33	0	13	64	0
盐城师范学院	27	48	29	48	6	17	22	3	0	39	9	0	12	28	0
南京财经大学	28	15	10	15	0	4	11	0	0	7	7	1	3	5	0
江苏警官学院	29	14	5	14	3	0	9	2	0	2	12	0	0	3	0
南京体育学院	30	5	2	5	1	0	4	0	0	3	2	0	0	4	0
南京艺术学院	31	0	0	0	0	0	0	0	0	0	0	0	0	0	0
苏州科技大学	32	55	28	55	2	15	29	9	0	35	20	0	10	31	0
常熟理工学院	33	16	8	16	1	8	7	0	0	11	5	0	3	12	0
淮阴工学院	34	31	10	31	2	8	21	0	0	16	15	0	2	26	0
常州工学院	35	25	14	25	5	10	9	1	0	10	15	0	5	12	0
扬州大学	36	47	18	47	9	20	17	1	0	37	10	0	23	16	0
南京工程学院	37	29	14	29	1	8	18	2	0	20	9	0	2	21	0
南京审计大学	38	61	41	61	2	10	29	20	0	52	9	0	4	51	0
南京晓庄学院	39	80	43	80	15	28	36	1	0	57	23	0	20	43	0
江苏理工学院	40	67	34	67	16	23	23	5	0	47	20	0	10	40	0
淮海工学院	41	6	3	6	1	2	3	0	0	1	5	0	0	4	0
徐州工程学院	42	83	46	83	7	35	37	4	0	33	50	0	5	45	0
南京特殊教育师范学院	43	91	68	91	13	42	32	4	0	58	33	0	12	57	0
泰州学院	44	51	28	51	6	19	24	2	0	20	31	0	5	25	0
金陵科技学院	45	13	10	13	1	1	7	4	0	9	4	0	0	9	0
江苏第二师范学院	46	119	66	119	24	52	40	3	0	76	43	0	37	47	0

2.20 统计学人文、社会科学活动人员情况表

高校名称		总计		按职称划分						按最后学历划分			按最后学位划分		其他人员
			女性	小计	教授	副教授	讲师	助教	初级	研究生	本科生	其他	博士	硕士	
	编号	L01	L02	L03	L04	L05	L06	L07	L08	L09	L10	L11	L12	L13	L14
合计	/	157	68	157	34	59	61	3	0	118	39	0	56	74	0
南京大学	1	2	0	2	2	0	0	0	0	2	0	0	2	0	0
东南大学	2	2	1	2	0	0	2	0	0	2	0	0	0	2	0
江南大学	3	0	0	0	0	0	0	0	0	0	0	0	0	0	0
南京农业大学	4	4	1	4	0	3	1	0	0	3	1	0	1	2	0
中国矿业大学	5	2	1	2	0	0	2	0	0	2	0	0	1	1	0
河海大学	6	24	9	24	10	7	7	0	0	24	0	0	18	6	0
南京理工大学	7	0	0	0	0	0	0	0	0	0	0	0	0	0	0
南京航空航天大学	8	0	0	0	0	0	0	0	0	0	0	0	0	0	0
中国药科大学	9	1	0	1	0	1	0	0	0	1	0	0	1	0	0
南京森林警察学院	10	0	0	0	0	0	0	0	0	0	0	0	0	0	0
苏州大学	11	0	0	0	0	0	0	0	0	0	0	0	0	0	0
江苏科技大学	12	4	3	4	0	2	2	0	0	2	2	0	0	2	0
南京工业大学	13	1	0	1	1	0	0	0	0	1	0	0	0	1	0
常州大学	14	3	2	3	0	1	2	0	0	3	0	0	0	3	0
南京邮电大学	15	2	1	2	1	1	0	0	0	2	0	0	1	1	0
南京林业大学	16	1	0	1	0	1	0	0	0	1	0	0	1	0	0
江苏大学	17	16	6	16	3	6	6	1	0	15	1	0	7	8	0
南京信息工程大学	18	4	3	4	1	0	3	0	0	4	0	0	1	3	0
南通大学	19	4	2	4	0	2	2	0	0	3	1	0	1	2	0
盐城工学院	20	7	5	7	1	4	2	0	0	1	6	0	0	7	0
南京医科大学	21	1	1	1	0	1	0	0	0	1	0	0	0	1	0
徐州医科大学	22	8	3	8	0	3	4	1	0	6	2	0	0	8	0
南京中医药大学	23	2	1	2	1	1	0	0	0	2	0	0	1	1	0

续表

高校名称		总计		按职称划分						按最后学历划分			按最后学位划分		其他人员
			女性	小计	教授	副教授	讲师	助教	初级	研究生	本科生	其他	博士	硕士	
	编号	L01	L02	L03	L04	L05	L06	L07	L08	L09	L10	L11	L12	L13	L14
南京师范大学	24	1	0	1	1	0	0	0	0	1	0	0	1	0	0
江苏师范大学	25	4	1	4	1	2	1	0	0	3	1	0	2	1	0
淮阴师范学院	26	1	1	1	0	0	1	0	0	1	0	0	0	1	0
盐城师范学院	27	1	0	1	0	1	0	0	0	0	1	0	0	0	0
南京财经大学	28	21	7	21	8	7	6	0	0	14	7	0	8	7	0
江苏警官学院	29	2	2	2	0	1	1	0	0	1	1	0	0	1	0
南京体育学院	30	0	0	0	0	0	0	0	0	0	0	0	0	0	0
南京艺术学院	31	0	0	0	0	0	0	0	0	0	0	0	0	0	0
苏州科技大学	32	0	0	0	0	0	0	0	0	0	0	0	0	0	0
常熟理工学院	33	3	2	3	0	1	2	0	0	3	0	0	1	2	0
淮阴工学院	34	6	5	6	0	3	3	0	0	2	4	0	0	4	0
常州工学院	35	2	1	2	0	0	2	0	0	2	0	0	1	1	0
扬州大学	36	1	0	1	0	0	1	0	0	1	0	0	1	0	0
南京工程学院	37	1	1	1	0	0	1	0	0	1	0	0	0	1	0
南京审计大学	38	10	3	10	3	4	3	0	0	6	4	0	5	1	0
南京晓庄学院	39	0	0	0	0	0	0	0	0	0	0	0	0	0	0
江苏理工学院	40	5	3	5	0	3	1	1	0	4	1	0	1	3	0
淮海工学院	41	1	1	1	0	0	1	0	0	1	0	0	0	1	0
徐州工程学院	42	7	2	7	0	4	3	0	0	1	6	0	0	2	0
南京特殊教育师范学院	43	1	0	1	1	0	0	0	0	1	0	0	1	0	0
泰州学院	44	0	0	0	0	0	0	0	0	0	0	0	0	0	0
金陵科技学院	45	2	0	2	0	0	2	0	0	1	1	0	0	1	0
江苏第二师范学院	46	0	0	0	0	0	0	0	0	0	0	0	0	0	0

2.21 心理学人文、社会科学活动人员情况表

高校名称		总计		按职称划分						按最后学历划分			按最后学位划分		其他人员
			女性	小计	教授	副教授	讲师	助教	初级	研究生	本科生	其他	博士	硕士	
	编号	L01	L02	L03	L04	L05	L06	L07	L08	L09	L10	L11	L12	L13	L14
合计	/	311	179	311	55	103	137	16	0	264	47	0	115	156	0
南京大学	1	13	6	13	3	8	2	0	0	10	3	0	10	1	0
东南大学	2	4	3	4	1	0	3	0	0	4	0	0	1	3	0
江南大学	3	0	0	0	0	0	0	0	0	0	0	0	0	0	0
南京农业大学	4	1	1	1	0	0	1	0	0	0	1	0	0	0	0
中国矿业大学	5	1	1	1	1	0	0	0	0	1	0	0	1	0	0
河海大学	6	7	5	7	1	2	4	0	0	7	0	0	5	2	0
南京理工大学	7	3	0	3	1	0	2	0	0	3	0	0	2	1	0
南京航空航天大学	8	2	2	2	0	0	1	1	0	2	0	0	1	1	0
中国药科大学	9	1	1	1	0	0	0	1	0	1	0	0	0	1	0
南京森林警察学院	10	0	0	0	0	0	0	0	0	0	0	0	0	0	0
苏州大学	11	31	15	31	10	14	6	1	0	30	1	0	18	9	0
江苏科技大学	12	6	3	6	0	2	4	0	0	4	2	0	1	3	0
南京工业大学	13	1	1	1	0	1	0	0	0	1	0	0	0	1	0
常州大学	14	2	0	2	1	0	1	0	0	2	0	0	0	2	0
南京邮电大学	15	1	0	1	1	0	0	0	0	1	0	0	1	0	0
南京林业大学	16	1	1	1	0	0	1	0	0	1	0	0	0	1	0
江苏大学	17	7	3	7	2	2	2	1	0	3	4	0	1	4	0
南京信息工程大学	18	6	2	6	0	2	4	0	0	6	0	0	0	6	0
南通大学	19	17	9	17	4	6	7	0	0	13	4	0	9	5	0
盐城工学院	20	0	0	0	0	0	0	0	0	0	0	0	0	0	0
南京医科大学	21	1	1	1	0	0	1	0	0	1	0	0	1	0	0
徐州医科大学	22	8	7	8	0	1	5	2	0	5	3	0	1	5	0
南京中医药大学	23	25	15	25	2	5	18	0	0	23	2	0	6	17	0

续表

高校名称	编号	总计	女性	按职称划分 小计	教授	副教授	讲师	助教	初级	按最后学历划分 研究生	本科生	其他	按最后学位划分 博士	硕士	其他人员
		L01	L02	L03	L04	L05	L06	L07	L08	L09	L10	L11	L12	L13	L14
南京师范大学	24	48	23	48	16	22	10	0	0	47	1	0	35	12	0
江苏师范大学	25	16	10	16	3	3	10	0	0	15	1	0	3	12	0
淮阴师范学院	26	13	7	13	1	5	7	0	0	9	4	0	3	7	0
盐城师范学院	27	9	6	9	2	2	3	2	0	9	0	0	4	3	0
南京财经大学	28	8	6	8	1	2	5	0	0	7	1	0	1	6	0
江苏警官学院	29	5	3	5	0	1	4	0	0	3	2	0	0	4	0
南京体育学院	30	0	0	0	0	0	0	0	0	0	0	0	0	0	0
南京艺术学院	31	0	0	0	0	0	0	0	0	0	0	0	0	0	0
苏州科技大学	32	0	0	0	0	0	0	0	0	0	0	0	0	0	0
常熟理工学院	33	5	3	5	0	3	1	1	0	3	2	0	1	3	0
淮阴工学院	34	5	3	5	0	2	3	0	0	3	2	0	0	5	0
常州工学院	35	5	3	5	0	2	3	0	0	4	1	0	1	3	0
扬州大学	36	2	2	2	0	1	1	0	0	1	1	0	0	1	0
南京工程学院	37	1	1	1	0	1	0	0	0	1	0	0	0	1	0
南京审计大学	38	6	3	6	0	1	3	2	0	5	1	0	1	4	0
南京晓庄学院	39	20	14	20	2	8	10	0	0	15	5	0	2	13	0
江苏理工学院	40	6	3	6	1	1	3	1	0	6	0	0	3	3	0
淮海工学院	41	2	1	2	0	0	2	0	0	2	0	0	0	2	0
徐州工程学院	42	2	1	2	0	1	0	1	0	1	1	0	0	1	0
南京特殊教育师范学院	43	4	3	4	0	0	2	2	0	4	0	0	0	4	0
泰州学院	44	2	0	2	1	1	0	0	0	2	0	0	0	1	0
金陵科技学院	45	5	5	5	0	1	4	0	0	2	3	0	0	4	0
江苏第二师范学院	46	9	6	9	1	3	4	1	0	7	2	0	3	5	0

2.22 体育科学人文、社会科学活动人员情况表

高校名称		总计		按职称划分						按最后学历划分			按最后学位划分		其他人员
			女性	小计	教授	副教授	讲师	助教	初级	研究生	本科生	其他	博士	硕士	
	编号	L01	L02	L03	L04	L05	L06	L07	L08	L09	L10	L11	L12	L13	L14
合计	/	2 076	702	2 076	146	924	847	156	3	738	1 337	1	127	774	0
南京大学	1	43	15	43	3	21	15	4	0	12	31	0	3	13	0
东南大学	2	70	24	70	2	48	20	0	0	19	51	0	5	16	0
江南大学	3	58	24	58	0	26	28	4	0	24	34	0	1	24	0
南京农业大学	4	35	11	35	0	15	14	6	0	16	19	0	0	15	0
中国矿业大学	5	45	15	45	5	23	14	3	0	24	21	0	9	27	0
河海大学	6	16	3	16	5	10	1	0	0	8	8	0	2	5	0
南京理工大学	7	45	15	45	4	25	13	2	1	12	33	0	2	12	0
南京航空航天大学	8	41	7	41	3	16	20	2	0	13	28	0	1	11	0
中国药科大学	9	42	18	42	1	15	21	5	0	12	30	0	0	15	0
南京森林警察学院	10	40	6	40	1	12	9	18	0	8	32	0	1	17	0
苏州大学	11	134	45	134	22	62	43	7	0	55	79	0	16	45	0
江苏科技大学	12	50	18	50	2	25	22	1	0	11	39	0	2	30	0
南京工业大学	13	49	14	49	3	26	19	1	0	10	39	0	1	10	0
常州大学	14	37	13	37	2	11	22	2	0	19	18	0	3	17	0
南京邮电大学	15	36	12	36	3	25	8	0	0	13	23	0	2	12	0
南京林业大学	16	33	9	33	0	12	19	2	0	15	18	0	0	17	0
江苏大学	17	55	22	55	1	28	24	2	0	18	37	0	2	18	0
南京信息工程大学	18	54	25	54	3	17	32	2	0	16	38	0	2	15	0
南通大学	19	91	25	91	7	54	29	0	1	46	45	0	10	49	0
盐城工学院	20	35	11	35	1	21	11	2	0	13	22	0	2	18	0
南京医科大学	21	20	10	20	0	5	11	4	0	5	15	0	0	13	0
徐州医科大学	22	21	9	21	0	8	8	5	0	7	14	0	0	6	0
南京中医药大学	23	21	8	21	0	3	18	0	0	5	16	0	0	13	0

续表

高校名称		总计		按职称划分						按最后学历划分			按最后学位划分		其他人员
			女性	小计	教授	副教授	讲师	助教	初级	研究生	本科生	其他	博士	硕士	
	编号	L01	L02	L03	L04	L05	L06	L07	L08	L09	L10	L11	L12	L13	L14
南京师范大学	24	81	33	81	17	39	19	6	0	49	32	0	17	38	0
江苏师范大学	25	59	20	59	8	29	22	0	0	17	42	0	5	23	0
淮阴师范学院	26	49	11	49	6	29	13	0	1	13	36	0	2	11	0
盐城师范学院	27	46	11	46	4	20	18	4	0	23	23	0	5	20	0
南京财经大学	28	39	16	39	1	20	18	0	0	14	25	0	2	13	0
江苏警官学院	29	31	7	31	3	11	14	3	0	5	25	1	0	12	0
南京体育学院	30	231	91	231	13	70	114	34	0	64	167	0	10	58	0
南京艺术学院	31	11	5	11	2	3	5	1	0	2	9	0	0	3	0
苏州科技大学	32	47	17	47	2	16	24	5	0	21	26	0	1	20	0
常熟理工学院	33	22	7	22	2	11	9	0	0	8	14	0	1	8	0
淮阴工学院	34	32	8	32	0	10	22	0	0	10	22	0	1	11	0
常州工学院	35	33	8	33	0	22	10	1	0	6	27	0	1	7	0
扬州大学	36	41	14	41	9	21	11	0	0	26	15	0	14	12	0
南京工程学院	37	51	18	51	0	16	28	7	0	23	28	0	0	27	0
南京审计大学	38	26	9	26	2	10	9	5	0	12	14	0	2	11	0
南京晓庄学院	39	40	10	40	3	14	20	3	0	20	20	0	2	19	0
江苏理工学院	40	30	10	30	1	15	12	2	0	16	14	0	0	16	0
淮海工学院	41	41	13	41	3	20	18	0	0	2	39	0	0	8	0
徐州工程学院	42	37	12	37	1	17	16	3	0	9	28	0	0	13	0
南京特殊教育师范学院	43	10	4	10	0	2	7	1	0	6	4	0	0	6	0
泰州学院	44	15	5	15	1	5	6	3	0	2	13	0	0	4	0
金陵科技学院	45	20	9	20	0	10	7	3	0	6	14	0	0	8	0
江苏第二师范学院	46	13	5	13	0	6	4	3	0	3	10	0	0	8	0

3. 公办专科高等学校人文、社会科学活动人员情况表

		总计		按职称划分						按最后学历划分			按最后学位划分		其他人员
			女性	小计	教授	副教授	讲师	助教	初级	研究生	本科生	其他	博士	硕士	
	编号	L01	L02	L03	L04	L05	L06	L07	L08	L09	L10	L11	L12	L13	L14
合计	/	12 144	7 469	12 143	601	3 499	6 392	1 540	111	4 573	7 504	66	286	6 549	1
管理学	1	2 112	1 218	2 112	157	582	1 097	257	19	937	1 169	6	71	1 355	0
马克思主义	2	533	321	533	33	225	240	32	3	246	286	1	24	342	0
哲学	3	113	69	113	10	41	47	14	1	68	44	1	9	74	0
逻辑学	4	41	21	41	1	15	24	1	0	11	30	0	0	20	0
宗教学	5	0	0	0	0	0	0	0	0	0	0	0	0	0	0
语言学	6	2 177	1 724	2 177	46	553	1 330	241	7	605	1 570	2	15	966	0
中国文学	7	499	341	499	43	217	192	43	4	182	317	0	25	269	0
外国文学	8	158	118	158	3	49	93	12	1	66	92	0	3	87	0
艺术学	9	1 829	1 036	1 829	64	384	994	366	21	713	1101	15	15	951	0
历史学	10	73	35	73	5	31	34	2	1	38	35	0	6	39	0
考古学	11	1	1	1	0	0	0	1	0	1	0	0	0	1	0
经济学	12	1135	729	1135	68	369	547	142	9	521	611	3	53	700	0
政治学	13	129	71	129	7	45	58	16	3	58	70	1	7	74	0
法学	14	298	168	298	13	85	162	35	3	139	157	2	10	194	0
社会学	15	109	70	109	3	31	55	16	4	66	42	1	7	78	0
民族学与文化学	16	6	3	6	0	1	4	1	0	1	5	0	0	4	0
新闻学与传播学	17	69	47	69	3	16	32	14	4	31	38	0	1	36	0
图书馆、情报与文献学	18	476	315	476	17	101	304	48	6	79	372	25	2	129	0
教育学	19	1 341	770	1 340	93	380	702	153	12	567	766	7	33	820	1
统计学	20	60	31	60	3	22	31	4	0	18	42	0	3	29	0
心理学	21	122	94	122	7	23	62	28	2	61	61	0	1	82	0
体育科学	22	863	287	863	25	329	384	114	11	165	696	2	1	299	0

注:宗教学人文、社会科学活动人员数都为 0,在本节将不对这个学科做细分。下同。

3.1 管理学人文、社会科学活动人员情况表

高校名称		总计		按职称划分						按最后学历划分			按最后学位划分		其他
			女性	小计	教授	副教授	讲师	助教	初级	研究生	本科生	其他	博士	硕士	人员
	编号	L01	L02	L03	L04	L05	L06	L07	L08	L09	L10	L11	L12	L13	L14
合计	/	2 112	1 218	2 112	157	582	1 097	257	19	937	1 169	6	71	1 355	0
盐城幼儿师范高等专科学校	1	5	5	5	0	0	3	2	0	1	4	0	0	2	0
苏州幼儿师范高等专科学校	2	1	0	1	1	0	0	0	0	1	0	0	0	1	0
无锡职业技术学院	3	42	23	42	4	10	24	4	0	33	9	0	7	29	0
江苏建筑职业技术学院	4	43	25	43	2	11	24	6	0	34	9	0	4	33	0
南京工业职业技术学院	5	124	87	124	8	31	75	10	0	65	59	0	6	86	0
江苏工程职业技术学院	6	24	8	24	1	8	15	0	0	14	10	0	1	18	0
苏州工艺美术职业技术学院	7	9	5	9	1	2	3	3	0	4	5	0	0	6	0
连云港职业技术学院	8	35	19	35	3	15	13	4	0	12	23	0	4	18	0
镇江市高等专科学校	9	64	29	64	9	28	24	3	0	18	46	0	3	42	0
南通职业大学	10	22	15	22	2	10	6	3	1	11	11	0	3	9	0
苏州市职业大学	11	85	53	85	3	25	42	15	0	32	53	0	0	54	0
沙洲职业工学院	12	6	2	6	0	5	0	1	0	2	4	0	0	3	0
扬州市职业大学	13	42	21	42	6	13	17	6	0	22	20	0	2	29	0
连云港师范高等专科学校	14	15	5	15	1	5	9	0	0	8	7	0	0	13	0
江苏经贸职业技术学院	15	131	79	131	16	49	57	9	0	76	55	0	11	90	0
泰州职业技术学院	16	19	13	19	0	7	12	0	0	13	6	0	1	16	0
常州信息职业技术学院	17	59	38	59	4	15	27	13	0	20	39	0	2	39	0
江苏海事职业技术学院	18	8	5	8	0	2	5	1	0	3	5	0	0	5	0
无锡科技职业学院	19	28	13	28	1	8	14	5	0	9	19	0	0	16	0
盐城卫生职业技术学院	20	8	3	8	0	0	4	4	0	1	7	0	0	1	0

续表

南通科技职业学院	21	12	9	12	0	1	8	2	1	6	6	0	0	8	0
苏州经贸职业技术学院	22	49	23	49	2	14	31	1	1	22	27	0	4	33	0
苏州工业职业技术学院	23	39	26	39	1	12	24	2	0	10	29	0	5	16	0
苏州卫生职业技术学院	24	24	18	24	0	2	12	10	0	12	12	0	0	13	0
无锡商业职业技术学院	25	119	82	119	6	30	82	1	0	29	90	0	0	90	0
南通航运职业技术学院	26	40	18	40	2	10	26	0	2	11	29	0	1	23	0
南京交通职业技术学院	27	30	19	30	3	11	11	3	2	14	16	0	0	19	0
淮安信息职业技术学院	28	43	17	43	4	9	27	3	0	23	20	0	1	30	0
常州纺织服装职业技术学院	29	84	47	84	6	22	49	7	0	25	59	0	0	42	0
苏州农业职业技术学院	30	14	8	14	1	5	7	1	0	2	12	0	0	12	0
南京科技职业学院	31	51	29	51	5	11	33	2	0	25	26	0	1	30	0
常州轻工职业技术学院	32	50	31	50	1	10	30	9	0	29	19	2	1	35	0
常州工程职业技术学院	33	11	6	11	0	0	11	0	0	4	7	0	0	4	0
江苏农林职业技术学院	34	11	8	11	0	0	8	3	0	6	5	0	0	8	0
江苏食品药品职业技术学院	35	15	2	15	3	3	9	0	0	2	13	0	0	4	0
南京铁道职业技术学院	36	26	14	26	1	6	16	3	0	12	14	0	1	17	0
徐州工业职业技术学院	37	22	11	22	0	8	8	6	0	15	7	0	0	19	0
江苏信息职业技术学院	38	46	27	46	2	15	28	1	0	18	28	0	0	29	0
南京信息职业技术学院	39	27	15	27	2	7	17	1	0	17	10	0	0	23	0
常州机电职业技术学院	40	60	22	60	15	20	25	0	0	21	39	0	1	41	0
江阴职业技术学院	41	25	16	25	1	11	10	3	0	6	19	0	0	16	0

续表

高校名称		总计		按职称划分						按最后学历划分			按最后学位划分		其他人员
			女性	小计	教授	副教授	讲师	助教	初级	研究生	本科生	其他	博士	硕士	
	编号	L01	L02	L03	L04	L05	L06	L07	L08	L09	L10	L11	L12	L13	L14
无锡城市职业技术学院	42	16	14	16	1	4	7	2	2	10	6	0	1	11	0
无锡工艺职业技术学院	43	22	15	22	0	4	11	7	0	13	9	0	0	18	0
苏州健雄职业技术学院	44	22	16	22	1	9	9	3	0	11	11	0	2	15	0
盐城工业职业技术学院	45	39	16	39	6	11	16	6	0	19	19	1	0	20	0
江苏财经职业技术学院	46	79	37	79	11	26	34	8	0	25	52	2	1	49	0
扬州工业职业技术学院	47	12	5	12	1	3	4	3	1	9	3	0	0	10	0
江苏城市职业学院	48	49	29	49	5	8	34	1	1	21	28	0	2	26	0
南京城市职业学院	49	46	29	46	5	13	20	5	3	27	19	0	0	37	0
南京机电职业技术学院	50	22	16	22	0	0	6	14	2	4	18	0	0	6	0
南京旅游职业学院	51	53	33	53	5	6	25	17	0	40	12	1	5	36	0
江苏建康职业学院	52	17	12	17	1	2	9	5	0	11	6	0	0	14	0
苏州信息职业技术学院	53	28	17	28	1	14	12	0	1	5	23	0	0	13	0
苏州工业园区服务外包职业学院	54	37	25	37	2	6	20	9	0	31	6	0	1	34	0
徐州幼儿师范高等专科学校	55	0	0	0	0	0	0	0	0	0	0	0	0	0	0
徐州生物工程职业技术学院	56	7	3	7	0	5	1	1	0	0	7	0	0	0	0
江苏商贸职业学院	57	38	24	38	0	11	12	15	0	13	25	0	0	20	0
南通师范高等专科学校	58	0	0	0	0	0	0	0	0	0	0	0	0	0	0
江苏护理职业学院	59	3	2	3	0	0	2	1	0	1	2	0	0	1	0
江苏财会职业学院	60	17	8	17	0	2	10	5	0	2	15	0	0	9	0
江苏城乡建设职业学院	61	34	18	34	1	7	18	8	0	5	29	0	0	12	0
江苏安全技术职业学院	62	3	3	3	0	0	1	0	2	2	1	0	0	2	0

3.2 马克思主义人文、社会科学活动人员情况表

高校名称		总计		按职称划分						按最后学历划分			按最后学位划分		其他人员
			女性	小计	教授	副教授	讲师	助教	初级	研究生	本科生	其他	博士	硕士	
	编号	L01	L02	L03	L04	L05	L06	L07	L08	L09	L10	L11	L12	L13	L14
合计	/	533	321	533	33	225	240	32	3	246	286	1	24	342	0
盐城幼儿师范高等专科学校	1	1	0	1	0	1	0	0	0	0	1	0	0	1	0
苏州幼儿师范高等专科学校	2	1	0	1	0	0	1	0	0	1	0	0	0	1	0
无锡职业技术学院	3	5	2	5	0	3	1	1	0	4	1	0	0	4	0
江苏建筑职业技术学院	4	9	5	9	2	5	2	0	0	4	5	0	0	8	0
南京工业职业技术学院	5	4	4	4	0	1	3	0	0	2	2	0	2	0	0
江苏工程职业技术学院	6	7	4	7	1	0	6	0	0	4	3	0	0	6	0
苏州工艺美术职业技术学院	7	5	3	5	0	5	0	0	0	4	1	0	0	5	0
连云港职业技术学院	8	7	5	7	0	5	1	1	0	3	4	0	0	4	0
镇江市高等专科学校	9	18	10	18	1	7	8	2	0	3	15	0	0	10	0
南通职业大学	10	9	6	9	3	4	2	0	0	3	6	0	0	8	0
苏州市职业大学	11	33	20	33	0	16	15	2	0	15	18	0	3	14	0
沙洲职业工学院	12	3	0	3	0	2	1	0	0	1	2	0	0	0	0
扬州市职业大学	13	12	4	12	0	8	4	0	0	2	10	0	0	8	0
连云港师范高等专科学校	14	15	10	15	2	11	2	0	0	7	8	0	0	10	0
江苏经贸职业技术学院	15	14	10	14	0	7	6	1	0	8	6	0	1	10	0
泰州职业技术学院	16	12	7	12	0	7	5	0	0	4	8	0	0	8	0
常州信息职业技术学院	17	8	3	8	1	4	3	0	0	7	1	0	3	5	0
江苏海事职业技术学院	18	30	20	30	1	9	19	1	0	18	12	0	2	17	0
无锡科技职业学院	19	4	4	4	0	2	2	0	0	1	3	0	0	3	0
盐城卫生职业技术学院	20	7	5	7	1	2	2	2	0	2	5	0	0	3	0

续表

高校名称		总计		按职称划分						按最后学历划分			按最后学位划分		其他
			女性	小计	教授	副教授	讲师	助教	初级	研究生	本科生	其他	博士	硕士	人员
	编号	L01	L02	L03	L04	L05	L06	L07	L08	L09	L10	L11	L12	L13	L14
南通科技职业学院	21	3	1	3	0	2	0	1	0	1	2	0	0	2	0
苏州经贸职业技术学院	22	3	0	3	0	2	1	0	0	1	2	0	0	2	0
苏州工业职业技术学院	23	12	9	12	1	4	6	1	0	2	10	0	1	7	0
苏州卫生职业技术学院	24	3	2	3	0	1	0	2	0	1	2	0	0	2	0
无锡商业职业技术学院	25	16	11	16	1	6	9	0	0	10	6	0	0	13	0
南通航运职业技术学院	26	23	11	23	5	11	7	0	0	6	16	1	0	15	0
南京交通职业技术学院	27	7	4	7	0	5	2	0	0	2	5	0	1	5	0
淮安信息职业技术学院	28	6	2	6	1	3	2	0	0	2	4	0	0	5	0
常州纺织服装职业技术学院	29	8	4	8	1	4	3	0	0	6	2	0	0	5	0
苏州农业职业技术学院	30	10	7	10	0	5	5	0	0	4	6	0	0	6	0
南京科技职业学院	31	13	8	13	2	2	9	0	0	7	6	0	0	11	0
常州轻工职业技术学院	32	4	2	4	0	2	2	0	0	2	2	0	1	3	0
常州工程职业技术学院	33	6	6	6	0	3	1	2	0	1	5	0	0	2	0
江苏农林职业技术学院	34	3	2	3	0	1	2	0	0	2	1	0	0	3	0
江苏食品药品职业技术学院	35	15	9	15	0	7	8	0	0	6	9	0	1	10	0
南京铁道职业技术学院	36	11	5	11	1	5	5	0	0	8	3	0	4	6	0
徐州工业职业技术学院	37	11	4	11	1	1	9	0	0	4	7	0	0	6	0
江苏信息职业技术学院	38	12	7	12	0	6	6	0	0	3	9	0	0	7	0
南京信息职业技术学院	39	11	8	11	0	4	7	0	0	7	4	0	0	9	0

续表

常州机电职业技术学院	40	10	3	10	0	4	6	0	0	5	5	0	0	8	0
江阴职业技术学院	41	9	8	9	1	5	3	0	0	2	7	0	0	4	0
无锡城市职业技术学院	42	7	5	7	0	1	6	0	0	2	5	0	1	5	0
无锡工艺职业技术学院	43	8	3	8	2	2	4	0	0	2	6	0	0	4	0
苏州健雄职业技术学院	44	5	2	5	0	3	2	0	0	3	2	0	0	4	0
盐城工业职业技术学院	45	5	3	5	1	3	0	1	0	1	4	0	0	1	0
江苏财经职业技术学院	46	12	7	12	0	6	6	0	0	5	7	0	0	9	0
扬州工业职业技术学院	47	12	8	12	1	3	5	3	0	7	5	0	1	7	0
江苏城市职业学院	48	11	7	11	2	3	6	0	0	6	5	0	2	6	0
南京城市职业学院	49	2	1	2	0	1	1	0	0	1	1	0	0	2	0
南京机电职业技术学院	50	4	2	4	0	1	3	0	0	2	2	0	0	3	0
南京旅游职业学院	51	4	3	4	0	1	3	0	0	3	1	0	0	3	0
江苏建康职业学院	52	5	3	5	0	2	2	0	1	3	2	0	0	3	0
苏州信息职业技术学院	53	6	3	6	0	6	0	0	0	0	6	0	0	0	0
苏州工业园区服务外包职业学院	54	9	7	9	0	0	8	1	0	9	0	0	1	8	0
徐州幼儿师范高等专科学校	55	4	3	4	1	3	0	0	0	1	3	0	0	3	0
徐州生物工程职业技术学院	56	3	2	3	0	2	0	1	0	1	2	0	0	2	0
江苏商贸职业学院	57	25	19	25	0	2	14	9	0	20	5	0	0	19	0
南通师范高等专科学校	58	4	4	4	0	1	3	0	0	1	3	0	0	2	0
江苏护理职业学院	59	1	0	1	0	0	0	1	0	1	0	0	0	1	0
江苏财会职业学院	60	3	2	3	0	2	1	0	0	0	3	0	0	1	0
江苏城乡建设职业学院	61	1	1	1	0	1	0	0	0	1	0	0	0	1	0
江苏安全技术职业学院	62	2	1	2	0	0	0	0	2	2	0	0	0	2	0

3.3 哲学人文、社会科学活动人员情况表

高校名称		总计		按职称划分						按最后学历划分			按最后学位划分		其他
			女性	小计	教授	副教授	讲师	助教	初级	研究生	本科生	其他	博士	硕士	人员
	编号	L01	L02	L03	L04	L05	L06	L07	L08	L09	L10	L11	L12	L13	L14
合计	/	113	69	113	10	41	47	14	1	68	44	1	9	74	0
盐城幼儿师范高等专科学校	1	0	0	0	0	0	0	0	0	0	0	0	0	0	0
苏州幼儿师范高等专科学校	2	1	1	1	0	0	1	0	0	1	0	0	0	1	0
无锡职业技术学院	3	5	4	5	0	2	3	0	0	4	1	0	2	2	0
江苏建筑职业技术学院	4	6	5	6	1	3	2	0	0	5	1	0	1	5	0
南京工业职业技术学院	5	10	7	10	0	6	4	0	0	7	3	0	0	9	0
江苏工程职业技术学院	6	1	1	1	0	0	1	0	0	1	0	0	0	1	0
苏州工艺美术职业技术学院	7	0	0	0	0	0	0	0	0	0	0	0	0	0	0
连云港职业技术学院	8	3	0	3	0	1	1	1	0	1	2	0	0	1	0
镇江市高等专科学校	9	0	0	0	0	0	0	0	0	0	0	0	0	0	0
南通职业大学	10	1	0	1	0	0	1	0	0	1	0	0	0	1	0
苏州市职业大学	11	4	3	4	1	2	1	0	0	3	1	0	1	3	0
沙洲职业工学院	12	2	1	2	0	0	2	0	0	0	2	0	0	0	0
扬州市职业大学	13	11	7	11	1	6	3	1	0	2	9	0	0	7	0
连云港师范高等专科学校	14	3	1	3	2	1	0	0	0	1	2	0	0	1	0
江苏经贸职业技术学院	15	1	0	1	0	1	0	0	0	1	0	0	1	0	0
泰州职业技术学院	16	0	0	0	0	0	0	0	0	0	0	0	0	0	0
常州信息职业技术学院	17	6	3	6	1	3	0	2	0	2	4	0	1	4	0
江苏海事职业技术学院	18	1	1	1	0	0	1	0	0	1	0	0	0	1	0
无锡科技职业学院	19	2	2	2	0	0	2	0	0	2	0	0	0	2	0
盐城卫生职业技术学院	20	2	1	2	1	0	0	1	0	1	0	1	1	1	0

续表

南通科技职业学院	21	0	0	0	0	0	0	0	0	0	0	0	0	0	0
苏州经贸职业技术学院	22	3	2	3	0	0	3	0	0	2	1	0	0	2	0
苏州工业职业技术学院	23	0	0	0	0	0	0	0	0	0	0	0	0	0	0
苏州卫生职业技术学院	24	1	1	1	0	0	1	0	0	1	0	0	0	1	0
无锡商业职业技术学院	25	0	0	0	0	0	0	0	0	0	0	0	0	0	0
南通航运职业技术学院	26	0	0	0	0	0	0	0	0	0	0	0	0	0	0
南京交通职业技术学院	27	0	0	0	0	0	0	0	0	0	0	0	0	0	0
淮安信息职业技术学院	28	0	0	0	0	0	0	0	0	0	0	0	0	0	0
常州纺织服装职业技术学院	29	2	2	2	0	0	1	1	0	1	1	0	0	1	0
苏州农业职业技术学院	30	1	1	1	0	0	1	0	0	1	0	0	0	1	0
南京科技职业学院	31	4	1	4	0	1	2	1	0	4	0	0	0	4	0
常州轻工职业技术学院	32	0	0	0	0	0	0	0	0	0	0	0	0	0	0
常州工程职业技术学院	33	0	0	0	0	0	0	0	0	0	0	0	0	0	0
江苏农林职业技术学院	34	0	0	0	0	0	0	0	0	0	0	0	0	0	0
江苏食品药品职业技术学院	35	0	0	0	0	0	0	0	0	0	0	0	0	0	0
南京铁道职业技术学院	36	2	1	2	0	0	1	1	0	2	0	0	1	1	0
徐州工业职业技术学院	37	2	1	2	0	0	2	0	0	2	0	0	0	2	0
江苏信息职业技术学院	38	0	0	0	0	0	0	0	0	0	0	0	0	0	0
南京信息职业技术学院	39	1	0	1	0	1	0	0	0	0	1	0	0	0	0
常州机电职业技术学院	40	1	0	1	0	0	1	0	0	1	0	0	0	1	0
江阴职业技术学院	41	0	0	0	0	0	0	0	0	0	0	0	0	0	0

续表

高校名称		总计		按职称划分						按最后学历划分			按最后学位划分		其他人员
			女性	小计	教授	副教授	讲师	助教	初级	研究生	本科生	其他	博士	硕士	
	编号	L01	L02	L03	L04	L05	L06	L07	L08	L09	L10	L11	L12	L13	L14
无锡城市职业技术学院	42	1	0	1	0	1	0	0	0	0	1	0	0	0	0
无锡工艺职业技术学院	43	3	3	3	0	0	0	3	0	2	1	0	0	2	0
苏州健雄职业技术学院	44	1	1	1	0	1	0	0	0	0	1	0	0	1	0
盐城工业职业技术学院	45	3	2	3	2	0	1	0	0	1	2	0	0	1	0
江苏财经职业技术学院	46	5	1	5	0	2	3	0	0	3	2	0	0	3	0
扬州工业职业技术学院	47	2	2	2	0	0	1	1	0	2	0	0	0	2	0
江苏城市职业学院	48	1	1	1	0	1	0	0	0	1	0	0	0	1	0
南京城市职业学院	49	2	1	2	1	0	0	0	1	2	0	0	0	1	0
南京机电职业技术学院	50	1	1	1	0	0	1	0	0	0	1	0	0	0	0
南京旅游职业学院	51	1	1	1	0	0	0	1	0	0	1	0	0	0	0
江苏建康职业学院	52	3	1	3	0	2	1	0	0	2	1	0	1	1	0
苏州信息职业技术学院	53	0	0	0	0	0	0	0	0	0	0	0	0	0	0
苏州工业园区服务外包职业学院	54	1	1	1	0	0	1	0	0	1	0	0	0	1	0
徐州幼儿师范高等专科学校	55	6	5	6	0	3	3	0	0	4	2	0	0	5	0
徐州生物工程职业技术学院	56	3	1	3	0	2	1	0	0	1	2	0	0	2	0
江苏商贸职业学院	57	2	1	2	0	0	1	1	0	2	0	0	0	2	0
南通师范高等专科学校	58	0	0	0	0	0	0	0	0	0	0	0	0	0	0
江苏护理职业学院	59	1	0	1	0	1	0	0	0	0	1	0	0	0	0
江苏财会职业学院	60	0	0	0	0	0	0	0	0	0	0	0	0	0	0
江苏城乡建设职业学院	61	1	1	1	0	1	0	0	0	0	1	0	0	0	0
江苏安全技术职业学院	62	0	0	0	0	0	0	0	0	0	0	0	0	0	0

3.4 逻辑学人文、社会科学活动人员情况表

高校名称		总计		按职称划分						按最后学历划分			按最后学位划分		其他人员
			女性	小计	教授	副教授	讲师	助教	初级	研究生	本科生	其他	博士	硕士	
	编号	L01	L02	L03	L04	L05	L06	L07	L08	L09	L10	L11	L12	L13	L14
合计	/	41	21	41	1	15	24	1	0	11	30	0	0	20	0
盐城幼儿师范高等专科学校	1	0	0	0	0	0	0	0	0	0	0	0	0	0	0
苏州幼儿师范高等专科学校	2	9	5	9	0	4	5	0	0	6	3	0	0	7	0
无锡职业技术学院	3	0	0	0	0	0	0	0	0	0	0	0	0	0	0
江苏建筑职业技术学院	4	0	0	0	0	0	0	0	0	0	0	0	0	0	0
南京工业职业技术学院	5	0	0	0	0	0	0	0	0	0	0	0	0	0	0
江苏工程职业技术学院	6	0	0	0	0	0	0	0	0	0	0	0	0	0	0
苏州工艺美术职业技术学院	7	0	0	0	0	0	0	0	0	0	0	0	0	0	0
连云港职业技术学院	8	0	0	0	0	0	0	0	0	0	0	0	0	0	0
镇江市高等专科学校	9	0	0	0	0	0	0	0	0	0	0	0	0	0	0
南通职业大学	10	0	0	0	0	0	0	0	0	0	0	0	0	0	0
苏州市职业大学	11	0	0	0	0	0	0	0	0	0	0	0	0	0	0
沙洲职业工学院	12	0	0	0	0	0	0	0	0	0	0	0	0	0	0
扬州市职业大学	13	0	0	0	0	0	0	0	0	0	0	0	0	0	0
连云港师范高等专科学校	14	1	1	1	0	0	1	0	0	1	0	0	0	1	0
江苏经贸职业技术学院	15	0	0	0	0	0	0	0	0	0	0	0	0	0	0
泰州职业技术学院	16	0	0	0	0	0	0	0	0	0	0	0	0	0	0
常州信息职业技术学院	17	0	0	0	0	0	0	0	0	0	0	0	0	0	0
江苏海事职业技术学院	18	0	0	0	0	0	0	0	0	0	0	0	0	0	0
无锡科技职业学院	19	0	0	0	0	0	0	0	0	0	0	0	0	0	0
盐城卫生职业技术学院	20	0	0	0	0	0	0	0	0	0	0	0	0	0	0

续表

高校名称		总计		按职称划分						按最后学历划分			按最后学位划分		其他人员
			女性	小计	教授	副教授	讲师	助教	初级	研究生	本科生	其他	博士	硕士	
	编号	L01	L02	L03	L04	L05	L06	L07	L08	L09	L10	L11	L12	L13	L14
南通科技职业学院	21	1	1	1	0	1	0	0	0	0	1	0	0	1	0
苏州经贸职业技术学院	22	0	0	0	0	0	0	0	0	0	0	0	0	0	0
苏州工业职业技术学院	23	0	0	0	0	0	0	0	0	0	0	0	0	0	0
苏州卫生职业技术学院	24	4	2	4	0	0	3	1	0	0	4	0	0	0	0
无锡商业职业技术学院	25	0	0	0	0	0	0	0	0	0	0	0	0	0	0
南通航运职业技术学院	26	0	0	0	0	0	0	0	0	0	0	0	0	0	0
南京交通职业技术学院	27	0	0	0	0	0	0	0	0	0	0	0	0	0	0
淮安信息职业技术学院	28	0	0	0	0	0	0	0	0	0	0	0	0	0	0
常州纺织服装职业技术学院	29	10	3	10	0	3	7	0	0	3	7	0	0	5	0
苏州农业职业技术学院	30	0	0	0	0	0	0	0	0	0	0	0	0	0	0
南京科技职业学院	31	0	0	0	0	0	0	0	0	0	0	0	0	0	0
常州轻工职业技术学院	32	0	0	0	0	0	0	0	0	0	0	0	0	0	0
常州工程职业技术学院	33	0	0	0	0	0	0	0	0	0	0	0	0	0	0
江苏农林职业技术学院	34	0	0	0	0	0	0	0	0	0	0	0	0	0	0
江苏食品药品职业技术学院	35	11	8	11	0	5	6	0	0	0	11	0	0	5	0
南京铁道职业技术学院	36	0	0	0	0	0	0	0	0	0	0	0	0	0	0
徐州工业职业技术学院	37	1	0	1	1	0	0	0	0	0	1	0	0	0	0
江苏信息职业技术学院	38	0	0	0	0	0	0	0	0	0	0	0	0	0	0
南京信息职业技术学院	39	0	0	0	0	0	0	0	0	0	0	0	0	0	0

续表

常州机电职业技术学院	40	0	0	0	0	0	0	0	0	0	0	0	0	0	0
江阴职业技术学院	41	0	0	0	0	0	0	0	0	0	0	0	0	0	0
无锡城市职业技术学院	42	0	0	0	0	0	0	0	0	0	0	0	0	0	0
无锡工艺职业技术学院	43	1	0	1	0	0	1	0	0	0	1	0	0	0	0
苏州健雄职业技术学院	44	2	1	2	0	1	1	0	0	1	1	0	0	1	0
盐城工业职业技术学院	45	0	0	0	0	0	0	0	0	0	0	0	0	0	0
江苏财经职业技术学院	46	0	0	0	0	0	0	0	0	0	0	0	0	0	0
扬州工业职业技术学院	47	0	0	0	0	0	0	0	0	0	0	0	0	0	0
江苏城市职业学院	48	0	0	0	0	0	0	0	0	0	0	0	0	0	0
南京城市职业学院	49	1	0	1	0	1	0	0	0	0	1	0	0	0	0
南京机电职业技术学院	50	0	0	0	0	0	0	0	0	0	0	0	0	0	0
南京旅游职业学院	51	0	0	0	0	0	0	0	0	0	0	0	0	0	0
江苏建康职业学院	52	0	0	0	0	0	0	0	0	0	0	0	0	0	0
苏州信息职业技术学院	53	0	0	0	0	0	0	0	0	0	0	0	0	0	0
苏州工业园区服务外包职业学院	54	0	0	0	0	0	0	0	0	0	0	0	0	0	0
徐州幼儿师范高等专科学校	55	0	0	0	0	0	0	0	0	0	0	0	0	0	0
徐州生物工程职业技术学院	56	0	0	0	0	0	0	0	0	0	0	0	0	0	0
江苏商贸职业学院	57	0	0	0	0	0	0	0	0	0	0	0	0	0	0
南通师范高等专科学校	58	0	0	0	0	0	0	0	0	0	0	0	0	0	0
江苏护理职业学院	59	0	0	0	0	0	0	0	0	0	0	0	0	0	0
江苏财会职业学院	60	0	0	0	0	0	0	0	0	0	0	0	0	0	0
江苏城乡建设职业学院	61	0	0	0	0	0	0	0	0	0	0	0	0	0	0
江苏安全技术职业学院	62	0	0	0	0	0	0	0	0	0	0	0	0	0	0

3.5 语言学人文、社会科学活动人员情况表

高校名称	编号	总计	女性	按职称划分 小计	教授	副教授	讲师	助教	初级	按最后学历划分 研究生	本科生	其他	按最后学位划分 博士	硕士	其他人员
		L01	L02	L03	L04	L05	L06	L07	L08	L09	L10	L11	L12	L13	L14
合计	/	2 177	1 724	2 177	46	553	1 330	241	7	605	1 570	2	15	966	0
盐城幼儿师范高等专科学校	1	85	73	85	8	11	51	15	0	6	79	0	0	31	0
苏州幼儿师范高等专科学校	2	16	13	16	5	4	6	1	0	9	7	0	0	15	0
无锡职业技术学院	3	48	39	48	1	9	27	11	0	26	22	0	2	24	0
江苏建筑职业技术学院	4	42	33	42	2	11	25	4	0	17	25	0	0	23	0
南京工业职业技术学院	5	32	24	32	1	12	17	2	0	21	11	0	4	24	0
江苏工程职业技术学院	6	19	17	19	0	4	15	0	0	7	12	0	0	9	0
苏州工艺美术职业技术学院	7	14	13	14	0	5	9	0	0	6	8	0	0	12	0
连云港职业技术学院	8	50	34	50	0	18	21	11	0	5	45	0	0	14	0
镇江市高等专科学校	9	68	48	68	1	16	44	7	0	17	51	0	0	23	0
南通职业大学	10	35	28	35	0	7	25	3	0	9	25	1	0	18	0
苏州市职业大学	11	76	62	76	0	13	57	6	0	40	36	0	2	46	0
沙洲职业工学院	12	19	16	19	0	8	10	1	0	0	19	0	0	1	0
扬州市职业大学	13	109	83	109	1	31	56	21	0	51	58	0	1	54	0
连云港师范高等专科学校	14	32	23	32	0	21	9	2	0	13	19	0	0	21	0
江苏经贸职业技术学院	15	53	42	53	2	17	30	4	0	17	36	0	0	31	0
泰州职业技术学院	16	25	19	25	0	12	13	0	0	3	22	0	0	6	0
常州信息职业技术学院	17	65	52	65	1	16	39	9	0	21	44	0	2	28	0
江苏海事职业技术学院	18	64	48	64	2	6	54	2	0	21	43	0	0	22	0
无锡科技职业学院	19	58	40	58	0	12	33	13	0	10	48	0	0	23	0
盐城卫生职业技术学院	20	20	15	20	0	5	14	1	0	4	15	1	0	9	0

续表

南通科技职业学院	21	23	17	23	0	4	15	4	0	10	13	0	0	9	0
苏州经贸职业技术学院	22	32	25	32	0	6	23	3	0	12	20	0	1	17	0
苏州工业职业技术学院	23	52	46	52	2	8	42	0	0	13	39	0	0	20	0
苏州卫生职业技术学院	24	28	26	28	1	6	19	2	0	8	20	0	0	9	0
无锡商业职业技术学院	25	54	39	54	0	14	38	2	0	11	43	0	0	29	0
南通航运职业技术学院	26	40	26	40	2	17	21	0	0	10	30	0	0	22	0
南京交通职业技术学院	27	26	20	26	1	5	20	0	0	8	18	0	0	16	0
淮安信息职业技术学院	28	33	22	33	0	6	22	5	0	5	28	0	0	9	0
常州纺织服装职业技术学院	29	45	32	45	1	16	22	6	0	9	36	0	1	17	0
苏州农业职业技术学院	30	38	30	38	1	5	29	3	0	4	34	0	0	14	0
南京科技职业学院	31	15	13	15	0	5	8	2	0	8	7	0	0	11	0
常州轻工职业技术学院	32	32	27	32	0	9	23	0	0	2	30	0	0	14	0
常州工程职业技术学院	33	2	2	2	0	1	1	0	0	0	2	0	0	0	0
江苏农林职业技术学院	34	7	5	7	0	1	3	3	0	2	5	0	0	2	0
江苏食品药品职业技术学院	35	42	30	42	2	10	29	1	0	7	35	0	0	13	0
南京铁道职业技术学院	36	15	12	15	0	4	9	2	0	5	10	0	0	9	0
徐州工业职业技术学院	37	16	9	16	0	5	11	0	0	4	12	0	0	6	0
江苏信息职业技术学院	38	34	30	34	0	8	19	7	0	10	24	0	0	20	0
南京信息职业技术学院	39	34	26	34	0	15	19	0	0	14	20	0	0	22	0
常州机电职业技术学院	40	31	26	31	0	8	22	1	0	6	25	0	0	14	0
江阴职业技术学院	41	46	36	46	1	14	27	4	0	1	45	0	0	14	0

续表

高校名称		总计		按职称划分						按最后学历划分			按最后学位划分		其他
			女性	小计	教授	副教授	讲师	助教	初级	研究生	本科生	其他	博士	硕士	人员
	编号	L01	L02	L03	L04	L05	L06	L07	L08	L09	L10	L11	L12	L13	L14
无锡城市职业技术学院	42	33	20	33	2	9	22	0	0	7	26	0	0	9	0
无锡工艺职业技术学院	43	25	21	25	0	8	14	3	0	8	17	0	0	11	0
苏州健雄职业技术学院	44	40	34	40	1	8	24	7	0	11	29	0	0	19	0
盐城工业职业技术学院	45	16	16	16	1	7	6	2	0	4	12	0	0	4	0
江苏财经职业技术学院	46	22	19	22	0	7	10	5	0	2	20	0	0	5	0
扬州工业职业技术学院	47	25	20	25	0	7	14	4	0	9	16	0	0	11	0
江苏城市职业学院	48	35	27	35	0	11	24	0	0	20	15	0	0	24	0
南京城市职业学院	49	11	7	11	0	6	4	1	0	2	9	0	0	7	0
南京机电职业技术学院	50	18	18	18	0	0	6	11	1	5	13	0	0	6	0
南京旅游职业学院	51	30	24	30	0	2	24	4	0	22	8	0	0	24	0
江苏建康职业学院	52	5	5	5	0	1	1	1	2	3	2	0	0	3	0
苏州信息职业技术学院	53	29	26	29	0	5	24	0	0	5	24	0	0	13	0
苏州工业园区服务外包职业学院	54	27	24	27	2	5	15	5	0	21	6	0	2	23	0
徐州幼儿师范高等专科学校	55	26	22	26	0	14	10	2	0	5	21	0	0	5	0
徐州生物工程职业技术学院	56	10	8	10	0	2	5	3	0	2	8	0	0	5	0
江苏商贸职业学院	57	40	34	40	0	6	20	14	0	9	31	0	0	16	0
南通师范高等专科学校	58	148	124	148	5	38	92	13	0	4	144	0	0	33	0
江苏护理职业学院	59	13	11	13	0	4	8	1	0	3	10	0	0	4	0
江苏财会职业学院	60	27	23	27	0	5	16	6	0	7	20	0	0	13	0
江苏城乡建设职业学院	61	13	11	13	0	3	9	1	0	1	12	0	0	4	0
江苏安全技术职业学院	62	9	9	9	0	0	5	0	4	3	6	0	0	6	0

3.6 中国文学人文、社会科学活动人员情况表

高校名称		总计		按职称划分						按最后学历划分			按最后学位划分		其他人员
			女性	小计	教授	副教授	讲师	助教	初级	研究生	本科生	其他	博士	硕士	
	编号	L01	L02	L03	L04	L05	L06	L07	L08	L09	L10	L11	L12	L13	L14
合计	/	499	341	499	43	217	192	43	4	182	317	0	25	269	0
盐城幼儿师范高等专科学校	1	50	32	50	10	16	14	10	0	10	40	0	1	19	0
苏州幼儿师范高等专科学校	2	10	8	10	1	4	4	1	0	7	3	0	0	8	0
无锡职业技术学院	3	1	1	1	1	0	0	0	0	1	0	0	0	1	0
江苏建筑职业技术学院	4	8	8	8	0	3	4	1	0	4	4	0	0	6	0
南京工业职业技术学院	5	0	0	0	0	0	0	0	0	0	0	0	0	0	0
江苏工程职业技术学院	6	6	5	6	0	3	3	0	0	2	4	0	0	3	0
苏州工艺美术职业技术学院	7	5	2	5	0	3	2	0	0	3	2	0	0	4	0
连云港职业技术学院	8	13	6	13	0	8	5	0	0	2	11	0	1	3	0
镇江市高等专科学校	9	15	10	15	1	9	5	0	0	3	12	0	1	7	0
南通职业大学	10	6	4	6	0	4	2	0	0	2	4	0	0	4	0
苏州市职业大学	11	31	19	31	5	17	9	0	0	15	16	0	5	14	0
沙洲职业工学院	12	1	0	1	0	1	0	0	0	0	1	0	0	0	0
扬州市职业大学	13	28	17	28	2	19	7	0	0	7	21	0	2	14	0
连云港师范高等专科学校	14	25	11	25	6	12	6	1	0	19	6	0	4	17	0
江苏经贸职业技术学院	15	3	3	3	0	0	3	0	0	3	0	0	0	3	0
泰州职业技术学院	16	5	1	5	0	2	3	0	0	2	3	0	1	1	0
常州信息职业技术学院	17	4	3	4	0	1	2	1	0	2	2	0	1	2	0
江苏海事职业技术学院	18	0	0	0	0	0	0	0	0	0	0	0	0	0	0
无锡科技职业学院	19	3	3	3	0	0	3	0	0	0	3	0	0	0	0
盐城卫生职业技术学院	20	6	5	6	2	1	2	1	0	2	4	0	1	2	0

续表

高校名称		总计		按职称划分						按最后学历划分			按最后学位划分		其他人员
			女性	小计	教授	副教授	讲师	助教	初级	研究生	本科生	其他	博士	硕士	
	编号	L01	L02	L03	L04	L05	L06	L07	L08	L09	L10	L11	L12	L13	L14
南通科技职业学院	21	8	5	8	0	3	5	0	0	1	7	0	0	5	0
苏州经贸职业技术学院	22	5	4	5	0	5	0	0	0	2	3	0	0	2	0
苏州工业职业技术学院	23	4	2	4	0	0	3	1	0	1	3	0	1	2	0
苏州卫生职业技术学院	24	11	9	11	0	6	4	1	0	4	7	0	0	6	0
无锡商业职业技术学院	25	11	10	11	0	5	6	0	0	2	9	0	0	6	0
南通航运职业技术学院	26	0	0	0	0	0	0	0	0	0	0	0	0	0	0
南京交通职业技术学院	27	4	1	4	0	3	1	0	0	3	1	0	0	3	0
淮安信息职业技术学院	28	6	3	6	0	1	2	2	1	2	4	0	0	3	0
常州纺织服装职业技术学院	29	4	3	4	0	0	4	0	0	2	2	0	0	2	0
苏州农业职业技术学院	30	4	4	4	0	3	1	0	0	2	2	0	0	4	0
南京科技职业学院	31	3	1	3	0	2	1	0	0	2	1	0	0	2	0
常州轻工职业技术学院	32	5	4	5	1	3	1	0	0	0	5	0	0	0	0
常州工程职业技术学院	33	6	6	6	0	2	4	0	0	2	4	0	0	5	0
江苏农林职业技术学院	34	2	2	2	1	0	0	1	0	0	2	0	0	1	0
江苏食品药品职业技术学院	35	5	3	5	0	4	0	0	1	1	4	0	0	2	0
南京铁道职业技术学院	36	3	3	3	0	2	1	0	0	1	2	0	0	1	0
徐州工业职业技术学院	37	1	0	1	0	1	0	0	0	0	1	0	0	1	0
江苏信息职业技术学院	38	3	2	3	1	1	1	0	0	1	2	0	0	1	0
南京信息职业技术学院	39	4	4	4	0	1	3	0	0	2	2	0	0	4	0

续表

常州机电职业技术学院	40	4	3	4	0	3	1	0	0	2	2	0	0	3	0
江阴职业技术学院	41	14	11	14	2	7	3	2	0	3	11	0	0	6	0
无锡城市职业技术学院	42	3	3	3	0	1	2	0	0	1	2	0	0	3	0
无锡工艺职业技术学院	43	6	5	6	0	3	1	2	0	0	6	0	0	2	0
苏州健雄职业技术学院	44	2	0	2	0	1	1	0	0	1	1	0	0	1	0
盐城工业职业技术学院	45	1	0	1	0	0	1	0	0	1	0	0	0	1	0
江苏财经职业技术学院	46	16	14	16	1	4	10	1	0	3	13	0	0	8	0
扬州工业职业技术学院	47	4	2	4	0	1	2	1	0	4	0	0	0	4	0
江苏城市职业学院	48	8	5	8	3	4	1	0	0	3	5	0	2	3	0
南京城市职业学院	49	6	6	6	0	2	3	1	0	4	2	0	0	5	0
南京机电职业技术学院	50	2	1	2	0	0	1	1	0	0	2	0	0	0	0
南京旅游职业学院	51	2	2	2	0	0	1	1	0	2	0	0	0	2	0
江苏建康职业学院	52	2	2	2	0	1	1	0	0	1	1	0	0	2	0
苏州信息职业技术学院	53	0	0	0	0	0	0	0	0	0	0	0	0	0	0
苏州工业园区服务外包职业学院	54	6	5	6	0	1	4	1	0	6	0	0	1	5	0
徐州幼儿师范高等专科学校	55	28	20	28	2	18	8	0	0	7	21	0	2	17	0
徐州生物工程职业技术学院	56	14	5	14	1	5	6	2	0	2	12	0	0	8	0
江苏商贸职业学院	57	13	9	13	1	5	5	2	0	6	7	0	0	9	0
南通师范高等专科学校	58	13	9	13	1	1	11	0	0	12	1	0	2	11	0
江苏护理职业学院	59	12	7	12	0	5	3	4	0	3	9	0	0	3	0
江苏财会职业学院	60	19	15	19	0	8	10	1	0	5	14	0	0	11	0
江苏城乡建设职业学院	61	10	9	10	1	2	4	3	0	1	9	0	0	4	0
江苏安全技术职业学院	62	5	4	5	0	0	2	1	2	3	2	0	0	3	0

3.7 外国文学人文、社会科学活动人员情况表

高校名称		总计		按职称划分						按最后学历划分			按最后学位划分		其他人员
			女性	小计	教授	副教授	讲师	助教	初级	研究生	本科生	其他	博士	硕士	
	编号	L01	L02	L03	L04	L05	L06	L07	L08	L09	L10	L11	L12	L13	L14
合计	/	158	118	158	3	49	93	12	1	66	92	0	3	87	0
盐城幼儿师范高等专科学校	1	5	4	5	0	3	1	1	0	2	3	0	0	2	0
苏州幼儿师范高等专科学校	2	1	1	1	0	1	0	0	0	1	0	0	0	1	0
无锡职业技术学院	3	0	0	0	0	0	0	0	0	0	0	0	0	0	0
江苏建筑职业技术学院	4	3	2	3	0	1	2	0	0	1	2	0	0	2	0
南京工业职业技术学院	5	0	0	0	0	0	0	0	0	0	0	0	0	0	0
江苏工程职业技术学院	6	4	4	4	0	1	3	0	0	3	1	0	0	3	0
苏州工艺美术职业技术学院	7	4	2	4	0	4	0	0	0	3	1	0	0	4	0
连云港职业技术学院	8	2	2	2	0	0	2	0	0	2	0	0	0	2	0
镇江市高等专科学校	9	11	10	11	0	7	4	0	0	2	9	0	0	2	0
南通职业大学	10	9	5	9	0	2	5	2	0	1	8	0	0	1	0
苏州市职业大学	11	22	13	22	0	3	16	3	0	10	12	0	2	14	0
沙洲职业工学院	12	1	1	1	0	1	0	0	0	0	1	0	0	0	0
扬州市职业大学	13	6	4	6	0	2	3	1	0	3	3	0	0	4	0
连云港师范高等专科学校	14	9	7	9	2	5	2	0	0	7	2	0	0	9	0
江苏经贸职业技术学院	15	0	0	0	0	0	0	0	0	0	0	0	0	0	0
泰州职业技术学院	16	0	0	0	0	0	0	0	0	0	0	0	0	0	0
常州信息职业技术学院	17	1	1	1	0	0	1	0	0	1	0	0	0	1	0
江苏海事职业技术学院	18	0	0	0	0	0	0	0	0	0	0	0	0	0	0
无锡科技职业学院	19	4	4	4	0	0	4	0	0	1	3	0	0	2	0
盐城卫生职业技术学院	20	0	0	0	0	0	0	0	0	0	0	0	0	0	0

续表

南通科技职业学院	21	5	5	5	0	1	4	0	0	2	3	0	0	2	0
苏州经贸职业技术学院	22	1	0	1	0	0	0	0	1	0	1	0	0	0	0
苏州工业职业技术学院	23	0	0	0	0	0	0	0	0	0	0	0	0	0	0
苏州卫生职业技术学院	24	0	0	0	0	0	0	0	0	0	0	0	0	0	0
无锡商业职业技术学院	25	7	2	7	0	5	2	0	0	1	6	0	0	2	0
南通航运职业技术学院	26	1	0	1	1	0	0	0	0	0	1	0	0	1	0
南京交通职业技术学院	27	0	0	0	0	0	0	0	0	0	0	0	0	0	0
淮安信息职业技术学院	28	0	0	0	0	0	0	0	0	0	0	0	0	0	0
常州纺织服装职业技术学院	29	5	4	5	0	1	4	0	0	0	5	0	0	0	0
苏州农业职业技术学院	30	1	1	1	0	0	0	1	0	1	0	0	0	1	0
南京科技职业学院	31	0	0	0	0	0	0	0	0	0	0	0	0	0	0
常州轻工职业技术学院	32	2	2	2	0	1	1	0	0	1	1	0	0	2	0
常州工程职业技术学院	33	0	0	0	0	0	0	0	0	0	0	0	0	0	0
江苏农林职业技术学院	34	0	0	0	0	0	0	0	0	0	0	0	0	0	0
江苏食品药品职业技术学院	35	1	1	1	0	0	1	0	0	0	1	0	0	0	0
南京铁道职业技术学院	36	7	6	7	0	0	6	1	0	3	4	0	0	6	0
徐州工业职业技术学院	37	0	0	0	0	0	0	0	0	0	0	0	0	0	0
江苏信息职业技术学院	38	1	0	1	0	0	1	0	0	0	1	0	0	1	0
南京信息职业技术学院	39	0	0	0	0	0	0	0	0	0	0	0	0	0	0
常州机电职业技术学院	40	7	7	7	0	1	6	0	0	0	7	0	0	0	0
江阴职业技术学院	41	0	0	0	0	0	0	0	0	0	0	0	0	0	0

续表

高校名称	编号	总计	女性	按职称划分：小计	教授	副教授	讲师	助教	初级	按最后学历划分：研究生	本科生	其他	按最后学位划分：博士	硕士	其他人员
		L01	L02	L03	L04	L05	L06	L07	L08	L09	L10	L11	L12	L13	L14
无锡城市职业技术学院	42	0	0	0	0	0	0	0	0	0	0	0	0	0	0
无锡工艺职业技术学院	43	0	0	0	0	0	0	0	0	0	0	0	0	0	0
苏州健雄职业技术学院	44	1	1	1	0	0	1	0	0	0	1	0	0	1	0
盐城工业职业技术学院	45	0	0	0	0	0	0	0	0	0	0	0	0	0	0
江苏财经职业技术学院	46	0	0	0	0	0	0	0	0	0	0	0	0	0	0
扬州工业职业技术学院	47	0	0	0	0	0	0	0	0	0	0	0	0	0	0
江苏城市职业学院	48	4	3	4	0	1	3	0	0	2	2	0	0	3	0
南京城市职业学院	49	4	3	4	0	3	1	0	0	0	4	0	0	1	0
南京机电职业技术学院	50	0	0	0	0	0	0	0	0	0	0	0	0	0	0
南京旅游职业学院	51	4	3	4	0	0	2	2	0	4	0	0	0	4	0
江苏建康职业学院	52	8	6	8	0	4	4	0	0	3	5	0	0	4	0
苏州信息职业技术学院	53	0	0	0	0	0	0	0	0	0	0	0	0	0	0
苏州工业园区服务外包职业学院	54	11	9	11	0	2	9	0	0	9	2	0	1	9	0
徐州幼儿师范高等专科学校	55	0	0	0	0	0	0	0	0	0	0	0	0	0	0
徐州生物工程职业技术学院	56	0	0	0	0	0	0	0	0	0	0	0	0	0	0
江苏商贸职业学院	57	2	2	2	0	0	2	0	0	2	0	0	0	2	0
南通师范高等专科学校	58	2	1	2	0	0	2	0	0	0	2	0	0	0	0
江苏护理职业学院	59	2	2	2	0	0	1	1	0	1	1	0	0	1	0
江苏财会职业学院	60	0	0	0	0	0	0	0	0	0	0	0	0	0	0
江苏城乡建设职业学院	61	0	0	0	0	0	0	0	0	0	0	0	0	0	0
江苏安全技术职业学院	62	0	0	0	0	0	0	0	0	0	0	0	0	0	0

3.8 艺术学人文、社会科学活动人员情况表

高校名称		总计		按职称划分						按最后学历划分			按最后学位划分		其他人员
			女性	小计	教授	副教授	讲师	助教	初级	研究生	本科生	其他	博士	硕士	
	编号	L01	L02	L03	L04	L05	L06	L07	L08	L09	L10	L11	L12	L13	L14
合计	/	1 829	1 036	1 829	64	384	994	366	21	713	1 101	15	15	951	0
盐城幼儿师范高等专科学校	1	90	57	90	11	13	30	36	0	4	77	9	0	6	0
苏州幼儿师范高等专科学校	2	33	25	33	1	9	13	10	0	18	15	0	0	19	0
无锡职业技术学院	3	20	14	20	1	2	14	3	0	15	5	0	1	14	0
江苏建筑职业技术学院	4	37	22	37	2	7	18	10	0	25	12	0	0	28	0
南京工业职业技术学院	5	60	35	60	2	9	41	8	0	36	24	0	0	52	0
江苏工程职业技术学院	6	37	14	37	3	9	25	0	0	9	28	0	1	16	0
苏州工艺美术职业技术学院	7	207	94	207	5	71	111	20	0	96	111	0	3	120	0
连云港职业技术学院	8	24	12	24	0	4	13	7	0	2	22	0	0	6	0
镇江市高等专科学校	9	37	21	37	0	9	22	6	0	5	32	0	0	9	0
南通职业大学	10	34	20	34	2	5	23	2	2	10	24	0	0	15	0
苏州市职业大学	11	80	38	80	6	15	51	8	0	23	57	0	1	29	0
沙洲职业工学院	12	6	2	6	0	0	3	0	3	3	3	0	0	4	0
扬州市职业大学	13	82	41	82	2	17	42	21	0	30	49	3	1	43	0
连云港师范高等专科学校	14	52	23	52	3	37	8	4	0	20	32	0	1	23	0
江苏经贸职业技术学院	15	39	27	39	1	5	26	7	0	24	15	0	0	28	0
泰州职业技术学院	16	21	12	21	0	3	18	0	0	5	16	0	0	6	0
常州信息职业技术学院	17	32	22	32	1	3	23	5	0	16	16	0	0	25	0
江苏海事职业技术学院	18	6	5	6	0	0	2	4	0	6	0	0	0	6	0
无锡科技职业学院	19	17	9	17	1	2	8	6	0	3	14	0	0	5	0
盐城卫生职业技术学院	20	4	3	4	0	0	2	2	0	0	4	0	0	0	0

续表

高校名称		总计		按职称划分						按最后学历划分			按最后学位划分		其他人员
			女性	小计	教授	副教授	讲师	助教	初级	研究生	本科生	其他	博士	硕士	
	编号	L01	L02	L03	L04	L05	L06	L07	L08	L09	L10	L11	L12	L13	L14
南通科技职业学院	21	0	0	0	0	0	0	0	0	0	0	0	0	0	0
苏州经贸职业技术学院	22	35	20	35	0	8	27	0	0	10	25	0	0	21	0
苏州工业职业技术学院	23	6	4	6	0	1	2	3	0	1	5	0	0	3	0
苏州卫生职业技术学院	24	0	0	0	0	0	0	0	0	0	0	0	0	0	0
无锡商业职业技术学院	25	33	19	33	3	15	14	1	0	11	22	0	0	20	0
南通航运职业技术学院	26	24	12	24	0	6	16	2	0	6	18	0	0	11	0
南京交通职业技术学院	27	15	9	15	1	2	10	2	0	9	6	0	0	12	0
淮安信息职业技术学院	28	18	10	18	0	3	11	4	0	7	11	0	0	11	0
常州纺织服装职业技术学院	29	87	48	87	3	15	53	16	0	25	62	0	0	40	0
苏州农业职业技术学院	30	6	3	6	1	0	5	0	0	5	1	0	2	3	0
南京科技职业学院	31	4	2	4	0	0	4	0	0	1	3	0	0	1	0
常州轻工职业技术学院	32	38	20	38	1	5	22	10	0	12	26	0	0	22	0
常州工程职业技术学院	33	2	0	2	0	0	2	0	0	2	0	0	0	2	0
江苏农林职业技术学院	34	9	3	9	0	0	5	4	0	3	6	0	0	4	0
江苏食品药品职业技术学院	35	4	2	4	0	0	4	0	0	0	4	0	0	1	0
南京铁道职业技术学院	36	23	15	23	1	3	14	5	0	11	12	0	1	18	0
徐州工业职业技术学院	37	4	3	4	0	1	3	0	0	3	1	0	0	4	0
江苏信息职业技术学院	38	36	22	36	1	8	14	13	0	20	16	0	1	21	0
南京信息职业技术学院	39	10	7	10	1	0	7	2	0	2	8	0	0	9	0

续表

常州机电职业技术学院	40	16	5	16	0	2	12	2	0	7	9	0	0	10	0
江阴职业技术学院	41	14	8	14	0	1	11	2	0	3	11	0	0	7	0
无锡城市职业技术学院	42	23	18	23	0	0	20	2	1	17	6	0	0	16	0
无锡工艺职业技术学院	43	132	75	132	4	18	61	49	0	74	55	3	0	89	0
苏州健雄职业技术学院	44	20	8	20	0	4	10	6	0	9	11	0	0	13	0
盐城工业职业技术学院	45	47	34	47	1	16	25	5	0	17	30	0	0	17	0
江苏财经职业技术学院	46	10	9	10	0	1	4	5	0	4	6	0	0	4	0
扬州工业职业技术学院	47	21	14	21	2	4	8	7	0	11	10	0	0	12	0
江苏城市职业学院	48	38	21	38	1	8	26	2	1	22	16	0	3	25	0
南京城市职业学院	49	24	18	24	0	3	13	3	5	12	12	0	0	14	0
南京机电职业技术学院	50	14	12	14	0	0	5	6	3	4	10	0	0	6	0
南京旅游职业学院	51	14	6	14	1	1	6	6	0	10	4	0	0	10	0
江苏建康职业学院	52	2	2	2	0	0	0	2	0	1	1	0	0	1	0
苏州信息职业技术学院	53	0	0	0	0	0	0	0	0	0	0	0	0	0	0
苏州工业园区服务外包职业学院	54	16	8	16	0	1	14	1	0	13	3	0	0	15	0
徐州幼儿师范高等专科学校	55	53	34	53	0	12	21	18	2	12	41	0	0	13	0
徐州生物工程职业技术学院	56	1	1	1	0	0	0	1	0	0	1	0	0	0	0
江苏商贸职业学院	57	21	14	21	0	1	8	12	0	7	14	0	0	11	0
南通师范高等专科学校	58	65	38	65	2	22	32	7	2	9	56	0	0	22	0
江苏护理职业学院	59	1	1	1	0	0	0	1	0	0	1	0	0	0	0
江苏财会职业学院	60	5	5	5	0	1	1	3	0	0	5	0	0	0	0
江苏城乡建设职业学院	61	18	9	18	0	2	11	5	0	2	16	0	0	8	0
江苏安全技术职业学院	62	2	1	2	0	0	0	0	2	1	1	0	0	1	0

3.9 历史学人文、社会科学活动人员情况表

高校名称		总计		按职称划分						按最后学历划分			按最后学位划分		其他
			女性	小计	教授	副教授	讲师	助教	初级	研究生	本科生	其他	博士	硕士	人员
	编号	L01	L02	L03	L04	L05	L06	L07	L08	L09	L10	L11	L12	L13	L14
合计	/	73	35	73	5	31	34	2	1	38	35	0	6	39	0
盐城幼儿师范高等专科学校	1	2	1	2	2	0	0	0	0	1	1	0	0	1	0
苏州幼儿师范高等专科学校	2	2	1	2	0	0	2	0	0	1	1	0	0	2	0
无锡职业技术学院	3	4	2	4	0	3	1	0	0	2	2	0	0	2	0
江苏建筑职业技术学院	4	3	2	3	0	2	1	0	0	3	0	0	0	3	0
南京工业职业技术学院	5	0	0	0	0	0	0	0	0	0	0	0	0	0	0
江苏工程职业技术学院	6	0	0	0	0	0	0	0	0	0	0	0	0	0	0
苏州工艺美术职业技术学院	7	5	2	5	0	3	2	0	0	4	1	0	0	5	0
连云港职业技术学院	8	0	0	0	0	0	0	0	0	0	0	0	0	0	0
镇江市高等专科学校	9	4	2	4	1	1	1	1	0	1	3	0	0	1	0
南通职业大学	10	1	1	1	0	0	1	0	0	1	0	0	0	1	0
苏州市职业大学	11	3	0	3	0	3	0	0	0	3	0	0	2	1	0
沙洲职业工学院	12	0	0	0	0	0	0	0	0	0	0	0	0	0	0
扬州市职业大学	13	6	1	6	0	2	4	0	0	2	4	0	0	2	0
连云港师范高等专科学校	14	3	2	3	0	3	0	0	0	2	1	0	0	2	0
江苏经贸职业技术学院	15	1	0	1	1	0	0	0	0	1	0	0	1	0	0
泰州职业技术学院	16	0	0	0	0	0	0	0	0	0	0	0	0	0	0
常州信息职业技术学院	17	1	0	1	0	0	1	0	0	1	0	0	0	1	0
江苏海事职业技术学院	18	0	0	0	0	0	0	0	0	0	0	0	0	0	0
无锡科技职业学院	19	0	0	0	0	0	0	0	0	0	0	0	0	0	0
盐城卫生职业技术学院	20	1	1	1	0	0	1	0	0	1	0	0	0	1	0

续表

南通科技职业学院	21	0	0	0	0	0	0	0	0	0	0	0	0	0	0
苏州经贸职业技术学院	22	1	1	1	0	0	1	0	0	1	0	0	0	1	0
苏州工业职业技术学院	23	1	0	1	0	0	1	0	0	0	1	0	0	1	0
苏州卫生职业技术学院	24	0	0	0	0	0	0	0	0	0	0	0	0	0	0
无锡商业职业技术学院	25	0	0	0	0	0	0	0	0	0	0	0	0	0	0
南通航运职业技术学院	26	0	0	0	0	0	0	0	0	0	0	0	0	0	0
南京交通职业技术学院	27	0	0	0	0	0	0	0	0	0	0	0	0	0	0
淮安信息职业技术学院	28	1	0	1	0	1	0	0	0	1	0	0	1	0	0
常州纺织服装职业技术学院	29	1	1	1	0	0	1	0	0	0	1	0	0	0	0
苏州农业职业技术学院	30	0	0	0	0	0	0	0	0	0	0	0	0	0	0
南京科技职业学院	31	1	1	1	0	1	0	0	0	0	1	0	0	0	0
常州轻工职业技术学院	32	0	0	0	0	0	0	0	0	0	0	0	0	0	0
常州工程职业技术学院	33	0	0	0	0	0	0	0	0	0	0	0	0	0	0
江苏农林职业技术学院	34	0	0	0	0	0	0	0	0	0	0	0	0	0	0
江苏食品药品职业技术学院	35	0	0	0	0	0	0	0	0	0	0	0	0	0	0
南京铁道职业技术学院	36	0	0	0	0	0	0	0	0	0	0	0	0	0	0
徐州工业职业技术学院	37	0	0	0	0	0	0	0	0	0	0	0	0	0	0
江苏信息职业技术学院	38	0	0	0	0	0	0	0	0	0	0	0	0	0	0
南京信息职业技术学院	39	0	0	0	0	0	0	0	0	0	0	0	0	0	0
常州机电职业技术学院	40	3	1	3	0	0	3	0	0	2	1	0	0	2	0
江阴职业技术学院	41	2	1	2	0	2	0	0	0	0	2	0	0	0	0

续表

高校名称		总计		按职称划分						按最后学历划分			按最后学位划分		其他人员
			女性	小计	教授	副教授	讲师	助教	初级	研究生	本科生	其他	博士	硕士	
	编号	L01	L02	L03	L04	L05	L06	L07	L08	L09	L10	L11	L12	L13	L14
无锡城市职业技术学院	42	5	4	5	1	2	2	0	0	2	3	0	0	4	0
无锡工艺职业技术学院	43	0	0	0	0	0	0	0	0	0	0	0	0	0	0
苏州健雄职业技术学院	44	0	0	0	0	0	0	0	0	0	0	0	0	0	0
盐城工业职业技术学院	45	1	0	1	0	0	1	0	0	1	0	0	0	1	0
江苏财经职业技术学院	46	2	2	2	0	0	2	0	0	0	2	0	0	0	0
扬州工业职业技术学院	47	2	0	2	0	0	2	0	0	2	0	0	0	2	0
江苏城市职业学院	48	2	0	2	0	1	0	1	0	2	0	0	2	0	0
南京城市职业学院	49	1	1	1	0	0	0	0	1	1	0	0	0	1	0
南京机电职业技术学院	50	0	0	0	0	0	0	0	0	0	0	0	0	0	0
南京旅游职业学院	51	1	1	1	0	0	1	0	0	1	0	0	0	1	0
江苏建康职业学院	52	0	0	0	0	0	0	0	0	0	0	0	0	0	0
苏州信息职业技术学院	53	0	0	0	0	0	0	0	0	0	0	0	0	0	0
苏州工业园区服务外包职业学院	54	1	1	1	0	0	1	0	0	1	0	0	0	1	0
徐州幼儿师范高等专科学校	55	2	2	2	0	2	0	0	0	0	2	0	0	0	0
徐州生物工程职业技术学院	56	1	0	1	0	0	1	0	0	0	1	0	0	0	0
江苏商贸职业学院	57	0	0	0	0	0	0	0	0	0	0	0	0	0	0
南通师范高等专科学校	58	8	4	8	0	5	3	0	0	0	8	0	0	2	0
江苏护理职业学院	59	0	0	0	0	0	0	0	0	0	0	0	0	0	0
江苏财会职业学院	60	0	0	0	0	0	0	0	0	0	0	0	0	0	0
江苏城乡建设职业学院	61	1	0	1	0	0	1	0	0	1	0	0	0	1	0
江苏安全技术职业学院	62	0	0	0	0	0	0	0	0	0	0	0	0	0	0

3.10 考古学人文、社会科学活动人员情况表

高校名称		总计		按职称划分						按最后学历划分			按最后学位划分		其他人员
			女性	小计	教授	副教授	讲师	助教	初级	研究生	本科生	其他	博士	硕士	
	编号	L01	L02	L03	L04	L05	L06	L07	L08	L09	L10	L11	L12	L13	L14
合计	/	1	1	1	0	0	0	1	0	1	0	0	0	1	0
盐城幼儿师范高等专科学校	1	0	0	0	0	0	0	0	0	0	0	0	0	0	0
苏州幼儿师范高等专科学校	2	0	0	0	0	0	0	0	0	0	0	0	0	0	0
无锡职业技术学院	3	0	0	0	0	0	0	0	0	0	0	0	0	0	0
江苏建筑职业技术学院	4	0	0	0	0	0	0	0	0	0	0	0	0	0	0
南京工业职业技术学院	5	0	0	0	0	0	0	0	0	0	0	0	0	0	0
江苏工程职业技术学院	6	0	0	0	0	0	0	0	0	0	0	0	0	0	0
苏州工艺美术职业技术学院	7	0	0	0	0	0	0	0	0	0	0	0	0	0	0
连云港职业技术学院	8	0	0	0	0	0	0	0	0	0	0	0	0	0	0
镇江市高等专科学校	9	0	0	0	0	0	0	0	0	0	0	0	0	0	0
南通职业大学	10	0	0	0	0	0	0	0	0	0	0	0	0	0	0
苏州市职业大学	11	0	0	0	0	0	0	0	0	0	0	0	0	0	0
沙洲职业工学院	12	0	0	0	0	0	0	0	0	0	0	0	0	0	0
扬州市职业大学	13	0	0	0	0	0	0	0	0	0	0	0	0	0	0
连云港师范高等专科学校	14	0	0	0	0	0	0	0	0	0	0	0	0	0	0
江苏经贸职业技术学院	15	0	0	0	0	0	0	0	0	0	0	0	0	0	0
泰州职业技术学院	16	0	0	0	0	0	0	0	0	0	0	0	0	0	0
常州信息职业技术学院	17	0	0	0	0	0	0	0	0	0	0	0	0	0	0
江苏海事职业技术学院	18	0	0	0	0	0	0	0	0	0	0	0	0	0	0
无锡科技职业学院	19	0	0	0	0	0	0	0	0	0	0	0	0	0	0
盐城卫生职业技术学院	20	0	0	0	0	0	0	0	0	0	0	0	0	0	0

续表

高校名称		总计		按职称划分						按最后学历划分			按最后学位划分		其他人员
			女性	小计	教授	副教授	讲师	助教	初级	研究生	本科生	其他	博士	硕士	
	编号	L01	L02	L03	L04	L05	L06	L07	L08	L09	L10	L11	L12	L13	L14
南通科技职业学院	21	0	0	0	0	0	0	0	0	0	0	0	0	0	0
苏州经贸职业技术学院	22	0	0	0	0	0	0	0	0	0	0	0	0	0	0
苏州工业职业技术学院	23	0	0	0	0	0	0	0	0	0	0	0	0	0	0
苏州卫生职业技术学院	24	0	0	0	0	0	0	0	0	0	0	0	0	0	0
无锡商业职业技术学院	25	0	0	0	0	0	0	0	0	0	0	0	0	0	0
南通航运职业技术学院	26	0	0	0	0	0	0	0	0	0	0	0	0	0	0
南京交通职业技术学院	27	0	0	0	0	0	0	0	0	0	0	0	0	0	0
淮安信息职业技术学院	28	0	0	0	0	0	0	0	0	0	0	0	0	0	0
常州纺织服装职业技术学院	29	0	0	0	0	0	0	0	0	0	0	0	0	0	0
苏州农业职业技术学院	30	0	0	0	0	0	0	0	0	0	0	0	0	0	0
南京科技职业学院	31	0	0	0	0	0	0	0	0	0	0	0	0	0	0
常州轻工职业技术学院	32	0	0	0	0	0	0	0	0	0	0	0	0	0	0
常州工程职业技术学院	33	0	0	0	0	0	0	0	0	0	0	0	0	0	0
江苏农林职业技术学院	34	0	0	0	0	0	0	0	0	0	0	0	0	0	0
江苏食品药品职业技术学院	35	0	0	0	0	0	0	0	0	0	0	0	0	0	0
南京铁道职业技术学院	36	0	0	0	0	0	0	0	0	0	0	0	0	0	0
徐州工业职业技术学院	37	0	0	0	0	0	0	0	0	0	0	0	0	0	0
江苏信息职业技术学院	38	0	0	0	0	0	0	0	0	0	0	0	0	0	0
南京信息职业技术学院	39	0	0	0	0	0	0	0	0	0	0	0	0	0	0

续表

常州机电职业技术学院	40	0	0	0	0	0	0	0	0	0	0	0	0	0	0
江阴职业技术学院	41	0	0	0	0	0	0	0	0	0	0	0	0	0	0
无锡城市职业技术学院	42	0	0	0	0	0	0	0	0	0	0	0	0	0	0
无锡工艺职业技术学院	43	1	1	1	0	0	0	1	0	1	0	0	0	1	0
苏州健雄职业技术学院	44	0	0	0	0	0	0	0	0	0	0	0	0	0	0
盐城工业职业技术学院	45	0	0	0	0	0	0	0	0	0	0	0	0	0	0
江苏财经职业技术学院	46	0	0	0	0	0	0	0	0	0	0	0	0	0	0
扬州工业职业技术学院	47	0	0	0	0	0	0	0	0	0	0	0	0	0	0
江苏城市职业学院	48	0	0	0	0	0	0	0	0	0	0	0	0	0	0
南京城市职业学院	49	0	0	0	0	0	0	0	0	0	0	0	0	0	0
南京机电职业技术学院	50	0	0	0	0	0	0	0	0	0	0	0	0	0	0
南京旅游职业学院	51	0	0	0	0	0	0	0	0	0	0	0	0	0	0
江苏建康职业学院	52	0	0	0	0	0	0	0	0	0	0	0	0	0	0
苏州信息职业技术学院	53	0	0	0	0	0	0	0	0	0	0	0	0	0	0
苏州工业园区服务外包职业学院	54	0	0	0	0	0	0	0	0	0	0	0	0	0	0
徐州幼儿师范高等专科学校	55	0	0	0	0	0	0	0	0	0	0	0	0	0	0
徐州生物工程职业技术学院	56	0	0	0	0	0	0	0	0	0	0	0	0	0	0
江苏商贸职业学院	57	0	0	0	0	0	0	0	0	0	0	0	0	0	0
南通师范高等专科学校	58	0	0	0	0	0	0	0	0	0	0	0	0	0	0
江苏护理职业学院	59	0	0	0	0	0	0	0	0	0	0	0	0	0	0
江苏财会职业学院	60	0	0	0	0	0	0	0	0	0	0	0	0	0	0
江苏城乡建设职业学院	61	0	0	0	0	0	0	0	0	0	0	0	0	0	0
江苏安全技术职业学院	62	0	0	0	0	0	0	0	0	0	0	0	0	0	0

3.11 经济学人文、社会科学活动人员情况表

高校名称	编号	总计		按职称划分						按最后学历划分			按最后学位划分		其他人员
			女性	小计	教授	副教授	讲师	助教	初级	研究生	本科生	其他	博士	硕士	
		L01	L02	L03	L04	L05	L06	L07	L08	L09	L10	L11	L12	L13	L14
合计	/	1 135	729	1 135	68	369	547	142	9	521	611	3	53	700	0
盐城幼儿师范高等专科学校	1	5	4	5	0	0	3	2	0	1	3	1	0	3	0
苏州幼儿师范高等专科学校	2	0	0	0	0	0	0	0	0	0	0	0	0	0	0
无锡职业技术学院	3	21	12	21	1	4	15	1	0	13	8	0	4	10	0
江苏建筑职业技术学院	4	11	5	11	3	3	3	2	0	5	6	0	2	6	0
南京工业职业技术学院	5	42	28	42	3	12	26	1	0	28	14	0	4	30	0
江苏工程职业技术学院	6	19	9	19	1	10	8	0	0	7	12	0	0	14	0
苏州工艺美术职业技术学院	7	0	0	0	0	0	0	0	0	0	0	0	0	0	0
连云港职业技术学院	8	24	18	24	0	6	15	3	0	5	19	0	1	12	0
镇江市高等专科学校	9	10	5	10	2	3	4	1	0	5	5	0	1	6	0
南通职业大学	10	31	18	31	3	10	17	0	1	11	19	1	1	22	0
苏州市职业大学	11	46	29	46	0	16	29	1	0	25	21	0	1	35	0
沙洲职业工学院	12	15	12	15	0	7	5	3	0	4	11	0	1	4	0
扬州市职业大学	13	71	42	71	4	26	33	8	0	33	38	0	2	45	0
连云港师范高等专科学校	14	16	9	16	1	12	3	0	0	7	9	0	0	11	0
江苏经贸职业技术学院	15	22	14	22	3	6	9	4	0	16	6	0	5	13	0
泰州职业技术学院	16	14	6	14	1	5	8	0	0	4	10	0	0	12	0
常州信息职业技术学院	17	13	10	13	2	1	5	5	0	12	1	0	2	10	0
江苏海事职业技术学院	18	13	5	13	2	3	8	0	0	8	5	0	1	8	0
无锡科技职业学院	19	20	17	20	1	2	11	6	0	9	11	0	1	14	0
盐城卫生职业技术学院	20	1	0	1	1	0	0	0	0	1	0	0	0	1	0

续表

南通科技职业学院	21	14	10	14	0	5	9	0	0	2	12	0	0	8	0
苏州经贸职业技术学院	22	47	21	47	4	20	23	0	0	20	27	0	1	32	0
苏州工业职业技术学院	23	3	3	3	0	2	1	0	0	3	0	0	3	0	0
苏州卫生职业技术学院	24	7	5	7	0	1	3	3	0	4	3	0	0	4	0
无锡商业职业技术学院	25	29	18	29	1	12	14	2	0	14	15	0	2	19	0
南通航运职业技术学院	26	24	13	24	1	8	15	0	0	9	15	0	0	15	0
南京交通职业技术学院	27	6	5	6	1	4	1	0	0	3	3	0	0	3	0
淮安信息职业技术学院	28	10	6	10	0	3	7	0	0	4	6	0	0	5	0
常州纺织服装职业技术学院	29	21	13	21	1	5	12	3	0	11	10	0	0	13	0
苏州农业职业技术学院	30	21	13	21	2	12	5	2	0	12	9	0	4	16	0
南京科技职业学院	31	15	9	15	0	5	4	6	0	8	7	0	0	9	0
常州轻工职业技术学院	32	12	11	12	0	2	2	8	0	10	2	0	0	11	0
常州工程职业技术学院	33	8	6	8	0	3	4	1	0	4	4	0	0	5	0
江苏农林职业技术学院	34	1	0	1	1	0	0	0	0	0	1	0	0	0	0
江苏食品药品职业技术学院	35	36	21	36	6	6	24	0	0	14	22	0	0	15	0
南京铁道职业技术学院	36	22	15	22	1	2	15	4	0	8	14	0	0	8	0
徐州工业职业技术学院	37	7	2	7	1	5	1	0	0	5	2	0	1	6	0
江苏信息职业技术学院	38	25	19	25	0	5	12	8	0	16	9	0	0	16	0
南京信息职业技术学院	39	15	11	15	3	4	5	3	0	6	9	0	0	9	0
常州机电职业技术学院	40	8	6	8	1	1	6	0	0	5	3	0	0	7	0
江阴职业技术学院	41	23	13	23	0	12	11	0	0	0	23	0	0	8	0

续表

高校名称		总计		按职称划分						按最后学历划分			按最后学位划分		其他
			女性	小计	教授	副教授	讲师	助教	初级	研究生	本科生	其他	博士	硕士	人员
	编号	L01	L02	L03	L04	L05	L06	L07	L08	L09	L10	L11	L12	L13	L14
无锡城市职业技术学院	42	27	18	27	0	12	13	1	1	18	9	0	7	16	0
无锡工艺职业技术学院	43	16	8	16	0	6	5	5	0	2	14	0	0	5	0
苏州健雄职业技术学院	44	19	10	19	2	5	10	2	0	9	10	0	0	14	0
盐城工业职业技术学院	45	24	16	24	3	8	7	6	0	12	11	1	0	14	0
江苏财经职业技术学院	46	39	24	39	1	8	22	8	0	17	22	0	0	23	0
扬州工业职业技术学院	47	22	13	22	1	9	9	3	0	11	11	0	0	14	0
江苏城市职业学院	48	31	21	31	2	10	16	1	2	19	12	0	3	23	0
南京城市职业学院	49	32	27	32	3	8	16	2	3	10	22	0	1	18	0
南京机电职业技术学院	50	4	4	4	0	0	1	1	2	1	3	0	0	1	0
南京旅游职业学院	51	30	18	30	1	13	13	3	0	27	3	0	4	23	0
江苏建康职业学院	52	1	0	1	1	0	0	0	0	1	0	0	0	1	0
苏州信息职业技术学院	53	14	11	14	0	4	9	1	0	3	11	0	0	13	0
苏州工业园区服务外包职业学院	54	18	16	18	1	3	10	4	0	16	2	0	1	14	0
徐州幼儿师范高等专科学校	55	1	1	1	0	0	0	1	0	1	0	0	0	1	0
徐州生物工程职业技术学院	56	0	0	0	0	0	0	0	0	0	0	0	0	0	0
江苏商贸职业学院	57	39	28	39	1	15	11	12	0	10	29	0	0	18	0
南通师范高等专科学校	58	1	1	1	0	0	0	1	0	1	0	0	0	1	0
江苏护理职业学院	59	0	0	0	0	0	0	0	0	0	0	0	0	0	0
江苏财会职业学院	60	63	45	63	1	24	25	13	0	10	53	0	0	34	0
江苏城乡建设职业学院	61	6	5	6	0	1	4	1	0	1	5	0	0	2	0
江苏安全技术职业学院	62	0	0	0	0	0	0	0	0	0	0	0	0	0	0

3.12 政治学人文、社会科学活动人员情况表

高校名称		总计		按职称划分						按最后学历划分			按最后学位划分		其他人员
			女性	小计	教授	副教授	讲师	助教	初级	研究生	本科生	其他	博士	硕士	
	编号	L01	L02	L03	L04	L05	L06	L07	L08	L09	L10	L11	L12	L13	L14
合计	/	129	71	129	7	45	58	16	3	58	70	1	7	74	0
盐城幼儿师范高等专科学校	1	18	7	18	4	7	6	1	0	5	12	1	1	6	0
苏州幼儿师范高等专科学校	2	4	4	4	0	3	1	0	0	1	3	0	0	4	0
无锡职业技术学院	3	1	0	1	0	1	0	0	0	0	1	0	0	0	0
江苏建筑职业技术学院	4	4	0	4	0	1	3	0	0	2	2	0	0	2	0
南京工业职业技术学院	5	3	1	3	0	0	3	0	0	3	0	0	0	3	0
江苏工程职业技术学院	6	1	1	1	0	1	0	0	0	0	1	0	0	1	0
苏州工艺美术职业技术学院	7	0	0	0	0	0	0	0	0	0	0	0	0	0	0
连云港职业技术学院	8	0	0	0	0	0	0	0	0	0	0	0	0	0	0
镇江市高等专科学校	9	3	1	3	0	1	2	0	0	1	2	0	0	3	0
南通职业大学	10	1	0	1	0	0	1	0	0	0	1	0	0	0	0
苏州市职业大学	11	3	2	3	0	1	1	1	0	3	0	0	1	2	0
沙洲职业工学院	12	2	0	2	0	0	2	0	0	0	2	0	0	0	0
扬州市职业大学	13	0	0	0	0	0	0	0	0	0	0	0	0	0	0
连云港师范高等专科学校	14	7	3	7	2	3	2	0	0	2	5	0	1	4	0
江苏经贸职业技术学院	15	0	0	0	0	0	0	0	0	0	0	0	0	0	0
泰州职业技术学院	16	0	0	0	0	0	0	0	0	0	0	0	0	0	0
常州信息职业技术学院	17	4	2	4	0	2	1	1	0	3	1	0	1	2	0
江苏海事职业技术学院	18	0	0	0	0	0	0	0	0	0	0	0	0	0	0
无锡科技职业学院	19	0	0	0	0	0	0	0	0	0	0	0	0	0	0
盐城卫生职业技术学院	20	1	1	1	0	0	1	0	0	1	0	0	0	1	0

续表

高校名称		总计		按职称划分						按最后学历划分			按最后学位划分		其他人员
			女性	小计	教授	副教授	讲师	助教	初级	研究生	本科生	其他	博士	硕士	
	编号	L01	L02	L03	L04	L05	L06	L07	L08	L09	L10	L11	L12	L13	L14
南通科技职业学院	21	0	0	0	0	0	0	0	0	0	0	0	0	0	0
苏州经贸职业技术学院	22	1	1	1	0	0	1	0	0	1	0	0	0	1	0
苏州工业职业技术学院	23	0	0	0	0	0	0	0	0	0	0	0	0	0	0
苏州卫生职业技术学院	24	1	0	1	0	0	1	0	0	1	0	0	1	0	0
无锡商业职业技术学院	25	0	0	0	0	0	0	0	0	0	0	0	0	0	0
南通航运职业技术学院	26	1	1	1	0	0	1	0	0	1	0	0	0	1	0
南京交通职业技术学院	27	3	2	3	0	1	2	0	0	2	1	0	0	3	0
淮安信息职业技术学院	28	0	0	0	0	0	0	0	0	0	0	0	0	0	0
常州纺织服装职业技术学院	29	1	1	1	0	0	1	0	0	0	1	0	0	1	0
苏州农业职业技术学院	30	0	0	0	0	0	0	0	0	0	0	0	0	0	0
南京科技职业学院	31	4	2	4	0	0	1	3	0	3	1	0	0	4	0
常州轻工职业技术学院	32	2	1	2	0	0	1	1	0	2	0	0	0	2	0
常州工程职业技术学院	33	1	0	1	0	0	1	0	0	1	0	0	0	1	0
江苏农林职业技术学院	34	4	2	4	0	3	1	0	0	3	1	0	0	4	0
江苏食品药品职业技术学院	35	3	1	3	0	0	3	0	0	1	2	0	0	2	0
南京铁道职业技术学院	36	0	0	0	0	0	0	0	0	0	0	0	0	0	0
徐州工业职业技术学院	37	4	3	4	0	3	1	0	0	0	4	0	0	4	0
江苏信息职业技术学院	38	2	0	2	0	1	0	1	0	0	2	0	0	1	0
南京信息职业技术学院	39	0	0	0	0	0	0	0	0	0	0	0	0	0	0

续表

常州机电职业技术学院	40	0	0	0	0	0	0	0	0	0	0	0	0	0	0
江阴职业技术学院	41	3	3	3	0	2	1	0	0	0	3	0	0	0	0
无锡城市职业技术学院	42	0	0	0	0	0	0	0	0	0	0	0	0	0	0
无锡工艺职业技术学院	43	1	1	1	0	0	1	0	0	1	0	0	1	0	0
苏州健雄职业技术学院	44	1	1	1	0	0	1	0	0	1	0	0	0	1	0
盐城工业职业技术学院	45	0	0	0	0	0	0	0	0	0	0	0	0	0	0
江苏财经职业技术学院	46	1	0	1	0	0	1	0	0	1	0	0	1	0	0
扬州工业职业技术学院	47	5	1	5	0	1	3	1	0	3	2	0	0	3	0
江苏城市职业学院	48	0	0	0	0	0	0	0	0	0	0	0	0	0	0
南京城市职业学院	49	5	3	5	1	1	1	0	2	5	0	0	0	3	0
南京机电职业技术学院	50	0	0	0	0	0	0	0	0	0	0	0	0	0	0
南京旅游职业学院	51	2	2	2	0	0	1	1	0	1	1	0	0	1	0
江苏建康职业学院	52	0	0	0	0	0	0	0	0	0	0	0	0	0	0
苏州信息职业技术学院	53	0	0	0	0	0	0	0	0	0	0	0	0	0	0
苏州工业园区服务外包职业学院	54	3	1	3	0	1	2	0	0	3	0	0	0	3	0
徐州幼儿师范高等专科学校	55	0	0	0	0	0	0	0	0	0	0	0	0	0	0
徐州生物工程职业技术学院	56	1	0	1	0	1	0	0	0	0	1	0	0	0	0
江苏商贸职业学院	57	5	4	5	0	2	1	2	0	1	4	0	0	1	0
南通师范高等专科学校	58	11	8	11	0	5	6	0	0	2	9	0	0	6	0
江苏护理职业学院	59	0	0	0	0	0	0	0	0	0	0	0	0	0	0
江苏财会职业学院	60	4	4	4	0	0	1	3	0	3	1	0	0	3	0
江苏城乡建设职业学院	61	5	5	5	0	3	1	1	0	0	5	0	0	0	0
江苏安全技术职业学院	62	3	2	3	0	1	1	0	1	1	2	0	0	1	0

3.13 法学人文、社会科学活动人员情况表

高校名称		总计		按职称划分						按最后学历划分			按最后学位划分		其他人员
			女性	小计	教授	副教授	讲师	助教	初级	研究生	本科生	其他	博士	硕士	
	编号	L01	L02	L03	L04	L05	L06	L07	L08	L09	L10	L11	L12	L13	L14
合计	/	298	168	298	13	85	162	35	3	139	157	2	10	194	0
盐城幼儿师范高等专科学校	1	3	1	3	0	1	1	1	0	1	2	0	0	1	0
苏州幼儿师范高等专科学校	2	0	0	0	0	0	0	0	0	0	0	0	0	0	0
无锡职业技术学院	3	14	7	14	1	3	10	0	0	12	2	0	1	11	0
江苏建筑职业技术学院	4	8	3	8	0	3	4	1	0	4	4	0	0	6	0
南京工业职业技术学院	5	1	0	1	0	0	1	0	0	0	1	0	0	0	0
江苏工程职业技术学院	6	7	4	7	1	1	5	0	0	5	2	0	0	7	0
苏州工艺美术职业技术学院	7	0	0	0	0	0	0	0	0	0	0	0	0	0	0
连云港职业技术学院	8	8	4	8	1	5	2	0	0	2	6	0	0	5	0
镇江市高等专科学校	9	12	6	12	0	2	9	1	0	6	6	0	0	10	0
南通职业大学	10	7	3	7	0	1	4	1	1	1	6	0	0	2	0
苏州市职业大学	11	15	9	15	1	5	9	0	0	7	8	0	0	12	0
沙洲职业工学院	12	3	3	3	0	2	1	0	0	0	3	0	0	0	0
扬州市职业大学	13	17	11	17	2	7	5	3	0	8	9	0	2	13	0
连云港师范高等专科学校	14	3	0	3	1	2	0	0	0	1	2	0	0	2	0
江苏经贸职业技术学院	15	13	5	13	1	5	7	0	0	8	5	0	2	9	0
泰州职业技术学院	16	0	0	0	0	0	0	0	0	0	0	0	0	0	0
常州信息职业技术学院	17	3	3	3	0	0	3	0	0	2	1	0	0	2	0
江苏海事职业技术学院	18	2	1	2	1	1	0	0	0	2	0	0	0	2	0
无锡科技职业学院	19	3	2	3	0	0	3	0	0	1	1	1	0	2	0
盐城卫生职业技术学院	20	1	1	1	0	0	1	0	0	0	1	0	0	1	0

续表

南通科技职业学院	21	7	5	7	0	4	3	0	0	1	6	0	0	2	0
苏州经贸职业技术学院	22	10	4	10	0	2	7	1	0	4	6	0	0	6	0
苏州工业职业技术学院	23	1	1	1	0	0	1	0	0	0	1	0	0	1	0
苏州卫生职业技术学院	24	6	3	6	0	4	1	1	0	3	3	0	1	2	0
无锡商业职业技术学院	25	7	3	7	2	0	5	0	0	3	4	0	0	6	0
南通航运职业技术学院	26	5	3	5	0	1	4	0	0	3	2	0	0	3	0
南京交通职业技术学院	27	4	1	4	0	3	1	0	0	3	1	0	0	4	0
淮安信息职业技术学院	28	1	1	1	0	0	1	0	0	0	1	0	0	1	0
常州纺织服装职业技术学院	29	5	4	5	0	0	2	3	0	4	1	0	0	4	0
苏州农业职业技术学院	30	7	2	7	0	5	2	0	0	2	5	0	0	6	0
南京科技职业学院	31	5	3	5	0	1	4	0	0	4	1	0	0	4	0
常州轻工职业技术学院	32	3	1	3	0	0	2	1	0	1	2	0	0	3	0
常州工程职业技术学院	33	3	2	3	0	0	2	1	0	1	2	0	0	1	0
江苏农林职业技术学院	34	4	3	4	0	0	4	0	0	2	2	0	0	4	0
江苏食品药品职业技术学院	35	3	1	3	0	1	2	0	0	3	0	0	0	3	0
南京铁道职业技术学院	36	3	1	3	0	0	3	0	0	2	1	0	1	1	0
徐州工业职业技术学院	37	0	0	0	0	0	0	0	0	0	0	0	0	0	0
江苏信息职业技术学院	38	1	0	1	0	0	1	0	0	0	1	0	0	0	0
南京信息职业技术学院	39	2	2	2	0	1	1	0	0	1	1	0	0	2	0
常州机电职业技术学院	40	0	0	0	0	0	0	0	0	0	0	0	0	0	0
江阴职业技术学院	41	4	2	4	0	1	2	1	0	0	4	0	0	1	0

续表

高校名称		总计		按职称划分						按最后学历划分			按最后学位划分		其他人员
			女性	小计	教授	副教授	讲师	助教	初级	研究生	本科生	其他	博士	硕士	
	编号	L01	L02	L03	L04	L05	L06	L07	L08	L09	L10	L11	L12	L13	L14
无锡城市职业技术学院	42	2	1	2	0	2	0	0	0	0	2	0	0	1	0
无锡工艺职业技术学院	43	4	2	4	0	0	0	4	0	2	2	0	0	2	0
苏州健雄职业技术学院	44	4	3	4	0	0	3	1	0	4	0	0	0	4	0
盐城工业职业技术学院	45	1	0	1	0	0	1	0	0	0	1	0	0	0	0
江苏财经职业技术学院	46	15	9	15	0	4	9	2	0	8	7	0	1	9	0
扬州工业职业技术学院	47	5	3	5	0	0	3	2	0	2	3	0	0	2	0
江苏城市职业学院	48	11	6	11	1	5	4	1	0	6	5	0	1	8	0
南京城市职业学院	49	11	9	11	0	4	4	2	1	1	9	1	0	5	0
南京机电职业技术学院	50	4	4	4	0	0	3	1	0	2	2	0	0	2	0
南京旅游职业学院	51	1	0	1	1	0	0	0	0	1	0	0	1	0	0
江苏建康职业学院	52	6	4	6	0	1	2	2	1	3	3	0	0	4	0
苏州信息职业技术学院	53	1	1	1	0	0	1	0	0	0	1	0	0	1	0
苏州工业园区服务外包职业学院	54	3	2	3	0	0	3	0	0	3	0	0	0	3	0
徐州幼儿师范高等专科学校	55	2	1	2	0	1	0	1	0	1	1	0	0	1	0
徐州生物工程职业技术学院	56	4	3	4	0	0	4	0	0	0	4	0	0	1	0
江苏商贸职业学院	57	10	8	10	0	3	5	2	0	4	6	0	0	7	0
南通师范高等专科学校	58	0	0	0	0	0	0	0	0	0	0	0	0	0	0
江苏护理职业学院	59	5	3	5	0	1	3	1	0	2	3	0	0	2	0
江苏财会职业学院	60	5	3	5	0	1	3	1	0	2	3	0	0	2	0
江苏城乡建设职业学院	61	3	1	3	0	2	1	0	0	1	2	0	0	1	0
江苏安全技术职业学院	62	0	0	0	0	0	0	0	0	0	0	0	0	0	0

3.14 社会学人文、社会科学活动人员情况表

高校名称		总计		按职称划分						按最后学历划分			按最后学位划分		其他人员
			女性	小计	教授	副教授	讲师	助教	初级	研究生	本科生	其他	博士	硕士	
	编号	L01	L02	L03	L04	L05	L06	L07	L08	L09	L10	L11	L12	L13	L14
合计	/	109	70	109	3	31	55	16	4	66	42	1	7	78	0
盐城幼儿师范高等专科学校	1	2	1	2	0	1	0	1	0	1	1	0	0	0	0
苏州幼儿师范高等专科学校	2	0	0	0	0	0	0	0	0	0	0	0	0	0	0
无锡职业技术学院	3	0	0	0	0	0	0	0	0	0	0	0	0	0	0
江苏建筑职业技术学院	4	4	2	4	0	1	2	1	0	2	2	0	0	3	0
南京工业职业技术学院	5	7	4	7	0	2	5	0	0	6	1	0	0	5	0
江苏工程职业技术学院	6	2	0	2	0	1	1	0	0	1	1	0	0	1	0
苏州工艺美术职业技术学院	7	2	0	2	0	2	0	0	0	1	1	0	0	2	0
连云港职业技术学院	8	2	0	2	0	0	2	0	0	0	2	0	0	1	0
镇江市高等专科学校	9	0	0	0	0	0	0	0	0	0	0	0	0	0	0
南通职业大学	10	2	1	2	0	1	1	0	0	1	0	1	0	1	0
苏州市职业大学	11	2	2	2	0	2	0	0	0	1	1	0	0	2	0
沙洲职业工学院	12	0	0	0	0	0	0	0	0	0	0	0	0	0	0
扬州市职业大学	13	0	0	0	0	0	0	0	0	0	0	0	0	0	0
连云港师范高等专科学校	14	3	1	3	0	3	0	0	0	3	0	0	0	3	0
江苏经贸职业技术学院	15	5	2	5	0	1	3	1	0	5	0	0	2	3	0
泰州职业技术学院	16	1	1	1	0	0	1	0	0	1	0	0	0	1	0
常州信息职业技术学院	17	2	1	2	0	0	1	1	0	2	0	0	0	2	0
江苏海事职业技术学院	18	4	2	4	1	1	2	0	0	2	2	0	1	2	0
无锡科技职业学院	19	0	0	0	0	0	0	0	0	0	0	0	0	0	0
盐城卫生职业技术学院	20	1	1	1	0	0	1	0	0	0	1	0	0	0	0

续表

高校名称		总计		按职称划分						按最后学历划分			按最后学位划分		其他人员
			女性	小计	教授	副教授	讲师	助教	初级	研究生	本科生	其他	博士	硕士	
	编号	L01	L02	L03	L04	L05	L06	L07	L08	L09	L10	L11	L12	L13	L14
南通科技职业学院	21	2	2	2	0	0	1	1	0	1	1	0	0	1	0
苏州经贸职业技术学院	22	0	0	0	0	0	0	0	0	0	0	0	0	0	0
苏州工业职业技术学院	23	0	0	0	0	0	0	0	0	0	0	0	0	0	0
苏州卫生职业技术学院	24	0	0	0	0	0	0	0	0	0	0	0	0	0	0
无锡商业职业技术学院	25	0	0	0	0	0	0	0	0	0	0	0	0	0	0
南通航运职业技术学院	26	7	7	7	0	0	7	0	0	1	6	0	0	5	0
南京交通职业技术学院	27	1	0	1	1	0	0	0	0	1	0	0	1	0	0
淮安信息职业技术学院	28	4	2	4	1	3	0	0	0	2	2	0	1	2	0
常州纺织服装职业技术学院	29	0	0	0	0	0	0	0	0	0	0	0	0	0	0
苏州农业职业技术学院	30	0	0	0	0	0	0	0	0	0	0	0	0	0	0
南京科技职业学院	31	1	1	1	0	1	0	0	0	1	0	0	0	1	0
常州轻工职业技术学院	32	1	1	1	0	0	1	0	0	1	0	0	0	1	0
常州工程职业技术学院	33	0	0	0	0	0	0	0	0	0	0	0	0	0	0
江苏农林职业技术学院	34	2	2	2	0	0	2	0	0	0	2	0	0	1	0
江苏食品药品职业技术学院	35	1	0	1	0	0	1	0	0	0	1	0	0	0	0
南京铁道职业技术学院	36	0	0	0	0	0	0	0	0	0	0	0	0	0	0
徐州工业职业技术学院	37	3	2	3	0	1	1	1	0	1	2	0	0	2	0
江苏信息职业技术学院	38	0	0	0	0	0	0	0	0	0	0	0	0	0	0
南京信息职业技术学院	39	1	1	1	0	1	0	0	0	0	1	0	0	1	0

续表

常州机电职业技术学院	40	1	1	1	0	1	0	0	0	1	0	0	0	1	0
江阴职业技术学院	41	2	1	2	0	1	1	0	0	1	1	0	0	1	0
无锡城市职业技术学院	42	0	0	0	0	0	0	0	0	0	0	0	0	0	0
无锡工艺职业技术学院	43	3	3	3	0	0	0	3	0	3	0	0	1	2	0
苏州健雄职业技术学院	44	1	1	1	0	0	0	1	0	1	0	0	0	1	0
盐城工业职业技术学院	45	1	1	1	0	0	1	0	0	1	0	0	0	1	0
江苏财经职业技术学院	46	5	3	5	0	0	4	1	0	1	4	0	0	3	0
扬州工业职业技术学院	47	0	0	0	0	0	0	0	0	0	0	0	0	0	0
江苏城市职业学院	48	1	0	1	0	1	0	0	0	1	0	0	0	1	0
南京城市职业学院	49	8	7	8	0	1	3	0	4	7	1	0	0	8	0
南京机电职业技术学院	50	0	0	0	0	0	0	0	0	0	0	0	0	0	0
南京旅游职业学院	51	1	1	1	0	1	0	0	0	1	0	0	1	0	0
江苏建康职业学院	52	1	0	1	0	1	0	0	0	1	0	0	0	1	0
苏州信息职业技术学院	53	0	0	0	0	0	0	0	0	0	0	0	0	0	0
苏州工业园区服务外包职业学院	54	2	1	2	0	0	2	0	0	2	0	0	0	2	0
徐州幼儿师范高等专科学校	55	0	0	0	0	0	0	0	0	0	0	0	0	0	0
徐州生物工程职业技术学院	56	0	0	0	0	0	0	0	0	0	0	0	0	0	0
江苏商贸职业学院	57	2	2	2	0	0	1	1	0	2	0	0	0	2	0
南通师范高等专科学校	58	0	0	0	0	0	0	0	0	0	0	0	0	0	0
江苏护理职业学院	59	8	5	8	0	3	5	0	0	4	4	0	0	6	0
江苏财会职业学院	60	11	8	11	0	1	6	4	0	6	5	0	0	9	0
江苏城乡建设职业学院	61	0	0	0	0	0	0	0	0	0	0	0	0	0	0
江苏安全技术职业学院	62	0	0	0	0	0	0	0	0	0	0	0	0	0	0

3.15 民族学与文化学人文、社会科学活动人员情况表

高校名称		总计		按职称划分						按最后学历划分			按最后学位划分		其他人员
			女性	小计	教授	副教授	讲师	助教	初级	研究生	本科生	其他	博士	硕士	
	编号	L01	L02	L03	L04	L05	L06	L07	L08	L09	L10	L11	L12	L13	L14
合计	/	6	3	6	0	1	4	1	0	1	5	0	0	4	0
盐城幼儿师范高等专科学校	1	0	0	0	0	0	0	0	0	0	0	0	0	0	0
苏州幼儿师范高等专科学校	2	0	0	0	0	0	0	0	0	0	0	0	0	0	0
无锡职业技术学院	3	0	0	0	0	0	0	0	0	0	0	0	0	0	0
江苏建筑职业技术学院	4	0	0	0	0	0	0	0	0	0	0	0	0	0	0
南京工业职业技术学院	5	0	0	0	0	0	0	0	0	0	0	0	0	0	0
江苏工程职业技术学院	6	0	0	0	0	0	0	0	0	0	0	0	0	0	0
苏州工艺美术职业技术学院	7	0	0	0	0	0	0	0	0	0	0	0	0	0	0
连云港职业技术学院	8	0	0	0	0	0	0	0	0	0	0	0	0	0	0
镇江市高等专科学校	9	0	0	0	0	0	0	0	0	0	0	0	0	0	0
南通职业大学	10	0	0	0	0	0	0	0	0	0	0	0	0	0	0
苏州市职业大学	11	0	0	0	0	0	0	0	0	0	0	0	0	0	0
沙洲职业工学院	12	0	0	0	0	0	0	0	0	0	0	0	0	0	0
扬州市职业大学	13	1	0	1	0	1	0	0	0	0	1	0	0	1	0
连云港师范高等专科学校	14	1	1	1	0	0	1	0	0	0	1	0	0	1	0
江苏经贸职业技术学院	15	0	0	0	0	0	0	0	0	0	0	0	0	0	0
泰州职业技术学院	16	0	0	0	0	0	0	0	0	0	0	0	0	0	0
常州信息职业技术学院	17	0	0	0	0	0	0	0	0	0	0	0	0	0	0
江苏海事职业技术学院	18	0	0	0	0	0	0	0	0	0	0	0	0	0	0
无锡科技职业学院	19	0	0	0	0	0	0	0	0	0	0	0	0	0	0
盐城卫生职业技术学院	20	0	0	0	0	0	0	0	0	0	0	0	0	0	0

续表

南通科技职业学院	21	0	0	0	0	0	0	0	0	0	0	0	0	0	0
苏州经贸职业技术学院	22	0	0	0	0	0	0	0	0	0	0	0	0	0	0
苏州工业职业技术学院	23	0	0	0	0	0	0	0	0	0	0	0	0	0	0
苏州卫生职业技术学院	24	0	0	0	0	0	0	0	0	0	0	0	0	0	0
无锡商业职业技术学院	25	0	0	0	0	0	0	0	0	0	0	0	0	0	0
南通航运职业技术学院	26	0	0	0	0	0	0	0	0	0	0	0	0	0	0
南京交通职业技术学院	27	0	0	0	0	0	0	0	0	0	0	0	0	0	0
淮安信息职业技术学院	28	2	1	2	0	0	2	0	0	0	2	0	0	1	0
常州纺织服装职业技术学院	29	0	0	0	0	0	0	0	0	0	0	0	0	0	0
苏州农业职业技术学院	30	0	0	0	0	0	0	0	0	0	0	0	0	0	0
南京科技职业学院	31	0	0	0	0	0	0	0	0	0	0	0	0	0	0
常州轻工职业技术学院	32	1	0	1	0	0	1	0	0	0	1	0	0	0	0
常州工程职业技术学院	33	0	0	0	0	0	0	0	0	0	0	0	0	0	0
江苏农林职业技术学院	34	0	0	0	0	0	0	0	0	0	0	0	0	0	0
江苏食品药品职业技术学院	35	0	0	0	0	0	0	0	0	0	0	0	0	0	0
南京铁道职业技术学院	36	0	0	0	0	0	0	0	0	0	0	0	0	0	0
徐州工业职业技术学院	37	0	0	0	0	0	0	0	0	0	0	0	0	0	0
江苏信息职业技术学院	38	0	0	0	0	0	0	0	0	0	0	0	0	0	0
南京信息职业技术学院	39	0	0	0	0	0	0	0	0	0	0	0	0	0	0
常州机电职业技术学院	40	0	0	0	0	0	0	0	0	0	0	0	0	0	0
江阴职业技术学院	41	0	0	0	0	0	0	0	0	0	0	0	0	0	0

续表

高校名称		总计		按职称划分						按最后学历划分			按最后学位划分		其他人员
			女性	小计	教授	副教授	讲师	助教	初级	研究生	本科生	其他	博士	硕士	
	编号	L01	L02	L03	L04	L05	L06	L07	L08	L09	L10	L11	L12	L13	L14
无锡城市职业技术学院	42	0	0	0	0	0	0	0	0	0	0	0	0	0	0
无锡工艺职业技术学院	43	1	1	1	0	0	0	1	0	1	0	0	0	1	0
苏州健雄职业技术学院	44	0	0	0	0	0	0	0	0	0	0	0	0	0	0
盐城工业职业技术学院	45	0	0	0	0	0	0	0	0	0	0	0	0	0	0
江苏财经职业技术学院	46	0	0	0	0	0	0	0	0	0	0	0	0	0	0
扬州工业职业技术学院	47	0	0	0	0	0	0	0	0	0	0	0	0	0	0
江苏城市职业学院	48	0	0	0	0	0	0	0	0	0	0	0	0	0	0
南京城市职业学院	49	0	0	0	0	0	0	0	0	0	0	0	0	0	0
南京机电职业技术学院	50	0	0	0	0	0	0	0	0	0	0	0	0	0	0
南京旅游职业学院	51	0	0	0	0	0	0	0	0	0	0	0	0	0	0
江苏建康职业学院	52	0	0	0	0	0	0	0	0	0	0	0	0	0	0
苏州信息职业技术学院	53	0	0	0	0	0	0	0	0	0	0	0	0	0	0
苏州工业园区服务外包职业学院	54	0	0	0	0	0	0	0	0	0	0	0	0	0	0
徐州幼儿师范高等专科学校	55	0	0	0	0	0	0	0	0	0	0	0	0	0	0
徐州生物工程职业技术学院	56	0	0	0	0	0	0	0	0	0	0	0	0	0	0
江苏商贸职业学院	57	0	0	0	0	0	0	0	0	0	0	0	0	0	0
南通师范高等专科学校	58	0	0	0	0	0	0	0	0	0	0	0	0	0	0
江苏护理职业学院	59	0	0	0	0	0	0	0	0	0	0	0	0	0	0
江苏财会职业学院	60	0	0	0	0	0	0	0	0	0	0	0	0	0	0
江苏城乡建设职业学院	61	0	0	0	0	0	0	0	0	0	0	0	0	0	0
江苏安全技术职业学院	62	0	0	0	0	0	0	0	0	0	0	0	0	0	0

3.16 新闻学与传播学人文、社会科学活动人员情况表

高校名称	编号	总计		按职称划分						按最后学历划分			按最后学位划分		其他人员
			女性	小计	教授	副教授	讲师	助教	初级	研究生	本科生	其他	博士	硕士	
		L01	L02	L03	L04	L05	L06	L07	L08	L09	L10	L11	L12	L13	L14
合计	/	69	47	69	3	16	32	14	4	31	38	0	1	36	0
盐城幼儿师范高等专科学校	1	0	0	0	0	0	0	0	0	0	0	0	0	0	0
苏州幼儿师范高等专科学校	2	0	0	0	0	0	0	0	0	0	0	0	0	0	0
无锡职业技术学院	3	0	0	0	0	0	0	0	0	0	0	0	0	0	0
江苏建筑职业技术学院	4	0	0	0	0	0	0	0	0	0	0	0	0	0	0
南京工业职业技术学院	5	0	0	0	0	0	0	0	0	0	0	0	0	0	0
江苏工程职业技术学院	6	2	2	2	0	0	2	0	0	1	1	0	0	1	0
苏州工艺美术职业技术学院	7	3	0	3	0	3	0	0	0	2	1	0	1	1	0
连云港职业技术学院	8	1	1	1	0	0	1	0	0	1	0	0	0	1	0
镇江市高等专科学校	9	3	3	3	0	1	2	0	0	1	2	0	0	2	0
南通职业大学	10	0	0	0	0	0	0	0	0	0	0	0	0	0	0
苏州市职业大学	11	3	3	3	1	0	0	2	0	2	1	0	0	2	0
沙洲职业工学院	12	0	0	0	0	0	0	0	0	0	0	0	0	0	0
扬州市职业大学	13	5	5	5	0	0	3	2	0	3	2	0	0	3	0
连云港师范高等专科学校	14	11	6	11	1	6	3	1	0	5	6	0	0	6	0
江苏经贸职业技术学院	15	1	1	1	0	0	1	0	0	0	1	0	0	0	0
泰州职业技术学院	16	0	0	0	0	0	0	0	0	0	0	0	0	0	0
常州信息职业技术学院	17	1	0	1	0	0	0	1	0	1	0	0	0	1	0
江苏海事职业技术学院	18	0	0	0	0	0	0	0	0	0	0	0	0	0	0
无锡科技职业学院	19	0	0	0	0	0	0	0	0	0	0	0	0	0	0
盐城卫生职业技术学院	20	0	0	0	0	0	0	0	0	0	0	0	0	0	0

续表

高校名称	编号	总计		按职称划分						按最后学历划分			按最后学位划分		其他人员
			女性	小计	教授	副教授	讲师	助教	初级	研究生	本科生	其他	博士	硕士	
	编号	L01	L02	L03	L04	L05	L06	L07	L08	L09	L10	L11	L12	L13	L14
南通科技职业学院	21	0	0	0	0	0	0	0	0	0	0	0	0	0	0
苏州经贸职业技术学院	22	2	1	2	0	2	0	0	0	1	1	0	0	2	0
苏州工业职业技术学院	23	0	0	0	0	0	0	0	0	0	0	0	0	0	0
苏州卫生职业技术学院	24	0	0	0	0	0	0	0	0	0	0	0	0	0	0
无锡商业职业技术学院	25	0	0	0	0	0	0	0	0	0	0	0	0	0	0
南通航运职业技术学院	26	3	1	3	0	0	1	0	2	0	3	0	0	0	0
南京交通职业技术学院	27	0	0	0	0	0	0	0	0	0	0	0	0	0	0
淮安信息职业技术学院	28	0	0	0	0	0	0	0	0	0	0	0	0	0	0
常州纺织服装职业技术学院	29	1	1	1	0	0	1	0	0	0	1	0	0	0	0
苏州农业职业技术学院	30	1	1	1	0	0	1	0	0	0	1	0	0	1	0
南京科技职业学院	31	2	2	2	0	0	1	1	0	0	2	0	0	0	0
常州轻工职业技术学院	32	2	2	2	0	0	0	2	0	2	0	0	0	2	0
常州工程职业技术学院	33	0	0	0	0	0	0	0	0	0	0	0	0	0	0
江苏农林职业技术学院	34	0	0	0	0	0	0	0	0	0	0	0	0	0	0
江苏食品药品职业技术学院	35	1	1	1	0	0	1	0	0	0	1	0	0	0	0
南京铁道职业技术学院	36	0	0	0	0	0	0	0	0	0	0	0	0	0	0
徐州工业职业技术学院	37	1	1	1	0	0	1	0	0	1	0	0	0	1	0
江苏信息职业技术学院	38	0	0	0	0	0	0	0	0	0	0	0	0	0	0
南京信息职业技术学院	39	0	0	0	0	0	0	0	0	0	0	0	0	0	0

续表

常州机电职业技术学院	40	0	0	0	0	0	0	0	0	0	0	0	0	0	0
江阴职业技术学院	41	1	1	1	0	0	1	0	0	1	0	0	0	1	0
无锡城市职业技术学院	42	0	0	0	0	0	0	0	0	0	0	0	0	0	0
无锡工艺职业技术学院	43	0	0	0	0	0	0	0	0	0	0	0	0	0	0
苏州健雄职业技术学院	44	2	0	2	0	1	0	1	0	0	2	0	0	0	0
盐城工业职业技术学院	45	0	0	0	0	0	0	0	0	0	0	0	0	0	0
江苏财经职业技术学院	46	2	1	2	0	0	2	0	0	0	2	0	0	0	0
扬州工业职业技术学院	47	0	0	0	0	0	0	0	0	0	0	0	0	0	0
江苏城市职业学院	48	6	5	6	0	2	3	0	1	3	3	0	0	4	0
南京城市职业学院	49	8	5	8	0	1	6	1	0	5	3	0	0	6	0
南京机电职业技术学院	50	3	2	3	0	0	0	2	1	0	3	0	0	0	0
南京旅游职业学院	51	0	0	0	0	0	0	0	0	0	0	0	0	0	0
江苏建康职业学院	52	1	0	1	0	0	1	0	0	0	1	0	0	0	0
苏州信息职业技术学院	53	0	0	0	0	0	0	0	0	0	0	0	0	0	0
苏州工业园区服务外包职业学院	54	0	0	0	0	0	0	0	0	0	0	0	0	0	0
徐州幼儿师范高等专科学校	55	1	1	1	0	0	1	0	0	0	1	0	0	0	0
徐州生物工程职业技术学院	56	0	0	0	0	0	0	0	0	0	0	0	0	0	0
江苏商贸职业学院	57	1	1	1	0	0	0	1	0	1	0	0	0	1	0
南通师范高等专科学校	58	1	0	1	1	0	0	0	0	1	0	0	0	1	0
江苏护理职业学院	59	0	0	0	0	0	0	0	0	0	0	0	0	0	0
江苏财会职业学院	60	0	0	0	0	0	0	0	0	0	0	0	0	0	0
江苏城乡建设职业学院	61	0	0	0	0	0	0	0	0	0	0	0	0	0	0
江苏安全技术职业学院	62	0	0	0	0	0	0	0	0	0	0	0	0	0	0

3.17 图书馆、情报与文献学人文、社会科学活动人员情况表

高校名称	编号	总计		按职称划分						按最后学历划分			按最后学位划分		其他人员
			女性	小计	教授	副教授	讲师	助教	初级	研究生	本科生	其他	博士	硕士	
	编号	L01	L02	L03	L04	L05	L06	L07	L08	L09	L10	L11	L12	L13	L14
合计	/	476	315	476	17	101	304	48	6	79	372	25	2	129	0
盐城幼儿师范高等专科学校	1	1	1	1	0	0	1	0	0	0	1	0	0	0	0
苏州幼儿师范高等专科学校	2	1	1	1	0	0	0	0	1	1	0	0	0	1	0
无锡职业技术学院	3	7	6	7	0	3	4	0	0	1	6	0	0	1	0
江苏建筑职业技术学院	4	5	3	5	0	1	3	1	0	3	2	0	0	4	0
南京工业职业技术学院	5	9	5	9	0	6	2	1	0	1	8	0	0	6	0
江苏工程职业技术学院	6	13	6	13	1	4	8	0	0	2	11	0	0	6	0
苏州工艺美术职业技术学院	7	11	7	11	0	3	7	1	0	5	6	0	0	5	0
连云港职业技术学院	8	18	14	18	0	3	13	2	0	0	18	0	0	4	0
镇江市高等专科学校	9	24	21	24	1	7	15	1	0	1	21	2	0	3	0
南通职业大学	10	4	3	4	0	3	1	0	0	0	4	0	0	2	0
苏州市职业大学	11	23	12	23	0	2	21	0	0	8	15	0	0	12	0
沙洲职业工学院	12	7	4	7	0	3	4	0	0	0	7	0	0	0	0
扬州市职业大学	13	15	8	15	0	4	11	0	0	3	9	3	0	3	0
连云港师范高等专科学校	14	11	6	11	1	4	6	0	0	4	7	0	0	6	0
江苏经贸职业技术学院	15	8	2	8	1	3	4	0	0	2	6	0	1	4	0
泰州职业技术学院	16	6	4	6	0	2	4	0	0	0	6	0	0	2	0
常州信息职业技术学院	17	13	5	13	0	1	5	7	0	2	11	0	0	4	0
江苏海事职业技术学院	18	14	11	14	0	2	12	0	0	1	13	0	0	2	0
无锡科技职业学院	19	9	6	9	1	1	6	1	0	1	8	0	0	3	0
盐城卫生职业技术学院	20	5	4	5	0	0	5	0	0	0	3	2	0	0	0

续表

南通科技职业学院	21	9	8	9	0	5	4	0	0	0	9	0	0	0	0
苏州经贸职业技术学院	22	7	4	7	0	1	4	2	0	2	5	0	0	2	0
苏州工业职业技术学院	23	4	2	4	0	1	3	0	0	0	1	3	0	0	0
苏州卫生职业技术学院	24	8	4	8	1	2	3	2	0	4	4	0	0	4	0
无锡商业职业技术学院	25	8	7	8	0	3	5	0	0	1	7	0	0	4	0
南通航运职业技术学院	26	3	0	3	0	2	1	0	0	0	3	0	0	0	0
南京交通职业技术学院	27	13	7	13	0	0	10	0	3	5	8	0	0	4	0
淮安信息职业技术学院	28	10	4	10	0	1	8	1	0	1	9	0	0	2	0
常州纺织服装职业技术学院	29	13	8	13	1	1	11	0	0	0	13	0	0	3	0
苏州农业职业技术学院	30	17	12	17	2	3	11	1	0	0	17	0	0	0	0
南京科技职业学院	31	2	2	2	0	0	2	0	0	0	1	1	0	1	0
常州轻工职业技术学院	32	5	3	5	0	3	2	0	0	0	5	0	0	1	0
常州工程职业技术学院	33	12	9	12	0	1	11	0	0	1	11	0	0	1	0
江苏农林职业技术学院	34	12	11	12	0	0	8	4	0	0	12	0	0	1	0
江苏食品药品职业技术学院	35	11	8	11	1	4	6	0	0	1	10	0	0	1	0
南京铁道职业技术学院	36	7	6	7	0	0	7	0	0	3	3	1	0	4	0
徐州工业职业技术学院	37	3	0	3	0	0	3	0	0	1	2	0	0	3	0
江苏信息职业技术学院	38	8	6	8	1	0	7	0	0	3	5	0	0	4	0
南京信息职业技术学院	39	5	3	5	1	1	3	0	0	2	2	1	0	3	0
常州机电职业技术学院	40	5	3	5	0	1	4	0	0	2	3	0	0	2	0
江阴职业技术学院	41	4	4	4	0	1	3	0	0	0	4	0	0	0	0

续表

高校名称		总计		按职称划分						按最后学历划分			按最后学位划分		其他人员
			女性	小计	教授	副教授	讲师	助教	初级	研究生	本科生	其他	博士	硕士	
	编号	L01	L02	L03	L04	L05	L06	L07	L08	L09	L10	L11	L12	L13	L14
无锡城市职业技术学院	42	9	6	9	0	2	6	0	1	1	8	0	0	2	0
无锡工艺职业技术学院	43	12	8	12	0	0	5	7	0	0	11	1	0	1	0
苏州健雄职业技术学院	44	5	3	5	1	0	3	1	0	2	3	0	0	2	0
盐城工业职业技术学院	45	4	2	4	0	2	1	1	0	1	2	1	0	1	0
江苏财经职业技术学院	46	6	2	6	0	1	5	0	0	1	5	0	0	1	0
扬州工业职业技术学院	47	9	7	9	1	2	4	2	0	0	9	0	0	0	0
江苏城市职业学院	48	8	5	8	1	3	4	0	0	3	5	0	0	4	0
南京城市职业学院	49	8	7	8	1	2	4	1	0	2	4	2	1	1	0
南京机电职业技术学院	50	3	1	3	0	0	1	2	0	0	3	0	0	1	0
南京旅游职业学院	51	10	7	10	0	0	8	2	0	3	5	2	0	2	0
江苏建康职业学院	52	4	3	4	1	0	3	0	0	1	3	0	0	3	0
苏州信息职业技术学院	53	1	1	1	0	0	1	0	0	0	0	1	0	0	0
苏州工业园区服务外包职业学院	54	2	2	2	0	0	2	0	0	1	1	0	0	0	0
徐州幼儿师范高等专科学校	55	5	5	5	0	1	3	1	0	1	2	2	0	1	0
徐州生物工程职业技术学院	56	2	1	2	0	1	1	0	0	0	2	0	0	0	0
江苏商贸职业学院	57	5	3	5	0	2	2	1	0	1	3	1	0	1	0
南通师范高等专科学校	58	4	3	4	0	2	1	1	0	0	2	2	0	0	0
江苏护理职业学院	59	1	1	1	0	0	1	0	0	0	1	0	0	0	0
江苏财会职业学院	60	4	4	4	0	0	0	4	0	1	3	0	0	1	0
江苏城乡建设职业学院	61	3	3	3	0	1	1	1	0	0	3	0	0	0	0
江苏安全技术职业学院	62	1	1	1	0	0	0	0	1	0	1	0	0	0	0

3.18 教育学人文、社会科学活动人员情况表

高校名称	编号	总计 L01	女性 L02	按职称划分 小计 L03	教授 L04	副教授 L05	讲师 L06	助教 L07	初级 L08	按最后学历划分 研究生 L09	本科生 L10	其他 L11	按最后学位划分 博士 L12	硕士 L13	其他人员 L14
合计	/	1 341	770	1 340	93	380	702	153	12	567	766	7	33	820	1
盐城幼儿师范高等专科学校	1	23	18	23	0	8	7	8	0	9	13	1	0	13	0
苏州幼儿师范高等专科学校	2	44	32	43	3	13	16	11	0	25	18	0	3	30	1
无锡职业技术学院	3	19	13	19	4	3	12	0	0	10	9	0	1	13	0
江苏建筑职业技术学院	4	12	7	12	0	3	9	0	0	7	5	0	0	9	0
南京工业职业技术学院	5	0	0	0	0	0	0	0	0	0	0	0	0	0	0
江苏工程职业技术学院	6	17	8	17	2	2	13	0	0	9	8	0	0	12	0
苏州工艺美术职业技术学院	7	53	30	53	4	19	26	4	0	31	22	0	1	36	0
连云港职业技术学院	8	16	7	16	1	8	6	1	0	5	11	0	1	12	0
镇江市高等专科学校	9	31	14	31	3	12	16	0	0	3	28	0	0	6	0
南通职业大学	10	15	6	15	2	4	8	1	0	7	8	0	1	7	0
苏州市职业大学	11	27	17	27	3	7	16	1	0	19	8	0	2	20	0
沙洲职业工学院	12	9	8	9	0	1	7	1	0	1	8	0	0	4	0
扬州市职业大学	13	19	16	19	1	5	11	2	0	9	10	0	0	14	0
连云港师范高等专科学校	14	60	35	60	7	29	19	5	0	22	38	0	2	42	0
江苏经贸职业技术学院	15	3	3	3	0	1	2	0	0	1	2	0	0	3	0
泰州职业技术学院	16	3	1	3	1	1	1	0	0	1	2	0	0	2	0
常州信息职业技术学院	17	8	4	8	2	4	1	1	0	4	4	0	1	7	0
江苏海事职业技术学院	18	23	15	23	0	7	14	2	0	13	10	0	0	19	0
无锡科技职业学院	19	13	7	13	0	5	6	2	0	3	10	0	2	5	0
盐城卫生职业技术学院	20	14	7	14	2	2	8	2	0	4	10	0	0	7	0

续表

高校名称		总计		按职称划分						按最后学历划分			按最后学位划分		其他人员
			女性	小计	教授	副教授	讲师	助教	初级	研究生	本科生	其他	博士	硕士	
	编号	L01	L02	L03	L04	L05	L06	L07	L08	L09	L10	L11	L12	L13	L14
南通科技职业学院	21	9	6	9	1	2	3	2	1	4	5	0	0	6	0
苏州经贸职业技术学院	22	13	7	13	1	2	9	0	1	8	5	0	0	9	0
苏州工业职业技术学院	23	16	12	16	0	7	9	0	0	1	15	0	0	9	0
苏州卫生职业技术学院	24	15	13	15	0	5	9	1	0	9	6	0	0	13	0
无锡商业职业技术学院	25	10	6	10	0	2	8	0	0	4	6	0	0	7	0
南通航运职业技术学院	26	98	44	98	3	18	67	8	2	46	52	0	1	74	0
南京交通职业技术学院	27	12	8	12	0	2	10	0	0	7	5	0	0	8	0
淮安信息职业技术学院	28	70	31	70	4	15	36	12	3	27	43	0	0	48	0
常州纺织服装职业技术学院	29	38	20	38	1	12	21	4	0	17	21	0	1	22	0
苏州农业职业技术学院	30	17	7	17	4	6	7	0	0	6	11	0	0	10	0
南京科技职业学院	31	23	12	23	3	10	9	1	0	16	7	0	2	15	0
常州轻工职业技术学院	32	6	4	6	0	2	2	2	0	5	1	0	0	6	0
常州工程职业技术学院	33	72	38	72	0	23	49	0	0	15	56	1	1	23	0
江苏农林职业技术学院	34	0	0	0	0	0	0	0	0	0	0	0	0	0	0
江苏食品药品职业技术学院	35	22	12	22	1	5	16	0	0	10	12	0	2	14	0
南京铁道职业技术学院	36	19	12	19	1	4	14	0	0	12	7	0	1	12	0
徐州工业职业技术学院	37	10	2	10	1	3	3	3	0	8	2	0	0	8	0
江苏信息职业技术学院	38	18	11	18	3	4	7	4	0	11	7	0	1	14	0
南京信息职业技术学院	39	6	4	6	0	1	5	0	0	1	5	0	0	6	0

续表

常州机电职业技术学院	40	79	39	79	7	27	45	0	0	27	52	0	2	48	0
江阴职业技术学院	41	11	5	11	0	9	1	1	0	1	10	0	0	4	0
无锡城市职业技术学院	42	4	1	4	0	1	3	0	0	2	2	0	0	3	0
无锡工艺职业技术学院	43	11	11	11	0	0	4	7	0	2	9	0	0	3	0
苏州健雄职业技术学院	44	19	10	19	2	4	12	1	0	11	8	0	1	15	0
盐城工业职业技术学院	45	15	4	15	3	7	5	0	0	3	12	0	0	5	0
江苏财经职业技术学院	46	7	5	7	0	1	5	1	0	2	5	0	0	3	0
扬州工业职业技术学院	47	16	7	16	5	2	3	6	0	9	7	0	1	10	0
江苏城市职业学院	48	45	33	45	6	9	19	9	2	33	12	0	1	38	0
南京城市职业学院	49	8	7	8	0	4	3	0	1	4	4	0	0	6	0
南京机电职业技术学院	50	8	4	8	0	1	2	5	0	1	7	0	0	3	0
南京旅游职业学院	51	8	5	8	1	0	6	1	0	5	3	0	0	5	0
江苏建康职业学院	52	9	6	9	0	1	2	6	0	4	5	0	0	4	0
苏州信息职业技术学院	53	7	7	7	0	1	6	0	0	2	5	0	0	4	0
苏州工业园区服务外包职业学院	54	10	6	10	0	2	8	0	0	7	3	0	0	7	0
徐州幼儿师范高等专科学校	55	58	41	58	5	13	19	20	1	39	19	0	3	39	0
徐州生物工程职业技术学院	56	6	3	6	0	2	3	1	0	1	5	0	0	1	0
江苏商贸职业学院	57	21	10	21	1	10	6	4	0	4	16	1	0	5	0
南通师范高等专科学校	58	40	29	40	2	11	27	0	0	10	30	0	1	29	0
江苏护理职业学院	59	12	7	12	1	3	7	1	0	3	9	0	1	2	0
江苏财会职业学院	60	7	6	7	0	1	2	4	0	1	6	0	0	3	0
江苏城乡建设职业学院	61	51	22	51	2	13	28	8	0	5	42	4	0	14	0
江苏安全技术职业学院	62	6	5	6	0	1	4	0	1	1	5	0	0	4	0

3.19 统计学人文、社会科学活动人员情况表

高校名称		总计		按职称划分						按最后学历划分			按最后学位划分		其他人员
	编号		女性	小计	教授	副教授	讲师	助教	初级	研究生	本科生	其他	博士	硕士	
		L01	L02	L03	L04	L05	L06	L07	L08	L09	L10	L11	L12	L13	L14
合计	/	60	31	60	3	22	31	4	0	18	42	0	3	29	0
盐城幼儿师范高等专科学校	1	0	0	0	0	0	0	0	0	0	0	0	0	0	0
苏州幼儿师范高等专科学校	2	0	0	0	0	0	0	0	0	0	0	0	0	0	0
无锡职业技术学院	3	0	0	0	0	0	0	0	0	0	0	0	0	0	0
江苏建筑职业技术学院	4	2	1	2	0	2	0	0	0	2	0	0	1	1	0
南京工业职业技术学院	5	0	0	0	0	0	0	0	0	0	0	0	0	0	0
江苏工程职业技术学院	6	1	0	1	0	1	0	0	0	0	1	0	0	1	0
苏州工艺美术职业技术学院	7	1	1	1	0	0	0	1	0	1	0	0	0	1	0
连云港职业技术学院	8	1	0	1	0	0	1	0	0	0	1	0	0	0	0
镇江市高等专科学校	9	0	0	0	0	0	0	0	0	0	0	0	0	0	0
南通职业大学	10	0	0	0	0	0	0	0	0	0	0	0	0	0	0
苏州市职业大学	11	0	0	0	0	0	0	0	0	0	0	0	0	0	0
沙洲职业工学院	12	1	0	1	0	1	0	0	0	0	1	0	0	0	0
扬州市职业大学	13	1	1	1	0	1	0	0	0	0	1	0	0	0	0
连云港师范高等专科学校	14	0	0	0	0	0	0	0	0	0	0	0	0	0	0
江苏经贸职业技术学院	15	0	0	0	0	0	0	0	0	0	0	0	0	0	0
泰州职业技术学院	16	0	0	0	0	0	0	0	0	0	0	0	0	0	0
常州信息职业技术学院	17	0	0	0	0	0	0	0	0	0	0	0	0	0	0
江苏海事职业技术学院	18	0	0	0	0	0	0	0	0	0	0	0	0	0	0
无锡科技职业学院	19	1	0	1	0	1	0	0	0	1	0	0	1	0	0
盐城卫生职业技术学院	20	0	0	0	0	0	0	0	0	0	0	0	0	0	0

续表

南通科技职业学院	21	2	2	2	0	0	2	0	0	1	1	0	0	1	0
苏州经贸职业技术学院	22	3	1	3	0	2	1	0	0	1	2	0	0	1	0
苏州工业职业技术学院	23	0	0	0	0	0	0	0	0	0	0	0	0	0	0
苏州卫生职业技术学院	24	0	0	0	0	0	0	0	0	0	0	0	0	0	0
无锡商业职业技术学院	25	0	0	0	0	0	0	0	0	0	0	0	0	0	0
南通航运职业技术学院	26	3	1	3	0	0	3	0	0	0	3	0	0	1	0
南京交通职业技术学院	27	6	5	6	0	3	3	0	0	3	3	0	0	3	0
淮安信息职业技术学院	28	2	1	2	0	0	1	1	0	1	1	0	0	2	0
常州纺织服装职业技术学院	29	2	1	2	2	0	0	0	0	0	2	0	0	0	0
苏州农业职业技术学院	30	0	0	0	0	0	0	0	0	0	0	0	0	0	0
南京科技职业学院	31	0	0	0	0	0	0	0	0	0	0	0	0	0	0
常州轻工职业技术学院	32	1	0	1	0	1	0	0	0	0	1	0	0	0	0
常州工程职业技术学院	33	1	0	1	0	0	1	0	0	0	1	0	0	0	0
江苏农林职业技术学院	34	0	0	0	0	0	0	0	0	0	0	0	0	0	0
江苏食品药品职业技术学院	35	3	2	3	0	0	3	0	0	1	2	0	1	0	0
南京铁道职业技术学院	36	2	2	2	0	0	1	1	0	1	1	0	0	1	0
徐州工业职业技术学院	37	8	3	8	1	6	1	0	0	1	7	0	0	4	0
江苏信息职业技术学院	38	1	0	1	0	0	1	0	0	0	1	0	0	0	0
南京信息职业技术学院	39	9	5	9	0	4	5	0	0	3	6	0	0	7	0
常州机电职业技术学院	40	3	3	3	0	0	3	0	0	0	3	0	0	3	0
江阴职业技术学院	41	0	0	0	0	0	0	0	0	0	0	0	0	0	0

续表

高校名称		总计		按职称划分						按最后学历划分			按最后学位划分		其他人员
			女性	小计	教授	副教授	讲师	助教	初级	研究生	本科生	其他	博士	硕士	
	编号	L01	L02	L03	L04	L05	L06	L07	L08	L09	L10	L11	L12	L13	L14
无锡城市职业技术学院	42	0	0	0	0	0	0	0	0	0	0	0	0	0	0
无锡工艺职业技术学院	43	0	0	0	0	0	0	0	0	0	0	0	0	0	0
苏州健雄职业技术学院	44	0	0	0	0	0	0	0	0	0	0	0	0	0	0
盐城工业职业技术学院	45	0	0	0	0	0	0	0	0	0	0	0	0	0	0
江苏财经职业技术学院	46	0	0	0	0	0	0	0	0	0	0	0	0	0	0
扬州工业职业技术学院	47	0	0	0	0	0	0	0	0	0	0	0	0	0	0
江苏城市职业学院	48	1	0	1	0	0	1	0	0	1	0	0	0	1	0
南京城市职业学院	49	0	0	0	0	0	0	0	0	0	0	0	0	0	0
南京机电职业技术学院	50	1	0	1	0	0	1	0	0	0	1	0	0	0	0
南京旅游职业学院	51	1	0	1	0	0	0	1	0	0	1	0	0	0	0
江苏建康职业学院	52	1	0	1	0	0	1	0	0	1	0	0	0	1	0
苏州信息职业技术学院	53	1	1	1	0	0	1	0	0	0	1	0	0	1	0
苏州工业园区服务外包职业学院	54	0	0	0	0	0	0	0	0	0	0	0	0	0	0
徐州幼儿师范高等专科学校	55	0	0	0	0	0	0	0	0	0	0	0	0	0	0
徐州生物工程职业技术学院	56	0	0	0	0	0	0	0	0	0	0	0	0	0	0
江苏商贸职业学院	57	0	0	0	0	0	0	0	0	0	0	0	0	0	0
南通师范高等专科学校	58	0	0	0	0	0	0	0	0	0	0	0	0	0	0
江苏护理职业学院	59	0	0	0	0	0	0	0	0	0	0	0	0	0	0
江苏财会职业学院	60	0	0	0	0	0	0	0	0	0	0	0	0	0	0
江苏城乡建设职业学院	61	0	0	0	0	0	0	0	0	0	0	0	0	0	0
江苏安全技术职业学院	62	1	1	1	0	0	1	0	0	0	1	0	0	0	0

3.20 心理学人文、社会科学活动人员情况表

高校名称		总计		按职称划分						按最后学历划分			按最后学位划分		其他人员
			女性	小计	教授	副教授	讲师	助教	初级	研究生	本科生	其他	博士	硕士	
	编号	L01	L02	L03	L04	L05	L06	L07	L08	L09	L10	L11	L12	L13	L14
合计	/	122	94	122	7	23	62	28	2	61	61	0	1	82	0
盐城幼儿师范高等专科学校	1	7	5	7	0	2	5	0	0	1	6	0	0	2	0
苏州幼儿师范高等专科学校	2	0	0	0	0	0	0	0	0	0	0	0	0	0	0
无锡职业技术学院	3	0	0	0	0	0	0	0	0	0	0	0	0	0	0
江苏建筑职业技术学院	4	2	1	2	0	0	0	2	0	2	0	0	0	2	0
南京工业职业技术学院	5	2	2	2	0	0	2	0	0	2	0	0	0	2	0
江苏工程职业技术学院	6	0	0	0	0	0	0	0	0	0	0	0	0	0	0
苏州工艺美术职业技术学院	7	3	3	3	1	0	1	1	0	3	0	0	0	3	0
连云港职业技术学院	8	0	0	0	0	0	0	0	0	0	0	0	0	0	0
镇江市高等专科学校	9	5	4	5	1	3	0	1	0	2	3	0	0	3	0
南通职业大学	10	1	1	1	0	1	0	0	0	0	1	0	0	0	0
苏州市职业大学	11	9	4	9	0	5	4	0	0	1	8	0	0	7	0
沙洲职业工学院	12	1	1	1	0	0	1	0	0	1	0	0	0	1	0
扬州市职业大学	13	4	1	4	0	3	1	0	0	0	4	0	0	3	0
连云港师范高等专科学校	14	6	4	6	2	1	0	3	0	3	3	0	0	4	0
江苏经贸职业技术学院	15	3	3	3	0	0	3	0	0	2	1	0	0	2	0
泰州职业技术学院	16	1	0	1	0	0	1	0	0	1	0	0	0	1	0
常州信息职业技术学院	17	1	1	1	0	0	1	0	0	1	0	0	0	1	0
江苏海事职业技术学院	18	0	0	0	0	0	0	0	0	0	0	0	0	0	0
无锡科技职业学院	19	2	2	2	0	1	1	0	0	0	2	0	0	0	0
盐城卫生职业技术学院	20	6	5	6	0	0	4	2	0	3	3	0	0	3	0

续表

高校名称		总计		按职称划分						按最后学历划分			按最后学位划分		其他人员
			女性	小计	教授	副教授	讲师	助教	初级	研究生	本科生	其他	博士	硕士	
	编号	L01	L02	L03	L04	L05	L06	L07	L08	L09	L10	L11	L12	L13	L14
南通科技职业学院	21	3	3	3	1	0	2	0	0	1	2	0	0	2	0
苏州经贸职业技术学院	22	2	1	2	0	1	1	0	0	2	0	0	0	2	0
苏州工业职业技术学院	23	0	0	0	0	0	0	0	0	0	0	0	0	0	0
苏州卫生职业技术学院	24	2	2	2	0	0	0	2	0	1	1	0	0	1	0
无锡商业职业技术学院	25	0	0	0	0	0	0	0	0	0	0	0	0	0	0
南通航运职业技术学院	26	5	5	5	0	0	5	0	0	3	2	0	0	5	0
南京交通职业技术学院	27	1	1	1	0	0	1	0	0	1	0	0	0	1	0
淮安信息职业技术学院	28	5	4	5	1	0	4	0	0	3	2	0	0	3	0
常州纺织服装职业技术学院	29	4	3	4	0	1	1	2	0	0	4	0	0	0	0
苏州农业职业技术学院	30	1	1	1	0	0	1	0	0	1	0	0	0	1	0
南京科技职业学院	31	0	0	0	0	0	0	0	0	0	0	0	0	0	0
常州轻工职业技术学院	32	3	1	3	0	0	1	2	0	2	1	0	0	2	0
常州工程职业技术学院	33	0	0	0	0	0	0	0	0	0	0	0	0	0	0
江苏农林职业技术学院	34	0	0	0	0	0	0	0	0	0	0	0	0	0	0
江苏食品药品职业技术学院	35	2	2	2	0	0	2	0	0	2	0	0	0	2	0
南京铁道职业技术学院	36	3	3	3	0	0	2	1	0	3	0	0	0	3	0
徐州工业职业技术学院	37	0	0	0	0	0	0	0	0	0	0	0	0	0	0
江苏信息职业技术学院	38	0	0	0	0	0	0	0	0	0	0	0	0	0	0
南京信息职业技术学院	39	5	4	5	0	1	4	0	0	1	4	0	0	4	0

续表

常州机电职业技术学院	40	1	1	1	0	0	1	0	0	0	1	0	0	0	0
江阴职业技术学院	41	1	1	1	0	0	1	0	0	0	1	0	0	0	0
无锡城市职业技术学院	42	2	2	2	0	1	1	0	0	1	1	0	0	2	0
无锡工艺职业技术学院	43	0	0	0	0	0	0	0	0	0	0	0	0	0	0
苏州健雄职业技术学院	44	2	1	2	0	0	2	0	0	1	1	0	0	1	0
盐城工业职业技术学院	45	1	0	1	0	1	0	0	0	1	0	0	0	1	0
江苏财经职业技术学院	46	1	1	1	0	0	1	0	0	1	0	0	0	1	0
扬州工业职业技术学院	47	1	1	1	0	0	0	1	0	1	0	0	0	1	0
江苏城市职业学院	48	2	2	2	0	1	1	0	0	0	2	0	0	2	0
南京城市职业学院	49	3	2	3	0	0	1	0	2	2	1	0	0	2	0
南京机电职业技术学院	50	2	2	2	0	0	0	2	0	1	1	0	0	1	0
南京旅游职业学院	51	2	2	2	0	0	2	0	0	1	1	0	0	2	0
江苏建康职业学院	52	6	4	6	0	0	1	5	0	3	3	0	0	3	0
苏州信息职业技术学院	53	1	1	1	0	1	0	0	0	0	1	0	0	0	0
苏州工业园区服务外包职业学院	54	1	1	1	0	0	1	0	0	1	0	0	0	1	0
徐州幼儿师范高等专科学校	55	2	1	2	1	0	1	0	0	2	0	0	1	1	0
徐州生物工程职业技术学院	56	1	1	1	0	0	0	1	0	0	1	0	0	0	0
江苏商贸职业学院	57	2	2	2	0	0	0	2	0	2	0	0	0	2	0
南通师范高等专科学校	58	1	1	1	0	0	1	0	0	1	0	0	0	1	0
江苏护理职业学院	59	0	0	0	0	0	0	0	0	0	0	0	0	0	0
江苏财会职业学院	60	0	0	0	0	0	0	0	0	0	0	0	0	0	0
江苏城乡建设职业学院	61	1	1	1	0	0	0	1	0	1	0	0	0	1	0
江苏安全技术职业学院	62	0	0	0	0	0	0	0	0	0	0	0	0	0	0

3.21 体育科学人文、社会科学活动人员情况表

高校名称		总计		按职称划分						按最后学历划分			按最后学位划分		其他
			女性	小计	教授	副教授	讲师	助教	初级	研究生	本科生	其他	博士	硕士	人员
	编号	L01	L02	L03	L04	L05	L06	L07	L08	L09	L10	L11	L12	L13	L14
合计	/	863	287	863	25	329	384	114	11	165	696	2	1	299	0
盐城幼儿师范高等专科学校	1	26	7	26	5	11	4	6	0	1	24	1	0	5	0
苏州幼儿师范高等专科学校	2	7	3	7	1	2	2	2	0	5	2	0	0	6	0
无锡职业技术学院	3	16	3	16	0	5	10	1	0	7	9	0	0	9	0
江苏建筑职业技术学院	4	17	4	17	2	5	9	1	0	4	13	0	0	7	0
南京工业职业技术学院	5	19	9	19	0	4	12	3	0	6	13	0	0	11	0
江苏工程职业技术学院	6	9	4	9	0	5	4	0	0	3	6	0	0	4	0
苏州工艺美术职业技术学院	7	14	5	14	0	6	6	2	0	5	9	0	0	8	0
连云港职业技术学院	8	17	4	17	0	14	3	0	0	0	17	0	0	5	0
镇江市高等专科学校	9	20	7	20	0	8	12	0	0	0	20	0	0	5	0
南通职业大学	10	10	5	10	0	8	2	0	0	0	10	0	0	5	0
苏州市职业大学	11	23	12	23	1	12	10	0	0	6	17	0	0	10	0
沙洲职业工学院	12	8	2	8	0	5	3	0	0	0	8	0	0	0	0
扬州市职业大学	13	47	17	47	2	21	17	7	0	4	42	1	1	7	0
连云港师范高等专科学校	14	32	11	32	3	23	3	3	0	2	30	0	0	7	0
江苏经贸职业技术学院	15	25	7	25	1	6	14	4	0	13	12	0	0	15	0
泰州职业技术学院	16	10	3	10	0	9	1	0	0	1	9	0	0	3	0
常州信息职业技术学院	17	16	5	16	0	8	7	1	0	5	11	0	0	8	0
江苏海事职业技术学院	18	20	9	20	0	8	12	0	0	1	19	0	0	2	0
无锡科技职业学院	19	11	5	11	0	1	3	7	0	0	11	0	0	3	0
盐城卫生职业技术学院	20	12	3	12	0	4	6	2	0	2	10	0	0	4	0

续表

南通科技职业学院	21	8	2	8	0	2	4	2	0	2	6	0	0	2	0
苏州经贸职业技术学院	22	12	5	12	0	4	6	2	0	4	8	0	0	4	0
苏州工业职业技术学院	23	16	4	16	1	3	8	4	0	1	15	0	0	7	0
苏州卫生职业技术学院	24	14	7	14	0	5	9	0	0	3	11	0	0	5	0
无锡商业职业技术学院	25	15	3	15	0	5	9	1	0	2	13	0	0	5	0
南通航运职业技术学院	26	13	2	13	1	2	10	0	0	6	7	0	0	8	0
南京交通职业技术学院	27	19	6	19	0	9	7	3	0	2	17	0	0	7	0
淮安信息职业技术学院	28	13	4	13	0	3	5	5	0	2	11	0	0	3	0
常州纺织服装职业技术学院	29	12	3	12	0	3	9	0	0	1	11	0	0	3	0
苏州农业职业技术学院	30	9	6	9	0	5	2	2	0	0	9	0	0	5	0
南京科技职业学院	31	15	5	15	0	5	10	0	0	4	11	0	0	6	0
常州轻工职业技术学院	32	15	4	15	0	4	10	1	0	0	15	0	0	2	0
常州工程职业技术学院	33	12	3	12	0	3	7	2	0	2	10	0	0	2	0
江苏农林职业技术学院	34	4	0	4	0	0	2	2	0	0	4	0	0	1	0
江苏食品药品职业技术学院	35	13	3	13	1	4	8	0	0	1	12	0	0	2	0
南京铁道职业技术学院	36	7	3	7	1	1	5	0	0	4	3	0	0	4	0
徐州工业职业技术学院	37	15	7	15	2	7	6	0	0	2	13	0	0	6	0
江苏信息职业技术学院	38	8	2	8	0	3	5	0	0	0	8	0	0	1	0
南京信息职业技术学院	39	16	7	16	1	5	8	2	0	5	11	0	0	10	0
常州机电职业技术学院	40	6	2	6	0	1	3	2	0	5	1	0	0	4	0
江阴职业技术学院	41	24	7	24	1	15	7	1	0	0	24	0	0	9	0

续表

高校名称		总计		按职称划分						按最后学历划分			按最后学位划分		其他人员
			女性	小计	教授	副教授	讲师	助教	初级	研究生	本科生	其他	博士	硕士	
	编号	L01	L02	L03	L04	L05	L06	L07	L08	L09	L10	L11	L12	L13	L14
无锡城市职业技术学院	42	10	4	10	0	3	6	1	0	3	7	0	0	4	0
无锡工艺职业技术学院	43	10	2	10	0	2	4	4	0	5	5	0	0	5	0
苏州健雄职业技术学院	44	10	4	10	0	5	3	2	0	1	9	0	0	2	0
盐城工业职业技术学院	45	10	3	10	0	7	2	1	0	1	9	0	0	1	0
江苏财经职业技术学院	46	19	5	19	1	7	8	3	0	3	16	0	0	8	0
扬州工业职业技术学院	47	16	4	16	0	6	8	1	1	4	12	0	0	4	0
江苏城市职业学院	48	9	3	9	0	7	1	1	0	2	7	0	0	6	0
南京城市职业学院	49	6	1	6	0	0	5	0	1	5	1	0	0	5	0
南京机电职业技术学院	50	11	5	11	0	0	5	4	2	1	10	0	0	4	0
南京旅游职业学院	51	12	5	12	0	1	4	7	0	5	7	0	0	5	0
江苏建康职业学院	52	6	2	6	0	3	3	0	0	2	4	0	0	3	0
苏州信息职业技术学院	53	8	3	8	0	2	5	0	1	1	7	0	0	1	0
苏州工业园区服务外包职业学院	54	10	3	10	0	0	9	1	0	10	0	0	0	10	0
徐州幼儿师范高等专科学校	55	10	2	10	0	5	2	3	0	1	9	0	0	1	0
徐州生物工程职业技术学院	56	9	3	9	0	2	5	2	0	0	9	0	0	2	0
江苏商贸职业学院	57	13	7	13	0	2	8	3	0	0	13	0	0	2	0
南通师范高等专科学校	58	27	11	27	1	12	13	1	0	3	24	0	0	6	0
江苏护理职业学院	59	2	0	2	0	0	1	1	0	1	1	0	0	1	0
江苏财会职业学院	60	17	5	17	0	5	5	7	0	0	17	0	0	2	0
江苏城乡建设职业学院	61	14	4	14	0	5	5	4	0	3	11	0	0	4	0
江苏安全技术职业学院	62	9	1	9	0	1	2	0	6	3	6	0	0	3	0

4. 民办与中外合作办学高等学校人文、社会科学活动人员情况表

		总计		按职称划分						按最后学历划分			按最后学位划分		其他人员
			女性	小计	教授	副教授	讲师	助教	初级	研究生	本科生	其他	博士	硕士	
	编号	L01	L02	L03	L04	L05	L06	L07	L08	L09	L10	L11	L12	L13	L14
合计	/	4 797	3 205	4 797	122	547	2 810	1 119	199	2 854	1 925	18	214	3 105	0
管理学	1	886	547	886	27	118	444	247	50	554	323	9	58	571	0
马克思主义	2	226	152	226	4	22	146	51	3	155	71	0	7	170	0
哲学	3	38	20	38	1	8	20	9	0	35	3	0	3	31	0
逻辑学	4	3	3	3	0	1	2	0	0	3	0	0	0	2	0
宗教学	5	0	0	0	0	0	0	0	0	0	0	0	0	0	0
语言学	6	880	733	880	10	99	598	150	23	509	370	1	25	585	0
中国文学	7	149	103	149	6	28	77	30	8	102	46	1	17	97	0
外国文学	8	146	114	146	1	10	126	6	3	104	42	0	3	109	0
艺术学	9	798	475	798	15	59	453	247	24	408	387	3	11	475	0
历史学	10	23	8	23	1	3	13	6	0	19	4	0	3	16	0
考古学	11	1	0	1	1	0	0	0	0	1	0	0	1	0	0
经济学	12	510	376	510	24	60	282	116	28	382	127	1	56	348	0
政治学	13	22	14	22	2	1	14	4	1	14	8	0	1	15	0
法学	14	119	81	119	0	24	61	32	2	75	44	0	3	91	0
社会学	15	42	26	42	5	5	22	6	4	28	14	0	10	20	0
民族学与文化学	16	1	1	1	0	0	1	0	0	1	0	0	0	1	0
新闻学与传播学	17	118	81	118	7	20	72	16	3	71	47	0	4	75	0
图书馆、情报与文献学	18	135	94	135	4	6	83	22	20	27	106	2	3	33	0
教育学	19	366	244	366	10	38	216	77	25	218	147	1	9	256	0
统计学	20	10	5	10	1	1	5	3	0	8	2	0	0	8	0
心理学	21	45	35	45	1	2	23	19	0	27	18	0	0	29	0
体育科学	22	279	93	279	2	42	152	78	5	113	166	0	0	173	0

4.1 管理学人文、社会科学活动人员情况表

高校名称		总计		按职称划分						按最后学历划分			按最后学位划分		其他
			女性	小计	教授	副教授	讲师	助教	初级	研究生	本科生	其他	博士	硕士	人员
	编号	L01	L02	L03	L04	L05	L06	L07	L08	L09	L10	L11	L12	L13	L14
合计	/	886	547	886	27	118	444	247	50	554	323	9	58	571	0
民办明达职业技术学院	1	5	3	5	0	1	2	2	0	0	5	0	0	2	0
三江学院	2	54	37	54	5	21	26	2	0	39	15	0	7	39	0
九州职业技术学院	3	23	13	23	1	1	14	1	6	12	10	1	0	13	0
南通理工学院	4	27	11	27	3	4	13	7	0	16	11	0	1	19	0
硅湖职业技术学院	5	18	9	18	1	3	10	4	0	7	11	0	1	10	0
应天职业技术学院	6	3	3	3	0	0	2	1	0	1	2	0	0	2	0
苏州托普信息职业技术学院	7	34	24	34	0	2	12	20	0	11	22	1	0	11	0
东南大学成贤学院	8	2	1	2	1	1	0	0	0	2	0	0	1	1	0
苏州工业园区职业技术学院	9	20	13	20	0	7	8	5	0	9	11	0	0	18	0
炎黄职业技术学院	10	6	3	6	0	0	6	0	0	1	5	0	0	2	0
正德职业技术学院	11	25	14	25	1	3	15	6	0	12	13	0	0	15	0
钟山职业技术学院	12	5	4	5	0	3	2	0	0	1	4	0	0	4	0
无锡南洋职业技术学院	13	11	6	11	0	1	7	3	0	5	6	0	0	7	0
江南影视艺术职业学院	14	5	3	5	1	0	0	3	1	2	3	0	0	2	0
金肯职业技术学院	15	5	4	5	0	0	4	1	0	3	2	0	0	5	0
建东职业技术学院	16	7	4	7	0	0	7	0	0	2	5	0	0	3	0
江海职业技术学院	17	33	20	33	0	4	24	5	0	11	22	0	0	18	0
无锡太湖学院	18	109	82	109	2	6	38	49	14	76	31	2	3	75	0
中国矿业大学徐海学院	19	11	6	11	0	0	8	3	0	11	0	0	1	10	0
南京大学金陵学院	20	0	0	0	0	0	0	0	0	0	0	0	0	0	0
南京理工大学紫金学院	21	13	8	13	0	1	12	0	0	12	1	0	0	12	0
南京航空航天大学金城学院	22	41	28	41	0	2	30	9	0	32	9	0	1	33	0

续表

中国传媒大学南广学院	23	13	10	13	0	7	5	1	0	13	0	0	0	12	0
金山职业技术学院	24	11	8	11	0	0	2	9	0	2	9	0	0	2	0
南京理工大学泰州科技学院	25	14	7	14	0	3	10	0	1	9	5	0	0	11	0
南京师范大学泰州学院	26	6	4	6	0	1	5	0	0	6	0	0	1	5	0
南京工业大学浦江学院	27	12	5	12	0	0	2	9	1	11	1	0	1	10	0
昆山登云科技职业学院	28	52	32	52	0	1	24	27	0	18	34	0	0	21	0
南京视觉艺术职业学院	29	3	2	3	0	0	1	2	0	2	1	0	0	3	0
南京医科大学康达学院	30	5	3	5	0	0	1	4	0	4	1	0	0	4	0
南京中医药大学翰林学院	31	21	14	21	0	0	7	3	11	12	9	0	0	12	0
南京信息工程大学滨江学院	32	11	8	11	1	3	4	3	0	9	2	0	2	7	0
苏州大学文正学院	33	33	15	33	1	4	20	8	0	17	15	1	1	22	0
苏州大学应用技术学院	34	22	15	22	0	5	10	7	0	15	7	0	1	16	0
苏州科技大学天平学院	35	10	7	10	0	0	3	7	0	10	0	0	0	10	0
江苏大学京江学院	36	7	7	7	0	0	2	5	0	7	0	0	0	7	0
扬州大学广陵学院	37	16	9	16	1	1	7	7	0	14	2	0	1	15	0
江苏师范大学科文学院	38	6	2	6	0	0	4	2	0	4	2	0	0	5	0
南京邮电大学通达学院	39	7	7	7	0	0	2	5	0	6	1	0	0	6	0
南京财经大学红山学院	40	4	4	4	0	0	1	3	0	4	0	0	0	4	0
江苏科技大学苏州理工学院	41	4	0	4	0	1	3	0	0	3	1	0	3	0	0
南通大学杏林学院	42	33	20	33	0	5	25	0	3	24	8	1	0	26	0
南京审计大学金审学院	43	17	13	17	1	4	9	3	0	11	6	0	0	12	0
宿迁学院	44	32	16	32	0	7	24	1	0	28	4	0	0	31	0
苏州高博软件技术职业学院	45	20	14	20	0	0	11	9	0	10	10	0	0	12	0
扬州中瑞酒店职业学院	46	25	13	25	2	2	1	9	11	6	16	3	0	6	0
西交利物浦大学	47	45	16	45	6	14	21	2	2	44	1	0	33	11	0

4.2 马克思主义人文、社会科学活动人员情况表

高校名称		总计		按职称划分						按最后学历划分			按最后学位划分		其他人员
			女性	小计	教授	副教授	讲师	助教	初级	研究生	本科生	其他	博士	硕士	
	编号	L01	L02	L03	L04	L05	L06	L07	L08	L09	L10	L11	L12	L13	L14
合计	/	226	152	226	4	22	146	51	3	155	71	0	7	170	0
民办明达职业技术学院	1	2	0	2	0	0	2	0	0	0	2	0	0	0	0
三江学院	2	35	23	35	0	2	33	0	0	15	20	0	2	21	0
九州职业技术学院	3	3	3	3	0	0	3	0	0	2	1	0	0	2	0
南通理工学院	4	3	1	3	0	0	3	0	0	3	0	0	0	3	0
硅湖职业技术学院	5	6	4	6	1	0	3	1	1	2	4	0	1	2	0
应天职业技术学院	6	1	1	1	0	0	1	0	0	1	0	0	0	1	0
苏州托普信息职业技术学院	7	3	2	3	0	1	1	1	0	1	2	0	0	1	0
东南大学成贤学院	8	0	0	0	0	0	0	0	0	0	0	0	0	0	0
苏州工业园区职业技术学院	9	2	1	2	0	0	2	0	0	0	2	0	0	1	0
炎黄职业技术学院	10	1	1	1	0	0	1	0	0	0	1	0	0	1	0
正德职业技术学院	11	4	1	4	0	0	3	1	0	1	3	0	0	2	0
钟山职业技术学院	12	4	4	4	0	3	1	0	0	3	1	0	1	3	0
无锡南洋职业技术学院	13	3	3	3	0	0	3	0	0	0	3	0	0	2	0
江南影视艺术职业学院	14	6	5	6	1	0	1	4	0	5	1	0	1	4	0
金肯职业技术学院	15	7	6	7	0	0	6	1	0	4	3	0	0	6	0
建东职业技术学院	16	3	3	3	0	3	0	0	0	1	2	0	0	2	0
江海职业技术学院	17	8	7	8	0	1	5	2	0	6	2	0	0	6	0
无锡太湖学院	18	10	8	10	0	0	4	5	1	9	1	0	0	9	0
中国矿业大学徐海学院	19	4	2	4	0	0	4	0	0	2	2	0	0	3	0
南京大学金陵学院	20	7	1	7	0	0	6	0	1	7	0	0	0	7	0
南京理工大学紫金学院	21	2	1	2	0	1	1	0	0	2	0	0	0	2	0
南京航空航天大学金城学院	22	5	4	5	0	0	4	1	0	5	0	0	0	5	0

续表

中国传媒大学南广学院	23	2	1	2	0	0	2	0	0	2	0	0	0	2	0
金山职业技术学院	24	2	1	2	1	0	0	1	0	1	1	0	0	1	0
南京理工大学泰州科技学院	25	7	6	7	0	0	7	0	0	2	5	0	0	3	0
南京师范大学泰州学院	26	5	3	5	0	0	5	0	0	5	0	0	0	5	0
南京工业大学浦江学院	27	1	1	1	0	0	0	1	0	1	0	0	0	1	0
昆山登云科技职业学院	28	6	6	6	0	1	1	4	0	5	1	0	0	5	0
南京视觉艺术职业学院	29	4	2	4	0	1	1	2	0	3	1	0	1	2	0
南京医科大学康达学院	30	1	1	1	0	0	0	1	0	1	0	0	0	1	0
南京中医药大学翰林学院	31	1	0	1	0	0	1	0	0	1	0	0	0	1	0
南京信息工程大学滨江学院	32	1	1	1	0	0	1	0	0	1	0	0	0	1	0
苏州大学文正学院	33	12	4	12	1	1	3	7	0	7	5	0	0	7	0
苏州大学应用技术学院	34	1	1	1	0	0	0	1	0	1	0	0	0	1	0
苏州科技大学天平学院	35	1	1	1	0	0	1	0	0	1	0	0	0	1	0
江苏大学京江学院	36	0	0	0	0	0	0	0	0	0	0	0	0	0	0
扬州大学广陵学院	37	8	4	8	0	0	6	2	0	7	1	0	0	7	0
江苏师范大学科文学院	38	2	1	2	0	1	1	0	0	1	1	0	0	1	0
南京邮电大学通达学院	39	1	0	1	0	1	0	0	0	0	1	0	0	1	0
南京财经大学红山学院	40	24	17	24	0	0	12	12	0	22	2	0	0	22	0
江苏科技大学苏州理工学院	41	1	1	1	0	0	1	0	0	1	0	0	0	1	0
南通大学杏林学院	42	8	8	8	0	0	6	2	0	8	0	0	0	7	0
南京审计大学金审学院	43	3	3	3	0	1	1	1	0	3	0	0	0	3	0
宿迁学院	44	12	8	12	0	4	8	0	0	10	2	0	0	12	0
苏州高博软件技术职业学院	45	1	0	1	0	1	0	0	0	0	1	0	0	0	0
扬州中瑞酒店职业学院	46	0	0	0	0	0	0	0	0	0	0	0	0	0	0
西交利物浦大学	47	3	1	3	0	0	2	1	0	3	0	0	1	2	0

4.3 哲学人文、社会科学活动人员情况表

高校名称		总计		按职称划分						按最后学历划分			按最后学位划分		其他人员
			女性	小计	教授	副教授	讲师	助教	初级	研究生	本科生	其他	博士	硕士	
	编号	L01	L02	L03	L04	L05	L06	L07	L08	L09	L10	L11	L12	L13	L14
合计	/	38	20	38	1	8	20	9	0	35	3	0	3	31	0
民办明达职业技术学院	1	0	0	0	0	0	0	0	0	0	0	0	0	0	0
三江学院	2	2	0	2	0	0	2	0	0	1	1	0	0	1	0
九州职业技术学院	3	1	1	1	0	0	0	1	0	1	0	0	0	1	0
南通理工学院	4	0	0	0	0	0	0	0	0	0	0	0	0	0	0
硅湖职业技术学院	5	0	0	0	0	0	0	0	0	0	0	0	0	0	0
应天职业技术学院	6	0	0	0	0	0	0	0	0	0	0	0	0	0	0
苏州托普信息职业技术学院	7	0	0	0	0	0	0	0	0	0	0	0	0	0	0
东南大学成贤学院	8	0	0	0	0	0	0	0	0	0	0	0	0	0	0
苏州工业园区职业技术学院	9	0	0	0	0	0	0	0	0	0	0	0	0	0	0
炎黄职业技术学院	10	0	0	0	0	0	0	0	0	0	0	0	0	0	0
正德职业技术学院	11	1	1	1	0	0	0	1	0	1	0	0	0	1	0
钟山职业技术学院	12	0	0	0	0	0	0	0	0	0	0	0	0	0	0
无锡南洋职业技术学院	13	0	0	0	0	0	0	0	0	0	0	0	0	0	0
江南影视艺术职业学院	14	2	0	2	0	0	1	1	0	2	0	0	0	2	0
金肯职业技术学院	15	0	0	0	0	0	0	0	0	0	0	0	0	0	0
建东职业技术学院	16	0	0	0	0	0	0	0	0	0	0	0	0	0	0
江海职业技术学院	17	0	0	0	0	0	0	0	0	0	0	0	0	0	0
无锡太湖学院	18	1	0	1	0	1	0	0	0	1	0	0	0	1	0
中国矿业大学徐海学院	19	0	0	0	0	0	0	0	0	0	0	0	0	0	0
南京大学金陵学院	20	1	0	1	0	0	0	1	0	1	0	0	0	1	0
南京理工大学紫金学院	21	0	0	0	0	0	0	0	0	0	0	0	0	0	0
南京航空航天大学金城学院	22	2	1	2	0	0	2	0	0	2	0	0	0	2	0

续表

中国传媒大学南广学院	23	0	0	0	0	0	0	0	0	0	0	0	0	0	0
金山职业技术学院	24	0	0	0	0	0	0	0	0	0	0	0	0	0	0
南京理工大学泰州科技学院	25	0	0	0	0	0	0	0	0	0	0	0	0	0	0
南京师范大学泰州学院	26	5	2	5	0	2	3	0	0	5	0	0	1	4	0
南京工业大学浦江学院	27	0	0	0	0	0	0	0	0	0	0	0	0	0	0
昆山登云科技职业学院	28	3	3	3	0	1	1	1	0	3	0	0	0	3	0
南京视觉艺术职业学院	29	0	0	0	0	0	0	0	0	0	0	0	0	0	0
南京医科大学康达学院	30	1	1	1	0	0	0	1	0	1	0	0	0	1	0
南京中医药大学翰林学院	31	0	0	0	0	0	0	0	0	0	0	0	0	0	0
南京信息工程大学滨江学院	32	2	2	2	0	0	2	0	0	2	0	0	0	2	0
苏州大学文正学院	33	0	0	0	0	0	0	0	0	0	0	0	0	0	0
苏州大学应用技术学院	34	0	0	0	0	0	0	0	0	0	0	0	0	0	0
苏州科技大学天平学院	35	0	0	0	0	0	0	0	0	0	0	0	0	0	0
江苏大学京江学院	36	1	1	1	0	0	1	0	0	1	0	0	0	1	0
扬州大学广陵学院	37	3	2	3	1	0	2	0	0	2	1	0	0	1	0
江苏师范大学科文学院	38	1	0	1	0	0	1	0	0	0	1	0	0	0	0
南京邮电大学通达学院	39	0	0	0	0	0	0	0	0	0	0	0	0	0	0
南京财经大学红山学院	40	2	1	2	0	0	0	2	0	2	0	0	0	2	0
江苏科技大学苏州理工学院	41	2	1	2	0	1	0	1	0	2	0	0	1	1	0
南通大学杏林学院	42	2	1	2	0	0	2	0	0	2	0	0	0	2	0
南京审计大学金审学院	43	0	0	0	0	0	0	0	0	0	0	0	0	0	0
宿迁学院	44	4	3	4	0	2	2	0	0	4	0	0	0	4	0
苏州高博软件技术职业学院	45	1	0	1	0	0	1	0	0	1	0	0	0	1	0
扬州中瑞酒店职业学院	46	0	0	0	0	0	0	0	0	0	0	0	0	0	0
西交利物浦大学	47	1	0	1	0	1	0	0	0	1	0	0	1	0	0

4.4 逻辑学人文、社会科学活动人员情况表

高校名称		总计		按职称划分						按最后学历划分			按最后学位划分		其他人员
			女性	小计	教授	副教授	讲师	助教	初级	研究生	本科生	其他	博士	硕士	
	编号	L01	L02	L03	L04	L05	L06	L07	L08	L09	L10	L11	L12	L13	L14
合计	/	3	3	3	0	1	2	0	0	3	0	0	0	2	0
民办明达职业技术学院	1	0	0	0	0	0	0	0	0	0	0	0	0	0	0
三江学院	2	0	0	0	0	0	0	0	0	0	0	0	0	0	0
九州职业技术学院	3	0	0	0	0	0	0	0	0	0	0	0	0	0	0
南通理工学院	4	0	0	0	0	0	0	0	0	0	0	0	0	0	0
硅湖职业技术学院	5	1	1	1	0	0	1	0	0	1	0	0	0	0	0
应天职业技术学院	6	0	0	0	0	0	0	0	0	0	0	0	0	0	0
苏州托普信息职业技术学院	7	0	0	0	0	0	0	0	0	0	0	0	0	0	0
东南大学成贤学院	8	0	0	0	0	0	0	0	0	0	0	0	0	0	0
苏州工业园区职业技术学院	9	1	1	1	0	1	0	0	0	1	0	0	0	1	0
炎黄职业技术学院	10	0	0	0	0	0	0	0	0	0	0	0	0	0	0
正德职业技术学院	11	0	0	0	0	0	0	0	0	0	0	0	0	0	0
钟山职业技术学院	12	0	0	0	0	0	0	0	0	0	0	0	0	0	0
无锡南洋职业技术学院	13	0	0	0	0	0	0	0	0	0	0	0	0	0	0
江南影视艺术职业学院	14	0	0	0	0	0	0	0	0	0	0	0	0	0	0
金肯职业技术学院	15	0	0	0	0	0	0	0	0	0	0	0	0	0	0
建东职业技术学院	16	0	0	0	0	0	0	0	0	0	0	0	0	0	0
江海职业技术学院	17	0	0	0	0	0	0	0	0	0	0	0	0	0	0
无锡太湖学院	18	0	0	0	0	0	0	0	0	0	0	0	0	0	0
中国矿业大学徐海学院	19	0	0	0	0	0	0	0	0	0	0	0	0	0	0
南京大学金陵学院	20	0	0	0	0	0	0	0	0	0	0	0	0	0	0
南京理工大学紫金学院	21	0	0	0	0	0	0	0	0	0	0	0	0	0	0
南京航空航天大学金城学院	22	0	0	0	0	0	0	0	0	0	0	0	0	0	0

续表

中国传媒大学南广学院	23	0	0	0	0	0	0	0	0	0	0	0	0	0	0
金山职业技术学院	24	0	0	0	0	0	0	0	0	0	0	0	0	0	0
南京理工大学泰州科技学院	25	0	0	0	0	0	0	0	0	0	0	0	0	0	0
南京师范大学泰州学院	26	0	0	0	0	0	0	0	0	0	0	0	0	0	0
南京工业大学浦江学院	27	0	0	0	0	0	0	0	0	0	0	0	0	0	0
昆山登云科技职业学院	28	0	0	0	0	0	0	0	0	0	0	0	0	0	0
南京视觉艺术职业学院	29	0	0	0	0	0	0	0	0	0	0	0	0	0	0
南京医科大学康达学院	30	0	0	0	0	0	0	0	0	0	0	0	0	0	0
南京中医药大学翰林学院	31	0	0	0	0	0	0	0	0	0	0	0	0	0	0
南京信息工程大学滨江学院	32	0	0	0	0	0	0	0	0	0	0	0	0	0	0
苏州大学文正学院	33	0	0	0	0	0	0	0	0	0	0	0	0	0	0
苏州大学应用技术学院	34	0	0	0	0	0	0	0	0	0	0	0	0	0	0
苏州科技大学天平学院	35	0	0	0	0	0	0	0	0	0	0	0	0	0	0
江苏大学京江学院	36	0	0	0	0	0	0	0	0	0	0	0	0	0	0
扬州大学广陵学院	37	0	0	0	0	0	0	0	0	0	0	0	0	0	0
江苏师范大学科文学院	38	0	0	0	0	0	0	0	0	0	0	0	0	0	0
南京邮电大学通达学院	39	0	0	0	0	0	0	0	0	0	0	0	0	0	0
南京财经大学红山学院	40	1	1	1	0	0	1	0	0	1	0	0	0	1	0
江苏科技大学苏州理工学院	41	0	0	0	0	0	0	0	0	0	0	0	0	0	0
南通大学杏林学院	42	0	0	0	0	0	0	0	0	0	0	0	0	0	0
南京审计大学金审学院	43	0	0	0	0	0	0	0	0	0	0	0	0	0	0
宿迁学院	44	0	0	0	0	0	0	0	0	0	0	0	0	0	0
苏州高博软件技术职业学院	45	0	0	0	0	0	0	0	0	0	0	0	0	0	0
扬州中瑞酒店职业学院	46	0	0	0	0	0	0	0	0	0	0	0	0	0	0
西交利物浦大学	47	0	0	0	0	0	0	0	0	0	0	0	0	0	0

4.5 语言学人文、社会科学活动人员情况表

高校名称		总计		按职称划分						按最后学历划分			按最后学位划分		其他人员
			女性	小计	教授	副教授	讲师	助教	初级	研究生	本科生	其他	博士	硕士	
	编号	L01	L02	L03	L04	L05	L06	L07	L08	L09	L10	L11	L12	L13	L14
合计	/	880	733	880	10	99	598	150	23	509	370	1	25	585	0
民办明达职业技术学院	1	10	7	10	0	1	8	1	0	4	6	0	0	2	0
三江学院	2	62	51	62	3	13	46	0	0	43	19	0	3	49	0
九州职业技术学院	3	6	5	6	0	3	3	0	0	2	4	0	0	5	0
南通理工学院	4	24	22	24	0	3	18	3	0	8	16	0	0	9	0
硅湖职业技术学院	5	12	11	12	0	2	7	3	0	3	9	0	0	4	0
应天职业技术学院	6	5	5	5	0	0	5	0	0	2	3	0	0	2	0
苏州托普信息职业技术学院	7	16	14	16	0	0	9	7	0	7	9	0	0	7	0
东南大学成贤学院	8	18	15	18	1	1	16	0	0	11	7	0	0	14	0
苏州工业园区职业技术学院	9	23	19	23	0	2	15	6	0	7	16	0	0	14	0
炎黄职业技术学院	10	13	10	13	0	1	10	1	1	2	11	0	0	3	0
正德职业技术学院	11	13	11	13	0	3	10	0	0	1	12	0	0	8	0
钟山职业技术学院	12	6	3	6	0	4	2	0	0	0	6	0	0	6	0
无锡南洋职业技术学院	13	18	15	18	1	1	14	2	0	3	15	0	1	6	0
江南影视艺术职业学院	14	28	26	28	0	0	8	17	3	4	24	0	0	4	0
金肯职业技术学院	15	2	2	2	0	0	2	0	0	1	1	0	0	1	0
建东职业技术学院	16	13	8	13	0	4	6	3	0	2	11	0	0	3	0
江海职业技术学院	17	29	20	29	0	3	25	1	0	5	24	0	0	9	0
无锡太湖学院	18	65	56	65	1	4	26	25	9	38	27	0	0	38	0
中国矿业大学徐海学院	19	28	22	28	0	2	19	7	0	24	4	0	0	26	0
南京大学金陵学院	20	3	2	3	0	0	2	0	1	3	0	0	0	3	0
南京理工大学紫金学院	21	21	21	21	0	1	20	0	0	20	1	0	0	20	0
南京航空航天大学金城学院	22	52	47	52	0	0	49	3	0	47	5	0	0	52	0

续表

中国传媒大学南广学院	23	24	24	24	0	5	15	4	0	22	2	0	1	20	0
金山职业技术学院	24	4	4	4	0	0	2	2	0	0	4	0	0	0	0
南京理工大学泰州科技学院	25	19	15	19	0	1	18	0	0	12	7	0	0	15	0
南京师范大学泰州学院	26	43	37	43	0	0	43	0	0	23	20	0	1	22	0
南京工业大学浦江学院	27	14	10	14	0	0	1	10	3	11	2	1	0	11	0
昆山登云科技职业学院	28	18	15	18	1	0	15	2	0	3	15	0	0	5	0
南京视觉艺术职业学院	29	5	2	5	0	2	2	1	0	5	0	0	1	4	0
南京医科大学康达学院	30	18	15	18	0	0	3	13	2	17	1	0	0	17	0
南京中医药大学翰林学院	31	8	7	8	0	0	3	4	1	6	2	0	1	5	0
南京信息工程大学滨江学院	32	33	28	33	0	1	30	2	0	25	8	0	1	26	0
苏州大学文正学院	33	11	2	11	0	3	5	3	0	9	2	0	3	6	0
苏州大学应用技术学院	34	1	1	1	0	0	1	0	0	1	0	0	0	1	0
苏州科技大学天平学院	35	27	25	27	0	0	24	3	0	25	2	0	0	25	0
江苏大学京江学院	36	11	11	11	0	0	8	3	0	11	0	0	0	11	0
扬州大学广陵学院	37	15	11	15	0	3	7	5	0	14	1	0	2	12	0
江苏师范大学科文学院	38	4	4	4	0	0	2	2	0	4	0	0	0	4	0
南京邮电大学通达学院	39	7	6	7	0	0	6	1	0	7	0	0	0	7	0
南京财经大学红山学院	40	5	5	5	0	0	1	4	0	5	0	0	0	5	0
江苏科技大学苏州理工学院	41	0	0	0	0	0	0	0	0	0	0	0	0	0	0
南通大学杏林学院	42	15	15	15	0	0	13	0	2	13	2	0	0	13	0
南京审计大学金审学院	43	16	14	16	1	4	11	0	0	5	11	0	0	12	0
宿迁学院	44	70	56	70	1	25	43	1	0	23	47	0	0	60	0
苏州高博软件技术职业学院	45	25	21	25	1	3	15	6	0	17	8	0	0	16	0
扬州中瑞酒店职业学院	46	7	6	7	0	1	2	4	0	2	5	0	0	2	0
西交利物浦大学	47	13	7	13	0	3	8	1	1	12	1	0	11	1	0

4.6 中国文学人文、社会科学活动人员情况表

高校名称		总计		按职称划分						按最后学历划分			按最后学位划分		其他
			女性	小计	教授	副教授	讲师	助教	初级	研究生	本科生	其他	博士	硕士	人员
	编号	L01	L02	L03	L04	L05	L06	L07	L08	L09	L10	L11	L12	L13	L14
合计	/	149	103	149	6	28	77	30	8	102	46	1	17	97	0
民办明达职业技术学院	1	0	0	0	0	0	0	0	0	0	0	0	0	0	0
三江学院	2	11	4	11	1	4	5	1	0	10	1	0	3	7	0
九州职业技术学院	3	3	1	3	0	0	3	0	0	0	3	0	0	1	0
南通理工学院	4	0	0	0	0	0	0	0	0	0	0	0	0	0	0
硅湖职业技术学院	5	1	1	1	0	0	1	0	0	1	0	0	0	1	0
应天职业技术学院	6	1	1	1	0	0	0	1	0	0	1	0	0	0	0
苏州托普信息职业技术学院	7	1	0	1	0	1	0	0	0	0	1	0	0	0	0
东南大学成贤学院	8	1	0	1	0	1	0	0	0	0	1	0	0	1	0
苏州工业园区职业技术学院	9	1	0	1	0	1	0	0	0	0	1	0	0	1	0
炎黄职业技术学院	10	2	2	2	0	0	2	0	0	0	2	0	0	2	0
正德职业技术学院	11	3	3	3	0	0	0	3	0	2	1	0	0	2	0
钟山职业技术学院	12	0	0	0	0	0	0	0	0	0	0	0	0	0	0
无锡南洋职业技术学院	13	4	3	4	0	0	3	1	0	0	4	0	0	2	0
江南影视艺术职业学院	14	18	14	18	2	2	4	9	1	8	10	0	0	8	0
金肯职业技术学院	15	0	0	0	0	0	0	0	0	0	0	0	0	0	0
建东职业技术学院	16	0	0	0	0	0	0	0	0	0	0	0	0	0	0
江海职业技术学院	17	3	3	3	0	0	2	1	0	1	2	0	0	3	0
无锡太湖学院	18	6	3	6	0	0	2	3	1	4	2	0	1	3	0
中国矿业大学徐海学院	19	4	4	4	1	0	2	1	0	4	0	0	0	4	0
南京大学金陵学院	20	7	5	7	0	0	5	0	2	5	2	0	0	5	0
南京理工大学紫金学院	21	0	0	0	0	0	0	0	0	0	0	0	0	0	0
南京航空航天大学金城学院	22	2	1	2	0	0	2	0	0	2	0	0	0	2	0

续表

中国传媒大学南广学院	23	12	10	12	0	3	9	0	0	12	0	0	1	11	0
金山职业技术学院	24	3	2	3	0	1	2	0	0	0	3	0	0	0	0
南京理工大学泰州科技学院	25	0	0	0	0	0	0	0	0	0	0	0	0	0	0
南京师范大学泰州学院	26	16	11	16	0	5	10	1	0	15	1	0	2	13	0
南京工业大学浦江学院	27	1	1	1	0	0	0	1	0	1	0	0	0	1	0
昆山登云科技职业学院	28	4	3	4	0	0	1	3	0	1	3	0	0	1	0
南京视觉艺术职业学院	29	4	2	4	1	1	2	0	0	3	1	0	1	2	0
南京医科大学康达学院	30	0	0	0	0	0	0	0	0	0	0	0	0	0	0
南京中医药大学翰林学院	31	1	0	1	0	0	0	0	1	1	0	0	0	1	0
南京信息工程大学滨江学院	32	0	0	0	0	0	0	0	0	0	0	0	0	0	0
苏州大学文正学院	33	2	1	2	0	1	0	1	0	2	0	0	2	0	0
苏州大学应用技术学院	34	0	0	0	0	0	0	0	0	0	0	0	0	0	0
苏州科技大学天平学院	35	1	1	1	0	0	1	0	0	1	0	0	0	1	0
江苏大学京江学院	36	0	0	0	0	0	0	0	0	0	0	0	0	0	0
扬州大学广陵学院	37	5	4	5	0	0	4	1	0	5	0	0	1	4	0
江苏师范大学科文学院	38	1	1	1	0	0	1	0	0	1	0	0	0	1	0
南京邮电大学通达学院	39	1	0	1	0	0	1	0	0	0	1	0	0	0	0
南京财经大学红山学院	40	1	1	1	0	0	0	1	0	1	0	0	0	1	0
江苏科技大学苏州理工学院	41	0	0	0	0	0	0	0	0	0	0	0	0	0	0
南通大学杏林学院	42	6	5	6	1	0	5	0	0	5	0	1	0	6	0
南京审计大学金审学院	43	0	0	0	0	0	0	0	0	0	0	0	0	0	0
宿迁学院	44	14	9	14	0	7	7	0	0	9	5	0	2	9	0
苏州高博软件技术职业学院	45	1	0	1	0	0	0	1	0	0	1	0	0	0	0
扬州中瑞酒店职业学院	46	0	0	0	0	0	0	0	0	0	0	0	0	0	0
西交利物浦大学	47	8	7	8	0	1	3	1	3	8	0	0	4	4	0

4.7 外国文学人文、社会科学活动人员情况表

高校名称		总计		按职称划分						按最后学历划分			按最后学位划分		其他
			女性	小计	教授	副教授	讲师	助教	初级	研究生	本科生	其他	博士	硕士	人员
	编号	L01	L02	L03	L04	L05	L06	L07	L08	L09	L10	L11	L12	L13	L14
合计	/	146	114	146	1	10	126	6	3	104	42	0	3	109	0
民办明达职业技术学院	1	0	0	0	0	0	0	0	0	0	0	0	0	0	0
三江学院	2	7	5	7	1	3	3	0	0	6	1	0	1	5	0
九州职业技术学院	3	0	0	0	0	0	0	0	0	0	0	0	0	0	0
南通理工学院	4	0	0	0	0	0	0	0	0	0	0	0	0	0	0
硅湖职业技术学院	5	0	0	0	0	0	0	0	0	0	0	0	0	0	0
应天职业技术学院	6	0	0	0	0	0	0	0	0	0	0	0	0	0	0
苏州托普信息职业技术学院	7	1	1	1	0	0	1	0	0	1	0	0	0	1	0
东南大学成贤学院	8	0	0	0	0	0	0	0	0	0	0	0	0	0	0
苏州工业园区职业技术学院	9	1	1	1	0	0	1	0	0	1	0	0	0	1	0
炎黄职业技术学院	10	1	1	1	0	0	0	0	1	0	1	0	0	0	0
正德职业技术学院	11	3	1	3	0	0	2	1	0	0	3	0	0	2	0
钟山职业技术学院	12	0	0	0	0	0	0	0	0	0	0	0	0	0	0
无锡南洋职业技术学院	13	0	0	0	0	0	0	0	0	0	0	0	0	0	0
江南影视艺术职业学院	14	1	1	1	0	0	0	1	0	1	0	0	0	1	0
金肯职业技术学院	15	0	0	0	0	0	0	0	0	0	0	0	0	0	0
建东职业技术学院	16	0	0	0	0	0	0	0	0	0	0	0	0	0	0
江海职业技术学院	17	0	0	0	0	0	0	0	0	0	0	0	0	0	0
无锡太湖学院	18	7	4	7	0	1	5	1	0	7	0	0	0	6	0
中国矿业大学徐海学院	19	0	0	0	0	0	0	0	0	0	0	0	0	0	0
南京大学金陵学院	20	64	50	64	0	1	60	2	1	50	14	0	0	50	0
南京理工大学紫金学院	21	0	0	0	0	0	0	0	0	0	0	0	0	0	0
南京航空航天大学金城学院	22	12	12	12	0	1	10	1	0	12	0	0	0	12	0

续表

中国传媒大学南广学院	23	2	2	2	0	0	2	0	0	2	0	0	0	2	0
金山职业技术学院	24	0	0	0	0	0	0	0	0	0	0	0	0	0	0
南京理工大学泰州科技学院	25	0	0	0	0	0	0	0	0	0	0	0	0	0	0
南京师范大学泰州学院	26	0	0	0	0	0	0	0	0	0	0	0	0	0	0
南京工业大学浦江学院	27	0	0	0	0	0	0	0	0	0	0	0	0	0	0
昆山登云科技职业学院	28	1	0	1	0	0	1	0	0	1	0	0	0	1	0
南京视觉艺术职业学院	29	4	2	4	0	0	4	0	0	3	1	0	0	2	0
南京医科大学康达学院	30	0	0	0	0	0	0	0	0	0	0	0	0	0	0
南京中医药大学翰林学院	31	0	0	0	0	0	0	0	0	0	0	0	0	0	0
南京信息工程大学滨江学院	32	0	0	0	0	0	0	0	0	0	0	0	0	0	0
苏州大学文正学院	33	1	1	1	0	1	0	0	0	1	0	0	0	1	0
苏州大学应用技术学院	34	0	0	0	0	0	0	0	0	0	0	0	0	0	0
苏州科技大学天平学院	35	2	2	2	0	0	2	0	0	2	0	0	0	2	0
江苏大学京江学院	36	2	1	2	0	0	2	0	0	2	0	0	0	2	0
扬州大学广陵学院	37	0	0	0	0	0	0	0	0	0	0	0	0	0	0
江苏师范大学科文学院	38	18	14	18	0	2	16	0	0	6	12	0	0	6	0
南京邮电大学通达学院	39	0	0	0	0	0	0	0	0	0	0	0	0	0	0
南京财经大学红山学院	40	0	0	0	0	0	0	0	0	0	0	0	0	0	0
江苏科技大学苏州理工学院	41	0	0	0	0	0	0	0	0	0	0	0	0	0	0
南通大学杏林学院	42	4	4	4	0	0	4	0	0	4	0	0	0	4	0
南京审计大学金审学院	43	4	4	4	0	1	3	0	0	1	3	0	0	3	0
宿迁学院	44	8	7	8	0	0	8	0	0	1	7	0	0	7	0
苏州高博软件技术职业学院	45	0	0	0	0	0	0	0	0	0	0	0	0	0	0
扬州中瑞酒店职业学院	46	0	0	0	0	0	0	0	0	0	0	0	0	0	0
西交利物浦大学	47	3	1	3	0	0	2	0	1	3	0	0	2	1	0

4.8 艺术学人文、社会科学活动人员情况表

高校名称		总计		按职称划分						按最后学历划分			按最后学位划分		其他人员
			女性	小计	教授	副教授	讲师	助教	初级	研究生	本科生	其他	博士	硕士	
	编号	L01	L02	L03	L04	L05	L06	L07	L08	L09	L10	L11	L12	L13	L14
合计	/	798	475	798	15	59	453	247	24	408	387	3	11	475	0
民办明达职业技术学院	1	4	2	4	0	0	4	0	0	2	2	0	0	1	0
三江学院	2	36	19	36	4	5	24	3	0	14	22	0	0	30	0
九州职业技术学院	3	1	1	1	0	0	1	0	0	0	1	0	0	0	0
南通理工学院	4	2	2	2	0	0	2	0	0	0	2	0	0	2	0
硅湖职业技术学院	5	13	8	13	0	2	10	1	0	1	12	0	0	4	0
应天职业技术学院	6	6	3	6	0	0	6	0	0	2	4	0	0	5	0
苏州托普信息职业技术学院	7	22	9	22	0	1	10	11	0	2	20	0	0	2	0
东南大学成贤学院	8	0	0	0	0	0	0	0	0	0	0	0	0	0	0
苏州工业园区职业技术学院	9	0	0	0	0	0	0	0	0	0	0	0	0	0	0
炎黄职业技术学院	10	3	1	3	0	0	1	0	2	1	1	1	0	1	0
正德职业技术学院	11	24	17	24	1	1	14	8	0	8	16	0	0	14	0
钟山职业技术学院	12	7	5	7	0	6	1	0	0	2	5	0	0	7	0
无锡南洋职业技术学院	13	9	5	9	0	0	6	3	0	0	9	0	0	6	0
江南影视艺术职业学院	14	123	72	123	5	4	26	76	12	52	71	0	3	50	0
金肯职业技术学院	15	1	1	1	0	0	1	0	0	1	0	0	0	1	0
建东职业技术学院	16	9	7	9	0	0	5	4	0	0	9	0	0	1	0
江海职业技术学院	17	15	7	15	0	2	10	3	0	6	9	0	0	9	0
无锡太湖学院	18	78	46	78	0	2	46	25	5	48	29	1	0	35	0
中国矿业大学徐海学院	19	3	2	3	0	1	1	0	1	2	1	0	0	2	0
南京大学金陵学院	20	39	27	39	0	2	34	1	2	31	8	0	1	30	0
南京理工大学紫金学院	21	0	0	0	0	0	0	0	0	0	0	0	0	0	0
南京航空航天大学金城学院	22	28	15	28	0	1	9	18	0	21	7	0	0	25	0

续表

中国传媒大学南广学院	23	90	52	90	2	14	58	16	0	59	30	1	2	74	0
金山职业技术学院	24	0	0	0	0	0	0	0	0	0	0	0	0	0	0
南京理工大学泰州科技学院	25	8	5	8	0	1	7	0	0	5	3	0	0	6	0
南京师范大学泰州学院	26	68	45	68	0	6	58	4	0	33	35	0	0	33	0
南京工业大学浦江学院	27	11	5	11	0	0	2	9	0	7	4	0	0	10	0
昆山登云科技职业学院	28	12	10	12	0	0	8	4	0	1	11	0	0	3	0
南京视觉艺术职业学院	29	53	24	53	2	7	32	12	0	28	25	0	1	27	0
南京医科大学康达学院	30	0	0	0	0	0	0	0	0	0	0	0	0	0	0
南京中医药大学翰林学院	31	1	1	1	0	0	0	0	1	1	0	0	0	1	0
南京信息工程大学滨江学院	32	2	1	2	0	0	2	0	0	2	0	0	0	2	0
苏州大学文正学院	33	0	0	0	0	0	0	0	0	0	0	0	0	0	0
苏州大学应用技术学院	34	7	4	7	0	1	4	2	0	5	2	0	1	5	0
苏州科技大学天平学院	35	18	12	18	0	0	5	13	0	17	1	0	1	17	0
江苏大学京江学院	36	2	2	2	0	0	0	2	0	2	0	0	0	2	0
扬州大学广陵学院	37	16	11	16	0	0	10	6	0	14	2	0	0	14	0
江苏师范大学科文学院	38	2	1	2	0	0	2	0	0	0	2	0	0	1	0
南京邮电大学通达学院	39	0	0	0	0	0	0	0	0	0	0	0	0	0	0
南京财经大学红山学院	40	2	0	2	0	0	0	2	0	1	1	0	0	1	0
江苏科技大学苏州理工学院	41	0	0	0	0	0	0	0	0	0	0	0	0	0	0
南通大学杏林学院	42	7	5	7	0	1	6	0	0	6	1	0	0	6	0
南京审计大学金审学院	43	20	17	20	0	0	17	3	0	9	11	0	0	15	0
宿迁学院	44	22	10	22	0	2	17	3	0	8	14	0	0	16	0
苏州高博软件技术职业学院	45	30	19	30	1	0	11	17	1	15	15	0	0	16	0
扬州中瑞酒店职业学院	46	2	2	2	0	0	1	1	0	0	2	0	0	1	0
西交利物浦大学	47	2	0	2	0	0	2	0	0	2	0	0	2	0	0

4.9 历史学人文、社会科学活动人员情况表

高校名称		总计		按职称划分						按最后学历划分			按最后学位划分		其他人员
			女性	小计	教授	副教授	讲师	助教	初级	研究生	本科生	其他	博士	硕士	
	编号	L01	L02	L03	L04	L05	L06	L07	L08	L09	L10	L11	L12	L13	L14
合计	/	23	8	23	1	3	13	6	0	19	4	0	3	16	0
民办明达职业技术学院	1	0	0	0	0	0	0	0	0	0	0	0	0	0	0
三江学院	2	1	0	1	1	0	0	0	0	0	1	0	0	0	0
九州职业技术学院	3	0	0	0	0	0	0	0	0	0	0	0	0	0	0
南通理工学院	4	0	0	0	0	0	0	0	0	0	0	0	0	0	0
硅湖职业技术学院	5	1	1	1	0	0	0	1	0	0	1	0	0	0	0
应天职业技术学院	6	0	0	0	0	0	0	0	0	0	0	0	0	0	0
苏州托普信息职业技术学院	7	0	0	0	0	0	0	0	0	0	0	0	0	0	0
东南大学成贤学院	8	0	0	0	0	0	0	0	0	0	0	0	0	0	0
苏州工业园区职业技术学院	9	0	0	0	0	0	0	0	0	0	0	0	0	0	0
炎黄职业技术学院	10	1	0	1	0	0	0	1	0	0	1	0	0	0	0
正德职业技术学院	11	0	0	0	0	0	0	0	0	0	0	0	0	0	0
钟山职业技术学院	12	0	0	0	0	0	0	0	0	0	0	0	0	0	0
无锡南洋职业技术学院	13	0	0	0	0	0	0	0	0	0	0	0	0	0	0
江南影视艺术职业学院	14	1	1	1	0	0	0	1	0	1	0	0	0	1	0
金肯职业技术学院	15	0	0	0	0	0	0	0	0	0	0	0	0	0	0
建东职业技术学院	16	0	0	0	0	0	0	0	0	0	0	0	0	0	0
江海职业技术学院	17	0	0	0	0	0	0	0	0	0	0	0	0	0	0
无锡太湖学院	18	2	1	2	0	0	0	2	0	2	0	0	0	2	0
中国矿业大学徐海学院	19	0	0	0	0	0	0	0	0	0	0	0	0	0	0
南京大学金陵学院	20	0	0	0	0	0	0	0	0	0	0	0	0	0	0
南京理工大学紫金学院	21	0	0	0	0	0	0	0	0	0	0	0	0	0	0
南京航空航天大学金城学院	22	1	0	1	0	0	0	1	0	1	0	0	0	1	0

续表

中国传媒大学南广学院	23	1	0	1	0	1	0	0	0	1	0	0	1	0	0
金山职业技术学院	24	0	0	0	0	0	0	0	0	0	0	0	0	0	0
南京理工大学泰州科技学院	25	0	0	0	0	0	0	0	0	0	0	0	0	0	0
南京师范大学泰州学院	26	5	3	5	0	0	5	0	0	5	0	0	0	5	0
南京工业大学浦江学院	27	0	0	0	0	0	0	0	0	0	0	0	0	0	0
昆山登云科技职业学院	28	1	1	1	0	0	1	0	0	1	0	0	0	1	0
南京视觉艺术职业学院	29	0	0	0	0	0	0	0	0	0	0	0	0	0	0
南京医科大学康达学院	30	0	0	0	0	0	0	0	0	0	0	0	0	0	0
南京中医药大学翰林学院	31	0	0	0	0	0	0	0	0	0	0	0	0	0	0
南京信息工程大学滨江学院	32	2	0	2	0	0	2	0	0	2	0	0	0	2	0
苏州大学文正学院	33	0	0	0	0	0	0	0	0	0	0	0	0	0	0
苏州大学应用技术学院	34	0	0	0	0	0	0	0	0	0	0	0	0	0	0
苏州科技大学天平学院	35	1	0	1	0	0	1	0	0	1	0	0	0	1	0
江苏大学京江学院	36	0	0	0	0	0	0	0	0	0	0	0	0	0	0
扬州大学广陵学院	37	1	0	1	0	0	1	0	0	1	0	0	0	1	0
江苏师范大学科文学院	38	1	0	1	0	1	0	0	0	0	1	0	0	0	0
南京邮电大学通达学院	39	0	0	0	0	0	0	0	0	0	0	0	0	0	0
南京财经大学红山学院	40	0	0	0	0	0	0	0	0	0	0	0	0	0	0
江苏科技大学苏州理工学院	41	2	1	2	0	1	1	0	0	2	0	0	2	0	0
南通大学杏林学院	42	0	0	0	0	0	0	0	0	0	0	0	0	0	0
南京审计大学金审学院	43	0	0	0	0	0	0	0	0	0	0	0	0	0	0
宿迁学院	44	2	0	2	0	0	2	0	0	2	0	0	0	2	0
苏州高博软件技术职业学院	45	0	0	0	0	0	0	0	0	0	0	0	0	0	0
扬州中瑞酒店职业学院	46	0	0	0	0	0	0	0	0	0	0	0	0	0	0
西交利物浦大学	47	0	0	0	0	0	0	0	0	0	0	0	0	0	0

4.10 考古学人文、社会科学活动人员情况表

高校名称		总计		按职称划分						按最后学历划分			按最后学位划分		其他人员
			女性	小计	教授	副教授	讲师	助教	初级	研究生	本科生	其他	博士	硕士	
	编号	L01	L02	L03	L04	L05	L06	L07	L08	L09	L10	L11	L12	L13	L14
合计	/	1	0	1	1	0	0	0	0	1	0	0	1	0	0
民办明达职业技术学院	1	0	0	0	0	0	0	0	0	0	0	0	0	0	0
三江学院	2	1	0	1	1	0	0	0	0	1	0	0	1	0	0
九州职业技术学院	3	0	0	0	0	0	0	0	0	0	0	0	0	0	0
南通理工学院	4	0	0	0	0	0	0	0	0	0	0	0	0	0	0
硅湖职业技术学院	5	0	0	0	0	0	0	0	0	0	0	0	0	0	0
应天职业技术学院	6	0	0	0	0	0	0	0	0	0	0	0	0	0	0
苏州托普信息职业技术学院	7	0	0	0	0	0	0	0	0	0	0	0	0	0	0
东南大学成贤学院	8	0	0	0	0	0	0	0	0	0	0	0	0	0	0
苏州工业园区职业技术学院	9	0	0	0	0	0	0	0	0	0	0	0	0	0	0
炎黄职业技术学院	10	0	0	0	0	0	0	0	0	0	0	0	0	0	0
正德职业技术学院	11	0	0	0	0	0	0	0	0	0	0	0	0	0	0
钟山职业技术学院	12	0	0	0	0	0	0	0	0	0	0	0	0	0	0
无锡南洋职业技术学院	13	0	0	0	0	0	0	0	0	0	0	0	0	0	0
江南影视艺术职业学院	14	0	0	0	0	0	0	0	0	0	0	0	0	0	0
金肯职业技术学院	15	0	0	0	0	0	0	0	0	0	0	0	0	0	0
建东职业技术学院	16	0	0	0	0	0	0	0	0	0	0	0	0	0	0
江海职业技术学院	17	0	0	0	0	0	0	0	0	0	0	0	0	0	0
无锡太湖学院	18	0	0	0	0	0	0	0	0	0	0	0	0	0	0
中国矿业大学徐海学院	19	0	0	0	0	0	0	0	0	0	0	0	0	0	0
南京大学金陵学院	20	0	0	0	0	0	0	0	0	0	0	0	0	0	0
南京理工大学紫金学院	21	0	0	0	0	0	0	0	0	0	0	0	0	0	0
南京航空航天大学金城学院	22	0	0	0	0	0	0	0	0	0	0	0	0	0	0

续表

中国传媒大学南广学院	23	0	0	0	0	0	0	0	0	0	0	0	0	0	0
金山职业技术学院	24	0	0	0	0	0	0	0	0	0	0	0	0	0	0
南京理工大学泰州科技学院	25	0	0	0	0	0	0	0	0	0	0	0	0	0	0
南京师范大学泰州学院	26	0	0	0	0	0	0	0	0	0	0	0	0	0	0
南京工业大学浦江学院	27	0	0	0	0	0	0	0	0	0	0	0	0	0	0
昆山登云科技职业学院	28	0	0	0	0	0	0	0	0	0	0	0	0	0	0
南京视觉艺术职业学院	29	0	0	0	0	0	0	0	0	0	0	0	0	0	0
南京医科大学康达学院	30	0	0	0	0	0	0	0	0	0	0	0	0	0	0
南京中医药大学翰林学院	31	0	0	0	0	0	0	0	0	0	0	0	0	0	0
南京信息工程大学滨江学院	32	0	0	0	0	0	0	0	0	0	0	0	0	0	0
苏州大学文正学院	33	0	0	0	0	0	0	0	0	0	0	0	0	0	0
苏州大学应用技术学院	34	0	0	0	0	0	0	0	0	0	0	0	0	0	0
苏州科技大学天平学院	35	0	0	0	0	0	0	0	0	0	0	0	0	0	0
江苏大学京江学院	36	0	0	0	0	0	0	0	0	0	0	0	0	0	0
扬州大学广陵学院	37	0	0	0	0	0	0	0	0	0	0	0	0	0	0
江苏师范大学科文学院	38	0	0	0	0	0	0	0	0	0	0	0	0	0	0
南京邮电大学通达学院	39	0	0	0	0	0	0	0	0	0	0	0	0	0	0
南京财经大学红山学院	40	0	0	0	0	0	0	0	0	0	0	0	0	0	0
江苏科技大学苏州理工学院	41	0	0	0	0	0	0	0	0	0	0	0	0	0	0
南通大学杏林学院	42	0	0	0	0	0	0	0	0	0	0	0	0	0	0
南京审计大学金审学院	43	0	0	0	0	0	0	0	0	0	0	0	0	0	0
宿迁学院	44	0	0	0	0	0	0	0	0	0	0	0	0	0	0
苏州高博软件技术职业学院	45	0	0	0	0	0	0	0	0	0	0	0	0	0	0
扬州中瑞酒店职业学院	46	0	0	0	0	0	0	0	0	0	0	0	0	0	0
西交利物浦大学	47	0	0	0	0	0	0	0	0	0	0	0	0	0	0

4.11 经济学人文、社会科学活动人员情况表

高校名称		总计		按职称划分						按最后学历划分			按最后学位划分		其他人员
			女性	小计	教授	副教授	讲师	助教	初级	研究生	本科生	其他	博士	硕士	
	编号	L01	L02	L03	L04	L05	L06	L07	L08	L09	L10	L11	L12	L13	L14
合计	/	510	376	510	24	60	282	116	28	382	127	1	56	348	0
民办明达职业技术学院	1	3	1	3	0	0	3	0	0	1	2	0	0	0	0
三江学院	2	20	12	20	5	6	9	0	0	19	1	0	6	14	0
九州职业技术学院	3	12	10	12	2	3	4	1	2	6	6	0	0	7	0
南通理工学院	4	13	10	13	2	2	7	2	0	6	7	0	0	12	0
硅湖职业技术学院	5	7	5	7	0	1	6	0	0	2	5	0	0	5	0
应天职业技术学院	6	2	2	2	0	0	2	0	0	2	0	0	0	2	0
苏州托普信息职业技术学院	7	11	9	11	0	0	2	9	0	4	7	0	0	4	0
东南大学成贤学院	8	20	19	20	1	3	13	3	0	20	0	0	1	19	0
苏州工业园区职业技术学院	9	6	5	6	1	1	2	2	0	1	5	0	0	2	0
炎黄职业技术学院	10	6	4	6	0	0	2	4	0	0	6	0	0	2	0
正德职业技术学院	11	11	8	11	0	0	11	0	0	7	4	0	0	7	0
钟山职业技术学院	12	4	2	4	0	4	0	0	0	2	2	0	0	3	0
无锡南洋职业技术学院	13	2	1	2	0	0	1	1	0	0	2	0	0	0	0
江南影视艺术职业学院	14	4	4	4	0	1	1	2	0	2	2	0	0	2	0
金肯职业技术学院	15	9	8	9	0	2	7	0	0	9	0	0	0	9	0
建东职业技术学院	16	12	11	12	0	3	3	6	0	2	10	0	0	3	0
江海职业技术学院	17	14	6	14	0	1	11	2	0	5	9	0	0	6	0
无锡太湖学院	18	52	37	52	3	3	14	22	10	35	17	0	3	32	0
中国矿业大学徐海学院	19	9	7	9	0	0	4	2	3	6	3	0	0	7	0
南京大学金陵学院	20	52	43	52	0	2	49	0	1	45	7	0	1	44	0
南京理工大学紫金学院	21	18	14	18	0	2	14	0	2	18	0	0	2	16	0
南京航空航天大学金城学院	22	21	19	21	0	1	14	6	0	19	2	0	0	19	0

续表

中国传媒大学南广学院	23	2	2	2	0	0	2	0	0	2	0	0	0	2	0
金山职业技术学院	24	0	0	0	0	0	0	0	0	0	0	0	0	0	0
南京理工大学泰州科技学院	25	20	14	20	1	0	15	0	4	19	1	0	0	19	0
南京师范大学泰州学院	26	11	7	11	0	1	10	0	0	9	2	0	0	9	0
南京工业大学浦江学院	27	4	3	4	0	1	0	3	0	3	1	0	0	3	0
昆山登云科技职业学院	28	8	5	8	0	0	8	0	0	3	5	0	0	3	0
南京视觉艺术职业学院	29	2	2	2	0	0	2	0	0	2	0	0	0	2	0
南京医科大学康达学院	30	0	0	0	0	0	0	0	0	0	0	0	0	0	0
南京中医药大学翰林学院	31	5	4	5	0	0	1	3	1	5	0	0	0	5	0
南京信息工程大学滨江学院	32	9	6	9	0	5	4	0	0	9	0	0	0	8	0
苏州大学文正学院	33	2	2	2	0	1	1	0	0	2	0	0	1	1	0
苏州大学应用技术学院	34	4	4	4	0	1	2	1	0	3	1	0	0	3	0
苏州科技大学天平学院	35	2	2	2	0	0	1	1	0	2	0	0	0	2	0
江苏大学京江学院	36	2	2	2	0	0	1	1	0	2	0	0	0	2	0
扬州大学广陵学院	37	6	3	6	1	0	2	3	0	4	2	0	0	4	0
江苏师范大学科文学院	38	2	2	2	2	0	0	0	0	0	2	0	0	0	0
南京邮电大学通达学院	39	0	0	0	0	0	0	0	0	0	0	0	0	0	0
南京财经大学红山学院	40	26	25	26	0	0	1	25	0	26	0	0	0	26	0
江苏科技大学苏州理工学院	41	1	1	1	0	0	1	0	0	1	0	0	1	0	0
南通大学杏林学院	42	8	5	8	0	0	7	0	1	7	1	0	0	7	0
南京审计大学金审学院	43	12	12	12	1	2	4	5	0	8	4	0	0	10	0
宿迁学院	44	16	12	16	0	4	9	3	0	13	3	0	1	15	0
苏州高博软件技术职业学院	45	10	8	10	2	0	4	4	0	4	5	1	0	5	0
扬州中瑞酒店职业学院	46	3	2	3	0	0	0	2	1	0	3	0	0	0	0
西交利物浦大学	47	47	16	47	3	10	28	3	3	47	0	0	40	7	0

4.12 政治学人文、社会科学活动人员情况表

高校名称		总计		按职称划分						按最后学历划分			按最后学位划分		其他人员
			女性	小计	教授	副教授	讲师	助教	初级	研究生	本科生	其他	博士	硕士	
	编号	L01	L02	L03	L04	L05	L06	L07	L08	L09	L10	L11	L12	L13	L14
合计	/	22	14	22	2	1	14	4	1	14	8	0	1	15	0
民办明达职业技术学院	1	0	0	0	0	0	0	0	0	0	0	0	0	0	0
三江学院	2	4	3	4	0	0	4	0	0	2	2	0	0	3	0
九州职业技术学院	3	0	0	0	0	0	0	0	0	0	0	0	0	0	0
南通理工学院	4	3	2	3	2	0	1	0	0	2	1	0	1	1	0
硅湖职业技术学院	5	0	0	0	0	0	0	0	0	0	0	0	0	0	0
应天职业技术学院	6	0	0	0	0	0	0	0	0	0	0	0	0	0	0
苏州托普信息职业技术学院	7	0	0	0	0	0	0	0	0	0	0	0	0	0	0
东南大学成贤学院	8	0	0	0	0	0	0	0	0	0	0	0	0	0	0
苏州工业园区职业技术学院	9	0	0	0	0	0	0	0	0	0	0	0	0	0	0
炎黄职业技术学院	10	0	0	0	0	0	0	0	0	0	0	0	0	0	0
正德职业技术学院	11	0	0	0	0	0	0	0	0	0	0	0	0	0	0
钟山职业技术学院	12	0	0	0	0	0	0	0	0	0	0	0	0	0	0
无锡南洋职业技术学院	13	0	0	0	0	0	0	0	0	0	0	0	0	0	0
江南影视艺术职业学院	14	0	0	0	0	0	0	0	0	0	0	0	0	0	0
金肯职业技术学院	15	0	0	0	0	0	0	0	0	0	0	0	0	0	0
建东职业技术学院	16	0	0	0	0	0	0	0	0	0	0	0	0	0	0
江海职业技术学院	17	0	0	0	0	0	0	0	0	0	0	0	0	0	0
无锡太湖学院	18	2	1	2	0	0	1	0	1	0	2	0	0	0	0
中国矿业大学徐海学院	19	1	0	1	0	0	1	0	0	0	1	0	0	1	0
南京大学金陵学院	20	0	0	0	0	0	0	0	0	0	0	0	0	0	0
南京理工大学紫金学院	21	2	1	2	0	0	2	0	0	2	0	0	0	2	0
南京航空航天大学金城学院	22	0	0	0	0	0	0	0	0	0	0	0	0	0	0

续表

中国传媒大学南广学院	23	1	1	1	0	1	0	0	0	1	0	0	0	1	0
金山职业技术学院	24	0	0	0	0	0	0	0	0	0	0	0	0	0	0
南京理工大学泰州科技学院	25	0	0	0	0	0	0	0	0	0	0	0	0	0	0
南京师范大学泰州学院	26	2	2	2	0	0	2	0	0	2	0	0	0	2	0
南京工业大学浦江学院	27	1	0	1	0	0	0	1	0	0	1	0	0	0	0
昆山登云科技职业学院	28	0	0	0	0	0	0	0	0	0	0	0	0	0	0
南京视觉艺术职业学院	29	0	0	0	0	0	0	0	0	0	0	0	0	0	0
南京医科大学康达学院	30	0	0	0	0	0	0	0	0	0	0	0	0	0	0
南京中医药大学翰林学院	31	0	0	0	0	0	0	0	0	0	0	0	0	0	0
南京信息工程大学滨江学院	32	2	1	2	0	0	1	1	0	2	0	0	0	2	0
苏州大学文正学院	33	0	0	0	0	0	0	0	0	0	0	0	0	0	0
苏州大学应用技术学院	34	0	0	0	0	0	0	0	0	0	0	0	0	0	0
苏州科技大学天平学院	35	0	0	0	0	0	0	0	0	0	0	0	0	0	0
江苏大学京江学院	36	0	0	0	0	0	0	0	0	0	0	0	0	0	0
扬州大学广陵学院	37	0	0	0	0	0	0	0	0	0	0	0	0	0	0
江苏师范大学科文学院	38	1	1	1	0	0	1	0	0	0	1	0	0	0	0
南京邮电大学通达学院	39	0	0	0	0	0	0	0	0	0	0	0	0	0	0
南京财经大学红山学院	40	1	1	1	0	0	1	0	0	1	0	0	0	1	0
江苏科技大学苏州理工学院	41	0	0	0	0	0	0	0	0	0	0	0	0	0	0
南通大学杏林学院	42	0	0	0	0	0	0	0	0	0	0	0	0	0	0
南京审计大学金审学院	43	0	0	0	0	0	0	0	0	0	0	0	0	0	0
宿迁学院	44	0	0	0	0	0	0	0	0	0	0	0	0	0	0
苏州高博软件技术职业学院	45	1	1	1	0	0	0	1	0	1	0	0	0	1	0
扬州中瑞酒店职业学院	46	0	0	0	0	0	0	0	0	0	0	0	0	0	0
西交利物浦大学	47	1	0	1	0	0	0	1	0	1	0	0	0	1	0

4.13 法学人文、社会科学活动人员情况表

高校名称		总计		按职称划分						按最后学历划分			按最后学位划分		其他人员
			女性	小计	教授	副教授	讲师	助教	初级	研究生	本科生	其他	博士	硕士	
	编号	L01	L02	L03	L04	L05	L06	L07	L08	L09	L10	L11	L12	L13	L14
合计	/	119	81	119	0	24	61	32	2	75	44	0	3	91	0
民办明达职业技术学院	1	1	0	1	0	0	1	0	0	0	1	0	0	0	0
三江学院	2	10	8	10	0	6	4	0	0	4	6	0	1	8	0
九州职业技术学院	3	5	4	5	0	1	3	1	0	1	4	0	0	2	0
南通理工学院	4	1	1	1	0	0	1	0	0	0	1	0	0	0	0
硅湖职业技术学院	5	6	4	6	0	1	1	4	0	1	5	0	0	3	0
应天职业技术学院	6	2	2	2	0	0	1	1	0	2	0	0	0	2	0
苏州托普信息职业技术学院	7	2	0	2	0	0	1	1	0	0	2	0	0	0	0
东南大学成贤学院	8	1	0	1	0	0	1	0	0	1	0	0	0	1	0
苏州工业园区职业技术学院	9	1	1	1	0	1	0	0	0	0	1	0	0	1	0
炎黄职业技术学院	10	1	1	1	0	0	1	0	0	0	1	0	0	0	0
正德职业技术学院	11	0	0	0	0	0	0	0	0	0	0	0	0	0	0
钟山职业技术学院	12	1	1	1	0	1	0	0	0	0	1	0	0	0	0
无锡南洋职业技术学院	13	1	0	1	0	0	1	0	0	0	1	0	0	1	0
江南影视艺术职业学院	14	5	3	5	0	0	0	4	1	2	3	0	0	2	0
金肯职业技术学院	15	0	0	0	0	0	0	0	0	0	0	0	0	0	0
建东职业技术学院	16	1	1	1	0	0	1	0	0	0	1	0	0	1	0
江海职业技术学院	17	0	0	0	0	0	0	0	0	0	0	0	0	0	0
无锡太湖学院	18	11	9	11	0	2	2	6	1	7	4	0	0	8	0
中国矿业大学徐海学院	19	2	2	2	0	0	2	0	0	2	0	0	0	2	0
南京大学金陵学院	20	0	0	0	0	0	0	0	0	0	0	0	0	0	0
南京理工大学紫金学院	21	5	5	5	0	0	5	0	0	5	0	0	0	5	0
南京航空航天大学金城学院	22	4	3	4	0	1	1	2	0	4	0	0	0	4	0

续表

中国传媒大学南广学院	23	1	0	1	0	0	1	0	0	1	0	0	0	1	0
金山职业技术学院	24	1	0	1	0	1	0	0	0	0	1	0	0	1	0
南京理工大学泰州科技学院	25	1	1	1	0	0	1	0	0	0	1	0	0	0	0
南京师范大学泰州学院	26	12	5	12	0	2	10	0	0	11	1	0	1	10	0
南京工业大学浦江学院	27	0	0	0	0	0	0	0	0	0	0	0	0	0	0
昆山登云科技职业学院	28	7	4	7	0	0	4	3	0	5	2	0	0	5	0
南京视觉艺术职业学院	29	1	1	1	0	0	0	1	0	1	0	0	0	1	0
南京医科大学康达学院	30	1	1	1	0	0	0	1	0	1	0	0	0	1	0
南京中医药大学翰林学院	31	1	1	1	0	0	0	1	0	1	0	0	0	1	0
南京信息工程大学滨江学院	32	13	9	13	0	3	8	2	0	13	0	0	0	13	0
苏州大学文正学院	33	2	2	2	0	0	0	2	0	2	0	0	1	1	0
苏州大学应用技术学院	34	0	0	0	0	0	0	0	0	0	0	0	0	0	0
苏州科技大学天平学院	35	0	0	0	0	0	0	0	0	0	0	0	0	0	0
江苏大学京江学院	36	0	0	0	0	0	0	0	0	0	0	0	0	0	0
扬州大学广陵学院	37	3	1	3	0	1	2	0	0	2	1	0	0	3	0
江苏师范大学科文学院	38	0	0	0	0	0	0	0	0	0	0	0	0	0	0
南京邮电大学通达学院	39	0	0	0	0	0	0	0	0	0	0	0	0	0	0
南京财经大学红山学院	40	3	3	3	0	0	1	2	0	3	0	0	0	3	0
江苏科技大学苏州理工学院	41	0	0	0	0	0	0	0	0	0	0	0	0	0	0
南通大学杏林学院	42	1	1	1	0	0	1	0	0	1	0	0	0	1	0
南京审计大学金审学院	43	1	1	1	0	0	1	0	0	0	1	0	0	0	0
宿迁学院	44	6	4	6	0	4	2	0	0	3	3	0	0	6	0
苏州高博软件技术职业学院	45	1	0	1	0	0	1	0	0	1	0	0	0	1	0
扬州中瑞酒店职业学院	46	3	2	3	0	0	2	1	0	0	3	0	0	2	0
西交利物浦大学	47	1	0	1	0	0	1	0	0	1	0	0	0	1	0

4.14 社会学人文、社会科学活动人员情况表

高校名称	编号	总计		按职称划分						按最后学历划分			按最后学位划分		其他人员
			女性	小计	教授	副教授	讲师	助教	初级	研究生	本科生	其他	博士	硕士	
		L01	L02	L03	L04	L05	L06	L07	L08	L09	L10	L11	L12	L13	L14
合计	/	42	26	42	5	5	22	6	4	28	14	0	10	20	0
民办明达职业技术学院	1	0	0	0	0	0	0	0	0	0	0	0	0	0	0
三江学院	2	0	0	0	0	0	0	0	0	0	0	0	0	0	0
九州职业技术学院	3	4	4	4	0	0	0	1	3	0	4	0	0	0	0
南通理工学院	4	0	0	0	0	0	0	0	0	0	0	0	0	0	0
硅湖职业技术学院	5	0	0	0	0	0	0	0	0	0	0	0	0	0	0
应天职业技术学院	6	1	1	1	0	0	1	0	0	1	0	0	0	1	0
苏州托普信息职业技术学院	7	1	1	1	0	0	0	1	0	1	0	0	0	1	0
东南大学成贤学院	8	0	0	0	0	0	0	0	0	0	0	0	0	0	0
苏州工业园区职业技术学院	9	0	0	0	0	0	0	0	0	0	0	0	0	0	0
炎黄职业技术学院	10	2	2	2	0	0	2	0	0	0	2	0	0	0	0
正德职业技术学院	11	0	0	0	0	0	0	0	0	0	0	0	0	0	0
钟山职业技术学院	12	2	2	2	0	0	0	2	0	2	0	0	0	2	0
无锡南洋职业技术学院	13	1	0	1	0	0	1	0	0	0	1	0	0	0	0
江南影视艺术职业学院	14	0	0	0	0	0	0	0	0	0	0	0	0	0	0
金肯职业技术学院	15	0	0	0	0	0	0	0	0	0	0	0	0	0	0
建东职业技术学院	16	0	0	0	0	0	0	0	0	0	0	0	0	0	0
江海职业技术学院	17	1	0	1	0	1	0	0	0	0	1	0	0	0	0
无锡太湖学院	18	2	1	2	1	0	1	0	0	1	1	0	1	1	0
中国矿业大学徐海学院	19	0	0	0	0	0	0	0	0	0	0	0	0	0	0
南京大学金陵学院	20	0	0	0	0	0	0	0	0	0	0	0	0	0	0
南京理工大学紫金学院	21	1	1	1	0	0	1	0	0	1	0	0	0	1	0
南京航空航天大学金城学院	22	1	1	1	0	0	1	0	0	1	0	0	0	1	0

续表

中国传媒大学南广学院	23	1	1	1	0	1	0	0	0	1	0	0	0	1	0
金山职业技术学院	24	0	0	0	0	0	0	0	0	0	0	0	0	0	0
南京理工大学泰州科技学院	25	0	0	0	0	0	0	0	0	0	0	0	0	0	0
南京师范大学泰州学院	26	0	0	0	0	0	0	0	0	0	0	0	0	0	0
南京工业大学浦江学院	27	1	0	1	0	0	0	0	1	0	1	0	0	0	0
昆山登云科技职业学院	28	0	0	0	0	0	0	0	0	0	0	0	0	0	0
南京视觉艺术职业学院	29	1	0	1	0	0	1	0	0	1	0	0	0	1	0
南京医科大学康达学院	30	0	0	0	0	0	0	0	0	0	0	0	0	0	0
南京中医药大学翰林学院	31	1	1	1	0	0	1	0	0	1	0	0	0	1	0
南京信息工程大学滨江学院	32	1	1	1	0	0	1	0	0	1	0	0	0	1	0
苏州大学文正学院	33	2	0	2	2	0	0	0	0	1	1	0	1	0	0
苏州大学应用技术学院	34	0	0	0	0	0	0	0	0	0	0	0	0	0	0
苏州科技大学天平学院	35	0	0	0	0	0	0	0	0	0	0	0	0	0	0
江苏大学京江学院	36	0	0	0	0	0	0	0	0	0	0	0	0	0	0
扬州大学广陵学院	37	1	1	1	1	0	0	0	0	1	0	0	1	0	0
江苏师范大学科文学院	38	2	1	2	0	0	1	1	0	1	1	0	0	1	0
南京邮电大学通达学院	39	0	0	0	0	0	0	0	0	0	0	0	0	0	0
南京财经大学红山学院	40	0	0	0	0	0	0	0	0	0	0	0	0	0	0
江苏科技大学苏州理工学院	41	0	0	0	0	0	0	0	0	0	0	0	0	0	0
南通大学杏林学院	42	1	1	1	0	0	1	0	0	1	0	0	0	1	0
南京审计大学金审学院	43	1	1	1	0	0	1	0	0	1	0	0	0	1	0
宿迁学院	44	6	2	6	0	0	6	0	0	5	1	0	0	6	0
苏州高博软件技术职业学院	45	0	0	0	0	0	0	0	0	0	0	0	0	0	0
扬州中瑞酒店职业学院	46	0	0	0	0	0	0	0	0	0	0	0	0	0	0
西交利物浦大学	47	8	4	8	1	3	3	1	0	7	1	0	7	0	0

4.15 民族学与文化学人文、社会科学活动人员情况表

高校名称		总计		按职称划分						按最后学历划分			按最后学位划分		其他人员
			女性	小计	教授	副教授	讲师	助教	初级	研究生	本科生	其他	博士	硕士	
	编号	L01	L02	L03	L04	L05	L06	L07	L08	L09	L10	L11	L12	L13	L14
合计	/	1	1	1	0	0	1	0	0	1	0	0	0	1	0
民办明达职业技术学院	1	0	0	0	0	0	0	0	0	0	0	0	0	0	0
三江学院	2	0	0	0	0	0	0	0	0	0	0	0	0	0	0
九州职业技术学院	3	0	0	0	0	0	0	0	0	0	0	0	0	0	0
南通理工学院	4	0	0	0	0	0	0	0	0	0	0	0	0	0	0
硅湖职业技术学院	5	0	0	0	0	0	0	0	0	0	0	0	0	0	0
应天职业技术学院	6	0	0	0	0	0	0	0	0	0	0	0	0	0	0
苏州托普信息职业技术学院	7	0	0	0	0	0	0	0	0	0	0	0	0	0	0
东南大学成贤学院	8	0	0	0	0	0	0	0	0	0	0	0	0	0	0
苏州工业园区职业技术学院	9	0	0	0	0	0	0	0	0	0	0	0	0	0	0
炎黄职业技术学院	10	0	0	0	0	0	0	0	0	0	0	0	0	0	0
正德职业技术学院	11	0	0	0	0	0	0	0	0	0	0	0	0	0	0
钟山职业技术学院	12	0	0	0	0	0	0	0	0	0	0	0	0	0	0
无锡南洋职业技术学院	13	0	0	0	0	0	0	0	0	0	0	0	0	0	0
江南影视艺术职业学院	14	0	0	0	0	0	0	0	0	0	0	0	0	0	0
金肯职业技术学院	15	0	0	0	0	0	0	0	0	0	0	0	0	0	0
建东职业技术学院	16	0	0	0	0	0	0	0	0	0	0	0	0	0	0
江海职业技术学院	17	0	0	0	0	0	0	0	0	0	0	0	0	0	0
无锡太湖学院	18	0	0	0	0	0	0	0	0	0	0	0	0	0	0
中国矿业大学徐海学院	19	0	0	0	0	0	0	0	0	0	0	0	0	0	0
南京大学金陵学院	20	1	1	1	0	0	1	0	0	1	0	0	0	1	0
南京理工大学紫金学院	21	0	0	0	0	0	0	0	0	0	0	0	0	0	0
南京航空航天大学金城学院	22	0	0	0	0	0	0	0	0	0	0	0	0	0	0

续表

中国传媒大学南广学院	23	0	0	0	0	0	0	0	0	0	0	0	0	0	0
金山职业技术学院	24	0	0	0	0	0	0	0	0	0	0	0	0	0	0
南京理工大学泰州科技学院	25	0	0	0	0	0	0	0	0	0	0	0	0	0	0
南京师范大学泰州学院	26	0	0	0	0	0	0	0	0	0	0	0	0	0	0
南京工业大学浦江学院	27	0	0	0	0	0	0	0	0	0	0	0	0	0	0
昆山登云科技职业学院	28	0	0	0	0	0	0	0	0	0	0	0	0	0	0
南京视觉艺术职业学院	29	0	0	0	0	0	0	0	0	0	0	0	0	0	0
南京医科大学康达学院	30	0	0	0	0	0	0	0	0	0	0	0	0	0	0
南京中医药大学翰林学院	31	0	0	0	0	0	0	0	0	0	0	0	0	0	0
南京信息工程大学滨江学院	32	0	0	0	0	0	0	0	0	0	0	0	0	0	0
苏州大学文正学院	33	0	0	0	0	0	0	0	0	0	0	0	0	0	0
苏州大学应用技术学院	34	0	0	0	0	0	0	0	0	0	0	0	0	0	0
苏州科技大学天平学院	35	0	0	0	0	0	0	0	0	0	0	0	0	0	0
江苏大学京江学院	36	0	0	0	0	0	0	0	0	0	0	0	0	0	0
扬州大学广陵学院	37	0	0	0	0	0	0	0	0	0	0	0	0	0	0
江苏师范大学科文学院	38	0	0	0	0	0	0	0	0	0	0	0	0	0	0
南京邮电大学通达学院	39	0	0	0	0	0	0	0	0	0	0	0	0	0	0
南京财经大学红山学院	40	0	0	0	0	0	0	0	0	0	0	0	0	0	0
江苏科技大学苏州理工学院	41	0	0	0	0	0	0	0	0	0	0	0	0	0	0
南通大学杏林学院	42	0	0	0	0	0	0	0	0	0	0	0	0	0	0
南京审计大学金审学院	43	0	0	0	0	0	0	0	0	0	0	0	0	0	0
宿迁学院	44	0	0	0	0	0	0	0	0	0	0	0	0	0	0
苏州高博软件技术职业学院	45	0	0	0	0	0	0	0	0	0	0	0	0	0	0
扬州中瑞酒店职业学院	46	0	0	0	0	0	0	0	0	0	0	0	0	0	0
西交利物浦大学	47	0	0	0	0	0	0	0	0	0	0	0	0	0	0

4.16 新闻学与传播学人文、社会科学活动人员情况表

高校名称		总计		按职称划分						按最后学历划分			按最后学位划分		其他
			女性	小计	教授	副教授	讲师	助教	初级	研究生	本科生	其他	博士	硕士	人员
	编号	L01	L02	L03	L04	L05	L06	L07	L08	L09	L10	L11	L12	L13	L14
合计	/	118	81	118	7	20	72	16	3	71	47	0	4	75	0
民办明达职业技术学院	1	0	0	0	0	0	0	0	0	0	0	0	0	0	0
三江学院	2	11	5	11	2	7	2	0	0	3	8	0	1	4	0
九州职业技术学院	3	1	1	1	0	0	0	0	1	1	0	0	0	1	0
南通理工学院	4	0	0	0	0	0	0	0	0	0	0	0	0	0	0
硅湖职业技术学院	5	0	0	0	0	0	0	0	0	0	0	0	0	0	0
应天职业技术学院	6	0	0	0	0	0	0	0	0	0	0	0	0	0	0
苏州托普信息职业技术学院	7	0	0	0	0	0	0	0	0	0	0	0	0	0	0
东南大学成贤学院	8	0	0	0	0	0	0	0	0	0	0	0	0	0	0
苏州工业园区职业技术学院	9	0	0	0	0	0	0	0	0	0	0	0	0	0	0
炎黄职业技术学院	10	0	0	0	0	0	0	0	0	0	0	0	0	0	0
正德职业技术学院	11	3	2	3	0	0	2	1	0	1	2	0	0	2	0
钟山职业技术学院	12	0	0	0	0	0	0	0	0	0	0	0	0	0	0
无锡南洋职业技术学院	13	0	0	0	0	0	0	0	0	0	0	0	0	0	0
江南影视艺术职业学院	14	21	11	21	3	3	5	10	0	9	12	0	0	9	0
金肯职业技术学院	15	0	0	0	0	0	0	0	0	0	0	0	0	0	0
建东职业技术学院	16	0	0	0	0	0	0	0	0	0	0	0	0	0	0
江海职业技术学院	17	1	1	1	0	0	0	1	0	0	1	0	0	0	0
无锡太湖学院	18	1	0	1	0	0	0	1	0	0	1	0	0	0	0
中国矿业大学徐海学院	19	0	0	0	0	0	0	0	0	0	0	0	0	0	0
南京大学金陵学院	20	26	20	26	0	2	23	0	1	19	7	0	0	19	0
南京理工大学紫金学院	21	0	0	0	0	0	0	0	0	0	0	0	0	0	0
南京航空航天大学金城学院	22	0	0	0	0	0	0	0	0	0	0	0	0	0	0

续表

中国传媒大学南广学院	23	33	28	33	1	8	23	1	0	26	7	0	1	28	0
金山职业技术学院	24	0	0	0	0	0	0	0	0	0	0	0	0	0	0
南京理工大学泰州科技学院	25	0	0	0	0	0	0	0	0	0	0	0	0	0	0
南京师范大学泰州学院	26	4	2	4	0	0	4	0	0	2	2	0	0	2	0
南京工业大学浦江学院	27	1	1	1	0	0	0	1	0	1	0	0	0	1	0
昆山登云科技职业学院	28	1	1	1	0	0	1	0	0	0	1	0	0	0	0
南京视觉艺术职业学院	29	3	1	3	0	0	2	0	1	2	1	0	1	1	0
南京医科大学康达学院	30	0	0	0	0	0	0	0	0	0	0	0	0	0	0
南京中医药大学翰林学院	31	0	0	0	0	0	0	0	0	0	0	0	0	0	0
南京信息工程大学滨江学院	32	0	0	0	0	0	0	0	0	0	0	0	0	0	0
苏州大学文正学院	33	3	1	3	1	0	1	1	0	1	2	0	0	2	0
苏州大学应用技术学院	34	0	0	0	0	0	0	0	0	0	0	0	0	0	0
苏州科技大学天平学院	35	0	0	0	0	0	0	0	0	0	0	0	0	0	0
江苏大学京江学院	36	0	0	0	0	0	0	0	0	0	0	0	0	0	0
扬州大学广陵学院	37	1	1	1	0	0	1	0	0	1	0	0	0	1	0
江苏师范大学科文学院	38	0	0	0	0	0	0	0	0	0	0	0	0	0	0
南京邮电大学通达学院	39	0	0	0	0	0	0	0	0	0	0	0	0	0	0
南京财经大学红山学院	40	0	0	0	0	0	0	0	0	0	0	0	0	0	0
江苏科技大学苏州理工学院	41	0	0	0	0	0	0	0	0	0	0	0	0	0	0
南通大学杏林学院	42	2	2	2	0	0	2	0	0	2	0	0	0	2	0
南京审计大学金审学院	43	0	0	0	0	0	0	0	0	0	0	0	0	0	0
宿迁学院	44	5	4	5	0	0	5	0	0	2	3	0	0	3	0
苏州高博软件技术职业学院	45	0	0	0	0	0	0	0	0	0	0	0	0	0	0
扬州中瑞酒店职业学院	46	0	0	0	0	0	0	0	0	0	0	0	0	0	0
西交利物浦大学	47	1	0	1	0	0	1	0	0	1	0	0	1	0	0

4.17 图书馆、情报与文献学人文、社会科学活动人员情况表

高校名称		总计		按职称划分						按最后学历划分			按最后学位划分		其他人员
			女性	小计	教授	副教授	讲师	助教	初级	研究生	本科生	其他	博士	硕士	
	编号	L01	L02	L03	L04	L05	L06	L07	L08	L09	L10	L11	L12	L13	L14
合计	/	135	94	135	4	6	83	22	20	27	106	2	3	33	0
民办明达职业技术学院	1	2	1	2	0	0	2	0	0	0	2	0	0	1	0
三江学院	2	9	7	9	0	2	7	0	0	1	7	1	0	2	0
九州职业技术学院	3	3	2	3	0	0	3	0	0	1	2	0	0	0	0
南通理工学院	4	9	6	9	1	0	8	0	0	0	9	0	0	1	0
硅湖职业技术学院	5	2	0	2	0	0	1	0	1	0	2	0	0	0	0
应天职业技术学院	6	0	0	0	0	0	0	0	0	0	0	0	0	0	0
苏州托普信息职业技术学院	7	1	1	1	0	0	1	0	0	0	1	0	0	0	0
东南大学成贤学院	8	0	0	0	0	0	0	0	0	0	0	0	0	0	0
苏州工业园区职业技术学院	9	4	3	4	1	0	2	1	0	0	4	0	0	1	0
炎黄职业技术学院	10	1	1	1	0	0	0	1	0	1	0	0	0	1	0
正德职业技术学院	11	1	1	1	0	0	1	0	0	0	1	0	0	0	0
钟山职业技术学院	12	1	0	1	0	0	1	0	0	0	1	0	0	1	0
无锡南洋职业技术学院	13	4	4	4	0	0	4	0	0	0	3	1	0	0	0
江南影视艺术职业学院	14	3	1	3	0	0	1	0	2	0	3	0	0	0	0
金肯职业技术学院	15	1	0	1	0	0	1	0	0	0	1	0	0	0	0
建东职业技术学院	16	4	4	4	0	0	4	0	0	0	4	0	0	0	0
江海职业技术学院	17	3	3	3	0	1	2	0	0	0	3	0	0	0	0
无锡太湖学院	18	1	1	1	0	0	1	0	0	0	1	0	0	0	0
中国矿业大学徐海学院	19	1	1	1	0	0	0	0	1	0	1	0	0	0	0
南京大学金陵学院	20	2	2	2	0	0	2	0	0	0	2	0	0	0	0
南京理工大学紫金学院	21	0	0	0	0	0	0	0	0	0	0	0	0	0	0
南京航空航天大学金城学院	22	13	13	13	0	0	5	8	0	2	11	0	0	2	0

续表

中国传媒大学南广学院	23	1	1	1	0	0	1	0	0	1	0	0	0	1	0
金山职业技术学院	24	1	1	1	0	0	0	1	0	0	1	0	0	0	0
南京理工大学泰州科技学院	25	6	3	6	0	0	6	0	0	0	6	0	0	0	0
南京师范大学泰州学院	26	6	5	6	0	0	6	0	0	0	6	0	0	2	0
南京工业大学浦江学院	27	2	1	2	0	0	0	1	1	1	1	0	0	1	0
昆山登云科技职业学院	28	3	1	3	0	0	3	0	0	0	3	0	0	1	0
南京视觉艺术职业学院	29	3	3	3	0	0	1	2	0	2	1	0	0	2	0
南京医科大学康达学院	30	14	10	14	0	0	0	0	14	2	12	0	0	2	0
南京中医药大学翰林学院	31	9	7	9	0	0	8	0	1	2	7	0	0	2	0
南京信息工程大学滨江学院	32	1	0	1	0	0	1	0	0	1	0	0	0	1	0
苏州大学文正学院	33	9	2	9	2	1	2	4	0	4	5	0	1	3	0
苏州大学应用技术学院	34	1	0	1	0	0	1	0	0	0	1	0	0	0	0
苏州科技大学天平学院	35	0	0	0	0	0	0	0	0	0	0	0	0	0	0
江苏大学京江学院	36	0	0	0	0	0	0	0	0	0	0	0	0	0	0
扬州大学广陵学院	37	2	2	2	0	1	1	0	0	2	0	0	1	1	0
江苏师范大学科文学院	38	1	1	1	0	0	1	0	0	1	0	0	0	1	0
南京邮电大学通达学院	39	3	3	3	0	0	1	2	0	2	1	0	0	2	0
南京财经大学红山学院	40	0	0	0	0	0	0	0	0	0	0	0	0	0	0
江苏科技大学苏州理工学院	41	1	1	1	0	0	0	1	0	1	0	0	0	1	0
南通大学杏林学院	42	0	0	0	0	0	0	0	0	0	0	0	0	0	0
南京审计大学金审学院	43	0	0	0	0	0	0	0	0	0	0	0	0	0	0
宿迁学院	44	3	0	3	0	1	2	0	0	1	2	0	0	3	0
苏州高博软件技术职业学院	45	2	1	2	0	0	2	0	0	0	2	0	0	0	0
扬州中瑞酒店职业学院	46	0	0	0	0	0	0	0	0	0	0	0	0	0	0
西交利物浦大学	47	2	1	2	0	0	1	1	0	2	0	0	1	1	0

4.18 教育学人文、社会科学活动人员情况表

高校名称		总计		按职称划分						按最后学历划分			按最后学位划分		其他人员
			女性	小计	教授	副教授	讲师	助教	初级	研究生	本科生	其他	博士	硕士	
	编号	L01	L02	L03	L04	L05	L06	L07	L08	L09	L10	L11	L12	L13	L14
合计	/	366	244	366	10	38	216	77	25	218	147	1	9	256	0
民办明达职业技术学院	1	2	1	2	0	1	1	0	0	2	0	0	0	0	0
三江学院	2	24	11	24	0	3	15	6	0	6	18	0	0	13	0
九州职业技术学院	3	9	7	9	0	1	6	2	0	1	8	0	0	5	0
南通理工学院	4	31	19	31	4	11	16	0	0	21	10	0	6	19	0
硅湖职业技术学院	5	14	6	14	0	2	4	8	0	2	12	0	0	3	0
应天职业技术学院	6	1	1	1	0	0	1	0	0	0	1	0	0	0	0
苏州托普信息职业技术学院	7	4	4	4	0	0	2	2	0	1	3	0	0	1	0
东南大学成贤学院	8	0	0	0	0	0	0	0	0	0	0	0	0	0	0
苏州工业园区职业技术学院	9	4	3	4	0	1	3	0	0	3	1	0	0	4	0
炎黄职业技术学院	10	4	0	4	1	0	2	0	1	0	4	0	0	1	0
正德职业技术学院	11	7	6	7	1	0	4	2	0	3	4	0	0	5	0
钟山职业技术学院	12	4	4	4	0	0	4	0	0	1	3	0	0	3	0
无锡南洋职业技术学院	13	3	3	3	0	1	0	2	0	1	2	0	0	2	0
江南影视艺术职业学院	14	20	15	20	1	1	1	16	1	13	7	0	0	13	0
金肯职业技术学院	15	2	1	2	0	0	2	0	0	2	0	0	0	1	0
建东职业技术学院	16	7	5	7	0	0	4	3	0	0	7	0	0	0	0
江海职业技术学院	17	4	2	4	0	3	1	0	0	1	2	1	0	2	0
无锡太湖学院	18	13	8	13	0	1	8	3	1	7	6	0	0	9	0
中国矿业大学徐海学院	19	2	2	2	0	0	2	0	0	1	1	0	0	2	0
南京大学金陵学院	20	8	8	8	0	0	6	0	2	7	1	0	0	7	0
南京理工大学紫金学院	21	0	0	0	0	0	0	0	0	0	0	0	0	0	0
南京航空航天大学金城学院	22	8	8	8	0	0	7	1	0	5	3	0	0	6	0

续表

中国传媒大学南广学院	23	3	3	3	0	0	2	1	0	2	1	0	0	3	0
金山职业技术学院	24	0	0	0	0	0	0	0	0	0	0	0	0	0	0
南京理工大学泰州科技学院	25	8	4	8	0	1	7	0	0	1	7	0	0	5	0
南京师范大学泰州学院	26	14	9	14	0	1	12	1	0	13	1	0	0	13	0
南京工业大学浦江学院	27	8	7	8	0	0	2	4	2	7	1	0	0	7	0
昆山登云科技职业学院	28	10	5	10	0	0	5	5	0	5	5	0	0	6	0
南京视觉艺术职业学院	29	7	4	7	0	0	5	2	0	4	3	0	0	5	0
南京医科大学康达学院	30	13	12	13	1	2	1	0	9	6	7	0	0	6	0
南京中医药大学翰林学院	31	11	4	11	0	0	3	2	6	6	5	0	0	6	0
南京信息工程大学滨江学院	32	15	10	15	0	0	13	2	0	15	0	0	0	15	0
苏州大学文正学院	33	4	2	4	1	1	2	0	0	3	1	0	0	4	0
苏州大学应用技术学院	34	3	1	3	1	0	2	0	0	1	2	0	1	2	0
苏州科技大学天平学院	35	1	1	1	0	0	1	0	0	0	1	0	0	1	0
江苏大学京江学院	36	1	1	1	0	0	1	0	0	1	0	0	0	1	0
扬州大学广陵学院	37	13	9	13	0	0	12	1	0	12	1	0	0	12	0
江苏师范大学科文学院	38	0	0	0	0	0	0	0	0	0	0	0	0	0	0
南京邮电大学通达学院	39	1	1	1	0	0	0	1	0	1	0	0	0	1	0
南京财经大学红山学院	40	3	2	3	0	0	2	1	0	2	1	0	0	2	0
江苏科技大学苏州理工学院	41	2	1	2	0	0	2	0	0	2	0	0	0	2	0
南通大学杏林学院	42	41	28	41	0	1	32	7	1	38	3	0	0	40	0
南京审计大学金审学院	43	10	8	10	0	3	5	2	0	8	2	0	0	9	0
宿迁学院	44	15	10	15	0	4	11	0	0	7	8	0	0	14	0
苏州高博软件技术职业学院	45	7	5	7	0	0	5	2	0	3	4	0	0	4	0
扬州中瑞酒店职业学院	46	0	0	0	0	0	0	0	0	0	0	0	0	0	0
西交利物浦大学	47	5	3	5	0	0	2	1	2	4	1	0	2	2	0

4.19 统计学人文、社会科学活动人员情况表

高校名称		总计		按职称划分						按最后学历划分			按最后学位划分		其他人员
			女性	小计	教授	副教授	讲师	助教	初级	研究生	本科生	其他	博士	硕士	
	编号	L01	L02	L03	L04	L05	L06	L07	L08	L09	L10	L11	L12	L13	L14
合计	/	10	5	10	1	1	5	3	0	8	2	0	0	8	0
民办明达职业技术学院	1	0	0	0	0	0	0	0	0	0	0	0	0	0	0
三江学院	2	0	0	0	0	0	0	0	0	0	0	0	0	0	0
九州职业技术学院	3	0	0	0	0	0	0	0	0	0	0	0	0	0	0
南通理工学院	4	0	0	0	0	0	0	0	0	0	0	0	0	0	0
硅湖职业技术学院	5	0	0	0	0	0	0	0	0	0	0	0	0	0	0
应天职业技术学院	6	0	0	0	0	0	0	0	0	0	0	0	0	0	0
苏州托普信息职业技术学院	7	0	0	0	0	0	0	0	0	0	0	0	0	0	0
东南大学成贤学院	8	0	0	0	0	0	0	0	0	0	0	0	0	0	0
苏州工业园区职业技术学院	9	0	0	0	0	0	0	0	0	0	0	0	0	0	0
炎黄职业技术学院	10	0	0	0	0	0	0	0	0	0	0	0	0	0	0
正德职业技术学院	11	0	0	0	0	0	0	0	0	0	0	0	0	0	0
钟山职业技术学院	12	0	0	0	0	0	0	0	0	0	0	0	0	0	0
无锡南洋职业技术学院	13	0	0	0	0	0	0	0	0	0	0	0	0	0	0
江南影视艺术职业学院	14	1	0	1	0	0	0	1	0	1	0	0	0	1	0
金肯职业技术学院	15	0	0	0	0	0	0	0	0	0	0	0	0	0	0
建东职业技术学院	16	0	0	0	0	0	0	0	0	0	0	0	0	0	0
江海职业技术学院	17	0	0	0	0	0	0	0	0	0	0	0	0	0	0
无锡太湖学院	18	0	0	0	0	0	0	0	0	0	0	0	0	0	0
中国矿业大学徐海学院	19	0	0	0	0	0	0	0	0	0	0	0	0	0	0
南京大学金陵学院	20	0	0	0	0	0	0	0	0	0	0	0	0	0	0
南京理工大学紫金学院	21	0	0	0	0	0	0	0	0	0	0	0	0	0	0
南京航空航天大学金城学院	22	0	0	0	0	0	0	0	0	0	0	0	0	0	0

续表

中国传媒大学南广学院	23	0	0	0	0	0	0	0	0	0	0	0	0	0	0
金山职业技术学院	24	0	0	0	0	0	0	0	0	0	0	0	0	0	0
南京理工大学泰州科技学院	25	0	0	0	0	0	0	0	0	0	0	0	0	0	0
南京师范大学泰州学院	26	1	0	1	0	1	0	0	0	1	0	0	0	1	0
南京工业大学浦江学院	27	0	0	0	0	0	0	0	0	0	0	0	0	0	0
昆山登云科技职业学院	28	0	0	0	0	0	0	0	0	0	0	0	0	0	0
南京视觉艺术职业学院	29	0	0	0	0	0	0	0	0	0	0	0	0	0	0
南京医科大学康达学院	30	1	1	1	0	0	1	0	0	1	0	0	0	1	0
南京中医药大学翰林学院	31	1	1	1	0	0	0	1	0	1	0	0	0	1	0
南京信息工程大学滨江学院	32	0	0	0	0	0	0	0	0	0	0	0	0	0	0
苏州大学文正学院	33	0	0	0	0	0	0	0	0	0	0	0	0	0	0
苏州大学应用技术学院	34	1	0	1	0	0	1	0	0	0	1	0	0	0	0
苏州科技大学天平学院	35	0	0	0	0	0	0	0	0	0	0	0	0	0	0
江苏大学京江学院	36	0	0	0	0	0	0	0	0	0	0	0	0	0	0
扬州大学广陵学院	37	0	0	0	0	0	0	0	0	0	0	0	0	0	0
江苏师范大学科文学院	38	0	0	0	0	0	0	0	0	0	0	0	0	0	0
南京邮电大学通达学院	39	0	0	0	0	0	0	0	0	0	0	0	0	0	0
南京财经大学红山学院	40	0	0	0	0	0	0	0	0	0	0	0	0	0	0
江苏科技大学苏州理工学院	41	0	0	0	0	0	0	0	0	0	0	0	0	0	0
南通大学杏林学院	42	2	2	2	0	0	2	0	0	2	0	0	0	2	0
南京审计大学金审学院	43	1	0	1	1	0	0	0	0	0	1	0	0	0	0
宿迁学院	44	1	0	1	0	0	1	0	0	1	0	0	0	1	0
苏州高博软件技术职业学院	45	0	0	0	0	0	0	0	0	0	0	0	0	0	0
扬州中瑞酒店职业学院	46	0	0	0	0	0	0	0	0	0	0	0	0	0	0
西交利物浦大学	47	1	1	1	0	0	0	1	0	1	0	0	0	1	0

4.20 心理学人文、社会科学活动人员情况表

高校名称		总计		按职称划分						按最后学历划分			按最后学位划分		其他
			女性	小计	教授	副教授	讲师	助教	初级	研究生	本科生	其他	博士	硕士	人员
	编号	L01	L02	L03	L04	L05	L06	L07	L08	L09	L10	L11	L12	L13	L14
合计	/	45	35	45	1	2	23	19	0	27	18	0	0	29	0
民办明达职业技术学院	1	1	0	1	0	0	1	0	0	1	0	0	0	0	0
三江学院	2	0	0	0	0	0	0	0	0	0	0	0	0	0	0
九州职业技术学院	3	1	1	1	0	0	1	0	0	0	1	0	0	0	0
南通理工学院	4	0	0	0	0	0	0	0	0	0	0	0	0	0	0
硅湖职业技术学院	5	5	4	5	1	0	2	2	0	3	2	0	0	3	0
应天职业技术学院	6	0	0	0	0	0	0	0	0	0	0	0	0	0	0
苏州托普信息职业技术学院	7	1	1	1	0	0	0	1	0	1	0	0	0	1	0
东南大学成贤学院	8	0	0	0	0	0	0	0	0	0	0	0	0	0	0
苏州工业园区职业技术学院	9	1	1	1	0	0	1	0	0	0	1	0	0	1	0
炎黄职业技术学院	10	0	0	0	0	0	0	0	0	0	0	0	0	0	0
正德职业技术学院	11	3	3	3	0	0	2	1	0	2	1	0	0	2	0
钟山职业技术学院	12	1	1	1	0	0	1	0	0	0	1	0	0	1	0
无锡南洋职业技术学院	13	2	1	2	0	0	1	1	0	1	1	0	0	1	0
江南影视艺术职业学院	14	3	3	3	0	0	0	3	0	2	1	0	0	2	0
金肯职业技术学院	15	4	4	4	0	0	3	1	0	3	1	0	0	4	0
建东职业技术学院	16	2	2	2	0	0	2	0	0	0	2	0	0	0	0
江海职业技术学院	17	1	1	1	0	0	1	0	0	0	1	0	0	0	0
无锡太湖学院	18	2	2	2	0	0	0	2	0	1	1	0	0	1	0
中国矿业大学徐海学院	19	0	0	0	0	0	0	0	0	0	0	0	0	0	0
南京大学金陵学院	20	0	0	0	0	0	0	0	0	0	0	0	0	0	0
南京理工大学紫金学院	21	0	0	0	0	0	0	0	0	0	0	0	0	0	0
南京航空航天大学金城学院	22	0	0	0	0	0	0	0	0	0	0	0	0	0	0

续表

中国传媒大学南广学院	23	1	0	1	0	0	1	0	0	0	1	0	0	0	0
金山职业技术学院	24	0	0	0	0	0	0	0	0	0	0	0	0	0	0
南京理工大学泰州科技学院	25	1	0	1	0	0	1	0	0	0	1	0	0	0	0
南京师范大学泰州学院	26	3	1	3	0	2	1	0	0	3	0	0	0	3	0
南京工业大学浦江学院	27	0	0	0	0	0	0	0	0	0	0	0	0	0	0
昆山登云科技职业学院	28	2	0	2	0	0	0	2	0	0	2	0	0	0	0
南京视觉艺术职业学院	29	0	0	0	0	0	0	0	0	0	0	0	0	0	0
南京医科大学康达学院	30	0	0	0	0	0	0	0	0	0	0	0	0	0	0
南京中医药大学翰林学院	31	0	0	0	0	0	0	0	0	0	0	0	0	0	0
南京信息工程大学滨江学院	32	2	2	2	0	0	1	1	0	2	0	0	0	2	0
苏州大学文正学院	33	1	0	1	0	0	0	1	0	1	0	0	0	1	0
苏州大学应用技术学院	34	1	1	1	0	0	0	1	0	1	0	0	0	1	0
苏州科技大学天平学院	35	0	0	0	0	0	0	0	0	0	0	0	0	0	0
江苏大学京江学院	36	0	0	0	0	0	0	0	0	0	0	0	0	0	0
扬州大学广陵学院	37	0	0	0	0	0	0	0	0	0	0	0	0	0	0
江苏师范大学科文学院	38	0	0	0	0	0	0	0	0	0	0	0	0	0	0
南京邮电大学通达学院	39	0	0	0	0	0	0	0	0	0	0	0	0	0	0
南京财经大学红山学院	40	2	2	2	0	0	1	1	0	2	0	0	0	2	0
江苏科技大学苏州理工学院	41	0	0	0	0	0	0	0	0	0	0	0	0	0	0
南通大学杏林学院	42	1	1	1	0	0	1	0	0	1	0	0	0	1	0
南京审计大学金审学院	43	1	1	1	0	0	0	1	0	1	0	0	0	1	0
宿迁学院	44	1	1	1	0	0	1	0	0	1	0	0	0	1	0
苏州高博软件技术职业学院	45	1	1	1	0	0	1	0	0	0	1	0	0	0	0
扬州中瑞酒店职业学院	46	1	1	1	0	0	0	1	0	1	0	0	0	1	0
西交利物浦大学	47	0	0	0	0	0	0	0	0	0	0	0	0	0	0

4.21 体育科学人文、社会科学活动人员情况表

高校名称		总计		按职称划分						按最后学历划分			按最后学位划分		其他人员
			女性	小计	教授	副教授	讲师	助教	初级	研究生	本科生	其他	博士	硕士	
	编号	L01	L02	L03	L04	L05	L06	L07	L08	L09	L10	L11	L12	L13	L14
合计	/	279	93	279	2	42	152	78	5	113	166	0	0	173	0
民办明达职业技术学院	1	2	1	2	0	0	2	0	0	0	2	0	0	0	0
三江学院	2	20	8	20	0	6	14	0	0	5	15	0	0	19	0
九州职业技术学院	3	5	2	5	0	1	3	1	0	2	3	0	0	4	0
南通理工学院	4	10	3	10	0	2	7	1	0	3	7	0	0	4	0
硅湖职业技术学院	5	5	1	5	0	1	4	0	0	0	5	0	0	0	0
应天职业技术学院	6	1	0	1	0	0	1	0	0	0	1	0	0	0	0
苏州托普信息职业技术学院	7	7	2	7	0	1	1	5	0	0	7	0	0	0	0
东南大学成贤学院	8	0	0	0	0	0	0	0	0	0	0	0	0	0	0
苏州工业园区职业技术学院	9	8	4	8	0	0	3	5	0	4	4	0	0	5	0
炎黄职业技术学院	10	7	1	7	0	0	2	1	4	2	5	0	0	2	0
正德职业技术学院	11	8	2	8	0	4	4	0	0	1	7	0	0	6	0
钟山职业技术学院	12	3	1	3	0	3	0	0	0	0	3	0	0	1	0
无锡南洋职业技术学院	13	6	3	6	0	1	4	1	0	2	4	0	0	3	0
江南影视艺术职业学院	14	6	2	6	0	0	1	5	0	0	6	0	0	0	0
金肯职业技术学院	15	1	0	1	0	0	0	1	0	1	0	0	0	1	0
建东职业技术学院	16	5	2	5	0	2	1	2	0	0	5	0	0	1	0
江海职业技术学院	17	6	1	6	0	1	4	1	0	0	6	0	0	2	0
无锡太湖学院	18	26	6	26	0	0	4	22	0	11	15	0	0	12	0
中国矿业大学徐海学院	19	8	2	8	0	0	8	0	0	4	4	0	0	4	0
南京大学金陵学院	20	7	3	7	0	0	7	0	0	7	0	0	0	7	0
南京理工大学紫金学院	21	0	0	0	0	0	0	0	0	0	0	0	0	0	0
南京航空航天大学金城学院	22	6	4	6	0	0	6	0	0	6	0	0	0	6	0

续表

中国传媒大学南广学院	23	8	4	8	0	2	5	1	0	1	7	0	0	7	0
金山职业技术学院	24	3	0	3	0	1	1	1	0	0	3	0	0	1	0
南京理工大学泰州科技学院	25	9	3	9	0	0	9	0	0	1	8	0	0	6	0
南京师范大学泰州学院	26	13	5	13	0	2	11	0	0	7	6	0	0	7	0
南京工业大学浦江学院	27	8	2	8	0	2	2	3	1	4	4	0	0	6	0
昆山登云科技职业学院	28	5	2	5	0	0	5	0	0	1	4	0	0	1	0
南京视觉艺术职业学院	29	6	1	6	0	0	4	2	0	3	3	0	0	3	0
南京医科大学康达学院	30	9	5	9	1	0	0	8	0	4	5	0	0	4	0
南京中医药大学翰林学院	31	2	2	2	0	0	1	1	0	2	0	0	0	2	0
南京信息工程大学滨江学院	32	1	0	1	0	0	1	0	0	0	1	0	0	1	0
苏州大学文正学院	33	2	0	2	0	0	2	0	0	0	2	0	0	2	0
苏州大学应用技术学院	34	1	0	1	0	0	1	0	0	1	0	0	0	1	0
苏州科技大学天平学院	35	7	3	7	0	1	6	0	0	6	1	0	0	7	0
江苏大学京江学院	36	4	1	4	0	0	0	4	0	4	0	0	0	4	0
扬州大学广陵学院	37	4	3	4	0	0	2	2	0	3	1	0	0	3	0
江苏师范大学科文学院	38	2	1	2	0	0	2	0	0	0	2	0	0	0	0
南京邮电大学通达学院	39	5	1	5	0	1	3	1	0	5	0	0	0	5	0
南京财经大学红山学院	40	2	1	2	0	0	1	1	0	2	0	0	0	2	0
江苏科技大学苏州理工学院	41	1	0	1	0	0	1	0	0	1	0	0	0	1	0
南通大学杏林学院	42	3	2	3	0	0	3	0	0	3	0	0	0	3	0
南京审计大学金审学院	43	2	0	2	0	0	2	0	0	1	1	0	0	1	0
宿迁学院	44	22	5	22	1	10	11	0	0	8	14	0	0	20	0
苏州高博软件技术职业学院	45	4	1	4	0	1	3	0	0	0	4	0	0	1	0
扬州中瑞酒店职业学院	46	2	0	2	0	0	0	2	0	2	0	0	0	2	0
西交利物浦大学	47	7	3	7	0	0	0	7	0	6	1	0	0	6	0

五、社科研究与发展经费

1. 全省高等学校人文、社会科学研究与发展经费情况表

经费名称	编号	单位:千元	经费名称	编号	单位:千元
上年结转经费	1	295 456.12	当年R&D经费支出合计	23	811 138.52
当年经费收入合计	2	857 124.2	转拨给外单位经费	24	8 930.22
政府资金投入	3	497 995.97	其中:对国内研究机构支出	25	1 043.51
科研活动经费	4	344 936.92	对国内高等学校支出	26	2 373.2
其中:教育部科研项目经费	5	25 791.8	对国内企业支出	27	1 209.32
教育部其他科研经费	6	43 370	对境外机构支出	28	21.77
其中:中央高校基本科研业务费	7	22 320	R&D经费内部支出合计	29	802 208.3
中央其他部门科研项目经费	8	150 771.9	其中:基础研究支出	30	285 590.7
省、市、自治区社科基金项目	9	25 859.4	应用研究支出	31	516 613.06
省教育厅科研项目经费	10	21 043.1	试验发展支出	32	4.54
省教育厅其他科研经费	11	14 165	其中:政府资金	33	396 331.6
其他各类地方政府经费	12	63 935.72	企业资金	34	332 312.87
科技活动人员工资	13	153 016.05	境外资金	35	19 423.3
科研基建费	14	43	其他	36	54 140.53
非政府资金投入	15	359 128.23	科研人员费	37	195 818.01
企事业单位委托项目经费	16	250 188	业务费	38	294 728.23
金融机构贷款	17	0	科研基建费	39	84.9
自筹经费	18	80 846.41	仪器设备费	40	59 281.25
境外资金	19	16 763.39	其中:单价在1万元以上的设备费	41	6 768.29
其中:港、澳、台地区合作项目经费	21	459.56	图书资料费	42	135 460.09
其他收入	20	1 257.8	间接费	43	54 848.76
科技活动人员工资	22	10 072.63	其中:管理费	44	26 912.6
			其他支出	45	61 987.06
			当年结余经费	46	341 441.8
			银行存款	47	337 549.31
			暂付款	48	3 892.49

2. 公办本科高等学校人文、社会科学研究与发展经费情况表

	编号	上年结转经费(千元)	当年经费收入合计(千元)	拨入(单位:千元) 政府资金投入	其中 科研活动经费	其中 教育部科研项目经费	其中 教育部其他科研经费	其中 中央高校基本科研业务费	其中 中央其他部门科研项目经费	省、市、自治区社科基金项目	省教育厅科研项目经费	省教育厅科其他科研经费	其他各类地方政府经费	科技活动人员工资	科研基建费	非政府资金投入	其中 企事业单位委托项目经费	其中 自筹经费	境外资金	其中 港、澳、台地区合作项目经费	其中 其他收入	科技活动人员工资
		L01	L02	L03	L04	L05	L06	L07	L08	L09	L10	L11	L12	L13	L14	L15	L16	L18	L19	L20	L21	L22
合计	/	258 701	767 181	445 742	327 747	24 734	43 320	22 320	149 812	24 800	15 096	13 807	56 179	117 995	0	321 439	235 274	67 152	16 445	345	1 009	1 560
南京大学	1	23 322	101 950	65 454	61 254	4 820	22 500	5 500	27 124	2 047	475	673	3 615	4 200	0	36 496	26 596	5 000	4 900	100	0	0
东南大学	2	11 678	34 317	30 353	26 210	1 674	3 753	3 753	7 812.7	6 426	802.4	0	5 742	4 142.6	0	3 964	3 888.8	0	75.27	0	0	0
江南大学	3	14 894	33 678	16 951	10 676	1 906	1 715	1 715	5 227	319.4	133	0	1 376	6 275	0	16 727	11 676	4 766	285	245	0	0
南京农业大学	4	9 056	41 657	34 495	30 317	894.4	6 726	6 726	13 498	521.6	787	1 500	6 390	4 178	0	7 162.3	6 436	690	36.3	0	0	0
中国矿业大学	5	1 523.2	17 727	10 667	6 841.5	1 191	765	765	4 012	359.6	255	0	258.9	3 825	0	7 060.7	6 995.7	65	0	0	0	0
河海大学	6	14 558	46 780	21 433	18 713	857.4	1 771	1 771	5 740.9	597.7	852	400	7 494	2 720	0	25 347	13 296	0	11 048	0	1 003	0
南京理工大学	7	6 763.2	16 625	10 155	8 176.7	438.4	0	0	5 522.5	256.8	48	0	1 911	1 978.2	0	6 469.9	5 157.9	1 312	0	0	0	0
南京航空航天大学	8	444.1	17 955	12 920	10 448	180	2 090	2 090	5 669.5	510.8	261	200	537	2 472	0	5 034.8	3 234.8	1 800	0	0	0	0
中国药科大学	9	1 536.8	9 051.3	4 018.9	2 918.9	40	0	0	1 724	417.5	78	0	659.4	1 100	0	5 032.4	5 004.4	28	0	0	0	0
南京森林警察学院	10	1 170.7	2 319.2	1 473.2	1 123.2	94	0	0	630	50	16	0	333.2	350	0	845.98	582.98	263	0	0	0	0
苏州大学	11	24 923	21 906	14 451	11 580	869	0	0	5 676.4	750	346	0	3 939	2 871	0	7 455.5	6 629.5	826	0	0	0	0
江苏科技大学	12	3 382.2	9 797.5	7 080	3 450	254	0	0	1 658.2	182.8	276	150	929	3 630	0	2 717.5	1 485	1 233	0	0	0	0
南京工业大学	13	3 087.6	8 657.9	5 976.9	4 142.9	86	0	0	1 033	375	226	0	2 423	1 834	0	2 681	258	2 423	0	0	0	0
常州大学	14	5 111.4	11 586	9 984.4	4 940.4	108	0	0	3 017	340	225	0	1 250	5 044	0	1 601.6	1 585.6	16	0	0	0	0
南京邮电大学	15	2 709.2	13 202	7 009.6	4 282.6	734	0	0	2 087.5	383.3	639	0	438.8	2 727	0	6 192.8	4 047.8	2 145	0	0	0	0
南京林业大学	16	2 988.3	3 218.7	2 913.7	1 368.7	213.7	0	0	470	345	314	0	26	1 545	0	305	200	105	0	0	0	0
江苏大学	17	111	19 978	8 857.5		702	0	0	3 359	374	476	0	1 227	2 720	0	11 120	10 715	405	0	0	0	0
南京信息工程大学	18	8 230.6	14 653	11 832	7 632.3	282	0	0	6 452.5	340	398.6	0	159.2	4 200	0	2 820.5	2 820.5	0	0	0	0	0
南通大学	19	5 411.2	16 170	9 870.5	5 883	880	0	0	3 533	518	446	0	506	3 987.5	0	6 299	5 969	330	0	0	0	0
盐城工学院	20	496.28	3 968.4	2 977.3	1 387.3	60	0	0	528	170.8	302.5	0	326	1 590	0	991.1	947.8	43.3	0	0	0	0
南京医科大学	21	1 162	2 553	2 272	1 722	40	0	0	0	50	61	0	1571	550	0	281	0	281	0	0	0	0
徐州医科大学	22	236.5	401.4	401.4	141	50	0	0	0	20	66	0	5	260.4	0	0	0	0	0	0	0	0

续表

	编号	上年结转经费（千元）	当年经费收入合计（千元）	拨入（单位：千元）政府资金投入	其中：科研活动经费	其中：教育部科研项目经费	其中：教育部其他科研经费	其中：中央高校基本科研业务费	其中：中央其他部门科研项目经费	其中：省、市、自治区社科基金项目	其中：省教育厅科研项目经费	其中：省教育厅科其他科研经费	其中：其他各类地方政府经费	其中：科技活动人员工资	其中：科研基建费	非政府资金投入	其中：企事业单位委托项目经费	其中：自筹经费	境外资金	其中：港、澳、台地区合作项目经费	其中：其他收入	其中：科技活动人员工资
		L01	L02	L03	L04	L05	L06	L07	L08	L09	L10	L11	L12	L13	L14	L15	L16	L18	L19	L20	L21	L22
南京中医药大学	23	3 035.7	4 723.8	4 554.3	1 386.3	219	0	0	302	264.8	443.5	0	157	3 168	0	169.5	117	52.5	0	0	0	0
南京师范大学	24	10 861	47 302	19 298	12 034	1 990	0	0	7 835	1 490	593	0	126	7 264	0	28 004	27 940	64	0	0	0	0
江苏师范大学	25	12 278	29 496	14 975	8 495.4	1 160	0	0	5 266	537	916	0	616.4	6 480	0	14 520	3 870.3	10 650	0	0	0	0
淮阴师范学院	26	2 455.7	6 105	3 137	3 137	437	0	0	1 120	577	375	0	628	0	0	2 968	2 968	0	0	0	0	0
盐城师范学院	27	3 457.8	29 959	7 549	2 902	250	0	0	1 192	826	338	0	296	4 647	0	22 410	22 282	128	0	0	0	0
南京财经大学	28	10 135	27 924	10 831	8 931	243	0	0	7 368	943	377	0	0	1 900	0	17 093	11 390	5 703	0	0	0	0
江苏警官学院	29	3 668.3	3 457.8	2 409	1 386.3	0	0	0	310	80	165	800	31.3	1 022.7	0	1 048.8	0	1043	0	0	6	0
南京体育学院	30	1 388.5	995	869	415	0	0	0	190	15	70	0	140	454	0	126	0	126	0	0	0	0
南京艺术学院	31	8 700	22 884	18 603	16 851	118	4 000	0	2 427	244.4	300	6 600	3 162	1 752	0	4 281	358	3 923	0	0	0	0
苏州科技大学	32	521	10 800	6 216	4 312	240	0	0	2 202	360	320	0	1 190	1 904	0	4 584.3	4 495.3	89	0	0	0	0
常熟理工学院	33	3 600.6	6 470.2	3 614.7	2 033.7	254	0	0	920	142.7	264	0	453	1 581	0	2 855.5	2 371	484.5	0	0	0	0
淮阴工学院	34	4 141.2	25 900	5 804.6	3 661	70	0	0	400	380	396	0	2 415	2 143.6	0	20 095	15 220	4 876	0	0	0	0
常州工学院	35	1 321.5	4 918.7	3 125	1 097	276	0	0	24	190	163	0	444	2 028	0	1 793.7	1 027.7	666	100	0	0	0
扬州大学	36	12 391	20 870	12 251	8 617.7	993	0	0	6 854.7	285	290	0	195	3 633.3	0	8 618.9	5 066.4	3 553	0	0	0	0
南京工程学院	37	1 984.1	3 072.5	1 139.1	711.6	100	0	0	210	120	281.6	0	0	427.5	0	1 933.4	1422.4	511	0	0	0	0
南京审计大学	38	16 083	19 162	11 559	7 809.4	305	0	0	3 181	574	395	3 334	20.4	3 750	0	7 602.4	1 525.4	6 077	0	0	0	0
南京晓庄学院	39	369.6	3 784.6	2 031.6	2 012.6	78	0	0	760	580.6	554	0	40	19	0	1 753	193	0	0	0	0	1 560
江苏理工学院	40	8 476.8	25 125	9 478.8	3 834.8	942	0	0	789	544.8	353	0	1 206	5 644	0	15 646	12 923	2 723	0	0	0	0
淮海工学院	41	652.25	3 949.4	2 325.8	1 308.8	38	0	0	190	357.8	201	0	522	1 017	0	1 623.6	712.6	911	0	0	0	0
徐州工程学院	42	766.96	6 927.1	4 702.6	1 902.6	15.6	0	0	50	380	200	0	1 257	2 800	0	2 224.5	453.1	1 771	0	0	0	0
南京特殊教育师范学院	43	301.1	1 935	1 125	625	105	0	0	75	80	215	150	0	500	0	810	210	600	0	0	0	0
泰州学院	44	743.6	1 814	1 671.4	624.4	0	0	0	329.4	110	80	0	105	1 047	0	142.6	93.6	49	0	0	0	0
金陵科技学院	45	3 991.4	6 822.4	4 028.5	3 083.5	301.8	0	0	500	120.8	102	0	2 059	945	0	2 793.9	2 707.9	86	0	0	0	0
江苏第二师范学院	46	4 581.6	4 631.6	2 896.2	1228.2	224	0	0	542	242.2	220	0	0	1 668	0	1 735.4	399.57	1 336	0	0	0	0

续表

学校名称	经费名称	当年R&D经费支出合计（千元）	支出（单位：千元）												
			转拨给外单位经费	其中				R&D经费内部支出合计	其中			其中			
				对国内研究机构支出	对国内高等学校支出	对国内企业支出	对境外机构支出		基础研究支出	应用研究支出	试验发展支出	政府资金	企业资金	境外资金	其他
	编号	L23	L24	L25	L26	L27	L28	L29	L30	L31	L32	L33	L34	L35	L36
合计	/	723 166.1	8 701	1 034	2 360	1 005	21.8	714 465.09	261 252.03	453 213.06	0	350 696.8	308 666.39	18 761.43	36 340.47
南京大学	1	10 5931.7	200	0	200	0	0	105 731.71	42 218.6	63 513.11	0	38 631.25	63 957.2	3 143.26	0
东南大学	2	25 713.06	0	0	0	0	0	25 713.06	15 366.56	10 346.5	0	21 909.94	3 676.06	83.53	43.53
江南大学	3	31 826.85	56	0	56	0	0	31 770.85	3 756.67	28 014.18	0	12 549.33	15 792.96	392.9	3 035.66
南京农业大学	4	42 680.86	3 151	54.1	85.5	34.5	21.8	39 529.66	3 605.65	35 924.01	0	29 616.15	9 038.09	116.51	758.91
中国矿业大学	5	16 605.55	0	0	0	0	0	16 605.55	5 944	10 661.55	0	7 049.61	9 555.94	0	0
河海大学	6	54 983.36	2 125	855	780	490	0	52 858.36	13 108.82	39 749.54	0	21 232.32	15 269.15	14 645.05	1 711.84
南京理工大学	7	18 318.41	0	0	0	0	0	18 318.41	11 965.6	6 352.81	0	10 174.42	6 545.24	0	1 598.75
南京航空航天大学	8	16 813.21	0	0	0	0	0	16 813.21	5 174.23	11 638.98	0	10 094.99	4 217.01	0	2 501.21
中国药科大学	9	8 363.02	0	0	0	0	0	8 363.02	2 185.7	6 177.32	0	3 334.28	4 996.5	0	32.24
南京森林警察学院	10	1 089.6	0	0	0	0	0	1 089.6	424.94	664.66	0	598.25	103.89	0	387.46
苏州大学	11	24 561.28	149	0	50	98.8	0	24 412.48	9 355.07	15 057.41	0	13 392.52	10 119.87	0	900.09
江苏科技大学	12	9 485.01	275	43	92	140	0	9 209.81	3 962.09	5 247.72	0	6 621.27	2 438.73	0	149.81
南京工业大学	13	7 374.57	907	64.5	615	228	0	6 467.79	4 152.42	2 315.37	0	5 234.24	570.84	0	662.71
常州大学	14	11 389.22	0	0	0	0	0	11 389.22	1 292.48	10 096.74	0	9 387.54	1 969.05	0	32.63
南京邮电大学	15	11 201.14	0	0	0	0	0	11 201.14	949.7	10 251.44	0	4 329.36	6 066.25	0	805.53
南京林业大学	16	3 611.16	0	0	0	0	0	3 611.16	2 282.34	1 328.82	0	3 187.84	49.11	0	374.21
江苏大学	17	19 948.5	0	0	0	0	0	19 948.5	3 171.43	16 777.07	0	7 076.37	12 371.93	0	500.2
南京信息工程大学	18	13 281.91	390	0	390	0	0	12 891.91	1 626.08	11 265.83	0	10 131.52	2 760.39	0	0
南通大学	19	18 168.2	0	0	0	0	0	18 168.2	6 408.98	11 759.22	0	8 396.12	9 356.26	0	415.82
盐城工学院	20	3 910.8	0	0	0	0	0	3 910.8	109.87	3 800.93	0	2 408.96	1 411.43	0	90.41
南京医科大学	21	2 599	0	0	0	0	0	2 599	811	1 788	0	1 912	0	0	687
徐州医科大学	22	377.6	0	0	0	0	0	377.6	253.97	123.63	0	374.24	3.36	0	0

续表

学校名称	经费名称	当年R&D经费支出合计(千元)	支出(单位:千元)												
			转拨给外单位经费	其中				R&D经费内部支出合计	其中			其中			
				对国内研究机构支出	对国内高等学校支出	对国内企业支出	对境外机构支出		基础研究支出	应用研究支出	试验发展支出	政府资金	企业资金	境外资金	其他
	编号	L23	L24	L25	L26	L27	L28	L29	L30	L31	L32	L33	L34	L35	L36
南京中医药大学	23	4 503. 26	0	0	0	0	0	4 503. 26	3 268. 25	1 235. 01	0	4 057. 72	220. 74	0	224. 8
南京师范大学	24	31 897. 5	279	0	0	0	0	31 618. 5	12 049. 81	19 568. 69	0	12 602. 68	18 749. 11	0	266. 71
江苏师范大学	25	28 560. 36	0	0	0	0	0	28 560. 36	19 162. 13	9 398. 23	0	10 995. 75	5 009. 84	0	12554. 77
淮阴师范学院	26	4 357. 58	0	0	0	0	0	4 357. 58	2 239. 18	2 118. 4	0	2 413. 8	1 943. 78	0	0
盐城师范学院	27	20 448. 92	0	0	0	0	0	20 448. 92	17 905. 04	2 543. 88	0	3 346. 01	16 871. 74	0	231. 17
南京财经大学	28	22 815. 67	0	0	0	0	0	22 815. 67	2 006. 28	2 0809. 39	0	12 211. 27	10 592. 98	0	11. 42
江苏警官学院	29	3 031. 47	0	0	0	0	0	3 031. 47	2 462. 66	568. 81	0	2 346. 34	117. 1	0	568. 03
南京体育学院	30	1 428. 85	0	0	0	0	0	1 428. 85	985. 51	443. 34	0	1 315. 99	0	0	112. 86
南京艺术学院	31	23 837. 69	0	0	0	0	0	23 837. 69	18 345. 67	5 492. 02	0	20 810. 53	2 875. 77	0	151. 39
苏州科技大学	32	10 786. 34	0	0	0	0	0	10 786. 34	2 542. 87	8 243. 47	0	5 219. 31	5 458. 95	0	108. 08
常熟理工学院	33	5 876. 8	0	0	0	0	0	5 876. 8	2 445. 9	3 430. 9	0	2 535. 8	3 316. 33	0	24. 67
淮阴工学院	34	23 651. 67	570	0	0	0	0	23 081. 67	4 429. 31	18 652. 36	0	2 437. 52	20 423. 12	0	221. 03
常州工学院	35	4 363. 53	0	0	0	0	0	4 363. 53	516	3 847. 53	0	2 692. 33	882. 49	81. 45	707. 26
扬州大学	36	18 000. 31	0	0	0	0	0	18 000. 31	10 968. 03	7 032. 28	0	11 208. 38	6 442. 99	0	348. 94
南京工程学院	37	3 010. 33	156	0	0	0	0	2 853. 89	1 190. 13	1 663. 76	0	746. 46	1 509. 64	0	597. 79
南京审计大学	38	17 331. 12	0	0	0	0	0	17 331. 12	8 880. 69	8 450. 43	0	9 896. 79	7 106. 97	298. 73	28. 63
南京晓庄学院	39	2 404. 2	398	17	57	14	0	2 006. 6	1 983. 6	23	0	1 726. 6	257	0	23
江苏理工学院	40	25 385. 02	0	0	0	0	0	25 385. 02	3 393. 31	21 991. 71	0	4 591	20 506. 46	0	287. 56
淮海工学院	41	3 407. 15	0	0	0	0	0	3 407. 15	676. 68	2 730. 47	0	1 521. 29	692. 01	0	1 193. 85
徐州工程学院	42	6 893. 07	0	0	0	0	0	6 893. 07	1 849. 95	5 043. 12	0	3 429. 66	1 053. 66	0	2 409. 75
南京特殊教育师范学院	43	1 875. 5	45	0	35	0	0	1 830. 5	119. 32	1 711. 18	0	1 537. 09	293. 41	0	0
泰州学院	44	1 646. 8	0	0	0	0	0	1 646. 8	1 146. 8	500	0	314. 4	50	0	1 282. 4
金陵科技学院	45	6 269. 42	0	0	0	0	0	6 269. 42	1 453. 76	4 815. 66	0	3 024. 63	3 108. 2	0	136. 59
江苏第二师范学院	46	3 149. 53	0	0	0	0	0	3 149. 53	3 104. 95	44. 58	0	2 072. 93	914. 84	0	161. 76

续表

学校名称	经费名称	当年R&D经费支出合计（千元）	支出（单位：千元）其中：科研人员费	业务费	科研基建费	仪器设备费	图书资料费	间接费	其他支出	当年结余经费（千元）
	编号	L23	L37	L38	L39	L40	L41	L42	L43	L44
合计	/	723 166.1	150 102.7	272 455.9	0	55 914.15	125 477.7	52 468.39	58 046.29	302 715.5
南京大学	1	105 931.7	13 400	34 501.84	0	8 435.2	32 790.38	11 253	5 351.29	19 340.34
东南大学	2	25 713.06	6 142.64	9 940.49	0	193.25	4 951.95	2 466.58	2 018.15	20 281.2
江南大学	3	31 826.85	8 725	12 733.84	0	3 619.25	3 685.45	2 281.31	726	16 745.82
南京农业大学	4	42 680.86	5 678	8 769.6	0	8 685.9	10 594.3	1 330.95	4 470.91	8 032
中国矿业大学	5	16 605.55	4 325	3 701.27	0	672	855.99	3 488.29	3 563	2 644.84
河海大学	6	54 983.36	2 721	28 376.15	0	4 249.72	6 280.57	5 687.14	5 543.78	6 355.4
南京理工大学	7	18 318.41	3 978.2	2 507.6	0	822	3 204.01	778.52	7 028.08	5 069.5
南京航空航天大学	8	16 813.21	3 472	4 459.6	0	927	2 563.3	3 065.35	2 325.96	1 585.99
中国药科大学	9	8 363.02	1 100	4 030.36	0	0	2 585.16	329.21	318.29	2 225.06
南京森林警察学院	10	1 089.6	350	587.34	0	1	146.36	4.9	0	2 400.27
苏州大学	11	24 561.28	2 931.7	3 996.45	0	2 838.23	9 289.54	2 198.76	3 157.8	22 268.1
江苏科技大学	12	9 485.01	4 190	3 335.15	0	153.8	461.3	346.91	722.65	3 694.69
南京工业大学	13	7 374.57	2 334	988.57	0	632.22	800.77	698.71	1 013.52	4 370.89
常州大学	14	11 389.22	5 744	1 996.68	0	60.25	1 395.59	145	2 047.7	5 308.15
南京邮电大学	15	11 201.14	3 727	5 494.83	0	247.12	312.77	1 407.52	11.9	4 710.49
南京林业大学	16	3 611.16	1 545	1 111.05	0	322.3	252.06	57.38	323.37	2 595.84
江苏大学	17	19 948.5	2 720	6 885.6	0	0	7 098.6	1 291.82	1 952.48	140
南京信息工程大学	18	13 281.91	4 300	7 138.64	0	144.95	116.43	1 177.18	14.71	9 601.49
南通大学	19	18 168.2	4 005.8	3 947.7	0	3 480.84	3 654.86	267.34	2 811.66	3 412.48
盐城工学院	20	3 910.8	1 800	1 248	0	399	463.6	0.2	0	553.88
南京医科大学	21	2 599	560	310	0	0	1 614	0	115	1 116
徐州医科大学	22	377.6	265.2	70.4	0	0	42	0	0	260.3

续表

学校名称	经费名称	当年R&D经费支出合计（千元）	支出（单位：千元）							当年结余经费（千元）
			其中							
			科研人员费	业务费	科研基建费	仪器设备费	图书资料费	间接费	其他支出	
	编号	L23	L37	L38	L39	L40	L41	L42	L43	L44
南京中医药大学	23	4 503.26	3 218	886.38	0	12.1	96.15	33.94	256.69	3 256.26
南京师范大学	24	31 897.5	8 264	18 948.4	0	1 169	2 120.1	1 013	104	26 265.27
江苏师范大学	25	28 560.36	6 496.25	13 643.05	0	4 527.97	3 480.2	334.17	78.72	13 213.69
淮阴师范学院	26	4 357.58	0	2 851.6	0	94.77	672.6	77	661.61	4 203.1
盐城师范学院	27	20 448.92	4 712	7 550.52	0	417.9	6 943.5	151.8	673.2	12 968.12
南京财经大学	28	22 815.67	2 840	10 287.88	0	402.4	3 277.65	5 985.09	22.65	15 244.05
江苏警官学院	29	3 031.47	1 022.7	890.27	0	550.97	408.87	34.75	123.91	4 094.59
南京体育学院	30	1 428.85	1 154	60.27	0	61.27	113.64	0	39.67	954.6
南京艺术学院	31	23 837.69	1 927.2	15 362.45	0	5 187.43	1 274.95	75.26	10.4	7 746.71
苏州科技大学	32	10 786.34	1 904	3 681.1	0	0	3 381.54	1 027.7	792	535
常熟理工学院	33	5 876.8	2 065.5	3 281	0	118.75	244.17	167.38	0	4 194.03
淮阴工学院	34	23 651.67	3 143.61	19 432.31	0	0	440	65.75	0	6 389.47
常州工学院	35	4 363.53	2 028	950.9	0	258.7	625.05	96.49	404.39	1 876.71
扬州大学	36	18 000.31	3 706.12	2 599.56	0	1 854.81	1 705.52	3 409.36	4 724.94	15 260.26
南京工程学院	37	3 010.33	450	1 169.5	0	314.71	401.77	337.16	180.75	2 046.28
南京审计大学	38	17 331.12	5 750	4 307.44	0	3 253.62	2 346.07	113.2	1 560.79	17 913.48
南京晓庄学院	39	2 404.2	1 580	37	0	12	124.6	240	13	1 750
江苏理工学院	40	25 385.02	7 644	11 540.55	0	1 130.66	2 410.07	334.74	2 325	8 216.32
淮海工学院	41	3 407.15	1017	1 975.7	0	0	102	89.05	223.4	1 194.5
徐州工程学院	42	6 893.07	2 800.8	2 710.44	0	369.32	469.46	86.23	456.82	800.99
南京特殊教育师范学院	43	1 875.5	600	735	0	144.5	249.8	82.4	18.8	360.6
泰州学院	44	1 646.8	1 152	225.35	0	16.6	48.95	27.8	176.1	910.8
金陵科技学院	45	6 269.42	945	1 943.3	0	65	1 266.66	366.26	1 683.2	4 544.29
江苏第二师范学院	46	3 149.53	1 668	1 254.76	0	67.64	115.34	43.79	0	6 063.69

3. 公办专科高等学校人文、社会科学研究与发展经费情况表

	编号	上年结转经费（千元）	当年经费收入合计（千元）	拨入（单位：千元）政府资金投入	其中：科研活动经费	其中：教育部科研项目经费	其中：教育部其他科研经费	其中：中央高校基本科研业务费	其中：中央其他部门科研项目经费	其中：省、市、自治区社科基金项目	其中：省教育厅科研项目经费	其中：省教育厅科其他科研经费	其中：其他各类地方政府经费	其中：科技活动人员工资	其中：科研基建费	非政府资金投入	其中：企事业单位委托项目经费	其中：自筹经费	境外资金	其中：港、澳、台地区合作项目经费	其中：其他收入	其中：科技活动人员工资
		L01	L02	L03	L04	L05	L06	L07	L08	L09	L10	L11	L12	L13	L14	L15	L16	L18	L19	L20	L21	L22
合计	/	30 168.1	71 315.6	47 356.6	13 157.3	903	50	0	497	894.4	4 705	257	5 851	34 199.25	0	23 959.06	14 089.97	9 671.09	0	0	198	0
盐城幼儿师范高等专科学校	1	5 166	223	223	175	0	0	0	0	0	0	0	175	48	0	0	0	0	0	0	0	0
苏州幼儿师范高等专科学校	2	0	0	0	0	0	0	0	0	0	0	0	0	0	0	0	0	0	0	0	0	0
无锡职业技术学院	3	763.74	962	783	491	110	0	0	220	50	90	0	21	292	0	179	0	179	0	0	0	0
江苏建筑职业技术学院	4	342.75	1 982.4	1 241.6	147	50	0	0	0	9	88	0	0	1 094.6	0	740.8	155.8	585	0	0	0	0
南京工业职业技术学院	5	1 147.8	5 937	1 995.8	295.8	0	0	0	92	54.8	68	0	81	1 700	0	3 941.2	3610.7	330.5	0	0	0	0
江苏工程职业技术学院	6	233	908	806	246	0	0	0	0	0	61	61	124	560	0	102	0	102	0	0	0	0
苏州工艺美术职业技术学院	7	330.7	1 343.5	1 193.5	325	80	0	0	0	0	0	0	245	868.5	0	150	0	150	0	0	0	0
连云港职业技术学院	8	23	385	327	93	2	0	0	0	8	8	0	75	234	0	58	51	7	0	0	0	0
镇江市高等专科学校	9	83	1 196.5	990.5	290.5	0	0	0	0	51	92	0	147.5	700	0	206	52	154	0	0	0	0
南通职业大学	10	18	976	750	160	0	0	0	0	0	34	0	126	590	0	226	210	16	0	0	0	0
苏州市职业大学	11	389.21	2 165.19	1 774	504	39	0	0	0	32	58	0	375	1 270	0	391.19	290.7	100.49	0	0	0	0
沙洲职业工学院	12	146.5	405	255	95	0	0	0	0	0	0	0	95	160	0	150	80	70	0	0	0	0
扬州市职业大学	13	97.08	2 310.8	1 995	305	0	0	0	0	114	14	0	177	1 690	0	315.8	192.8	123	0	0	0	0
连云港师范高等专科学校	14	176.1	1 069.2	899.2	201.2	50	50	0	0	15.6	20	20	45.6	698	0	170	0	170	0	0	0	0
江苏经贸职业技术学院	15	1 351.2	1 986.3	653	127	0	0	0	0	0	127	0	0	526	0	1 333.3	1 255.8	77.5	0	0	0	0
泰州职业技术学院	16	802.06	599.5	363.5	76	0	0	0	0	0	16	0	60	287.5	0	236	200	36	0	0	0	0
常州信息职业技术学院	17	325	1 030	830	210	30	0	0	0	5	113	0	62	620	0	200	0	200	0	0	0	0
江苏海事职业技术学院	18	1 365.42	848	581.8	197.8	0	0	0	0	0	142	0	55.8	384	0	266.2	51.2	215	0	0	0	0
无锡科技职业学院	19	103	1 066.5	646	109	20	0	0	0	0	78	0	11	537	0	420.5	106	314.5	0	0	0	0

续表

	编号	上年结转经费(千元)	当年经费收入合计(千元)	拨入(单位:千元) 政府资金投入	科研活动经费	教育部科研项目经费	教育部其他科研经费	中央高校基本科研业务费	中央其他部门科研项目经费	省、市、自治区社科基金项目	省教育厅科研项目经费	省教育厅科其他科研经费	其他各类地方政府经费	科技活动人员工资	科研基建费	非政府资金投入	企事业单位委托项目经费	自筹经费	境外资金	港、澳、台地区合作项目经费	其他收入	科技活动人员工资
		L01	L02	L03	L04	L05	L06	L07	L08	L09	L10	L11	L12	L13	L14	L15	L16	L18	L19	L20	L21	L22
盐城卫生职业技术学院	20	392.25	1 908.2	1 295.2	341	0	0	0	0	20	48	0	273	954.2	0	613	20	593	0	0	0	0
南通科技职业学院	21	84.6	1 341	844	157	0	0	0	0	0	104	0	53	687	0	497	144	353	0	0	0	0
苏州经贸职业技术学院	22	300.9	3 514.5	2 856.2	1737.2	210	0	0	0	0	118	0	1 409	1 119	0	658.3	386.1	272.2	0	0	0	0
苏州工业职业技术学院	23	908.48	2 048.1	1 125.1	678	0	0	0	0	115	18	0	545	447.1	0	923	923	0	0	0	0	0
苏州卫生职业技术学院	24	159.25	329	256	98	0	0	0	0	0	70	0	28	158	0	73	0	73	0	0	0	0
无锡商业职业技术学院	25	559.5	772	651	141	0	0	0	0	0	138	0	3	510	0	121	71	50	0	0	0	0
南通航运职业技术学院	26	452.85	860	782	228	0	0	0	0	16	118	0	94	554	0	78	26	52	0	0	0	0
南京交通职业技术学院	27	716.23	2 173	713	293	56	0	0	0	0	148	0	89	420	0	1 460	810	650	0	0	0	0
淮安信息职业技术学院	28	1 240.71	1 282.6	943.6	274	0	0	0	0	0	200	0	74	669.6	0	339	211	128	0	0	0	0
常州纺织服装职业技术学院	29	1 188.93	1 502	1193	133	0	0	0	0	0	68	0	65	1 060	0	309	70	239	0	0	0	0
苏州农业职业技术学院	30	77.64	180.8	180.8	55.8	0	0	0	0	0	20	0	35.8	125	0	0	0	0	0	0	0	0
南京科技职业学院	31	80	490.5	303	133	0	0	0	0	0	133	0	0	170	0	187.5	166	21.5	0	0	0	0
常州轻工职业技术学院	32	1 544	2 560	2 000	100	0	0	0	0	0	92	0	8	1 900	0	560	89	471	0	0	0	0
常州工程职业技术学院	33	756.4	1 546.6	1 408	184	0	0	0	0	48	94	0	42	1 224	0	138.6	0	138.6	0	0	0	0
江苏农林职业技术学院	34	16	72	72	62	0	0	0	0	0	36	26	0	10	0	0	0	0	0	0	0	0
江苏食品药品职业技术学院	35	1 374.5	580	580	281	0	0	0	0	0	185	0	96	299	0	0	0	0	0	0	0	0
南京铁道职业技术学院	36	505.5	1 235.5	801	375	0	0	0	0	0	186	150	39	426	0	434.5	0	434.5	0	0	0	0
徐州工业职业技术学院	37	152.65	601.2	318.2	140	0	0	0	0	0	100	0	40	178.2	0	283	0	160	0	0	123	0
江苏信息职业技术学院	38	876.25	831	647	132	0	0	0	0	0	92	0	40	515	0	184	102	82	0	0	0	0
南京信息职业技术学院	39	221.5	730.25	618.75	219	0	0	0	0	10	184	0	25	399.75	0	111.5	0	111.5	0	0	0	0
常州机电职业技术学院	40	694.15	2 374.2	1 396	453	100	0	0	0	0	208	0	145	943	0	978.2	569.2	395	0	0	14	0
江阴职业技术学院	41	66	240	140	52	0	0	0	0	0	34	0	18	88	0	100	60	40	0	0	0	0

续表

无锡城市职业技术学院	42	105.45	331	331	134	41	0	0	0	0	82	0	11	197	0	0	0	0	0	0	0
无锡工艺职业技术学院	43	62	1 633	399	219	0	0	0	0	0	219	0	0	180	0	1 234	1 211.5	12.5	0	0	10	0
苏州健雄职业技术学院	44	160	903	786	274	14	0	0	0	0	126	0	134	512	0	117	112	5	0	0	0	0
盐城工业职业技术学院	45	392	2 078.2	865.5	260.5	10	0	0	0	40	115	0	95.5	605	0	1 212.7	861.7	326	0	0	25	0
江苏财经职业技术学院	46	407.28	939.1	645.1	197.6	0	0	0	8	50	97.8	0	41.8	447.5	0	294	46	248	0	0	0	0
扬州工业职业技术学院	47	114	998	643	219	0	0	0	0	40	84	0	95	424	0	355	175	180	0	0	0	0
江苏城市职业学院	48	1 066.69	2 059	1 583	188	0	0	0	0	155	25	0	8	1 395	0	476	18	458	0	0	0	0
南京城市职业学院	49	116.9	331	305	21.6	0	0	0	0	0	21.6	0	0	283.4	0	26	10	16	0	0	0	0
南京机电职业技术学院	50	169.5	523	383	48	0	0	0	0	0	48	0	0	335	0	140	94	35	0	0	11	0
南京旅游职业学院	51	867.2	1 504.8	962	232	0	0	0	162	0	70	0	0	730	0	542.8	234	293.8	0	0	15	0
江苏建康职业学院	52	399.05	768.5	611	169	0	0	0	0	20	18	0	131	442	0	157.5	0	157.5	0	0	0	0
苏州信息职业技术学院	53	28.31	103.5	102.5	27.5	0	0	0	0	10	6	0	11.5	75	0	1	1	0	0	0	0	0
苏州工业园区服务外包职业学院	54	250.59	1 771.97	764	155	0	0	0	0	0	75	0	80	609	0	1 007.97	793.97	214	0	0	0	0
徐州幼儿师范高等专科学校	55	135.8	560	560	234	25	0	0	15	21	128	0	45	326	0	0	0	0	0	0	0	0
徐州生物工程职业技术学院	56	36.7	271.5	161.5	24	0	0	0	0	0	0	0	24	137.5	0	110	0	110	0	0	0	0
江苏商贸职业学院	57	290.75	1 433.3	978.8	63.8	0	0	0	0	0	34.4	0	29.4	915	0	454.5	70.5	384	0	0	0	0
南通师范高等专科学校	58	54.9	76	75	30	16	0	0	0	10	4	0	0	45	0	1	0	1	0	0	0	0
江苏护理职业学院	59	27.5	41.9	31.9	0	0	0	0	0	0	0	0	0	31.9	0	10	0	10	0	0	0	0
江苏财会职业学院	60	61.5	959.5	901.5	229	0	0	0	0	0	110	0	119	672.5	0	58	34	24	0	0	0	0
江苏城乡建设职业学院	61	190.13	1 435	820	116	50	0	0	0	0	38	0	28	704	0	615	525	90	0	0	0	0
江苏安全技术职业学院	62	0	28	16	0	0	0	0	0	0	0	0	0	16	0	12	0	12	0	0	0	0

续表

学校名称	经费名称	当年R&D经费支出合计(千元)	支出(单位:千元)												
			转拨给外单位经费	其中				R&D经费内部支出合计	其中			其中			
				对国内研究机构支出	对国内高等学校支出	对国内企业支出	对境外机构支出		基础研究支出	应用研究支出	试验发展支出	政府资金	企业资金	境外资金	其他
	编号	L23	L24	L25	L26	L27	L28	L29	L30	L31	L32	L33	L34	L35	L36
合计	/	71 587.7	228.3	10	12	204	0	71 359.42	17 070.77	54 288.65	0	35 982.85	22 314.66	0	13 061.91
盐城幼儿师范高等专科学校	1	2 747	0	0	0	0	0	2 747	1 373.5	1 373.5	0	0	0	0	2 747
苏州幼儿师范高等专科学校	2	0	0	0	0	0	0	0	0	0	0	0	0	0	0
无锡职业技术学院	3	746.55	0	0	0	0	0	746.55	0	746.55	0	598.04	0	0	148.51
江苏建筑职业技术学院	4	2 144.2	0	0	0	0	0	2 144.2	322.37	1 821.83	0	507.25	318.28	0	1 318.67
南京工业职业技术学院	5	6 069.84	0	0	0	0	0	6 069.84	1 489.11	4 580.73	0	410.3	5 307.56	0	351.98
江苏工程职业技术学院	6	891	0	0	0	0	0	891	379.55	511.45	0	573.36	0	0	317.64
苏州工艺美术职业技术学院	7	1 264.86	0	0	0	0	0	1 264.86	539	725.86	0	837.96	0	0	426.9
连云港职业技术学院	8	393	0	0	0	0	0	393	19.77	373.23	0	249.64	126.06	0	17.3
镇江市高等专科学校	9	1 127.1	0	0	0	0	0	1127.1	290.71	836.39	0	756.58	200.43	0	170.09
南通职业大学	10	849	0	0	0	0	0	849	68.84	780.16	0	517.92	278.63	0	52.45
苏州市职业大学	11	2 025.85	0	0	0	0	0	2 025.85	884.85	1141	0	1 176.96	787.32	0	61.57
沙洲职业工学院	12	432.1	0	0	0	0	0	432.1	0	432.1	0	335	85	0	12.1
扬州市职业大学	13	2 242.8	0	0	0	0	0	2 242.8	378.85	1 863.95	0	1 283.89	811.58	0	147.33
连云港师范高等专科学校	14	1 127.7	0	0	0	0	0	1 127.7	26.23	1 101.47	0	1 127.7	0	0	0
江苏经贸职业技术学院	15	1 728.56	0	0	0	0	0	1 728.56	0	1 728.56	0	225.67	1 474.14	0	28.75
泰州职业技术学院	16	514.72	0	0	0	0	0	514.72	0	514.72	0	291.57	153.15	0	70
常州信息职业技术学院	17	1 196.9	0	0	0	0	0	1 196.9	117.61	1 079.29	0	1 196.9	0	0	0
江苏海事职业技术学院	18	913.23	0	0	0	0	0	913.23	221.5	691.73	0	723.36	189.87	0	0
无锡科技职业学院	19	986.3	0	0	0	0	0	986.3	507.21	479.09	0	597.76	388.54	0	0
盐城卫生职业技术学院	20	1 661.95	0	0	0	0	0	1 661.95	318.17	1 343.78	0	1 661.95	0	0	0

续表

南通科技职业学院	21	1 033.55	0	0	0	0	0	1 033.55	356	677.55	0	536.78	370.12	0	126.65
苏州经贸职业技术学院	22	3 751.25	0	0	0	0	0	3 751.25	465.01	3 286.24	0	2 927.45	734.63	0	89.17
苏州工业职业技术学院	23	1 792.46	216.3	0	12	204	0	1 576.16	0	1 576.16	0	643.62	932.54	0	0
苏州卫生职业技术学院	24	383.25	0	0	0	0	0	383.25	13.33	369.92	0	339.62	0	0	43.63
无锡商业职业技术学院	25	988.03	0	0	0	0	0	988.03	16.54	971.49	0	435.91	448.78	0	103.34
南通航运职业技术学院	26	941.15	0	0	0	0	0	941.15	40.48	900.67	0	588.66	71.23	0	281.26
南京交通职业技术学院	27	944.98	0	0	0	0	0	944.98	0	944.98	0	492.55	288.13	0	164.3
淮安信息职业技术学院	28	1 388.3	0	0	0	0	0	1 388.3	156	1 232.3	0	1 035.3	18	0	335
常州纺织服装职业技术学院	29	1 346.4	0	0	0	0	0	1 346.4	393.41	952.99	0	732.97	78.81	0	534.62
苏州农业职业技术学院	30	204.14	2	0	0	0	0	202.14	163.98	38.16	0	184.25	0	0	17.89
南京科技职业学院	31	530.5	0	0	0	0	0	530.5	306	224.5	0	79	166	0	285.5
常州轻工职业技术学院	32	2 588	0	0	0	0	0	2 588	0	2 588	0	2 400	0	0	188
常州工程职业技术学院	33	1 546.65	0	0	0	0	0	1 546.65	0	1 546.65	0	993.47	0	0	553.18
江苏农林职业技术学院	34	79.2	0	0	0	0	0	79.2	64.8	14.4	0	79.2	0	0	0
江苏食品药品职业技术学院	35	845.8	0	0	0	0	0	845.8	540.3	305.5	0	517.6	0	0	328.2
南京铁道职业技术学院	36	1 446.4	0	0	0	0	0	1 446.4	78.76	1 367.64	0	1 071.67	0	0	374.73
徐州工业职业技术学院	37	592.95	0	0	0	0	0	592.95	344.67	248.28	0	344.35	0	0	248.6
江苏信息职业技术学院	38	1 616.95	0	0	0	0	0	1 616.95	402.85	1 214.1	0	1 083.99	532.96	0	0
南京信息职业技术学院	39	596.65	0	0	0	0	0	596.65	511.2	85.45	0	461.81	9.09	0	125.75
常州机电职业技术学院	40	2 205.29	0	0	0	0	0	2 205.29	99.82	2 105.47	0	797.73	1 206.34	0	201.22
江阴职业技术学院	41	255	0	0	0	0	0	255	0	255	0	74.24	129.11	0	51.65
无锡城市职业技术学院	42	347.05	0	0	0	0	0	347.05	163	184.05	0	347.05	0	0	0
无锡工艺职业技术学院	43	1 579	0	0	0	0	0	1 579	0	1579	0	187.57	1 377.22	0	14.21

续表

学校名称	经费名称	当年R&D经费支出合计(千元)	支出(单位:千元)												
			转拨给外单位经费	其中				R&D经费内部支出合计	其中			其中			
				对国内研究机构支出	对国内高等学校支出	对国内企业支出	对境外机构支出		基础研究支出	应用研究支出	试验发展支出	政府资金	企业资金	境外资金	其他
	编号	L23	L24	L25	L26	L27	L28	L29	L30	L31	L32	L33	L34	L35	L36
苏州健雄职业技术学院	44	855	0	0	0	0	0	855	438.72	416.28	0	628.16	216.87	0	9.97
盐城工业职业技术学院	45	1 713.62	0	0	0	0	0	1 713.62	143.74	1 569.88	0	465.06	1 166.81	0	81.75
江苏财经职业技术学院	46	719.85	0	0	0	0	0	719.85	12.69	707.16	0	417.1	166.58	0	136.17
扬州工业职业技术学院	47	925.9	0	0	0	0	0	925.9	136.99	788.91	0	516.11	409.79	0	0
江苏城市职业学院	48	1 940.78	0	0	0	0	0	1 940.78	1 358.13	582.65	0	645.3	188.11	0	1 107.37
南京城市职业学院	49	359.8	0	0	0	0	0	359.8	0	359.8	0	159.65	47.09	0	153.06
南京机电职业技术学院	50	478.7	0	0	0	0	0	478.7	25.53	453.17	0	86.67	214.32	0	177.71
南京旅游职业学院	51	1 451.5	0	0	0	0	0	1 451.5	979.42	472.08	0	392.84	993.74	0	64.92
江苏建康职业学院	52	831.8	0	0	0	0	0	831.8	696.07	135.73	0	591.66	38.28	0	201.86
苏州信息职业技术学院	53	109.41	0	0	0	0	0	109.41	0	109.41	0	106.23	3.18	0	0
苏州工业园区服务外包职业学院	54	1 764.67	0	0	0	0	0	1 764.67	165.68	1 598.99	0	130.93	1 212.37	0	421.37
徐州幼儿师范高等专科学校	55	510.3	0	0	0	0	0	510.3	330.32	179.98	0	510.3	0	0	0
徐州生物工程职业技术学院	56	216.6	0	0	0	0	0	216.6	66.65	149.95	0	91.64	0	0	124.96
江苏商贸职业学院	57	1 565.15	10	10	0	0	0	1 555.15	1 195.69	359.46	0	704.21	392.68	0	458.26
南通师范高等专科学校	58	49	0	0	0	0	0	49	49	0	0	49	0	0	0
江苏护理职业学院	59	56.9	0	0	0	0	0	56.9	0	56.9	0	56.9	0	0	0
江苏财会职业学院	60	813	0	0	0	0	0	813	28.93	784.07	0	575.75	150.45	0	86.8
江苏城乡建设职业学院	61	1 132.13	0	0	0	0	0	1 132.13	361.79	770.34	0	428.74	630.87	0	72.52
江苏安全技术职业学院	62	28	0	0	0	0	0	28	28	0	0	0	0	0	28

续表

学校名称	经费名称	当年R&D经费支出合计（千元）	支出（单位：千元）							当年结余经费（千元）
			其中							
			科研人员费	业务费	科研基建费	仪器设备费	图书资料费	间接费	其他支出	
	编号	L23	L37	L38	L39	L40	L41	L42	L43	L44
合计	/	71 587.72	35 826.6	19 310.24	0	2 629.23	8 433.45	1 787.41	3 372.49	29 895.99
盐城幼儿师范高等专科学校	1	2 747	48	0	0	1 379	1 320	0	0	2 642
苏州幼儿师范高等专科学校	2	0	0	0	0	0	0	0	0	0
无锡职业技术学院	3	746.55	315	312.52	0	0	99.99	19.04	0	979.19
江苏建筑职业技术学院	4	2 144.2	1 094.6	752.85	0	0	60.1	212.75	23.9	180.95
南京工业职业技术学院	5	6 069.84	1 700	4 226.5	0	0	0	143.34	0	1 014.96
江苏工程职业技术学院	6	891	560	239	0	0	59	19	14	250
苏州工艺美术职业技术学院	7	1 264.86	1 050.5	65.53	0	4.3	59.56	32.58	52.39	409.34
连云港职业技术学院	8	393	234	106	0	0	31	16.5	5.5	15
镇江市高等专科学校	9	1 127.1	815	76.5	0	45	137	29.4	24.2	152.4
南通职业大学	10	849	590	179	0	0	28	0	52	145
苏州市职业大学	11	2 025.85	1 300	216.11	0	179.3	149.75	42.45	138.24	528.55
沙洲职业工学院	12	432.1	250	161	0	17	4.1	0	0	119.4
扬州市职业大学	13	2 242.8	1 710	437.32	0	0	85.98	9.5	0	165.08
连云港师范高等专科学校	14	1 127.7	776.7	84	0	30	185	25	27	117.6
江苏经贸职业技术学院	15	1 728.56	526	396.25	0	0	529.42	99.24	177.65	1 608.94
泰州职业技术学院	16	514.72	288.7	116.7	0	2.6	26.01	34.6	46.11	886.84
常州信息职业技术学院	17	1 196.9	620	234	0	51	123.1	81.5	87.3	158.1
江苏海事职业技术学院	18	913.23	453	349.3	0	0	11.35	26.02	73.56	1 300.19
无锡科技职业学院	19	986.3	537.5	251.2	0	76	35.6	86	0	183.2
盐城卫生职业技术学院	20	1 661.95	1 197.2	168	0	0	110	5.35	181.4	638.5

续表

学校名称	经费名称	当年R&D经费支出合计(千元)	支出(单位:千元)							当年结余经费(千元)
			其中							
			科研人员费	业务费	科研基建费	仪器设备费	图书资料费	间接费	其他支出	
	编号	L23	L37	L38	L39	L40	L41	L42	L43	L44
南通科技职业学院	21	1 033.55	707	151.5	0	81	78.95	15.1	0	392.05
苏州经贸职业技术学院	22	3 751.25	1 200	1 109.4	0	195.1	992.65	170.5	83.6	64.15
苏州工业职业技术学院	23	1 792.46	447.11	61	0	0	133.5	96.66	837.89	1 164.12
苏州卫生职业技术学院	24	383.25	158	168.89	0	18.44	37.92	0	0	105
无锡商业职业技术学院	25	988.03	510	215	0	0	260.9	2.13	0	343.47
南通航运职业技术学院	26	941.15	554	354.55	0	0	32.6	0	0	371.7
南京交通职业技术学院	27	944.98	420	251.95	0	9.8	65.86	59.3	138.07	1 944.25
淮安信息职业技术学院	28	1 388.3	716	314.7	0	114.6	186.7	0	56.3	1 135.01
常州纺织服装职业技术学院	29	1 346.4	1 060	206.67	0	2.68	25.97	20.41	30.67	1 344.53
苏州农业职业技术学院	30	204.14	134.34	43.5	0	4	10.3	0.5	9.5	54.3
南京科技职业学院	31	530.5	304	175	0	0	51	0.5	0	40
常州轻工职业技术学院	32	2 588	2 100	126	0	71	152	22	117	1 516
常州工程职业技术学院	33	1 546.65	1 224	268.08	0	13	24.4	17.17	0	756.35
江苏农林职业技术学院	34	79.2	10	29	0	0	25	0	15.2	8.8
江苏食品药品职业技术学院	35	845.8	300	345	0	0	29.9	93.3	77.6	1 108.7
南京铁道职业技术学院	36	1 446.4	540.4	729	0	0	156	5	16	294.6
徐州工业职业技术学院	37	592.95	198	138.2	0	0	134	17.45	105.3	160.9
江苏信息职业技术学院	38	1 616.95	515	361	0	100	413.05	9.44	218.46	90.3
南京信息职业技术学院	39	596.65	399.75	156.2	0	7	13.2	0	20.5	355.1
常州机电职业技术学院	40	2 205.29	943	442.84	0	104.53	577.93	118.02	18.97	863.06

续表

江阴职业技术学院	41	255	97	10	0	0	145	3	0	51
无锡城市职业技术学院	42	347.05	198	90.5	0	18	33.7	4.6	2.25	89.4
无锡工艺职业技术学院	43	1579	190	1 104.35	0	0	134	60.65	90	116
苏州健雄职业技术学院	44	855	512	285.2	0	0	43.8	7.5	6.5	208
盐城工业职业技术学院	45	1 713.62	655	357.92	0	2.1	558.6	55	85	756.58
江苏财经职业技术学院	46	719.85	447.6	0	0	0	52.57	0	219.68	626.53
扬州工业职业技术学院	47	925.9	430	387	0	0	105.55	3.35	0	186.1
江苏城市职业学院	48	1 940.78	1 395	272.34	0	49.01	186.23	38.2	0	1 184.91
南京城市职业学院	49	359.8	283.4	36.85	0	4.8	1.3	0.55	32.9	88.1
南京机电职业技术学院	50	478.7	336.2	113.7	0	0	28.8	0	0	213.8
南京旅游职业学院	51	1 451.5	730	628.82	0	19.47	10.31	0	62.9	920.5
江苏建康职业学院	52	831.8	480	332.5	0	0.7	12	6.6	0	335.75
苏州信息职业技术学院	53	109.41	75	24.99	0	1.3	6.62	0	1.5	22.4
苏州工业园区服务外包职业学院	54	1 764.67	609	595.65	0	0	474.87	58.15	27	257.89
徐州幼儿师范高等专科学校	55	510.3	326	0	0	0	45.5	1.4	137.4	185.5
徐州生物工程职业技术学院	56	216.6	137.5	54.61	0	0	11.56	7.98	4.95	91.6
江苏商贸职业学院	57	1 565.15	931.7	573.82	0	8.5	34.55	6.58	0	158.9
南通师范高等专科学校	58	49	46	0	0	0	3	0	0	81.9
江苏护理职业学院	59	56.9	31.9	15.4	0	0	3.4	2.1	4.1	12.5
江苏财会职业学院	60	813	672.5	74	0	0	32	1	33.5	208
江苏城乡建设职业学院	61	1 132.13	720	327.83	0	20	49.3	0	15	493
江苏安全技术职业学院	62	28	16	5.5	0	0	4	1	1.5	0

4. 民办及中外合作办学高等学校人文、社会科学研究与发展经费情况表

	编号	上年结转经费（千元）	当年经费收入合计（千元）	拨入（单位：千元） 政府资金投入	其中：科研活动经费	其中：教育部科研项目经费	教育部其他科研经费	其中：中央高校基本科研业务费	中央其他部门科研项目经费	省、市、自治区社科基金项目	省教育厅科研项目经费	省教育厅科其他科研经费	其他各类地方政府经费	科技活动人员工资	科研基建费	非政府资金投入	其中：企事业单位委托项目经费	自筹经费	境外资金	其中：港、澳、台地区合作项目经费	其他收入	科技活动人员工资
		L01	L02	L03	L04	L05	L06	L07	L08	L09	L10	L11	L12	L13	L14	L15	L16	L18	L19	L20	L21	L22
合计	/	6 587.38	18 627.58	4 897.7	4 032.7	155.2	0	0	463	165	1 242.7	101	1 905.8	822	43	13 729.88	824.5	4 023.2	318.7	114.56	50.8	8 512.6
民办明达职业技术学院	1	0	0	0	0	0	0	0	0	0	0	0	0	0	0	0	0	0	0	0	0	0
三江学院	2	1 723.55	3 464.56	1 612	1 612	78	0	0	190	40	166	0	1 138	0	0	1 852.56	330	700	114.6	114.56	0	708
九州职业技术学院	3	54	258	64	64	0	0	0	0	0	56	0	8	0	0	194	40	18	0	0	0	136
南通理工学院	4	118.6	434	163	163	0	0	0	10	40	72	0	41	0	0	271	0	136	0	0	0	135
硅湖职业技术学院	5	6	193.6	28.8	28.8	0	0	0	0	11	3.3	0	14.5	0	0	164.8	0	2	0	0	27.8	135
应天职业技术学院	6	8.8	18	0	0	0	0	0	0	0	0	0	0	0	0	18	0	0	0	0	0	18
苏州托普信息职业技术学院	7	2.5	20	3	3	0	0	0	0	3	0	0	0	0	0	17	0	0	0	0	0	17
东南大学成贤学院	8	509.69	1 004.6	166	166	35	0	0	80	3	10	0	38	0	0	838.6	15	202.6	0	0	0	621
苏州工业园区职业技术学院	9	18.4	172	166	86	0	0	0	0	0	17	19	50	80	0	6	0	6	0	0	0	0
炎黄职业技术学院	10	0	0	0	0	0	0	0	0	0	0	0	0	0	0	0	0	0	0	0	0	0
正德职业技术学院	11	28.2	207.5	6	6	0	0	0	0	0	6	0	0	0	0	201.5	5.5	6	0	0	0	190
钟山职业技术学院	12	19.4	80	20	20	0	0	0	0	0	20	0	0	0	0	60	0	0	0	0	0	60
无锡南洋职业技术学院	13	304.26	605.84	10	10	0	0	0	0	0	10	0	0	0	0	595.84	0	238	0	0	0	357.84
江南影视艺术职业学院	14	13	560.9	100.4	57.4	0	0	0	0	0	0	0	57.4	0	43	460.5	0	163.5	0	0	0	297
金肯职业技术学院	15	29	394	140	140	0	0	0	0	0	140	0	0	0	0	254	0	204	0	0	0	50
建东职业技术学院	16	2	161	14	14	0	0	0	0	0	14	0	0	0	0	147	0	66	0	0	0	81
江海职业技术学院	17	17.4	285	70	70	0	0	0	0	0	36	0	34	0	0	215	0	0	0	0	0	215
无锡太湖学院	18	136.4	566	130	130	0	0	0	75	10	36	0	9	0	0	436	0	75	0	0	0	361
中国矿业大学徐海学院	19	0	58.1	6	6	0	0	0	0	0	6	0	0	0	0	52.1	0	36	0	0	0	16.1
南京大学金陵学院	20	148.28	370.5	23	23	0	0	0	0	3	0	0	20	0	0	347.5	0	0	0	0	20	327.5
南京理工大学紫金学院	21	199.5	48	12	12	0	0	0	0	0	12	0	0	0	0	36	0	0	0	0	0	36

续表

南京航空航天大学金城学院	22	18.5	404.39	136	136	20	0	0	0	0	66	0	50	0	0	268.39	0	50.8	0	0	0	217.59
中国传媒大学南广学院	23	97.1	396.5	139.8	139.8	0	0	0	0	52	58	0	29.8	0	0	256.7	0	34.2	0	0	0	222.5
金山职业技术学院	24	2	35	0	0	0	0	0	0	0	0	0	0	0	0	35	0	5	0	0	0	30
南京理工大学泰州科技学院	25	49.97	683	148	148	0	0	0	0	0	42	0	106	0	0	535	60	67	0	0	0	408
南京师范大学泰州学院	26	0	425	50	50	0	0	0	0	0	0	0	50	0	0	375	165	90	0	0	0	120
南京工业大学浦江学院	27	42	216.5	26	26	0	0	0	0	0	26	0	0	0	0	190.5	0	49.5	0	0	0	141
昆山登云科技职业学院	28	70.2	95.6	18.8	18.8	0	0	0	0	0	10	0	8.8	0	0	76.8	0	0	0	0	0	76.8
南京视觉艺术职业学院	29	29.5	278	30	30	0	0	0	0	0	30	0	0	0	0	248	0	0	0	0	0	248
南京医科大学康达学院	30	13	73	45	45	0	0	0	0	0	45	0	0	0	0	28	0	0	0	0	0	28
南京中医药大学翰林学院	31	14.19	66.9	46	46	0	0	0	0	0	6	0	40	0	0	20.9	0	0.9	0	0	0	20
南京信息工程大学滨江学院	32	0	612	16	16	0	0	0	0	0	11	0	5	0	0	596	0	96	0	0	0	500
苏州大学文正学院	33	72.14	198	0	0	0	0	0	0	0	0	0	0	0	0	198	0	0	0	0	0	198
苏州大学应用技术学院	34	49.11	344	66	66	0	0	0	0	0	0	0	66	0	0	278	209	49	0	0	0	20
苏州科技大学天平学院	35	0	199.5	169.5	45.5	0	0	0	0	0	30	0	15.5	124	0	30	0	30	0	0	0	0
江苏大学京江学院	36	0	0	0	0	0	0	0	0	0	0	0	0	0	0	0	0	0	0	0	0	0
扬州大学广陵学院	37	11.4	279.3	60	60	0	0	0	0	0	60	0	0	0	0	219.3	0	0	0	0	0	219.3
江苏师范大学科文学院	38	0	77	60	60	0	0	0	0	0	0	60	0	0	0	17	0	0	0	0	0	17
南京邮电大学通达学院	39	0	0	0	0	0	0	0	0	0	0	0	0	0	0	0	0	0	0	0	0	0
南京财经大学红山学院	40	0	35	0	0	0	0	0	0	0	0	0	0	0	0	35	0	14	0	0	0	21
江苏科技大学苏州理工学院	41	0	81.5	51.5	51.5	0	0	0	0	0	11.5	22	18	0	0	30	0	0	0	0	0	30
南通大学杏林学院	42	77.1	1773.2	52.2	52.2	0	0	0	0	0	50.4	0	1.8	0	0	1721	0	46	0	0	0	1675
南京审计大学金审学院	43	0	126	34.5	34.5	0	0	0	0	3	31.5	0	0	0	0	91.5	0	4.5	0	0	0	87
宿迁学院	44	160.26	970.2	878.2	260.2	15.2	0	0	0	0	152	0	93	618	0	92	0	92	0	0	0	0
苏州高博软件技术职业学院	45	58.6	412	21	21	0	0	0	0	0	9	0	12	0	0	391	0	54	0	0	3	334
扬州中瑞酒店职业学院	46	0	0	0	0	0	0	0	0	0	0	0	0	0	0	0	0	0	0	0	0	0
西交利物浦大学	47	2 483.33	1 944.39	115	115	7	0	0	108	0	0	0	0	0	0	1 829.39	0	1 487.2	204.2	0	0	138

续表

学校名称	经费名称	当年R&D经费支出合计(千元)	支出(单位:千元)												
			转拨给外单位经费	其中				R&D经费内部支出合计	其中			其中			
				对国内研究机构支出	对国内高等学校支出	对国内企业支出	对境外机构支出		基础研究支出	应用研究支出	试验发展支出	政府资金	企业资金	境外资金	其他
	编号	L23	L24	L25	L26	L27	L28	L29	L30	L31	L32	L33	L34	L35	L36
合计	/	16 384.69	0.9	0	0.9	0	0	16 383.79	7 267.9	9 111.4	4.54	9 651.95	1 331.82	661.87	4 738.15
民办明达职业技术学院	1	0	0	0	0	0	0	0	0	0	0	0	0	0	0
三江学院	2	2 411.81	0	0	0	0	0	2 411.81	51.68	2 360.1	0	1 258.2	225.05	80.56	848
九州职业技术学院	3	225	0	0	0	0	0	225	0	225	0	32.6	39.2	0	153.2
南通理工学院	4	303.5	0	0	0	0	0	303.5	32.51	270.99	0	207.47	19.73	0	76.3
硅湖职业技术学院	5	196.6	0	0	0	0	0	196.6	100.63	95.97	0	184.97	0	0	11.63
应天职业技术学院	6	26.8	0	0	0	0	0	26.8	0	26.8	0	26.8	0	0	0
苏州托普信息职业技术学院	7	21	0	0	0	0	0	21	0	21	0	21	0	0	0
东南大学成贤学院	8	743.86	0	0	0	0	0	743.86	0	743.86	0	224.14	359.56	0	160.16
苏州工业园区职业技术学院	9	186	0	0	0	0	0	186	0	186	0	142.41	0	0	43.59
炎黄职业技术学院	10	0	0	0	0	0	0	0	0	0	0	0	0	0	0
正德职业技术学院	11	219.5	0	0	0	0	0	219.5	0	219.5	0	156.26	40.92	0	22.32
钟山职业技术学院	12	75.9	0	0	0	0	0	75.9	24	51.9	0	75.9	0	0	0
无锡南洋职业技术学院	13	543.4	0	0	0	0	0	543.4	255.11	288.29	0	533.03	10.37	0	0
江南影视艺术职业学院	14	560.8	0	0	0	0	0	560.8	291.72	269.08	0	33.3	0	0	527.5
金肯职业技术学院	15	143	0	0	0	0	0	143	118.03	20.43	4.54	118.03	0	0	24.97
建东职业技术学院	16	161.3	0	0	0	0	0	161.3	0	161.3	0	115.86	0	0	45.44
江海职业技术学院	17	274.4	0	0	0	0	0	274.4	82.69	191.71	0	274.4	0	0	0
无锡太湖学院	18	545.4	0	0	0	0	0	545.4	312.4	233	0	195.4	0	0	350
中国矿业大学徐海学院	19	17.77	0	0	0	0	0	17.77	0	17.77	0	17.77	0	0	0
南京大学金陵学院	20	423.26	0	0	0	0	0	423.26	176.8	246.46	0	58.66	361	0	3.6
南京理工大学紫金学院	21	121	0	0	0	0	0	121	69.75	51.25	0	121	0	0	0

续表

南京航空航天大学金城学院	22	353.96	0	0	0	0	0	353.96	166.91	187.05	0	353.96	0	0	0
中国传媒大学南广学院	23	311.55	0	0	0	0	0	311.55	160.41	151.14	0	234.05	10.5	0	67
金山职业技术学院	24	34.9	0	0	0	0	0	34.9	24.93	9.97	0	34.9	0	0	0
南京理工大学泰州科技学院	25	617.56	0	0	0	0	0	617.56	41.69	575.87	0	617.56	0	0	0
南京师范大学泰州学院	26	170	0	0	0	0	0	170	170	0	0	170	0	0	0
南京工业大学浦江学院	27	186.5	0	0	0	0	0	186.5	36.26	150.24	0	51.81	0	0	134.69
昆山登云科技职业学院	28	160.8	0.9	0	0.9	0	0	159.9	49.91	109.99	0	105.26	0	0	54.64
南京视觉艺术职业学院	29	274	0	0	0	0	0	274	237.12	36.88	0	274	0	0	0
南京医科大学康达学院	30	75	0	0	0	0	0	75	75	0	0	75	0	0	0
南京中医药大学翰林学院	31	37.09	0	0	0	0	0	37.09	35.37	1.72	0	37.09	0	0	0
南京信息工程大学滨江学院	32	593	0	0	0	0	0	593	165.78	427.22	0	70.14	0	0	522.86
苏州大学文正学院	33	214.14	0	0	0	0	0	214.14	13.27	200.87	0	1.86	0	0	212.28
苏州大学应用技术学院	34	322.31	0	0	0	0	0	322.31	270.21	52.1	0	56.82	265.49	0	0
苏州科技大学天平学院	35	139.5	0	0	0	0	0	139.5	139.5	0	0	139.5	0	0	0
江苏大学京江学院	36	0	0	0	0	0	0	0	0	0	0	0	0	0	0
扬州大学广陵学院	37	230.7	0	0	0	0	0	230.7	105.23	125.47	0	230.7	0	0	0
江苏师范大学科文学院	38	18	0	0	0	0	0	18	9	9	0	0	0	0	18
南京邮电大学通达学院	39	0	0	0	0	0	0	0	0	0	0	0	0	0	0
南京财经大学红山学院	40	21	0	0	0	0	0	21	10.5	10.5	0	0	0	0	21
江苏科技大学苏州理工学院	41	81.5	0	0	0	0	0	81.5	81.5	0	0	81.5	0	0	0
南通大学杏林学院	42	1 767.7	0	0	0	0	0	1 767.7	1 227.6	540.06	0	690.08	0	0	1 077.62
南京审计大学金审学院	43	118	0	0	0	0	0	118	27.5	90.5	0	99.5	0	0	18.5
宿迁学院	44	881.09	0	0	0	0	0	881.09	793.04	88.05	0	805.72	0	0	75.37
苏州高博软件技术职业学院	45	423.6	0	0	0	0	0	423.6	272.31	151.29	0	154.12	0	0	269.48
扬州中瑞酒店职业学院	46	0	0	0	0	0	0	0	0	0	0	0	0	0	0
西交利物浦大学	47	2 152.49	0	0	0	0	0	2 152.49	1 639.5	512.99	0	1 571.18	0	581.31	0

续表

学校名称	经费名称	当年R&D经费支出合计（千元）	支出（单位：千元）							当年结余经费（千元）
			其中							
			科研人员费	业务费	科研基建费	仪器设备费	图书资料费	间接费	其他支出	
	编号	L23	L37	L38	L39	L40	L41	L42	L43	L44
合计	/	16 384.69	9 888.69	2 962.1	84.9	737.87	1 548.99	592.96	568.28	8 830.27
民办明达职业技术学院	1	0	0	0	0	0	0	0	0	0
三江学院	2	2 411.81	848	949.31	0	75	155	348.5	36	2 776.3
九州职业技术学院	3	225	148	52.9	0	8.3	10.3	4.7	0.8	87
南通理工学院	4	303.5	142	92.4	0	0	15.8	3.5	49.8	249.1
硅湖职业技术学院	5	196.6	135	0	0	5	39.9	2	14.7	3
应天职业技术学院	6	26.8	18	1.8	0	0	7	0	0	0
苏州托普信息职业技术学院	7	21	17	3	0	0	1	0	0	1.5
东南大学成贤学院	8	743.86	621	2.56	0	0	16.23	46.14	57.93	770.43
苏州工业园区职业技术学院	9	186	80	57.35	0	4.4	29	6.05	9.2	4.4
炎黄职业技术学院	10	0	0	0	0	0	0	0	0	0
正德职业技术学院	11	219.5	190	3.25	0	0	25.7	0.55	0	16.2
钟山职业技术学院	12	75.9	64.2	10.7	0	0	0.5	0	0.5	23.5
无锡南洋职业技术学院	13	543.4	430	73	0	23.6	16.8	0	0	366.7
江南影视艺术职业学院	14	560.8	320	80.7	21.9	20.8	55.4	19.3	42.7	13.1
金肯职业技术学院	15	143	50	8	0	0	30	46	9	280
建东职业技术学院	16	161.3	90	21	0	6	38.3	6	0	1.7
江海职业技术学院	17	274.4	215	21.4	0	0	37.5	0.5	0	28
无锡太湖学院	18	545.4	363	49	63	42	8.4	0	20	157
中国矿业大学徐海学院	19	17.77	16.1	1.67	0	0	0	0	0	40.33
南京大学金陵学院	20	423.26	361	0	0	0	58.66	3.6	0	95.52
南京理工大学紫金学院	21	121	36	0	0	0	76	4	5	126.5

续表

南京航空航天大学金城学院	22	353.96	268.39	73.29	0	0	12.28	0	0	68.93
中国传媒大学南广学院	23	311.55	222.5	62	0	0	8.95	0	18.1	182.05
金山职业技术学院	24	34.9	31	1.8	0	0.2	0.6	0.4	0.9	2.1
南京理工大学泰州科技学院	25	617.56	410	46.6	0	16	75.06	35.41	34.49	115.41
南京师范大学泰州学院	26	170	120	16.25	0	0	16.5	3.5	13.75	255
南京工业大学浦江学院	27	186.5	150.5	15.27	0	1.5	5.92	1	12.31	72
昆山登云科技职业学院	28	160.8	76.8	36	0	0	19.3	5.5	22.3	5
南京视觉艺术职业学院	29	274	248	2	0	0	6.5	0	17.5	33.5
南京医科大学康达学院	30	75	28	21	0	0	13	13	0	11
南京中医药大学翰林学院	31	37.09	20.9	9.95	0	0	2	2	2.24	44
南京信息工程大学滨江学院	32	593	500	65	0	0	23	5	0	19
苏州大学文正学院	33	214.14	198	5	0	0	9.14	0	2	56
苏州大学应用技术学院	34	322.31	20	224.05	0	12.72	12.52	24	29.02	70.8
苏州科技大学天平学院	35	139.5	124	7	0	0	4	1	3.5	60
江苏大学京江学院	36	0	0	0	0	0	0	0	0	0
扬州大学广陵学院	37	230.7	219.3	4.7	0	0	0.5	0	6.2	60
江苏师范大学科文学院	38	18	18	0	0	0	0	0	0	59
南京邮电大学通达学院	39	0	0	0	0	0	0	0	0	0
南京财经大学红山学院	40	21	21	0	0	0	0	0	0	14
江苏科技大学苏州理工学院	41	81.5	31	30	0	0	15.5	5	0	0
南通大学杏林学院	42	1767.7	1697	0	0	0	33.3	0	37.4	82.6
南京审计大学金审学院	43	118	90	9	0	0	19	0	0	8
宿迁学院	44	881.09	756	46.02	0	0	78.61	0.46	0	249.37
苏州高博软件技术职业学院	45	423.6	334	56.1	0	1	18.8	5.85	7.85	47
扬州中瑞酒店职业学院	46	0	0	0	0	0	0	0	0	0
西交利物浦大学	47	2 152.49	160	803.03	0	521.35	553.02	0	115.09	2 275.23

六、社科研究与发展机构

全省高等学校人文、社会科学研究机构一览表

机构名称	编号	成立时间	批准部门	组成方式	机构类型	学科领域	服务的国民经济行业	组成类型	R&D活动人员(人) 合计	其中：博士毕业	硕士毕业	高级职称	中级职称	初级职称	培养研究生数(人)	R&D经费支出(千元)	仪器设备原价(千元)	其中：进口(千元)
	编号	L01	L02	L03	L04	L05	L06	L07	L08	L09	L10	L11	L12	L13	L14	L15	L16	L17
合计	/	/	/	/	/	/	/	/	6 176	3 910	1 678	4 357	1 335	126	4 900	146 708.3	77 131.94	12 024.5
南京大学	001	/	/	/	/	/	/	/	570	377	136	360	118	10	1 100	25 194	2 878.7	515
长江产经研究院	1	2015/3/1	非学校上级主管部门	与校外合办所	省级智库	经济学	商务服务业	政府部门办	10	5	5	4	2	0	0	100	20	0
长江三角洲经济社会发展研究中心	2	2000/8/10	学校上级主管部门	独立设置研究所	教育部重点研究基地	经济学	商务服务业	政府部门办	28	16	12	25	3	0	40	1 010	215	0
当代外国文学与文化研究中心	3	2009/12/1	非学校上级主管部门	独立设置研究所	省级重点研究基地	外国文学	教育	政府部门办	4	2	2	4	0	0	5	200	50	0
公共事务与地方治理研究中心	4	2009/12/1	非学校上级主管部门	独立设置研究所	省级重点研究基地	政治学	社会保障	政府部门办	30	29	1	29	1	0	280	30	10	0
国家文化产业研究中心	5	2007/1/1	非学校上级主管部门	与校外合办所	中央其他部委重点研究基地	经济学	文化艺术业	政府部门办	14	10	4	6	8	0	5	100	30	0
江苏省城市现代化研究中心	6	2008/1/1	非学校上级主管部门	跨系所	省级重点研究基地	社会学	公共设施管理业	政府部门办	13	4	8	5	7	0	13	35	28	0
江苏省社会风险管理研究中心	7	2008/1/1	非学校上级主管部门	跨系所	省级重点研究基地	管理学	社会保障	政府部门办	14	12	2	12	2	0	30	100	10	0
江苏省数据工程与知识服务重点实验室	8	2014/7/1	非学校上级主管部门	独立设置研究所	省级重点实验室	图书馆、情报与文献学	科技推广和应用服务业	政府部门办	7	4	3	6	1	0	11	700	500	300
江苏紫金传媒智库	9	2015/3/1	非学校上级主管部门	与校外合办所	省级智库	新闻学与传播学	社会工作	政府部门办	29	25	4	17	6	2	0	900	0	0
马克思主义社会理论研究中心	10	2003/9/8	学校上级主管部门	独立设置研究所	教育部重点研究基地	马克思主义	教育	政府部门办	15	10	5	12	3	0	0	800	100	0
区域经济转型与管理变革协同创新中心	11	2007/6/1	非学校上级主管部门	独立设置研究所	省级2011协同创新中心	经济学	商务服务业	政府部门办	6	4	2	4	2	0	15	100	20	0
人力资源战略研究所	12	2004/5/20	非学校上级主管部门	独立设置研究所	省级重点研究基地	管理学	商务服务业	单位自办	8	4	4	5	3	0	10	160	20	0

续表

儒佛道与中国传统文化研究中心	13	2010/3/1	非学校上级主管部门	独立设置研究所	省级重点研究基地	宗教学	群众团体、社会团体和其他成员组织	政府部门办	10	7	3	8	2	0	5	400	60	0
社会舆情分析与决策支持研究中心	14	2004/1/1	非学校上级主管部门	跨系所	省级重点研究基地	新闻学与传播学	新闻和出版业	政府部门办	34	20	10	17	13	3	31	100	20	0
社会与行为科学实验中心	15	2014/7/1	非学校上级主管部门	独立设置研究所	省级重点研究基地	心理学	社会工作	政府部门办	13	12	1	10	3	0	35	300	215	215
苏南率先基本实现现代化研究中心	16	2004/1/1	非学校上级主管部门	跨系所	省级重点研究基地	经济学	商务服务业	政府部门办	22	17	5	10	12	0	15	500	150	0
中国抗日战争研究协同创新中心	17	2016/2/1	学校自建	独立设置研究所	其他2011协同创新中心	历史学	教育	政府部门办	59	49	3	58	1	0	56	1 000	200	0
中国南海研究协同创新中心	18	2013/6/1	学校上级主管部门	与校外合办所	国家级2011协同创新中心	国际问题研究	社会工作	政府部门办	16	9	6	3	8	4	60	12 260	480.7	0
中国特色社会主义理论体系研究基地	19	2004/1/1	非学校上级主管部门	跨系所	省级重点研究基地	马克思主义	教育	政府部门办	28	20	8	18	10	0	25	200	50	0
中国文学与东亚文明研究协同创新中心	20	2007/1/1	非学校上级主管部门	独立设置研究所	省级2011协同创新中心	中国文学	文化艺术业	政府部门办	70	64	6	50	20	0	85	2 724	280	0
中国新文学研究中心	21	1999/12/31	学校上级主管部门	独立设置研究所	教育部重点研究基地	中国文学	文化艺术业	政府部门办	92	30	27	32	3	0	187	600	15	0
中国语言战略研究中心	22	2007/1/1	非学校上级主管部门	与校外合办所	中央其他部委重点研究基地	语言学	文化艺术业	政府部门办	20	2	12	3	3	0	57	75	5	0
中国智库研究与评价中心	23	2015/3/1	非学校上级主管部门	独立设置研究所	省级智库	图书馆、情报与文献学	科技推广和应用服务业	政府部门办	10	8	2	6	4	0	5	800	200	0
中华民国史研究中心	24	1993/6/18	学校上级主管部门	独立设置研究所	教育部重点研究基地	历史学	教育	政府部门办	18	14	1	16	1	1	130	2 000	200	0
东南大学	002	/	/	/	/	/	/	/	439	285	153	222	161	40	271	6 042	1 295	118.5
产业经济研究中心	1	2004/2/1	学校上级主管部门	独立设置研究所	省级重点研究基地	管理学	科技推广和应用服务业	单位自办	10	6	3	7	2	1	6	200	65	0
道德发展智库	2	2015/12/1	非学校上级主管部门	独立设置研究所	省级重点研究基地	哲学	社会工作	政府部门办	12	7	5	7	3	2	12	140	70	0
道德国情调查研究中心	3	2013/5/16	学校上级主管部门	独立设置研究所	省级重点研究基地	哲学	中国共产党机关	政府部门办	13	8	5	7	6	0	12	150	50	0
道德国情与道德哲学前沿创新团队	4	2015/6/2	非学校上级主管部门	独立设置研究所	省级重点研究基地	哲学	中国共产党机关	政府部门办	15	11	4	10	5	0	9	170	60	0
道德哲学与中国道德发展研究所	5	2009/11/1	非学校上级主管部门	独立设置研究所	省级重点研究基地	哲学	中国共产党机关	单位自办	15	10	5	12	3	0	18	300	98	30
反腐败法治研究中心	6	2015/1/30	非学校上级主管部门	独立设置研究所	省级重点研究基地	法学	国家机构	政府部门办	12	9	3	6	6	0	15	200	70	0
公民道德提升与人的现代化研究中心	7	2013/1/17	学校上级主管部门	独立设置研究所	省级重点研究基地	哲学	社会工作	政府部门办	14	8	6	8	6	0	11	180	20	0

续表

机构名称	编号	成立时间	批准部门	组成方式	机构类型	学科领域	服务的国民经济行业	组成类型	R&D活动人员(人) 合计	其中：博士毕业	其中：硕士毕业	其中：高级职称	其中：中级职称	其中：初级职称	培养研究生数(人)	R&D经费支出(千元)	仪器设备原价(千元)	其中：进口(千元)
		L01	L02	L03	L04	L05	L06	L07	L08	L09	L10	L11	L12	L13	L14	L15	L16	L17
公民道德与社会风尚协同创新中心	8	2014/3/13	非学校上级主管部门	独立设置研究所	省级重点研究基地	哲学	社会工作	政府部门办	25	18	7	15	8	2	19	1 550	95	0
家事审判心理学重点研究基地	9	2016/12/21	非学校上级主管部门	与校外合办所	省级重点研究基地	心理学	社会工作	政府部门办	10	10	0	2	0	8	0	0	0	0
江苏创新驱动研究基地	10	2011/9/10	非学校上级主管部门	独立设置研究所	省级重点研究基地	经济学	其他服务业	单位自办	14	8	6	7	4	3	8	105	59	0
江苏国际智库合作研究基地	11	2013/12/27	学校上级主管部门	独立设置研究所	省级重点研究基地	经济学	社会工作	政府部门办	15	9	6	6	7	2	8	15	6	0
江苏经济全球化研究中心	12	2011/11/17	非学校上级主管部门	与校外合办所	省级重点研究基地	经济学	社会工作	单位自办	14	8	6	9	3	2	11	158	50	0
江苏民生幸福研究基地	13	2011/9/10	非学校上级主管部门	独立设置研究所	省级重点研究基地	经济学	社会工作	单位自办	11	7	4	6	3	2	9	159	43	0
江苏省非物质文化遗产研究基地	14	2014/6/24	非学校上级主管部门	独立设置研究所	省级重点研究基地	艺术学	文化艺术业	政府部门办	25	15	10	15	9	1	18	106	11	0
江苏省交通运输行业政策法规重点研究基地	15	2012/9/5	非学校上级主管部门	独立设置研究所	省级重点研究基地	法学	公共设施管理业	政府部门办	46	37	9	19	22	5	24	1030	62	17.5
江苏省科技创新体系建设思想库	16	2012/10/24	非学校上级主管部门	独立设置研究所	省级重点研究基地	管理学	社会工作	政府部门办	12	7	5	10	2	0	11	165	38	0
江苏省区域经济与发展研究基地	17	2008/8/20	非学校上级主管部门	独立设置研究所	省级重点研究基地	管理学	科技推广和应用服务业	单位自办	25	15	10	16	8	1	15	295	95	24
江苏省重点物流研究基地	18	2011/4/28	非学校上级主管部门	独立设置研究所	省级重点研究基地	管理学	其他服务业	单位自办	17	11	6	10	7	0	10	198	76	23
人民法院司法大数据研究基地	19	2016/7/1	非学校上级主管部门	与校外合办所	其他重点研究基地	法学	国家机构	政府部门办	42	26	16	15	8	3	10	0	0	0
亚太语言政策研究中心	20	2013/10/23	学校上级主管部门	独立设置研究所	省级重点研究基地	语言学	教育	政府部门办	20	6	14	5	14	1	8	93	38	0
艺术学研究中心	21	2010/10/31	非学校上级主管部门	独立设置研究所	省级重点研究基地	艺术学	文化艺术业	政府部门办	22	14	8	8	11	3	9	355	95	24
中国传统艺术的传承与传播研究中心	22	2013/10/23	学校上级主管部门	独立设置研究所	省级重点研究基地	艺术学	文化艺术业	政府部门办	16	9	7	7	8	1	9	168	74	0
中国特色社会主义发展研究院(简称"中特发展智库")	23	2015/12/1	非学校上级主管部门	独立设置研究所	省级重点研究基地	政治学	中国共产党机关	政府部门办	23	18	5	10	11	2	13	150	70	0
中国特色社会主义理论体系研究基地	24	2015/4/2	非学校上级主管部门	独立设置研究所	省级重点研究基地	政治学	中国共产党机关	政府部门办	11	8	3	5	5	1	6	155	50	0
江南大学	003	/	/	/	/	/	/	/	314	187	85	160	9	0	219	13 610.15	9 357.02	10.2

续表

汉族服饰类非物质文化遗产研究基地	1	2014/7/21	非学校上级主管部门	独立设置研究所	省级重点研究基地	艺术学	纺织服装、服饰业	政府部门办	29	7	14	24	5	0	10	9 300	72 00	0
江苏党风廉政建设创新研究基地	2	2011/11/1	非学校上级主管部门	与校外合办所	省级重点研究基地	政治学	中国共产党机关	单位自办	20	14	5	7	0	0	5	300	760	0
江苏省产品创意与文化重点研究基地	3	2010/1/1	非学校上级主管部门	跨系所	省级重点研究基地	艺术学	文化艺术业	单位自办	10	6	1	8	0	0	15	700	200	0
江苏省知识产权法(江南大学)研究中心	4	2014/12/31	非学校上级主管部门	独立设置研究所	校级重点研究基地	法学	教育	政府部门办	8	4	4	0	0	0	0	350	30	0.2
江苏省中国特色社会主义理论体系研究基地	5	2015/9/7	非学校上级主管部门	跨系所	省级重点研究基地	马克思主义	中国共产党机关	政府部门办	33	25	8	15	0	0	20	500	180	0
江苏食品安全重点研究基地	6	2008/12/2	学校上级主管部门	独立设置研究所	省级重点研究基地	经济学	农业	单位自办	29	20	9	7	0	0	10	320	240	0
教育信息化研究中心	7	2013/2/1	学校上级主管部门	独立设置研究所	省级重点研究基地	教育学	教育	单位自办	19	12	7	19	0	0	41	32	56	10
开放创新设计研究院	8	2013/5/27	学校上级主管部门	与校外合办所	校级重点研究基地	艺术学	文化艺术业	单位自办	12	9	2	9	3	0	60	200	30	0
人文体育研究基地	9	2013/3/6	学校自建	独立设置研究所	校级重点研究基地	体育科学	教育	与国内高校合办	12	1	8	0	0	0	0	153.15	26	0
食品安全风险治理研究院	10	2016/7/8	非学校上级主管部门	跨系所	省级智库	管理学	教育	与国内高校合办	28	19	0	15	0	0	20	320	240	0
无锡党的建设研究基地	11	2013/3/6	学校自建	与校外合办所	校级重点研究基地	政治学	教育	政府部门办	13	6	2	0	0	0	0	200	20	0
无锡江南文化与影视研究中心	12	2007/12/27	学校上级主管部门	与校外合办所	校级重点研究基地	中国文学	文化艺术业	政府部门办	11	6	4	11	0	0	12	410	114.9	0
无锡老龄科学研究中心	13	2010/11/1	学校自建	与校外合办所	校级重点研究基地	社会学	社会工作	其他	13	9	4	12	1	0	10	110	50	0
无锡旅游与区域发展研究基地	14	2013/3/6	学校自建	与校外合办所	校级重点研究基地	经济学	研究和试验发展	政府部门办	17	5	8	10	0	0	3	15	50	0
无锡人力资源开发研究基地	15	2013/3/8	学校自建	与校外合办所	校级重点研究基地	管理学	商务服务业	与国内高校合办	15	9	0	8	0	0	3	50	40	0
行政法治研究中心	16	2013/9/1	学校自建	独立设置研究所	校级重点研究基地	法学	教育	单位自办	16	11	5	0	0	0	0	350	24	0
语言认知与技术应用研究口心	17	2013/1/21	学校自建	跨系所	校级重点研究基地	语言学	教育	单位自办	18	13	4	15	0	0	5	50	36.12	0
中国物联网发展战略研究基地	18	2012/3/15	非学校上级主管部门	独立设置研究所	省级重点研究基地	经济学	教育	与国内独立研究结构合办	11	11	0	0	0	0	5	250	60	0
南京农业大学	004	/	/	/	/	/	/	/	452	317	132	312	133	7	318	25 585.55	2 443	0
电子商务研究中心	1	2001/6/1	学校自建	独立设置研究所	校级重点研究基地	管理学	农业	单位自办	6	5	1	4	2	0	7	455	14	0
工业工程研究室	2	2004/1/1	学校自建	独立设置研究所	校级重点实验室	管理学	农业	单位自办	8	5	3	3	5	0	10	912	750	0

续表

机构名称	编号	成立时间	批准部门	组成方式	机构类型	学科领域	服务的国民经济行业	组成类型	R&D活动人员(人) 合计	其中 博士毕业	硕士毕业	高级职称	中级职称	初级职称	培养研究生数(人)	R&D经费支出(千元)	仪器设备原价(千元)	其中:进口(千元)
		L01	L02	L03	L04	L05	L06	L07	L08	L09	L10	L11	L12	L13	L14	L15	L16	L17
管理工程研究室	3	2004/1/1	学校自建	独立设置研究所	校级重点实验室	管理学	农业	单位自办	7	4	3	3	4	0	4	836	713	0
国际食品与农业经济研究中心	4	2004/6/10	学校自建	独立设置研究所	校级重点研究基地	管理学	农业	单位自办	24	20	4	19	5	0	15	890	27	0
江苏粮食安全研究中心	5	2015/6/1	非学校上级主管部门	独立设置研究所	省级重点研究基地	管理学	农业	单位自办	20	18	2	15	5	0	30	1425	43	0
江苏农村金融发展研究中心	6	2010/11/2	学校上级主管部门	独立设置研究所	省级重点研究基地	经济学	农业	政府部门办	25	24	1	13	9	3	6	51	0	0
江苏农业现代化决策咨询研究基地	7	2011/11/20	非学校上级主管部门	独立设置研究所	省级重点研究基地	管理学	农业	政府部门办	25	25	0	20	5	0	21	1305	39	0
江苏省农村发展与土地政策研究基地	8	2008/10/1	非学校上级主管部门	跨系所	省级重点研究基地	管理学	农业	政府部门办	24	20	4	19	5	0	35	2 104	60	0
江苏省统计科学研究基地	9	2013/12/13	非学校上级主管部门	独立设置研究所	省级重点研究基地	管理学	农业	单位自办	10	8	2	10	0	0	10	640	19	0
江苏省新农村科技创新思想库	10	2012/10/1	非学校上级主管部门	独立设置研究所	省级重点研究基地	管理学	农业	政府部门办	10	10	0	7	3	0	6	750	23	0
金善宝农业现代化研究院	11	2015/11/10	非学校上级主管部门	独立设置研究所	省级重点研究基地	管理学	农业	单位自办	20	18	2	14	5	1	32	1 400	42	0
科技与社会发展研究所	12	2000/10/1	学校自建	独立设置研究所	校级重点研究基地	社会学	农业	单位自办	7	7	0	6	1	0	5	35	5	0
领域知识关联研究中心	13	2003/6/1	学校自建	跨系所	校级重点实验室	图书馆、情报与文献学	软件和信息技术服务业	单位自办	15	10	5	14	1	0	9	900	300	0
农业经济研究所	14	1986/10/1	非学校上级主管部门	独立设置研究所	省级重点研究基地	管理学	农业	政府部门办	20	18	2	15	5	0	13	1 880	56	0
农业园区研究中心	15	1995/1/2	学校自建	独立设置研究所	校级重点研究基地	管理学	农业	单位自办	8	4	1	5	3	0	6	1 580	47	0
农业转基因生物安全管理政策研究中心	16	2009/11/2	学校自建	独立设置研究所	校级重点研究基地	管理学	农业	单位自办	16	15	1	13	3	0	8	1 226	37	0
日语语言文化研究所	17	2000/10/1	学校自建	独立设置研究所	校级重点研究基地	语言学	教育	单位自办	13	2	11	5	8	0	0	1 200	36	0
统筹城乡发展与土地管理创新研究基地	18	2012/1/11	非学校上级主管部门	与校外合办所	省级重点研究基地	管理学	农业	与国内独立研究结构合办	9	5	4	5	4	0	0	2 330	70	0
英语语言文化研究所	19	2000/10/1	学校自建	独立设置研究所	校级重点研究基地	语言学	教育	单位自办	42	8	34	26	15	1	6	1 300	36	0
中国粮食安全保障研究中心	20	2009/1/1	学校自建	独立设置研究所	校级重点研究基地	管理学	农业	单位自办	20	18	2	14	5	1	25	1 750	53	0

续表

中国农业产业链管理研究与发展中心	21	2006/7/14	学校自建	独立设置研究所	校级重点研究基地	管理学	农业	单位自办	16	15	1	13	3	0	6	523	15	0
中国农业遗产研究室	22	1955/8/5	非学校上级主管部门	独立设置研究所	中央其他部委重点研究基地	历史学	农业	政府部门办	26	24	2	19	7	0	14	200	5	0
中华农业文明研究院	23	2014/10/1	非学校上级主管部门	独立设置研究所	省级重点研究基地	历史学	农业	政府部门办	26	24	2	19	7	0	14	270	5	0
中外语言比较中心	24	2012/10/1	学校自建	独立设置研究所	校级重点研究基地	语言学	教育	单位自办	55	10	45	31	23	1	36	1 623.55	48	0
中国矿业大学	005	/	/	/	/	/	/	/	66	60	2	60	4	0	251	202.21	136.6	0
国际能源政策研究中心	1	2013/7/1	非学校上级主管部门	独立设置研究所	省级重点研究基地	管理学	国家机构	政府部门办	23	21	0	21	0	0	85	102.21	23.1	0
江苏省能源经济管理研究基地	2	2008/10/1	非学校上级主管部门	独立设置研究所	省级重点研究基地	管理学	国家机构	政府部门办	43	39	2	39	4	0	166	100	113.5	0
河海大学	006	/	/	/	/	/	/	/	315	205	110	182	133	0	492	3 028	262.7	0
“世界水谷”与水生态文明协同创新中心	1	2014/12/4	非学校上级主管部门	独立设置研究所	省级 2011 协同创新中心	管理学	科技推广和应用服务业	政府部门办	19	10	9	11	8	0	19	350	30	0
长三角环境与社会研究中心	2	2015/2/4	非学校上级主管部门	独立设置研究所	省级重点研究基地	社会学	社会保障	政府部门办	14	9	5	8	6	0	13	120	10	0
东部资源环境与持续发展研究中心	3	1994/12/1	非学校上级主管部门	与校外合办所	部省共建教育部重点研究基地	管理学	国家机构	政府部门办	25	12	13	13	12	0	26	110	11	0
国际河流研究中心	4	2013/7/6	非学校上级主管部门	独立设置研究所	省级重点研究基地	管理学	水利管理业	政府部门办	16	9	7	8	8	0	17	150	13	0
江苏企业国际化发展研究基地	5	2011/11/20	非学校上级主管部门	独立设置研究所	省级重点研究基地	经济学	专业技术服务业	政府部门办	16	10	6	8	8	0	17	135	12.5	0
江苏省科技体制改革科技思想库	6	2012/9/21	非学校上级主管部门	独立设置研究所	省级重点研究基地	管理学	国家机构	政府部门办	10	8	2	7	3	0	17	150	10	0
江苏省老年学研究与培训基地	7	2015/12/6	非学校上级主管部门	与校外合办所	省级重点研究基地	社会学	社会保障	政府部门办	20	12	8	10	10	0	28	110	11	0
江苏省水资源与可持续发展研究中心	8	2010/11/11	非学校上级主管部门	独立设置研究所	省级重点研究基地	经济学	居民服务业	政府部门办	14	11	3	9	5	0	31	140	14	0
江苏省循环经济工程研究中心	9	2005/12/1	非学校上级主管部门	独立设置研究所	省级重点研究基地	管理学	国家机构	政府部门办	22	15	7	13	9	0	39	150	15	0
江苏省中国特色社会主义理论体系研究基地	10	2015/4/9	非学校上级主管部门	独立设置研究所	省级重点研究基地	马克思主义	中国共产党机关	政府部门办	23	13	10	8	15	0	25	140	14	0
江苏沿海资源经济研究中心	11	2011/12/31	非学校上级主管部门	与校外合办所	省级重点研究基地	经济学	水利管理业	政府部门办	19	14	5	13	6	0	36	145	14	0
企业人才研究中心	12	2015/5/12	非学校上级主管部门	独立设置研究所	省级重点研究基地	管理学	专业技术服务业	政府部门办	15	9	6	8	7	0	15	160	14	0

续表

机构名称		成立时间	批准部门	组成方式	机构类型	学科领域	服务的国民经济行业	组成类型	R&D活动人员(人)						培养研究生数(人)	R&D经费支出(千元)	仪器设备原价(千元)	其中：进口(千元)
									合计	其中								
										博士毕业	硕士毕业	高级职称	中级职称	初级职称				
	编号	L01	L02	L03	L04	L05	L06	L07	L08	L09	L10	L11	L12	L13	L14	L15	L16	L17
全国性别/妇女研究与培训基地	13	2013/9/16	非学校上级主管部门	与校外合办所	部省共建教育部重点研究基地	社会学	社会工作	政府部门办	16	9	7	10	6	0	25	110	10	0
人口老龄化科研基地	14	2014/10/16	非学校上级主管部门	独立设置研究所	省级重点研究基地	社会学	社会工作	政府部门办	11	8	3	8	3	0	26	150	12	0
水库移民经济研究中心	15	1992/9/15	非学校上级主管部门	独立设置研究所	部省共建教育部重点研究基地	社会学	社会工作	政府部门办	14	9	5	8	6	0	27	160	13.6	0
水利部人力资源研究院	16	2011/4/29	非学校上级主管部门	与校外合办所	部省共建教育部重点研究基地	管理学	居民服务业	政府部门办	18	13	5	11	7	0	34	200	14.6	0
水利经济研究所	17	1985/12/28	非学校上级主管部门	独立设置研究所	部省共建教育部重点研究基地	经济学	居民服务业	政府部门办	13	11	2	9	4	0	31	160	15	0
水利政策法制研究与培训中心	18	2011/10/18	非学校上级主管部门	独立设置研究所	部省共建教育部重点研究基地	法学	生态保护和环境治理业	政府部门办	15	10	5	8	7	0	29	250	20	0
中国(南京)人才发展研究中心	19	2012/3/28	非学校上级主管部门	独立设置研究所	部省共建教育部重点研究基地	管理学	中国共产党机关	政府部门办	15	13	2	12	3	0	37	138	9	0
南京理工大学	007	/	/	/	/	/	/	/	123	61	62	51	59	12	26	390	330	0
国际经贸问题研究中心	1	2012/12/7	非学校上级主管部门	独立设置研究所	省级基地培育点	经济学	教育	其他	15	8	7	8	7	0	5	50	10	0
江苏产业集群研究基地	2	2011/11/5	非学校上级主管部门	独立设置研究所	省级重点研究基地	经济学	卫生	单位自办	13	6	7	5	8	0	2	50	20	0
江苏服务型政府建设研究基地	3	2011/11/5	非学校上级主管部门	独立设置研究所	省级重点研究基地	社会学	基层群众自治组织	其他	15	6	9	5	7	2	2	50	20	0
江苏人才发展战略研究院	4	2016/7/7	非学校上级主管部门	独立设置研究所	省级智库	管理学	国家机构	政府部门办	10	5	5	3	5	2	0	10	50	0
江苏省军民融合科技与产业创新研究中心	5	2016/4/14	非学校上级主管部门	独立设置研究所	省级重点研究基地	管理学	教育	政府部门办	11	5	6	3	4	4	0	15	50	0
江苏省科技人才思想库	6	2012/10/19	非学校上级主管部门	独立设置研究所	省级重点研究基地	统计学	教育	单位自办	12	5	7	5	7	0	0	50	30	0
江苏省知识产权发展研究中心	7	2012/1/1	非学校上级主管部门	独立设置研究所	省级重点研究基地	法学	社会工作	单位自办	12	6	6	4	5	3	2	50	20	0

续表

江苏省知识产权思想库	8	2016/2/3	非学校上级主管部门	独立设置研究所	省级重点研究基地	法学	教育	政府部门办	12	10	2	8	4	0	0	15	20	0
马克思主义与当代中国研究中心	9	2004/9/23	学校自建	独立设置研究所	省级基地培育点	马克思主义	教育	其他	10	5	5	5	5	0	10	50	10	0
社会计算与舆情分析研究中心	10	2012/4/13	学校上级主管部门	独立设置研究所	省级基地培育点	图书馆、情报与文献学	群众团体、社会团体和其他成员组织	单位自办	13	5	8	5	7	1	5	50	100	0
南京航空航天大学	008	/	/	/	/	/	/	/	139	87	48	70	24	0	74	2 069.72	543	0
国际战略与安全研究中心	1	2013/6/28	非学校上级主管部门	独立设置研究所	省级重点研究基地	国际问题研究	国家机构	单位自办	22	12	6	13	1	0	1	16.72	21	0
国家文化产业研究中心	2	2006/12/7	非学校上级主管部门	独立设置研究所	中央其他部委重点研究基地	艺术学	社会工作	与国内独立研究结构合办	22	12	10	6	5	0	1	100	75	0
江苏省非物质文化遗产研究基地	3	2014/6/25	非学校上级主管部门	独立设置研究所	省级重点研究基地	艺术学	文化艺术业	单位自办	22	12	10	6	5	0	1	100	75	0
江苏省后评价研究中心	4	2005/9/6	非学校上级主管部门	独立设置研究所	省级重点研究基地	管理学	社会工作	其他	12	6	6	6	0	0	11	460	85	0
江苏省军民融合产业发展研究中心	5	2016/4/25	非学校上级主管部门	独立设置研究所	省级重点研究基地	经济学	科技推广和应用服务业	单位自办	17	16	1	13	4	0	18	320	39	0
江苏省中国特色社会主义理论体系研究基地	6	2015/4/2	非学校上级主管部门	独立设置研究所	省级重点研究基地	马克思主义	国家机构	单位自办	16	10	6	10	6	0	10	81	48	0
科学发展研究中心	7	2010/8/5	非学校上级主管部门	独立设置研究所	省级重点研究基地	管理学	科技推广和应用服务业	单位自办	17	8	9	8	0	0	14	960	161	0
能源软科学研究中心	8	2010/8/5	非学校上级主管部门	独立设置研究所	省级重点研究基地	管理学	科技推广和应用服务业	单位自办	11	11	0	8	3	0	18	32	39	0
南京森林警察学院	009	/	/	/	/	/	/	/	4	1	1	1	3	0	0	48.78	216.03	0
国家林业局职业教育研究中心	1	1984/3/1	学校上级主管部门	独立设置研究所	其他	教育学	社会工作	政府部门办	4	1	1	1	3	0	0	48.78	216.03	0
苏州大学	010	/	/	/	/	/	/	/	246	142	74	233	13	0	146	4 820.7	2 448.7	0
东吴智库	1	2015/6/18	学校上级主管部门	跨系所	省级智库，省级重点研究基地	管理学	教育	单位自办	20	16	4	20	0	0	16	560	130	0
公法研究中心	2	2009/10/27	学校上级主管部门	独立设置研究所	省级重点研究基地	法学	教育	单位自办	32	19	13	26	6	0	12	450	50	0
国家体育总局机能评定与体能训练重点实验室	3	2008/8/25	非学校上级主管部门	独立设置研究所	中央其他部委重点实验室	体育科学	体育	单位自办	15	5	10	13	2	0	6	300	250	0
国家体育总局体育社会科学重点研究基地	4	2001/5/18	非学校上级主管部门	独立设置研究所	中央其他部委重点研究基地	体育科学	体育	单位自办	17	6	11	15	2	0	3	300	350	0
江苏省吴文化研究基地	5	1996/12/5	非学校上级主管部门	独立设置研究所	省级重点研究基地	历史学	文化艺术业	单位自办	16	10	5	16	0	0	18	70	100	0

续表

机构名称	编号	成立时间	批准部门	组成方式	机构类型	学科领域	服务的国民经济行业	组成类型	R&D活动人员(人) 合计	其中 博士毕业	硕士毕业	高级职称	中级职称	初级职称	培养研究生数(人)	R&D经费支出(千元)	仪器设备原价(千元)	其中：进口(千元)
		L01	L02	L03	L04	L05	L06	L07	L08	L09	L10	L11	L12	L13	L14	L15	L16	L17
江苏省新型城镇化与社会治理协同创新中心	6	2014/3/20	学校上级主管部门	与校外合办所	省级2011协同创新中心	政治学	教育	与国内高校合办	38	25	13	38	0	0	22	656.1	125	0
老挝—大湄公河次区域国家研究中心	7	2013/6/28	学校上级主管部门	独立设置研究所	省级重点研究基地	国际问题研究	教育	单位自办	21	2	4	21	0	0	13	354.6	45.7	0
社会公共文明研究所	8	2009/6/8	学校自建	与校外合办所	校级重点研究基地	社会学	社会工作	政府部门办	9	6	3	8	1	0	2	60	20	0
苏南发展研究院	9	1997/4/7	学校自建	跨系所	其他重点研究基地	社会学	教育	单位自办	20	15	4	20	0	0	10	500	378	0
苏州基层党建研究所	10	2007/6/26	学校上级主管部门	与校外合办所	省级重点研究基地	马克思主义	社会工作	政府部门办	15	12	1	15	0	0	8	490	50	0
新媒介与青年文化研究中心	11	2012/1/10	学校自建	跨系所	校级重点研究基地	新闻学与传播学	文化艺术业	单位自办	15	11	4	13	2	0	11	80	20	0
中国特色城镇化研究中心	12	2003/4/28	学校上级主管部门	跨系所	教育部重点研究基地	管理学	教育	单位自办	28	15	2	28	0	0	25	1 000	930	0
江苏科技大学	011	/	/	/	/	/	/	/	15	9	6	10	5	0	25	100	10	0
服务制造模式与信息化研究中心	1	2015/5/1	学校上级主管部门	独立设置研究所	省级重点研究基地	管理学	铁路、船舶、航空航天和其他运输设备制造业	与国内独立研究结构合办	15	9	6	10	5	0	25	100	10	0
南京工业大学	012	/	/	/	/	/	/	/	114	60	54	69	40	5	2	625	131	0
财务治理与创新研究基地	1	2016/11/1	学校自建	跨系所	校级重点研究基地	经济学	教育	单位自办	15	3	12	11	4	0	0	75	20	0
城市建筑空间艺术研究中心	2	2016/11/1	学校自建	独立设置研究所	校级重点研究基地	艺术学	生态保护和环境治理业	单位自办	12	10	2	9	3	0	0	50	10	0
高等教育与全球化(拓展)研究基地	3	2016/11/1	学校自建	跨系所	校级重点研究基地	管理学	教育	单位自办	14	10	4	10	4	0	0	50	20	0
工业设计创新系统理论研究基地	4	2016/11/1	学校自建	独立设置研究所	校级重点研究基地	艺术学	教育	单位自办	12	5	7	9	3	0	0	100	30	0
国家级新区研究基地	5	2016/11/1	学校自建	与校外合办所	校级重点研究基地	法学	教育	与国内独立研究结构合办	12	5	7	6	6	0	0	50	7	0
互联网金融研究中心	6	2016/11/1	学校自建	独立设置研究所	校级重点研究基地	马克思主义	教育	单位自办	8	4	4	6	2	0	0	50	0	0
江苏省社会管理法制建设研究基地	7	2011/11/20	学校自建	与校外合办所	校级重点研究基地	法学	社会工作	与国内高校合办	20	12	8	8	7	5	2	50	12	0

续表

普通高校竞技体育人才培养研究基地	8	2016/11/1	学校自建	独立设置研究所	校级重点研究基地	体育科学	教育	单位自办	11	6	5	5	6	0	0	100	22	0
生态治理创新研究中心	9	2016/11/1	学校自建	与校外合办所	校级重点研究基地	马克思主义	社会保障	与国内高校合办	10	5	5	5	5	0	0	100	10	0
常州大学	013	/	/	/	/	/	/	/	100	56	44	58	42	0	0	1 140	610	0
常州社科院历史文化研究所	1	2013/4/10	学校自建	与校外合办所	校级重点研究基地	历史学	教育	与国内独立研究结构合办	6	4	2	2	4	0	0	100	20	0
常州现代服务业研究院	2	2014/9/23	非学校上级主管部门	与校外合办所	校级重点研究基地	管理学	商务服务业	单位自办	6	4	2	5	1	0	0	200	30	0
城乡文明研究所	3	2014/6/5	学校自建	独立设置研究所	校级重点研究基地	马克思主义	国家机构	单位自办	4	1	3	3	1	0	0	20	20	0
国家与江苏石油石化发展战略研究基地	4	2013/3/19	学校上级主管部门	与校外合办所	省级重点研究基地	管理学	石油加工、炼焦和核燃料加工业	政府部门办	10	6	4	6	4	0	0	100	50	0
江苏省非物质文化遗产研究基地	5	2014/10/20	学校上级主管部门	跨系所	省级重点研究基地	艺术学	国家机构	政府部门办	10	5	5	6	4	0	0	100	50	0
江苏中国特色社会主义理论研究基地	6	2015/5/6	学校上级主管部门	跨系所	省级重点研究基地	马克思主义	中国共产党机关	政府部门办	10	6	4	7	3	0	0	100	50	0
旅游产业战略研究所	7	2014/1/7	学校自建	跨系所	校级重点研究基地	管理学	商务服务业	单位自办	4	2	2	2	2	0	0	20	20	0
马克思主义研究院	8	2014/4/24	学校自建	独立设置研究所	校级重点研究基地	马克思主义	中国共产党机关	单位自办	10	4	6	6	4	0	0	200	200	0
人力资源管理研究中心	9	2014/2/1	学校自建	与校外合办所	校级重点研究基地	管理学	教育	单位自办	6	4	2	3	3	0	0	20	20	0
书画艺术研究院	10	2014/8/6	学校自建	独立设置研究所	校级重点研究基地	艺术学	文化艺术业	单位自办	4	2	2	2	2	0	0	20	20	0
苏台经贸合作和科技创新研究中心	11	2015/5/18	学校上级主管部门	与校外合办所	校级重点研究基地	管理学	商务服务业	单位自办	10	6	4	5	5	0	0	100	50	0
体育健康教育研究所	12	2011/10/17	学校自建	独立设置研究所	校级重点研究基地	体育科学	体育	单位自办	4	2	2	2	2	0	0	20	20	0
应用语言学研究所	13	2014/1/7	学校自建	独立设置研究所	校级重点研究基地	语言学	教育	单位自办	5	3	2	3	2	0	0	20	20	0
语言应用研究基地	14	2015/10/19	非学校上级主管部门	与校外合办所	校级重点研究基地	语言学	教育	与国内独立研究结构合办	7	5	2	4	3	0	0	100	20	0
中国财经文学研究中心	15	2013/6/5	学校自建	独立设置研究所	校级重点研究基地	中国文学	文化艺术业	单位自办	4	2	2	2	2	0	0	20	20	0
南京邮电大学	014	/	/	/	/	/	/	/	74	41	33	37	37	0	0	744	157	0
大数据与人口流动演技	1	2015/6/15	学校上级主管部门	跨系所	其他	社会学	社会工作	单位自办	8	4	4	4	4	0	0	100	32	0

续表

机构名称	编号	成立时间	批准部门	组成方式	机构类型	学科领域	服务的国民经济行业	组成类型	R&D活动人员(人) 合计	其中 博士毕业	硕士毕业	高级职称	中级职称	初级职称	培养研究生数(人)	R&D经费支出(千元)	仪器设备原价(千元)	其中:进口(千元)
		L01	L02	L03	L04	L05	L06	L07	L08	L09	L10	L11	L12	L13	L14	L15	L16	L17
江苏农业信息化研究基地	2	2011/11/15	非学校上级主管部门	跨系所	省级重点研究基地	经济学	农业	单位自办	14	6	8	5	9	0	0	113	21	0
江苏省统计科学研究基地	3	2010/6/7	非学校上级主管部门	跨系所	省级重点研究基地	统计学	软件和信息技术服务业	单位自办	8	5	3	6	2	0	0	91	13	0
江苏省物联网产业发展研究基地	4	2010/8/5	学校上级主管部门	跨系所	省级重点研究基地	管理学	邮政业	单位自办	15	11	4	8	7	0	0	130	40	0
江苏现代信息服务业研究基地	5	2011/12/22	非学校上级主管部门	跨系所	省级重点研究基地	管理学	邮政业	单位自办	13	7	6	6	7	0	0	110	11	0
网络文化安全管理研究创新团队	6	2013/7/9	学校上级主管部门	跨系所	其他	管理学	软件和信息技术服务业	单位自办	16	8	8	8	8	0	0	200	40	0
南京林业大学	015	/	/	/	/	/	/	/	31	9	17	21	10	0	0	586.8	1 200.2	281.8
江苏环境与发展研究中心	1	2009/12/15	学校上级主管部门	独立设置研究所	省级重点研究基地	哲学	生态保护和环境治理业	政府部门办	10	4	5	7	3	0	0	334.7	854.2	246
生态经济研究中心	2	2010/10/28	学校上级主管部门	独立设置研究所	省级重点研究基地	经济学	生态保护和环境治理业	政府部门办	21	5	12	14	7	0	0	252.1	346	35.8
江苏大学	016	/	/	/	/	/	/	/	25	16	9	16	0	0	16	845	290	0
高等教育研究所	1	1983/8/1	学校自建	独立设置研究所	研究所	教育学	教育	单位自办	2	1	1	1	0	0	1	40	10	0
江苏省统计应用研究基地	2	2012/1/11	非学校上级主管部门	与校外合办所	省级重点研究基地	统计学	教育	与国内独立研究结构合办	3	3	0	3	0	0	3	100	10	0
江苏省知识产权研究中心	3	2008/9/27	非学校上级主管部门	独立设置研究所	省级重点研究基地	管理学	专业技术服务业	单位自办	4	2	2	2	0	0	2	80	20	0
江苏省中小企业发展研究基地	4	2008/10/3	非学校上级主管部门	跨系所	省级重点研究基地	管理学	专业技术服务业	政府部门办	4	2	2	2	0	0	2	90	10	0
能源发展与环境保护战略研究中心	5	2009/11/11	学校上级主管部门	独立设置研究所	省级重点研究基地	经济学	专业技术服务业	政府部门办	4	4	0	4	0	0	4	280	100	0
现代农业经济研究所	6	2004/5/20	非学校上级主管部门	跨系所	研究所	经济学	农业	单位自办	4	2	2	2	0	0	2	80	10	0
中小企业研究中心	7	2002/9/1	学校自建	跨系所	研究所	管理学	专业技术服务业	单位自办	4	2	2	2	0	0	2	175	130	0
南京信息工程大学	017	/	/	/	/	/	/	/	164	108	43	121	43	0	37	2 089.6	909.5	14
国家体育总局体育文化研究基地	1	2013/11/3	非学校上级主管部门	独立设置研究所	省级重点研究基地	体育科学	体育	单位自办	6	2	2	3	3	0	0	138.8	68.1	0
江苏人才强省建设研究基地	2	2011/10/22	非学校上级主管部门	与校外合办所	省级重点研究基地	管理学	国家机构	其他	14	8	6	6	8	0	0	118.4	51.2	0

续表

江苏省中国特色社会主义理论体系研究基地	3	2015/4/2	非学校上级主管部门	跨系所	省级重点研究基地	马克思主义	中国共产党机关	单位自办	11	10	1	10	1	0	4	481.7	47	0
欧美再工业化战略研究中心	4	2013/7/2	学校上级主管部门	独立设置研究所	省级重点研究基地	管理学	其他制造业	单位自办	12	10	2	8	4	0	0	116.7	55.3	0
气候变化与公共政策研究院	5	2007/3/6	学校上级主管部门	跨系所	省级重点研究基地	政治学	国家机构	单位自办	18	9	4	16	2	0	15	175.4	50.1	0
气候与环境治理研究院	6	2016/7/8	非学校上级主管部门	跨系所	省级智库	管理学	国家机构	单位自办	41	40	0	39	2	0	0	366.4	128.7	14
清华大学技术创新研究中心分中心	7	2008/5/15	非学校上级主管部门	与校外合办所	其他重点研究基地	管理学	专业技术服务业	与国内高校合办	11	8	3	8	3	0	5	95.6	38.3	0
中国科协科技人力资源研究基地	8	2007/6/3	非学校上级主管部门	与校外合办所	中央其他部委重点研究基地	管理学	科技推广和应用服务业	与国内独立研究结构合办	19	5	10	10	9	0	0	125.2	80.5	0
中国制造业发展研究院	9	2006/5/18	学校上级主管部门	独立设置研究所	省级重点研究基地	经济学	其他制造业	单位自办	32	16	15	21	11	0	13	471.4	390.3	0
南通大学	018	/	/	/	/	/	/	/	68	40	22	51	9	7	37	3 124.4	1 265.1	50
楚辞研究中心	1	2007/4/12	学校上级主管部门	独立设置研究所	省高校哲学社会科学重点研究基地	中国文学	文化艺术业	单位自办	11	7	2	8	1	1	5	412.2	212.4	0
江苏省中国特色社会主义理论体系研究基地南通大学研究中心	2	2015/4/10	非学校上级主管部门	跨系所	省级研究基地	马克思主义	中国共产党机关	其他	20	13	7	18	1	1	6	130	36.8	0
江苏先进典型研究中心	3	2011/4/18	学校上级主管部门	与校外合办所	省高校人文社会科学校外研究基地	马克思主义	教育	单位自办	8	5	2	6	1	1	5	481	56.3	0
江苏沿海沿江发展研究院	4	2009/10/12	非学校上级主管部门	与校外合办所	省级重点培育智库	经济学	国家机构	单位自办	6	4	2	4	1	1	6	453	125.4	0
蓝印花布艺术研究所	5	2016/1/20	学校自建	独立设置研究所	研究所	艺术学	纺织服装、服饰业	单位自办	6	4	2	2	2	2	5	850	563	50
南通廉政文化研究所	6	2007/4/11	学校自建	与校外合办所	省高校哲学社会科学重点研究基地	政治学	中国共产党机关	其他	11	3	5	8	2	1	5	650.2	185	0
张謇研究所	7	2004/10/20	学校自建	独立设置研究所	研究所	历史学	社会工作	单位自办	6	4	2	5	1	0	5	148	86.2	0
南京医科大学	019	/	/	/	/	/	/	/	25	13	12	15	10	0	5	200	100	0
健康江苏建设与发展研究院	1	2016/6/30	非学校上级主管部门	与校外合办所	省级智库	管理学	卫生	与国内高校合办	25	13	12	15	10	0	5	200	100	0
南京中医药大学	020	/	/	/	/	/	/	/	20	8	12	9	8	3	6	200	0	0
中医文化研究中心	1	1994/6/1	学校上级主管部门	独立设置研究所	省级重点研究基地	民族学与文化学	教育	单位自办	20	8	12	9	8	3	6	200	0	0
南京师范大学	021	/	/	/	/	/	/	/	1 092	852	5	1 083	2	0	1 089	15 851	25 445.05	6 748

续表

机构名称	编号	成立时间	批准部门	组成方式	机构类型	学科领域	服务的国民经济行业	组成类型	R&D活动人员(人) 合计	其中：博士毕业	硕士毕业	高级职称	中级职称	初级职称	培养研究生数(人)	R&D经费支出(千元)	仪器设备原价(千元)	其中：进口(千元)
		L01	L02	L03	L04	L05	L06	L07	L08	L09	L10	L11	L12	L13	L14	L15	L16	L17
道德教育研究所	1	2000/1/1	学校上级主管部门	独立设置研究所	教育部重点研究基地	教育学	教育	政府部门办	9	8	1	8	0	0	0	210	1 345.9	0
东亚国际问题研究中心	2	2013/6/1	学校上级主管部门	独立设置研究所	省级重点研究基地	政治学	教育	政府部门办	5	4	1	5	0	0	0	50	28.6	0
发展与教育心理研究所	3	2012/3/1	学校自建	独立设置研究所	校级重点研究基地	心理学	教育	单位自办	10	10	0	10	0	0	12	400	5 114.5	0
法制现代化研究中心	4	2012/3/1	学校自建	跨系所	校级重点研究基地	法学	教育	单位自办	18	17	0	18	0	0	18	1100	600	0
符号的认知研究所	5	2013/7/1	学校上级主管部门	独立设置研究所	省级重点研究基地	外国文学	教育	政府部门办	10	10	0	10	0	0	11	650	500	500
符号学研究中心	6	2012/6/1	学校自建	独立设置研究所	校级重点研究基地	语言学	教育	单位自办	6	6	0	6	0	0	6	150	60	0
古典文献研究中心	7	2012/3/1	学校自建	独立设置研究所	校级重点研究基地	中国文学	教育	单位自办	21	10	0	21	0	0	20	170	130	0
国家体育总局体育社科研究中心	8	2003/9/1	非学校上级主管部门	独立设置研究所	省级重点研究基地	体育科学	教育	政府部门办	30	7	0	29	1	0	28	600	80	0
国家体育总局体育文化研究中心	9	2007/9/1	非学校上级主管部门	独立设置研究所	省级重点研究基地	体育科学	教育	政府部门办	14	7	0	14	0	0	12	280	40	0
基础教育人才培养模式协同创新中心	10	2013/2/1	非学校上级主管部门	与校外合办所	校级重点研究基地	教育学	教育	与国内高校合办	64	58	0	58	0	0	60	600	150	0
江苏城乡一体研究基地	11	2011/11/1	非学校上级主管部门	独立设置研究所	省级重点研究基地	社会学	教育	政府部门办	7	5	0	7	0	0	8	50	50	0
江苏当代作家研究基地	12	2013/10/31	非学校上级主管部门	独立设置研究所	省级重点研究基地	中国文学	教育	政府部门办	25	9	0	25	0	0	26	300	100	0
江苏法治发展研究院	13	2008/1/1	学校上级主管部门	跨系所	省级重点研究基地	法学	教育	政府部门办	61	51	0	61	0	0	65	370	227.45	0
江苏国际法治动态研究中心	14	2015/3/26	非学校上级主管部门	独立设置研究所	省级重点研究基地	语言学	教育	政府部门办	10	8	0	10	0	0	12	50	0	0
江苏省创新经济研究基地	15	2008/6/30	学校上级主管部门	独立设置研究所	省级重点研究基地	经济学	教育	政府部门办	24	18	0	24	0	0	24	430	350	0
江苏省非物质文化遗产研究基地	16	2014/6/24	非学校上级主管部门	跨系所	省级重点研究基地	社会学	教育	政府部门办	19	14	0	19	0	0	19	450	0	0
江苏省老年学研究基地	17	2006/9/1	非学校上级主管部门	跨系所	省级重点研究基地	社会学	社会保障	政府部门办	35	8	0	35	0	0	35	120	120	18
江苏省民营经济研究基地	18	2011/6/30	非学校上级主管部门	独立设置研究所	省级重点研究基地	经济学	教育	与国内高校合办	18	14	0	18	0	0	20	500	170	0

续表

江苏省学生体质健康促进研究中心	19	2011/1/1	学校上级主管部门	独立设置研究所	省级重点研究基地	体育科学	教育	政府部门办	17	13	0	17	0	0	18	100	150	0
江苏文学翻译与研究中心	20	2013/11/1	非学校上级主管部门	独立设置研究所	省级重点研究基地	外国文学	教育	政府部门办	4	3	0	4	0	0	5	1 000	80	0
江苏艺术强省建设研究基地	21	2013/1/1	非学校上级主管部门	独立设置研究所	省级重点研究基地	艺术学	文化艺术业	政府部门办	35	15	0	35	0	0	35	100	0	0
教育科学研究院	22	2012/3/1	学校自建	独立设置研究所	校级重点研究基地	教育学	教育	单位自办	17	17	0	17	0	0	17	400	70	0
教育社会学研究中心	23	2009/6/30	学校上级主管部门	独立设置研究所	省级重点研究基地	教育学	教育	政府部门办	17	16	0	17	0	0	17	185	60	0
教育信息工程研究所	24	2012/3/1	学校自建	独立设置研究所	校级重点研究基地	教育学	教育	单位自办	16	14	0	16	0	0	16	960	630	0
金陵妇女发展研究中心	25	2006/6/1	非学校上级主管部门	跨系所	省级重点研究基地	社会学	社会保障	其他	45	24	0	45	0	0	45	50	40	20
金融工程与管理科学研究所	26	2012/6/30	学校自建	独立设置研究所	校级重点研究基地	管理学	教育	单位自办	11	9	0	11	0	0	13	670	80	0
经济伦理学研究所	27	2012/6/1	学校自建	独立设置研究所	校级重点研究基地	哲学	教育	单位自办	10	10	0	10	0	0	10	200	80	0
抗日战争研究中心	28	2012/3/1	学校自建	独立设置研究所	校级重点研究基地	历史学	教育	单位自办	8	8	0	8	0	0	8	380	50	0
课程与教学研究所	29	2012/3/1	学校自建	独立设置研究所	校级重点研究基地	教育学	教育	单位自办	22	20	2	21	1	0	20	620	180	0
联合国教科文组织国际农村教育研究与培训中心南京基地	30	1999/1/1	非学校上级主管部门	独立设置研究所	省级重点研究基地	教育学	教育	与境外机构合办	4	4	0	4	0	0	5	100	140	0
马克思主义研究院	31	2009/6/30	学校上级主管部门	独立设置研究所	省级重点研究基地	马克思主义	教育	与国内高校合办	75	55	0	75	0	0	70	16	190	10
脑认知实验与理论研究中心	32	2012/3/1	学校自建	独立设置研究所	校级重点研究基地	心理学	教育	单位自办	15	13	0	15	0	0	16	400	7 200	2 800
区域法治发展协同创新中心	33	2014/3/13	非学校上级主管部门	与校外合办所	省级重点研究基地	法学	教育	与国内高校合办	173	167	0	173	0	0	180	50	0	0
全国大学生职业发展教育研发基地	34	2015/7/30	非学校上级主管部门	独立设置研究所	省级重点研究基地	教育学	教育	政府部门办	1	1	0	1	0	0	1	50	0	0
全国民政政策理论研究基地	35	2016/11/29	学校上级主管部门	独立设置研究所	省级重点研究基地	政治学	教育	政府部门办	30	30	0	30	0	0	30	50	300	300
全球化东方社会主义研究所	36	2012/3/1	学校自建	独立设置研究所	校级重点研究基地	马克思主义	教育	单位自办	13	10	0	13	0	0	12	230	90	0
社会主义意识形态研究中心	37	2013/12/1	非学校上级主管部门	独立设置研究所	省级重点研究基地	马克思主义	教育	政府部门办	3	3	0	3	0	0	2	50	0	0
司法现代化研究中心	38	2012/3/31	学校上级主管部门	与校外合办所	省级重点研究基地	法学	教育	政府部门办	20	14	0	20	0	0	20	300	428.6	0
外国语言文化研究所	39	2012/3/1	学校自建	独立设置研究所	校级重点研究基地	语言学	教育	单位自办	16	16	0	16	0	0	16	300	40	0

续表

机构名称	编号	成立时间	批准部门	组成方式	机构类型	学科领域	服务的国民经济行业	组成类型	R&D活动人员(人) 合计	其中 博士毕业	硕士毕业	高级职称	中级职称	初级职称	培养研究生数(人)	R&D经费支出(千元)	仪器设备原价(千元)	其中:进口(千元)
		L01	L02	L03	L04	L05	L06	L07	L08	L09	L10	L11	L12	L13	L14	L15	L16	L17
现代司法研究中心	40	2005/6/30	学校自建	独立设置研究所	校级重点研究基地	法学	教育	单位自办	10	8	0	10	0	0	11	600	0	0
新教育公平的理论建构与实践探索研究基地	41	2015/6/10	学校上级主管部门	独立设置研究所	省级重点研究基地	教育学	教育	政府部门办	12	11	0	12	0	0	12	50	0	0
学前教育研究所	42	2012/3/1	学校自建	独立设置研究所	校级重点研究基地	教育学	教育	单位自办	24	21	0	24	0	0	24	730	150	0
语言信息科技研究中心	43	2010/8/1	学校上级主管部门	跨系所	省级重点研究基地	语言学	教育	单位自办	50	45	0	50	0	0	50	290	6 000	3 100
中国经济史研究所	44	2012/6/1	学校自建	独立设置研究所	校级重点研究基地	历史学	教育	单位自办	17	12	0	17	0	0	0	150	60	0
中国现当代文学研究中心	45	2012/3/6	学校自建	独立设置研究所	校级重点研究基地	中国文学	教育	单位自办	21	11	0	21	0	0	22	710	240	0
中小学课程与教学研究基地	46	2015/1/30	学校上级主管部门	独立设置研究所	省级重点研究基地	教育学	教育	单位自办	20	18	1	20	0	0	38	630	120	0
江苏师范大学	022	/	/	/	/	/	/	/	445	356	78	348	95	0	302	15 350	15 723	3 312
澳大利亚研究中心	1	2013/6/18	学校上级主管部门	独立设置研究所	省级重点研究基地	历史学	教育	政府部门办	17	15	2	14	3	0	10	480	150	50
古籍整理研究所	2	1998/2/1	学校自建	跨系所	校级重点研究基地	中国文学	教育	单位自办	8	7	1	7	1	0	4	10	20	0
国家体育总局体育文化发展中心体育文化研究基地(江苏师范大学)	3	2011/11/1	非学校上级主管部门	与校外合办所	其他重点研究基地	体育科学	教育	政府部门办	15	9	6	10	5	0	10	200	100	0
国务院侨务办公室侨务理论研究江苏基地(江苏师范大学)	4	2013/1/18	非学校上级主管部门	与校外合办所	中央其他部委重点研究基地	历史学	教育	政府部门办	17	15	2	14	3	0	10	480	150	50
汉文化研究院	5	2008/12/12	学校上级主管部门	独立设置研究所	省级重点研究基地	艺术学	教育	政府部门办	20	15	5	16	4	0	12	1 000	2 000	0
淮海发展研究院	6	1998/7/1	非学校上级主管部门	独立设置研究所	省级重点研究基地	经济学	科技推广和应用服务业	政府部门办	18	15	3	16	2	0	11	1 900	91	0
基础教育研究中心	7	2008/12/12	学校自建	跨系所	校级重点研究基地	教育学	教育	单位自办	7	6	1	5	0	0	4	10	20	0
江苏省决策咨询研究基地 江苏区域协调发展研究基地	8	2011/11/1	非学校上级主管部门	独立设置研究所	省级重点研究基地	经济学	科技推广和应用服务业	政府部门办	12	9	3	8	4	0	5	210	510	0
江苏省中国特色社会主义理论体系研究基地(江苏师范大学)	9	2015/4/2	非学校上级主管部门	独立设置研究所	省级重点研究基地	马克思主义	教育	政府部门办	20	17	3	16	4	0	5	200	100	0
江苏师范大学"一带一路"研究院	10	2016/7/4	非学校上级主管部门	与校外合办所	省级智库	经济学	科技推广和应用服务业	政府部门办	32	29	3	30	2	0	16	1 000	120	0
留学生与近代中国研究中心	11	2008/12/12	学校自建	跨系所	校级重点研究基地	政治学	教育	单位自办	8	7	1	7	1	0	3	10	20	0

续表

伦理学与德育研究中心	12	2008/12/12	学校自建	独立设置研究所	校级重点研究基地	哲学	教育	单位自办	10	9	1	9	1	0	5	10	20	0
欧美同学会留学报国江苏师范大学研究基地	13	2016/11/22	非学校上级主管部门	与校外合办所	其他重点研究基地	历史学	教育	与国内独立研究结构合办	16	14	2	12	4	0	8	100	50	0
苏北农村治理创新研究基地	14	2009/3/18	学校上级主管部门	与校外合办所	省级重点研究基地	社会学	社会保障	政府部门办	20	18	2	15	5	0	10	500	500	0
苏北三农研究中心	15	2008/12/12	学校自建	独立设置研究所	校级重点研究基地	经济学	科技推广和应用服务业	单位自办	8	6	2	6	2	0	5	10	20	0
语言能力协同创新中心	16	2014/3/14	学校上级主管部门	与校外合办所	省级2011协同创新中心	语言学	文化艺术业	与国内高校合办	138	110	24	110	28	0	115	7 200	8 410	2 200
语言研究所	17	1997/3/30	学校上级主管部门	独立设置研究所	省级重点研究基地	语言学	社会工作	政府部门办	36	23	10	19	17	0	35	1 300	3 000	900
智慧教育研究中心	18	2015/1/30	学校上级主管部门	独立设置研究所	省级重点研究基地	教育学	教育	政府部门办	21	12	5	17	4	0	24	230	242	112
中共中央编译局江苏师范大学发展理论研究中心	19	2011/7/1	非学校上级主管部门	与校外合办所	中央其他部委重点研究基地	马克思主义	教育	政府部门办	12	12	0	9	3	0	5	200	110	0
中国—巴基斯坦教育文化研究中心	20	2013/6/18	学校上级主管部门	独立设置研究所	省级重点研究基地	历史学	社会工作	政府部门办	10	8	2	8	2	0	5	300	90	0
淮阴师范学院	023	/	/	/	/	/	/	/	66	32	13	39	16	2	20	1710	566	40
淮安市创意设计产业科技公共服务平台	1	2015/3/20	学校上级主管部门	跨系所	其他智库，淮安市政府立项建设	经济学	文化艺术业	单位自办	9	4	4	5	4	0	0	240	221	40
欧美国家边界争端与化解研究中心	2	2013/10/9	学校上级主管部门	独立设置研究所	其他重点研究基地	历史学	教育	政府部门办	4	4	0	4	0	0	0	270	80	0
文化创意产业研究中心	3	2015/1/15	学校上级主管部门	跨系所	省级重点研究基地	中国文学	文化艺术业	单位自办	32	13	4	20	4	0	20	800	65	0
周恩来精神与青少年教育研究中心	4	2010/10/22	学校上级主管部门	独立设置研究所	其他重点研究基地	教育学	教育	政府部门办	21	11	5	10	8	2	0	400	200	0
盐城师范学院	024	/	/	/	/	/	/	/	37	19	18	17	11	9	0	1 510	1 290	0
江苏沿海发展研究基地	1	2011/12/9	非学校上级主管部门	独立设置研究所	省级重点研究基地	经济学	教育	政府部门办	12	6	6	5	4	3	0	290	390	0
江苏沿海开发研究基地	2	2009/3/1	非学校上级主管部门	独立设置研究所	省级重点研究基地	经济学	教育	政府部门办	10	5	5	5	3	2	0	570	420	0
沿海发展智库	3	2016/12/10	非学校上级主管部门	独立设置研究所	省级智库	经济学	教育	单位自办	15	8	7	7	4	4	0	650	480	0
南京财经大学	025	/	/	/	/	/	/	/	55	34	17	37	14	0	3	2 779.2	350	10
公共财政研究中心	1	2010/8/6	学校上级主管部门	独立设置研究所	省级重点研究基地	经济学	社会工作	单位自办	5	4	1	3	2	0	0	59.2	20	0
江苏产业发展研究院	2	2001/1/15	学校上级主管部门	独立设置研究所	省级重点研究基地	经济学	社会工作	单位自办	10	6	4	5	4	0	0	110	50	0

续表

机构名称	编号	成立时间	批准部门	组成方式	机构类型	学科领域	服务的国民经济行业	组成类型	R&D活动人员(人) 合计	其中:博士毕业	硕士毕业	高级职称	中级职称	初级职称	培养研究生数(人)	R&D经费支出(千元)	仪器设备原价(千元)	其中:进口(千元)
		L01	L02	L03	L04	L05	L06	L07	L08	L09	L10	L11	L12	L13	L14	L15	L16	L17
江苏省品牌研究院	3	2012/3/9	非学校上级主管部门	与校外合办所	省级重点实验室	管理学	文教、工美、体育和娱乐用品制造业	单位自办	5	3	2	3	2	0	0	405	50	0
江苏省质量安全工程研究院	4	2012/3/2	非学校上级主管部门	与校外合办所	省级重点研究基地	管理学	文教、工美、体育和娱乐用品制造业	单位自办	8	5	3	5	3	0	0	1 550	60	0
江苏现代服务业研究院	5	2012/1/1	非学校上级主管部门	与校外合办所	省级重点研究基地	经济学	文教、工美、体育和娱乐用品制造业	其他	5	4	1	4	1	0	0	345	60	0
粮食安全与战略研究中心	6	1988/4/14	学校上级主管部门	独立设置研究所	省级重点研究基地	经济学	农业	单位自办	17	10	6	15	2	0	0	310	60	0
现代服务业智库	7	2016/4/1	非学校上级主管部门	跨系所	省级智库	经济学	其他服务业	政府部门办	5	2	0	2	0	0	3	0	50	10
江苏警官学院	026	/	/	/	/	/	/	/	11	4	5	6	1	2	0	850	500	0
江苏现代警务研究中心	1	2010/7/20	学校上级主管部门	独立设置研究所	省级智库，其他智库，省级重点研究基地	法学	群众团体、社会团体和其他成员组织	其他	11	4	5	6	1	2	0	850	500	0
南京艺术学院	027	/	/	/	/	/	/	/	38	12	17	14	21	1	19	617.36	1 457.34	845
江苏省文化创意与综合设计重点实验室	1	2014/9/1	学校上级主管部门	独立设置研究所	省级重点实验室	艺术学	文化艺术业	单位自办	15	1	6	3	10	1	6	150	558.19	345
江苏省文化艺术发展研究中心	2	2010/8/16	学校上级主管部门	跨系所	省级重点研究基地	艺术学	文化艺术业	单位自办	6	2	4	3	3	0	3	7	0.59	0
江苏省艺术设计材料与工艺重点实验室	3	2010/11/1	学校上级主管部门	独立设置研究所	省级重点实验室	艺术学	文化艺术业	单位自办	9	5	3	4	4	0	10	160.36	798.56	500
紫金文创研究院	4	2015/11/10	学校上级主管部门	跨系所	省级智库	艺术学	文化艺术业	单位自办	8	4	4	4	4	0	0	300	100	0
苏州科技大学	028	/	/	/	/	/	/	/	134	53	58	85	43	6	185	844	432.7	50
苏南地方音乐文化艺术研究所	1	2008/1/18	学校自建	与校外合办所	校级重点研究基地	艺术学	教育	单位自办	14	4	4	13	1	0	30	30	5	0
苏州城乡一体化改革发展研究院	2	2012/1/17	学校上级主管部门	与校外合办所	省级重点研究基地	管理学	生态保护和环境治理业	政府部门办	60	22	35	35	25	0	66	300	200	50
苏州国家历史文化名城保护研究院	3	2014/3/26	学校上级主管部门	与校外合办所	校级重点研究基地	管理学	生态保护和环境治理业	政府部门办	49	21	14	28	15	6	42	304	212.7	0
亚太国家现代化与国际问题研究中心	4	2013/6/3	非学校上级主管部门	独立设置研究所	省级重点研究基地	历史学	教育	政府部门办	11	6	5	9	2	0	47	210	15	0

续表

常熟理工学院	029	/	/	/	/	/	/	/	75	38	29	67	8	0	15	380	240	0
“琴川清风”预防职务犯罪研究中心	1	2014/12/1	学校自建	与校外合办所	校级重点研究基地	社会学	国家机构	单位自办	6	3	2	5	1	0	0	10	20	0
苏南经济与社会发展研究基地	2	2012/9/2	学校自建	与校外合办所	校级重点研究基地	社会学	国家机构	单位自办	18	11	6	18	0	0	6	10	60	0
苏南区域文化建设研究中心	3	2009/7/1	学校自建	与校外合办所	校级重点研究基地	中国文学	文化艺术业	单位自办	16	5	5	15	1	0	4	60	10	0
苏州农业现代化研究中心	4	2013/7/4	非学校上级主管部门	与校外合办所	校级重点研究基地	管理学	农业	单位自办	11	7	4	10	1	0	2	150	80	0
现代民政研究中心	5	2015/4/30	学校自建	与校外合办所	校级重点研究基地	社会学	社会保障	单位自办	7	4	3	6	1	0	3	80	20	0
县域科技体制综合改革与发展研究中心	6	2015/11/30	学校自建	与校外合办所	校级重点研究基地	社会学	国家机构	单位自办	10	6	4	8	2	0	0	10	10	0
中国县域金融研究中心	7	2014/12/1	学校自建	与校外合办所	校级重点研究基地	经济学	其他金融业	单位自办	7	2	5	5	2	0	0	60	40	0
淮阴工学院	030	/	/	/	/	/	/	/	60	35	20	45	15	0	15	8 500	576	0
苏北发展研究院	1	2015/2/3	非学校上级主管部门	与校外合办所	省级智库	经济学	计算机、通信和其他电子设备制造业	与国内独立研究结构合办	60	35	20	45	15	0	15	8 500	576	0
常州工学院	031	/	/	/	/	/	/	/	17	7	10	17	0	0	0	270	1 955	0
常州市创新创业与改革发展研究中心	1	2016/3/29	非学校上级主管部门	与校外合办所	市级科技平台	经济学	专业技术服务业	政府部门办	10	4	6	10	0	0	0	100	10	0
江苏高校文化创意协同创新中心	2	2014/3/13	非学校上级主管部门	与校外合办所	省级 2011 协同创新中心	艺术学	文化艺术业	政府部门办	1	1	0	1	0	0	0	100	1 935	0
数据科学与经济发展研究□心	3	2016/10/26	非学校上级主管部门	独立设置研究所	市级科研平台	经济学	专业技术服务业	其他	6	2	4	6	0	0	0	70	10	0
扬州大学	032	/	/	/	/	/	/	/	164	111	40	152	9	1	205	928	156.8	0
“美声之林”声乐艺术中心	1	2016/9/15	学校自建	独立设置研究所	校研究机构	艺术学	文化艺术业	单位自办	7	0	7	3	1	1	12	100	0	0
当代中国民主政治研究中心	2	2014/3/28	学校自建	独立设置研究所	校级重点研究基地	马克思主义	教育	单位自办	12	10	2	12	0	0	32	100	0	0
淮扬文化研究中心	3	2010/8/5	学校上级主管部门	独立设置研究所	省级重点研究基地	历史学	教育	单位自办	15	2	4	15	0	0	26	50	80	0
江苏省学生心理健康运动干预研究中心	4	2016/4/6	学校上级主管部门	独立设置研究所	其他重点研究基地	体育科学	教育	单位自办	6	0	2	4	2	0	4	100	0	0
江苏苏中发展研究基地	5	2013/8/6	非学校上级主管部门	独立设置研究所	其他重点研究基地	管理学	国家机构	单位自办	3	3	0	3	0	0	0	12	6.8	0
马克思主义大众化研究与传播中心	6	2012/11/30	学校上级主管部门	跨系所	其他重点研究基地	马克思主义	教育	单位自办	16	12	4	16	0	0	32	100	0	0
儒家经典诠释与东亚传播研究中心	7	2014/3/28	学校自建	独立设置研究所	校级重点研究基地	中国文学	教育	单位自办	16	14	2	16	0	0	34	100	0	0

续表

机构名称		成立时间	批准部门	组成方式	机构类型	学科领域	服务的国民经济行业	组成类型	R&D活动人员(人) 合计	其中 博士毕业	硕士毕业	高级职称	中级职称	初级职称	培养研究生数(人)	R&D经费支出(千元)	仪器设备原价(千元)	其中:进口(千元)
	编号	L01	L02	L03	L04	L05	L06	L07	L08	L09	L10	L11	L12	L13	L14	L15	L16	L17
苏中发展研究院	8	1997/1/1	学校上级主管部门	独立设置研究所	其他重点研究基地	经济学	科技推广和应用服务业	政府部门办	5	5	0	5	0	0	0	90	30	0
中国法律文化与法治发展研究中心	9	2014/3/28	学校自建	独立设置研究所	校级重点研究基地	法学	教育	单位自办	15	13	2	14	1	0	8	100	0	0
中国近代史研究中心	10	1999/1/10	学校自建	独立设置研究所	校级重点研究基地	历史学	教育	单位自办	5	4	1	5	0	0	18	56	40	0
中国特色社会主义研究中心	11	2012/12/22	学校上级主管部门	跨系所	其他重点研究基地	马克思主义	教育	单位自办	50	40	10	45	5	0	15	20	0	0
中外语言文化比较研究中心	12	2014/3/28	学校自建	独立设置研究所	校级重点研究基地	语言学	教育	单位自办	14	8	6	14	0	0	24	100	0	0
南京审计大学	033	/	/	/	/	/	/	/	76	70	6	55	21	0	22	2 437	2 398	30
国家治理与国家审计研究院	1	2016/9/30	学校自建	独立设置研究所	校级研究中心	管理学	教育	单位自办	10	10	0	6	4	0	0	80	140	30
江苏科技金融体系创新研究基地	2	2012/1/16	学校上级主管部门	独立设置研究所	省级重点研究基地	经济学	教育	政府部门办	19	17	2	16	3	0	10	985	1 000	0
金融风险管理研究中心	3	2010/11/1	学校上级主管部门	独立设置研究所	省级重点研究基地	经济学	教育	政府部门办	19	17	2	16	3	0	12	1 024	1 100	0
经济与金融研究院	4	2015/10/27	学校自建	独立设置研究所	校级研究中心	经济学	教育	单位自办	8	8	0	1	7	0	0	258	48	0
社会经济研究院	5	2016/9/30	学校自建	独立设置研究所	校级研究中心	经济学	教育	单位自办	6	6	0	6	0	0	0	80	80	0
审计科学研究院	6	2014/3/1	学校自建	独立设置研究所	校级研究中心	经济学	教育	单位自办	14	12	2	10	4	0	0	10	30	0
南京晓庄学院	034	/	/	/	/	/	/	/	6	3	3	4	2	0	0	6	30	0
陶行知研究所	1	2000/10/6	学校自建	独立设置研究所	其他	教育学	社会工作	单位自办	6	3	3	4	2	0	0	6	30	0
江苏理工学院	035	/	/	/	/	/	/	/	104	42	33	76	12	0	0	340	158.3	0
常州画派研究所	1	2009/3/27	学校自建	独立设置研究所	校级重点研究基地	艺术学	文化艺术业	单位自办	5	0	2	4	1	0	0	10	3.5	0
常州民营经济研究所	2	2006/6/2	学校自建	独立设置研究所	校级重点研究基地	经济学	商务服务业	单位自办	8	2	5	7	1	0	0	20	5.2	0
常州市名人研究院	3	2015/10/16	学校上级主管部门	独立设置研究所	校级重点研究基地	民族学与文化学	文化艺术业	单位自办	7	7	0	6	1	0	0	20	5	0
常州市青少年心理研究与指导中心	4	2015/3/2	学校自建	独立设置研究所	校级重点研究基地	教育学	教育	单位自办	8	5	0	5	3	0	0	20	4.6	0
传统文化艺术研究所	5	2006/4/6	学校自建	独立设置研究所	校级重点研究基地	艺术学	文化艺术业	单位自办	7	1	4	7	0	0	0	10	3.7	0

续表

江苏省职业技术教育科学研究中心	6	1989/5/1	学校上级主管部门	独立设置研究所	其他	教育学	教育	政府部门办	16	4	7	0	0	0	0	165	103	0
江苏职业教育与终身教育研究基地	7	2011/11/1	学校上级主管部门	独立设置研究所	其他	教育学	教育	政府部门办	12	4	4	12	0	0	0	20	4.8	0
农村职业教育研究所	8	2006/2/10	学校自建	独立设置研究所	校级重点研究基地	教育学	教育	单位自办	6	1	3	5	1	0	0	20	4.2	0
人力资源开发研究中心	9	2006/10/9	学校自建	独立设置研究所	校级重点研究基地	管理学	商务服务业	单位自办	6	4	1	5	1	0	0	5	3.6	0
心理教育研究所	10	2004/4/8	学校自建	独立设置研究所	校级重点研究基地	心理学	教育	单位自办	8	5	0	5	3	0	0	10	5.6	0
职业教育研究院	11	1989/5/11	学校自建	独立设置研究所	校级重点研究基地	教育学	教育	单位自办	11	5	4	11	0	0	0	20	4.6	0
职业教育与社会发展研究所	12	2006/10/20	学校自建	独立设置研究所	校级重点研究基地	教育学	教育	单位自办	5	4	1	5	0	0	0	10	4.2	0
职业心理研究所	13	2009/3/26	学校自建	独立设置研究所	校级重点研究基地	心理学	教育	其他	5	0	2	4	1	0	0	10	6.3	0
淮海工学院	036	/	/	/	/	/	/	/	116	52	62	72	44	0	0	610	135	0
中国社科院知识社会(连云港)研究基地	1	2016/12/8	非学校上级主管部门	独立设置研究所	中央其他部委重点研究基地	经济学	专业技术服务业	与国内独立研究结构合办	12	6	6	8	4	0	0	10	0	0
国家东中西合作示范区研究基地	2	2013/11/1	非学校上级主管部门	与校外合办所	其他重点研究基地	经济学	专业技术服务业	与国内独立研究结构合办	6	3	3	4	2	0	0	50	0	0
江苏海洋发展研究院	3	2016/11/4	非学校上级主管部门	与校外合办所	其他重点研究基地	经济学	专业技术服务业	与国内独立研究结构合办	14	6	8	10	4	0	0	20	0	0
江苏省“一带一路”法律服务研究中心	4	2015/11/20	非学校上级主管部门	与校外合办所	其他智库	法学	专业技术服务业	与国内独立研究结构合办	12	5	7	5	7	0	0	50	0	0
江苏省大学生村官研究所	5	2009/4/9	非学校上级主管部门	与校外合办所	其他智库，与江苏省选聘高校毕业生到村任职工作领导小组办公室共建研究基地	管理学	教育	其他	26	10	16	18	8	0	0	280	100	0
江苏省海洋经济研究中心	6	2009/11/15	学校上级主管部门	独立设置研究所	省级培育重点研究基地	经济学	专业技术服务业	单位自办	12	7	5	6	6	0	0	30	15	0
江苏省海洋文化产业研究院	7	2012/9/12	非学校上级主管部门	与校外合办所	该院经校批准，由江苏省文联与本校共建	艺术学	文化艺术业	其他	6	1	3	4	2	0	0	100	20	0

续表

机构名称	编号	成立时间	批准部门	组成方式	机构类型	学科领域	服务的国民经济行业	组成类型	R&D活动人员(人) 合计	其中 博士毕业	硕士毕业	高级职称	中级职称	初级职称	培养研究生数(人)	R&D经费支出(千元)	仪器设备原价(千元)	其中：进口(千元)
		L01	L02	L03	L04	L05	L06	L07	L08	L09	L10	L11	L12	L13	L14	L15	L16	L17
连云港市地方立法咨询研究基地	8	2016/7/10	非学校上级主管部门	独立设置研究所	地方立法咨询	法学	专业技术服务业	单位自办	10	4	6	4	6	0	0	60	0	0
中国社科院“一带一路”(连云港)研究基地	9	2016/12/8	非学校上级主管部门	独立设置研究所	中央其他部委重点研究基地	经济学	专业技术服务业	与国内独立研究结构合办	18	10	8	13	5	0	0	10	0	0
徐州工程学院	037	/	/	/	/	/	/	/	17	7	10	8	9	0	0	240	235	0
淮海地区非物质文化遗产研究中心	1	2012/6/1	非学校上级主管部门	与校外合办所	省级重点研究基地	民族学与文化学	文化艺术业	与国内独立研究结构合办	17	7	10	8	9	0	0	240	235	0
金陵科技学院	038	/	/	/	/	/	/	/	80	48	29	21	53	4	0	585	63	0
互联网经济与产业研究中心	1	2015/10/22	学校自建	独立设置研究所	校级重点研究基地	经济学	货币金融服务	单位自办	10	3	7	3	7	0	0	20	5	0
江苏省企业知识产权战略研究中心	2	2011/5/1	学校自建	独立设置研究所	校级重点研究基地	经济学	其他金融业	与国内独立研究结构合办	15	4	10	3	10	0	0	250	10	0
南京产业协同创新研究院	3	2015/10/8	学校自建	与校外合办所	校级重点研究基地	经济学	科技推广和应用服务业	单位自办	35	28	7	5	30	0	0	10	4	0
南京知识产权人才(金陵科技学院)培训基地	4	2009/11/1	学校自建	独立设置研究所	校级重点研究基地	经济学	软件和信息技术服务业	单位自办	5	4	1	2	3	0	0	200	19	0
数字艺术创意与应用实验室	5	2014/9/10	学校上级主管部门	跨系所	省级重点实验室	艺术学	文化艺术业	政府部门办	5	0	3	2	3	0	0	55	15	0
智能物流运输与配送技术研究中心	6	2016/12/10	学校上级主管部门	独立设置研究所	校级重点实验室	管理学	道路运输业	单位自办	10	9	1	6	0	4	0	50	10	0
江苏第二师范学院	039	/	/	/	/	/	/	/	7	4	1	7	0	0	0	38.15	0	0
教育现代化研究院	1	2016/7/4	学校上级主管部门	独立设置研究所	省级智库	教育学	教育	单位自办	7	4	1	7	0	0	0	38.15	0	0
无锡职业技术学院	040	/	/	/	/	/	/	/	58	12	35	28	27	3	0	180	174	0
财经研究所	1	2015/6/15	学校自建	独立设置研究所	校级重点研究基地	经济学	资本市场服务	单位自办	5	3	1	2	3	0	0	10	7	0
高职思想政治教育研究室	2	2015/6/15	学校自建	独立设置研究所	校级重点研究基地	马克思主义	教育	单位自办	8	3	5	7	1	0	0	10	7	0
管理与创新研究所	3	2015/6/15	学校自建	独立设置研究所	校级重点研究基地	管理学	其他服务业	单位自办	10	3	7	8	2	0	0	8	10	0
旅游文化研究所	4	2015/6/15	学校自建	独立设置研究所	校级重点研究基地	管理学	商务服务业	单位自办	9	2	7	2	6	1	0	12	10	0

续表

体育科学与健康指导研究所	5	2015/6/15	学校自建	独立设置研究所	校级重点研究基地	体育科学	体育	单位自办	18	0	8	5	11	2	0	20	100	0
无锡现代职教研究中心	6	2015/1/20	学校自建	独立设置研究所	校级重点研究基地	教育学	教育	单位自办	4	1	3	3	1	0	0	100	30	0
艺术设计研究所	7	2015/6/15	学校自建	独立设置研究所	校级重点研究基地	艺术学	文化艺术业	单位自办	4	0	4	1	3	0	0	20	10	0
南京工业职业技术学院	041	/	/	/	/	/	/	/	23	8	12	19	4	0	0	316	161	0
高等职业教育研究所	1	2002/11/1	学校自建	独立设置研究所	校级重点研究基地	教育学	教育	单位自办	6	3	3	5	1	0	0	116	73	0
国际贸易与物流管理研究所	2	2011/5/11	学校自建	独立设置研究所	校级重点研究基地	管理学	其他金融业	单位自办	9	2	5	8	1	0	0	100	50	0
黄炎培职业教育思想研究会学术中心	3	2013/11/18	非学校上级主管部门	独立设置研究所	校级重点研究基地	教育学	教育	与国内独立研究结构合办	8	3	4	6	2	0	0	100	38	0
苏州工艺美术职业技术学院	042	/	/	/	/	/	/	/	4	0	4	2	1	1	0	8	30	0
桃花坞木刻年画研究所	1	2009/4/16	学校自建	与校外合办所	校级重点研究基地	艺术学	文化艺术业	与境内注册其他企业合办	4	0	4	2	1	1	0	8	30	0
苏州市职业大学	043	/	/	/	/	/	/	/	21	6	12	17	3	1	0	515	0	0
高等教育研究所	1	2006/10/17	学校自建	独立设置研究所	校级重点研究基地	教育学	教育	单位自办	7	1	3	7	0	0	0	15	0	0
吴文化研究院	2	2000/12/6	学校自建	独立设置研究所	校级重点研究基地	历史学	文化艺术业	与国内独立研究结构合办	14	5	9	10	3	1	0	500	0	0
泰州职业技术学院	044	/	/	/	/	/	/	/	6	1	3	4	2	0	0	8.5	4.6	0
泰州市工业经济研究院	1	2014/7/2	学校上级主管部门	与校外合办所	其他	经济学	研究和试验发展	政府部门办	6	1	3	4	2	0	0	8.5	4.6	0
盐城卫生职业技术学院	045	/	/	/	/	/	/	/	19	7	4	16	1	2	0	300	53	0
江苏基层卫生发展研究中心	1	2015/7/23	学校自建	与校外合办所	其他智库,卫生政策智库	社会学	卫生	单位自办	19	7	4	16	1	2	0	300	53	0
无锡商业职业技术学院	046	/	/	/	/	/	/	/	12	1	11	8	4	0	0	17.3	62	0
江苏省非物质文化遗产研究基地	1	2014/6/18	非学校上级主管部门	独立设置研究所	其他	艺术学	文教、工美、体育和娱乐用品制造业	单位自办	12	1	11	8	4	0	0	17.3	62	0
南京交通职业技术学院	047	/	/	/	/	/	/	/	20	1	13	5	5	0	0	8	50	0
交通经济与社会发展研究所	1	2010/12/22	学校自建	独立设置研究所	其他	社会学	道路运输业	单位自办	10	1	5	0	0	0	0	8	50	0
素质教育研究所	2	2016/11/19	学校自建	独立设置研究所	其他智库,大学生素质教育工作	教育学	教育	单位自办	10	0	8	5	5	0	0	0	0	0
淮安信息职业技术学院	048	/	/	/	/	/	/	/	15	4	6	6	9	0	0	420	100	0

续表

机构名称	编号	成立时间	批准部门	组成方式	机构类型	学科领域	服务的国民经济行业	组成类型	R&D活动人员(人) 合计	其中 博士毕业	硕士毕业	高级职称	中级职称	初级职称	培养研究生数(人)	R&D经费支出(千元)	仪器设备原价(千元)	其中:进口(千元)
		L01	L02	L03	L04	L05	L06	L07	L08	L09	L10	L11	L12	L13	L14	L15	L16	L17
淮安地域文化研究调研点	1	2014/5/4	非学校上级主管部门	独立设置研究所	其他	民族学与文化学	文化艺术业	单位自办	15	4	6	6	9	0	0	420	100	0
苏州农业职业技术学院	049	/	/	/	/	/	/	/	25	3	22	13	10	2	0	0	0	0
苏州农村改革与发展研究院	1	2014/6/20	学校自建	独立设置研究所	校级重点研究基地	经济学	农、林、牧、渔服务业	单位自办	25	3	22	13	10	2	0	0	0	0
南京铁道职业技术学院	050	/	/	/	/	/	/	/	4	1	2	2	2	0	0	120	28	0
高等教育研究所	1	2005/3/9	学校自建	独立设置研究所	其他	教育学	教育	单位自办	2	1	1	1	1	0	0	100	20	0
哲社研究中心	2	2013/11/20	学校自建	独立设置研究所	其他	马克思主义	铁路运输业	单位自办	2	0	1	1	1	0	0	20	8	0
江苏财经职业技术学院	051	/	/	/	/	/	/	/	13	1	7	8	5	0	0	22	97.6	0
周恩来文化研究所	1	2014/3/1	学校自建	跨系所	校级重点研究基地	教育学	文化艺术业	单位自办	13	1	7	8	5	0	0	22	97.6	0
江苏城市职业学院	052	/	/	/	/	/	/	/	14	2	10	7	7	0	0	40	21	0
城市形象传播研究所	1	2014/10/31	学校自建	独立设置研究所	校级重点研究基地	新闻学与传播学	广播、电视、电影和影视录音制作业	单位自办	6	2	3	4	2	0	0	20	12	0
供应链与物流信息技术研究所	2	2014/10/31	学校自建	独立设置研究所	校级重点研究基地	管理学	仓储业	单位自办	8	0	7	3	5	0	0	20	9	0
江苏建康职业学院	053	/	/	/	/	/	/	/	4	1	3	1	3	0	0	177	25	0
江苏省卫生职业院校文化研究室	1	2015/2/19	学校上级主管部门	与校外合办所	校级重点研究基地	教育学	教育	政府部门办	4	1	3	1	3	0	0	177	25	0
江苏商贸职业学院	054	/	/	/	/	/	/	/	11	0	3	2	4	4	0	20	0	0
农村合作金融研究所	1	2015/10/28	学校自建	独立设置研究所	校级社科重点研究基地	经济学	教育	单位自办	11	0	3	2	4	4	0	20	0	0
南通理工学院	055	/	/	/	/	/	/	/	10	0	10	5	4	1	0	4.9	0	0
物流系统研究所	1	2013/12/3	学校自建	独立设置研究所	研究所	管理学	研究和试验发展	单位自办	10	0	10	5	4	1	0	4.9	0	0
南京大学金陵学院	056	/	/	/	/	/	/	/	13	1	12	3	7	3	0	60	31	0
拉丁美洲研究中心	1	2006/11/1	学校自建	独立设置研究所	校级重点研究基地	外国文学	教育	单位自办	4	0	4	1	2	1	0	15	4	0
塞万提斯研究中心	2	2006/11/1	学校自建	独立设置研究所	校级重点研究基地	外国文学	教育	单位自办	5	0	5	0	3	2	0	5	7	0
数字传播媒介研究中心	3	2014/12/30	学校自建	独立设置研究所	校级重点研究基地	新闻学与传播学	广播、电视、电影和影视录音制作业	单位自办	4	1	3	2	2	0	0	40	20	0

七、社科研究、课题与成果

1. 全省高等学校人文、社会科学研究与课题成果情况表

学科门类	编号	总数					出版著作(部)							古籍整理(部)	译著(部)	发表译文(篇)	电子出版物(件)	发表论文(篇)				获奖成果数(项)				研究与咨询报告(篇)	
		课题数(项)	当年投入人数(人年)	其中:研究生(人年)	当年投入经费(千元)	当年支出经费(千元)	合计	专著	其中:被译成外文	编著教材	工具书参考书	皮书/发展报告	科普读物					合计	国内学术刊物	国外学术刊物	港澳、台地区刊物	合计	国家级奖	部级奖	省级奖	合计	其中:被采纳数
	编号	L01	L02	L03	L04	L05	L06	L07	L08	L09	L10	L11	L12	L13	L14	L15	L16	L17	L18	L19	L20	L21	L22	L23	L24	L25	L26
合计	/	28 636	6 713	702.8	572 090.41	498 017.63	1 825	962	38	790	29	8	36	21	166	41	44	28 020	26 981	1 002	37	402	0	16	386	2 251	1 166
管理学	1	6 254	1 426	235.9	179 067.11	166 977.41	277	164	6	103	6	2	2	0	13	6	9	5 097	4 677	419	1	60	0	0	60	690	427
马克思主义	2	1 121	271.3	31.4	17 025.3	15 302.96	79	51	7	27	1	0	0	0	3	0	2	968	962	5	1	23	0	0	23	53	36
哲学	3	502	137.9	19.4	10 369.4	8 334.4	98	52	1	44	0	0	2	3	12	5	2	808	781	21	6	14	0	0	14	23	15
逻辑学	4	15	4.1	1.1	172	91.6	1	0	0	1	0	0	0	0	0	0	1	35	34	1	0	1	0	0	1	2	1
宗教学	5	59	14.2	1.1	762.8	866.28	10	3	0	7	0	0	0	1	0	0	0	36	33	2	1	2	0	0	2	1	1
语言学	6	1 426	357.2	35.4	19 851.75	17 245.02	149	60	5	83	5	0	1	1	18	8	2	1 602	1 550	49	3	18	0	0	18	64	30
中国文学	7	922	241.1	21.9	17 014	14 284.9	145	79	2	61	1	0	4	14	11	0	0	1 366	1 335	23	8	37	0	0	37	26	9
外国文学	8	513	122.3	8.3	9 901.9	7 141.12	60	29	3	30	0	0	1	0	44	3	0	701	658	43	0	12	0	0	12	13	2
艺术学	9	2 479	571.1	44	46 641.34	40 125.43	211	109	2	98	2	0	2	0	16	6	6	3 111	3 078	29	4	34	0	0	34	183	66
历史学	10	471	110.5	15	15 388.36	10 825.54	48	34	0	10	1	0	3	2	9	2	1	377	365	7	5	18	0	0	18	13	6
考古学	11	73	11.8	4.8	13 125.52	12 870.1	3	2	0	1	0	0	0	0	1	0	0	28	27	1	0	1	0	0	1	3	1
经济学	12	3 187	760.9	76.4	79 904.71	65 536.36	169	83	4	80	2	1	3	0	4	6	3	2 751	2 615	136	0	44	0	1	43	418	218
政治学	13	529	122.7	10.7	5 900.62	5 226.65	25	14	0	9	0	1	1	0	0	0	2	384	378	5	1	10	0	0	10	21	10
法学	14	1302	314.3	42.3	22 308.64	21 104.57	106	69	2	33	1	0	3	0	9	1	0	959	940	16	3	17	0	1	16	59	42
社会学	15	1721	404.4	54.8	36 412.89	30 708.34	49	34	1	11	0	1	3	0	3	0	5	930	885	45	0	16	0	1	15	225	112
民族学与文化学	16	256	64.9	5	1 888.8	1 895.57	15	4	1	7	0	0	4	0	1	0	0	131	127	4	0	0	0	0	0	28	7
新闻学与传播学	17	457	92.7	8.3	9 630.36	8 041.97	26	16	0	8	0	0	2	0	2	1	1	508	495	13	0	11	0	0	11	16	11
图书馆、情报与文献学	18	618	133.4	15	11 964.1	10 298.99	24	13	0	8	2	0	1	0	9	2	3	883	838	44	1	9	0	0	9	54	33
教育学	19	5 469	1 250	45.3	54 038.59	43 537.75	224	85	3	130	6	2	1	0	10	0	2	5 778	5 738	38	2	56	0	11	45	265	102
统计学	20	157	41.8	8.6	5 933.2	5 967.99	10	2	0	6	1	1	0	0	0	0	4	147	136	11	0	2	0	0	2	25	15
心理学	21	302	67.5	7.4	6 481.07	5 015.84	25	18	0	5	0	0	2	0	1	0	1	360	310	50	0	7	0	1	6	8	3
体育科学	22	782	191.9	10.7	8 307.95	6 618.84	71	41	1	28	1	0	1	0	0	1	0	1 060	1 019	40	1	10	0	1	9	61	19

2. 公办本科高等学校人文、社会科学研究与课题成果情况表

学科门类	编号	总数：课题数(项)	总数：当年投入人数(人年)	总数：其中：研究生(人年)	总数：当年投入经费(千元)	总数：当年支出经费(千元)	出版著作(部)：合计	出版著作(部)：专著	出版著作(部)：其中：被译成外文	出版著作(部)：编著教材	出版著作(部)：工具书参考书	出版著作(部)：皮书/发展报告	出版著作(部)：科普读物	古籍整理(部)	译著(部)	发表译文(篇)	电子出版物(件)	发表论文(篇)：合计	发表论文(篇)：国内学术刊物	发表论文(篇)：国外学术刊物	发表论文(篇)：港澳、台地区刊物	获奖成果数(项)：合计	获奖成果数(项)：国家级奖	获奖成果数(项)：部级奖	获奖成果数(项)：省级奖	研究与咨询报告(篇)：合计	研究与咨询报告(篇)：其中：被采纳数
		L01	L02	L03	L04	L05	L06	L07	L08	L09	L10	L11	L12	L13	L14	L15	L16	L17	L18	L19	L20	L21	L22	L23	L24	L25	L26
合计	/	21 381	5 025	702.8	536 558.42	465 287.35	1 434	874	33	495	22	7	36	19	153	35	41	17 947	17 021	891	35	394	0	16	378	16 45	908
管理学	1	4 974	1 129	235.9	169 800.41	158 750.68	209	151	4	52	2	2	2	0	10	4	9	3 308	2 931	376	1	59	0	0	59	537	335
马克思主义	2	927	230.6	31.4	16 510.3	14 916.94	62	46	7	16	0	0	0	0	3	0	2	677	672	5	0	23	0	0	23	42	25
哲学	3	471	128	19.4	10 281.4	8 243.2	73	52	1	19	0	0	2	3	12	5	2	773	747	20	6	14	0	0	14	23	15
逻辑学	4	14	3.2	1.1	162	91.6	0	0	0	0	0	0	0	0	0	0	1	23	22	1	0	1	0	0	1	1	1
宗教学	5	55	13.2	1.1	757.8	860.28	10	3	0	7	0	0	0	1	0	0	0	35	32	2	1	2	0	0	2	1	1
语言学	6	1 123	279.9	35.4	17 329.05	15 268.67	113	50	4	57	5	0	1	1	17	7	2	955	909	43	3	16	0	0	16	41	24
中国文学	7	842	223	21.9	16 692.8	13 955.17	137	75	2	57	1	0	4	12	11	0	0	1 146	1 115	23	8	34	0	0	34	24	9
外国文学	8	460	109.4	8.3	9 762.1	7 060.67	57	29	3	27	0	0	1	0	43	3	0	578	535	43	0	12	0	0	12	12	2
艺术学	9	1 864	432	44	42 022.54	36290.81	168	99	2	66	1	0	2	0	16	5	5	2 039	2 014	22	3	34	0	0	34	102	41
历史学	10	435	101.8	15	14 061.3	10 070.13	44	32	0	9	0	0	3	2	9	2	1	350	338	7	5	18	0	0	18	10	6
考古学	11	73	11.8	4.8	13 125.52	12 870.1	3	2	0	1	0	0	0	0	1	0	0	27	26	1	0	1	0	0	1	3	1
经济学	12	2 447	577.8	76.4	75 417.44	60 541.05	108	73	4	30	2	0	3	0	2	4	3	1 737	1 635	102	0	43	0	1	42	301	163
政治学	13	461	104.6	10.7	5 757.12	5 060.65	19	12	0	5	0	1	1	0	0	0	1	301	295	5	1	10	0	0	10	17	10
法学	14	1224	294.2	42.3	22 059.14	20 935.29	106	69	2	33	1	0	3	0	9	1	0	844	825	16	3	17	0	1	16	56	40
社会学	15	1 390	323.4	54.8	34 457.38	28 835.03	36	28	0	4	0	1	3	0	3	0	5	672	629	43	0	16	0	1	15	166	100
民族学与文化学	16	175	45.3	5	1 659.2	1 628.92	12	3	0	5	0	0	4	0	1	0	0	49	48	1	0	0	0	0	0	23	2
新闻学与传播学	17	399	80.2	8.3	9 494.46	7 845.74	23	15	0	6	0	0	2	0	2	1	1	444	435	9	0	11	0	0	11	14	9
图书馆、情报与文献学	18	522	113.9	15	11 766.6	10 049.25	22	12	0	7	2	0	1	0	7	2	3	714	670	43	1	9	0	0	9	48	30
教育学	19	2577	590.7	45.3	46 006.79	35 873.41	146	66	3	71	6	2	1	0	7	0	1	2 255	2 221	32	2	55	0	11	44	158	67
统计学	20	133	34.6	8.6	5 454	5 188.4	4	1	0	1	1	1	0	0	0	0	4	88	80	8	0	2	0	0	2	15	11
心理学	21	196	45.4	7.4	6 228.27	4 794.62	23	18	0	3	0	0	2	0	0	0	1	259	209	50	0	7	0	1	6	8	3
体育科学	22	619	152.8	10.7	7 752.8	6 156.74	59	38	1	19	1	0	1	0	0	1	0	673	633	39	1	10	0	1	9	43	13

2.1 管理学人文、社会科学研究与课题成果情况表

学科门类	编号	总数：课题数（项）	总数：当年投入人数（人年）	总数：其中：研究生（人年）	总数：当年投入经费（千元）	总数：当年支出经费（千元）	出版著作（部）：合计	出版著作（部）：专著	出版著作（部）：其中：被译成外文	出版著作（部）：编著教材	出版著作（部）：工具书参考书	出版著作（部）：皮书/发展报告	出版著作（部）：科普读物	古籍整理（部）	译著（部）	发表译文（篇）	电子出版物（件）	发表论文（篇）：合计	发表论文（篇）：国内学术刊物	发表论文（篇）：国外学术刊物	发表论文（篇）：港、澳、台地区刊物	获奖成果数（项）：合计	获奖成果数（项）：国家级奖	获奖成果数（项）：部级奖	获奖成果数（项）：省级奖	研究与咨询报告（篇）：合计	研究与咨询报告（篇）：其中：被采纳数
		L01	L02	L03	L04	L05	L06	L07	L08	L09	L10	L11	L12	L13	L14	L15	L16	L17	L18	L19	L20	L21	L22	L23	L24	L25	L26
合计	/	4 974	1 129	235.9	169 800.41	158 750.68	209	151	4	52	2	2	2	0	10	4	9	3 308	2 931	376	1	59	0	0	59	537	335
南京大学	1	150	19	3.5	8 108.97	5 949.27	22	12	1	9	1	0	0	0	3	1	0	332	272	60	0	11	0	0	11	16	15
东南大学	2	179	84.3	31.4	6 216.8	4 846.3	23	22	0	1	0	0	0	0	1	0	0	184	121	63	0	4	0	0	4	5	5
江南大学	3	114	31.3	5	4 367.45	4 271.95	9	7	0	2	0	0	0	0	0	0	0	120	101	19	0	2	0	0	2	11	11
南京农业大学	4	677	112.6	39.2	21 403.7	21 259.2	6	5	0	1	0	0	0	0	0	0	0	335	318	17	0	5	0	0	5	37	29
中国矿业大学	5	286	43.3	1.8	9 178.95	8 247.25	11	8	0	3	0	0	0	0	1	0	0	205	168	37	0	1	0	0	1	24	20
河海大学	6	223	73.3	22.7	23 678.43	23 001.44	16	9	0	3	1	1	2	0	0	0	6	212	166	46	0	0	0	0	0	87	75
南京理工大学	7	223	21.3	1.8	7 769.09	7 562.59	11	6	0	5	0	0	0	0	0	0	0	103	79	24	0	4	0	0	4	7	3
南京航空航天大学	8	118	29.9	3.9	7 974.3	7 175.71	11	8	1	3	0	0	0	0	0	0	0	147	109	38	0	4	0	0	4	5	2
中国药科大学	9	136	33.2	2.4	4 355.3	3 992.93	1	1	0	0	0	0	0	0	0	0	0	44	43	1	0	0	0	0	0	25	25
南京森林警察学院	10	18	4	0	252	123.79	0	0	0	0	0	0	0	0	0	0	0	11	11	0	0	0	0	0	0	0	0
苏州大学	11	122	13.8	0.9	2 405.9	3 782.9	4	3	0	1	0	0	0	0	0	0	0	97	91	6	0	4	0	0	4	7	7
江苏科技大学	12	128	64.7	32.1	2 452.2	2 813.6	5	5	0	0	0	0	0	0	0	0	0	64	61	3	0	1	0	0	1	8	8
南京工业大学	13	117	18.7	2.2	2 550.4	2 157.72	3	3	0	0	0	0	0	0	0	0	0	46	43	3	0	0	0	0	0	9	9
常州大学	14	63	25	1	1 801.4	1 563.2	2	2	0	0	0	0	0	0	0	0	0	61	61	0	0	1	0	0	1	10	9
南京邮电大学	15	174	39.2	13.5	4 396.7	3 448.4	2	2	0	0	0	0	0	0	0	0	0	50	50	0	0	2	0	0	2	15	3
南京林业大学	16	54	13	0.8	359	762.68	0	0	0	0	0	0	0	0	0	0	0	7	7	0	0	1	0	0	1	1	0
江苏大学	17	395	117.2	55.7	10 223	10 261	8	5	0	3	0	0	0	0	0	0	0	77	68	9	0	1	0	0	1	15	0
南京信息工程大学	18	197	49.7	2.3	6 771	5 547.28	10	7	1	2	0	1	0	0	2	0	0	73	58	15	0	2	0	0	2	32	16
南通大学	19	104	18.3	1.1	3 192	3 202.98	6	4	0	2	0	0	0	0	1	0	0	61	52	8	1	0	0	0	0	50	1
盐城工学院	20	68	9.6	0	1 120.3	951.4	3	3	0	0	0	0	0	0	0	0	0	58	57	1	0	0	0	0	0	22	21

续表

学科门类	编号	总数：课题数(项)	总数：当年投入人数(人年)	总数：其中：研究生(人年)	总数：当年投入经费(千元)	总数：当年支出经费(千元)	出版著作(部)：合计	出版著作(部)：专著	出版著作(部)：其中：被译成外文	出版著作(部)：编著教材	出版著作(部)：工具书参考书	出版著作(部)：皮书/发展报告	出版著作(部)：科普读物	古籍整理(部)	译著(部)	发表译文(篇)	电子出版物(件)	发表论文(篇)：合计	发表论文(篇)：国内学术刊物	发表论文(篇)：国外学术刊物	发表论文(篇)：港、澳、台地区刊物	获奖成果数(项)：合计	获奖成果数(项)：国家级奖	获奖成果数(项)：部级奖	获奖成果数(项)：省级奖	研究与咨询报告(篇)：合计	研究与咨询报告(篇)：其中：被采纳数
		L01	L02	L03	L04	L05	L06	L07	L08	L09	L10	L11	L12	L13	L14	L15	L16	L17	L18	L19	L20	L21	L22	L23	L24	L25	L26
南京医科大学	21	60	9.6	1.2	1 889	1 792	1	1	0	0	0	0	0	0	0	0	0	46	46	0	0	0	0	0	0	19	0
徐州医科大学	22	6	0.8	0	11	5.8	0	0	0	0	0	0	0	0	0	0	0	0	0	0	0	0	0	0	0	0	0
南京中医药大学	23	41	15.6	0.7	369	260.93	1	0	0	1	0	0	0	0	0	0	0	61	56	5	0	0	0	0	0	1	1
南京师范大学	24	25	6.1	0.1	201	230	4	3	0	1	0	0	0	0	0	1	0	55	47	8	0	1	0	0	1	0	0
江苏师范大学	25	71	26.6	3.8	1 581	1 564.09	3	3	0	0	0	0	0	0	0	0	0	82	82	0	0	2	0	0	2	6	6
淮阴师范学院	26	52	7.7	0	431	381	1	1	0	0	0	0	0	0	0	0	3	29	29	0	0	0	0	0	0	0	0
盐城师范学院	27	22	8.6	0	2 112	1 238.6	4	0	0	4	0	0	0	0	0	0	0	92	92	0	0	0	0	0	0	8	7
南京财经大学	28	123	18.4	1.3	11 272.82	9 960.11	16	11	0	5	0	0	0	0	1	2	0	134	129	5	0	4	0	0	4	4	4
江苏警官学院	29	45	6.5	0	70	116.8	2	2	0	0	0	0	0	0	1	0	0	40	40	0	0	0	0	0	0	5	0
南京体育学院	30	3	0.7	0	0	0.33	0	0	0	0	0	0	0	0	0	0	0	0	0	0	0	0	0	0	0	0	0
南京艺术学院	31	40	6.6	0	79	35.46	0	0	0	0	0	0	0	0	0	0	0	33	33	0	0	0	0	0	0	0	0
苏州科技大学	32	117	29.4	3.4	4 239	4 229	1	1	0	0	0	0	0	0	0	0	0	45	44	1	0	0	0	0	0	13	11
常熟理工学院	33	66	15.3	0	1 717.2	1 701.8	0	0	0	0	0	0	0	0	0	0	0	56	56	0	0	0	0	0	0	15	15
淮阴工学院	34	112	17.6	0	3 903.5	3 762.5	6	5	0	1	0	0	0	0	0	0	0	50	47	3	0	0	0	0	0	9	0
常州工学院	35	39	5.7	0	27	96.5	1	1	0	0	0	0	0	0	0	0	0	28	27	1	0	0	0	0	0	0	0
扬州大学	36	93	14.9	3.8	3 214.6	3 334.83	0	0	0	0	0	0	0	0	0	0	0	7	7	0	0	1	0	0	1	13	13
南京工程学院	37	11	1.7	0	355	355.4	0	0	0	0	0	0	0	0	0	0	0	14	14	0	0	0	0	0	0	0	0
南京审计大学	38	114	28.3	0.3	1 053.8	1 167.19	2	2	0	0	0	0	0	0	0	0	0	37	36	1	0	1	0	0	1	8	0
南京晓庄学院	39	2	0.7	0	0	4	1	1	0	0	0	0	0	0	0	0	0	6	6	0	0	0	0	0	0	0	0
江苏理工学院	40	99	29.8	0	4 696.4	4 247.92	0	0	0	0	0	0	0	0	0	0	0	30	30	0	0	1	0	0	1	28	16
淮海工学院	41	103	10.8	0	1 255.7	888.4	2	2	0	0	0	0	0	0	0	0	0	59	59	0	0	2	0	0	2	0	0
徐州工程学院	42	54	19.6	0	409	406	0	0	0	0	0	0	0	0	0	0	0	39	39	0	0	2	0	0	2	15	0
南京特殊教育师范学院	43	1	0.1	0	10	5.5	0	0	0	0	0	0	0	0	0	0	0	0	0	0	0	0	0	0	0	0	0
泰州学院	44	39	11.5	0	221.6	196.05	2	2	1	0	0	0	0	0	0	0	0	23	23	0	0	0	0	0	0	0	0
金陵科技学院	45	84	13.6	0	2 010.1	1 808.92	9	4	0	5	0	0	0	0	0	0	0	48	46	2	0	2	0	0	2	7	3
江苏第二师范学院	46	6	1.6	0	94.8	39.96	0	0	0	0	0	0	0	0	0	0	0	7	7	0	0	0	0	0	0	0	0

2.2 马克思主义人文、社会科学研究与课题成果情况表

学科门类	编号	总数：课题数(项)	总数：当年投入人数(人年)	总数：其中：研究生(人年)	总数：当年投入经费(千元)	总数：当年支出经费(千元)	出版著作(部)：合计	出版著作(部)：专著	出版著作(部)：其中：被译成外文	出版著作(部)：编著教材	出版著作(部)：工具书参考书	出版著作(部)：皮书/发展报告	出版著作(部)：科普读物	古籍整理(部)	译著(部)	发表译文(篇)	电子出版物(件)	发表论文(篇)：合计	发表论文(篇)：国内学术刊物	发表论文(篇)：国外学术刊物	发表论文(篇)：港澳、台地区刊物	获奖成果数(项)：合计	获奖成果数(项)：国家级奖	获奖成果数(项)：部级奖	获奖成果数(项)：省级奖	研究与咨询报告(篇)：合计	研究与咨询报告(篇)：其中：被采纳数
		L01	L02	L03	L04	L05	L06	L07	L08	L09	L10	L11	L12	L13	L14	L15	L16	L17	L18	L19	L20	L21	L22	L23	L24	L25	L26
合计	/	927	230.6	31.4	16 510.3	14 916.94	62	46	7	16	0	0	0	0	3	0	2	677	672	5	0	23	0	0	23	42	25
南京大学	1	56	8.1	0.7	1 490	841	0	0	0	0	0	0	0	0	0	0	0	7	7	0	0	2	0	0	2	0	0
东南大学	2	91	34.6	11.6	4 636.5	2 654.65	5	4	0	1	0	0	0	0	2	0	0	28	28	0	0	2	0	0	2	8	5
江南大学	3	61	17.6	2.1	1 151	2 038.5	4	1	0	3	0	0	0	0	0	0	0	26	26	0	0	4	0	0	4	1	1
南京农业大学	4	7	1	0.2	57	48	0	0	0	0	0	0	0	0	0	0	0	3	3	0	0	0	0	0	0	0	0
中国矿业大学	5	108	17.2	0	298	279	10	9	0	1	0	0	0	0	0	0	0	34	34	0	0	0	0	0	0	0	0
河海大学	6	32	10.2	3.1	999.5	1 330.5	3	2	0	1	0	0	0	0	0	0	2	59	56	3	0	1	0	0	1	5	4
南京理工大学	7	33	2.7	0.2	95	135.1	0	0	0	0	0	0	0	0	0	0	0	2	2	0	0	0	0	0	0	0	0
南京航空航天大学	8	9	2	0.3	780	564	0	0	0	0	0	0	0	0	0	0	0	8	8	0	0	2	0	0	2	0	0
中国药科大学	9	3	0.5	0	10	10	1	0	0	1	0	0	0	0	0	0	0	5	5	0	0	0	0	0	0	0	0
南京森林警察学院	10	1	0.1	0	8	0	0	0	0	0	0	0	0	0	0	0	0	11	11	0	0	0	0	0	0	0	0
苏州大学	11	20	3.5	0.6	354	707.3	7	7	7	0	0	0	0	0	0	0	0	23	23	0	0	1	0	0	1	4	4
江苏科技大学	12	11	6.3	3.7	107	107.6	0	0	0	0	0	0	0	0	0	0	0	3	3	0	0	0	0	0	0	0	0
南京工业大学	13	8	1.9	0.2	38	12	0	0	0	0	0	0	0	0	0	0	0	3	3	0	0	0	0	0	0	0	0
常州大学	14	15	6.4	0	50	121.4	0	0	0	0	0	0	0	0	0	0	0	12	12	0	0	1	0	0	1	0	0
南京邮电大学	15	5	0.3	0	10	10	0	0	0	0	0	0	0	0	0	0	0	2	2	0	0	0	0	0	0	0	0
南京林业大学	16	13	2	0	21	50.62	0	0	0	0	0	0	0	0	0	0	0	3	3	0	0	0	0	0	0	0	0
江苏大学	17	14	9	4.2	605	595	0	0	0	0	0	0	0	0	0	0	0	13	13	0	0	0	0	0	0	0	0
南京信息工程大学	18	14	5.1	0.9	50	117	1	1	0	0	0	0	0	0	0	0	0	23	23	0	0	2	0	0	2	1	0
南通大学	19	32	9.6	0.1	148	273.95	6	5	0	1	0	0	0	0	0	0	0	65	65	0	0	0	0	0	0	1	0
盐城工学院	20	45	5.2	0	380	320.5	1	1	0	0	0	0	0	0	0	0	0	23	23	0	0	0	0	0	0	14	11

续表

学科门类	编号	总数：课题数(项)	总数：当年投入人数(人年)	总数：其中：研究生(人年)	总数：当年投入经费(千元)	总数：当年支出经费(千元)	出版著作(部)：合计	出版著作(部)：专著	出版著作(部)：其中：被译成外文	出版著作(部)：编著教材	出版著作(部)：工具书参考书	出版著作(部)：皮书/发展报告	出版著作(部)：科普读物	古籍整理(部)	译著(部)	发表译文(篇)	电子出版物(件)	发表论文(篇)：合计	发表论文(篇)：国内学术刊物	发表论文(篇)：国外学术刊物	发表论文(篇)：港澳、台地区刊物	获奖成果数(项)：合计	获奖成果数(项)：国家级奖	获奖成果数(项)：部级奖	获奖成果数(项)：省级奖	研究与咨询报告(篇)：合计	研究与咨询报告(篇)：其中：被采纳数
		L01	L02	L03	L04	L05	L06	L07	L08	L09	L10	L11	L12	L13	L14	L15	L16	L17	L18	L19	L20	L21	L22	L23	L24	L25	L26
南京医科大学	21	15	2.2	0.3	3	20	0	0	0	0	0	0	0	0	0	0	0	4	4	0	0	0	0	0	0	1	0
徐州医科大学	22	5	1.1	0	0	11.4	0	0	0	0	0	0	0	0	0	0	0	3	3	0	0	0	0	0	0	0	0
南京中医药大学	23	4	1.4	0	8	2.6	2	2	0	0	0	0	0	0	0	0	0	3	3	0	0	0	0	0	0	0	0
南京师范大学	24	45	8.6	0.8	2 195	1 140.2	5	4	0	1	0	0	0	0	0	0	0	55	54	1	0	2	0	0	2	0	0
江苏师范大学	25	38	15.9	1.9	561	566.7	1	1	0	0	0	0	0	0	0	0	0	34	34	0	0	1	0	0	1	0	0
淮阴师范学院	26	20	3.9	0	379	198.8	0	0	0	0	0	0	0	0	0	0	0	20	20	0	0	0	0	0	0	0	0
盐城师范学院	27	17	9.6	0	814	450.7	1	1	0	0	0	0	0	0	0	0	0	24	24	0	0	1	0	0	1	0	0
南京财经大学	28	11	2.3	0	40	359.9	0	0	0	0	0	0	0	0	0	0	0	16	16	0	0	0	0	0	0	0	0
江苏警官学院	29	4	1.2	0	0	7	0	0	0	0	0	0	0	0	0	0	0	9	9	0	0	0	0	0	0	0	0
南京体育学院	30	0	0	0	0	0	0	0	0	0	0	0	0	0	0	0	0	0	0	0	0	0	0	0	0	0	0
南京艺术学院	31	16	3.2	0	28	93.76	0	0	0	0	0	0	0	0	0	0	0	12	12	0	0	0	0	0	0	0	0
苏州科技大学	32	4	0.9	0.1	200	351	0	0	0	0	0	0	0	0	0	0	0	6	6	0	0	0	0	0	0	0	0
常熟理工学院	33	9	2.2	0	80	107.65	1	1	0	0	0	0	0	0	0	0	0	9	9	0	0	0	0	0	0	0	0
淮阴工学院	34	18	2.3	0	110	80.45	1	1	0	0	0	0	0	0	0	0	0	7	7	0	0	1	0	0	1	4	0
常州工学院	35	12	1.8	0	128	65.7	2	2	0	0	0	0	0	0	0	0	0	14	14	0	0	0	0	0	0	1	0
扬州大学	36	35	6.3	0.4	304.5	646.11	0	0	0	0	0	0	0	0	0	0	0	10	10	0	0	0	0	0	0	0	0
南京工程学院	37	1	0.1	0	0	1	1	1	0	0	0	0	0	0	0	0	0	5	4	1	0	0	0	0	0	0	0
南京审计大学	38	19	4.2	0	9	125.74	1	1	0	0	0	0	0	0	0	0	0	12	12	0	0	1	0	0	1	0	0
南京晓庄学院	39	6	1.7	0	43	14	7	0	0	7	0	0	0	0	0	0	0	19	19	0	0	0	0	0	0	0	0
江苏理工学院	40	11	3.5	0	137	136.82	0	0	0	0	0	0	0	0	0	0	0	5	5	0	0	1	0	0	1	0	0
淮海工学院	41	17	1.6	0	32	33.9	1	1	0	0	0	0	0	0	0	0	0	7	7	0	0	0	0	0	0	0	0
徐州工程学院	42	22	7.7	0	107	121.9	1	1	0	0	0	0	0	0	0	0	0	27	27	0	0	1	0	0	1	2	0
南京特殊教育师范学院	43	0	0	0	0	0	0	0	0	0	0	0	0	0	0	0	0	0	0	0	0	0	0	0	0	0	0
泰州学院	44	2	0.8	0	0	0	0	0	0	0	0	0	0	0	0	0	0	12	12	0	0	0	0	0	0	0	0
金陵科技学院	45	9	1	0	27	115	0	0	0	0	0	0	0	0	0	0	0	2	2	0	0	0	0	0	0	0	0
江苏第二师范学院	46	8	3.8	0	16.8	50.49	0	0	0	0	0	0	0	0	1	0	0	9	9	0	0	0	0	0	0	0	0

2.3 哲学人文、社会科学研究与课题成果情况表

学科门类	编号	总数：课题数(项)	总数：当年投入人数(人年)	其中：研究生(人年)	当年投入经费(千元)	当年支出经费(千元)	出版著作(部)：合计	专著	其中：被译成外文	编著教材	工具书参考书	皮书/发展报告	科普读物	古籍整理(部)	译著(部)	发表译文(篇)	电子出版物(件)	发表论文(篇)：合计	国内学术刊物	国外学术刊物	港、澳、台地区刊物	获奖成果数(项)：合计	国家级奖	部级奖	省级奖	研究与咨询报告(篇)：合计	其中：被采纳数
		L01	L02	L03	L04	L05	L06	L07	L08	L09	L10	L11	L12	L13	L14	L15	L16	L17	L18	L19	L20	L21	L22	L23	L24	L25	L26
合计	/	471	128	19.4	10 281.4	8 243.2	73	52	1	19	0	0	2	3	12	5	2	773	747	20	6	14	0	0	14	23	15
南京大学	1	45	9.7	1.2	2 340.5	1 460.9	17	12	0	5	0	0	0	3	9	5	0	291	276	14	1	5	0	0	5	13	13
东南大学	2	65	24.1	8.8	1 161	647.85	7	5	0	2	0	0	0	0	0	0	0	48	46	2	0	1	0	0	1	0	0
江南大学	3	27	7.5	0.3	438	446.5	2	2	0	0	0	0	0	0	0	0	0	11	11	0	0	0	0	0	0	0	0
南京农业大学	4	17	2.1	0.2	350	284	1	1	0	0	0	0	0	0	0	0	0	4	4	0	0	0	0	0	0	0	0
中国矿业大学	5	19	3.8	0	75	75	1	0	0	1	0	0	0	0	0	0	0	7	7	0	0	0	0	0	0	0	0
河海大学	6	11	4.4	1.6	204.8	418.8	3	0	0	1	0	0	2	0	0	0	2	27	25	2	0	0	0	0	0	3	2
南京理工大学	7	9	2	0.2	271	356.27	1	0	0	1	0	0	0	0	0	0	0	2	2	0	0	0	0	0	0	0	0
南京航空航天大学	8	2	0.6	0	50.8	46.8	0	0	0	0	0	0	0	0	0	0	0	4	4	0	0	0	0	0	0	0	0
中国药科大学	9	2	0.2	0	6	11	1	1	0	0	0	0	0	0	0	0	0	1	1	0	0	0	0	0	0	0	0
南京森林警察学院	10	0	0	0	0	0	0	0	0	0	0	0	0	0	0	0	0	11	11	0	0	0	0	0	0	0	0
苏州大学	11	12	1.7	0.2	358	212.5	2	2	0	0	0	0	0	0	0	0	0	43	38	1	4	1	0	0	1	0	0
江苏科技大学	12	0	0	0	0	0	0	0	0	0	0	0	0	0	0	0	0	9	9	0	0	0	0	0	0	0	0
南京工业大学	13	4	0.8	0	45	17.01	0	0	0	0	0	0	0	0	0	0	0	6	6	0	0	0	0	0	0	0	0
常州大学	14	2	0.9	0	0	34	0	0	0	0	0	0	0	0	0	0	0	1	1	0	0	0	0	0	0	0	0
南京邮电大学	15	10	2	0.6	0	21	1	1	0	0	0	0	0	0	0	0	0	6	6	0	0	0	0	0	0	0	0
南京林业大学	16	35	7.2	0	285	199.4	0	0	0	0	0	0	0	0	0	0	0	14	14	0	0	0	0	0	0	0	0
江苏大学	17	21	6.5	2.9	535	535	0	0	0	0	0	0	0	0	0	0	0	4	4	0	0	0	0	0	0	0	0
南京信息工程大学	18	15	4.1	0	330	232.55	1	1	0	0	0	0	0	0	0	0	0	10	10	0	0	1	0	0	1	0	0
南通大学	19	12	4.4	0.1	85	87.91	0	0	0	0	0	0	0	0	0	0	0	1	1	0	0	0	0	0	0	0	0
盐城工学院	20	4	0.6	0	12.3	12.3	0	0	0	0	0	0	0	0	0	0	0	2	2	0	0	0	0	0	0	0	0

续表

学科门类	编号	总数 课题数(项)	总数 当年投入人数(人年)	总数 其中：研究生(人年)	总数 当年投入经费(千元)	总数 当年支出经费(千元)	出版著作(部) 合计	出版著作(部) 专著	出版著作(部) 其中：被译成外文	出版著作(部) 编著教材	出版著作(部) 工具书参考书	出版著作(部) 皮书/发展报告	出版著作(部) 科普读物	古籍整理(部)	译著(部)	发表译文(篇)	电子出版物(件)	发表论文(篇) 合计	发表论文(篇) 国内学术刊物	发表论文(篇) 国外学术刊物	发表论文(篇) 港、澳、台地区刊物	获奖成果数(项) 合计	获奖成果数(项) 国家级奖	获奖成果数(项) 部级奖	获奖成果数(项) 省级奖	研究与咨询报告(篇) 合计	研究与咨询报告(篇) 其中：被采纳数
		L01	L02	L03	L04	L05	L06	L07	L08	L09	L10	L11	L12	L13	L14	L15	L16	L17	L18	L19	L20	L21	L22	L23	L24	L25	L26
南京医科大学	21	4	0.7	0	30	14	1	1	0	0	0	0	0	0	0	0	0	5	5	0	0	0	0	0	0	0	0
徐州医科大学	22	0	0	0	0	0	0	0	0	0	0	0	0	0	0	0	0	0	0	0	0	0	0	0	0	0	0
南京中医药大学	23	13	3.8	0	7	80.2	1	0	0	1	0	0	0	0	0	0	0	3	3	0	0	0	0	0	0	0	0
南京师范大学	24	31	8	0.9	830	452	4	4	0	0	0	0	0	0	3	0	0	44	43	1	0	5	0	0	5	0	0
江苏师范大学	25	28	9.6	1.1	799	991.75	23	18	1	5	0	0	0	0	0	0	0	147	146	0	1	0	0	0	0	0	0
淮阴师范学院	26	7	2.1	0	200	113	1	1	0	0	0	0	0	0	0	0	0	6	6	0	0	0	0	0	0	0	0
盐城师范学院	27	1	0.2	0	0	8	0	0	0	0	0	0	0	0	0	0	0	0	0	0	0	0	0	0	0	0	0
南京财经大学	28	0	0	0	0	0	1	1	0	0	0	0	0	0	0	0	0	4	4	0	0	0	0	0	0	0	0
江苏警官学院	29	7	1.1	0	6	12.7	0	0	0	0	0	0	0	0	0	0	0	6	6	0	0	0	0	0	0	0	0
南京体育学院	30	0	0	0	0	0	0	0	0	0	0	0	0	0	0	0	0	0	0	0	0	0	0	0	0	0	0
南京艺术学院	31	0	0	0	0	0	0	0	0	0	0	0	0	0	0	0	0	2	2	0	0	0	0	0	0	0	0
苏州科技大学	32	15	4.4	0.9	390	475	3	0	0	3	0	0	0	0	0	0	0	15	15	0	0	1	0	0	1	0	0
常熟理工学院	33	4	1.1	0	8	113.4	0	0	0	0	0	0	0	0	0	0	0	4	4	0	0	0	0	0	0	0	0
淮阴工学院	34	8	1.3	0	430	379.5	0	0	0	0	0	0	0	0	0	0	0	21	21	0	0	0	0	0	0	3	0
常州工学院	35	0	0	0	0	0	0	0	0	0	0	0	0	0	0	0	0	0	0	0	0	0	0	0	0	0	0
扬州大学	36	13	2.6	0.4	756	365.87	0	0	0	0	0	0	0	0	0	0	0	0	0	0	0	0	0	0	0	0	0
南京工程学院	37	1	0.1	0	0	4.35	0	0	0	0	0	0	0	0	0	0	0	1	1	0	0	0	0	0	0	0	0
南京审计大学	38	3	3	0	7	7.9	0	0	0	0	0	0	0	0	0	0	0	0	0	0	0	0	0	0	0	0	0
南京晓庄学院	39	2	0.7	0	0	0	0	0	0	0	0	0	0	0	0	0	0	0	0	0	0	0	0	0	0	0	0
江苏理工学院	40	5	1.6	0	58	17.51	0	0	0	0	0	0	0	0	0	0	0	10	10	0	0	0	0	0	0	0	0
淮海工学院	41	0	0	0	0	0	0	0	0	0	0	0	0	0	0	0	0	0	0	0	0	0	0	0	0	0	0
徐州工程学院	42	4	1.8	0	23	19	1	1	0	0	0	0	0	0	0	0	0	0	0	0	0	0	0	0	0	4	0
南京特殊教育师范学院	43	0	0	0	0	0	0	0	0	0	0	0	0	0	0	0	0	0	0	0	0	0	0	0	0	0	0
泰州学院	44	0	0	0	0	0	0	0	0	0	0	0	0	0	0	0	0	0	0	0	0	0	0	0	0	0	0
金陵科技学院	45	9	1.7	0	190	86.94	1	1	0	0	0	0	0	0	0	0	0	1	1	0	0	0	0	0	0	0	0
江苏第二师范学院	46	4	1.6	0	0	3.29	0	0	0	0	0	0	0	0	0	0	0	2	2	0	0	0	0	0	0	0	0

2.4 逻辑学人文、社会科学研究与课题成果情况表

学科门类	编号	总数					出版著作(部)							古籍整理(部)	译著(部)	发表译文(篇)	电子出版物(件)	发表论文(篇)				获奖成果数(项)				研究与咨询报告(篇)	
		课题数(项)	当年投入人数(人年)	其中:研究生(人年)	当年投入经费(千元)	当年支出经费(千元)	合计	专著	其中:被译成外文	编著教材	工具书参考书	皮书/发展报告	科普读物					合计	国内学术刊物	国外学术刊物	港澳、台地区刊物	合计	国家级奖	部级奖	省级奖	合计	其中:被采纳数
	编号	L01	L02	L03	L04	L05	L06	L07	L08	L09	L10	L11	L12	L13	L14	L15	L16	L17	L18	L19	L20	L21	L22	L23	L24	L25	L26
合计	/	14	3.2	1.1	162	91.6	0	0	0	0	0	0	0	0	0	0	1	23	22	1	0	1	0	0	1	1	1
南京大学	1	5	0.6	0.1	30	6	0	0	0	0	0	0	0	0	0	0	0	9	8	1	0	1	0	0	1	0	0
东南大学	2	3	1.4	0.7	0	0	0	0	0	0	0	0	0	0	0	0	0	0	0	0	0	0	0	0	0	0	0
江南大学	3	0	0	0	0	0	0	0	0	0	0	0	0	0	0	0	0	0	0	0	0	0	0	0	0	0	0
南京农业大学	4	0	0	0	0	0	0	0	0	0	0	0	0	0	0	0	0	0	0	0	0	0	0	0	0	0	0
中国矿业大学	5	0	0	0	0	0	0	0	0	0	0	0	0	0	0	0	0	0	0	0	0	0	0	0	0	0	0
河海大学	6	2	0.5	0.3	69	76	0	0	0	0	0	0	0	0	0	0	1	3	3	0	0	0	0	0	0	1	1
南京理工大学	7	0	0	0	0	0	0	0	0	0	0	0	0	0	0	0	0	1	1	0	0	0	0	0	0	0	0
南京航空航天大学	8	0	0	0	0	0	0	0	0	0	0	0	0	0	0	0	0	0	0	0	0	0	0	0	0	0	0
中国药科大学	9	0	0	0	0	0	0	0	0	0	0	0	0	0	0	0	0	0	0	0	0	0	0	0	0	0	0
南京森林警察学院	10	0	0	0	0	0	0	0	0	0	0	0	0	0	0	0	0	0	0	0	0	0	0	0	0	0	0
苏州大学	11	0	0	0	0	0	0	0	0	0	0	0	0	0	0	0	0	0	0	0	0	0	0	0	0	0	0
江苏科技大学	12	0	0	0	0	0	0	0	0	0	0	0	0	0	0	0	0	0	0	0	0	0	0	0	0	0	0
南京工业大学	13	0	0	0	0	0	0	0	0	0	0	0	0	0	0	0	0	0	0	0	0	0	0	0	0	0	0
常州大学	14	0	0	0	0	0	0	0	0	0	0	0	0	0	0	0	0	0	0	0	0	0	0	0	0	0	0
南京邮电大学	15	0	0	0	0	0	0	0	0	0	0	0	0	0	0	0	0	0	0	0	0	0	0	0	0	0	0
南京林业大学	16	0	0	0	0	0	0	0	0	0	0	0	0	0	0	0	0	8	8	0	0	0	0	0	0	0	0
江苏大学	17	0	0	0	0	0	0	0	0	0	0	0	0	0	0	0	0	0	0	0	0	0	0	0	0	0	0
南京信息工程大学	18	0	0	0	0	0	0	0	0	0	0	0	0	0	0	0	0	0	0	0	0	0	0	0	0	0	0
南通大学	19	1	0.2	0	0	0	0	0	0	0	0	0	0	0	0	0	0	0	0	0	0	0	0	0	0	0	0
盐城工学院	20	0	0	0	0	0	0	0	0	0	0	0	0	0	0	0	0	0	0	0	0	0	0	0	0	0	0

续表

学科门类		总数					出版著作(部)							古籍整理(部)	译著(部)	发表译文(篇)	电子出版物(件)	发表论文(篇)				获奖成果数(项)				研究与咨询报告(篇)	
		课题数(项)	当年投入人数(人年)	其中:研究生(人年)	当年投入经费(千元)	当年支出经费(千元)	合计	专著	其中:被译成外文	编著教材	工具书参考书	皮书/发展报告	科普读物					合计	国内学术刊物	国外学术刊物	港澳、台地区刊物	合计	国家级奖	部级奖	省级奖	合计	其中:被采纳数
	编号	L01	L02	L03	L04	L05	L06	L07	L08	L09	L10	L11	L12	L13	L14	L15	L16	L17	L18	L19	L20	L21	L22	L23	L24	L25	L26
南京医科大学	21	0	0	0	0	0	0	0	0	0	0	0	0	0	0	0	0	0	0	0	0	0	0	0	0	0	0
徐州医科大学	22	0	0	0	0	0	0	0	0	0	0	0	0	0	0	0	0	0	0	0	0	0	0	0	0	0	0
南京中医药大学	23	0	0	0	0	0	0	0	0	0	0	0	0	0	0	0	0	1	1	0	0	0	0	0	0	0	0
南京师范大学	24	1	0.1	0	60	5	0	0	0	0	0	0	0	0	0	0	0	0	0	0	0	0	0	0	0	0	0
江苏师范大学	25	0	0	0	0	0	0	0	0	0	0	0	0	0	0	0	0	0	0	0	0	0	0	0	0	0	0
淮阴师范学院	26	0	0	0	0	0	0	0	0	0	0	0	0	0	0	0	0	0	0	0	0	0	0	0	0	0	0
盐城师范学院	27	0	0	0	0	0	0	0	0	0	0	0	0	0	0	0	0	0	0	0	0	0	0	0	0	0	0
南京财经大学	28	0	0	0	0	0	0	0	0	0	0	0	0	0	0	0	0	0	0	0	0	0	0	0	0	0	0
江苏警官学院	29	0	0	0	0	0	0	0	0	0	0	0	0	0	0	0	0	0	0	0	0	0	0	0	0	0	0
南京体育学院	30	0	0	0	0	0	0	0	0	0	0	0	0	0	0	0	0	0	0	0	0	0	0	0	0	0	0
南京艺术学院	31	0	0	0	0	0	0	0	0	0	0	0	0	0	0	0	0	0	0	0	0	0	0	0	0	0	0
苏州科技大学	32	0	0	0	0	0	0	0	0	0	0	0	0	0	0	0	0	0	0	0	0	0	0	0	0	0	0
常熟理工学院	33	0	0	0	0	0	0	0	0	0	0	0	0	0	0	0	0	0	0	0	0	0	0	0	0	0	0
淮阴工学院	34	1	0.1	0	0	1.6	0	0	0	0	0	0	0	0	0	0	0	0	0	0	0	0	0	0	0	0	0
常州工学院	35	0	0	0	0	0	0	0	0	0	0	0	0	0	0	0	0	0	0	0	0	0	0	0	0	0	0
扬州大学	36	0	0	0	0	0	0	0	0	0	0	0	0	0	0	0	0	1	1	0	0	0	0	0	0	0	0
南京工程学院	37	0	0	0	0	0	0	0	0	0	0	0	0	0	0	0	0	0	0	0	0	0	0	0	0	0	0
南京审计大学	38	0	0	0	0	0	0	0	0	0	0	0	0	0	0	0	0	0	0	0	0	0	0	0	0	0	0
南京晓庄学院	39	0	0	0	0	0	0	0	0	0	0	0	0	0	0	0	0	0	0	0	0	0	0	0	0	0	0
江苏理工学院	40	1	0.3	0	3	3	0	0	0	0	0	0	0	0	0	0	0	0	0	0	0	0	0	0	0	0	0
淮海工学院	41	0	0	0	0	0	0	0	0	0	0	0	0	0	0	0	0	0	0	0	0	0	0	0	0	0	0
徐州工程学院	42	0	0	0	0	0	0	0	0	0	0	0	0	0	0	0	0	0	0	0	0	0	0	0	0	0	0
南京特殊教育师范学院	43	0	0	0	0	0	0	0	0	0	0	0	0	0	0	0	0	0	0	0	0	0	0	0	0	0	0
泰州学院	44	0	0	0	0	0	0	0	0	0	0	0	0	0	0	0	0	0	0	0	0	0	0	0	0	0	0
金陵科技学院	45	0	0	0	0	0	0	0	0	0	0	0	0	0	0	0	0	0	0	0	0	0	0	0	0	0	0
江苏第二师范学院	46	0	0	0	0	0	0	0	0	0	0	0	0	0	0	0	0	0	0	0	0	0	0	0	0	0	0

2.5 宗教学人文、社会科学研究与课题成果情况表

学科门类		总数					出版著作(部)							古籍整理(部)	译著(部)	发表译文(篇)	电子出版物(件)	发表论文(篇)				获奖成果数(项)				研究与咨询报告(篇)	
		课题数(项)	当年投入人数(人年)	其中：研究生(人年)	当年投入经费(千元)	当年支出经费(千元)	合计	专著	其中：被译成外文	编著教材	工具书参考书	皮书/发展报告	科普读物					合计	国内学术刊物	国外学术刊物	港澳、台地区刊物	合计	国家级奖	部级奖	省级奖	合计	其中：被采纳数
	编号	L01	L02	L03	L04	L05	L06	L07	L08	L09	L10	L11	L12	L13	L14	L15	L16	L17	L18	L19	L20	L21	L22	L23	L24	L25	L26
合计	/	55	13.2	1.1	757.8	860.28	10	3	0	7	0	0	0	1	0	0	0	35	32	2	1	2	0	0	2	1	1
南京大学	1	27	2.7	0	84	154	6	2	0	4	0	0	0	1	0	0	0	18	15	2	1	2	0	0	2	0	0
东南大学	2	4	1.2	0.4	190	90	3	1	0	2	0	0	0	0	0	0	0	1	1	0	0	0	0	0	0	0	0
江南大学	3	2	0.8	0.2	190	135	0	0	0	0	0	0	0	0	0	0	0	1	1	0	0	0	0	0	0	0	0
南京农业大学	4	2	0.2	0	0	0	0	0	0	0	0	0	0	0	0	0	0	0	0	0	0	0	0	0	0	0	0
中国矿业大学	5	1	0.1	0	0	0	1	0	0	1	0	0	0	0	0	0	0	0	0	0	0	0	0	0	0	0	0
河海大学	6	2	1	0.4	5	220	0	0	0	0	0	0	0	0	0	0	0	3	3	0	0	0	0	0	0	0	0
南京理工大学	7	0	0	0	0	0	0	0	0	0	0	0	0	0	0	0	0	0	0	0	0	0	0	0	0	0	0
南京航空航天大学	8	0	0	0	0	0	0	0	0	0	0	0	0	0	0	0	0	0	0	0	0	0	0	0	0	0	0
中国药科大学	9	0	0	0	0	0	0	0	0	0	0	0	0	0	0	0	0	1	1	0	0	0	0	0	0	0	0
南京森林警察学院	10	0	0	0	0	0	0	0	0	0	0	0	0	0	0	0	0	0	0	0	0	0	0	0	0	0	0
苏州大学	11	0	0	0	0	0	0	0	0	0	0	0	0	0	0	0	0	0	0	0	0	0	0	0	0	0	0
江苏科技大学	12	1	0.3	0	0	0	0	0	0	0	0	0	0	0	0	0	0	2	2	0	0	0	0	0	0	0	0
南京工业大学	13	0	0	0	0	0	0	0	0	0	0	0	0	0	0	0	0	0	0	0	0	0	0	0	0	0	0
常州大学	14	1	0.6	0	0	21	0	0	0	0	0	0	0	0	0	0	0	0	0	0	0	0	0	0	0	0	0
南京邮电大学	15	0	0	0	0	0	0	0	0	0	0	0	0	0	0	0	0	0	0	0	0	0	0	0	0	0	0
南京林业大学	16	2	3.3	0	2	40.4	0	0	0	0	0	0	0	0	0	0	0	0	0	0	0	0	0	0	0	0	0
江苏大学	17	0	0	0	0	0	0	0	0	0	0	0	0	0	0	0	0	0	0	0	0	0	0	0	0	0	0
南京信息工程大学	18	1	0.1	0	0	3	0	0	0	0	0	0	0	0	0	0	0	7	7	0	0	0	0	0	0	0	0
南通大学	19	0	0	0	0	0	0	0	0	0	0	0	0	0	0	0	0	0	0	0	0	0	0	0	0	0	0
盐城工学院	20	0	0	0	0	0	0	0	0	0	0	0	0	0	0	0	0	0	0	0	0	0	0	0	0	0	0

续表

学科门类		总数					出版著作(部)							古籍整理(部)	译著(部)	发表译文(篇)	电子出版物(件)	发表论文(篇)				获奖成果数(项)				研究与咨询报告(篇)	
		课题数(项)	当年投入人数(人年)	其中:研究生(人年)	当年投入经费(千元)	当年支出经费(千元)	合计	专著	其中:被译成外文	编著教材	工具书参考书	皮书/发展报告	科普读物					合计	国内学术刊物	国外学术刊物	港澳、台地区刊物	合计	国家级奖	部级奖	省级奖	合计	其中:被采纳数
	编号	L01	L02	L03	L04	L05	L06	L07	L08	L09	L10	L11	L12	L13	L14	L15	L16	L17	L18	L19	L20	L21	L22	L23	L24	L25	L26
南京医科大学	21	0	0	0	0	0	0	0	0	0	0	0	0	0	0	0	0	0	0	0	0	0	0	0	0	0	0
徐州医科大学	22	0	0	0	0	0	0	0	0	0	0	0	0	0	0	0	0	0	0	0	0	0	0	0	0	0	0
南京中医药大学	23	1	0.5	0	40	0	0	0	0	0	0	0	0	0	0	0	0	0	0	0	0	0	0	0	0	0	0
南京师范大学	24	3	0.8	0.1	150	51	0	0	0	0	0	0	0	0	0	0	0	0	0	0	0	0	0	0	0	0	0
江苏师范大学	25	2	0.4	0	82	83	0	0	0	0	0	0	0	0	0	0	0	0	0	0	0	0	0	0	0	1	1
淮阴师范学院	26	0	0	0	0	0	0	0	0	0	0	0	0	0	0	0	0	0	0	0	0	0	0	0	0	0	0
盐城师范学院	27	0	0	0	0	0	0	0	0	0	0	0	0	0	0	0	0	0	0	0	0	0	0	0	0	0	0
南京财经大学	28	0	0	0	0	0	0	0	0	0	0	0	0	0	0	0	0	0	0	0	0	0	0	0	0	0	0
江苏警官学院	29	1	0.3	0	0	0.9	0	0	0	0	0	0	0	0	0	0	0	0	0	0	0	0	0	0	0	0	0
南京体育学院	30	0	0	0	0	0	0	0	0	0	0	0	0	0	0	0	0	0	0	0	0	0	0	0	0	0	0
南京艺术学院	31	0	0	0	0	0	0	0	0	0	0	0	0	0	0	0	0	0	0	0	0	0	0	0	0	0	0
苏州科技大学	32	0	0	0	0	0	0	0	0	0	0	0	0	0	0	0	0	0	0	0	0	0	0	0	0	0	0
常熟理工学院	33	0	0	0	0	0	0	0	0	0	0	0	0	0	0	0	0	0	0	0	0	0	0	0	0	0	0
淮阴工学院	34	0	0	0	0	0	0	0	0	0	0	0	0	0	0	0	0	0	0	0	0	0	0	0	0	0	0
常州工学院	35	0	0	0	0	0	0	0	0	0	0	0	0	0	0	0	0	0	0	0	0	0	0	0	0	0	0
扬州大学	36	4	0.6	0	0	47	0	0	0	0	0	0	0	0	0	0	0	0	0	0	0	0	0	0	0	0	0
南京工程学院	37	0	0	0	0	0	0	0	0	0	0	0	0	0	0	0	0	0	0	0	0	0	0	0	0	0	0
南京审计大学	38	0	0	0	0	0	0	0	0	0	0	0	0	0	0	0	0	0	0	0	0	0	0	0	0	0	0
南京晓庄学院	39	1	0.3	0	0	0	0	0	0	0	0	0	0	0	0	0	0	2	2	0	0	0	0	0	0	0	0
江苏理工学院	40	0	0	0	0	0	0	0	0	0	0	0	0	0	0	0	0	0	0	0	0	0	0	0	0	0	0
淮海工学院	41	0	0	0	0	0	0	0	0	0	0	0	0	0	0	0	0	0	0	0	0	0	0	0	0	0	0
徐州工程学院	42	0	0	0	0	0	0	0	0	0	0	0	0	0	0	0	0	0	0	0	0	0	0	0	0	0	0
南京特殊教育师范学院	43	0	0	0	0	0	0	0	0	0	0	0	0	0	0	0	0	0	0	0	0	0	0	0	0	0	0
泰州学院	44	0	0	0	0	0	0	0	0	0	0	0	0	0	0	0	0	0	0	0	0	0	0	0	0	0	0
金陵科技学院	45	0	0	0	0	0	0	0	0	0	0	0	0	0	0	0	0	0	0	0	0	0	0	0	0	0	0
江苏第二师范学院	46	0	0	0	14.8	14.98	0	0	0	0	0	0	0	0	0	0	0	0	0	0	0	0	0	0	0	0	0

2.6 语言学人文、社会科学研究与课题成果情况表

学科门类		总数					出版著作(部)							古籍整理(部)	译著(部)	发表译文(篇)	电子出版物(件)	发表论文(篇)				获奖成果数(项)				研究与咨询报告(篇)	
		课题数(项)	当年投入人数(人年)	其中:研究生(人年)	当年投入经费(千元)	当年支出经费(千元)	合计	专著	其中:被译成外文	编著教材	工具书参考书	皮书/发展报告	科普读物					合计	国内学术刊物	国外学术刊物	港澳、台地区刊物	合计	国家级奖	部级奖	省级奖	合计	其中:被采纳数
	编号	L01	L02	L03	L04	L05	L06	L07	L08	L09	L10	L11	L12	L13	L14	L15	L16	L17	L18	L19	L20	L21	L22	L23	L24	L25	L26
合计	/	1 123	279.9	35.4	17 329.05	15 268.67	113	50	4	57	5	0	1	1	17	7	2	955	909	43	3	16	0	0	16	41	24
南京大学	1	54	7.5	0.9	1 056	1 546.12	3	2	0	0	1	0	0	0	0	0	0	32	28	4	0	4	0	0	4	0	0
东南大学	2	43	17	5.7	333.33	115.98	17	3	0	14	0	0	0	0	0	0	0	40	39	1	0	0	0	0	0	0	0
江南大学	3	28	6.6	0.6	100	113	2	1	0	1	0	0	0	0	1	0	0	13	12	1	0	0	0	0	0	0	0
南京农业大学	4	59	8.3	0.8	199.76	187.76	0	0	0	0	0	0	0	0	0	0	0	2	2	0	0	0	0	0	0	0	0
中国矿业大学	5	66	9.1	0	304.3	287.3	7	1	0	6	0	0	0	0	0	0	0	47	47	0	0	0	0	0	0	0	0
河海大学	6	9	2.8	1.2	306	306	2	1	1	1	0	0	0	0	0	1	1	16	13	3	0	0	0	0	0	2	0
南京理工大学	7	14	3.6	0.1	157.96	237.96	4	4	1	0	0	0	0	0	0	0	0	8	5	3	0	0	0	0	0	0	0
南京航空航天大学	8	22	6	0.2	331	328	15	3	0	12	0	0	0	0	1	0	0	22	17	5	0	1	0	0	1	1	0
中国药科大学	9	25	5.1	0	110	110	1	1	1	0	0	0	0	0	2	1	0	25	25	0	0	0	0	0	0	0	0
南京森林警察学院	10	3	0.7	0	30	30	0	0	0	0	0	0	0	0	0	0	0	5	5	0	0	0	0	0	0	0	0
苏州大学	11	45	5.9	0.6	503	642.3	6	3	0	1	2	0	0	0	2	1	0	62	58	3	1	1	0	0	1	0	0
江苏科技大学	12	25	13.5	5.9	84	88.8	0	0	0	0	0	0	0	0	0	0	0	36	34	2	0	0	0	0	0	0	0
南京工业大学	13	26	4.3	0.1	50	75.79	8	5	0	3	0	0	0	0	0	0	0	18	17	1	0	0	0	0	0	0	0
常州大学	14	17	5.9	0	292	209.4	0	0	0	0	0	0	0	0	0	0	0	20	19	1	0	0	0	0	0	3	3
南京邮电大学	15	31	6.8	1.4	144	155	1	1	0	0	0	0	0	0	0	0	0	11	11	0	0	0	0	0	0	1	1
南京林业大学	16	17	3.4	0	10	48.8	0	0	0	0	0	0	0	0	0	0	0	14	14	0	0	1	0	0	1	0	0
江苏大学	17	33	3.2	0	149	156	1	1	0	0	0	0	0	0	4	0	0	12	12	0	0	0	0	0	0	0	0
南京信息工程大学	18	22	6.4	0	182	149.82	2	0	0	2	0	0	0	0	1	0	0	45	44	1	0	0	0	0	0	2	2
南通大学	19	37	10.5	0.2	774	620.71	4	2	0	2	0	0	0	0	0	0	0	42	42	0	0	0	0	0	0	7	0
盐城工学院	20	7	1	0	13	13	1	1	0	0	0	0	0	0	0	0	0	17	17	0	0	0	0	0	0	1	1

续表

学科门类		总数					出版著作(部)							古籍整理(部)	译著(部)	发表译文(篇)	电子出版物(件)	发表论文(篇)				获奖成果数(项)				研究与咨询报告(篇)	
		课题数(项)	当年投入人数(人年)	其中:研究生(人年)	当年投入经费(千元)	当年支出经费(千元)	合计	专著	其中:被译成外文	编著教材	工具书参考书	皮书/发展报告	科普读物					合计	国内学术刊物	国外学术刊物	港、澳、台地区刊物	合计	国家级奖	部级奖	省级奖	合计	其中:被采纳数
	编号	L01	L02	L03	L04	L05	L06	L07	L08	L09	L10	L11	L12	L13	L14	L15	L16	L17	L18	L19	L20	L21	L22	L23	L24	L25	L26
南京医科大学	21	2	0.2	0	30	6	1	0	0	0	0	0	1	0	0	0	0	1	0	1	0	0	0	0	0	0	0
徐州医科大学	22	3	0.6	0	15	5.5	0	0	0	0	0	0	0	0	0	0	0	0	0	0	0	0	0	0	0	0	0
南京中医药大学	23	11	4.8	0	263	102.43	0	0	0	0	0	0	0	0	0	0	0	9	9	0	0	0	0	0	0	0	0
南京师范大学	24	61	20.8	2.2	1 400	830	12	6	0	4	2	0	0	1	1	2	0	83	70	12	1	1	0	0	1	2	2
江苏师范大学	25	99	43.3	14.3	3 792.5	3 777.79	6	4	1	2	0	0	0	0	0	0	0	62	62	0	0	5	0	0	5	5	5
淮阴师范学院	26	20	5.8	0	485	395	1	1	0	0	0	0	0	0	4	0	0	27	27	0	0	0	0	0	0	0	0
盐城师范学院	27	36	13.5	0	2 262	1 423.9	5	3	0	2	0	0	0	0	0	0	0	22	22	0	0	0	0	0	0	3	3
南京财经大学	28	2	0.2	0	10	16.5	3	1	0	2	0	0	0	0	0	2	0	18	17	1	0	0	0	0	0	2	2
江苏警官学院	29	2	0.2	0	5	1.5	1	0	0	1	0	0	0	0	0	0	0	12	11	0	1	0	0	0	0	0	0
南京体育学院	30	0	0	0	0	0	0	0	0	0	0	0	0	0	0	0	0	1	1	0	0	0	0	0	0	0	0
南京艺术学院	31	10	1.3	0	3	10.96	0	0	0	0	0	0	0	0	0	0	0	1	1	0	0	0	0	0	0	0	0
苏州科技大学	32	15	5.3	0.3	180	170	2	2	0	0	0	0	0	0	1	0	0	40	39	1	0	0	0	0	0	0	0
常熟理工学院	33	13	3.5	0	218	222.5	0	0	0	0	0	0	0	0	0	0	0	25	24	1	0	1	0	0	1	1	1
淮阴工学院	34	38	4.6	0	964.6	846.66	1	1	0	0	0	0	0	0	0	0	0	22	22	0	0	0	0	0	0	2	0
常州工学院	35	23	3.4	0	130.6	118.5	1	1	0	0	0	0	0	0	0	0	0	15	15	0	0	0	0	0	0	0	0
扬州大学	36	70	11.9	0.9	1 569.5	1 339.3	1	0	0	1	0	0	0	0	0	0	0	15	15	0	0	2	0	0	2	0	0
南京工程学院	37	1	0.1	0	7	4.7	0	0	0	0	0	0	0	0	0	0	0	2	1	1	0	0	0	0	0	0	0
南京审计大学	38	28	9.5	0	257	42.19	1	1	0	0	0	0	0	0	0	0	0	0	0	0	0	0	0	0	0	0	0
南京晓庄学院	39	8	2.6	0	34	17	0	0	0	0	0	0	0	0	0	0	0	0	0	0	0	0	0	0	0	0	0
江苏理工学院	40	25	6.5	0	127.6	123.21	1	1	0	0	0	0	0	0	0	0	0	12	12	0	0	0	0	0	0	7	4
淮海工学院	41	31	3.1	0	122	99.5	0	0	0	0	0	0	0	0	0	0	0	23	22	1	0	0	0	0	0	0	0
徐州工程学院	42	16	5.2	0	141.1	119.15	0	0	0	0	0	0	0	0	0	0	1	15	15	0	0	0	0	0	0	1	0
南京特殊教育师范学院	43	7	1.2	0	50	42.4	0	0	0	0	0	0	0	0	0	0	0	0	0	0	0	0	0	0	0	0	0
泰州学院	44	7	1.9	0	3	7.1	2	0	0	2	0	0	0	0	0	0	0	37	37	0	0	0	0	0	0	0	0
金陵科技学院	45	3	0.5	0	23.8	43.8	1	0	0	1	0	0	0	0	0	0	0	18	18	0	0	0	0	0	0	1	0
江苏第二师范学院	46	9	2.3	0	106	81.34	0	0	0	0	0	0	0	0	0	0	0	8	8	0	0	0	0	0	0	0	0

2.7 中国文学人文、社会科学研究与课题成果情况表

学科门类	编号	总数：课题数(项)	总数：当年投入人数(人年)	总数：其中：研究生(人年)	总数：当年投入经费(千元)	总数：当年支出经费(千元)	出版著作(部)：合计	出版著作(部)：专著	出版著作(部)：其中：被译成外文	出版著作(部)：编著教材	出版著作(部)：工具书参考书	出版著作(部)：皮书/发展报告	出版著作(部)：科普读物	古籍整理(部)	译著(部)	发表译文(篇)	电子出版物(件)	发表论文(篇)：合计	发表论文(篇)：国内学术刊物	发表论文(篇)：国外学术刊物	发表论文(篇)：港澳、台地区刊物	获奖成果数(项)：合计	获奖成果数(项)：国家级奖	获奖成果数(项)：部级奖	获奖成果数(项)：省级奖	研究与咨询报告(篇)：合计	研究与咨询报告(篇)：其中：被采纳数
		L01	L02	L03	L04	L05	L06	L07	L08	L09	L10	L11	L12	L13	L14	L15	L16	L17	L18	L19	L20	L21	L22	L23	L24	L25	L26
合计	/	842	223	21.9	16 692.8	13 955.17	137	75	2	57	1	0	4	12	11	0	0	1 146	1 115	23	8	34	0	0	34	24	9
南京大学	1	79	13.9	1.5	3 061	1 140	24	13	1	11	0	0	0	3	3	0	0	252	239	9	4	4	0	0	4	2	2
东南大学	2	25	12.3	5.3	1 715	1 711	11	3	0	8	0	0	0	0	0	0	0	33	33	0	0	0	0	0	0	0	0
江南大学	3	27	8.7	1.6	428	569	6	1	0	5	0	0	0	1	0	0	0	25	25	0	0	2	0	0	2	2	2
南京农业大学	4	5	0.6	0	23	39	0	0	0	0	0	0	0	0	0	0	0	3	3	0	0	0	0	0	0	1	0
中国矿业大学	5	33	6.9	0	85	85	0	0	0	0	0	0	0	0	0	0	0	15	15	0	0	0	0	0	0	1	0
河海大学	6	2	0.7	0.4	430	430	3	0	0	0	0	0	3	0	0	0	0	5	5	0	0	0	0	0	0	1	1
南京理工大学	7	2	0.1	0	0	0	0	0	0	0	0	0	0	0	0	0	0	0	0	0	0	0	0	0	0	0	0
南京航空航天大学	8	0	0	0	0	0	0	0	0	0	0	0	0	0	0	0	0	0	0	0	0	0	0	0	0	0	0
中国药科大学	9	0	0	0	0	0	0	0	0	0	0	0	0	0	0	0	0	0	0	0	0	0	0	0	0	0	0
南京森林警察学院	10	0	0	0	0	0	0	0	0	0	0	0	0	0	0	0	0	4	4	0	0	0	0	0	0	0	0
苏州大学	11	46	7.2	1.3	645	833.7	20	8	0	12	0	0	0	4	0	0	0	90	89	0	1	5	0	0	5	0	0
江苏科技大学	12	7	3	0.9	56	47.1	0	0	0	0	0	0	0	0	0	0	0	1	1	0	0	0	0	0	0	0	0
南京工业大学	13	2	0.2	0	10	9	0	0	0	0	0	0	0	0	0	0	0	1	1	0	0	0	0	0	0	0	0
常州大学	14	8	2.6	0	94	45.5	0	0	0	0	0	0	0	0	0	0	0	0	0	0	0	0	0	0	0	0	0
南京邮电大学	15	2	0.1	0	0	0	1	1	0	0	0	0	0	0	0	0	0	1	1	0	0	0	0	0	0	0	0
南京林业大学	16	6	0.8	0	48	13.9	1	1	0	0	0	0	0	0	0	0	0	3	3	0	0	0	0	0	0	0	0
江苏大学	17	13	6.5	0	260	220	2	2	0	0	0	0	0	0	0	0	0	14	14	0	0	0	0	0	0	0	0
南京信息工程大学	18	29	7.5	0	930	433.65	2	0	0	1	1	0	0	0	0	0	0	47	47	0	0	0	0	0	0	0	0
南通大学	19	65	18.3	0.8	1 094	1 585.87	9	7	0	2	0	0	0	0	2	0	0	63	55	7	1	0	0	0	0	3	0
盐城工学院	20	10	1.3	0	3	3	1	1	0	0	0	0	0	0	0	0	0	16	15	1	0	0	0	0	0	1	1

续表

学科门类	编号	总数：课题数（项）	总数：当年投入人数（人年）	总数：其中：研究生（人年）	总数：当年投入经费（千元）	总数：当年支出经费（千元）	出版著作（部）：合计	出版著作（部）：专著	出版著作（部）：其中：被译成外文	出版著作（部）：编著教材	出版著作（部）：工具书参考书	出版著作（部）：皮书/发展报告	出版著作（部）：科普读物	古籍整理（部）	译著（部）	发表译文（篇）	电子出版物（件）	发表论文（篇）：合计	发表论文（篇）：国内学术刊物	发表论文（篇）：国外学术刊物	发表论文（篇）：港澳、台地区刊物	获奖成果数（项）：合计	获奖成果数（项）：国家级奖	获奖成果数（项）：部级奖	获奖成果数（项）：省级奖	研究与咨询报告（篇）：合计	研究与咨询报告（篇）：其中：被采纳数
		L01	L02	L03	L04	L05	L06	L07	L08	L09	L10	L11	L12	L13	L14	L15	L16	L17	L18	L19	L20	L21	L22	L23	L24	L25	L26
南京医科大学	21	0	0	0	0	0	0	0	0	0	0	0	0	0	0	0	0	0	0	0	0	0	0	0	0	0	0
徐州医科大学	22	0	0	0	0	0	0	0	0	0	0	0	0	0	0	0	0	0	0	0	0	0	0	0	0	0	0
南京中医药大学	23	0	0	0	0	0	0	0	0	0	0	0	0	0	0	0	0	1	1	0	0	0	0	0	0	0	0
南京师范大学	24	70	16.3	0.8	852	1 171	10	6	0	4	0	0	0	2	3	0	0	100	98	2	0	7	0	0	7	0	0
江苏师范大学	25	73	31	7.1	1 672	1 259.76	0	0	0	0	0	0	0	0	0	0	0	0	0	0	0	2	0	0	2	0	0
淮阴师范学院	26	25	7	0	486	435.5	8	5	0	3	0	0	0	0	0	0	0	39	37	0	2	4	0	0	4	1	1
盐城师范学院	27	21	12.5	0	304	325.8	4	3	0	1	0	0	0	0	0	0	0	58	58	0	0	0	0	0	0	1	0
南京财经大学	28	3	0.3	0	0	0	1	1	0	0	0	0	0	0	3	0	0	11	10	1	0	0	0	0	0	1	1
江苏警官学院	29	4	0.4	0	12	10	0	0	0	0	0	0	0	0	0	0	0	10	10	0	0	0	0	0	0	0	0
南京体育学院	30	0	0	0	0	0	0	0	0	0	0	0	0	0	0	0	0	0	0	0	0	0	0	0	0	0	0
南京艺术学院	31	6	1.4	0	23	23.99	0	0	0	0	0	0	0	0	0	0	0	2	2	0	0	0	0	0	0	0	0
苏州科技大学	32	22	4.1	1	100	180	4	3	0	1	0	0	0	0	0	0	0	34	32	2	0	0	0	0	0	0	0
常熟理工学院	33	17	4.5	0	327	246	3	2	1	1	0	0	0	0	0	0	0	37	37	0	0	1	0	0	1	1	1
淮阴工学院	34	13	1.8	0	233	246.3	0	0	0	0	0	0	0	0	0	0	0	20	20	0	0	0	0	0	0	2	0
常州工学院	35	22	3.3	0	88	82.3	0	0	0	0	0	0	0	0	0	0	0	13	13	0	0	1	0	0	1	1	0
扬州大学	36	80	14.5	1.2	1 755.5	2 027.03	8	7	0	1	0	0	0	1	0	0	0	92	91	1	0	4	0	0	4	0	0
南京工程学院	37	1	0.1	0	0	2.1	0	0	0	0	0	0	0	0	0	0	0	0	0	0	0	0	0	0	0	0	0
南京审计大学	38	8	3	0	48	23.16	1	1	0	0	0	0	0	0	0	0	0	10	10	0	0	0	0	0	0	0	0
南京晓庄学院	39	12	3.5	0	804	72	7	1	0	6	0	0	0	0	0	0	0	28	28	0	0	1	0	0	1	0	0
江苏理工学院	40	20	6	0	342.5	157.03	0	0	0	0	0	0	0	0	0	0	0	14	14	0	0	0	0	0	0	0	0
淮海工学院	41	12	1.7	0	156	201	0	0	0	0	0	0	0	0	0	0	0	10	10	0	0	1	0	0	1	0	0
徐州工程学院	42	22	7.7	0	199	162.4	6	5	0	0	0	0	1	0	0	0	0	53	53	0	0	0	0	0	0	5	0
南京特殊教育师范学院	43	1	0.3	0	0	0	0	0	0	0	0	0	0	0	0	0	0	0	0	0	0	0	0	0	0	0	0
泰州学院	44	15	4	0	101	50.3	1	0	0	1	0	0	0	0	0	0	0	8	8	0	0	1	0	0	1	0	0
金陵科技学院	45	4	0.8	0	42	32	2	2	0	0	0	0	0	0	0	0	0	11	11	0	0	0	0	0	0	1	0
江苏第二师范学院	46	25	8.1	0	265.8	81.78	2	2	0	0	0	0	0	1	0	0	0	22	22	0	0	1	0	0	1	0	0

2.8 外国文学人文、社会科学研究与课题成果情况表

学科门类		总数					出版著作(部)							古籍整理(部)	译著(部)	发表译文(篇)	电子出版物(件)	发表论文(篇)				获奖成果数(项)				研究与咨询报告(篇)	
		课题数(项)	当年投入人数(人年)	其中：研究生(人年)	当年投入经费(千元)	当年支出经费(千元)	合计	专著	其中：被译成外文	编著教材	工具书参考书	皮书/发展报告	科普读物					合计	国内学术刊物	国外学术刊物	港澳、台地区刊物	合计	国家级奖	部级奖	省级奖	合计	其中：被采纳数
	编号	L01	L02	L03	L04	L05	L06	L07	L08	L09	L10	L11	L12	L13	L14	L15	L16	L17	L18	L19	L20	L21	L22	L23	L24	L25	L26
合计	/	460	109.4	8.3	9762.1	7 060.67	57	29	3	27	0	0	1	0	43	3	0	578	535	43	0	12	0	0	12	12	2
南京大学	1	51	6.8	1.2	1 696	793.5	22	14	2	8	0	0	0	0	17	0	0	76	73	3	0	3	0	0	3	0	0
东南大学	2	11	5.2	0.7	158	39.5	0	0	0	0	0	0	0	0	4	0	0	3	3	0	0	0	0	0	0	0	0
江南大学	3	14	4.5	0.2	513	408	0	0	0	0	0	0	0	0	0	0	0	1	1	0	0	0	0	0	0	0	0
南京农业大学	4	13	3	1.1	2	2	0	0	0	0	0	0	0	0	0	0	0	1	1	0	0	0	0	0	0	1	0
中国矿业大学	5	1	0.2	0	0	0	4	2	0	2	0	0	0	0	1	0	0	20	18	2	0	0	0	0	0	0	0
河海大学	6	2	1	0.3	12	18	1	0	0	0	0	0	1	0	0	0	0	6	5	1	0	1	0	0	1	1	0
南京理工大学	7	19	3.3	0.4	240.6	240.6	2	2	1	0	0	0	0	0	1	0	0	4	4	0	0	3	0	0	3	0	0
南京航空航天大学	8	16	3.7	0	590	535	1	0	0	1	0	0	0	0	1	0	0	16	13	3	0	0	0	0	0	0	0
中国药科大学	9	0	0	0	0	0	0	0	0	0	0	0	0	0	0	0	0	0	0	0	0	0	0	0	0	0	0
南京森林警察学院	10	0	0	0	0	0	0	0	0	0	0	0	0	0	0	0	0	0	0	0	0	0	0	0	0	0	0
苏州大学	11	30	4.4	0.5	660	405.3	0	0	0	0	0	0	0	0	10	1	0	46	44	2	0	1	0	0	1	0	0
江苏科技大学	12	10	3.7	0.2	20	23.4	0	0	0	0	0	0	0	0	0	0	0	1	1	0	0	0	0	0	0	0	0
南京工业大学	13	8	1.1	0	50	10	1	1	0	0	0	0	0	0	0	0	0	6	6	0	0	0	0	0	0	0	0
常州大学	14	4	1.3	0	1	4.5	0	0	0	0	0	0	0	0	0	0	0	2	2	0	0	0	0	0	0	0	0
南京邮电大学	15	15	2.8	0	0	31	0	0	0	0	0	0	0	0	2	0	0	5	5	0	0	0	0	0	0	0	0
南京林业大学	16	3	0.4	0	8	7.1	0	0	0	0	0	0	0	0	0	0	0	5	5	0	0	0	0	0	0	0	0
江苏大学	17	6	2.5	0	190	190	2	2	0	0	0	0	0	0	0	0	0	2	2	0	0	0	0	0	0	0	0
南京信息工程大学	18	6	2.2	0	0	22.8	0	0	0	0	0	0	0	0	0	0	0	7	7	0	0	0	0	0	0	0	0
南通大学	19	28	6.4	0.1	322	392.45	2	2	0	0	0	0	0	0	0	0	0	36	35	1	0	0	0	0	0	3	0
盐城工学院	20	2	0.2	0	30	30	0	0	0	0	0	0	0	0	0	0	0	10	9	1	0	0	0	0	0	1	1

续表

学科门类	编号	总数					出版著作(部)							古籍整理(部)	译著(部)	发表译文(篇)	电子出版物(件)	发表论文(篇)				获奖成果数(项)				研究与咨询报告(篇)	
		课题数(项)	当年投入人数(人年)	其中:研究生(人年)	当年投入经费(千元)	当年支出经费(千元)	合计	专著	其中:被译成外文	编著教材	工具书参考书	皮书/发展报告	科普读物					合计	国内学术刊物	国外学术刊物	港、澳、台地区刊物	合计	国家级奖	部级奖	省级奖	合计	其中:被采纳数
		L01	L02	L03	L04	L05	L06	L07	L08	L09	L10	L11	L12	L13	L14	L15	L16	L17	L18	L19	L20	L21	L22	L23	L24	L25	L26
南京医科大学	21	3	0.5	0	0	8	0	0	0	0	0	0	0	0	0	0	0	4	0	4	0	0	0	0	0	0	0
徐州医科大学	22	0	0	0	0	0	0	0	0	0	0	0	0	0	0	0	0	0	0	0	0	0	0	0	0	0	0
南京中医药大学	23	3	0.3	0	0	5.4	0	0	0	0	0	0	0	0	0	0	0	3	3	0	0	0	0	0	0	0	0
南京师范大学	24	35	7.6	0.5	1 875	1 306	6	4	0	2	0	0	0	0	1	2	0	33	31	2	0	2	0	0	2	0	0
江苏师范大学	25	31	10.7	1.6	725	818.9	0	0	0	0	0	0	0	0	0	0	0	0	0	0	0	0	0	0	0	0	0
淮阴师范学院	26	1	0.2	0	0	5	0	0	0	0	0	0	0	0	0	0	0	15	14	1	0	0	0	0	0	1	1
盐城师范学院	27	12	5.9	0	74	97.4	2	1	0	1	0	0	0	0	0	0	0	39	37	2	0	1	0	0	1	0	0
南京财经大学	28	4	0.9	0	1 065	738.75	0	0	0	0	0	0	0	0	0	0	0	0	0	0	0	0	0	0	0	0	0
江苏警官学院	29	0	0	0	0	0	0	0	0	0	0	0	0	0	0	0	0	1	1	0	0	0	0	0	0	0	0
南京体育学院	30	1	0.5	0.2	0	5.79	0	0	0	0	0	0	0	0	0	0	0	0	0	0	0	0	0	0	0	0	0
南京艺术学院	31	0	0	0	0	0	0	0	0	0	0	0	0	0	0	0	0	0	0	0	0	0	0	0	0	0	0
苏州科技大学	32	9	2.5	0.9	400	320	2	0	0	2	0	0	0	0	0	0	0	9	9	0	0	0	0	0	0	0	0
常熟理工学院	33	10	2.6	0	265	67.75	1	0	0	1	0	0	0	0	2	0	0	25	25	0	0	0	0	0	0	0	0
淮阴工学院	34	11	1.4	0	82	46.8	0	0	0	0	0	0	0	0	0	0	0	31	14	17	0	0	0	0	0	0	0
常州工学院	35	14	2	0	23	29.8	0	0	0	0	0	0	0	0	0	0	0	4	4	0	0	0	0	0	0	1	0
扬州大学	36	30	4.5	0.4	256	191.95	2	1	0	1	0	0	0	0	2	0	0	19	19	0	0	0	0	0	0	0	0
南京工程学院	37	3	0.3	0	94	88	0	0	0	0	0	0	0	0	0	0	0	26	23	3	0	0	0	0	0	2	0
南京审计大学	38	9	4.2	0	26	17.09	0	0	0	0	0	0	0	0	0	0	0	2	1	1	0	0	0	0	0	0	0
南京晓庄学院	39	2	0.6	0	0	0	7	0	0	7	0	0	0	0	2	0	0	36	36	0	0	0	0	0	0	0	0
江苏理工学院	40	14	4.7	0	268	59.82	0	0	0	0	0	0	0	0	0	0	0	19	19	0	0	0	0	0	0	0	0
淮海工学院	41	8	0.9	0	34.5	52.5	0	0	0	0	0	0	0	0	0	0	0	9	9	0	0	1	0	0	1	0	0
徐州工程学院	42	14	5	0	38	23.72	0	0	0	0	0	0	0	0	0	0	0	17	17	0	0	0	0	0	0	2	0
南京特殊教育师范学院	43	0	0	0	0	0	0	0	0	0	0	0	0	0	0	0	0	0	0	0	0	0	0	0	0	0	0
泰州学院	44	4	1.1	0	0	0.85	2	0	0	2	0	0	0	0	0	0	0	23	23	0	0	0	0	0	0	0	0
金陵科技学院	45	3	0.3	0	44	24	0	0	0	0	0	0	0	0	0	0	0	14	14	0	0	0	0	0	0	0	0
江苏第二师范学院	46	0	0	0	0	0	0	0	0	0	0	0	0	0	0	0	0	2	2	0	0	0	0	0	0	0	0

2.9 艺术学人文、社会科学研究与课题成果情况表

学科门类		总数					出版著作(部)							古籍整理(部)	译著(部)	发表译文(篇)	电子出版物(件)	发表论文(篇)				获奖成果数(项)				研究与咨询报告(篇)	
		课题数(项)	当年投入人数(人年)	其中：研究生(人年)	当年投入经费(千元)	当年支出经费(千元)	合计	专著	其中：被译成外文	编著教材	工具书参考书	皮书/发展报告	科普读物					合计	国内学术刊物	国外学术刊物	港、澳、台地区刊物	合计	国家级奖	部级奖	省级奖	合计	其中：被采纳数
	编号	L01	L02	L03	L04	L05	L06	L07	L08	L09	L10	L11	L12	L13	L14	L15	L16	L17	L18	L19	L20	L21	L22	L23	L24	L25	L26
合计	/	1 864	432	44	42 022.54	36 290.81	168	99	2	66	1	0	2	0	16	5	5	2 039	2 014	22	3	34	0	0	34	102	41
南京大学	1	23	2.8	0.2	1 558	1 433	9	3	0	6	0	0	0	0	0	0	0	50	48	2	0	2	0	0	2	1	1
东南大学	2	82	30	9.2	1 458.8	971.25	15	11	0	4	0	0	0	0	4	0	0	62	59	2	1	8	0	0	8	1	1
江南大学	3	302	85.7	13.5	11 474.2	10 397.8	25	9	0	16	0	0	0	0	2	3	0	168	167	1	0	4	0	0	4	0	0
南京农业大学	4	25	2.6	0.1	0	0	1	1	0	0	0	0	0	0	0	0	0	7	7	0	0	0	0	0	0	0	0
中国矿业大学	5	25	3.2	0.4	372.8	369.6	3	1	0	2	0	0	0	0	0	0	0	53	48	5	0	0	0	0	0	21	17
河海大学	6	3	0.7	0.3	96.4	96.4	2	1	0	0	0	0	1	0	1	0	0	5	5	0	0	0	0	0	0	0	0
南京理工大学	7	19	4.7	0.3	313.9	313.9	0	0	0	0	0	0	0	0	0	0	0	0	0	0	0	0	0	0	0	0	0
南京航空航天大学	8	28	8.6	0	913	744	0	0	0	0	0	0	0	0	0	0	0	22	22	0	0	0	0	0	0	0	0
中国药科大学	9	0	0	0	0	0	0	0	0	0	0	0	0	0	0	0	0	0	0	0	0	0	0	0	0	0	0
南京森林警察学院	10	0	0	0	0	0	0	0	0	0	0	0	0	0	0	0	0	0	0	0	0	0	0	0	0	0	0
苏州大学	11	49	7.5	0.9	1 167.32	1 748.72	15	15	0	0	0	0	0	0	1	0	0	30	30	0	0	2	0	0	2	0	0
江苏科技大学	12	1	0.4	0	5	3	1	0	0	0	0	0	1	0	0	0	0	3	3	0	0	0	0	0	0	0	0
南京工业大学	13	28	4.4	0.4	96	271.85	1	0	0	1	0	0	0	0	0	0	0	5	5	0	0	0	0	0	0	1	1
常州大学	14	36	12.9	0	827.07	543.37	2	2	1	0	0	0	0	0	0	0	0	36	35	1	0	1	0	0	1	0	0
南京邮电大学	15	19	2.5	0.3	152	152	1	1	0	0	0	0	0	0	0	0	1	4	4	0	0	1	0	0	1	0	0
南京林业大学	16	56	8.3	0	436	377.82	0	0	0	0	0	0	0	0	0	0	0	85	85	0	0	1	0	0	1	0	0
江苏大学	17	37	15	10.6	703	703	2	2	0	0	0	0	0	0	0	0	0	13	11	2	0	0	0	0	0	0	0
南京信息工程大学	18	29	6.2	0	440.3	380.01	0	0	0	0	0	0	0	0	0	0	0	44	44	0	0	0	0	0	0	3	3
南通大学	19	47	9.2	0.4	205.6	474.87	7	7	1	0	0	0	0	0	0	0	0	50	50	0	0	0	0	0	0	9	0
盐城工学院	20	19	1.8	0	298	243	2	2	0	0	0	0	0	0	0	0	0	26	24	1	1	0	0	0	0	2	2

续表

学科门类	编号	总数：课题数(项)	总数：当年投入人数(人年)	总数：其中：研究生(人年)	总数：当年投入经费(千元)	总数：当年支出经费(千元)	出版著作(部)：合计	出版著作(部)：专著	出版著作(部)：其中：被译成外文	出版著作(部)：编著教材	出版著作(部)：工具书参考书	出版著作(部)：皮书/发展报告	出版著作(部)：科普读物	古籍整理(部)	译著(部)	发表译文(篇)	电子出版物(件)	发表论文(篇)：合计	发表论文(篇)：国内学术刊物	发表论文(篇)：国外学术刊物	发表论文(篇)：港、澳、台地区刊物	获奖成果数(项)：合计	获奖成果数(项)：国家级奖	获奖成果数(项)：部级奖	获奖成果数(项)：省级奖	研究与咨询报告(篇)：合计	研究与咨询报告(篇)：其中：被采纳数
		L01	L02	L03	L04	L05	L06	L07	L08	L09	L10	L11	L12	L13	L14	L15	L16	L17	L18	L19	L20	L21	L22	L23	L24	L25	L26
南京医科大学	21	0	0	0	0	0	0	0	0	0	0	0	0	0	0	0	0	0	0	0	0	0	0	0	0	0	0
徐州医科大学	22	0	0	0	0	0	0	0	0	0	0	0	0	0	0	0	0	0	0	0	0	0	0	0	0	0	0
南京中医药大学	23	1	0.2	0	40	0	0	0	0	0	0	0	0	0	0	0	0	3	3	0	0	0	0	0	0	0	0
南京师范大学	24	58	8.5	0.6	356	437	15	3	0	12	0	0	0	0	2	1	2	56	56	0	0	3	0	0	3	0	0
江苏师范大学	25	75	23.8	3	1 954.4	1 723.05	8	5	0	3	0	0	0	0	0	0	0	81	81	0	0	0	0	0	0	1	1
淮阴师范学院	26	18	3.5	0	358	283.5	2	1	0	1	0	0	0	0	0	0	0	30	30	0	0	0	0	0	0	1	1
盐城师范学院	27	40	14.3	0	3 391.2	2 241.1	2	2	0	0	0	0	0	0	0	0	0	45	45	0	0	1	0	0	1	1	1
南京财经大学	28	8	1.4	0	320	295	2	0	0	2	0	0	0	0	0	0	0	19	19	0	0	0	0	0	0	2	2
江苏警官学院	29	1	0.1	0	6	0	0	0	0	0	0	0	0	0	0	0	0	1	1	0	0	0	0	0	0	0	0
南京体育学院	30	1	0.1	0	0	0	0	0	0	0	0	0	0	0	0	0	0	0	0	0	0	0	0	0	0	0	0
南京艺术学院	31	323	73.4	2.9	3 631.4	2 641.08	18	7	0	10	1	0	0	0	1	0	0	501	501	0	0	8	0	0	8	2	0
苏州科技大学	32	49	12.8	0.5	1 221	1 086	3	2	0	1	0	0	0	0	1	1	2	86	86	0	0	1	0	0	1	1	1
常熟理工学院	33	21	5.1	0	569.49	181.55	0	0	0	0	0	0	0	0	0	0	0	41	41	0	0	0	0	0	0	1	1
淮阴工学院	34	48	6.5	0	2 953.2	2 566.35	0	0	0	0	0	0	0	0	0	0	0	34	34	0	0	0	0	0	0	17	0
常州工学院	35	53	7.3	0	311.4	268.04	3	3	0	0	0	0	0	0	1	0	0	50	50	0	0	0	0	0	0	5	1
扬州大学	36	73	11.2	0.4	948.72	822.72	5	3	0	2	0	0	0	0	2	0	0	44	44	0	0	0	0	0	0	4	4
南京工程学院	37	20	3	0	652.44	614.93	1	1	0	0	0	0	0	0	0	0	0	37	35	2	0	0	0	0	0	0	0
南京审计大学	38	0	0	0	0	0	0	0	0	0	0	0	0	0	0	0	0	6	6	0	0	0	0	0	0	0	0
南京晓庄学院	39	8	2.7	0	67	23	6	5	0	1	0	0	0	0	1	0	0	47	47	0	0	1	0	0	1	0	0
江苏理工学院	40	33	7.3	0	857.2	735.53	11	11	0	0	0	0	0	0	0	0	0	52	52	0	0	0	0	0	0	1	1
淮海工学院	41	37	4	0	422.3	313.9	0	0	0	0	0	0	0	0	0	0	0	47	47	0	0	0	0	0	0	0	0
徐州工程学院	42	42	17.4	0	117	132.61	1	0	0	1	0	0	0	0	0	0	0	94	94	0	0	0	0	0	0	21	0
南京特殊教育师范学院	43	7	0.8	0	115	103	1	0	0	1	0	0	0	0	0	0	0	1	1	0	0	1	0	0	1	0	0
泰州学院	44	15	4.2	0	348.4	152.6	3	0	0	3	0	0	0	0	0	0	0	42	41	0	1	0	0	0	0	0	0
金陵科技学院	45	78	10.3	0	2 658	2 423.2	0	0	0	0	0	0	0	0	0	0	0	26	20	6	0	0	0	0	0	7	3
江苏第二师范学院	46	23	7.6	0	207	23.06	1	1	0	0	0	0	0	0	0	0	0	33	33	0	0	0	0	0	0	0	0

2.10 历史学人文、社会科学研究与课题成果情况表

学科门类		总数					出版著作(部)							古籍整理(部)	译著(部)	发表译文(篇)	电子出版物(件)	发表论文(篇)				获奖成果数(项)				研究与咨询报告(篇)	
		课题数(项)	当年投入人数(人年)	其中：研究生(人年)	当年投入经费(千元)	当年支出经费(千元)	合计	专著	其中：被译成外文	编著教材	工具书参考书	皮书/发展报告	科普读物					合计	国内学术刊物	国外学术刊物	港、澳、台地区刊物	合计	国家级奖	部级奖	省级奖	合计	其中：被采纳数
	编号	L01	L02	L03	L04	L05	L06	L07	L08	L09	L10	L11	L12	L13	L14	L15	L16	L17	L18	L19	L20	L21	L22	L23	L24	L25	L26
合计	/	435	101.8	15	14 061.3	10 070.13	44	32	0	9	0	0	3	2	9	2	1	350	338	7	5	18	0	0	18	10	6
南京大学	1	75	11.3	1.7	5 844	2 826	8	5	0	3	0	0	0	0	2	0	0	102	92	6	4	8	0	0	8	2	2
东南大学	2	5	1.8	0.7	0	40	0	0	0	0	0	0	0	0	0	0	0	0	0	0	0	0	0	0	0	0	0
江南大学	3	15	2.9	0.1	196	140	1	1	0	0	0	0	0	1	0	0	0	7	7	0	0	0	0	0	0	0	0
南京农业大学	4	54	6.7	1.3	980	824	1	0	0	1	0	0	0	0	0	0	0	24	24	0	0	0	0	0	0	0	0
中国矿业大学	5	9	1.5	0	340	330	0	0	0	0	0	0	0	0	0	0	0	5	5	0	0	0	0	0	0	0	0
河海大学	6	6	1.8	0.7	304	304	3	0	0	0	0	0	3	0	0	0	1	9	8	1	0	0	0	0	0	1	1
南京理工大学	7	7	1	0	62	62	0	0	0	0	0	0	0	0	0	0	0	1	1	0	0	0	0	0	0	0	0
南京航空航天大学	8	2	0.4	0	0	0	0	0	0	0	0	0	0	0	0	0	0	0	0	0	0	0	0	0	0	0	0
中国药科大学	9	0	0	0	0	0	0	0	0	0	0	0	0	0	0	0	0	0	0	0	0	0	0	0	0	0	0
南京森林警察学院	10	0	0	0	0	0	0	0	0	0	0	0	0	0	0	0	0	0	0	0	0	0	0	0	0	0	0
苏州大学	11	35	5	0.7	767	768.2	11	11	0	0	0	0	0	0	1	0	0	36	36	0	0	3	0	0	3	1	1
江苏科技大学	12	0	0	0	0	0	0	0	0	0	0	0	0	0	0	0	0	4	4	0	0	0	0	0	0	0	0
南京工业大学	13	1	0.1	0	60	43	0	0	0	0	0	0	0	0	0	0	0	1	1	0	0	0	0	0	0	0	0
常州大学	14	3	1.5	0	0	26	0	0	0	0	0	0	0	0	0	0	0	0	0	0	0	0	0	0	0	0	0
南京邮电大学	15	18	4.9	1.2	349.8	173.8	1	1	0	0	0	0	0	0	0	0	0	7	7	0	0	0	0	0	0	0	0
南京林业大学	16	5	0.9	0	2	10.1	0	0	0	0	0	0	0	0	0	0	0	1	1	0	0	0	0	0	0	0	0
江苏大学	17	7	2.5	0	190	190	1	1	0	0	0	0	0	0	0	0	0	0	0	0	0	0	0	0	0	0	0
南京信息工程大学	18	5	0.9	0	130	196.4	0	0	0	0	0	0	0	0	0	0	0	6	6	0	0	0	0	0	0	0	0
南通大学	19	8	1.6	0.1	189	113.91	1	0	0	1	0	0	0	0	0	0	0	9	9	0	0	0	0	0	0	1	0
盐城工学院	20	0	0	0	0	0	0	0	0	0	0	0	0	0	0	0	0	0	0	0	0	0	0	0	0	0	0

续表

学科门类	编号	总数：课题数(项)	总数：当年投入人数(人年)	其中：研究生(人年)	当年投入经费(千元)	当年支出经费(千元)	出版著作(部)：合计	专著	其中：被译成外文	编著教材	工具书参考书	皮书/发展报告	科普读物	古籍整理(部)	译著(部)	发表译文(篇)	电子出版物(件)	发表论文(篇)：合计	国内学术刊物	国外学术刊物	港澳、台地区刊物	获奖成果数(项)：合计	国家级奖	部级奖	省级奖	研究与咨询报告(篇)：合计	其中：被采纳数
		L01	L02	L03	L04	L05	L06	L07	L08	L09	L10	L11	L12	L13	L14	L15	L16	L17	L18	L19	L20	L21	L22	L23	L24	L25	L26
南京医科大学	21	0	0	0	0	0	3	3	0	0	0	0	0	0	0	0	0	1	1	0	0	0	0	0	0	0	0
徐州医科大学	22	0	0	0	0	0	0	0	0	0	0	0	0	0	0	0	0	0	0	0	0	0	0	0	0	0	0
南京中医药大学	23	11	2.8	0	8	48.02	0	0	0	0	0	0	0	1	0	0	0	3	3	0	0	0	0	0	0	0	0
南京师范大学	24	28	7.1	0	312	507	4	2	0	2	0	0	0	0	3	2	0	28	27	0	1	1	0	0	1	0	0
江苏师范大学	25	52	23.3	7.6	2 181.5	2 168.64	1	1	0	0	0	0	0	0	1	0	0	20	20	0	0	3	0	0	3	1	1
淮阴师范学院	26	17	4.4	0	509	160.78	1	1	0	0	0	0	0	0	0	0	0	14	14	0	0	0	0	0	0	1	0
盐城师范学院	27	10	5.3	0	170	184.2	0	0	0	0	0	0	0	0	0	0	0	2	2	0	0	0	0	0	0	0	0
南京财经大学	28	0	0	0	0	0	0	0	0	0	0	0	0	0	0	0	0	1	1	0	0	0	0	0	0	0	0
江苏警官学院	29	1	0.1	0	0	32	0	0	0	0	0	0	0	0	0	0	0	2	2	0	0	0	0	0	0	0	0
南京体育学院	30	0	0	0	0	0	0	0	0	0	0	0	0	0	0	0	0	0	0	0	0	0	0	0	0	0	0
南京艺术学院	31	0	0	0	0	0	0	0	0	0	0	0	0	0	0	0	0	1	1	0	0	0	0	0	0	0	0
苏州科技大学	32	12	2.5	0.5	240	195	5	3	0	2	0	0	0	0	0	0	0	21	21	0	0	0	0	0	0	0	0
常熟理工学院	33	4	0.8	0	72	63.5	0	0	0	0	0	0	0	0	0	0	0	3	3	0	0	0	0	0	0	0	0
淮阴工学院	34	2	0.4	0	10	7.8	0	0	0	0	0	0	0	0	0	0	0	1	1	0	0	0	0	0	0	1	0
常州工学院	35	2	0.3	0	10	11.5	0	0	0	0	0	0	0	0	0	0	0	0	0	0	0	0	0	0	0	0	0
扬州大学	36	20	4	0.4	872.5	484.74	2	2	0	0	0	0	0	0	1	0	0	25	25	0	0	2	0	0	2	1	1
南京工程学院	37	1	0.1	0	20	20	0	0	0	0	0	0	0	0	0	0	0	0	0	0	0	0	0	0	0	0	0
南京审计大学	38	2	1.6	0	0	1.42	0	0	0	0	0	0	0	0	0	0	0	0	0	0	0	0	0	0	0	0	0
南京晓庄学院	39	2	0.7	0	100	13	0	0	0	0	0	0	0	0	0	0	0	5	5	0	0	1	0	0	1	0	0
江苏理工学院	40	3	0.6	0	62	57.48	0	0	0	0	0	0	0	0	0	0	0	5	5	0	0	0	0	0	0	0	0
淮海工学院	41	5	0.6	0	1.5	20.5	0	0	0	0	0	0	0	0	0	0	0	1	1	0	0	0	0	0	0	0	0
徐州工程学院	42	3	1.5	0	21	13	0	0	0	0	0	0	0	0	0	0	0	2	2	0	0	0	0	0	0	1	0
南京特殊教育师范学院	43	1	0.1	0	10	4.5	0	0	0	0	0	0	0	0	0	0	0	2	2	0	0	0	0	0	0	0	0
泰州学院	44	0	0	0	0	0	0	0	0	0	0	0	0	0	1	0	0	0	0	0	0	0	0	0	0	0	0
金陵科技学院	45	3	0.4	0	32	25	0	0	0	0	0	0	0	0	0	0	0	0	0	0	0	0	0	0	0	0	0
江苏第二师范学院	46	1	0.4	0	16	4.64	1	1	0	0	0	0	0	0	0	0	0	1	1	0	0	0	0	0	0	0	0

2.11 考古学人文、社会科学研究与课题成果情况表

学科门类		总数					出版著作(部)							古籍整理(部)	译著(部)	发表译文(篇)	电子出版物(件)	发表论文(篇)				获奖成果数(项)				研究与咨询报告(篇)	
		课题数(项)	当年投入人数(人年)	其中:研究生(人年)	当年投入经费(千元)	当年支出经费(千元)	合计	专著	其中:被译成外文	编著教材	工具书参考书	皮书/发展报告	科普读物					合计	国内学术刊物	国外学术刊物	港、澳、台地区刊物	合计	国家级奖	部级奖	省级奖	合计	其中:被采纳数
	编号	L01	L02	L03	L04	L05	L06	L07	L08	L09	L10	L11	L12	L13	L14	L15	L16	L17	L18	L19	L20	L21	L22	L23	L24	L25	L26
合计	/	73	11.8	4.8	13 125.52	12 870.1	3	2	0	1	0	0	0	0	1	0	0	27	26	1	0	1	0	0	1	3	1
南京大学	1	56	6.6	2.9	12 431.52	12 311.52	1	1	0	0	0	0	0	0	0	0	0	13	12	1	0	0	0	0	0	1	1
东南大学	2	0	0	0	0	0	0	0	0	0	0	0	0	0	0	0	0	0	0	0	0	0	0	0	0	0	0
江南大学	3	0	0	0	0	0	0	0	0	0	0	0	0	0	0	0	0	1	1	0	0	0	0	0	0	0	0
南京农业大学	4	0	0	0	0	0	0	0	0	0	0	0	0	0	0	0	0	0	0	0	0	0	0	0	0	0	0
中国矿业大学	5	0	0	0	0	0	0	0	0	0	0	0	0	0	0	0	0	0	0	0	0	0	0	0	0	0	0
河海大学	6	0	0	0	0	0	0	0	0	0	0	0	0	0	0	0	0	0	0	0	0	0	0	0	0	0	0
南京理工大学	7	0	0	0	0	0	0	0	0	0	0	0	0	0	0	0	0	0	0	0	0	0	0	0	0	0	0
南京航空航天大学	8	2	0.6	0	250	250	0	0	0	0	0	0	0	0	0	0	0	0	0	0	0	0	0	0	0	0	0
中国药科大学	9	0	0	0	0	0	0	0	0	0	0	0	0	0	0	0	0	0	0	0	0	0	0	0	0	0	0
南京森林警察学院	10	0	0	0	0	0	0	0	0	0	0	0	0	0	0	0	0	0	0	0	0	0	0	0	0	0	0
苏州大学	11	0	0	0	0	0	0	0	0	0	0	0	0	0	0	0	0	0	0	0	0	0	0	0	0	0	0
江苏科技大学	12	0	0	0	0	0	0	0	0	0	0	0	0	0	0	0	0	0	0	0	0	0	0	0	0	0	0
南京工业大学	13	0	0	0	0	0	0	0	0	0	0	0	0	0	0	0	0	0	0	0	0	0	0	0	0	0	0
常州大学	14	0	0	0	0	0	0	0	0	0	0	0	0	0	0	0	0	0	0	0	0	0	0	0	0	0	0
南京邮电大学	15	0	0	0	0	0	0	0	0	0	0	0	0	0	0	0	0	0	0	0	0	0	0	0	0	0	0
南京林业大学	16	0	0	0	0	0	0	0	0	0	0	0	0	0	0	0	0	0	0	0	0	0	0	0	0	0	0
江苏大学	17	0	0	0	0	0	0	0	0	0	0	0	0	0	0	0	0	0	0	0	0	0	0	0	0	0	0
南京信息工程大学	18	1	0.3	0	9	9	0	0	0	0	0	0	0	0	0	0	0	6	6	0	0	0	0	0	0	0	0
南通大学	19	2	0.2	0	25	79.23	0	0	0	0	0	0	0	0	0	0	0	1	1	0	0	0	0	0	0	0	0
盐城工学院	20	0	0	0	0	0	0	0	0	0	0	0	0	0	0	0	0	0	0	0	0	0	0	0	0	0	0

续表

学科门类	编号	总数：课题数（项）	总数：当年投入人数（人年）	总数：其中：研究生（人年）	总数：当年投入经费（千元）	总数：当年支出经费（千元）	出版著作（部）：合计	出版著作（部）：专著	出版著作（部）：其中：被译成外文	出版著作（部）：编著教材	出版著作（部）：工具书参考书	出版著作（部）：皮书/发展报告	出版著作（部）：科普读物	古籍整理（部）	译著（部）	发表译文（篇）	电子出版物（件）	发表论文（篇）：合计	发表论文（篇）：国内学术刊物	发表论文（篇）：国外学术刊物	发表论文（篇）：港澳、台地区刊物	获奖成果数（项）：合计	获奖成果数（项）：国家级奖	获奖成果数（项）：部级奖	获奖成果数（项）：省级奖	研究与咨询报告（篇）：合计	研究与咨询报告（篇）：其中：被采纳数
		L01	L02	L03	L04	L05	L06	L07	L08	L09	L10	L11	L12	L13	L14	L15	L16	L17	L18	L19	L20	L21	L22	L23	L24	L25	L26
南京医科大学	21	0	0	0	0	0	0	0	0	0	0	0	0	0	0	0	0	0	0	0	0	0	0	0	0	0	0
徐州医科大学	22	0	0	0	0	0	0	0	0	0	0	0	0	0	0	0	0	0	0	0	0	0	0	0	0	0	0
南京中医药大学	23	0	0	0	0	0	0	0	0	0	0	0	0	0	0	0	0	0	0	0	0	0	0	0	0	0	0
南京师范大学	24	7	1.2	0.3	350	145	1	0	0	1	0	0	0	0	1	0	0	5	5	0	0	1	0	0	1	0	0
江苏师范大学	25	3	2.7	1.6	20	8.25	0	0	0	0	0	0	0	0	0	0	0	0	0	0	0	0	0	0	0	0	0
淮阴师范学院	26	0	0	0	0	0	0	0	0	0	0	0	0	0	0	0	0	0	0	0	0	0	0	0	0	0	0
盐城师范学院	27	0	0	0	0	0	0	0	0	0	0	0	0	0	0	0	0	0	0	0	0	0	0	0	0	0	0
南京财经大学	28	0	0	0	0	0	0	0	0	0	0	0	0	0	0	0	0	0	0	0	0	0	0	0	0	0	0
江苏警官学院	29	0	0	0	0	0	0	0	0	0	0	0	0	0	0	0	0	0	0	0	0	0	0	0	0	0	0
南京体育学院	30	0	0	0	0	0	0	0	0	0	0	0	0	0	0	0	0	0	0	0	0	0	0	0	0	0	0
南京艺术学院	31	0	0	0	0	0	0	0	0	0	0	0	0	0	0	0	0	0	0	0	0	0	0	0	0	0	0
苏州科技大学	32	0	0	0	0	0	0	0	0	0	0	0	0	0	0	0	0	0	0	0	0	0	0	0	0	0	0
常熟理工学院	33	0	0	0	0	0	0	0	0	0	0	0	0	0	0	0	0	0	0	0	0	0	0	0	0	0	0
淮阴工学院	34	0	0	0	0	0	0	0	0	0	0	0	0	0	0	0	0	0	0	0	0	0	0	0	0	0	0
常州工学院	35	0	0	0	0	0	0	0	0	0	0	0	0	0	0	0	0	0	0	0	0	0	0	0	0	0	0
扬州大学	36	1	0.1	0	40	52.9	0	0	0	0	0	0	0	0	0	0	0	0	0	0	0	0	0	0	0	0	0
南京工程学院	37	0	0	0	0	0	0	0	0	0	0	0	0	0	0	0	0	0	0	0	0	0	0	0	0	0	0
南京审计大学	38	0	0	0	0	0	0	0	0	0	0	0	0	0	0	0	0	1	1	0	0	0	0	0	0	0	0
南京晓庄学院	39	0	0	0	0	0	0	0	0	0	0	0	0	0	0	0	0	0	0	0	0	0	0	0	0	0	0
江苏理工学院	40	1	0.1	0	0	14.2	0	0	0	0	0	0	0	0	0	0	0	0	0	0	0	0	0	0	0	0	0
淮海工学院	41	0	0	0	0	0	0	0	0	0	0	0	0	0	0	0	0	0	0	0	0	0	0	0	0	0	0
徐州工程学院	42	0	0	0	0	0	0	0	0	0	0	0	0	0	0	0	0	0	0	0	0	0	0	0	0	2	0
南京特殊教育师范学院	43	0	0	0	0	0	1	1	0	0	0	0	0	0	0	0	0	0	0	0	0	0	0	0	0	0	0
泰州学院	44	0	0	0	0	0	0	0	0	0	0	0	0	0	0	0	0	0	0	0	0	0	0	0	0	0	0
金陵科技学院	45	0	0	0	0	0	0	0	0	0	0	0	0	0	0	0	0	0	0	0	0	0	0	0	0	0	0
江苏第二师范学院	46	0	0	0	0	0	0	0	0	0	0	0	0	0	0	0	0	0	0	0	0	0	0	0	0	0	0

2.12 经济学人文、社会科学研究与课题成果情况表

学科门类		总数					出版著作(部)							古籍整理(部)	译著(部)	发表译文(篇)	电子出版物(件)	发表论文(篇)				获奖成果数(项)				研究与咨询报告(篇)	
		课题数(项)	当年投入人数(人年)	其中：研究生(人年)	当年投入经费(千元)	当年支出经费(千元)	合计	专著	其中：被译成外文	编著教材	工具书参考书	皮书/发展报告	科普读物					合计	国内学术刊物	国外学术刊物	港、澳、台地区刊物	合计	国家级奖	部级奖	省级奖	合计	其中：被采纳数
	编号	L01	L02	L03	L04	L05	L06	L07	L08	L09	L10	L11	L12	L13	L14	L15	L16	L17	L18	L19	L20	L21	L22	L23	L24	L25	L26
合计	/	2 447	577.8	76.4	75 417.44	60 541.05	108	73	4	30	2	0	3	0	2	4	3	1 737	1 635	102	0	43	0	1	42	301	163
南京大学	1	101	19	4.7	9 259	6 193.6	22	15	1	6	1	0	0	0	0	0	0	251	230	21	0	9	0	0	9	16	12
东南大学	2	100	47.4	21.2	1 492.6	1 361.17	0	0	0	0	0	0	0	0	0	0	0	0	0	0	0	5	0	0	5	3	2
江南大学	3	123	25.5	6.1	2 260.4	2 073.4	4	1	0	3	0	0	0	0	0	0	0	35	32	3	0	1	0	0	1	3	3
南京农业大学	4	254	38.7	11.7	4 281.8	4 323.8	0	0	0	0	0	0	0	0	0	0	0	61	59	2	0	1	0	0	1	2	2
中国矿业大学	5	73	17.4	3	1 174.1	1 174.7	6	4	0	2	0	0	0	0	0	0	0	49	40	9	0	0	0	0	0	1	0
河海大学	6	55	18.8	4.4	1 096.3	1 176.3	8	5	0	1	1	0	1	0	0	0	3	126	105	21	0	0	0	0	0	33	29
南京理工大学	7	80	4.6	0	2 506.8	2 333.82	4	2	0	2	0	0	0	0	0	0	0	48	33	15	0	1	0	0	1	2	0
南京航空航天大学	8	27	3.8	0	336	313.8	1	0	0	1	0	0	0	0	0	0	0	25	18	7	0	2	0	0	2	2	0
中国药科大学	9	65	11.9	0	2 893.68	2 334.83	0	0	0	0	0	0	0	0	0	0	0	39	39	0	0	0	0	0	0	4	4
南京森林警察学院	10	2	0.3	0	19	19	0	0	0	0	0	0	0	0	0	0	0	3	3	0	0	0	0	0	0	0	0
苏州大学	11	61	8	0.7	700	1 533.4	0	0	0	0	0	0	0	0	0	0	0	16	15	1	0	2	0	0	2	0	0
江苏科技大学	12	36	9.2	0.9	597.8	359.2	0	0	0	0	0	0	0	0	0	0	0	10	10	0	0	0	0	0	0	2	2
南京工业大学	13	36	5.6	0.9	251	341.6	0	0	0	0	0	0	0	0	0	0	0	3	2	1	0	0	0	0	0	0	0
常州大学	14	39	15.8	1.7	925	1 059	3	3	0	0	0	0	0	0	0	0	0	38	37	1	0	1	0	0	1	9	8
南京邮电大学	15	55	9.5	2.5	440.4	285.84	0	0	0	0	0	0	0	0	0	0	0	17	17	0	0	0	0	0	0	1	0
南京林业大学	16	23	5.7	0	262.7	202.59	0	0	0	0	0	0	0	0	0	0	0	87	87	0	0	0	0	0	0	1	0
江苏大学	17	88	26.3	6.8	1 854	1 834	0	0	0	0	0	0	0	0	1	2	0	8	8	0	0	0	0	0	0	0	0
南京信息工程大学	18	24	6.6	0	357	457.26	0	0	0	0	0	0	0	0	0	0	0	35	31	4	0	0	0	0	0	17	13
南通大学	19	107	19.4	0.8	2 486.5	2 562.43	8	4	0	2	0	0	2	0	0	0	0	7	7	0	0	1	0	0	1	26	0
盐城工学院	20	28	3.6	0	84	95.8	1	1	0	0	0	0	0	0	0	0	0	12	12	0	0	0	0	0	0	10	10

续表

学科门类		总数					出版著作(部)							古籍整理(部)	译著(部)	发表译文(篇)	电子出版物(件)	发表论文(篇)				获奖成果数(项)				研究与咨询报告(篇)	
		课题数(项)	当年投入人数(人年)	其中：研究生(人年)	当年投入经费(千元)	当年支出经费(千元)	合计	专著	其中：被译成外文	编著教材	工具书参考书	皮书/发展报告	科普读物					合计	国内学术刊物	国外学术刊物	港澳、台地区刊物	合计	国家级奖	部级奖	省级奖	合计	其中：被采纳数
	编号	L01	L02	L03	L04	L05	L06	L07	L08	L09	L10	L11	L12	L13	L14	L15	L16	L17	L18	L19	L20	L21	L22	L23	L24	L25	L26
南京医科大学	21	0	0	0	0	0	0	0	0	0	0	0	0	0	0	0	0	4	4	0	0	0	0	0	0	0	0
徐州医科大学	22	1	0.3	0	0	3	0	0	0	0	0	0	0	0	0	0	0	3	3	0	0	0	0	0	0	1	0
南京中医药大学	23	23	10.2	0	216.8	276.5	0	0	0	0	0	0	0	0	0	0	0	8	8	0	0	0	0	0	0	0	0
南京师范大学	24	69	17.2	2.6	7 093	4 052.27	4	3	0	1	0	0	0	0	0	0	0	45	41	4	0	4	0	0	4	3	3
江苏师范大学	25	84	31.8	5.3	1 707.32	1 770.15	1	1	0	0	0	0	0	0	0	0	0	25	25	0	0	2	0	0	2	4	4
淮阴师范学院	26	33	4.7	0	1 066	628.5	1	1	0	0	0	0	0	0	0	0	0	16	15	1	0	0	0	0	0	1	0
盐城师范学院	27	77	27.3	0	10 726.96	6 092.3	3	3	0	0	0	0	0	0	0	0	0	46	46	0	0	0	0	0	0	16	13
南京财经大学	28	107	18.1	0.4	6 653.46	7 094.31	15	9	0	6	0	0	0	0	0	2	0	145	143	2	0	8	0	1	7	4	4
江苏警官学院	29	1	0.4	0	0	0	0	0	0	0	0	0	0	0	0	0	0	3	3	0	0	0	0	0	0	0	0
南京体育学院	30	0	0	0	0	0	0	0	0	0	0	0	0	0	0	0	0	0	0	0	0	0	0	0	0	0	0
南京艺术学院	31	0	0	0	0	0	0	0	0	0	0	0	0	0	0	0	0	0	0	0	0	0	0	0	0	0	0
苏州科技大学	32	27	5.8	2	290	290	1	0	0	1	0	0	0	0	0	0	0	8	8	0	0	0	0	0	0	2	1
常熟理工学院	33	26	4.9	0	378	369	2	2	2	0	0	0	0	0	0	0	0	12	12	0	0	0	0	0	0	1	1
淮阴工学院	34	62	8	0	4 087	3 309.23	3	2	0	1	0	0	0	0	0	0	0	10	6	4	0	0	0	0	0	3	0
常州工学院	35	84	13.8	0	1 332	808.95	1	1	0	0	0	0	0	0	0	0	0	19	19	0	0	0	0	0	0	39	3
扬州大学	36	58	8.2	0.4	699.82	690.53	1	1	0	0	0	0	0	0	0	0	0	27	27	0	0	0	0	0	0	34	34
南京工程学院	37	21	2.5	0	683.8	763.22	0	0	0	0	0	0	0	0	0	0	0	47	47	0	0	0	0	0	0	2	2
南京审计大学	38	185	64.9	0.3	4 039	2 085.9	6	6	0	0	0	0	0	0	1	0	0	225	222	3	0	4	0	0	4	11	3
南京晓庄学院	39	15	4.7	0	284	74	1	0	0	1	0	0	0	0	0	0	0	41	39	2	0	0	0	0	0	0	0
江苏理工学院	40	56	17.1	0	1 259	860.24	1	1	0	0	0	0	0	0	0	0	0	66	66	0	0	1	0	0	1	7	6
淮海工学院	41	28	2.6	0	202.8	152.6	1	1	0	0	0	0	0	0	0	0	0	21	21	0	0	1	0	0	1	0	0
徐州工程学院	42	82	32.6	0	872	853	8	6	0	2	0	0	0	0	0	0	0	73	73	0	0	0	0	0	0	39	3
南京特殊教育师范学院	43	0	0	0	0	0	0	0	0	0	0	0	0	0	0	0	0	0	0	0	0	0	0	0	0	0	0
泰州学院	44	7	1.6	0	0	0	1	0	0	1	0	0	0	0	0	0	0	7	7	0	0	0	0	0	0	0	0
金陵科技学院	45	17	2.2	0	538.4	324.4	0	0	0	0	0	0	0	0	0	0	0	15	14	1	0	0	0	0	0	2	1
江苏第二师范学院	46	7	1.8	0	10	7.41	1	1	0	0	0	0	0	0	0	0	0	1	1	0	0	0	0	0	0	0	0

2.13 政治学人文、社会科学研究与课题成果情况表

学科门类		总数					出版著作(部)							古籍整理(部)	译著(部)	发表译文(篇)	电子出版物(件)	发表论文(篇)				获奖成果数(项)				研究与咨询报告(篇)	
		课题数(项)	当年投入人数(人年)	其中：研究生(人年)	当年投入经费(千元)	当年支出经费(千元)	合计	专著	其中：被译成外文	编著教材	工具书参考书	皮书/发展报告	科普读物					合计	国内学术刊物	国外学术刊物	港、澳、台地区刊物	合计	国家级奖	部级奖	省级奖	合计	其中：被采纳数
	编号	L01	L02	L03	L04	L05	L06	L07	L08	L09	L10	L11	L12	L13	L14	L15	L16	L17	L18	L19	L20	L21	L22	L23	L24	L25	L26
合计	/	461	104.6	10.7	5 757.12	5 060.65	19	12	0	5	0	1	1	0	0	0	1	301	295	5	1	10	0	0	10	17	10
南京大学	1	71	10.1	1.2	1 633	621	2	1	0	1	0	0	0	0	0	0	0	38	35	2	1	5	0	0	5	2	2
东南大学	2	9	3.8	1.6	242	60	0	0	0	0	0	0	0	0	0	0	0	2	2	0	0	0	0	0	0	1	1
江南大学	3	24	5.5	0.6	218	240	0	0	0	0	0	0	0	0	0	0	0	6	6	0	0	0	0	0	0	0	0
南京农业大学	4	21	2.1	0	40	100	0	0	0	0	0	0	0	0	0	0	0	12	12	0	0	0	0	0	0	0	0
中国矿业大学	5	16	7.6	0	165.8	160.8	1	1	0	0	0	0	0	0	0	0	0	2	2	0	0	1	0	0	1	1	0
河海大学	6	13	4.5	1.8	273	318	4	2	0	1	0	0	1	0	0	0	1	39	36	3	0	0	0	0	0	2	1
南京理工大学	7	15	1.5	0.1	293	255.44	0	0	0	0	0	0	0	0	0	0	0	4	4	0	0	0	0	0	0	1	0
南京航空航天大学	8	7	2.3	0.5	88	72	1	1	0	0	0	0	0	0	0	0	0	16	16	0	0	1	0	0	1	0	0
中国药科大学	9	0	0	0	0	0	0	0	0	0	0	0	0	0	0	0	0	0	0	0	0	0	0	0	0	0	0
南京森林警察学院	10	1	0.2	0	190	175.9	0	0	0	0	0	0	0	0	0	0	0	1	1	0	0	0	0	0	0	0	0
苏州大学	11	20	3.2	0.4	280	410.8	0	0	0	0	0	0	0	0	0	0	0	12	12	0	0	1	0	0	1	3	2
江苏科技大学	12	5	1	0	0	3.7	0	0	0	0	0	0	0	0	0	0	0	0	0	0	0	0	0	0	0	0	0
南京工业大学	13	11	1.2	0.1	66	49	0	0	0	0	0	0	0	0	0	0	0	8	8	0	0	0	0	0	0	0	0
常州大学	14	9	3.5	0	309	173	0	0	0	0	0	0	0	0	0	0	0	0	0	0	0	0	0	0	0	0	0
南京邮电大学	15	28	5.6	1.1	137.5	134.5	0	0	0	0	0	0	0	0	0	0	0	3	3	0	0	0	0	0	0	0	0
南京林业大学	16	4	0.5	0	5	9.8	0	0	0	0	0	0	0	0	0	0	0	3	3	0	0	0	0	0	0	0	0
江苏大学	17	9	0	0	0	0	0	0	0	0	0	0	0	0	0	0	0	0	0	0	0	0	0	0	0	0	0
南京信息工程大学	18	6	2.6	0.6	10	5.8	1	0	0	0	0	1	0	0	0	0	0	8	8	0	0	0	0	0	0	0	0
南通大学	19	29	8.1	0.2	243	361.76	0	0	0	0	0	0	0	0	0	0	0	2	2	0	0	0	0	0	0	1	0
盐城工学院	20	0	0	0	0	0	0	0	0	0	0	0	0	0	0	0	0	0	0	0	0	0	0	0	0	0	0

续表

学科门类	编号	总数 课题数(项)	当年投入人数(人年)	其中：研究生(人年)	当年投入经费(千元)	当年支出经费(千元)	出版著作(部) 合计	专著	其中：被译成外文	编著教材	工具书参考书	皮书/发展报告	科普读物	古籍整理(部)	译著(部)	发表译文(篇)	电子出版物(件)	发表论文(篇) 合计	国内学术刊物	国外学术刊物	港澳、台地区刊物	获奖成果数(项) 合计	国家级奖	部级奖	省级奖	研究与咨询报告(篇) 合计	其中：被采纳数
		L01	L02	L03	L04	L05	L06	L07	L08	L09	L10	L11	L12	L13	L14	L15	L16	L17	L18	L19	L20	L21	L22	L23	L24	L25	L26
南京医科大学	21	0	0	0	0	0	0	0	0	0	0	0	0	0	0	0	0	0	0	0	0	0	0	0	0	0	0
徐州医科大学	22	1	0.2	0	10	2.2	0	0	0	0	0	0	0	0	0	0	0	0	0	0	0	0	0	0	0	0	0
南京中医药大学	23	2	0.7	0	10	3.3	0	0	0	0	0	0	0	0	0	0	0	1	1	0	0	0	0	0	0	0	0
南京师范大学	24	31	7.6	0.5	605	359	4	3	0	1	0	0	0	0	0	0	0	29	29	0	0	0	0	0	0	0	0
江苏师范大学	25	15	8.6	1.6	231	160.3	0	0	0	0	0	0	0	0	0	0	0	7	7	0	0	0	0	0	0	0	0
淮阴师范学院	26	8	2.4	0	10	123	0	0	0	0	0	0	0	0	0	0	0	3	3	0	0	0	0	0	0	0	0
盐城师范学院	27	9	3.2	0	100.32	88.12	1	0	0	1	0	0	0	0	0	0	0	2	2	0	0	0	0	0	0	0	0
南京财经大学	28	1	0.1	0	0	99	0	0	0	0	0	0	0	0	0	0	0	0	0	0	0	0	0	0	0	1	1
江苏警官学院	29	11	1.9	0	10	54.81	0	0	0	0	0	0	0	0	0	0	0	10	10	0	0	0	0	0	0	0	0
南京体育学院	30	0	0	0	0	0	0	0	0	0	0	0	0	0	0	0	0	0	0	0	0	0	0	0	0	0	0
南京艺术学院	31	1	0.2	0	0	0	0	0	0	0	0	0	0	0	0	0	0	1	1	0	0	0	0	0	0	0	0
苏州科技大学	32	4	1.1	0	112	107	1	1	0	0	0	0	0	0	0	0	0	4	4	0	0	1	0	0	1	0	0
常熟理工学院	33	1	0.3	0	0	7.5	0	0	0	0	0	0	0	0	0	0	0	6	6	0	0	0	0	0	0	1	1
淮阴工学院	34	11	1.4	0	145	233.6	0	0	0	0	0	0	0	0	0	0	0	7	7	0	0	0	0	0	0	0	0
常州工学院	35	5	0.6	0	11	9.1	0	0	0	0	0	0	0	0	0	0	0	0	0	0	0	0	0	0	0	0	0
扬州大学	36	30	5.3	0.4	285	561.06	1	1	0	0	0	0	0	0	0	0	0	29	29	0	0	0	0	0	0	2	2
南京工程学院	37	0	0	0	0	0	1	1	0	0	0	0	0	0	0	0	0	4	4	0	0	0	0	0	0	1	0
南京审计大学	38	0	0	0	0	0	0	0	0	0	0	0	0	0	0	0	0	6	6	0	0	0	0	0	0	0	0
南京晓庄学院	39	1	0.3	0	0	0	0	0	0	0	0	0	0	0	0	0	0	6	6	0	0	0	0	0	0	0	0
江苏理工学院	40	6	1.5	0	4	48.03	1	1	0	0	0	0	0	0	0	0	0	13	13	0	0	0	0	0	0	0	0
淮海工学院	41	12	1.2	0	25.5	25.9	0	0	0	0	0	0	0	0	0	0	0	15	15	0	0	0	0	0	0	0	0
徐州工程学院	42	4	1.9	0	5	7	0	0	0	0	0	0	0	0	0	0	0	2	2	0	0	1	0	0	1	1	0
南京特殊教育师范学院	43	0	0	0	0	0	0	0	0	0	0	0	0	0	0	0	0	0	0	0	0	0	0	0	0	0	0
泰州学院	44	2	0.4	0	0	0	1	0	0	1	0	0	0	0	0	0	0	0	0	0	0	0	0	0	0	0	0
金陵科技学院	45	3	0.3	0	0	8	0	0	0	0	0	0	0	0	0	0	0	0	0	0	0	0	0	0	0	0	0
江苏第二师范学院	46	4	2.1	0	0	12.23	0	0	0	0	0	0	0	0	0	0	0	0	0	0	0	0	0	0	0	0	0

2.14 法学人文、社会科学研究与课题成果情况表

学科门类	编号	总数					出版著作(部)							古籍整理(部)	译著(部)	发表译文(篇)	电子出版物(件)	发表论文(篇)				获奖成果数(项)				研究与咨询报告(篇)	
		课题数(项)	当年投入人数(人年)	其中：研究生(人年)	当年投入经费(千元)	当年支出经费(千元)	合计	专著	其中：被译成外文	编著教材	工具书参考书	皮书/发展报告	科普读物					合计	国内学术刊物	国外学术刊物	港、澳、台地区刊物	合计	国家级奖	部级奖	省级奖	合计	其中：被采纳数
	编号	L01	L02	L03	L04	L05	L06	L07	L08	L09	L10	L11	L12	L13	L14	L15	L16	L17	L18	L19	L20	L21	L22	L23	L24	L25	L26
合计	/	1 224	294.2	42.3	22 059.14	20 935.29	106	69	2	33	1	0	3	0	9	1	0	844	825	16	3	17	0	1	16	56	40
南京大学	1	81	10.8	2.4	2 802.3	2 199.3	7	6	0	1	0	0	0	0	0	0	0	81	81	0	0	2	0	0	2	0	0
东南大学	2	187	60.9	21.7	2 983.44	2 690.6	19	10	0	9	0	0	0	0	3	0	0	72	72	0	0	2	0	0	2	5	5
江南大学	3	53	12.7	1.4	213	444	0	0	0	0	0	0	0	0	0	0	0	1	1	0	0	0	0	0	0	2	2
南京农业大学	4	35	4	0.5	76.8	26.8	2	1	0	1	0	0	0	0	1	0	0	3	3	0	0	0	0	0	0	0	0
中国矿业大学	5	20	2.4	0	71.9	52	2	2	0	0	0	0	0	0	0	0	0	0	0	0	0	0	0	0	0	2	2
河海大学	6	36	11.3	2.6	410	596	7	2	0	1	1	0	3	0	0	0	0	50	44	6	0	0	0	0	0	8	6
南京理工大学	7	43	6.2	0.3	504	639.58	3	2	0	1	0	0	0	0	0	0	0	16	16	0	0	0	0	0	0	2	2
南京航空航天大学	8	10	2.5	0.6	680	636	6	4	0	2	0	0	0	0	0	0	0	24	20	4	0	0	0	0	0	1	0
中国药科大学	9	2	0.9	0.8	66.3	66.3	0	0	0	0	0	0	0	0	0	0	0	6	6	0	0	0	0	0	0	0	0
南京森林警察学院	10	42	8.4	0	972.98	258.75	0	0	0	0	0	0	0	0	0	0	0	44	44	0	0	0	0	0	0	2	0
苏州大学	11	91	12.5	1.2	1 500	1 835.9	10	10	2	0	0	0	0	0	0	0	0	74	71	2	1	5	0	1	4	1	1
江苏科技大学	12	8	2.3	0.6	230	220.6	0	0	0	0	0	0	0	0	0	0	0	0	0	0	0	0	0	0	0	3	3
南京工业大学	13	35	5.3	0.6	667.5	392.86	2	2	0	0	0	0	0	0	0	0	0	10	9	0	1	0	0	0	0	2	1
常州大学	14	23	9.9	0	433.5	679.5	1	1	0	0	0	0	0	0	0	0	0	24	24	0	0	0	0	0	0	2	2
南京邮电大学	15	11	3	0.4	6	52.5	0	0	0	0	0	0	0	0	0	0	0	2	2	0	0	0	0	0	0	0	0
南京林业大学	16	6	1.4	0	0	12.1	0	0	0	0	0	0	0	0	0	0	0	1	1	0	0	0	0	0	0	0	0
江苏大学	17	44	20.7	0	1 721.5	1 721.5	1	1	0	0	0	0	0	0	0	0	0	20	20	0	0	0	0	0	0	0	0
南京信息工程大学	18	29	7.5	0.4	187	189.5	5	4	0	1	0	0	0	0	0	0	0	11	10	1	0	0	0	0	0	3	3
南通大学	19	2	0.7	0	0	0.5	1	0	0	1	0	0	0	0	0	0	0	5	4	0	1	0	0	0	0	0	0
盐城工学院	20	2	0.2	0	5	5	0	0	0	0	0	0	0	0	0	0	0	2	2	0	0	0	0	0	0	1	1

续表

学科门类		总数					出版著作(部)							古籍整理(部)	译著(部)	发表译文(篇)	电子出版物(件)	发表论文(篇)				获奖成果数(项)				研究与咨询报告(篇)	
		课题数(项)	当年投入人数(人年)	其中:研究生(人年)	当年投入经费(千元)	当年支出经费(千元)	合计	专著	其中:被译成外文	编著教材	工具书参考书	皮书/发展报告	科普读物					合计	国内学术刊物	国外学术刊物	港澳、台地区刊物	合计	国家级奖	部级奖	省级奖	合计	其中:被采纳数
	编号	L01	L02	L03	L04	L05	L06	L07	L08	L09	L10	L11	L12	L13	L14	L15	L16	L17	L18	L19	L20	L21	L22	L23	L24	L25	L26
南京医科大学	21	4	1.1	0.3	8	40	0	0	0	0	0	0	0	0	0	0	0	0	0	0	0	0	0	0	0	0	0
徐州医科大学	22	1	0.2	0	0	0.4	0	0	0	0	0	0	0	0	0	0	0	6	6	0	0	0	0	0	0	0	0
南京中医药大学	23	10	3.3	0.5	113	47.45	0	0	0	0	0	0	0	0	0	0	0	3	3	0	0	0	0	0	0	0	0
南京师范大学	24	79	18.4	0.9	2 752	2 357	15	5	0	10	0	0	0	0	1	0	0	72	70	2	0	5	0	0	5	1	1
江苏师范大学	25	21	12.7	6.6	198	303.4	1	1	0	0	0	0	0	0	0	0	0	25	25	0	0	0	0	0	0	4	4
淮阴师范学院	26	21	4	0	558	630	1	1	0	0	0	0	0	0	0	0	0	18	18	0	0	0	0	0	0	0	0
盐城师范学院	27	25	10.3	0	1 470.91	947.6	2	2	0	0	0	0	0	0	0	0	0	16	16	0	0	0	0	0	0	1	1
南京财经大学	28	12	2	0	168	457.2	2	1	0	1	0	0	0	0	0	1	0	12	12	0	0	0	0	0	0	0	0
江苏警官学院	29	122	24.6	0	345.3	555.08	9	6	0	3	0	0	0	0	4	0	0	117	117	0	0	0	0	0	0	4	1
南京体育学院	30	0	0	0	0	0	0	0	0	0	0	0	0	0	0	0	0	0	0	0	0	0	0	0	0	0	0
南京艺术学院	31	1	0.1	0	0	0	0	0	0	0	0	0	0	0	0	0	0	1	1	0	0	0	0	0	0	0	0
苏州科技大学	32	1	0.3	0	0	0	0	0	0	0	0	0	0	0	0	0	0	9	9	0	0	0	0	0	0	0	0
常熟理工学院	33	5	0.8	0	30	52.5	0	0	0	0	0	0	0	0	0	0	0	3	3	0	0	0	0	0	0	1	1
淮阴工学院	34	21	2.9	0	1 360	1 117.5	0	0	0	0	0	0	0	0	0	0	0	5	5	0	0	0	0	0	0	1	0
常州工学院	35	4	0.5	0	19	28.9	0	0	0	0	0	0	0	0	0	0	0	7	7	0	0	0	0	0	0	0	0
扬州大学	36	27	4.5	0.5	547.21	701.21	5	4	0	1	0	0	0	0	0	0	0	39	39	0	0	2	0	0	2	2	2
南京工程学院	37	1	0.1	0	6	4	0	0	0	0	0	0	0	0	0	0	0	4	4	0	0	0	0	0	0	0	0
南京审计大学	38	55	16.2	0	389	517.64	2	2	0	0	0	0	0	0	0	0	0	29	29	0	0	0	0	0	0	4	0
南京晓庄学院	39	1	0.3	0	0	0	1	1	0	0	0	0	0	0	0	0	0	6	5	1	0	0	0	0	0	0	0
江苏理工学院	40	11	2.2	0	130	122.28	0	0	0	0	0	0	0	0	0	0	0	5	5	0	0	0	0	0	0	3	2
淮海工学院	41	19	2.4	0	398.5	293.5	1	1	0	0	0	0	0	0	0	0	0	11	11	0	0	0	0	0	0	0	0
徐州工程学院	42	0	0	0	0	0.24	0	0	0	0	0	0	0	0	0	0	0	0	0	0	0	0	0	0	0	1	0
南京特殊教育师范学院	43	0	0	0	0	0	0	0	0	0	0	0	0	0	0	0	0	0	0	0	0	0	0	0	0	0	0
泰州学院	44	8	2.2	0	26	20.6	0	0	0	0	0	0	0	0	0	0	0	9	9	0	0	1	0	0	1	0	0
金陵科技学院	45	9	1.3	0	6	19.5	1	0	0	1	0	0	0	0	0	0	0	0	0	0	0	0	0	0	0	0	0
江苏第二师范学院	46	1	0.2	0	3	0	0	0	0	0	0	0	0	0	0	0	0	1	1	0	0	0	0	0	0	0	0

2.15　社会学人文、社会科学研究与课题成果情况表

学科门类	编号	总数：课题数（项）	总数：当年投入人数（人年）	总数：其中：研究生（人年）	总数：当年投入经费（千元）	总数：当年支出经费（千元）	出版著作（部）：合计	出版著作（部）：专著	出版著作（部）：其中：被译成外文	出版著作（部）：编著教材	出版著作（部）：工具书参考书	出版著作（部）：皮书/发展报告	出版著作（部）：科普读物	古籍整理（部）	译著（部）	发表译文（篇）	电子出版物（件）	发表论文（篇）：合计	发表论文（篇）：国内学术刊物	发表论文（篇）：国外学术刊物	发表论文（篇）：港、澳、台地区刊物	获奖成果数（项）：合计	获奖成果数（项）：国家级奖	获奖成果数（项）：部级奖	获奖成果数（项）：省级奖	研究与咨询报告（篇）：合计	研究与咨询报告（篇）：其中：被采纳数
		L01	L02	L03	L04	L05	L06	L07	L08	L09	L10	L11	L12	L13	L14	L15	L16	L17	L18	L19	L20	L21	L22	L23	L24	L25	L26
合计	/	1 390	323.4	54.8	34 457.38	28 835.03	36	28	0	4	0	1	3	0	3	0	5	672	629	43	0	16	0	1	15	166	100
南京大学	1	115	15.6	2.4	4 025.5	2 506.5	2	1	0	1	0	0	0	0	0	0	0	129	113	16	0	7	0	0	7	1	1
东南大学	2	90	36.8	14.9	4 665.06	1 749.37	2	1	0	1	0	0	0	0	0	0	0	5	3	2	0	0	0	0	0	0	0
江南大学	3	46	11.2	1.8	829	1 028.5	0	0	0	0	0	0	0	0	0	0	0	2	2	0	0	0	0	0	0	0	0
南京农业大学	4	56	9.2	2.5	247	265	0	0	0	0	0	0	0	0	0	0	0	16	16	0	0	0	0	0	0	3	0
中国矿业大学	5	22	3.5	0.9	122	92	0	0	0	0	0	0	0	0	0	0	0	2	2	0	0	0	0	0	0	2	1
河海大学	6	110	36.9	13.8	6 092.6	7 626.2	8	4	0	0	0	1	3	0	1	0	5	159	140	19	0	2	0	1	1	55	51
南京理工大学	7	54	4.9	0.5	1 177.6	979.03	3	2	0	1	0	0	0	0	0	0	0	9	9	0	0	0	0	0	0	1	1
南京航空航天大学	8	12	6	0.7	380	349	1	1	0	0	0	0	0	0	0	0	0	5	5	0	0	0	0	0	0	0	0
中国药科大学	9	0	0	0	0	0	0	0	0	0	0	0	0	0	0	0	0	1	1	0	0	0	0	0	0	0	0
南京森林警察学院	10	3	0.7	0	368.17	44.89	0	0	0	0	0	0	0	0	0	0	0	4	4	0	0	0	0	0	0	0	0
苏州大学	11	53	6.6	0.7	2 071	1 760.7	0	0	0	0	0	0	0	0	0	0	0	12	11	1	0	0	0	0	0	2	2
江苏科技大学	12	44	13.8	2	811	504.4	2	2	0	0	0	0	0	0	0	0	0	11	11	0	0	0	0	0	0	4	4
南京工业大学	13	38	5.1	0.5	349	247.51	0	0	0	0	0	0	0	0	0	0	0	6	5	1	0	0	0	0	0	0	0
常州大学	14	20	7.3	0	504	255	3	3	0	0	0	0	0	0	0	0	0	19	17	2	0	1	0	0	1	10	8
南京邮电大学	15	67	19	4.8	1 416	1 387.1	0	0	0	0	0	0	0	0	0	0	0	10	10	0	0	2	0	0	2	8	5
南京林业大学	16	18	2	0	82	78.8	0	0	0	0	0	0	0	0	0	0	0	40	40	0	0	0	0	0	0	1	0
江苏大学	17	0	0	0	0	0	0	0	0	0	0	0	0	0	0	0	0	0	0	0	0	0	0	0	0	0	0
南京信息工程大学	18	17	3.5	0	280.6	247.15	0	0	0	0	0	0	0	0	0	0	0	2	2	0	0	1	0	0	1	2	2
南通大学	19	36	5	0.2	312	454.43	2	1	0	1	0	0	0	0	0	0	0	10	10	0	0	0	0	0	0	6	0
盐城工学院	20	15	1.5	0	60	74	0	0	0	0	0	0	0	0	0	0	0	1	1	0	0	0	0	0	0	5	5

续表

学科门类		总数					出版著作(部)							古籍整理(部)	译著(部)	发表译文(篇)	电子出版物(件)	发表论文(篇)				获奖成果数(项)				研究与咨询报告(篇)	
		课题数(项)	当年投入人数(人年)	其中：研究生(人年)	当年投入经费(千元)	当年支出经费(千元)	合计	专著	其中：被译成外文	编著教材	工具书参考书	皮书/发展报告	科普读物					合计	国内学术刊物	国外学术刊物	港澳、台地区刊物	合计	国家级奖	部级奖	省级奖	合计	其中：被采纳数
	编号	L01	L02	L03	L04	L05	L06	L07	L08	L09	L10	L11	L12	L13	L14	L15	L16	L17	L18	L19	L20	L21	L22	L23	L24	L25	L26
南京医科大学	21	3	1.9	0.7	0	90	1	1	0	0	0	0	0	0	1	0	0	7	5	2	0	0	0	0	0	0	0
徐州医科大学	22	23	4	0	24	26.1	0	0	0	0	0	0	0	0	0	0	0	19	19	0	0	1	0	0	1	7	0
南京中医药大学	23	39	17.9	0.8	101	288.25	1	1	0	0	0	0	0	0	0	0	0	5	5	0	0	0	0	0	0	0	0
南京师范大学	24	92	17	1.4	3 172	2 006.3	1	1	0	0	0	0	0	0	0	0	0	17	17	0	0	1	0	0	1	1	1
江苏师范大学	25	29	11.6	2.7	1 153	1 259.31	0	0	0	0	0	0	0	0	0	0	0	6	6	0	0	1	0	0	1	1	1
淮阴师范学院	26	17	2.2	0	272	113.5	0	0	0	0	0	0	0	0	0	0	0	4	4	0	0	0	0	0	0	1	1
盐城师范学院	27	9	3.7	0	841.05	456.4	1	1	0	0	0	0	0	0	0	0	0	51	51	0	0	0	0	0	0	1	0
南京财经大学	28	6	1.7	0	0	163.5	1	1	0	0	0	0	0	0	0	0	0	2	2	0	0	0	0	0	0	0	0
江苏警官学院	29	35	5.4	0	64	260.37	1	1	0	0	0	0	0	0	1	0	0	5	5	0	0	0	0	0	0	0	0
南京体育学院	30	2	0.1	0	4	2	0	0	0	0	0	0	0	0	0	0	0	1	1	0	0	0	0	0	0	0	0
南京艺术学院	31	0	0	0	0	0	0	0	0	0	0	0	0	0	0	0	0	0	0	0	0	0	0	0	0	0	0
苏州科技大学	32	61	13.2	2.8	980	935	0	0	0	0	0	0	0	0	0	0	0	16	16	0	0	0	0	0	0	1	0
常熟理工学院	33	7	1.7	0	265	302	1	1	0	0	0	0	0	0	0	0	0	2	2	0	0	0	0	0	0	8	8
淮阴工学院	34	43	5.8	0	712	424.55	1	1	0	0	0	0	0	0	0	0	0	19	19	0	0	0	0	0	0	2	0
常州工学院	35	12	1.5	0	166.7	66.74	3	3	0	0	0	0	0	0	0	0	0	7	7	0	0	0	0	0	0	10	1
扬州大学	36	60	9.2	0.7	996.5	1 031.7	0	0	0	0	0	0	0	0	0	0	0	10	10	0	0	0	0	0	0	0	0
南京工程学院	37	29	3.6	0	296	230.52	1	1	0	0	0	0	0	0	0	0	0	5	5	0	0	0	0	0	0	0	0
南京审计大学	38	0	0	0	0	0	0	0	0	0	0	0	0	0	0	0	0	0	0	0	0	0	0	0	0	0	0
南京晓庄学院	39	9	2.6	0	27	15	0	0	0	0	0	0	0	0	0	0	0	6	6	0	0	0	0	0	0	0	0
江苏理工学院	40	26	7.1	0	804	834.85	0	0	0	0	0	0	0	0	0	0	0	21	21	0	0	0	0	0	0	9	7
淮海工学院	41	1	0.1	0	5	3	1	1	0	0	0	0	0	0	0	0	0	4	4	0	0	0	0	0	0	0	0
徐州工程学院	42	49	20.2	0	443.6	486.38	0	0	0	0	0	0	0	0	0	0	0	19	19	0	0	0	0	0	0	24	0
南京特殊教育师范学院	43	10	1.7	0	140	112.5	0	0	0	0	0	0	0	0	0	0	0	2	2	0	0	0	0	0	0	0	0
泰州学院	44	2	0.5	0	0	0	0	0	0	0	0	0	0	0	0	0	0	0	0	0	0	0	0	0	0	0	0
金陵科技学院	45	7	0.9	0	6	68.6	0	0	0	0	0	0	0	0	0	0	0	1	1	0	0	0	0	0	0	1	1
江苏第二师范学院	46	3	1.2	0	192	8.88	0	0	0	0	0	0	0	0	0	0	0	0	0	0	0	0	0	0	0	0	0

2.16 民族学与文化学人文、社会科学研究与课题成果情况表

学科门类		总数					出版著作(部)							古籍整理(部)	译著(部)	发表译文(篇)	电子出版物(件)	发表论文(篇)				获奖成果数(项)				研究与咨询报告(篇)	
		课题数(项)	当年投入人数(人年)	其中：研究生(人年)	当年投入经费(千元)	当年支出经费(千元)	合计	专著	其中：被译成外文	编著教材	工具书参考书	皮书/发展报告	科普读物					合计	国内学术刊物	国外学术刊物	港、澳、台地区刊物	合计	国家级奖	部级奖	省级奖	合计	其中：被采纳数
	编号	L01	L02	L03	L04	L05	L06	L07	L08	L09	L10	L11	L12	L13	L14	L15	L16	L17	L18	L19	L20	L21	L22	L23	L24	L25	L26
合计	/	175	45.3	5	1 659.2	1 628.92	12	3	0	5	0	0	4	0	1	0	0	49	48	1	0	0	0	0	0	23	2
南京大学	1	6	0.7	0.1	30	6	0	0	0	0	0	0	0	0	0	0	0	3	3	0	0	0	0	0	0	0	0
东南大学	2	8	4	1.8	56	14	2	0	0	2	0	0	0	0	0	0	0	0	0	0	0	0	0	0	0	0	0
江南大学	3	6	0.1	0	0	0	1	0	0	1	0	0	0	0	0	0	0	2	2	0	0	0	0	0	0	0	0
南京农业大学	4	6	0.9	0	30	30	1	0	0	1	0	0	0	0	0	0	0	1	1	0	0	0	0	0	0	0	0
中国矿业大学	5	6	0.6	0	1	0	0	0	0	0	0	0	0	0	0	0	0	0	0	0	0	0	0	0	0	0	0
河海大学	6	12	3.7	1.6	151	179	3	0	0	0	0	0	3	0	0	0	0	19	18	1	0	0	0	0	0	2	1
南京理工大学	7	0	0	0	0	0	1	0	0	1	0	0	0	0	0	0	0	2	2	0	0	0	0	0	0	0	0
南京航空航天大学	8	0	0	0	0	0	0	0	0	0	0	0	0	0	0	0	0	0	0	0	0	0	0	0	0	0	0
中国药科大学	9	0	0	0	0	0	0	0	0	0	0	0	0	0	0	0	0	0	0	0	0	0	0	0	0	0	0
南京森林警察学院	10	0	0	0	0	0	0	0	0	0	0	0	0	0	0	0	0	0	0	0	0	0	0	0	0	0	0
苏州大学	11	0	0	0	0	0	0	0	0	0	0	0	0	0	0	0	0	0	0	0	0	0	0	0	0	0	0
江苏科技大学	12	6	2.3	0.8	0	2.8	0	0	0	0	0	0	0	0	0	0	0	0	0	0	0	0	0	0	0	0	0
南京工业大学	13	2	0.2	0	34	8	0	0	0	0	0	0	0	0	0	0	0	0	0	0	0	0	0	0	0	0	0
常州大学	14	3	1	0	70	71	0	0	0	0	0	0	0	0	0	0	0	1	1	0	0	0	0	0	0	0	0
南京邮电大学	15	1	0.2	0	0	0	0	0	0	0	0	0	0	0	0	0	0	0	0	0	0	0	0	0	0	0	0
南京林业大学	16	8	1.8	0	3	27.4	0	0	0	0	0	0	0	0	0	0	0	4	4	0	0	0	0	0	0	0	0
江苏大学	17	0	0	0	0	0	0	0	0	0	0	0	0	0	0	0	0	0	0	0	0	0	0	0	0	0	0
南京信息工程大学	18	1	0.2	0	0	0	0	0	0	0	0	0	0	0	0	0	0	0	0	0	0	0	0	0	0	0	0
南通大学	19	30	4.1	0.6	423.2	482.46	0	0	0	0	0	0	0	0	0	0	0	0	0	0	0	0	0	0	0	10	0
盐城工学院	20	0	0	0	0	0	0	0	0	0	0	0	0	0	0	0	0	0	0	0	0	0	0	0	0	0	0

续表

学科门类		总数					出版著作(部)							古籍整理(部)	译著(部)	发表译文(篇)	电子出版物(件)	发表论文(篇)				获奖成果数(项)				研究与咨询报告(篇)	
		课题数(项)	当年投入人数(人年)	其中：研究生(人年)	当年投入经费(千元)	当年支出经费(千元)	合计	专著	其中：被译成外文	编著教材	工具书参考书	皮书/发展报告	科普读物					合计	国内学术刊物	国外学术刊物	港澳、台地区刊物	合计	国家级奖	部级奖	省级奖	合计	其中：被采纳数
	编号	L01	L02	L03	L04	L05	L06	L07	L08	L09	L10	L11	L12	L13	L14	L15	L16	L17	L18	L19	L20	L21	L22	L23	L24	L25	L26
南京医科大学	21	0	0	0	0	0	0	0	0	0	0	0	0	0	0	0	0	0	0	0	0	0	0	0	0	0	0
徐州医科大学	22	0	0	0	0	0	0	0	0	0	0	0	0	0	0	0	0	1	1	0	0	0	0	0	0	0	0
南京中医药大学	23	7	4.5	0	263	86.8	1	0	0	0	0	0	1	0	0	0	0	0	0	0	0	0	0	0	0	0	0
南京师范大学	24	1	1.5	0	0	1	0	0	0	0	0	0	0	0	0	0	0	1	1	0	0	0	0	0	0	0	0
江苏师范大学	25	11	3.5	0.1	216	317.15	1	1	0	0	0	0	0	0	1	0	0	2	2	0	0	0	0	0	0	1	1
淮阴师范学院	26	0	0	0	0	0	0	0	0	0	0	0	0	0	0	0	0	0	0	0	0	0	0	0	0	0	0
盐城师范学院	27	0	0	0	0	0	0	0	0	0	0	0	0	0	0	0	0	0	0	0	0	0	0	0	0	0	0
南京财经大学	28	0	0	0	0	0	0	0	0	0	0	0	0	0	0	0	0	1	1	0	0	0	0	0	0	0	0
江苏警官学院	29	1	0.1	0	0	8.51	0	0	0	0	0	0	0	0	0	0	0	0	0	0	0	0	0	0	0	0	0
南京体育学院	30	0	0	0	0	0	0	0	0	0	0	0	0	0	0	0	0	2	2	0	0	0	0	0	0	0	0
南京艺术学院	31	0	0	0	0	0	0	0	0	0	0	0	0	0	0	0	0	0	0	0	0	0	0	0	0	0	0
苏州科技大学	32	6	1.6	0	0	0	0	0	0	0	0	0	0	0	0	0	0	0	0	0	0	0	0	0	0	0	0
常熟理工学院	33	0	0	0	0	0	0	0	0	0	0	0	0	0	0	0	0	0	0	0	0	0	0	0	0	0	0
淮阴工学院	34	8	1	0	65	51.4	1	1	0	0	0	0	0	0	0	0	0	0	0	0	0	0	0	0	0	0	0
常州工学院	35	2	0.3	0	0	8.7	0	0	0	0	0	0	0	0	0	0	0	0	0	0	0	0	0	0	0	1	0
扬州大学	36	4	0.7	0	50	57.5	0	0	0	0	0	0	0	0	0	0	0	0	0	0	0	0	0	0	0	0	0
南京工程学院	37	9	0.9	0	113	100.05	0	0	0	0	0	0	0	0	0	0	0	0	0	0	0	0	0	0	0	0	0
南京审计大学	38	0	0	0	0	0	0	0	0	0	0	0	0	0	0	0	0	0	0	0	0	0	0	0	0	0	0
南京晓庄学院	39	0	0	0	0	0	0	0	0	0	0	0	0	0	0	0	0	0	0	0	0	0	0	0	0	0	0
江苏理工学院	40	6	0.9	0	0	16.9	0	0	0	0	0	0	0	0	0	0	0	3	3	0	0	0	0	0	0	0	0
淮海工学院	41	0	0	0	0	0	0	0	0	0	0	0	0	0	0	0	0	0	0	0	0	0	0	0	0	0	0
徐州工程学院	42	22	9.9	0	154	153.25	1	1	0	0	0	0	0	0	0	0	0	6	6	0	0	0	0	0	0	9	0
南京特殊教育师范学院	43	0	0	0	0	0	0	0	0	0	0	0	0	0	0	0	0	1	1	0	0	0	0	0	0	0	0
泰州学院	44	0	0	0	0	0	0	0	0	0	0	0	0	0	0	0	0	0	0	0	0	0	0	0	0	0	0
金陵科技学院	45	2	0.3	0	0	7	0	0	0	0	0	0	0	0	0	0	0	0	0	0	0	0	0	0	0	0	0
江苏第二师范学院	46	1	0.3	0	0	0	0	0	0	0	0	0	0	0	0	0	0	0	0	0	0	0	0	0	0	0	0

2.17 新闻学与传播学人文、社会科学研究与课题成果情况表

学科门类	编号	总数：课题数(项)	总数：当年投入人数(人年)	总数：其中：研究生(人年)	总数：当年投入经费(千元)	总数：当年支出经费(千元)	出版著作(部)：合计	出版著作(部)：专著	出版著作(部)：其中：被译成外文	出版著作(部)：编著教材	出版著作(部)：工具书参考书	出版著作(部)：皮书/发展报告	出版著作(部)：科普读物	古籍整理(部)	译著(部)	发表译文(篇)	电子出版物(件)	发表论文(篇)：合计	发表论文(篇)：国内学术刊物	发表论文(篇)：国外学术刊物	发表论文(篇)：港、澳、台地区刊物	获奖成果数(项)：合计	获奖成果数(项)：国家级奖	获奖成果数(项)：部级奖	获奖成果数(项)：省级奖	研究与咨询报告(篇)：合计	研究与咨询报告(篇)：其中：被采纳数
		L01	L02	L03	L04	L05	L06	L07	L08	L09	L10	L11	L12	L13	L14	L15	L16	L17	L18	L19	L20	L21	L22	L23	L24	L25	L26
合计	/	399	80.2	8.3	9 494.46	7 845.74	23	15	0	6	0	0	2	0	2	1	1	444	435	9	0	11	0	0	11	14	9
南京大学	1	55	7.6	1.3	1 918	950	2	2	0	0	0	0	0	0	0	0	0	83	82	1	0	3	0	0	3	3	3
东南大学	2	3	1	0.4	0	0	0	0	0	0	0	0	0	0	0	0	0	0	0	0	0	0	0	0	0	0	0
江南大学	3	22	2.4	0	5	42	0	0	0	0	0	0	0	0	0	0	0	11	10	1	0	0	0	0	0	0	0
南京农业大学	4	8	1.6	0.3	50	50	0	0	0	0	0	0	0	0	0	0	0	7	7	0	0	0	0	0	0	0	0
中国矿业大学	5	5	1.1	0	45	30	0	0	0	0	0	0	0	0	0	0	0	2	2	0	0	0	0	0	0	1	0
河海大学	6	15	4.8	2.1	815	895	3	1	0	0	0	0	2	0	0	0	1	33	29	4	0	0	0	0	0	3	2
南京理工大学	7	7	1.8	0.3	40	82	0	0	0	0	0	0	0	0	0	0	0	0	0	0	0	0	0	0	0	0	0
南京航空航天大学	8	11	2.8	0	320	313	0	0	0	0	0	0	0	0	0	0	0	4	4	0	0	0	0	0	0	0	0
中国药科大学	9	0	0	0	0	0	0	0	0	0	0	0	0	0	0	0	0	0	0	0	0	0	0	0	0	0	0
南京森林警察学院	10	2	0.4	0	16	16	0	0	0	0	0	0	0	0	0	0	0	5	5	0	0	0	0	0	0	0	0
苏州大学	11	58	6.8	0.3	2 796.66	2 548.16	4	4	0	0	0	0	0	0	0	0	0	71	70	1	0	3	0	0	3	1	1
江苏科技大学	12	0	0	0	0	0	0	0	0	0	0	0	0	0	0	0	0	0	0	0	0	0	0	0	0	0	0
南京工业大学	13	1	0.2	0	0	0	0	0	0	0	0	0	0	0	0	0	0	6	6	0	0	0	0	0	0	0	0
常州大学	14	0	0	0	0	0	0	0	0	0	0	0	0	0	0	0	0	0	0	0	0	0	0	0	0	0	0
南京邮电大学	15	19	5.3	1.5	588	616	1	1	0	0	0	0	0	0	0	0	0	15	15	0	0	0	0	0	0	0	0
南京林业大学	16	6	2.4	0	28	66.5	1	1	0	0	0	0	0	0	0	0	0	10	10	0	0	0	0	0	0	0	0
江苏大学	17	0	0	0	0	0	0	0	0	0	0	0	0	0	0	0	0	0	0	0	0	0	0	0	0	0	0
南京信息工程大学	18	1	0.2	0	40	30.7	0	0	0	0	0	0	0	0	0	0	0	1	1	0	0	0	0	0	0	0	0
南通大学	19	5	1.2	0	1.5	54.09	0	0	0	0	0	0	0	0	0	0	0	11	11	0	0	0	0	0	0	1	0
盐城工学院	20	4	0.3	0	0	0	0	0	0	0	0	0	0	0	0	0	0	12	12	0	0	0	0	0	0	0	0

续表

学科门类		总数					出版著作(部)							古籍整理(部)	译著(部)	发表译文(篇)	电子出版物(件)	发表论文(篇)				获奖成果数(项)				研究与咨询报告(篇)	
		课题数(项)	当年投入人数(人年)	其中：研究生(人年)	当年投入经费(千元)	当年支出经费(千元)	合计	专著	其中：被译成外文	编著教材	工具书参考书	皮书/发展报告	科普读物					合计	国内学术刊物	国外学术刊物	港澳、台地区刊物	合计	国家级奖	部级奖	省级奖	合计	其中：被采纳数
	编号	L01	L02	L03	L04	L05	L06	L07	L08	L09	L10	L11	L12	L13	L14	L15	L16	L17	L18	L19	L20	L21	L22	L23	L24	L25	L26
南京医科大学	21	1	0.1	0	0	1	0	0	0	0	0	0	0	0	0	0	0	0	0	0	0	0	0	0	0	0	0
徐州医科大学	22	0	0	0	0	0	0	0	0	0	0	0	0	0	0	0	0	0	0	0	0	0	0	0	0	0	0
南京中医药大学	23	0	0	0	0	0	0	0	0	0	0	0	0	0	1	0	0	0	0	0	0	0	0	0	0	0	0
南京师范大学	24	48	12.3	0.6	1 430	567.1	7	3	0	4	0	0	0	0	0	1	0	51	50	1	0	2	0	0	2	0	0
江苏师范大学	25	17	6.4	1.1	140	303.75	1	1	0	0	0	0	0	0	0	0	0	16	16	0	0	0	0	0	0	3	3
淮阴师范学院	26	14	1.5	0	104	51.6	0	0	0	0	0	0	0	0	0	0	0	18	18	0	0	1	0	0	1	0	0
盐城师范学院	27	3	1.1	0	20	20.6	1	0	0	1	0	0	0	0	0	0	0	2	2	0	0	0	0	0	0	0	0
南京财经大学	28	14	3.3	0	597	619	0	0	0	0	0	0	0	0	0	0	0	17	17	0	0	2	0	0	2	0	0
江苏警官学院	29	1	0.1	0	0	5	0	0	0	0	0	0	0	0	0	0	0	2	2	0	0	0	0	0	0	0	0
南京体育学院	30	3	0.6	0	20	0	0	0	0	0	0	0	0	0	0	0	0	2	2	0	0	0	0	0	0	0	0
南京艺术学院	31	1	0.5	0	0	20.57	0	0	0	0	0	0	0	0	0	0	0	0	0	0	0	0	0	0	0	0	0
苏州科技大学	32	8	1.4	0.1	0	0	0	0	0	0	0	0	0	0	0	0	0	4	4	0	0	0	0	0	0	0	0
常熟理工学院	33	0	0	0	0	0	0	0	0	0	0	0	0	0	0	0	0	1	1	0	0	0	0	0	0	0	0
淮阴工学院	34	0	0	0	0	0	0	0	0	0	0	0	0	0	0	0	0	1	1	0	0	0	0	0	0	0	0
常州工学院	35	6	0.8	0	0	24.5	1	1	0	0	0	0	0	0	0	0	0	13	13	0	0	0	0	0	0	0	0
扬州大学	36	23	3.8	0.3	279.5	357.45	1	1	0	0	0	0	0	0	1	0	0	26	26	0	0	0	0	0	0	0	0
南京工程学院	37	0	0	0	0	0	0	0	0	0	0	0	0	0	0	0	0	0	0	0	0	0	0	0	0	0	0
南京审计大学	38	0	0	0	0	0	0	0	0	0	0	0	0	0	0	0	0	3	3	0	0	0	0	0	0	0	0
南京晓庄学院	39	12	3	0	94	23	0	0	0	0	0	0	0	0	0	0	0	0	0	0	0	0	0	0	0	0	0
江苏理工学院	40	2	0.5	0	34	34	0	0	0	0	0	0	0	0	0	0	0	2	2	0	0	0	0	0	0	0	0
淮海工学院	41	7	0.8	0	17.8	18.15	0	0	0	0	0	0	0	0	0	0	0	5	5	0	0	0	0	0	0	0	0
徐州工程学院	42	2	0.9	0	5	5	0	0	0	0	0	0	0	0	0	0	0	3	3	0	0	0	0	0	0	2	0
南京特殊教育师范学院	43	0	0	0	0	0	0	0	0	0	0	0	0	0	0	0	0	0	0	0	0	0	0	0	0	0	0
泰州学院	44	1	0.2	0	0	0	0	0	0	0	0	0	0	0	0	0	0	1	1	0	0	0	0	0	0	0	0
金陵科技学院	45	4	0.5	0	70	72	1	0	0	1	0	0	0	0	0	0	0	2	2	0	0	0	0	0	0	0	0
江苏第二师范学院	46	10	2.5	0	20	29.57	0	0	0	0	0	0	0	0	0	0	0	4	3	1	0	0	0	0	0	0	0

2.18 图书馆、情报与文献学人文、社会科学研究与课题成果情况表

学科门类		总数					出版著作(部)							古籍整理(部)	译著(部)	发表译文(篇)	电子出版物(件)	发表论文(篇)				获奖成果数(项)				研究与咨询报告(篇)	
		课题数(项)	当年投入人数(人年)	其中:研究生(人年)	当年投入经费(千元)	当年支出经费(千元)	合计	专著	其中:被译成外文	编著教材	工具书参考书	皮书/发展报告	科普读物					合计	国内学术刊物	国外学术刊物	港澳、台地区刊物	合计	国家级奖	部级奖	省级奖	合计	其中:被采纳数
	编号	L01	L02	L03	L04	L05	L06	L07	L08	L09	L10	L11	L12	L13	L14	L15	L16	L17	L18	L19	L20	L21	L22	L23	L24	L25	L26
合计	/	522	113.9	15	11 766.6	10 049.25	22	12	0	7	2	0	1	0	7	2	3	714	670	43	1	9	0	0	9	48	30
南京大学	1	98	11.5	1.6	3 383.5	2 565	6	1	0	3	2	0	0	0	5	1	0	178	159	19	0	4	0	0	4	16	13
东南大学	2	26	11.9	2.6	236	181	0	0	0	0	0	0	0	0	0	0	0	13	13	0	0	0	0	0	0	0	0
江南大学	3	7	1.5	0	0	0	0	0	0	0	0	0	0	0	0	0	0	0	0	0	0	0	0	0	0	0	0
南京农业大学	4	69	12.8	4.2	1 289.8	1 057.8	2	2	0	0	0	0	0	0	0	0	0	32	27	5	0	1	0	0	1	0	0
中国矿业大学	5	24	2.5	0	264.5	258	0	0	0	0	0	0	0	0	0	0	0	3	3	0	0	0	0	0	0	0	0
河海大学	6	35	10.5	2.9	2 427	2 097	2	1	0	0	0	0	1	0	0	0	3	49	44	5	0	1	0	0	1	13	11
南京理工大学	7	23	3.3	1	987.6	923.4	4	2	0	2	0	0	0	0	0	0	0	79	67	12	0	1	0	0	1	6	0
南京航空航天大学	8	9	4.5	0	50	47	0	0	0	0	0	0	0	0	0	0	0	7	7	0	0	0	0	0	0	0	0
中国药科大学	9	13	2.8	0	100	335.96	2	1	0	1	0	0	0	0	0	0	0	9	9	0	0	0	0	0	0	0	0
南京森林警察学院	10	6	1.2	0	81	31	0	0	0	0	0	0	0	0	2	0	0	9	9	0	0	0	0	0	0	0	0
苏州大学	11	13	1.9	0.3	468	425.3	1	0	0	1	0	0	0	0	0	0	0	28	27	0	1	0	0	0	0	0	0
江苏科技大学	12	0	0	0	0	0	0	0	0	0	0	0	0	0	0	0	0	11	11	0	0	0	0	0	0	0	0
南京工业大学	13	8	1.7	0	110	118	0	0	0	0	0	0	0	0	0	0	0	0	0	0	0	0	0	0	0	0	0
常州大学	14	4	1.7	0	190	72.5	0	0	0	0	0	0	0	0	0	0	0	2	2	0	0	0	0	0	0	0	0
南京邮电大学	15	22	4.5	0.6	616	483	1	1	0	0	0	0	0	0	0	0	0	20	20	0	0	0	0	0	0	1	0
南京林业大学	16	0	0	0	0	0	0	0	0	0	0	0	0	0	0	0	0	1	1	0	0	0	0	0	0	0	0
江苏大学	17	16	4.3	1.5	370	370	1	1	0	0	0	0	0	0	0	0	0	22	22	0	0	0	0	0	0	0	0
南京信息工程大学	18	8	1.3	0	25.5	25.5	0	0	0	0	0	0	0	0	0	0	0	29	29	0	0	0	0	0	0	2	2
南通大学	19	14	4	0.1	95	109.44	2	2	0	0	0	0	0	0	0	0	0	15	15	0	0	2	0	0	2	2	0
盐城工学院	20	7	1	0	161.3	133.3	0	0	0	0	0	0	0	0	0	0	0	11	11	0	0	0	0	0	0	5	4

续表

学科门类	编号	总数：课题数（项）	总数：当年投入人数（人年）	总数：其中：研究生（人年）	总数：当年投入经费（千元）	总数：当年支出经费（千元）	出版著作（部）：合计	出版著作（部）：专著	出版著作（部）：其中：被译成外文	出版著作（部）：编著教材	出版著作（部）：工具书参考书	出版著作（部）：皮书/发展报告	出版著作（部）：科普读物	古籍整理（部）	译著（部）	发表译文（篇）	电子出版物（件）	发表论文（篇）：合计	发表论文（篇）：国内学术刊物	发表论文（篇）：国外学术刊物	发表论文（篇）：港、澳、台地区刊物	获奖成果数（项）：合计	获奖成果数（项）：国家级奖	获奖成果数（项）：部级奖	获奖成果数（项）：省级奖	研究与咨询报告（篇）：合计	研究与咨询报告（篇）：其中：被采纳数
		L01	L02	L03	L04	L05	L06	L07	L08	L09	L10	L11	L12	L13	L14	L15	L16	L17	L18	L19	L20	L21	L22	L23	L24	L25	L26
南京医科大学	21	1	0.3	0	0	2	0	0	0	0	0	0	0	0	0	0	0	1	1	0	0	0	0	0	0	2	0
徐州医科大学	22	2	0.6	0	0	9.2	0	0	0	0	0	0	0	0	0	0	0	7	7	0	0	0	0	0	0	0	0
南京中医药大学	23	14	6.5	0.2	20	36.18	0	0	0	0	0	0	0	0	0	0	0	19	19	0	0	0	0	0	0	0	0
南京师范大学	24	8	1.7	0	140	50	0	0	0	0	0	0	0	0	0	1	0	20	19	1	0	0	0	0	0	0	0
江苏师范大学	25	8	2.7	0	0	52.28	0	0	0	0	0	0	0	0	0	0	0	10	10	0	0	0	0	0	0	0	0
淮阴师范学院	26	0	0	0	0	0	0	0	0	0	0	0	0	0	0	0	0	16	16	0	0	0	0	0	0	0	0
盐城师范学院	27	5	3.1	0	46	40.3	0	0	0	0	0	0	0	0	0	0	0	21	21	0	0	0	0	0	0	0	0
南京财经大学	28	1	0.1	0	195	146.5	0	0	0	0	0	0	0	0	0	0	0	0	0	0	0	0	0	0	0	0	0
江苏警官学院	29	5	1.3	0	190	64	0	0	0	0	0	0	0	0	0	0	0	9	9	0	0	0	0	0	0	1	0
南京体育学院	30	3	0.7	0	0	7	0	0	0	0	0	0	0	0	0	0	0	0	0	0	0	0	0	0	0	0	0
南京艺术学院	31	6	1.2	0	13	6	0	0	0	0	0	0	0	0	0	0	0	13	13	0	0	0	0	0	0	0	0
苏州科技大学	32	1	0.3	0	0	0	0	0	0	0	0	0	0	0	0	0	0	7	7	0	0	0	0	0	0	0	0
常熟理工学院	33	4	0.8	0	10	4	0	0	0	0	0	0	0	0	0	0	0	4	4	0	0	0	0	0	0	0	0
淮阴工学院	34	3	0.4	0	10	8	0	0	0	0	0	0	0	0	0	0	0	12	11	1	0	0	0	0	0	0	0
常州工学院	35	3	0.6	0	0	3.3	0	0	0	0	0	0	0	0	0	0	0	0	0	0	0	0	0	0	0	0	0
扬州大学	36	12	1.5	0	165.4	156.2	0	0	0	0	0	0	0	0	0	0	0	11	11	0	0	0	0	0	0	0	0
南京工程学院	37	1	0.1	0	0	1.78	0	0	0	0	0	0	0	0	0	0	0	2	2	0	0	0	0	0	0	0	0
南京审计大学	38	5	2.6	0	40	0	0	0	0	0	0	0	0	0	0	0	0	2	2	0	0	0	0	0	0	0	0
南京晓庄学院	39	3	0.9	0	11	5	0	0	0	0	0	0	0	0	0	0	0	1	1	0	0	0	0	0	0	0	0
江苏理工学院	40	5	2	0	35	74.81	0	0	0	0	0	0	0	0	0	0	0	13	13	0	0	0	0	0	0	0	0
淮海工学院	41	4	0.4	0	0	63	1	1	0	0	0	0	0	0	0	0	0	13	13	0	0	0	0	0	0	0	0
徐州工程学院	42	0	0	0	0	0	0	0	0	0	0	0	0	0	0	0	0	0	0	0	0	0	0	0	0	0	0
南京特殊教育师范学院	43	1	0.1	0	10	5.5	0	0	0	0	0	0	0	0	0	0	0	3	3	0	0	0	0	0	0	0	0
泰州学院	44	4	1	0	23	14	0	0	0	0	0	0	0	0	0	0	0	3	3	0	0	0	0	0	0	0	0
金陵科技学院	45	9	1.4	0	3	67	0	0	0	0	0	0	0	0	0	0	0	0	0	0	0	0	0	0	0	0	0
江苏第二师范学院	46	2	0.7	0	0	0	0	0	0	0	0	0	0	0	0	0	0	9	9	0	0	0	0	0	0	0	0

2.19 教育学人文、社会科学研究与课题成果情况表

学科门类		总数					出版著作(部)							古籍整理(部)	译著(部)	发表译文(篇)	电子出版物(件)	发表论文(篇)				获奖成果数(项)				研究与咨询报告(篇)	
		课题数(项)	当年投入人数(人年)	其中：研究生(人年)	当年投入经费(千元)	当年支出经费(千元)	合计	专著	其中：被译成外文	编著教材	工具书参考书	皮书/发展报告	科普读物					合计	国内学术刊物	国外学术刊物	港、澳、台地区刊物	合计	国家级奖	部级奖	省级奖	合计	其中：被采纳数
	编号	L01	L02	L03	L04	L05	L06	L07	L08	L09	L10	L11	L12	L13	L14	L15	L16	L17	L18	L19	L20	L21	L22	L23	L24	L25	L26
合计	/	2 577	590.7	45.3	46 006.79	35 873.41	146	66	3	71	6	2	1	0	7	0	1	2 255	2 221	32	2	55	0	11	44	158	67
南京大学	1	30	3.7	0.5	888	769	4	3	0	1	0	0	0	0	1	0	0	39	39	0	0	5	0	1	4	7	7
东南大学	2	72	30	10.1	607.5	571.5	0	0	0	0	0	0	0	0	0	0	0	0	0	0	0	0	0	0	0	0	0
江南大学	3	107	18.3	1.3	647.2	678.7	11	1	0	10	0	0	0	0	0	0	0	62	59	3	0	3	0	1	2	1	1
南京农业大学	4	92	10.6	0.5	102	162.5	1	0	0	1	0	0	0	0	0	0	0	11	11	0	0	0	0	0	0	0	0
中国矿业大学	5	113	20.9	1.1	250	196.6	1	0	0	1	0	0	0	0	1	0	0	84	84	0	0	0	0	0	0	0	0
河海大学	6	29	9.2	2.8	498.4	593	3	1	0	1	0	0	1	0	0	0	1	38	36	2	0	2	0	0	2	3	2
南京理工大学	7	32	2.5	0.2	168	158.52	0	0	0	0	0	0	0	0	0	0	0	3	3	0	0	0	0	0	0	0	0
南京航空航天大学	8	24	6.7	0	410	408	2	2	0	0	0	0	0	0	0	0	0	8	8	0	0	0	0	0	0	2	1
中国药科大学	9	11	1.5	0	204	354	0	0	0	0	0	0	0	0	0	0	0	3	3	0	0	0	0	0	0	0	0
南京森林警察学院	10	7	1.2	0	32	40.27	0	0	0	0	0	0	0	0	0	0	0	15	15	0	0	0	0	0	0	0	0
苏州大学	11	44	6.4	0.4	1 140.9	1 359.4	7	5	0	2	0	0	0	0	0	0	0	39	39	0	0	1	0	0	1	2	1
江苏科技大学	12	39	11.7	0.7	248	181.5	0	0	0	0	0	0	0	0	0	0	0	31	30	1	0	0	0	0	0	0	0
南京工业大学	13	50	6.2	0.3	212	214.23	1	0	0	1	0	0	0	0	0	0	0	26	26	0	0	0	0	0	0	0	0
常州大学	14	73	25.7	0	573	423.8	0	0	0	0	0	0	0	0	0	0	0	81	80	0	1	2	0	0	2	2	2
南京邮电大学	15	89	11.8	1.3	474	492	3	3	0	0	0	0	0	0	0	0	0	41	41	0	0	1	0	0	1	2	0
南京林业大学	16	85	9	0	122	150.75	0	0	0	0	0	0	0	0	0	0	0	50	50	0	0	0	0	0	0	0	0
江苏大学	17	25	9.2	0.6	328	318	1	1	0	0	0	0	0	0	0	0	0	39	38	0	1	1	0	0	1	0	0
南京信息工程大学	18	87	21.9	1	550.4	772.93	0	0	0	0	0	0	0	0	0	0	0	58	58	0	0	0	0	0	0	2	2
南通大学	19	143	28.2	0.7	1 625.2	2 148.93	6	3	0	3	0	0	0	0	0	0	0	120	106	14	0	2	0	0	2	34	1
盐城工学院	20	61	9.5	0	161.5	166.5	2	2	0	0	0	0	0	0	0	0	0	52	51	1	0	0	0	0	0	13	8

续表

学科门类		总数					出版著作(部)							古籍整理(部)	译著(部)	发表译文(篇)	电子出版物(件)	发表论文(篇)				获奖成果数(项)				研究与咨询报告(篇)	
		课题数(项)	当年投入人数(人年)	其中：研究生(人年)	当年投入经费(千元)	当年支出经费(千元)	合计	专著	其中：被译成外文	编著教材	工具书参考书	皮书/发展报告	科普读物					合计	国内学术刊物	国外学术刊物	港澳、台地区刊物	合计	国家级奖	部级奖	省级奖	合计	其中：被采纳数
	编号	L01	L02	L03	L04	L05	L06	L07	L08	L09	L10	L11	L12	L13	L14	L15	L16	L17	L18	L19	L20	L21	L22	L23	L24	L25	L26
南京医科大学	21	9	2.2	0.3	33	34	1	1	0	0	0	0	0	0	0	0	0	11	10	1	0	0	0	0	0	0	0
徐州医科大学	22	15	2.9	0	76	33.9	0	0	0	0	0	0	0	0	0	0	0	24	24	0	0	1	0	0	1	0	0
南京中医药大学	23	10	3.8	0	34.5	14.4	1	1	0	0	0	0	0	0	0	0	0	10	10	0	0	0	0	0	0	0	0
南京师范大学	24	202	36.2	3.7	14 980	7 093.63	15	3	0	9	3	0	0	0	2	0	0	243	238	5	0	19	0	8	11	0	0
江苏师范大学	25	117	55	17.9	3 944	3 025.16	19	7	0	9	3	0	0	0	0	0	0	124	124	0	0	3	0	0	3	3	3
淮阴师范学院	26	67	13.2	0	1 164	707.3	3	2	0	1	0	0	0	0	0	0	0	47	46	1	0	2	0	0	2	2	0
盐城师范学院	27	61	22.7	0	1 145.6	950.3	2	1	0	1	0	0	0	0	0	0	0	40	40	0	0	1	0	0	1	4	3
南京财经大学	28	2	0.4	0	10	20.9	0	0	0	0	0	0	0	0	0	0	0	19	19	0	0	0	0	0	0	0	0
江苏警官学院	29	17	2.9	0	40	35.9	0	0	0	0	0	0	0	0	0	0	0	40	40	0	0	0	0	0	0	1	1
南京体育学院	30	12	1.9	0	14	14.71	0	0	0	0	0	0	0	0	0	0	0	15	15	0	0	0	0	0	0	0	0
南京艺术学院	31	12	2.6	0	6	6.05	0	0	0	0	0	0	0	0	0	0	0	5	5	0	0	0	0	0	0	0	0
苏州科技大学	32	52	12.7	0.5	544.34	544.34	2	1	0	1	0	0	0	0	0	0	0	73	72	1	0	1	0	0	1	2	0
常熟理工学院	33	27	6.9	0	455	279.7	3	2	2	0	0	1	0	0	0	0	0	106	106	0	0	0	0	0	0	2	2
淮阴工学院	34	68	9.5	0	2 682.5	1 853.7	2	1	0	0	0	1	0	0	0	0	0	31	30	1	0	0	0	0	0	6	1
常州工学院	35	36	5.9	0	60	101.49	4	3	0	1	0	0	0	0	0	0	0	16	16	0	0	0	0	0	0	5	0
扬州大学	36	122	18.6	1.4	873.9	1 093.72	28	6	0	22	0	0	0	0	0	0	0	101	101	0	0	0	0	0	0	2	2
南京工程学院	37	29	4.4	0	385.8	352.58	0	0	0	0	0	0	0	0	0	0	0	19	19	0	0	0	0	0	0	0	0
南京审计大学	38	20	7.8	0	76	35.37	0	0	0	0	0	0	0	0	0	0	0	36	36	0	0	0	0	0	0	0	0
南京晓庄学院	39	45	12.1	0	397.6	125.6	8	4	0	4	0	0	0	0	3	0	0	135	134	1	0	1	0	0	1	0	0
江苏理工学院	40	167	46.8	0	7 995.89	7 721.06	1	1	0	0	0	0	0	0	0	0	0	88	88	0	0	6	0	1	5	54	30
淮海工学院	41	16	1.7	0	46.5	41.5	1	1	0	0	0	0	0	0	0	0	0	17	17	0	0	0	0	0	0	0	0
徐州工程学院	42	121	43.1	0	1 000	1 020.72	1	0	0	1	0	0	0	0	0	0	0	160	159	1	0	2	0	0	2	6	0
南京特殊教育师范学院	43	46	7.2	0	300	217.5	4	3	0	1	0	0	0	0	0	0	0	42	42	0	0	1	0	0	1	0	0
泰州学院	44	22	5.5	0	44	53.3	2	2	0	0	0	0	0	0	0	0	0	11	11	0	0	0	0	0	0	0	0
金陵科技学院	45	10	1.5	0	187.06	172.06	0	0	0	0	0	0	0	0	0	0	0	11	11	0	0	0	0	0	0	3	0
江苏第二师范学院	46	54	19	0	269	164.39	7	6	1	1	0	0	0	0	0	0	0	31	31	0	0	1	0	0	1	0	0

2.20 统计学人文、社会科学研究与课题成果情况表

学科门类	编号	总数：课题数(项)	总数：当年投入人数(人年)	总数：其中：研究生(人年)	总数：当年投入经费(千元)	总数：当年支出经费(千元)	出版著作(部)：合计	出版著作(部)：专著	出版著作(部)：其中：被译成外文	出版著作(部)：编著教材	出版著作(部)：工具书参考书	出版著作(部)：皮书/发展报告	出版著作(部)：科普读物	古籍整理(部)	译著(部)	发表译文(篇)	电子出版物(件)	发表论文(篇)：合计	发表论文(篇)：国内学术刊物	发表论文(篇)：国外学术刊物	发表论文(篇)：港、澳、台地区刊物	获奖成果数(项)：合计	获奖成果数(项)：国家级奖	获奖成果数(项)：部级奖	获奖成果数(项)：省级奖	研究与咨询报告(篇)：合计	研究与咨询报告(篇)：其中：被采纳数
		L01	L02	L03	L04	L05	L06	L07	L08	L09	L10	L11	L12	L13	L14	L15	L16	L17	L18	L19	L20	L21	L22	L23	L24	L25	L26
合计	/	133	34.6	8.6	5 454	5 188.4	4	1	0	1	1	1	0	0	0	0	4	88	80	8	0	2	0	0	2	15	11
南京大学	1	3	0.5	0.2	120	120	0	0	0	0	0	0	0	0	0	0	0	0	0	0	0	0	0	0	0	0	0
东南大学	2	9	4	2.3	32	0	0	0	0	0	0	0	0	0	0	0	0	0	0	0	0	0	0	0	0	0	0
江南大学	3	2	1.2	0	0	0	1	0	0	1	0	0	0	0	0	0	0	2	2	0	0	0	0	0	0	0	0
南京农业大学	4	2	0.3	0	120	96	0	0	0	0	0	0	0	0	0	0	0	0	0	0	0	0	0	0	0	0	0
中国矿业大学	5	7	0.7	0	0	0	0	0	0	0	0	0	0	0	0	0	0	1	1	0	0	0	0	0	0	0	0
河海大学	6	33	11.1	4.6	2 200	2 388	3	1	0	0	1	1	0	0	0	0	4	44	38	6	0	1	0	0	1	13	10
南京理工大学	7	3	0.3	0	45	45	0	0	0	0	0	0	0	0	0	0	0	0	0	0	0	0	0	0	0	0	0
南京航空航天大学	8	0	0	0	0	0	0	0	0	0	0	0	0	0	0	0	0	2	0	2	0	0	0	0	0	0	0
中国药科大学	9	3	0.7	0	190	30	0	0	0	0	0	0	0	0	0	0	0	0	0	0	0	0	0	0	0	0	0
南京森林警察学院	10	0	0	0	0	0	0	0	0	0	0	0	0	0	0	0	0	0	0	0	0	0	0	0	0	0	0
苏州大学	11	0	0	0	0	0	0	0	0	0	0	0	0	0	0	0	0	0	0	0	0	0	0	0	0	0	0
江苏科技大学	12	1	0.3	0	20	10	0	0	0	0	0	0	0	0	0	0	0	0	0	0	0	0	0	0	0	0	0
南京工业大学	13	6	0.6	0	78	114	0	0	0	0	0	0	0	0	0	0	0	0	0	0	0	0	0	0	0	0	0
常州大学	14	1	0.6	0	190	60	0	0	0	0	0	0	0	0	0	0	0	0	0	0	0	0	0	0	0	0	0
南京邮电大学	15	6	1	0.2	32	32	0	0	0	0	0	0	0	0	0	0	0	6	6	0	0	0	0	0	0	0	0
南京林业大学	16	1	0.1	0	0	1.4	0	0	0	0	0	0	0	0	0	0	0	1	1	0	0	0	0	0	0	0	0
江苏大学	17	19	3	0.9	129	129	0	0	0	0	0	0	0	0	0	0	0	4	4	0	0	0	0	0	0	0	0
南京信息工程大学	18	2	0.3	0	100	100	0	0	0	0	0	0	0	0	0	0	0	1	1	0	0	0	0	0	0	0	0
南通大学	19	5	1.2	0	29	74.12	0	0	0	0	0	0	0	0	0	0	0	3	3	0	0	0	0	0	0	1	0
盐城工学院	20	2	0.6	0	0	0	0	0	0	0	0	0	0	0	0	0	0	1	1	0	0	0	0	0	0	0	0

续表

学科门类	编号	总数 课题数(项)	总数 当年投入人数(人年)	总数 其中:研究生(人年)	总数 当年投入经费(千元)	总数 当年支出经费(千元)	出版著作(部) 合计	出版著作(部) 专著	出版著作(部) 其中:被译成外文	出版著作(部) 编著教材	出版著作(部) 工具书参考书	出版著作(部) 皮书/发展报告	出版著作(部) 科普读物	古籍整理(部)	译著(部)	发表译文(篇)	电子出版物(件)	发表论文(篇) 合计	发表论文(篇) 国内学术刊物	发表论文(篇) 国外学术刊物	发表论文(篇) 港、澳、台地区刊物	获奖成果数(项) 合计	获奖成果数(项) 国家级奖	获奖成果数(项) 部级奖	获奖成果数(项) 省级奖	研究与咨询报告(篇) 合计	研究与咨询报告(篇) 其中:被采纳数
		L01	L02	L03	L04	L05	L06	L07	L08	L09	L10	L11	L12	L13	L14	L15	L16	L17	L18	L19	L20	L21	L22	L23	L24	L25	L26
南京医科大学	21	0	0	0	0	0	0	0	0	0	0	0	0	0	0	0	0	2	2	0	0	0	0	0	0	0	0
徐州医科大学	22	1	0.2	0	0	0	0	0	0	0	0	0	0	0	0	0	0	1	1	0	0	0	0	0	0	0	0
南京中医药大学	23	1	0.3	0	0	0	0	0	0	0	0	0	0	0	0	0	0	1	1	0	0	0	0	0	0	0	0
南京师范大学	24	0	0	0	0	0	0	0	0	0	0	0	0	0	0	0	0	0	0	0	0	0	0	0	0	0	0
江苏师范大学	25	5	2.2	0.4	2 007	1 809.95	0	0	0	0	0	0	0	0	0	0	0	1	1	0	0	0	0	0	0	0	0
淮阴师范学院	26	1	0.2	0	0	3	0	0	0	0	0	0	0	0	0	0	0	0	0	0	0	0	0	0	0	0	0
盐城师范学院	27	0	0	0	0	0	0	0	0	0	0	0	0	0	0	0	0	0	0	0	0	0	0	0	0	0	0
南京财经大学	28	0	0	0	0	0	0	0	0	0	0	0	0	0	0	0	0	7	7	0	0	1	0	0	1	0	0
江苏警官学院	29	1	0.2	0	0	0	0	0	0	0	0	0	0	0	0	0	0	0	0	0	0	0	0	0	0	0	0
南京体育学院	30	0	0	0	0	0	0	0	0	0	0	0	0	0	0	0	0	0	0	0	0	0	0	0	0	0	0
南京艺术学院	31	0	0	0	0	0	0	0	0	0	0	0	0	0	0	0	0	0	0	0	0	0	0	0	0	0	0
苏州科技大学	32	0	0	0	0	0	0	0	0	0	0	0	0	0	0	0	0	0	0	0	0	0	0	0	0	0	0
常熟理工学院	33	1	0.1	0	0	0	0	0	0	0	0	0	0	0	0	0	0	2	2	0	0	0	0	0	0	1	1
淮阴工学院	34	2	0.2	0	10	2	0	0	0	0	0	0	0	0	0	0	0	1	1	0	0	0	0	0	0	0	0
常州工学院	35	1	0.2	0	0	3.21	0	0	0	0	0	0	0	0	0	0	0	4	4	0	0	0	0	0	0	0	0
扬州大学	36	0	0	0	0	0	0	0	0	0	0	0	0	0	0	0	0	0	0	0	0	0	0	0	0	0	0
南京工程学院	37	0	0	0	0	0	0	0	0	0	0	0	0	0	0	0	0	0	0	0	0	0	0	0	0	0	0
南京审计大学	38	10	3.2	0	50	150.22	0	0	0	0	0	0	0	0	0	0	0	0	0	0	0	0	0	0	0	0	0
南京晓庄学院	39	0	0	0	0	0	0	0	0	0	0	0	0	0	0	0	0	0	0	0	0	0	0	0	0	0	0
江苏理工学院	40	2	0.6	0	72	4	0	0	0	0	0	0	0	0	0	0	0	0	0	0	0	0	0	0	0	0	0
淮海工学院	41	1	0.1	0	0	1.5	0	0	0	0	0	0	0	0	0	0	0	0	0	0	0	0	0	0	0	0	0
徐州工程学院	42	1	0.5	0	0	5	0	0	0	0	0	0	0	0	0	0	0	3	3	0	0	0	0	0	0	0	0
南京特殊教育师范学院	43	1	0.1	0	30	10	0	0	0	0	0	0	0	0	0	0	0	0	0	0	0	0	0	0	0	0	0
泰州学院	44	0	0	0	0	0	0	0	0	0	0	0	0	0	0	0	0	0	0	0	0	0	0	0	0	0	0
金陵科技学院	45	0	0	0	0	0	0	0	0	0	0	0	0	0	0	0	0	1	1	0	0	0	0	0	0	0	0
江苏第二师范学院	46	0	0	0	0	0	0	0	0	0	0	0	0	0	0	0	0	0	0	0	0	0	0	0	0	0	0

2.21 心理学人文、社会科学研究与课题成果情况表

学科门类		总数					出版著作(部)							古籍整理(部)	译著(部)	发表译文(篇)	电子出版物(件)	发表论文(篇)				获奖成果数(项)				研究与咨询报告(篇)	
		课题数(项)	当年投入人数(人年)	其中：研究生(人年)	当年投入经费(千元)	当年支出经费(千元)	合计	专著	其中：被译成外文	编著教材	工具书参考书	皮书/发展报告	科普读物					合计	国内学术刊物	国外学术刊物	港、澳、台地区刊物	合计	国家级奖	部级奖	省级奖	合计	其中：被采纳数
	编号	L01	L02	L03	L04	L05	L06	L07	L08	L09	L10	L11	L12	L13	L14	L15	L16	L17	L18	L19	L20	L21	L22	L23	L24	L25	L26
合计	/	196	45.4	7.4	6 228.27	4 794.62	23	18	0	3	0	0	2	0	0	0	1	259	209	50	0	7	0	1	6	8	3
南京大学	1	11	1.6	0.5	510	132	0	0	0	0	0	0	0	0	0	0	0	34	10	24	0	0	0	0	0	0	0
东南大学	2	9	4	2.3	20	5.9	0	0	0	0	0	0	0	0	0	0	0	1	1	0	0	1	0	0	1	0	0
江南大学	3	0	0	0	0	0	0	0	0	0	0	0	0	0	0	0	0	0	0	0	0	0	0	0	0	0	0
南京农业大学	4	0	0	0	0	0	0	0	0	0	0	0	0	0	0	0	0	0	0	0	0	0	0	0	0	0	0
中国矿业大学	5	0	0	0	0	0	0	0	0	0	0	0	0	0	0	0	0	0	0	0	0	0	0	0	0	0	0
河海大学	6	11	3.5	1.4	1 819	1 849	3	1	0	0	0	0	2	0	0	0	1	22	21	1	0	2	0	1	1	2	1
南京理工大学	7	2	0.5	0	0	0	0	0	0	0	0	0	0	0	0	0	0	0	0	0	0	0	0	0	0	0	0
南京航空航天大学	8	1	0.1	0	0	0	0	0	0	0	0	0	0	0	0	0	0	0	0	0	0	0	0	0	0	0	0
中国药科大学	9	1	0.1	0	10	10	0	0	0	0	0	0	0	0	0	0	0	0	0	0	0	0	0	0	0	0	0
南京森林警察学院	10	0	0	0	0	0	0	0	0	0	0	0	0	0	0	0	0	0	0	0	0	0	0	0	0	0	0
苏州大学	11	30	5	0.4	1 468.7	1 147.9	12	12	0	0	0	0	0	0	0	0	0	80	76	4	0	0	0	0	0	0	0
江苏科技大学	12	1	0.2	0	0	0	0	0	0	0	0	0	0	0	0	0	0	5	5	0	0	0	0	0	0	0	0
南京工业大学	13	0	0	0	0	0	0	0	0	0	0	0	0	0	0	0	0	0	0	0	0	0	0	0	0	0	0
常州大学	14	1	0.3	0	0	0.5	0	0	0	0	0	0	0	0	0	0	0	1	1	0	0	0	0	0	0	0	0
南京邮电大学	15	4	0.5	0	0	0	0	0	0	0	0	0	0	0	0	0	0	1	1	0	0	0	0	0	0	0	0
南京林业大学	16	2	0.2	0	0	1.8	0	0	0	0	0	0	0	0	0	0	0	4	4	0	0	0	0	0	0	0	0
江苏大学	17	0	0	0	0	0	0	0	0	0	0	0	0	0	0	0	0	0	0	0	0	0	0	0	0	0	0
南京信息工程大学	18	4	0.6	0	56	33.6	0	0	0	0	0	0	0	0	0	0	0	2	2	0	0	0	0	0	0	0	0
南通大学	19	12	2.4	0	336	334.32	3	1	0	2	0	0	0	0	0	0	0	14	6	8	0	1	0	0	1	2	0
盐城工学院	20	1	0.1	0	40	40	0	0	0	0	0	0	0	0	0	0	0	0	0	0	0	0	0	0	0	0	0

续表

学科门类	编号	总数：课题数（项）	总数：当年投入人数（人年）	总数：其中：研究生（人年）	总数：当年投入经费（千元）	总数：当年支出经费（千元）	出版著作（部）：合计	出版著作（部）：专著	出版著作（部）：其中：被译成外文	出版著作（部）：编著教材	出版著作（部）：工具书参考书	出版著作（部）：皮书/发展报告	出版著作（部）：科普读物	古籍整理（部）	译著（部）	发表译文（篇）	电子出版物（件）	发表论文（篇）：合计	发表论文（篇）：国内学术刊物	发表论文（篇）：国外学术刊物	发表论文（篇）：港、澳、台地区刊物	获奖成果数（项）：合计	获奖成果数（项）：国家级奖	获奖成果数（项）：部级奖	获奖成果数（项）：省级奖	研究与咨询报告（篇）：合计	研究与咨询报告（篇）：其中：被采纳数
		L01	L02	L03	L04	L05	L06	L07	L08	L09	L10	L11	L12	L13	L14	L15	L16	L17	L18	L19	L20	L21	L22	L23	L24	L25	L26
南京医科大学	21	2	0.7	0.3	0	32	0	0	0	0	0	0	0	0	0	0	0	0	0	0	0	0	0	0	0	0	0
徐州医科大学	22	7	1.5	0	5	14.9	0	0	0	0	0	0	0	0	0	0	0	5	5	0	0	0	0	0	0	0	0
南京中医药大学	23	11	3.7	0	12.5	23.5	0	0	0	0	0	0	0	0	0	0	0	5	5	0	0	0	0	0	0	0	0
南京师范大学	24	27	6.1	1.9	955	515	2	2	0	0	0	0	0	0	0	0	0	51	39	12	0	3	0	0	3	0	0
江苏师范大学	25	4	2.1	0.6	9	23.98	0	0	0	0	0	0	0	0	0	0	0	0	0	0	0	0	0	0	0	0	0
淮阴师范学院	26	5	0.8	0	63	42.1	0	0	0	0	0	0	0	0	0	0	0	8	7	1	0	0	0	0	0	0	0
盐城师范学院	27	4	1.7	0	28	32.1	0	0	0	0	0	0	0	0	0	0	0	5	5	0	0	0	0	0	0	2	2
南京财经大学	28	0	0	0	0	5	0	0	0	0	0	0	0	0	0	0	0	0	0	0	0	0	0	0	0	0	0
江苏警官学院	29	0	0	0	0	0	0	0	0	0	0	0	0	0	0	0	0	0	0	0	0	0	0	0	0	0	0
南京体育学院	30	0	0	0	0	0	0	0	0	0	0	0	0	0	0	0	0	0	0	0	0	0	0	0	0	0	0
南京艺术学院	31	1	0.2	0	0	0	0	0	0	0	0	0	0	0	0	0	0	1	1	0	0	0	0	0	0	0	0
苏州科技大学	32	0	0	0	0	0	0	0	0	0	0	0	0	0	0	0	0	0	0	0	0	0	0	0	0	0	0
常熟理工学院	33	4	0.8	0	10	12.6	0	0	0	0	0	0	0	0	0	0	0	2	2	0	0	0	0	0	0	0	0
淮阴工学院	34	3	0.4	0	258	258	0	0	0	0	0	0	0	0	0	0	0	1	1	0	0	0	0	0	0	0	0
常州工学院	35	1	0.1	0	0	2.8	0	0	0	0	0	0	0	0	0	0	0	0	0	0	0	0	0	0	0	0	0
扬州大学	36	4	0.4	0	2.5	18.9	0	0	0	0	0	0	0	0	0	0	0	0	0	0	0	0	0	0	0	0	0
南京工程学院	37	1	0.1	0	0	0.2	0	0	0	0	0	0	0	0	0	0	0	0	0	0	0	0	0	0	0	0	0
南京审计大学	38	1	0.2	0	0	0.5	0	0	0	0	0	0	0	0	0	0	0	0	0	0	0	0	0	0	0	0	0
南京晓庄学院	39	4	1	0	51	5	0	0	0	0	0	0	0	0	0	0	0	1	1	0	0	0	0	0	0	0	0
江苏理工学院	40	9	2.5	0	76	29.39	1	1	0	0	0	0	0	0	0	0	0	10	10	0	0	0	0	0	0	0	0
淮海工学院	41	3	0.3	0	0	1.5	0	0	0	0	0	0	0	0	0	0	0	0	0	0	0	0	0	0	0	0	0
徐州工程学院	42	2	0.8	0	16	8	0	0	0	0	0	0	0	0	0	0	0	2	2	0	0	0	0	0	0	1	0
南京特殊教育师范学院	43	2	0.3	0	20	12	0	0	0	0	0	0	0	0	0	0	0	1	1	0	0	0	0	0	0	0	0
泰州学院	44	1	0.5	0	0	0	0	0	0	0	0	0	0	0	0	0	0	1	1	0	0	0	0	0	0	0	0
金陵科技学院	45	3	0.3	0	0	7	1	0	0	1	0	0	0	0	0	0	0	2	2	0	0	0	0	0	0	1	0
江苏第二师范学院	46	7	1.8	0	462.57	195.13	1	1	0	0	0	0	0	0	0	0	0	0	0	0	0	0	0	0	0	0	0

2.22 体育科学人文、社会科学研究与课题成果情况表

学科门类		总数					出版著作(部)							古籍整理(部)	译著(部)	发表译文(篇)	电子出版物(件)	发表论文(篇)				获奖成果数(项)				研究与咨询报告(篇)	
		课题数(项)	当年投入人数(人年)	其中：研究生(人年)	当年投入经费(千元)	当年支出经费(千元)	合计	专著	其中：被译成外文	编著教材	工具书参考书	皮书/发展报告	科普读物					合计	国内学术刊物	国外学术刊物	港、澳、台地区刊物	合计	国家级奖	部级奖	省级奖	合计	其中：被采纳数
	编号	L01	L02	L03	L04	L05	L06	L07	L08	L09	L10	L11	L12	L13	L14	L15	L16	L17	L18	L19	L20	L21	L22	L23	L24	L25	L26
合计	/	619	152.8	10.7	7 752.8	6 156.74	59	38	1	19	1	0	1	0	0	1	0	673	633	39	1	10	0	1	9	43	13
南京大学	1	11	1.1	0	8	8	3	2	0	1	0	0	0	0	0	0	0	20	20	0	0	1	0	0	1	2	2
东南大学	2	7	3	0.7	217	67.35	2	0	0	2	0	0	0	0	0	0	0	5	4	0	1	0	0	0	0	0	0
江南大学	3	36	6.5	0	94	75.5	0	0	0	0	0	0	0	0	0	0	0	2	2	0	0	1	0	0	1	0	0
南京农业大学	4	22	2.8	0	0	0	0	0	0	0	0	0	0	0	0	0	0	1	1	0	0	0	0	0	0	0	0
中国矿业大学	5	25	11.8	1.8	388.8	378.3	1	1	0	0	0	0	0	0	0	0	0	12	11	1	0	0	0	0	0	0	0
河海大学	6	3	1.5	0.7	2	15.4	5	2	0	2	0	0	1	0	0	0	0	33	31	2	0	0	0	0	0	3	2
南京理工大学	7	5	1.2	0	15	15	0	0	0	0	0	0	0	0	0	0	0	1	1	0	0	1	0	0	1	0	0
南京航空航天大学	8	12	1.9	0	40	35	0	0	0	0	0	0	0	0	0	0	0	15	15	0	0	1	0	0	1	0	0
中国药科大学	9	5	1.8	0	6	8	0	0	0	0	0	0	0	0	0	0	0	1	1	0	0	0	0	0	0	0	0
南京森林警察学院	10	2	0.3	0	0	0	0	0	0	0	0	0	0	0	0	0	0	7	7	0	0	0	0	0	0	0	0
苏州大学	11	45	7.2	1	1 700	1 507.1	4	4	0	0	0	0	0	0	0	0	0	94	90	4	0	1	0	0	1	1	1
江苏科技大学	12	15	4.2	0.5	238	114.61	0	0	0	0	0	0	0	0	0	0	0	16	16	0	0	0	0	0	0	0	0
南京工业大学	13	10	1.6	0	180	82	0	0	0	0	0	0	0	0	0	0	0	14	14	0	0	0	0	0	0	0	0
常州大学	14	19	5.9	0	282	222.3	0	0	0	0	0	0	0	0	0	1	0	21	21	0	0	0	0	0	0	2	1
南京邮电大学	15	5	1.4	0.2	0	0	3	3	0	0	0	0	0	0	0	0	0	4	4	0	0	0	0	0	0	0	0
南京林业大学	16	4	0.4	0	0	4.2	0	0	0	0	0	0	0	0	0	0	0	3	3	0	0	0	0	0	0	0	0
江苏大学	17	12	0.6	0	0	6	0	0	0	0	0	0	0	0	0	0	0	13	7	6	0	0	0	0	0	0	0
南京信息工程大学	18	11	6.1	0	4	27.96	0	0	0	0	0	0	0	0	0	0	0	6	6	0	0	0	0	0	0	0	0
南通大学	19	51	12.1	0.1	596	748.04	10	6	0	4	0	0	0	0	0	0	0	43	29	14	0	1	0	0	1	14	0
盐城工学院	20	9	0.9	0	10	23	1	1	0	0	0	0	0	0	0	0	0	22	22	0	0	0	0	0	0	2	2

续表

学科门类	编号	总数 课题数(项)	当年投入人数(人年)	其中:研究生(人年)	当年投入经费(千元)	当年支出经费(千元)	出版著作(部) 合计	专著	其中:被译成外文	编著教材	工具书参考书	皮书/发展报告	科普读物	古籍整理(部)	译著(部)	发表译文(篇)	电子出版物(件)	发表论文(篇) 合计	国内学术刊物	国外学术刊物	港澳、台地区刊物	获奖成果数(项) 合计	国家级奖	部级奖	省级奖	研究与咨询报告(篇) 合计	其中:被采纳数
		L01	L02	L03	L04	L05	L06	L07	L08	L09	L10	L11	L12	L13	L14	L15	L16	L17	L18	L19	L20	L21	L22	L23	L24	L25	L26
南京医科大学	21	0	0	0	0	0	0	0	0	0	0	0	0	0	0	0	0	4	4	0	0	0	0	0	0	0	0
徐州医科大学	22	0	0	0	0	0	0	0	0	0	0	0	0	0	0	0	0	0	0	0	0	0	0	0	0	0	0
南京中医药大学	23	2	1.2	0	0	9.3	0	0	0	0	0	0	0	0	0	0	0	0	0	0	0	0	0	0	0	0	0
南京师范大学	24	35	7.3	0.9	330	358	1	1	0	0	0	0	0	0	0	0	0	50	47	3	0	1	0	0	1	0	0
江苏师范大学	25	20	8.5	2.3	42	76.75	2	0	0	1	1	0	0	0	0	0	0	13	13	0	0	0	0	0	0	0	0
淮阴师范学院	26	13	2	0	20	86	4	2	0	2	0	0	0	0	0	0	0	12	9	3	0	0	0	0	0	0	0
盐城师范学院	27	33	11.9	0	1 806.2	1 139.5	2	2	0	0	0	0	0	0	0	0	0	28	28	0	0	1	0	0	1	2	2
南京财经大学	28	0	0	0	0	0	0	0	0	0	0	0	0	0	0	0	0	1	1	0	0	1	0	0	1	0	0
江苏警官学院	29	3	1.2	0	6	0.4	0	0	0	0	0	0	0	0	0	0	0	9	9	0	0	0	0	0	0	0	0
南京体育学院	30	72	19.7	2.1	503	245.02	0	0	0	0	0	0	0	0	0	0	0	38	38	0	0	1	0	1	0	1	1
南京艺术学院	31	2	0.5	0	0	0	0	0	0	0	0	0	0	0	0	0	0	8	8	0	0	0	0	0	0	0	0
苏州科技大学	32	14	6.1	0	0	0	4	0	0	4	0	0	0	0	0	0	0	15	15	0	0	0	0	0	0	1	0
常熟理工学院	33	4	1.3	0	0	79.85	0	0	0	0	0	0	0	0	0	0	0	17	17	0	0	0	0	0	0	0	0
淮阴工学院	34	11	1.2	0	80	71.2	3	3	0	0	0	0	0	0	0	0	0	10	9	1	0	0	0	0	0	6	0
常州工学院	35	15	2.2	0	270	91.5	2	2	0	0	0	0	0	0	0	0	0	10	10	0	0	0	0	0	0	2	0
扬州大学	36	31	5.1	0.4	309.5	313.47	2	1	0	1	0	0	0	0	0	0	0	16	16	0	0	0	0	0	0	2	2
南京工程学院	37	4	0.4	0	32	17.5	0	0	0	0	0	0	0	0	0	0	0	24	24	0	0	0	0	0	0	2	0
南京审计大学	38	3	2	0	6	2.8	0	0	0	0	0	0	0	0	0	0	0	2	2	0	0	0	0	0	0	0	0
南京晓庄学院	39	5	1.1	0	56	10	0	0	0	0	0	0	0	0	0	0	0	23	19	4	0	0	0	0	0	0	0
江苏理工学院	40	13	2.5	0	239	79.94	0	0	0	0	0	0	0	0	0	0	0	5	5	0	0	0	0	0	0	1	0
淮海工学院	41	18	2.4	0	212.3	179.8	7	7	0	0	0	0	0	0	0	0	0	12	12	0	0	0	0	0	0	0	0
徐州工程学院	42	7	2.9	0	10	30.2	0	0	0	0	0	0	0	0	0	0	0	30	30	0	0	0	0	0	0	2	0
南京特殊教育师范学院	43	1	0.3	0	0	0	0	0	0	0	0	0	0	0	0	0	0	0	0	0	0	0	0	0	0	0	0
泰州学院	44	0	0	0	0	0	0	0	0	0	0	0	0	0	0	0	0	4	4	0	0	0	0	0	0	0	0
金陵科技学院	45	1	0.1	0	40	20	0	0	0	0	0	0	0	0	0	0	0	7	6	1	0	0	0	0	0	0	0
江苏第二师范学院	46	2	0.6	0	10	7.75	3	1	1	2	0	0	0	0	0	0	0	2	2	0	0	0	0	0	0	0	0

3. 公办专科高等学校人文、社会科学研究与课题成果情况表

学科门类	编号	总数：课题数（项）	总数：当年投入人数（人年）	总数：其中：研究生（人年）	总数：当年投入经费（千元）	总数：当年支出经费（千元）	出版著作（部）：合计	出版著作（部）：专著	出版著作（部）：其中：被译成外文	出版著作（部）：编著教材	出版著作（部）：工具书参考书	出版著作（部）：皮书/发展报告	出版著作（部）：科普读物	古籍整理（部）	译著（部）	发表译文（篇）	电子出版物（件）	发表论文（篇）：合计	发表论文（篇）：国内学术刊物	发表论文（篇）：国外学术刊物	发表论文（篇）：港澳台地区刊物	获奖成果数（项）：合计	获奖成果数（项）：国家级奖	获奖成果数（项）：部级奖	获奖成果数（项）：省级奖	研究与咨询报告（篇）：合计	研究与咨询报告（篇）：其中：被采纳数
		L01	L02	L03	L04	L05	L06	L07	L08	L09	L10	L11	L12	L13	L14	L15	L16	L17	L18	L19	L20	L21	L22	L23	L24	L25	L26
合计	/	5 992	1 343	0	29 827.77	28 455.01	331	75	1	248	7	1	0	0	12	4	1	7 802	7 774	26	2	4	0	0	4	567	245
管理学	1	1 039	238.4	0	7 998.2	7 192.16	59	10	0	45	4	0	0	0	3	1	0	1 384	1379	5	0	1	0	0	1	140	87
马克思主义	2	158	30.3	0	438.5	342.22	16	5	0	10	1	0	0	0	0	0	0	174	173	0	1	0	0	0	0	9	9
哲学	3	24	7.9	0	83.5	86.8	25	0	0	25	0	0	0	0	0	0	0	28	27	1	0	0	0	0	0	0	0
逻辑学	4	2	0.9	0	10	0	1	0	0	1	0	0	0	0	0	0	0	12	12	0	0	0	0	0	0	1	0
宗教学	5	4	1	0	5	6	0	0	0	0	0	0	0	0	0	0	0	1	1	0	0	0	0	0	0	0	0
语言学	6	208	49.1	0	2 161.1	1 842.62	30	9	1	21	0	0	0	0	1	1	0	388	386	2	0	0	0	0	0	21	5
中国文学	7	59	12.3	0	285.6	308.93	7	4	0	3	0	0	0	0	0	0	0	168	168	0	0	1	0	0	1	2	0
外国文学	8	45	10.3	0	127	71.15	3	0	0	3	0	0	0	0	0	0	0	76	76	0	0	0	0	0	0	1	0
艺术学	9	474	102.2	0	4 176.9	3 564.52	35	8	0	26	1	0	0	0	0	1	0	810	803	6	1	0	0	0	0	79	25
历史学	10	24	6.4	0	121	110.95	4	2	0	1	1	0	0	0	0	0	0	20	20	0	0	0	0	0	0	3	0
考古学	11	0	0	0	0	0	0	0	0	0	0	0	0	0	0	0	0	0	0	0	0	0	0	0	0	0	0
经济学	12	587	142.6	0	3 786.57	4 475.59	45	6	0	38	0	1	0	0	2	1	0	645	640	5	0	1	0	0	1	110	52
政治学	13	53	12.6	0	140.9	146	6	2	0	4	0	0	0	0	0	0	1	73	73	0	0	0	0	0	0	4	0
法学	14	54	12.2	0	96.5	113.73	0	0	0	0	0	0	0	0	0	0	0	56	56	0	0	0	0	0	0	2	2
社会学	15	284	70.2	0	1 689.75	1 679.75	9	5	0	4	0	0	0	0	0	0	0	230	230	0	0	0	0	0	0	56	12
民族学与文化学	16	83	17.7	0	182.6	238.15	2	0	0	2	0	0	0	0	0	0	0	78	78	0	0	0	0	0	0	5	5
新闻学与传播学	17	26	5.7	0	99.4	149.27	2	1	0	1	0	0	0	0	0	0	0	30	30	0	0	0	0	0	0	2	2
图书馆、情报与文献学	18	88	17.7	0	143.5	216.64	2	1	0	1	0	0	0	0	2	0	0	146	146	0	0	0	0	0	0	6	3
教育学	19	2 534	552.4	0	7 204.8	6 931.21	68	18	0	50	0	0	0	0	3	0	0	3072	3067	5	0	1	0	0	1	101	34
统计学	20	28	5.9	0	381.2	372.77	6	1	0	5	0	0	0	0	0	0	0	55	53	2	0	0	0	0	0	9	3
心理学	21	85	18.2	0	208.6	186.8	2	0	0	2	0	0	0	0	1	0	0	84	84	0	0	0	0	0	0	0	0
体育科学	22	133	28.7	0	487.15	419.75	9	3	0	6	0	0	0	0	0	0	0	272	272	0	0	0	0	0	0	16	6

3.1 管理学人文、社会科学研究与课题成果情况表

高校名称		总数					出版著作(部)							古籍整理(部)	译著(部)	发表译文(篇)	电子出版物(件)	发表论文(篇)				获奖成果数(项)				研究与咨询报告(篇)	
		课题数(项)	当年投入人数(人年)	其中：研究生(人年)	当年投入经费(千元)	当年支出经费(千元)	合计	专著	其中：被译成外文	编著教材	工具书参考书	皮书/发展报告	科普读物					合计	国内学术刊物	国外学术刊物	港澳、台地区刊物	合计	国家级奖	部级奖	省级奖	合计	其中：被采纳数
	编号	L01	L02	L03	L04	L05	L06	L07	L08	L09	L10	L11	L12	L13	L14	L15	L16	L17	L18	L19	L20	L21	L22	L23	L24	L25	L26
合计	/	1 039	238.4	0	7 998.2	7 192.16	209	151	4	52	2	2	2	0	10	4	9	3 308	2 931	376	1	59	0	0	59	537	335
盐城幼儿师范高等专科学校	1	0	0	0	0	0	0	0	0	0	0	0	0	0	0	0	0	0	0	0	0	0	0	0	0	0	0
苏州幼儿师范高等专科学校	2	0	0	0	0	0	0	0	0	0	0	0	0	0	0	0	0	0	0	0	0	0	0	0	0	0	0
无锡职业技术学院	3	23	4	0	308	157.33	0	0	0	0	0	0	0	0	0	0	0	18	18	0	0	0	0	0	0	0	0
江苏建筑职业技术学院	4	59	10.5	0	117	150.4	1	1	0	0	0	0	0	0	0	0	0	79	79	0	0	0	0	0	0	4	4
南京工业职业技术学院	5	63	21.6	0	739.7	680.88	0	0	0	0	0	0	0	0	1	0	0	51	51	0	0	0	0	0	0	2	0
江苏工程职业技术学院	6	5	1	0	0	8.5	0	0	0	0	0	0	0	0	0	0	0	39	39	0	0	0	0	0	0	0	0
苏州工艺美术职业技术学院	7	2	0.5	0	20	6.4	0	0	0	0	0	0	0	0	0	0	0	35	35	0	0	0	0	0	0	0	0
连云港职业技术学院	8	18	2.2	0	72	72	1	0	0	1	0	0	0	0	0	0	0	8	8	0	0	0	0	0	0	5	4
镇江市高等专科学校	9	31	9.8	0	250	172.2	1	0	0	1	0	0	0	0	0	0	0	14	13	1	0	0	0	0	0	0	0
南通职业大学	10	7	2	0	17	17	1	1	0	0	0	0	0	0	0	0	0	19	19	0	0	0	0	0	0	1	1
苏州市职业大学	11	38	13.6	0	252	184.16	2	0	0	2	0	0	0	0	1	0	0	38	38	0	0	0	0	0	0	9	5
沙洲职业工学院	12	0	0	0	0	0	0	0	0	0	0	0	0	0	0	0	0	2	2	0	0	0	0	0	0	1	0
扬州市职业大学	13	37	11.8	0	3	3	0	0	0	0	0	0	0	0	0	0	0	20	20	0	0	0	0	0	0	2	2
连云港师范高等专科学校	14	10	1.1	0	0	0	0	0	0	0	0	0	0	0	0	0	0	2	2	0	0	1	0	0	1	1	1
江苏经贸职业技术学院	15	67	11.3	0	1 215.2	994.16	13	1	0	8	4	0	0	0	0	0	0	62	62	0	0	0	0	0	0	18	18
泰州职业技术学院	16	10	2.7	0	82	22.77	0	0	0	0	0	0	0	0	0	0	0	11	11	0	0	0	0	0	0	1	1

续表

常州信息职业技术学院	17	8	2.9	0	33	236	0	0	0	0	0	0	0	0	0	0	0	11	11	0	0	0	0	0	0	0	0
江苏海事职业技术学院	18	6	1.4	0	35.2	30.8	0	0	0	0	0	0	0	0	0	0	0	1	1	0	0	0	0	0	0	1	1
无锡科技职业学院	19	18	6.6	0	102	69.8	0	0	0	0	0	0	0	0	0	0	0	13	13	0	0	0	0	0	0	0	0
盐城卫生职业技术学院	20	6	1.4	0	12	1	0	0	0	0	0	0	0	0	0	0	0	7	7	0	0	0	0	0	0	0	0
南通科技职业学院	21	15	4.6	0	12	16.5	3	0	0	3	0	0	0	0	0	0	0	7	7	0	0	0	0	0	0	0	0
苏州经贸职业技术学院	22	19	3.4	0	7	95	0	0	0	0	0	0	0	0	0	0	0	0	0	0	0	0	0	0	0	0	0
苏州工业职业技术学院	23	50	9.7	0	859	891.55	3	0	0	3	0	0	0	0	0	0	0	49	49	0	0	0	0	0	0	19	0
苏州卫生职业技术学院	24	2	0.2	0	0	3.6	0	0	0	0	0	0	0	0	0	0	0	26	26	0	0	0	0	0	0	0	0
无锡商业职业技术学院	25	19	4.1	0	97	234.23	4	1	0	3	0	0	0	0	0	0	0	10	10	0	0	0	0	0	0	1	1
南通航运职业技术学院	26	27	4	0	86	45.15	0	0	0	0	0	0	0	0	0	0	0	53	53	0	0	0	0	0	0	12	5
南京交通职业技术学院	27	31	3.8	0	832	122.32	2	0	0	2	0	0	0	0	0	0	0	25	25	0	0	0	0	0	0	2	0
淮安信息职业技术学院	28	18	1.9	0	90	92	0	0	0	0	0	0	0	0	0	0	0	27	27	0	0	0	0	0	0	0	0
常州纺织服装职业技术学院	29	14	3.9	0	29	35.6	1	0	0	1	0	0	0	0	0	0	0	62	62	0	0	0	0	0	0	1	1
苏州农业职业技术学院	30	1	0.4	0	0	3	0	0	0	0	0	0	0	0	0	0	0	0	0	0	0	0	0	0	0	0	0
南京科技职业学院	31	11	1.8	0	100	100	2	0	0	2	0	0	0	0	0	0	0	2	2	0	0	0	0	0	0	0	0
常州轻工职业技术学院	32	18	10.5	0	34	35.5	4	0	0	4	0	0	0	0	0	0	0	75	74	1	0	0	0	0	0	0	0

续表

高校名称		总数					出版著作(部)							古籍整理(部)	译著(部)	发表译文(篇)	电子出版物(件)	发表论文(篇)				获奖成果数(项)				研究与咨询报告(篇)	
		课题数(项)	当年投入人数(人年)	其中：研究生(人年)	当年投入经费(千元)	当年支出经费(千元)	合计	专著	其中：被译成外文	编著教材	工具书参考书	皮书/发展报告	科普读物					合计	国内学术刊物	国外学术刊物	港澳、台地区刊物	合计	国家级奖	部级奖	省级奖	合计	其中：被采纳数
	编号	L01	L02	L03	L04	L05	L06	L07	L08	L09	L10	L11	L12	L13	L14	L15	L16	L17	L18	L19	L20	L21	L22	L23	L24	L25	L26
常州工程职业技术学院	33	12	2.7	0	62	44	0	0	0	0	0	0	0	0	0	0	0	22	22	0	0	0	0	0	0	0	0
江苏农林职业技术学院	34	1	0.2	0	10	9	0	0	0	0	0	0	0	0	0	0	0	12	12	0	0	0	0	0	0	0	0
江苏食品药品职业技术学院	35	1	0.1	0	0	1	1	0	0	1	0	0	0	0	0	0	0	0	0	0	0	0	0	0	0	0	0
南京铁道职业技术学院	36	7	0.9	0	4	12	0	0	0	0	0	0	0	0	0	0	0	2	2	0	0	0	0	0	0	0	0
徐州工业职业技术学院	37	19	2	0	26	55	1	0	0	1	0	0	0	0	0	0	0	15	15	0	0	0	0	0	0	0	0
江苏信息职业技术学院	38	15	5.2	0	105	97.31	1	1	0	0	0	0	0	0	0	0	0	0	0	0	0	0	0	0	0	2	2
南京信息职业技术学院	39	34	4.2	0	36	26.8	2	0	0	2	0	0	0	0	0	0	0	25	25	0	0	0	0	0	0	0	0
常州机电职业技术学院	40	35	6.9	0	517.2	528.88	0	0	0	0	0	0	0	0	0	0	0	35	35	0	0	0	0	0	0	28	23
江阴职业技术学院	41	4	0.7	0	63	61	0	0	0	0	0	0	0	0	0	0	0	9	9	0	0	0	0	0	0	2	0
无锡城市职业技术学院	42	18	2.7	0	55	60.95	1	0	0	1	0	0	0	0	0	0	0	20	19	1	0	0	0	0	0	0	0
无锡工艺职业技术学院	43	14	0.9	0	107.5	92.5	4	0	0	4	0	0	0	0	0	0	0	35	35	0	0	0	0	0	0	10	8
苏州健雄职业技术学院	44	12	2.2	0	76	71	1	0	0	1	0	0	0	0	0	0	0	38	38	0	0	0	0	0	0	5	4
盐城工业职业技术学院	45	48	8.3	0	290	303.1	2	0	0	2	0	0	0	0	0	0	0	68	68	0	0	0	0	0	0	5	1
盐城工业职业技术学院	46	45	6.5	0	45.8	102.88	4	4	0	0	0	0	0	0	1	0	0	106	106	0	0	0	0	0	0	0	0

续表

扬州工业职业技术学院	47	2	0.5	0	10	10.5	0	0	0	0	0	0	0	0	0	0	0	9	9	0	0	0	0	0	0	1	1
江苏城市职业学院	48	18	5.8	0	52	59.72	0	0	0	0	0	0	0	0	0	0	0	18	18	0	0	0	0	0	0	2	2
南京城市职业学院	49	9	2.1	0	4	7	0	0	0	0	0	0	0	0	0	0	0	2	2	0	0	0	0	0	0	0	0
南京机电职业技术学院	50	9	2.3	0	0	22.9	0	0	0	0	0	0	0	0	0	0	0	3	3	0	0	0	0	0	0	0	0
南京旅游职业学院	51	43	10.8	0	294	584.09	0	0	0	0	0	0	0	0	0	0	0	45	44	1	0	0	0	0	0	0	0
江苏建康职业学院	52	5	1.9	0	3	33.5	0	0	0	0	0	0	0	0	0	0	0	0	0	0	0	0	0	0	0	0	0
苏州信息职业技术学院	53	3	0.9	0	23.5	15.1	0	0	0	0	0	0	0	0	0	1	0	6	6	0	0	0	0	0	0	0	0
苏州工业园区服务外包职业学院	54	17	4.1	0	228.9	227.2	0	0	0	0	0	0	0	0	0	0	0	77	76	1	0	0	0	0	0	0	0
徐州幼儿师范高等专科学校	55	0	0	0	0	0	0	0	0	0	0	0	0	0	0	0	0	0	0	0	0	0	0	0	0	0	0
徐州生物工程职业技术学院	56	3	0.3	0	0	0	0	0	0	0	0	0	0	0	0	0	0	2	2	0	0	0	0	0	0	2	0
江苏商贸职业学院	57	9	3.5	0	36.2	23.15	2	0	0	2	0	0	0	0	0	0	0	53	53	0	0	0	0	0	0	1	1
南通师范高等专科学校	58	0	0	0	0	0	0	0	0	0	0	0	0	0	0	0	0	0	0	0	0	0	0	0	0	0	0
江苏护理职业学院	59	0	0	0	0	0	0	0	0	0	0	0	0	0	0	0	0	0	0	0	0	0	0	0	0	0	0
江苏财会职业学院	60	10	5	0	20	20.5	2	1	0	1	0	0	0	0	0	0	0	7	7	0	0	0	0	0	0	1	0
江苏城乡建设职业学院	61	13	5	0	525	242.23	0	0	0	0	0	0	0	0	0	0	0	9	9	0	0	0	0	0	0	1	1
江苏城乡建设职业学院	62	0	0	0	0	0	0	0	0	0	0	0	0	0	0	0	0	0	0	0	0	0	0	0	0	0	0

3.2 马克思主义人文、社会科学研究与课题成果情况表

学科门类		总数					出版著作(部)							古籍整理(部)	译著(部)	发表译文(篇)	电子出版物(件)	发表论文(篇)				获奖成果数(项)				研究与咨询报告(篇)	
		课题数(项)	当年投入人数(人年)	其中：研究生(人年)	当年投入经费(千元)	当年支出经费(千元)	合计	专著	其中：被译成外文	编著教材	工具书参考书	皮书/发展报告	科普读物					合计	国内学术刊物	国外学术刊物	港、澳、台地区刊物	合计	国家级奖	部级奖	省级奖	合计	其中：被采纳数
	编号	L01	L02	L03	L04	L05	L06	L07	L08	L09	L10	L11	L12	L13	L14	L15	L16	L17	L18	L19	L20	L21	L22	L23	L24	L25	L26
合计	/	158	30.3	0	438.5	342.22	62	46	7	16	0	0	0	0	3	0	2	677	672	5	0	23	0	0	23	42	25
盐城幼儿师范高等专科学校	1	0	0	0	0	0	0	0	0	0	0	0	0	0	0	0	0	0	0	0	0	0	0	0	0	0	0
苏州幼儿师范高等专科学校	2	0	0	0	0	0	0	0	0	0	0	0	0	0	0	0	0	0	0	0	0	0	0	0	0	0	0
无锡职业技术学院	3	2	0.4	0	0	9	0	0	0	0	0	0	0	0	0	0	0	1	1	0	0	0	0	0	0	0	0
江苏建筑职业技术学院	4	1	0.1	0	0	0	1	1	0	0	0	0	0	0	0	0	0	2	2	0	0	0	0	0	0	0	0
南京工业职业技术学院	5	7	1.2	0	12	8	0	0	0	0	0	0	0	0	0	0	0	16	15	0	1	0	0	0	0	0	0
江苏工程职业技术学院	6	0	0	0	0	0	0	0	0	0	0	0	0	0	0	0	0	3	3	0	0	0	0	0	0	0	0
苏州工艺美术职业技术学院	7	0	0	0	0	0	0	0	0	0	0	0	0	0	0	0	0	0	0	0	0	0	0	0	0	0	0
连云港职业技术学院	8	1	0.1	0	0	0	0	0	0	0	0	0	0	0	0	0	0	5	5	0	0	0	0	0	0	0	0
镇江市高等专科学校	9	2	0.2	0	5	5	0	0	0	0	0	0	0	0	0	0	0	1	1	0	0	0	0	0	0	0	0
南通职业大学	10	1	0.3	0	3	3	0	0	0	0	0	0	0	0	0	0	0	3	3	0	0	0	0	0	0	0	0
苏州市职业大学	11	5	0.5	0	0	2.65	0	0	0	0	0	0	0	0	0	0	0	2	2	0	0	0	0	0	0	0	0
沙洲职业工学院	12	0	0	0	0	0	0	0	0	0	0	0	0	0	0	0	0	1	1	0	0	0	0	0	0	0	0
扬州市职业大学	13	5	2.2	0	13	13	1	1	0	0	0	0	0	0	0	0	0	12	12	0	0	0	0	0	0	7	7
连云港师范高等专科学校	14	3	0.3	0	10	10	0	0	0	0	0	0	0	0	0	0	0	4	4	0	0	0	0	0	0	0	0
江苏经贸职业技术学院	15	0	0	0	0	0	1	0	0	1	0	0	0	0	0	0	0	2	2	0	0	0	0	0	0	2	2
泰州职业技术学院	16	1	0.3	0	0	10	0	0	0	0	0	0	0	0	0	0	0	3	3	0	0	0	0	0	0	0	0

续表

常州信息职业技术学院	17	1	0.3	0	5	3	0	0	0	0	0	0	0	0	0	0	0	5	5	0	0	0	0	0	0	0	0
江苏海事职业技术学院	18	6	1.5	0	30	27.08	0	0	0	0	0	0	0	0	0	0	0	2	2	0	0	0	0	0	0	0	0
无锡科技职业学院	19	1	0.6	0	20	10	0	0	0	0	0	0	0	0	0	0	0	1	1	0	0	0	0	0	0	0	0
盐城卫生职业技术学院	20	0	0	0	0	0	0	0	0	0	0	0	0	0	0	0	0	0	0	0	0	0	0	0	0	0	0
南通科技职业学院	21	2	0.5	0	0	2	0	0	0	0	0	0	0	0	0	0	0	1	1	0	0	0	0	0	0	0	0
苏州经贸职业技术学院	22	1	0.5	0	5	3	0	0	0	0	0	0	0	0	0	0	0	0	0	0	0	0	0	0	0	0	0
苏州工业职业技术学院	23	0	0	0	0	0	0	0	0	0	0	0	0	0	0	0	0	0	0	0	0	0	0	0	0	0	0
苏州卫生职业技术学院	24	0	0	0	0	0	0	0	0	0	0	0	0	0	0	0	0	3	3	0	0	0	0	0	0	0	0
无锡商业职业技术学院	25	0	0	0	0	0	1	1	0	0	0	0	0	0	0	0	0	0	0	0	0	0	0	0	0	0	0
南通航运职业技术学院	26	2	0.2	0	0	9.5	0	0	0	0	0	0	0	0	0	0	0	6	6	0	0	0	0	0	0	0	0
南京交通职业技术学院	27	2	0.2	0	5	0	1	0	0	1	0	0	0	0	0	0	0	0	0	0	0	0	0	0	0	0	0
淮安信息职业技术学院	28	1	0.1	0	0	0	0	0	0	0	0	0	0	0	0	0	0	0	0	0	0	0	0	0	0	0	0
常州纺织服装职业技术学院	29	3	0.5	0	20	7	0	0	0	0	0	0	0	0	0	0	0	13	13	0	0	0	0	0	0	0	0
苏州农业职业技术学院	30	0	0	0	0	0	0	0	0	0	0	0	0	0	0	0	0	0	0	0	0	0	0	0	0	0	0
南京科技职业学院	31	0	0	0	0	0	2	1	0	1	0	0	0	0	0	0	0	3	3	0	0	0	0	0	0	0	0
常州轻工职业技术学院	32	2	0.9	0	0	2	3	1	0	1	1	0	0	0	0	0	0	6	6	0	0	0	0	0	0	0	0

续表

高校名称		总数					出版著作(部)							古籍整理(部)	译著(部)	发表译文(篇)	电子出版物(件)	发表论文(篇)				获奖成果数(项)				研究与咨询报告(篇)	
		课题数(项)	当年投入人数(人年)	其中：研究生(人年)	当年投入经费(千元)	当年支出经费(千元)	合计	专著	其中：被译成外文	编著教材	工具书参考书	皮书/发展报告	科普读物					合计	国内学术刊物	国外学术刊物	港澳、台地区刊物	合计	国家级奖	部级奖	省级奖	合计	其中：被采纳数
	编号	L01	L02	L03	L04	L05	L06	L07	L08	L09	L10	L11	L12	L13	L14	L15	L16	L17	L18	L19	L20	L21	L22	L23	L24	L25	L26
常州工程职业技术学院	33	1	0.4	0	5	3	0	0	0	0	0	0	0	0	0	0	0	0	0	0	0	0	0	0	0	0	0
江苏农林职业技术学院	34	1	0.2	0	8	7.2	0	0	0	0	0	0	0	0	0	0	0	0	0	0	0	0	0	0	0	0	0
江苏食品药品职业技术学院	35	0	0	0	0	0	0	0	0	0	0	0	0	0	0	0	0	1	1	0	0	0	0	0	0	0	0
南京铁道职业技术学院	36	1	0.1	0	0	12	0	0	0	0	0	0	0	0	0	0	0	11	11	0	0	0	0	0	0	0	0
徐州工业职业技术学院	37	1	0.1	0	0	0.5	0	0	0	0	0	0	0	0	0	0	0	1	1	0	0	0	0	0	0	0	0
江苏信息职业技术学院	38	1	0.4	0	0	3.52	1	0	0	1	0	0	0	0	0	0	0	1	1	0	0	0	0	0	0	0	0
南京信息职业技术学院	39	54	5.6	0	70.5	20.4	1	0	0	1	0	0	0	0	0	0	0	16	16	0	0	0	0	0	0	0	0
常州机电职业技术学院	40	7	2	0	100	59.6	0	0	0	0	0	0	0	0	0	0	0	3	3	0	0	0	0	0	0	0	0
江阴职业技术学院	41	0	0	0	0	0	0	0	0	0	0	0	0	0	0	0	0	0	0	0	0	0	0	0	0	0	0
无锡城市职业技术学院	42	8	1.4	0	12	18.7	0	0	0	0	0	0	0	0	0	0	0	6	6	0	0	0	0	0	0	0	0
无锡工艺职业技术学院	43	0	0	0	0	0	0	0	0	0	0	0	0	0	0	0	0	3	3	0	0	0	0	0	0	0	0
苏州健雄职业技术学院	44	5	0.9	0	10	12.5	0	0	0	0	0	0	0	0	0	0	0	8	8	0	0	0	0	0	0	0	0
盐城工业职业技术学院	45	5	1.1	0	37.5	26	0	0	0	0	0	0	0	0	0	0	0	0	0	0	0	0	0	0	0	0	0
盐城工业职业技术学院	46	1	0.1	0	0	0.5	0	0	0	0	0	0	0	0	0	0	0	2	2	0	0	0	0	0	0	0	0

续表

扬州工业职业技术学院	47	4	0.5	0	0	9	0	0	0	0	0	0	0	0	0	0	0	1	1	0	0	0	0	0	0	0	0
江苏城市职业学院	48	4	1.7	0	51	24.8	0	0	0	0	0	0	0	0	0	0	0	10	10	0	0	0	0	0	0	0	0
南京城市职业学院	49	0	0	0	0	0	0	0	0	0	0	0	0	0	0	0	0	0	0	0	0	0	0	0	0	0	0
南京机电职业技术学院	50	4	1.4	0	6	6	3	0	0	3	0	0	0	0	0	0	0	2	2	0	0	0	0	0	0	0	0
南京旅游职业学院	51	0	0	0	0	0	0	0	0	0	0	0	0	0	0	0	0	3	3	0	0	0	0	0	0	0	0
江苏建康职业学院	52	3	0.9	0	2.5	9.5	0	0	0	0	0	0	0	0	0	0	0	1	1	0	0	0	0	0	0	0	0
苏州信息职业技术学院	53	1	0.2	0	0	1.87	1	0	0	1	0	0	0	0	0	0	0	0	0	0	0	0	0	0	0	0	0
苏州工业园区服务外包职业学院	54	7	2.1	0	8	2.9	0	0	0	0	0	0	0	0	0	0	0	6	6	0	0	0	0	0	0	0	0
徐州幼儿师范高等专科学校	55	0	0	0	0	0	0	0	0	0	0	0	0	0	0	0	0	0	0	0	0	0	0	0	0	0	0
徐州生物工程职业技术学院	56	0	0	0	0	0	0	0	0	0	0	0	0	0	0	0	0	0	0	0	0	0	0	0	0	0	0
江苏商贸职业学院	57	0	0	0	0	0	0	0	0	0	0	0	0	0	0	0	0	1	1	0	0	0	0	0	0	0	0
南通师范高等专科学校	58	0	0	0	0	0	0	0	0	0	0	0	0	0	0	0	0	1	1	0	0	0	0	0	0	0	0
江苏护理职业学院	59	1	0.3	0	0	0	0	0	0	0	0	0	0	0	0	0	0	1	1	0	0	0	0	0	0	0	0
江苏财会职业学院	60	0	0	0	0	0	0	0	0	0	0	0	0	0	0	0	0	0	0	0	0	0	0	0	0	0	0
江苏城乡建设职业学院	61	0	0	0	0	0	0	0	0	0	0	0	0	0	0	0	0	1	1	0	0	0	0	0	0	0	0
江苏城乡建设职业学院	62	0	0	0	0	0	0	0	0	0	0	0	0	0	0	0	0	0	0	0	0	0	0	0	0	0	0

3.3 哲学人文、社会科学研究与课题成果情况表

学科门类	编号	总数 课题数(项)	总数 当年投入人数(人年)	总数 其中:研究生(人年)	总数 当年投入经费(千元)	总数 当年支出经费(千元)	出版著作(部) 合计	出版著作(部) 专著	出版著作(部) 其中:被译成外文	出版著作(部) 编著教材	出版著作(部) 工具书参考书	出版著作(部) 皮书/发展报告	出版著作(部) 科普读物	古籍整理(部)	译著(部)	发表译文(篇)	电子出版物(件)	发表论文(篇) 合计	发表论文(篇) 国内学术刊物	发表论文(篇) 国外学术刊物	发表论文(篇) 港澳、台地区刊物	获奖成果数(项) 合计	获奖成果数(项) 国家级奖	获奖成果数(项) 部级奖	获奖成果数(项) 省级奖	研究与咨询报告(篇) 合计	研究与咨询报告(篇) 其中:被采纳数
		L01	L02	L03	L04	L05	L06	L07	L08	L09	L10	L11	L12	L13	L14	L15	L16	L17	L18	L19	L20	L21	L22	L23	L24	L25	L26
合计	/	24	7.9	0	83.5	86.8	73	52	1	19	0	0	2	3	12	5	2	773	747	20	6	14	0	0	14	23	15
盐城幼儿师范高等专科学校	1	0	0	0	0	0	0	0	0	0	0	0	0	0	0	0	0	0	0	0	0	0	0	0	0	0	0
苏州幼儿师范高等专科学校	2	0	0	0	0	0	0	0	0	0	0	0	0	0	0	0	0	0	0	0	0	0	0	0	0	0	0
无锡职业技术学院	3	0	0	0	0	0	0	0	0	0	0	0	0	0	0	0	0	0	0	0	0	0	0	0	0	0	0
江苏建筑职业技术学院	4	0	0	0	0	0	0	0	0	0	0	0	0	0	0	0	0	4	4	0	0	0	0	0	0	0	0
南京工业职业技术学院	5	10	4.8	0	10	8.4	0	0	0	0	0	0	0	0	0	0	0	3	3	0	0	0	0	0	0	0	0
江苏工程职业技术学院	6	0	0	0	0	0	0	0	0	0	0	0	0	0	0	0	0	0	0	0	0	0	0	0	0	0	0
苏州工艺美术职业技术学院	7	0	0	0	0	0	0	0	0	0	0	0	0	0	0	0	0	0	0	0	0	0	0	0	0	0	0
连云港职业技术学院	8	0	0	0	0	0	0	0	0	0	0	0	0	0	0	0	0	0	0	0	0	0	0	0	0	0	0
镇江市高等专科学校	9	0	0	0	0	0	0	0	0	0	0	0	0	0	0	0	0	0	0	0	0	0	0	0	0	0	0
南通职业大学	10	1	0.3	0	0	0	0	0	0	0	0	0	0	0	0	0	0	1	1	0	0	0	0	0	0	0	0
苏州市职业大学	11	2	0.4	0	0	0	0	0	0	0	0	0	0	0	0	0	0	1	1	0	0	0	0	0	0	0	0
沙洲职业工学院	12	0	0	0	0	0	0	0	0	0	0	0	0	0	0	0	0	0	0	0	0	0	0	0	0	0	0
扬州市职业大学	13	0	0	0	0	0	0	0	0	0	0	0	0	0	0	0	0	0	0	0	0	0	0	0	0	0	0
连云港师范高等专科学校	14	0	0	0	0	0	0	0	0	0	0	0	0	0	0	0	0	0	0	0	0	0	0	0	0	0	0
江苏经贸职业技术学院	15	0	0	0	0	0	0	0	0	0	0	0	0	0	0	0	0	1	1	0	0	0	0	0	0	0	0
泰州职业技术学院	16	0	0	0	0	0	0	0	0	0	0	0	0	0	0	0	0	0	0	0	0	0	0	0	0	0	0

续表

常州信息职业技术学院	17	2	0.8	0	13	14	0	0	0	0	0	0	0	0	0	0	0	2	1	1	0	0	0	0	0	0	0
江苏海事职业技术学院	18	0	0	0	0	0	0	0	0	0	0	0	0	0	0	0	0	0	0	0	0	0	0	0	0	0	0
无锡科技职业学院	19	0	0	0	0	0	0	0	0	0	0	0	0	0	0	0	0	0	0	0	0	0	0	0	0	0	0
盐城卫生职业技术学院	20	0	0	0	0	0	0	0	0	0	0	0	0	0	0	0	0	0	0	0	0	0	0	0	0	0	0
南通科技职业学院	21	0	0	0	0	0	0	0	0	0	0	0	0	0	0	0	0	2	2	0	0	0	0	0	0	0	0
苏州经贸职业技术学院	22	0	0	0	0	0	0	0	0	0	0	0	0	0	0	0	0	0	0	0	0	0	0	0	0	0	0
苏州工业职业技术学院	23	3	0.6	0	48	51.6	0	0	0	0	0	0	0	0	0	0	0	0	0	0	0	0	0	0	0	0	0
苏州卫生职业技术学院	24	0	0	0	0	0	0	0	0	0	0	0	0	0	0	0	0	0	0	0	0	0	0	0	0	0	0
无锡商业职业技术学院	25	0	0	0	0	0	0	0	0	0	0	0	0	0	0	0	0	0	0	0	0	0	0	0	0	0	0
南通航运职业技术学院	26	0	0	0	0	0	0	0	0	0	0	0	0	0	0	0	0	0	0	0	0	0	0	0	0	0	0
南京交通职业技术学院	27	1	0.1	0	0	3	0	0	0	0	0	0	0	0	0	0	0	0	0	0	0	0	0	0	0	0	0
淮安信息职业技术学院	28	0	0	0	0	0	0	0	0	0	0	0	0	0	0	0	0	0	0	0	0	0	0	0	0	0	0
常州纺织服装职业技术学院	29	0	0	0	0	0	0	0	0	0	0	0	0	0	0	0	0	0	0	0	0	0	0	0	0	0	0
苏州农业职业技术学院	30	0	0	0	0	0	0	0	0	0	0	0	0	0	0	0	0	0	0	0	0	0	0	0	0	0	0
南京科技职业学院	31	0	0	0	0	0	0	0	0	0	0	0	0	0	0	0	0	0	0	0	0	0	0	0	0	0	0
常州轻工职业技术学院	32	0	0	0	0	0	25	0	0	25	0	0	0	0	0	0	0	11	11	0	0	0	0	0	0	0	0

续表

高校名称	编号	总数：课题数(项)	总数：当年投入人数(人年)	总数：其中：研究生(人年)	总数：当年投入经费(千元)	总数：当年支出经费(千元)	出版著作(部)：合计	出版著作(部)：专著	出版著作(部)：其中：被译成外文	出版著作(部)：编著教材	出版著作(部)：工具书参考书	出版著作(部)：皮书/发展报告	出版著作(部)：科普读物	古籍整理(部)	译著(部)	发表译文(篇)	电子出版物(件)	发表论文(篇)：合计	发表论文(篇)：国内学术刊物	发表论文(篇)：国外学术刊物	发表论文(篇)：港、澳、台地区刊物	获奖成果数(项)：合计	获奖成果数(项)：国家级奖	获奖成果数(项)：部级奖	获奖成果数(项)：省级奖	研究与咨询报告(篇)：合计	研究与咨询报告(篇)：其中：被采纳数
		L01	L02	L03	L04	L05	L06	L07	L08	L09	L10	L11	L12	L13	L14	L15	L16	L17	L18	L19	L20	L21	L22	L23	L24	L25	L26
常州工程职业技术学院	33	0	0	0	0	0	0	0	0	0	0	0	0	0	0	0	0	0	0	0	0	0	0	0	0	0	0
江苏农林职业技术学院	34	0	0	0	0	0	0	0	0	0	0	0	0	0	0	0	0	0	0	0	0	0	0	0	0	0	0
江苏食品药品职业技术学院	35	0	0	0	0	0	0	0	0	0	0	0	0	0	0	0	0	0	0	0	0	0	0	0	0	0	0
南京铁道职业技术学院	36	0	0	0	0	0	0	0	0	0	0	0	0	0	0	0	0	0	0	0	0	0	0	0	0	0	0
徐州工业职业技术学院	37	0	0	0	0	0	0	0	0	0	0	0	0	0	0	0	0	0	0	0	0	0	0	0	0	0	0
江苏信息职业技术学院	38	0	0	0	0	0	0	0	0	0	0	0	0	0	0	0	0	0	0	0	0	0	0	0	0	0	0
南京信息职业技术学院	39	0	0	0	0	0	0	0	0	0	0	0	0	0	0	0	0	0	0	0	0	0	0	0	0	0	0
常州机电职业技术学院	40	1	0.2	0	0	4	0	0	0	0	0	0	0	0	0	0	0	0	0	0	0	0	0	0	0	0	0
江阴职业技术学院	41	0	0	0	0	0	0	0	0	0	0	0	0	0	0	0	0	0	0	0	0	0	0	0	0	0	0
无锡城市职业技术学院	42	0	0	0	0	0	0	0	0	0	0	0	0	0	0	0	0	0	0	0	0	0	0	0	0	0	0
无锡工艺职业技术学院	43	2	0.1	0	2.5	2.5	0	0	0	0	0	0	0	0	0	0	0	0	0	0	0	0	0	0	0	0	0
苏州健雄职业技术学院	44	0	0	0	0	0	0	0	0	0	0	0	0	0	0	0	0	0	0	0	0	0	0	0	0	0	0
盐城工业职业技术学院	45	0	0	0	0	0	0	0	0	0	0	0	0	0	0	0	0	0	0	0	0	0	0	0	0	0	0
盐城工业职业技术学院	46	1	0.1	0	0	0.8	0	0	0	0	0	0	0	0	0	0	0	0	0	0	0	0	0	0	0	0	0

续表

扬州工业职业技术学院	47	0	0	0	0	0	0	0	0	0	0	0	0	0	0	0	0	0	0	0	0	0	0	0	0	0	0
江苏城市职业学院	48	0	0	0	0	0	0	0	0	0	0	0	0	0	0	0	0	0	0	0	0	0	0	0	0	0	0
南京城市职业学院	49	0	0	0	0	0	0	0	0	0	0	0	0	0	0	0	0	0	0	0	0	0	0	0	0	0	0
南京机电职业技术学院	50	0	0	0	0	0	0	0	0	0	0	0	0	0	0	0	0	0	0	0	0	0	0	0	0	0	0
南京旅游职业学院	51	0	0	0	0	0	0	0	0	0	0	0	0	0	0	0	0	0	0	0	0	0	0	0	0	0	0
江苏建康职业学院	52	0	0	0	0	0	0	0	0	0	0	0	0	0	0	0	0	0	0	0	0	0	0	0	0	0	0
苏州信息职业技术学院	53	0	0	0	0	0	0	0	0	0	0	0	0	0	0	0	0	0	0	0	0	0	0	0	0	0	0
苏州工业园区服务外包职业学院	54	1	0.5	0	10	2.5	0	0	0	0	0	0	0	0	0	0	0	0	0	0	0	0	0	0	0	0	0
徐州幼儿师范高等专科学校	55	0	0	0	0	0	0	0	0	0	0	0	0	0	0	0	0	0	0	0	0	0	0	0	0	0	0
徐州生物工程职业技术学院	56	0	0	0	0	0	0	0	0	0	0	0	0	0	0	0	0	0	0	0	0	0	0	0	0	0	0
江苏商贸职业学院	57	0	0	0	0	0	0	0	0	0	0	0	0	0	0	0	0	0	0	0	0	0	0	0	0	0	0
南通师范高等专科学校	58	0	0	0	0	0	0	0	0	0	0	0	0	0	0	0	0	0	0	0	0	0	0	0	0	0	0
江苏护理职业学院	59	0	0	0	0	0	0	0	0	0	0	0	0	0	0	0	0	1	1	0	0	0	0	0	0	0	0
江苏财会职业学院	60	0	0	0	0	0	0	0	0	0	0	0	0	0	0	0	0	1	1	0	0	0	0	0	0	0	0
江苏城乡建设职业学院	61	0	0	0	0	0	0	0	0	0	0	0	0	0	0	0	0	0	0	0	0	0	0	0	0	0	0
江苏城乡建设职业学院	62	0	0	0	0	0	0	0	0	0	0	0	0	0	0	0	0	1	1	0	0	0	0	0	0	0	0

3.4 逻辑学人文、社会科学研究与课题成果情况表

高校名称	编号	总数：课题数(项)	总数：当年投入人数(人年)	总数：其中：研究生(人年)	总数：当年投入经费(千元)	总数：当年支出经费(千元)	出版著作(部)：合计	出版著作(部)：专著	出版著作(部)：其中：被译成外文	出版著作(部)：编著教材	出版著作(部)：工具书参考书	出版著作(部)：皮书/发展报告	出版著作(部)：科普读物	古籍整理(部)	译著(部)	发表译文(篇)	电子出版物(件)	发表论文(篇)：合计	发表论文(篇)：国内学术刊物	发表论文(篇)：国外学术刊物	发表论文(篇)：港澳、台地区刊物	获奖成果数(项)：合计	获奖成果数(项)：国家级奖	获奖成果数(项)：部级奖	获奖成果数(项)：省级奖	研究与咨询报告(篇)：合计	研究与咨询报告(篇)：其中：被采纳数
		L01	L02	L03	L04	L05	L06	L07	L08	L09	L10	L11	L12	L13	L14	L15	L16	L17	L18	L19	L20	L21	L22	L23	L24	L25	L26
合计	/	2	0.9	0	10	0	0	0	0	0	0	0	0	0	0	0	1	23	22	1	0	1	0	0	1	1	1
盐城幼儿师范高等专科学校	1	0	0	0	0	0	0	0	0	0	0	0	0	0	0	0	0	0	0	0	0	0	0	0	0	0	0
苏州幼儿师范高等专科学校	2	0	0	0	0	0	0	0	0	0	0	0	0	0	0	0	0	0	0	0	0	0	0	0	0	0	0
无锡职业技术学院	3	0	0	0	0	0	0	0	0	0	0	0	0	0	0	0	0	0	0	0	0	0	0	0	0	0	0
江苏建筑职业技术学院	4	0	0	0	0	0	0	0	0	0	0	0	0	0	0	0	0	0	0	0	0	0	0	0	0	0	0
南京工业职业技术学院	5	0	0	0	0	0	0	0	0	0	0	0	0	0	0	0	0	5	5	0	0	0	0	0	0	1	0
江苏工程职业技术学院	6	0	0	0	0	0	0	0	0	0	0	0	0	0	0	0	0	0	0	0	0	0	0	0	0	0	0
苏州工艺美术职业技术学院	7	0	0	0	0	0	0	0	0	0	0	0	0	0	0	0	0	0	0	0	0	0	0	0	0	0	0
连云港职业技术学院	8	0	0	0	0	0	0	0	0	0	0	0	0	0	0	0	0	0	0	0	0	0	0	0	0	0	0
镇江市高等专科学校	9	0	0	0	0	0	0	0	0	0	0	0	0	0	0	0	0	0	0	0	0	0	0	0	0	0	0
南通职业大学	10	0	0	0	0	0	0	0	0	0	0	0	0	0	0	0	0	0	0	0	0	0	0	0	0	0	0
苏州市职业大学	11	0	0	0	0	0	0	0	0	0	0	0	0	0	0	0	0	0	0	0	0	0	0	0	0	0	0
沙洲职业工学院	12	0	0	0	0	0	0	0	0	0	0	0	0	0	0	0	0	0	0	0	0	0	0	0	0	0	0
扬州市职业大学	13	0	0	0	0	0	0	0	0	0	0	0	0	0	0	0	0	0	0	0	0	0	0	0	0	0	0
连云港师范高等专科学校	14	0	0	0	0	0	0	0	0	0	0	0	0	0	0	0	0	0	0	0	0	0	0	0	0	0	0
江苏经贸职业技术学院	15	0	0	0	0	0	0	0	0	0	0	0	0	0	0	0	0	0	0	0	0	0	0	0	0	0	0
泰州职业技术学院	16	0	0	0	0	0	0	0	0	0	0	0	0	0	0	0	0	0	0	0	0	0	0	0	0	0	0

续表

常州信息职业技术学院	17	0	0	0	0	0	0	0	0	0	0	0	0	0	0	0	0	0	0	0	0	0	0	0	0	0	0
江苏海事职业技术学院	18	0	0	0	0	0	0	0	0	0	0	0	0	0	0	0	0	0	0	0	0	0	0	0	0	0	0
无锡科技职业学院	19	0	0	0	0	0	0	0	0	0	0	0	0	0	0	0	0	0	0	0	0	0	0	0	0	0	0
盐城卫生职业技术学院	20	0	0	0	0	0	0	0	0	0	0	0	0	0	0	0	0	0	0	0	0	0	0	0	0	0	0
南通科技职业学院	21	0	0	0	0	0	0	0	0	0	0	0	0	0	0	0	0	0	0	0	0	0	0	0	0	0	0
苏州经贸职业技术学院	22	0	0	0	0	0	0	0	0	0	0	0	0	0	0	0	0	0	0	0	0	0	0	0	0	0	0
苏州工业职业技术学院	23	0	0	0	0	0	0	0	0	0	0	0	0	0	0	0	0	0	0	0	0	0	0	0	0	0	0
苏州卫生职业技术学院	24	0	0	0	0	0	0	0	0	0	0	0	0	0	0	0	0	0	0	0	0	0	0	0	0	0	0
无锡商业职业技术学院	25	0	0	0	0	0	0	0	0	0	0	0	0	0	0	0	0	0	0	0	0	0	0	0	0	0	0
南通航运职业技术学院	26	0	0	0	0	0	0	0	0	0	0	0	0	0	0	0	0	0	0	0	0	0	0	0	0	0	0
南京交通职业技术学院	27	0	0	0	0	0	0	0	0	0	0	0	0	0	0	0	0	0	0	0	0	0	0	0	0	0	0
淮安信息职业技术学院	28	0	0	0	0	0	0	0	0	0	0	0	0	0	0	0	0	0	0	0	0	0	0	0	0	0	0
常州纺织服装职业技术学院	29	2	0.9	0	10	0	1	0	0	1	0	0	0	0	0	0	0	7	7	0	0	0	0	0	0	0	0
苏州农业职业技术学院	30	0	0	0	0	0	0	0	0	0	0	0	0	0	0	0	0	0	0	0	0	0	0	0	0	0	0
南京科技职业学院	31	0	0	0	0	0	0	0	0	0	0	0	0	0	0	0	0	0	0	0	0	0	0	0	0	0	0
常州轻工职业技术学院	32	0	0	0	0	0	0	0	0	0	0	0	0	0	0	0	0	0	0	0	0	0	0	0	0	0	0

续表

高校名称		总数					出版著作(部)							古籍整理(部)	译著(部)	发表译文(篇)	电子出版物(件)	发表论文(篇)				获奖成果数(项)				研究与咨询报告(篇)	
		课题数(项)	当年投入人数(人年)	其中:研究生(人年)	当年投入经费(千元)	当年支出经费(千元)	合计	专著	其中:被译成外文	编著教材	工具书参考书	皮书/发展报告	科普读物					合计	国内学术刊物	国外学术刊物	港,澳、台地区刊物	合计	国家级奖	部级奖	省级奖	合计	其中:被采纳数
	编号	L01	L02	L03	L04	L05	L06	L07	L08	L09	L10	L11	L12	L13	L14	L15	L16	L17	L18	L19	L20	L21	L22	L23	L24	L25	L26
常州工程职业技术学院	33	0	0	0	0	0	0	0	0	0	0	0	0	0	0	0	0	0	0	0	0	0	0	0	0	0	0
江苏农林职业技术学院	34	0	0	0	0	0	0	0	0	0	0	0	0	0	0	0	0	0	0	0	0	0	0	0	0	0	0
江苏食品药品职业技术学院	35	0	0	0	0	0	0	0	0	0	0	0	0	0	0	0	0	0	0	0	0	0	0	0	0	0	0
南京铁道职业技术学院	36	0	0	0	0	0	0	0	0	0	0	0	0	0	0	0	0	0	0	0	0	0	0	0	0	0	0
徐州工业职业技术学院	37	0	0	0	0	0	0	0	0	0	0	0	0	0	0	0	0	0	0	0	0	0	0	0	0	0	0
江苏信息职业技术学院	38	0	0	0	0	0	0	0	0	0	0	0	0	0	0	0	0	0	0	0	0	0	0	0	0	0	0
南京信息职业技术学院	39	0	0	0	0	0	0	0	0	0	0	0	0	0	0	0	0	0	0	0	0	0	0	0	0	0	0
常州机电职业技术学院	40	0	0	0	0	0	0	0	0	0	0	0	0	0	0	0	0	0	0	0	0	0	0	0	0	0	0
江阴职业技术学院	41	0	0	0	0	0	0	0	0	0	0	0	0	0	0	0	0	0	0	0	0	0	0	0	0	0	0
无锡城市职业技术学院	42	0	0	0	0	0	0	0	0	0	0	0	0	0	0	0	0	0	0	0	0	0	0	0	0	0	0
无锡工艺职业技术学院	43	0	0	0	0	0	0	0	0	0	0	0	0	0	0	0	0	0	0	0	0	0	0	0	0	0	0
苏州健雄职业技术学院	44	0	0	0	0	0	0	0	0	0	0	0	0	0	0	0	0	0	0	0	0	0	0	0	0	0	0
盐城工业职业技术学院	45	0	0	0	0	0	0	0	0	0	0	0	0	0	0	0	0	0	0	0	0	0	0	0	0	0	0
盐城工业职业技术学院	46	0	0	0	0	0	0	0	0	0	0	0	0	0	0	0	0	0	0	0	0	0	0	0	0	0	0

续表

扬州工业职业技术学院	47	0	0	0	0	0	0	0	0	0	0	0	0	0	0	0	0	0	0	0	0	0	0	0	0	0	0
江苏城市职业学院	48	0	0	0	0	0	0	0	0	0	0	0	0	0	0	0	0	0	0	0	0	0	0	0	0	0	0
南京城市职业学院	49	0	0	0	0	0	0	0	0	0	0	0	0	0	0	0	0	0	0	0	0	0	0	0	0	0	0
南京机电职业技术学院	50	0	0	0	0	0	0	0	0	0	0	0	0	0	0	0	0	0	0	0	0	0	0	0	0	0	0
南京旅游职业学院	51	0	0	0	0	0	0	0	0	0	0	0	0	0	0	0	0	0	0	0	0	0	0	0	0	0	0
江苏建康职业学院	52	0	0	0	0	0	0	0	0	0	0	0	0	0	0	0	0	0	0	0	0	0	0	0	0	0	0
苏州信息职业技术学院	53	0	0	0	0	0	0	0	0	0	0	0	0	0	0	0	0	0	0	0	0	0	0	0	0	0	0
苏州工业园区服务外包职业学院	54	0	0	0	0	0	0	0	0	0	0	0	0	0	0	0	0	0	0	0	0	0	0	0	0	0	0
徐州幼儿师范高等专科学校	55	0	0	0	0	0	0	0	0	0	0	0	0	0	0	0	0	0	0	0	0	0	0	0	0	0	0
徐州生物工程职业技术学院	56	0	0	0	0	0	0	0	0	0	0	0	0	0	0	0	0	0	0	0	0	0	0	0	0	0	0
江苏商贸职业学院	57	0	0	0	0	0	0	0	0	0	0	0	0	0	0	0	0	0	0	0	0	0	0	0	0	0	0
南通师范高等专科学校	58	0	0	0	0	0	0	0	0	0	0	0	0	0	0	0	0	0	0	0	0	0	0	0	0	0	0
江苏护理职业学院	59	0	0	0	0	0	0	0	0	0	0	0	0	0	0	0	0	0	0	0	0	0	0	0	0	0	0
江苏财会职业学院	60	0	0	0	0	0	0	0	0	0	0	0	0	0	0	0	0	0	0	0	0	0	0	0	0	0	0
江苏城乡建设职业学院	61	0	0	0	0	0	0	0	0	0	0	0	0	0	0	0	0	0	0	0	0	0	0	0	0	0	0
江苏城乡建设职业学院	62	0	0	0	0	0	0	0	0	0	0	0	0	0	0	0	0	0	0	0	0	0	0	0	0	0	0

3.5 宗教学人文、社会科学研究与课题成果情况表

高校名称	编号	总数					出版著作(部)							古籍整理(部)	译著(部)	发表译文(篇)	电子出版物(件)	发表论文(篇)				获奖成果数(项)				研究与咨询报告(篇)	
		课题数(项)	当年投入人数(人年)	其中：研究生(人年)	当年投入经费(千元)	当年支出经费(千元)	合计	专著	其中：被译成外文	编著教材	工具书参考书	皮书/发展报告	科普读物					合计	国内学术刊物	国外学术刊物	港、澳、台地区刊物	合计	国家级奖	部级奖	省级奖	合计	其中：被采纳数
		L01	L02	L03	L04	L05	L06	L07	L08	L09	L10	L11	L12	L13	L14	L15	L16	L17	L18	L19	L20	L21	L22	L23	L24	L25	L26
合计	/	4	1	0	5	6	10	3	0	7	0	0	0	1	0	0	0	35	32	2	1	2	0	0	2	1	1
盐城幼儿师范高等专科学校	1	0	0	0	0	0	0	0	0	0	0	0	0	0	0	0	0	0	0	0	0	0	0	0	0	0	0
苏州幼儿师范高等专科学校	2	0	0	0	0	0	0	0	0	0	0	0	0	0	0	0	0	0	0	0	0	0	0	0	0	0	0
无锡职业技术学院	3	0	0	0	0	0	0	0	0	0	0	0	0	0	0	0	0	0	0	0	0	0	0	0	0	0	0
江苏建筑职业技术学院	4	2	0.4	0	0	1	0	0	0	0	0	0	0	0	0	0	0	1	1	0	0	0	0	0	0	0	0
南京工业职业技术学院	5	0	0	0	0	0	0	0	0	0	0	0	0	0	0	0	0	0	0	0	0	0	0	0	0	0	0
江苏工程职业技术学院	6	0	0	0	0	0	0	0	0	0	0	0	0	0	0	0	0	0	0	0	0	0	0	0	0	0	0
苏州工艺美术职业技术学院	7	0	0	0	0	0	0	0	0	0	0	0	0	0	0	0	0	0	0	0	0	0	0	0	0	0	0
连云港职业技术学院	8	0	0	0	0	0	0	0	0	0	0	0	0	0	0	0	0	0	0	0	0	0	0	0	0	0	0
镇江市高等专科学校	9	0	0	0	0	0	0	0	0	0	0	0	0	0	0	0	0	0	0	0	0	0	0	0	0	0	0
南通职业大学	10	0	0	0	0	0	0	0	0	0	0	0	0	0	0	0	0	0	0	0	0	0	0	0	0	0	0
苏州市职业大学	11	0	0	0	0	0	0	0	0	0	0	0	0	0	0	0	0	0	0	0	0	0	0	0	0	0	0
沙洲职业工学院	12	0	0	0	0	0	0	0	0	0	0	0	0	0	0	0	0	0	0	0	0	0	0	0	0	0	0
扬州市职业大学	13	1	0.5	0	0	0	0	0	0	0	0	0	0	0	0	0	0	0	0	0	0	0	0	0	0	0	0
连云港师范高等专科学校	14	0	0	0	0	0	0	0	0	0	0	0	0	0	0	0	0	0	0	0	0	0	0	0	0	0	0
江苏经贸职业技术学院	15	0	0	0	0	0	0	0	0	0	0	0	0	0	0	0	0	0	0	0	0	0	0	0	0	0	0
泰州职业技术学院	16	0	0	0	0	0	0	0	0	0	0	0	0	0	0	0	0	0	0	0	0	0	0	0	0	0	0

续表

常州信息职业技术学院	17	0	0	0	0	0	0	0	0	0	0	0	0	0	0	0	0	0	0	0	0	0	0	0	0	0	0
江苏海事职业技术学院	18	0	0	0	0	0	0	0	0	0	0	0	0	0	0	0	0	0	0	0	0	0	0	0	0	0	0
无锡科技职业学院	19	0	0	0	0	0	0	0	0	0	0	0	0	0	0	0	0	0	0	0	0	0	0	0	0	0	0
盐城卫生职业技术学院	20	0	0	0	0	0	0	0	0	0	0	0	0	0	0	0	0	0	0	0	0	0	0	0	0	0	0
南通科技职业学院	21	0	0	0	0	0	0	0	0	0	0	0	0	0	0	0	0	0	0	0	0	0	0	0	0	0	0
苏州经贸职业技术学院	22	0	0	0	0	0	0	0	0	0	0	0	0	0	0	0	0	0	0	0	0	0	0	0	0	0	0
苏州工业职业技术学院	23	0	0	0	0	0	0	0	0	0	0	0	0	0	0	0	0	0	0	0	0	0	0	0	0	0	0
苏州卫生职业技术学院	24	0	0	0	0	0	0	0	0	0	0	0	0	0	0	0	0	0	0	0	0	0	0	0	0	0	0
无锡商业职业技术学院	25	0	0	0	0	0	0	0	0	0	0	0	0	0	0	0	0	0	0	0	0	0	0	0	0	0	0
南通航运职业技术学院	26	0	0	0	0	0	0	0	0	0	0	0	0	0	0	0	0	0	0	0	0	0	0	0	0	0	0
南京交通职业技术学院	27	0	0	0	0	0	0	0	0	0	0	0	0	0	0	0	0	0	0	0	0	0	0	0	0	0	0
淮安信息职业技术学院	28	0	0	0	0	0	0	0	0	0	0	0	0	0	0	0	0	0	0	0	0	0	0	0	0	0	0
常州纺织服装职业技术学院	29	0	0	0	0	0	0	0	0	0	0	0	0	0	0	0	0	0	0	0	0	0	0	0	0	0	0
苏州农业职业技术学院	30	0	0	0	0	0	0	0	0	0	0	0	0	0	0	0	0	0	0	0	0	0	0	0	0	0	0
南京科技职业学院	31	0	0	0	0	0	0	0	0	0	0	0	0	0	0	0	0	0	0	0	0	0	0	0	0	0	0
常州轻工职业技术学院	32	0	0	0	0	0	0	0	0	0	0	0	0	0	0	0	0	0	0	0	0	0	0	0	0	0	0

续表

高校名称	编号	总数：课题数(项)	总数：当年投入人数(人年)	总数：其中：研究生(人年)	总数：当年投入经费(千元)	总数：当年支出经费(千元)	出版著作(部)：合计	出版著作(部)：专著	出版著作(部)：其中：被译成外文	出版著作(部)：编著教材	出版著作(部)：工具书参考书	出版著作(部)：皮书/发展报告	出版著作(部)：科普读物	古籍整理(部)	译著(部)	发表译文(篇)	电子出版物(件)	发表论文(篇)：合计	发表论文(篇)：国内学术刊物	发表论文(篇)：国外学术刊物	发表论文(篇)：港澳、台地区刊物	获奖成果数(项)：合计	获奖成果数(项)：国家级奖	获奖成果数(项)：部级奖	获奖成果数(项)：省级奖	研究与咨询报告(篇)：合计	研究与咨询报告(篇)：其中：被采纳数
		L01	L02	L03	L04	L05	L06	L07	L08	L09	L10	L11	L12	L13	L14	L15	L16	L17	L18	L19	L20	L21	L22	L23	L24	L25	L26
常州工程职业技术学院	33	1	0.1	0	5	5	0	0	0	0	0	0	0	0	0	0	0	0	0	0	0	0	0	0	0	0	0
江苏农林职业技术学院	34	0	0	0	0	0	0	0	0	0	0	0	0	0	0	0	0	0	0	0	0	0	0	0	0	0	0
江苏食品药品职业技术学院	35	0	0	0	0	0	0	0	0	0	0	0	0	0	0	0	0	0	0	0	0	0	0	0	0	0	0
南京铁道职业技术学院	36	0	0	0	0	0	0	0	0	0	0	0	0	0	0	0	0	0	0	0	0	0	0	0	0	0	0
徐州工业职业技术学院	37	0	0	0	0	0	0	0	0	0	0	0	0	0	0	0	0	0	0	0	0	0	0	0	0	0	0
江苏信息职业技术学院	38	0	0	0	0	0	0	0	0	0	0	0	0	0	0	0	0	0	0	0	0	0	0	0	0	0	0
南京信息职业技术学院	39	0	0	0	0	0	0	0	0	0	0	0	0	0	0	0	0	0	0	0	0	0	0	0	0	0	0
常州机电职业技术学院	40	0	0	0	0	0	0	0	0	0	0	0	0	0	0	0	0	0	0	0	0	0	0	0	0	0	0
江阴职业技术学院	41	0	0	0	0	0	0	0	0	0	0	0	0	0	0	0	0	0	0	0	0	0	0	0	0	0	0
无锡城市职业技术学院	42	0	0	0	0	0	0	0	0	0	0	0	0	0	0	0	0	0	0	0	0	0	0	0	0	0	0
无锡工艺职业技术学院	43	0	0	0	0	0	0	0	0	0	0	0	0	0	0	0	0	0	0	0	0	0	0	0	0	0	0
苏州健雄职业技术学院	44	0	0	0	0	0	0	0	0	0	0	0	0	0	0	0	0	0	0	0	0	0	0	0	0	0	0
盐城工业职业技术学院	45	0	0	0	0	0	0	0	0	0	0	0	0	0	0	0	0	0	0	0	0	0	0	0	0	0	0
盐城工业职业技术学院	46	0	0	0	0	0	0	0	0	0	0	0	0	0	0	0	0	0	0	0	0	0	0	0	0	0	0

续表

扬州工业职业技术学院	47	0	0	0	0	0	0	0	0	0	0	0	0	0	0	0	0	0	0	0	0	0	0	0	0	0	0
江苏城市职业学院	48	0	0	0	0	0	0	0	0	0	0	0	0	0	0	0	0	0	0	0	0	0	0	0	0	0	0
南京城市职业学院	49	0	0	0	0	0	0	0	0	0	0	0	0	0	0	0	0	0	0	0	0	0	0	0	0	0	0
南京机电职业技术学院	50	0	0	0	0	0	0	0	0	0	0	0	0	0	0	0	0	0	0	0	0	0	0	0	0	0	0
南京旅游职业学院	51	0	0	0	0	0	0	0	0	0	0	0	0	0	0	0	0	0	0	0	0	0	0	0	0	0	0
江苏建康职业学院	52	0	0	0	0	0	0	0	0	0	0	0	0	0	0	0	0	0	0	0	0	0	0	0	0	0	0
苏州信息职业技术学院	53	0	0	0	0	0	0	0	0	0	0	0	0	0	0	0	0	0	0	0	0	0	0	0	0	0	0
苏州工业园区服务外包职业学院	54	0	0	0	0	0	0	0	0	0	0	0	0	0	0	0	0	0	0	0	0	0	0	0	0	0	0
徐州幼儿师范高等专科学校	55	0	0	0	0	0	0	0	0	0	0	0	0	0	0	0	0	0	0	0	0	0	0	0	0	0	0
徐州生物工程职业技术学院	56	0	0	0	0	0	0	0	0	0	0	0	0	0	0	0	0	0	0	0	0	0	0	0	0	0	0
江苏商贸职业学院	57	0	0	0	0	0	0	0	0	0	0	0	0	0	0	0	0	0	0	0	0	0	0	0	0	0	0
南通师范高等专科学校	58	0	0	0	0	0	0	0	0	0	0	0	0	0	0	0	0	0	0	0	0	0	0	0	0	0	0
江苏护理职业学院	59	0	0	0	0	0	0	0	0	0	0	0	0	0	0	0	0	0	0	0	0	0	0	0	0	0	0
江苏财会职业学院	60	0	0	0	0	0	0	0	0	0	0	0	0	0	0	0	0	0	0	0	0	0	0	0	0	0	0
江苏城乡建设职业学院	61	0	0	0	0	0	0	0	0	0	0	0	0	0	0	0	0	0	0	0	0	0	0	0	0	0	0
江苏城乡建设职业学院	62	0	0	0	0	0	0	0	0	0	0	0	0	0	0	0	0	0	0	0	0	0	0	0	0	0	0

3.6 语言学人文、社会科学研究与课题成果情况表

高校名称	编号	总数：课题数(项)	总数：当年投入人数(人年)	总数：其中：研究生(人年)	总数：当年投入经费(千元)	总数：当年支出经费(千元)	出版著作(部)：合计	出版著作(部)：专著	出版著作(部)：其中：被译成外文	出版著作(部)：编著教材	出版著作(部)：工具书参考书	出版著作(部)：皮书/发展报告	出版著作(部)：科普读物	古籍整理(部)	译著(部)	发表译文(篇)	电子出版物(件)	发表论文(篇)：合计	发表论文(篇)：国内学术刊物	发表论文(篇)：国外学术刊物	发表论文(篇)：港澳、台地区刊物	获奖成果数(项)：合计	获奖成果数(项)：国家级奖	获奖成果数(项)：部级奖	获奖成果数(项)：省级奖	研究与咨询报告(篇)：合计	研究与咨询报告(篇)：其中：被采纳数
		L01	L02	L03	L04	L05	L06	L07	L08	L09	L10	L11	L12	L13	L14	L15	L16	L17	L18	L19	L20	L21	L22	L23	L24	L25	L26
合计	/	208	49.1	0	2 161.1	1 842.62	113	50	4	57	5	0	1	1	17	7	2	955	909	43	3	16	0	0	16	41	24
盐城幼儿师范高等专科学校	1	0	0	0	0	0	0	0	0	0	0	0	0	0	0	0	0	0	0	0	0	0	0	0	0	0	0
苏州幼儿师范高等专科学校	2	0	0	0	0	0	0	0	0	0	0	0	0	0	0	0	0	0	0	0	0	0	0	0	0	0	0
无锡职业技术学院	3	0	0	0	0	0	0	0	0	0	0	0	0	0	0	0	0	3	3	0	0	0	0	0	0	0	0
江苏建筑职业技术学院	4	1	0.1	0	2	1.2	1	1	0	0	0	0	0	0	0	0	0	6	6	0	0	0	0	0	0	0	0
南京工业职业技术学院	5	24	7.5	0	1 499.5	1 254.6	11	0	0	11	0	0	0	0	0	0	0	24	24	0	0	0	0	0	0	6	0
江苏工程职业技术学院	6	1	0.1	0	0	0	0	0	0	0	0	0	0	0	0	0	0	0	0	0	0	0	0	0	0	0	0
苏州工艺美术职业技术学院	7	0	0	0	0	0	0	0	0	0	0	0	0	0	0	0	0	1	1	0	0	0	0	0	0	0	0
连云港职业技术学院	8	11	1.4	0	6	14	0	0	0	0	0	0	0	0	0	0	0	6	6	0	0	0	0	0	0	0	0
镇江市高等专科学校	9	3	1.4	0	7	5.5	1	0	0	1	0	0	0	0	0	0	0	4	4	0	0	0	0	0	0	0	0
南通职业大学	10	0	0	0	0	0	1	1	0	0	0	0	0	0	0	0	0	4	4	0	0	0	0	0	0	0	0
苏州市职业大学	11	9	2.7	0	9	10.25	0	0	0	0	0	0	0	0	0	0	0	10	10	0	0	0	0	0	0	0	0
沙洲职业工学院	12	1	0.2	0	0	8	0	0	0	0	0	0	0	0	0	0	0	4	4	0	0	0	0	0	0	0	0
扬州市职业大学	13	8	3.5	0	3	3	1	1	1	0	0	0	0	0	0	0	0	25	25	0	0	0	0	0	0	1	1
连云港师范高等专科学校	14	15	1.5	0	0	0	1	0	0	1	0	0	0	0	0	0	0	8	8	0	0	0	0	0	0	0	0
江苏经贸职业技术学院	15	3	0.8	0	10	14	0	0	0	0	0	0	0	0	0	0	0	2	2	0	0	0	0	0	0	1	1
泰州职业技术学院	16	1	0.3	0	6	0	0	0	0	0	0	0	0	0	0	0	0	4	4	0	0	0	0	0	0	0	0

续表

常州信息职业技术学院	17	2	0.6	0	18	15	0	0	0	0	0	0	0	0	0	0	0	5	5	0	0	0	0	0	0	0	0
江苏海事职业技术学院	18	4	1.1	0	15.6	13.8	0	0	0	0	0	0	0	0	0	0	0	23	23	0	0	0	0	0	0	0	0
无锡科技职业学院	19	15	4.7	0	59	50.4	1	0	0	1	0	0	0	0	0	0	0	25	25	0	0	0	0	0	0	0	0
盐城卫生职业技术学院	20	2	0.6	0	0	2.8	0	0	0	0	0	0	0	0	0	0	0	2	2	0	0	0	0	0	0	0	0
南通科技职业学院	21	4	0.8	0	16	7.55	0	0	0	0	0	0	0	0	1	0	0	15	15	0	0	0	0	0	0	0	0
苏州经贸职业技术学院	22	0	0	0	0	0	0	0	0	0	0	0	0	0	0	0	0	0	0	0	0	0	0	0	0	0	0
苏州工业职业技术学院	23	6	1.2	0	170	125.24	0	0	0	0	0	0	0	0	0	0	0	2	2	0	0	0	0	0	0	7	0
苏州卫生职业技术学院	24	1	0.1	0	0	2	0	0	0	0	0	0	0	0	0	0	0	3	3	0	0	0	0	0	0	0	0
无锡商业职业技术学院	25	0	0	0	0	0	0	0	0	0	0	0	0	0	0	0	0	0	0	0	0	0	0	0	0	0	0
南通航运职业技术学院	26	2	0.4	0	0	1.7	0	0	0	0	0	0	0	0	0	0	0	16	16	0	0	0	0	0	0	0	0
南京交通职业技术学院	27	3	0.3	0	8	0	0	0	0	0	0	0	0	0	0	0	0	9	8	1	0	0	0	0	0	0	0
淮安信息职业技术学院	28	4	0.4	0	18	25.	0	0	0	0	0	0	0	0	0	0	0	0	0	0	0	0	0	0	0	0	0
常州纺织服装职业技术学院	29	1	0.2	0	10	1	0	0	0	0	0	0	0	0	0	0	0	7	7	0	0	0	0	0	0	0	0
苏州农业职业技术学院	30	0	0	0	0	0	0	0	0	0	0	0	0	0	0	0	0	0	0	0	0	0	0	0	0	0	0
南京科技职业学院	31	0	0	0	0	0	0	0	0	0	0	0	0	0	0	0	0	0	0	0	0	0	0	0	0	0	0
常州轻工职业技术学院	32	0	0	0	0	0	0	0	0	0	0	0	0	0	0	0	0	1	1	0	0	0	0	0	0	0	0

续表

高校名称		总数					出版著作(部)							古籍整理(部)	译著(部)	发表译文(篇)	电子出版物(件)	发表论文(篇)				获奖成果数(项)				研究与咨询报告(篇)	
		课题数(项)	当年投入人数(人年)	其中：研究生(人年)	当年投入经费(千元)	当年支出经费(千元)	合计	专著	其中：被译成外文	编著教材	工具书参考书	皮书/发展报告	科普读物					合计	国内学术刊物	国外学术刊物	港澳、台地区刊物	合计	国家级奖	部级奖	省级奖	合计	其中：被采纳数
	编号	L01	L02	L03	L04	L05	L06	L07	L08	L09	L10	L11	L12	L13	L14	L15	L16	L17	L18	L19	L20	L21	L22	L23	L24	L25	L26
常州工程职业技术学院	33	0	0	0	0	0	0	0	0	0	0	0	0	0	0	0	0	3	3	0	0	0	0	0	0	0	0
江苏农林职业技术学院	34	0	0	0	0	0	0	0	0	0	0	0	0	0	0	0	0	5	5	0	0	0	0	0	0	0	0
江苏食品药品职业技术学院	35	0	0	0	0	0	0	0	0	0	0	0	0	0	0	0	0	0	0	0	0	0	0	0	0	0	0
南京铁道职业技术学院	36	8	0.8	0	22	18	1	0	0	1	0	0	0	0	0	0	0	6	6	0	0	0	0	0	0	0	0
徐州工业职业技术学院	37	1	0.1	0	6	2.2	0	0	0	0	0	0	0	0	0	0	0	1	1	0	0	0	0	0	0	0	0
江苏信息职业技术学院	38	0	0	0	0	0	0	0	0	0	0	0	0	0	0	0	0	1	1	0	0	0	0	0	0	0	0
南京信息职业技术学院	39	7	0.7	0	24	16	0	0	0	0	0	0	0	0	0	0	0	13	13	0	0	0	0	0	0	0	0
常州机电职业技术学院	40	0	0	0	0	0	0	0	0	0	0	0	0	0	0	0	0	0	0	0	0	0	0	0	0	0	0
江阴职业技术学院	41	4	0.2	0	13	7	0	0	0	0	0	0	0	0	0	0	0	6	6	0	0	0	0	0	0	0	0
无锡城市职业技术学院	42	0	0	0	0	0	0	0	0	0	0	0	0	0	0	1	0	13	13	0	0	0	0	0	0	0	0
无锡工艺职业技术学院	43	4	0.3	0	25.5	22.5	0	0	0	0	0	0	0	0	0	0	0	15	15	0	0	0	0	0	0	2	2
苏州健雄职业技术学院	44	4	0.8	0	0	7	0	0	0	0	0	0	0	0	0	0	0	6	5	1	0	0	0	0	0	1	1
盐城工业职业技术学院	45	13	2.7	0	90.5	66.8	1	1	0	0	0	0	0	0	0	0	0	0	0	0	0	0	0	0	0	0	0
盐城工业职业技术学院	46	1	0.1	0	0	0.7	0	0	0	0	0	0	0	0	0	0	0	0	0	0	0	0	0	0	0	0	0

续表

扬州工业职业技术学院	47	1	0.2	0	0	2	1	0	0	1	0	0	0	0	0	0	0	4	4	0	0	0	0	0	0	0	0
江苏城市职业学院	48	6	2.3	0	12	15.38	4	3	0	1	0	0	0	0	0	0	0	4	4	0	0	0	0	0	0	0	0
南京城市职业学院	49	3	0.4	0	0	4.3	1	1	0	0	0	0	0	0	0	0	0	1	1	0	0	0	0	0	0	0	0
南京机电职业技术学院	50	4	0.6	0	20	17	0	0	0	0	0	0	0	0	0	0	0	9	9	0	0	0	0	0	0	0	0
南京旅游职业学院	51	1	0.5	0	0	27.27	0	0	0	0	0	0	0	0	0	0	0	0	0	0	0	0	0	0	0	0	0
江苏建康职业学院	52	1	0.3	0	0	1	0	0	0	0	0	0	0	0	0	0	0	0	0	0	0	0	0	0	0	0	0
苏州信息职业技术学院	53	2	0.3	0	1	3.03	0	0	0	0	0	0	0	0	0	0	0	3	3	0	0	0	0	0	0	0	0
苏州工业园区服务外包职业学院	54	6	2.4	0	25	32	1	1	0	0	0	0	0	0	0	0	0	31	31	0	0	0	0	0	0	0	0
徐州幼儿师范高等专科学校	55	5	1.7	0	33	22	0	0	0	0	0	0	0	0	0	0	0	8	8	0	0	0	0	0	0	0	0
徐州生物工程职业技术学院	56	3	0.3	0	0	1.6	0	0	0	0	0	0	0	0	0	0	0	3	3	0	0	0	0	0	0	3	0
江苏商贸职业学院	57	11	4	0	16	19.8	0	0	0	0	0	0	0	0	0	0	0	12	12	0	0	0	0	0	0	0	0
南通师范高等专科学校	58	2	0.5	0	16	2	0	0	0	0	0	0	0	0	0	0	0	17	17	0	0	0	0	0	0	0	0
江苏护理职业学院	59	0	0	0	0	0	0	0	0	0	0	0	0	0	0	0	0	0	0	0	0	0	0	0	0	0	0
江苏财会职业学院	60	0	0	0	0	0	4	0	0	4	0	0	0	0	0	0	0	14	14	0	0	0	0	0	0	0	0
江苏城乡建设职业学院	61	0	0	0	0	0	0	0	0	0	0	0	0	0	0	0	0	2	2	0	0	0	0	0	0	0	0
江苏城乡建设职业学院	62	0	0	0	0	0	0	0	0	0	0	0	0	0	0	0	0	2	2	0	0	0	0	0	0	0	0

3.7 中国文学人文、社会科学研究与课题成果情况表

高校名称	编号	总数：课题数(项)	总数：当年投入人数(人年)	总数：其中：研究生(人年)	总数：当年投入经费(千元)	总数：当年支出经费(千元)	出版著作(部)：合计	出版著作(部)：专著	出版著作(部)：其中：被译成外文	出版著作(部)：编著教材	出版著作(部)：工具书参考书	出版著作(部)：皮书/发展报告	出版著作(部)：科普读物	古籍整理(部)	译著(部)	发表译文(篇)	电子出版物(件)	发表论文(篇)：合计	发表论文(篇)：国内学术刊物	发表论文(篇)：国外学术刊物	发表论文(篇)：港澳、台地区刊物	获奖成果数(项)：合计	获奖成果数(项)：国家级奖	获奖成果数(项)：部级奖	获奖成果数(项)：省级奖	研究与咨询报告(篇)：合计	研究与咨询报告(篇)：其中：被采纳数
		L01	L02	L03	L04	L05	L06	L07	L08	L09	L10	L11	L12	L13	L14	L15	L16	L17	L18	L19	L20	L21	L22	L23	L24	L25	L26
合计	/	59	12.3	0	285.6	308.93	137	75	2	57	1	0	4	12	11	0	0	1 146	1 115	23	8	34	0	0	34	24	9
盐城幼儿师范高等专科学校	1	1	0.3	0	0	0	0	0	0	0	0	0	0	0	0	0	0	0	0	0	0	0	0	0	0	0	0
苏州幼儿师范高等专科学校	2	0	0	0	0	0	0	0	0	0	0	0	0	0	0	0	0	0	0	0	0	0	0	0	0	0	0
无锡职业技术学院	3	0	0	0	0	0	0	0	0	0	0	0	0	0	0	0	0	1	1	0	0	0	0	0	0	0	0
江苏建筑职业技术学院	4	2	0.2	0	6	2	2	1	0	1	0	0	0	0	0	0	0	2	2	0	0	0	0	0	0	0	0
南京工业职业技术学院	5	2	1	0	113	89.5	0	0	0	0	0	0	0	0	0	0	0	2	2	0	0	0	0	0	0	0	0
江苏工程职业技术学院	6	0	0	0	0	0	0	0	0	0	0	0	0	0	0	0	0	1	1	0	0	0	0	0	0	0	0
苏州工艺美术职业技术学院	7	0	0	0	0	0	0	0	0	0	0	0	0	0	0	0	0	1	1	0	0	0	0	0	0	0	0
连云港职业技术学院	8	0	0	0	0	0	0	0	0	0	0	0	0	0	0	0	0	0	0	0	0	0	0	0	0	0	0
镇江市高等专科学校	9	1	0	0	0	0	0	0	0	0	0	0	0	0	0	0	0	1	1	0	0	0	0	0	0	0	0
南通职业大学	10	0	0	0	0	0	0	0	0	0	0	0	0	0	0	0	0	0	0	0	0	0	0	0	0	0	0
苏州市职业大学	11	12	2.8	0	32	53.2	3	3	0	0	0	0	0	0	0	0	0	20	20	0	0	0	0	0	0	0	0
沙洲职业工学院	12	0	0	0	0	0	0	0	0	0	0	0	0	0	0	0	0	3	3	0	0	0	0	0	0	0	0
扬州市职业大学	13	2	0.5	0	50	50	0	0	0	0	0	0	0	0	0	0	0	3	3	0	0	0	0	0	0	0	0
连云港师范高等专科学校	14	8	0.8	0	0	0	0	0	0	0	0	0	0	0	0	0	0	11	11	0	0	1	0	0	1	0	0
江苏经贸职业技术学院	15	2	0.4	0	0	30	0	0	0	0	0	0	0	0	0	0	0	2	2	0	0	0	0	0	0	0	0
泰州职业技术学院	16	1	0.4	0	0	0	0	0	0	0	0	0	0	0	0	0	0	8	8	0	0	0	0	0	0	0	0

续表

常州信息职业技术学院	17	2	0.8	0	0	1.5	0	0	0	0	0	0	0	0	0	0	0	6	6	0	0	0	0	0	0	0	0
江苏海事职业技术学院	18	0	0	0	0	0	0	0	0	0	0	0	0	0	0	0	0	0	0	0	0	0	0	0	0	0	0
无锡科技职业学院	19	0	0	0	0	0	0	0	0	0	0	0	0	0	0	0	0	0	0	0	0	0	0	0	0	0	0
盐城卫生职业技术学院	20	1	0.3	0	0	0	0	0	0	0	0	0	0	0	0	0	0	0	0	0	0	0	0	0	0	0	0
南通科技职业学院	21	0	0	0	0	0	0	0	0	0	0	0	0	0	0	0	0	2	2	0	0	0	0	0	0	0	0
苏州经贸职业技术学院	22	1	0.3	0	9.6	9.48	0	0	0	0	0	0	0	0	0	0	0	7	7	0	0	0	0	0	0	0	0
苏州工业职业技术学院	23	0	0	0	0	0	0	0	0	0	0	0	0	0	0	0	0	9	9	0	0	0	0	0	0	0	0
苏州卫生职业技术学院	24	1	0.1	0	0	2	0	0	0	0	0	0	0	0	0	0	0	5	5	0	0	0	0	0	0	0	0
无锡商业职业技术学院	25	0	0	0	0	0	0	0	0	0	0	0	0	0	0	0	0	1	1	0	0	0	0	0	0	0	0
南通航运职业技术学院	26	0	0	0	0	0	0	0	0	0	0	0	0	0	0	0	0	1	1	0	0	0	0	0	0	0	0
南京交通职业技术学院	27	1	0.1	0	0	0.7	0	0	0	0	0	0	0	0	0	0	0	3	3	0	0	0	0	0	0	0	0
淮安信息职业技术学院	28	1	0.1	0	20	13	0	0	0	0	0	0	0	0	0	0	0	0	0	0	0	0	0	0	0	0	0
常州纺织服装职业技术学院	29	1	0.2	0	7	0	0	0	0	0	0	0	0	0	0	0	0	2	2	0	0	0	0	0	0	0	0
苏州农业职业技术学院	30	0	0	0	0	0	0	0	0	0	0	0	0	0	0	0	0	0	0	0	0	0	0	0	0	0	0
南京科技职业学院	31	1	0	0	0	0	0	0	0	0	0	0	0	0	0	0	0	0	0	0	0	0	0	0	0	0	0
常州轻工职业技术学院	32	0	0	0	0	0	0	0	0	0	0	0	0	0	0	0	0	0	0	0	0	0	0	0	0	0	0

续表

高校名称	编号	总数					出版著作(部)							古籍整理(部)	译著(部)	发表译文(篇)	电子出版物(件)	发表论文(篇)				获奖成果数(项)				研究与咨询报告(篇)	
		课题数(项)	当年投入人数(人年)	其中:研究生(人年)	当年投入经费(千元)	当年支出经费(千元)	合计	专著	其中:被译成外文	编著教材	工具书参考书	皮书/发展报告	科普读物					合计	国内学术刊物	国外学术刊物	港、澳、台地区刊物	合计	国家级奖	部级奖	省级奖	合计	其中:被采纳数
		L01	L02	L03	L04	L05	L06	L07	L08	L09	L10	L11	L12	L13	L14	L15	L16	L17	L18	L19	L20	L21	L22	L23	L24	L25	L26
常州工程职业技术学院	33	0	0	0	0	0	0	0	0	0	0	0	0	0	0	0	0	0	0	0	0	0	0	0	0	0	0
江苏农林职业技术学院	34	0	0	0	0	0	0	0	0	0	0	0	0	0	0	0	0	0	0	0	0	0	0	0	0	0	0
江苏食品药品职业技术学院	35	0	0	0	0	0	0	0	0	0	0	0	0	0	0	0	0	0	0	0	0	0	0	0	0	0	0
南京铁道职业技术学院	36	0	0	0	0	0	0	0	0	0	0	0	0	0	0	0	0	0	0	0	0	0	0	0	0	0	0
徐州工业职业技术学院	37	0	0	0	0	0	0	0	0	0	0	0	0	0	0	0	0	0	0	0	0	0	0	0	0	0	0
江苏信息职业技术学院	38	0	0	0	0	0	0	0	0	0	0	0	0	0	0	0	0	0	0	0	0	0	0	0	0	0	0
南京信息职业技术学院	39	0	0	0	0	0	1	0	0	1	0	0	0	0	0	0	0	1	1	0	0	0	0	0	0	0	0
常州机电职业技术学院	40	0	0	0	0	0	0	0	0	0	0	0	0	0	0	0	0	0	0	0	0	0	0	0	0	0	0
江阴职业技术学院	41	1	0.1	0	0	2	0	0	0	0	0	0	0	0	0	0	0	3	3	0	0	0	0	0	0	0	0
无锡城市职业技术学院	42	1	0.2	0	0	3.5	0	0	0	0	0	0	0	0	0	0	0	6	6	0	0	0	0	0	0	0	0
无锡工艺职业技术学院	43	0	0	0	0	0	0	0	0	0	0	0	0	0	0	0	0	0	0	0	0	0	0	0	0	0	0
苏州健雄职业技术学院	44	1	0.2	0	0	3	0	0	0	0	0	0	0	0	0	0	0	1	1	0	0	0	0	0	0	0	0
盐城工业职业技术学院	45	1	0.1	0	17	10.2	0	0	0	0	0	0	0	0	0	0	0	6	6	0	0	0	0	0	0	2	0
盐城工业职业技术学院	46	5	0.6	0	3	8.4	0	0	0	0	0	0	0	0	0	0	0	0	0	0	0	0	0	0	0	0	0

续表

扬州工业职业技术学院	47	1	0.1	0	10	4	0	0	0	0	0	0	0	0	0	0	0	1	1	0	0	0	0	0	0	0	0
江苏城市职业学院	48	2	0.7	0	0	4.05	0	0	0	0	0	0	0	0	0	0	0	0	0	0	0	0	0	0	0	0	0
南京城市职业学院	49	0	0	0	0	0	0	0	0	0	0	0	0	0	0	0	0	1	1	0	0	0	0	0	0	0	0
南京机电职业技术学院	50	0	0	0	0	0	0	0	0	0	0	0	0	0	0	0	0	0	0	0	0	0	0	0	0	0	0
南京旅游职业学院	51	1	0.3	0	0	2	0	0	0	0	0	0	0	0	0	0	0	2	2	0	0	0	0	0	0	0	0
江苏建康职业学院	52	1	0.3	0	0	1.5	0	0	0	0	0	0	0	0	0	0	0	1	1	0	0	0	0	0	0	0	0
苏州信息职业技术学院	53	0	0	0	0	0	0	0	0	0	0	0	0	0	0	0	0	0	0	0	0	0	0	0	0	0	0
苏州工业园区服务外包职业学院	54	1	0.4	0	10	10	0	0	0	0	0	0	0	0	0	0	0	1	1	0	0	0	0	0	0	0	0
徐州幼儿师范高等专科学校	55	3	0.8	0	8	8.4	1	0	0	1	0	0	0	0	0	0	0	8	8	0	0	0	0	0	0	0	0
徐州生物工程职业技术学院	56	0	0	0	0	0	0	0	0	0	0	0	0	0	0	0	0	3	3	0	0	0	0	0	0	0	0
江苏商贸职业学院	57	1	0.2	0	0	0.5	0	0	0	0	0	0	0	0	0	0	0	7	7	0	0	0	0	0	0	0	0
南通师范高等专科学校	58	0	0	0	0	0	0	0	0	0	0	0	0	0	0	0	0	27	27	0	0	0	0	0	0	0	0
江苏护理职业学院	59	0	0	0	0	0	0	0	0	0	0	0	0	0	0	0	0	0	0	0	0	0	0	0	0	0	0
江苏财会职业学院	60	0	0	0	0	0	0	0	0	0	0	0	0	0	0	0	0	3	3	0	0	0	0	0	0	0	0
江苏城乡建设职业学院	61	0	0	0	0	0	0	0	0	0	0	0	0	0	0	0	0	0	0	0	0	0	0	0	0	0	0
江苏城乡建设职业学院	62	0	0	0	0	0	0	0	0	0	0	0	0	0	0	0	0	6	6	0	0	0	0	0	0	0	0

3.8 外国文学人文、社会科学研究与课题成果情况表

高校名称	编号	总数：课题数(项)	总数：当年投入人数(人年)	总数：其中：研究生(人年)	总数：当年投入经费(千元)	总数：当年支出经费(千元)	出版著作(部)：合计	出版著作(部)：专著	出版著作(部)：其中：被译成外文	出版著作(部)：编著教材	出版著作(部)：工具书参考书	出版著作(部)：皮书/发展报告	出版著作(部)：科普读物	古籍整理(部)	译著(部)	发表译文(篇)	电子出版物(件)	发表论文(篇)：合计	发表论文(篇)：国内学术刊物	发表论文(篇)：国外学术刊物	发表论文(篇)：港澳、台地区刊物	获奖成果数(项)：合计	获奖成果数(项)：国家级奖	获奖成果数(项)：部级奖	获奖成果数(项)：省级奖	研究与咨询报告(篇)：合计	研究与咨询报告(篇)：其中：被采纳数
		L01	L02	L03	L04	L05	L06	L07	L08	L09	L10	L11	L12	L13	L14	L15	L16	L17	L18	L19	L20	L21	L22	L23	L24	L25	L26
合计	/	45	10.3	0	127	71.15	57	29	3	27	0	0	1	0	43	3	0	578	535	43	0	12	0	0	12	12	2
盐城幼儿师范高等专科学校	1	1	0.2	0	0	0	0	0	0	0	0	0	0	0	0	0	0	0	0	0	0	0	0	0	0	0	0
苏州幼儿师范高等专科学校	2	0	0	0	0	0	0	0	0	0	0	0	0	0	0	0	0	0	0	0	0	0	0	0	0	0	0
无锡职业技术学院	3	2	0.3	0	50	18	0	0	0	0	0	0	0	0	0	0	0	11	11	0	0	0	0	0	0	0	0
江苏建筑职业技术学院	4	1	0.1	0	0	0	0	0	0	0	0	0	0	0	0	0	0	1	1	0	0	0	0	0	0	0	0
南京工业职业技术学院	5	5	2	0	7	7	0	0	0	0	0	0	0	0	0	0	0	6	6	0	0	0	0	0	0	0	0
江苏工程职业技术学院	6	0	0	0	0	0	0	0	0	0	0	0	0	0	0	0	0	0	0	0	0	0	0	0	0	0	0
苏州工艺美术职业技术学院	7	0	0	0	0	0	0	0	0	0	0	0	0	0	0	0	0	0	0	0	0	0	0	0	0	0	0
连云港职业技术学院	8	0	0	0	0	0	0	0	0	0	0	0	0	0	0	0	0	0	0	0	0	0	0	0	0	0	0
镇江市高等专科学校	9	2	0.8	0	4	4.5	1	0	0	1	0	0	0	0	0	0	0	3	3	0	0	0	0	0	0	0	0
南通职业大学	10	0	0	0	0	0	0	0	0	0	0	0	0	0	0	0	0	2	2	0	0	0	0	0	0	0	0
苏州市职业大学	11	6	2	0	10	13.1	1	0	0	1	0	0	0	0	0	0	0	0	0	0	0	0	0	0	0	0	0
沙洲职业工学院	12	0	0	0	0	0	0	0	0	0	0	0	0	0	0	0	0	0	0	0	0	0	0	0	0	0	0
扬州市职业大学	13	1	0.6	0	0	0	0	0	0	0	0	0	0	0	0	0	0	1	1	0	0	0	0	0	0	0	0
连云港师范高等专科学校	14	12	1.3	0	2	2	0	0	0	0	0	0	0	0	0	0	0	11	11	0	0	0	0	0	0	0	0
江苏经贸职业技术学院	15	1	0.1	0	0	0	0	0	0	0	0	0	0	0	0	0	0	0	0	0	0	0	0	0	0	0	0
泰州职业技术学院	16	0	0	0	0	0	0	0	0	0	0	0	0	0	0	0	0	1	1	0	0	0	0	0	0	0	0

续表

常州信息职业技术学院	17	0	0	0	0	0	0	0	0	0	0	0	0	0	0	0	0	0	0	0	0	0	0	0	0	0	0
江苏海事职业技术学院	18	0	0	0	0	0	0	0	0	0	0	0	0	0	0	0	0	0	0	0	0	0	0	0	0	0	0
无锡科技职业学院	19	0	0	0	0	0	0	0	0	0	0	0	0	0	0	0	0	0	0	0	0	0	0	0	0	0	0
盐城卫生职业技术学院	20	2	0.4	0	15	4.5	0	0	0	0	0	0	0	0	0	0	0	0	0	0	0	0	0	0	0	0	0
南通科技职业学院	21	3	0.6	0	9	5.45	0	0	0	0	0	0	0	0	0	0	0	2	2	0	0	0	0	0	0	0	0
苏州经贸职业技术学院	22	0	0	0	0	0	0	0	0	0	0	0	0	0	0	0	0	0	0	0	0	0	0	0	0	0	0
苏州工业职业技术学院	23	0	0	0	0	0	0	0	0	0	0	0	0	0	0	0	0	0	0	0	0	0	0	0	0	0	0
苏州卫生职业技术学院	24	0	0	0	0	0	0	0	0	0	0	0	0	0	0	0	0	3	3	0	0	0	0	0	0	0	0
无锡商业职业技术学院	25	0	0	0	0	0	0	0	0	0	0	0	0	0	0	0	0	0	0	0	0	0	0	0	0	0	0
南通航运职业技术学院	26	1	0.2	0	0	1.6	0	0	0	0	0	0	0	0	0	0	0	2	2	0	0	0	0	0	0	0	0
南京交通职业技术学院	27	2	0.2	0	0	6	0	0	0	0	0	0	0	0	0	0	0	1	1	0	0	0	0	0	0	0	0
淮安信息职业技术学院	28	0	0	0	0	0	0	0	0	0	0	0	0	0	0	0	0	1	1	0	0	0	0	0	0	0	0
常州纺织服装职业技术学院	29	2	0.3	0	8	0	0	0	0	0	0	0	0	0	0	0	0	1	1	0	0	0	0	0	0	0	0
苏州农业职业技术学院	30	0	0	0	0	0	0	0	0	0	0	0	0	0	0	0	0	0	0	0	0	0	0	0	0	0	0
南京科技职业学院	31	0	0	0	0	0	0	0	0	0	0	0	0	0	0	0	0	0	0	0	0	0	0	0	0	0	0
常州轻工职业技术学院	32	0	0	0	0	0	0	0	0	0	0	0	0	0	0	0	0	0	0	0	0	0	0	0	0	0	0

续表

高校名称	编号	总数 课题数(项)	当年投入人数(人年)	其中：研究生(人年)	当年投入经费(千元)	当年支出经费(千元)	出版著作(部) 合计	专著	其中：被译成外文	编著教材	工具书参考书	皮书/发展报告	科普读物	古籍整理(部)	译著(部)	发表译文(篇)	电子出版物(件)	发表论文(篇) 合计	国内学术刊物	国外学术刊物	港澳、台地区刊物	获奖成果数(项) 合计	国家级奖	部级奖	省级奖	研究与咨询报告(篇) 合计	其中：被采纳数
		L01	L02	L03	L04	L05	L06	L07	L08	L09	L10	L11	L12	L13	L14	L15	L16	L17	L18	L19	L20	L21	L22	L23	L24	L25	L26
常州工程职业技术学院	33	0	0	0	0	0	0	0	0	0	0	0	0	0	0	0	0	0	0	0	0	0	0	0	0	0	0
江苏农林职业技术学院	34	0	0	0	0	0	0	0	0	0	0	0	0	0	0	0	0	0	0	0	0	0	0	0	0	0	0
江苏食品药品职业技术学院	35	0	0	0	0	0	0	0	0	0	0	0	0	0	0	0	0	0	0	0	0	0	0	0	0	0	0
南京铁道职业技术学院	36	0	0	0	0	0	0	0	0	0	0	0	0	0	0	0	0	0	0	0	0	0	0	0	0	0	0
徐州工业职业技术学院	37	0	0	0	0	0	0	0	0	0	0	0	0	0	0	0	0	1	1	0	0	0	0	0	0	0	0
江苏信息职业技术学院	38	0	0	0	0	0	0	0	0	0	0	0	0	0	0	0	0	0	0	0	0	0	0	0	0	0	0
南京信息职业技术学院	39	0	0	0	0	0	0	0	0	0	0	0	0	0	0	0	0	0	0	0	0	0	0	0	0	0	0
常州机电职业技术学院	40	0	0	0	0	0	0	0	0	0	0	0	0	0	0	0	0	0	0	0	0	0	0	0	0	0	0
江阴职业技术学院	41	0	0	0	0	0	0	0	0	0	0	0	0	0	0	0	0	0	0	0	0	0	0	0	0	0	0
无锡城市职业技术学院	42	0	0	0	0	0	0	0	0	0	0	0	0	0	0	0	0	3	3	0	0	0	0	0	0	0	0
无锡工艺职业技术学院	43	1	0	0	0	0	0	0	0	0	0	0	0	0	0	0	0	2	2	0	0	0	0	0	0	1	0
苏州健雄职业技术学院	44	0	0	0	0	0	0	0	0	0	0	0	0	0	0	0	0	2	2	0	0	0	0	0	0	0	0
盐城工业职业技术学院	45	0	0	0	0	0	0	0	0	0	0	0	0	0	0	0	0	0	0	0	0	0	0	0	0	0	0
盐城工业职业技术学院	46	0	0	0	0	0	0	0	0	0	0	0	0	0	0	0	0	0	0	0	0	0	0	0	0	0	0

续表

扬州工业职业技术学院	47	0	0	0	0	0	0	0	0	0	0	0	0	0	0	0	0	0	0	0	0	0	0	0	0	0	0
江苏城市职业学院	48	1	0.4	0	0	0	0	0	0	0	0	0	0	0	0	0	0	0	0	0	0	0	0	0	0	0	0
南京城市职业学院	49	0	0	0	0	0	0	0	0	0	0	0	0	0	0	0	0	0	0	0	0	0	0	0	0	0	0
南京机电职业技术学院	50	0	0	0	0	0	0	0	0	0	0	0	0	0	0	0	0	0	0	0	0	0	0	0	0	0	0
南京旅游职业学院	51	0	0	0	0	0	0	0	0	0	0	0	0	0	0	0	0	0	0	0	0	0	0	0	0	0	0
江苏建康职业学院	52	0	0	0	0	0	0	0	0	0	0	0	0	0	0	0	0	0	0	0	0	0	0	0	0	0	0
苏州信息职业技术学院	53	0	0	0	0	0	0	0	0	0	0	0	0	0	0	0	0	0	0	0	0	0	0	0	0	0	0
苏州工业园区服务外包职业学院	54	0	0	0	0	0	0	0	0	0	0	0	0	0	0	0	0	0	0	0	0	0	0	0	0	0	0
徐州幼儿师范高等专科学校	55	0	0	0	0	0	0	0	0	0	0	0	0	0	0	0	0	4	4	0	0	0	0	0	0	0	0
徐州生物工程职业技术学院	56	1	0.1	0	0	5	0	0	0	0	0	0	0	0	0	0	0	0	0	0	0	0	0	0	0	0	0
江苏商贸职业学院	57	0	0	0	0	0	0	0	0	0	0	0	0	0	0	0	0	7	7	0	0	0	0	0	0	0	0
南通师范高等专科学校	58	0	0	0	0	0	0	0	0	0	0	0	0	0	0	0	0	11	11	0	0	0	0	0	0	0	0
江苏护理职业学院	59	0	0	0	0	0	1	0	0	1	0	0	0	0	0	0	0	0	0	0	0	0	0	0	0	0	0
江苏财会职业学院	60	1	0.7	0	22	4	0	0	0	0	0	0	0	0	0	0	0	0	0	0	0	0	0	0	0	0	0
江苏城乡建设职业学院	61	0	0	0	0	0	0	0	0	0	0	0	0	0	0	0	0	0	0	0	0	0	0	0	0	0	0
江苏城乡建设职业学院	62	0	0	0	0	0	0	0	0	0	0	0	0	0	0	0	0	0	0	0	0	0	0	0	0	0	0

3.9 艺术学人文、社会科学研究与课题成果情况表

高校名称	编号	总数					出版著作(部)							古籍整理(部)	译著(部)	发表译文(篇)	电子出版物(件)	发表论文(篇)				获奖成果数(项)				研究与咨询报告(篇)	
		课题数(项)	当年投入人数(人年)	其中：研究生(人年)	当年投入经费(千元)	当年支出经费(千元)	合计	专著	其中：被译成外文	编著教材	工具书参考书	皮书/发展报告	科普读物					合计	国内学术刊物	国外学术刊物	港澳、台地区刊物	合计	国家级奖	部级奖	省级奖	合计	其中：被采纳数
	编号	L01	L02	L03	L04	L05	L06	L07	L08	L09	L10	L11	L12	L13	L14	L15	L16	L17	L18	L19	L20	L21	L22	L23	L24	L25	L26
合计	/	474	102.2	0	4 176.9	3 564.52	168	99	2	66	1	0	2	0	16	5	5	2 039	2 014	22	3	34	0	0	34	102	41
盐城幼儿师范高等专科学校	1	0	0	0	0	0	2	1	0	1	0	0	0	0	0	0	0	0	0	0	0	0	0	0	0	0	0
苏州幼儿师范高等专科学校	2	0	0	0	0	0	0	0	0	0	0	0	0	0	0	0	0	0	0	0	0	0	0	0	0	0	0
无锡职业技术学院	3	7	1.1	0	14	24.5	1	1	0	0	0	0	0	0	0	0	0	13	13	0	0	0	0	0	0	0	0
江苏建筑职业技术学院	4	19	3.2	0	26	33.5	2	2	0	0	0	0	0	0	0	0	0	15	15	0	0	0	0	0	0	1	1
南京工业职业技术学院	5	29	11.6	0	1 090.5	901.24	0	0	0	0	0	0	0	0	0	0	0	35	35	0	0	0	0	0	0	10	0
江苏工程职业技术学院	6	4	0.4	0	5	4	3	3	0	0	0	0	0	0	0	0	0	21	21	0	0	0	0	0	0	0	0
苏州工艺美术职业技术学院	7	36	7.8	0	95	59.6	0	0	0	0	0	0	0	0	0	0	0	204	198	5	1	0	0	0	0	0	0
连云港职业技术学院	8	2	0.4	0	1.5	1.5	0	0	0	0	0	0	0	0	0	0	0	4	4	0	0	0	0	0	0	0	0
镇江市高等专科学校	9	7	1.2	0	0	8.5	0	0	0	0	0	0	0	0	0	0	0	3	3	0	0	0	0	0	0	0	0
南通职业大学	10	6	1.7	0	60	40	0	0	0	0	0	0	0	0	0	0	0	18	18	0	0	0	0	0	0	0	0
苏州市职业大学	11	27	6.2	0	174.2	130.24	2	1	0	1	0	0	0	0	0	0	0	29	29	0	0	0	0	0	0	2	2
沙洲职业工学院	12	0	0	0	0	0	0	0	0	0	0	0	0	0	0	0	0	5	5	0	0	0	0	0	0	0	0
扬州市职业大学	13	26	9.3	0	89	89	0	0	0	0	0	0	0	0	0	1	0	31	31	0	0	0	0	0	0	2	2
连云港师范高等专科学校	14	27	2.7	0	0	0	0	0	0	0	0	0	0	0	0	0	0	6	6	0	0	0	0	0	0	0	0
江苏经贸职业技术学院	15	8	1.5	0	50	25.8	2	0	0	2	0	0	0	0	0	0	0	13	13	0	0	0	0	0	0	1	1
泰州职业技术学院	16	3	0.8	0	6	5	1	0	0	1	0	0	0	0	0	0	0	13	13	0	0	0	0	0	0	1	1

续表

常州信息职业技术学院	17	4	1.1	0	20	20.3	0	0	0	0	0	0	0	0	0	0	0	5	5	0	0	0	0	0	0	0	0
江苏海事职业技术学院	18	1	0.1	0	1.2	1.2	0	0	0	0	0	0	0	0	0	0	0	1	1	0	0	0	0	0	0	0	0
无锡科技职业学院	19	4	1.5	0	20	28.4	1	0	0	0	1	0	0	0	0	0	0	6	6	0	0	0	0	0	0	0	0
盐城卫生职业技术学院	20	0	0	0	0	0	0	0	0	0	0	0	0	0	0	0	0	0	0	0	0	0	0	0	0	0	0
南通科技职业学院	21	0	0	0	0	0	0	0	0	0	0	0	0	0	0	0	0	1	1	0	0	0	0	0	0	0	0
苏州经贸职业技术学院	22	13	5.1	0	113	138.7	4	0	0	4	0	0	0	0	0	0	0	37	37	0	0	0	0	0	0	7	0
苏州工业职业技术学院	23	1	0.1	0	65	53.9	0	0	0	0	0	0	0	0	0	0	0	1	1	0	0	0	0	0	0	0	0
苏州卫生职业技术学院	24	1	0.2	0	5	5	0	0	0	0	0	0	0	0	0	0	0	1	1	0	0	0	0	0	0	0	0
无锡商业职业技术学院	25	6	1.9	0	1.5	27.5	0	0	0	0	0	0	0	0	0	0	0	20	20	0	0	0	0	0	0	0	0
南通航运职业技术学院	26	0	0	0	0	0	0	0	0	0	0	0	0	0	0	0	0	14	14	0	0	0	0	0	0	0	0
南京交通职业技术学院	27	11	1.1	0	35	9	1	0	0	1	0	0	0	0	0	0	0	10	10	0	0	0	0	0	0	0	0
淮安信息职业技术学院	28	1	0.1	0	0	2	0	0	0	0	0	0	0	0	0	0	0	0	0	0	0	0	0	0	0	0	0
常州纺织服装职业技术学院	29	4	0.6	0	50	4.8	0	0	0	0	0	0	0	0	0	0	0	21	21	0	0	0	0	0	0	0	0
苏州农业职业技术学院	30	1	0.3	0	0	1.5	0	0	0	0	0	0	0	0	0	0	0	0	0	0	0	0	0	0	0	0	0
南京科技职业学院	31	1	0.2	0	4	4	0	0	0	0	0	0	0	0	0	0	0	0	0	0	0	0	0	0	0	0	0
常州轻工职业技术学院	32	4	2.9	0	12	7.5	5	0	0	5	0	0	0	0	0	0	0	5	5	0	0	0	0	0	0	0	0

续表

高校名称	编号	总数：课题数（项）	总数：当年投入人数（人年）	总数：其中：研究生（人年）	总数：当年投入经费（千元）	总数：当年支出经费（千元）	出版著作（部）：合计	出版著作（部）：专著	出版著作（部）：其中：被译成外文	出版著作（部）：编著教材	出版著作（部）：工具书参考书	出版著作（部）：皮书/发展报告	出版著作（部）：科普读物	古籍整理（部）	译著（部）	发表译文（篇）	电子出版物（件）	发表论文（篇）：合计	发表论文（篇）：国内学术刊物	发表论文（篇）：国外学术刊物	发表论文（篇）：港澳、台地区刊物	获奖成果数（项）：合计	获奖成果数（项）：国家级奖	获奖成果数（项）：部级奖	获奖成果数（项）：省级奖	研究与咨询报告（篇）：合计	研究与咨询报告（篇）：其中：被采纳数
		L01	L02	L03	L04	L05	L06	L07	L08	L09	L10	L11	L12	L13	L14	L15	L16	L17	L18	L19	L20	L21	L22	L23	L24	L25	L26
常州工程职业技术学院	33	6	2.3	0	46	17	0	0	0	0	0	0	0	0	0	0	0	11	11	0	0	0	0	0	0	0	0
江苏农林职业技术学院	34	0	0	0	0	0	0	0	0	0	0	0	0	0	0	0	0	6	6	0	0	0	0	0	0	0	0
江苏食品药品职业技术学院	35	0	0	0	0	0	0	0	0	0	0	0	0	0	0	0	0	0	0	0	0	0	0	0	0	0	0
南京铁道职业技术学院	36	5	0.5	0	4	43	0	0	0	0	0	0	0	0	0	0	0	0	0	0	0	0	0	0	0	0	0
徐州工业职业技术学院	37	0	0	0	0	0	0	0	0	0	0	0	0	0	0	0	0	0	0	0	0	0	0	0	0	0	0
江苏信息职业技术学院	38	4	1.6	0	17	13.9	0	0	0	0	0	0	0	0	0	0	0	8	8	0	0	0	0	0	0	3	3
南京信息职业技术学院	39	8	0.8	0	42	19.2	2	0	0	2	0	0	0	0	0	0	0	7	7	0	0	0	0	0	0	0	0
常州机电职业技术学院	40	4	0.7	0	18	12.4	0	0	0	0	0	0	0	0	0	0	0	19	19	0	0	0	0	0	0	2	0
江阴职业技术学院	41	7	0.4	0	13	12	0	0	0	0	0	0	0	0	0	0	0	7	7	0	0	0	0	0	0	0	0
无锡城市职业技术学院	42	1	0.2	0	6	0.3	0	0	0	0	0	0	0	0	0	0	0	13	12	1	0	0	0	0	0	0	0
无锡工艺职业技术学院	43	45	5.5	0	1 064.5	1 023.5	0	0	0	0	0	0	0	0	0	0	0	50	50	0	0	0	0	0	0	45	10
苏州健雄职业技术学院	44	13	2.7	0	98	98	0	0	0	0	0	0	0	0	0	0	0	21	21	0	0	0	0	0	0	0	0
盐城工业职业技术学院	45	73	9.9	0	439.7	415.32	0	0	0	0	0	0	0	0	0	0	0	24	24	0	0	0	0	0	0	0	0
盐城工业职业技术学院	46	0	0	0	0	0	0	0	0	0	0	0	0	0	0	0	0	0	0	0	0	0	0	0	0	0	0

续表

扬州工业职业技术学院	47	6	1	0	79	82	0	0	0	0	0	0	0	0	0	0	0	6	6	0	0	0	0	0	0	1	1
江苏城市职业学院	48	11	4.2	0	50	35.82	3	0	0	3	0	0	0	0	0	0	0	14	14	0	0	0	0	0	0	0	0
南京城市职业学院	49	2	0.4	0	0	3	0	0	0	0	0	0	0	0	0	0	0	4	4	0	0	0	0	0	0	0	0
南京机电职业技术学院	50	9	1.5	0	79	50	0	0	0	0	0	0	0	0	0	0	0	2	2	0	0	0	0	0	0	4	4
南京旅游职业学院	51	5	1.2	0	162	13	0	0	0	0	0	0	0	0	0	0	0	4	4	0	0	0	0	0	0	0	0
江苏建康职业学院	52	1	0.4	0	0	0	0	0	0	0	0	0	0	0	0	0	0	0	0	0	0	0	0	0	0	0	0
苏州信息职业技术学院	53	0	0	0	0	0	0	0	0	0	0	0	0	0	0	0	0	0	0	0	0	0	0	0	0	0	0
苏州工业园区服务外包职业学院	54	8	2	0	95	70	0	0	0	0	0	0	0	0	0	0	0	25	25	0	0	0	0	0	0	0	0
徐州幼儿师范高等专科学校	55	7	1.7	0	21	18	3	0	0	3	0	0	0	0	0	0	0	17	17	0	0	0	0	0	0	0	0
徐州生物工程职业技术学院	56	0	0	0	0	0	0	0	0	0	0	0	0	0	0	0	0	0	0	0	0	0	0	0	0	0	0
江苏商贸职业学院	57	6	2.1	0	4.8	11.4	0	0	0	0	0	0	0	0	0	0	0	18	18	0	0	0	0	0	0	0	0
南通师范高等专科学校	58	0	0	0	0	0	3	0	0	3	0	0	0	0	0	0	0	19	19	0	0	0	0	0	0	0	0
江苏护理职业学院	59	0	0	0	0	0	0	0	0	0	0	0	0	0	0	0	0	0	0	0	0	0	0	0	0	0	0
江苏财会职业学院	60	0	0	0	0	0	0	0	0	0	0	0	0	0	0	0	0	0	0	0	0	0	0	0	0	0	0
江苏城乡建设职业学院	61	0	0	0	0	0	0	0	0	0	0	0	0	0	0	0	0	3	3	0	0	0	0	0	0	0	0
江苏城乡建设职业学院	62	0	0	0	0	0	0	0	0	0	0	0	0	0	0	0	0	0	0	0	0	0	0	0	0	0	0

3.10 历史学人文、社会科学研究与课题成果情况表

高校名称	编号	总数：课题数（项）	总数：当年投入人数（人年）	其中：研究生（人年）	当年投入经费（千元）	当年支出经费（千元）	出版著作（部）：合计	专著	其中：被译成外文	编著教材	工具书参考书	皮书/发展报告	科普读物	古籍整理（部）	译著（部）	发表译文（篇）	电子出版物（件）	发表论文（篇）：合计	国内学术刊物	国外学术刊物	港澳、台地区刊物	获奖成果数（项）：合计	国家级奖	部级奖	省级奖	研究与咨询报告（篇）：合计	其中：被采纳数
		L01	L02	L03	L04	L05	L06	L07	L08	L09	L10	L11	L12	L13	L14	L15	L16	L17	L18	L19	L20	L21	L22	L23	L24	L25	L26
合计	/	24	6.4	0	121	110.95	44	32	0	9	0	0	3	2	9	2	1	350	338	7	5	18	0	0	18	10	6
盐城幼儿师范高等专科学校	1	0	0	0	0	0	0	0	0	0	0	0	0	0	0	0	0	0	0	0	0	0	0	0	0	0	0
苏州幼儿师范高等专科学校	2	0	0	0	0	0	0	0	0	0	0	0	0	0	0	0	0	0	0	0	0	0	0	0	0	0	0
无锡职业技术学院	3	1	0.3	0	20	18.35	0	0	0	0	0	0	0	0	0	0	0	0	0	0	0	0	0	0	0	0	0
江苏建筑职业技术学院	4	0	0	0	0	0	0	0	0	0	0	0	0	0	0	0	0	0	0	0	0	0	0	0	0	0	0
南京工业职业技术学院	5	2	0.9	0	4	3	0	0	0	0	0	0	0	0	0	0	0	0	0	0	0	0	0	0	0	0	0
江苏工程职业技术学院	6	0	0	0	0	0	0	0	0	0	0	0	0	0	0	0	0	0	0	0	0	0	0	0	0	0	0
苏州工艺美术职业技术学院	7	0	0	0	0	0	0	0	0	0	0	0	0	0	0	0	0	0	0	0	0	0	0	0	0	0	0
连云港职业技术学院	8	0	0	0	0	0	0	0	0	0	0	0	0	0	0	0	0	0	0	0	0	0	0	0	0	0	0
镇江市高等专科学校	9	1	0.8	0	3	3	0	0	0	0	0	0	0	0	0	0	0	1	1	0	0	0	0	0	0	0	0
南通职业大学	10	0	0	0	0	0	0	0	0	0	0	0	0	0	0	0	0	0	0	0	0	0	0	0	0	0	0
苏州市职业大学	11	1	0	0	0	0	2	0	0	1	1	0	0	0	0	0	0	4	4	0	0	0	0	0	0	1	0
沙洲职业工学院	12	0	0	0	0	0	0	0	0	0	0	0	0	0	0	0	0	0	0	0	0	0	0	0	0	0	0
扬州市职业大学	13	3	1.8	0	6	6	0	0	0	0	0	0	0	0	0	0	0	0	0	0	0	0	0	0	0	0	0
连云港师范高等专科学校	14	0	0	0	0	0	0	0	0	0	0	0	0	0	0	0	0	3	3	0	0	0	0	0	0	0	0
江苏经贸职业技术学院	15	0	0	0	0	0	0	0	0	0	0	0	0	0	0	0	0	1	1	0	0	0	0	0	0	0	0
泰州职业技术学院	16	0	0	0	0	0	0	0	0	0	0	0	0	0	0	0	0	0	0	0	0	0	0	0	0	0	0

续表

常州信息职业技术学院	17	0	0	0	0	0	0	0	0	0	0	0	0	0	0	0	0	0	0	0	0	0	0	0	0	0	0
江苏海事职业技术学院	18	0	0	0	0	0	0	0	0	0	0	0	0	0	0	0	0	0	0	0	0	0	0	0	0	0	0
无锡科技职业学院	19	0	0	0	0	0	0	0	0	0	0	0	0	0	0	0	0	0	0	0	0	0	0	0	0	0	0
盐城卫生职业技术学院	20	0	0	0	0	0	0	0	0	0	0	0	0	0	0	0	0	0	0	0	0	0	0	0	0	0	0
南通科技职业学院	21	0	0	0	0	0	0	0	0	0	0	0	0	0	0	0	0	0	0	0	0	0	0	0	0	0	0
苏州经贸职业技术学院	22	1	0	0	9	9	0	0	0	0	0	0	0	0	0	0	0	0	0	0	0	0	0	0	0	0	0
苏州工业职业技术学院	23	1	0.2	0	20	20	0	0	0	0	0	0	0	0	0	0	0	0	0	0	0	0	0	0	0	2	0
苏州卫生职业技术学院	24	0	0	0	0	0	0	0	0	0	0	0	0	0	0	0	0	0	0	0	0	0	0	0	0	0	0
无锡商业职业技术学院	25	0	0	0	0	0	0	0	0	0	0	0	0	0	0	0	0	0	0	0	0	0	0	0	0	0	0
南通航运职业技术学院	26	0	0	0	0	0	0	0	0	0	0	0	0	0	0	0	0	0	0	0	0	0	0	0	0	0	0
南京交通职业技术学院	27	0	0	0	0	0	0	0	0	0	0	0	0	0	0	0	0	0	0	0	0	0	0	0	0	0	0
淮安信息职业技术学院	28	2	0.3	0	20	20	0	0	0	0	0	0	0	0	0	0	0	0	0	0	0	0	0	0	0	0	0
常州纺织服装职业技术学院	29	3	0.6	0	3	13.1	0	0	0	0	0	0	0	0	0	0	0	1	1	0	0	0	0	0	0	0	0
苏州农业职业技术学院	30	0	0	0	0	0	0	0	0	0	0	0	0	0	0	0	0	0	0	0	0	0	0	0	0	0	0
南京科技职业学院	31	0	0	0	0	0	0	0	0	0	0	0	0	0	0	0	0	0	0	0	0	0	0	0	0	0	0
常州轻工职业技术学院	32	0	0	0	0	0	0	0	0	0	0	0	0	0	0	0	0	0	0	0	0	0	0	0	0	0	0

续表

高校名称		总数					出版著作(部)							古籍整理(部)	译著(部)	发表译文(篇)	电子出版物(件)	发表论文(篇)				获奖成果数(项)				研究与咨询报告(篇)	
		课题数(项)	当年投入人数(人年)	其中:研究生(人年)	当年投入经费(千元)	当年支出经费(千元)	合计	专著	其中:被译成外文	编著教材	工具书参考书	皮书/发展报告	科普读物					合计	国内学术刊物	国外学术刊物	港澳、台地区刊物	合计	国家级奖	部级奖	省级奖	合计	其中:被采纳数
	编号	L01	L02	L03	L04	L05	L06	L07	L08	L09	L10	L11	L12	L13	L14	L15	L16	L17	L18	L19	L20	L21	L22	L23	L24	L25	L26
常州工程职业技术学院	33	0	0	0	0	0	0	0	0	0	0	0	0	0	0	0	0	0	0	0	0	0	0	0	0	0	0
江苏农林职业技术学院	34	0	0	0	0	0	0	0	0	0	0	0	0	0	0	0	0	0	0	0	0	0	0	0	0	0	0
江苏食品药品职业技术学院	35	0	0	0	0	0	0	0	0	0	0	0	0	0	0	0	0	0	0	0	0	0	0	0	0	0	0
南京铁道职业技术学院	36	3	0.3	0	16	6	0	0	0	0	0	0	0	0	0	0	0	0	0	0	0	0	0	0	0	0	0
徐州工业职业技术学院	37	0	0	0	0	0	0	0	0	0	0	0	0	0	0	0	0	0	0	0	0	0	0	0	0	0	0
江苏信息职业技术学院	38	0	0	0	0	0	0	0	0	0	0	0	0	0	0	0	0	0	0	0	0	0	0	0	0	0	0
南京信息职业技术学院	39	0	0	0	0	0	0	0	0	0	0	0	0	0	0	0	0	0	0	0	0	0	0	0	0	0	0
常州机电职业技术学院	40	0	0	0	0	0	0	0	0	0	0	0	0	0	0	0	0	0	0	0	0	0	0	0	0	0	0
江阴职业技术学院	41	0	0	0	0	0	0	0	0	0	0	0	0	0	0	0	0	0	0	0	0	0	0	0	0	0	0
无锡城市职业技术学院	42	1	0.1	0	0	0	1	1	0	0	0	0	0	0	0	0	0	2	2	0	0	0	0	0	0	0	0
无锡工艺职业技术学院	43	0	0	0	0	0	0	0	0	0	0	0	0	0	0	0	0	0	0	0	0	0	0	0	0	0	0
苏州健雄职业技术学院	44	0	0	0	0	0	0	0	0	0	0	0	0	0	0	0	0	0	0	0	0	0	0	0	0	0	0
盐城工业职业技术学院	45	1	0.3	0	5	4	0	0	0	0	0	0	0	0	0	0	0	0	0	0	0	0	0	0	0	0	0
盐城工业职业技术学院	46	1	0.1	0	0	0.5	0	0	0	0	0	0	0	0	0	0	0	0	0	0	0	0	0	0	0	0	0

续表

扬州工业职业技术学院	47	0	0	0	0	0	0	0	0	0	0	0	0	0	0	0	0	0	0	0	0	0	0	0	0	0	0
江苏城市职业学院	48	1	0.2	0	0	4	1	1	0	0	0	0	0	0	0	0	0	1	1	0	0	0	0	0	0	0	0
南京城市职业学院	49	0	0	0	0	0	0	0	0	0	0	0	0	0	0	0	0	0	0	0	0	0	0	0	0	0	0
南京机电职业技术学院	50	0	0	0	0	0	0	0	0	0	0	0	0	0	0	0	0	0	0	0	0	0	0	0	0	0	0
南京旅游职业学院	51	0	0	0	0	0	0	0	0	0	0	0	0	0	0	0	0	0	0	0	0	0	0	0	0	0	0
江苏建康职业学院	52	0	0	0	0	0	0	0	0	0	0	0	0	0	0	0	0	0	0	0	0	0	0	0	0	0	0
苏州信息职业技术学院	53	0	0	0	0	0	0	0	0	0	0	0	0	0	0	0	0	0	0	0	0	0	0	0	0	0	0
苏州工业园区服务外包职业学院	54	0	0	0	0	0	0	0	0	0	0	0	0	0	0	0	0	0	0	0	0	0	0	0	0	0	0
徐州幼儿师范高等专科学校	55	0	0	0	0	0	0	0	0	0	0	0	0	0	0	0	0	0	0	0	0	0	0	0	0	0	0
徐州生物工程职业技术学院	56	0	0	0	0	0	0	0	0	0	0	0	0	0	0	0	0	0	0	0	0	0	0	0	0	0	0
江苏商贸职业学院	57	0	0	0	0	0	0	0	0	0	0	0	0	0	0	0	0	2	2	0	0	0	0	0	0	0	0
南通师范高等专科学校	58	0	0	0	0	0	0	0	0	0	0	0	0	0	0	0	0	4	4	0	0	0	0	0	0	0	0
江苏护理职业学院	59	0	0	0	0	0	0	0	0	0	0	0	0	0	0	0	0	0	0	0	0	0	0	0	0	0	0
江苏财会职业学院	60	0	0	0	0	0	0	0	0	0	0	0	0	0	0	0	0	0	0	0	0	0	0	0	0	0	0
江苏城乡建设职业学院	61	2	0.5	0	15	4	0	0	0	0	0	0	0	0	0	0	0	1	1	0	0	0	0	0	0	0	0
江苏城乡建设职业学院	62	0	0	0	0	0	0	0	0	0	0	0	0	0	0	0	0	0	0	0	0	0	0	0	0	0	0

3.11 考古学人文、社会科学研究与课题成果情况表

高校名称	编号	总数					出版著作(部)							古籍整理(部)	译著(部)	发表译文(篇)	电子出版物(件)	发表论文(篇)				获奖成果数(项)				研究与咨询报告(篇)	
		课题数(项)	当年投入人数(人年)	其中：研究生(人年)	当年投入经费(千元)	当年支出经费(千元)	合计	专著	其中：被译成外文	编著教材	工具书参考书	皮书/发展报告	科普读物					合计	国内学术刊物	国外学术刊物	港澳、台地区刊物	合计	国家级奖	部级奖	省级奖	合计	其中：被采纳数
		L01	L02	L03	L04	L05	L06	L07	L08	L09	L10	L11	L12	L13	L14	L15	L16	L17	L18	L19	L20	L21	L22	L23	L24	L25	L26
合计	/	0	0	0	0	0	3	2	0	1	0	0	0	0	1	0	0	27	26	1	0	1	0	0	1	3	1
盐城幼儿师范高等专科学校	1	0	0	0	0	0	0	0	0	0	0	0	0	0	0	0	0	0	0	0	0	0	0	0	0	0	0
苏州幼儿师范高等专科学校	2	0	0	0	0	0	0	0	0	0	0	0	0	0	0	0	0	0	0	0	0	0	0	0	0	0	0
无锡职业技术学院	3	0	0	0	0	0	0	0	0	0	0	0	0	0	0	0	0	0	0	0	0	0	0	0	0	0	0
江苏建筑职业技术学院	4	0	0	0	0	0	0	0	0	0	0	0	0	0	0	0	0	0	0	0	0	0	0	0	0	0	0
南京工业职业技术学院	5	0	0	0	0	0	0	0	0	0	0	0	0	0	0	0	0	0	0	0	0	0	0	0	0	0	0
江苏工程职业技术学院	6	0	0	0	0	0	0	0	0	0	0	0	0	0	0	0	0	0	0	0	0	0	0	0	0	0	0
苏州工艺美术职业技术学院	7	0	0	0	0	0	0	0	0	0	0	0	0	0	0	0	0	0	0	0	0	0	0	0	0	0	0
连云港职业技术学院	8	0	0	0	0	0	0	0	0	0	0	0	0	0	0	0	0	0	0	0	0	0	0	0	0	0	0
镇江市高等专科学校	9	0	0	0	0	0	0	0	0	0	0	0	0	0	0	0	0	0	0	0	0	0	0	0	0	0	0
南通职业大学	10	0	0	0	0	0	0	0	0	0	0	0	0	0	0	0	0	0	0	0	0	0	0	0	0	0	0
苏州市职业大学	11	0	0	0	0	0	0	0	0	0	0	0	0	0	0	0	0	0	0	0	0	0	0	0	0	0	0
沙洲职业工学院	12	0	0	0	0	0	0	0	0	0	0	0	0	0	0	0	0	0	0	0	0	0	0	0	0	0	0
扬州市职业大学	13	0	0	0	0	0	0	0	0	0	0	0	0	0	0	0	0	0	0	0	0	0	0	0	0	0	0
连云港师范高等专科学校	14	0	0	0	0	0	0	0	0	0	0	0	0	0	0	0	0	0	0	0	0	0	0	0	0	0	0
江苏经贸职业技术学院	15	0	0	0	0	0	0	0	0	0	0	0	0	0	0	0	0	0	0	0	0	0	0	0	0	0	0
泰州职业技术学院	16	0	0	0	0	0	0	0	0	0	0	0	0	0	0	0	0	0	0	0	0	0	0	0	0	0	0

续表

常州信息职业技术学院	17	0	0	0	0	0	0	0	0	0	0	0	0	0	0	0	0	0	0	0	0	0	0	0	0	0	0
江苏海事职业技术学院	18	0	0	0	0	0	0	0	0	0	0	0	0	0	0	0	0	0	0	0	0	0	0	0	0	0	0
无锡科技职业学院	19	0	0	0	0	0	0	0	0	0	0	0	0	0	0	0	0	0	0	0	0	0	0	0	0	0	0
盐城卫生职业技术学院	20	0	0	0	0	0	0	0	0	0	0	0	0	0	0	0	0	0	0	0	0	0	0	0	0	0	0
南通科技职业学院	21	0	0	0	0	0	0	0	0	0	0	0	0	0	0	0	0	0	0	0	0	0	0	0	0	0	0
苏州经贸职业技术学院	22	0	0	0	0	0	0	0	0	0	0	0	0	0	0	0	0	0	0	0	0	0	0	0	0	0	0
苏州工业职业技术学院	23	0	0	0	0	0	0	0	0	0	0	0	0	0	0	0	0	0	0	0	0	0	0	0	0	0	0
苏州卫生职业技术学院	24	0	0	0	0	0	0	0	0	0	0	0	0	0	0	0	0	0	0	0	0	0	0	0	0	0	0
无锡商业职业技术学院	25	0	0	0	0	0	0	0	0	0	0	0	0	0	0	0	0	0	0	0	0	0	0	0	0	0	0
南通航运职业技术学院	26	0	0	0	0	0	0	0	0	0	0	0	0	0	0	0	0	0	0	0	0	0	0	0	0	0	0
南京交通职业技术学院	27	0	0	0	0	0	0	0	0	0	0	0	0	0	0	0	0	0	0	0	0	0	0	0	0	0	0
淮安信息职业技术学院	28	0	0	0	0	0	0	0	0	0	0	0	0	0	0	0	0	0	0	0	0	0	0	0	0	0	0
常州纺织服装职业技术学院	29	0	0	0	0	0	0	0	0	0	0	0	0	0	0	0	0	0	0	0	0	0	0	0	0	0	0
苏州农业职业技术学院	30	0	0	0	0	0	0	0	0	0	0	0	0	0	0	0	0	0	0	0	0	0	0	0	0	0	0
南京科技职业学院	31	0	0	0	0	0	0	0	0	0	0	0	0	0	0	0	0	0	0	0	0	0	0	0	0	0	0
常州轻工职业技术学院	32	0	0	0	0	0	0	0	0	0	0	0	0	0	0	0	0	0	0	0	0	0	0	0	0	0	0

续表

高校名称	编号	总数：课题数(项)	总数：当年投入人数(人年)	总数：其中：研究生(人年)	总数：当年投入经费(千元)	总数：当年支出经费(千元)	出版著作(部)：合计	出版著作(部)：专著	出版著作(部)：其中：被译成外文	出版著作(部)：编著教材	出版著作(部)：工具书参考书	出版著作(部)：皮书/发展报告	出版著作(部)：科普读物	古籍整理(部)	译著(部)	发表译文(篇)	电子出版物(件)	发表论文(篇)：合计	发表论文(篇)：国内学术刊物	发表论文(篇)：国外学术刊物	发表论文(篇)：港澳、台地区刊物	获奖成果数(项)：合计	获奖成果数(项)：国家级奖	获奖成果数(项)：部级奖	获奖成果数(项)：省级奖	研究与咨询报告(篇)：合计	研究与咨询报告(篇)：其中：被采纳数
		L01	L02	L03	L04	L05	L06	L07	L08	L09	L10	L11	L12	L13	L14	L15	L16	L17	L18	L19	L20	L21	L22	L23	L24	L25	L26
常州工程职业技术学院	33	0	0	0	0	0	0	0	0	0	0	0	0	0	0	0	0	0	0	0	0	0	0	0	0	0	0
江苏农林职业技术学院	34	0	0	0	0	0	0	0	0	0	0	0	0	0	0	0	0	0	0	0	0	0	0	0	0	0	0
江苏食品药品职业技术学院	35	0	0	0	0	0	0	0	0	0	0	0	0	0	0	0	0	0	0	0	0	0	0	0	0	0	0
南京铁道职业技术学院	36	0	0	0	0	0	0	0	0	0	0	0	0	0	0	0	0	0	0	0	0	0	0	0	0	0	0
徐州工业职业技术学院	37	0	0	0	0	0	0	0	0	0	0	0	0	0	0	0	0	0	0	0	0	0	0	0	0	0	0
江苏信息职业技术学院	38	0	0	0	0	0	0	0	0	0	0	0	0	0	0	0	0	0	0	0	0	0	0	0	0	0	0
南京信息职业技术学院	39	0	0	0	0	0	0	0	0	0	0	0	0	0	0	0	0	0	0	0	0	0	0	0	0	0	0
常州机电职业技术学院	40	0	0	0	0	0	0	0	0	0	0	0	0	0	0	0	0	0	0	0	0	0	0	0	0	0	0
江阴职业技术学院	41	0	0	0	0	0	0	0	0	0	0	0	0	0	0	0	0	0	0	0	0	0	0	0	0	0	0
无锡城市职业技术学院	42	0	0	0	0	0	0	0	0	0	0	0	0	0	0	0	0	0	0	0	0	0	0	0	0	0	0
无锡工艺职业技术学院	43	0	0	0	0	0	0	0	0	0	0	0	0	0	0	0	0	0	0	0	0	0	0	0	0	0	0
苏州健雄职业技术学院	44	0	0	0	0	0	0	0	0	0	0	0	0	0	0	0	0	0	0	0	0	0	0	0	0	0	0
盐城工业职业技术学院	45	0	0	0	0	0	0	0	0	0	0	0	0	0	0	0	0	0	0	0	0	0	0	0	0	0	0
盐城工业职业技术学院	46	0	0	0	0	0	0	0	0	0	0	0	0	0	0	0	0	0	0	0	0	0	0	0	0	0	0

续表

扬州工业职业技术学院	47	0	0	0	0	0	0	0	0	0	0	0	0	0	0	0	0	0	0	0	0	0	0	0	0	0	0
江苏城市职业学院	48	0	0	0	0	0	0	0	0	0	0	0	0	0	0	0	0	0	0	0	0	0	0	0	0	0	0
南京城市职业学院	49	0	0	0	0	0	0	0	0	0	0	0	0	0	0	0	0	0	0	0	0	0	0	0	0	0	0
南京机电职业技术学院	50	0	0	0	0	0	0	0	0	0	0	0	0	0	0	0	0	0	0	0	0	0	0	0	0	0	0
南京旅游职业学院	51	0	0	0	0	0	0	0	0	0	0	0	0	0	0	0	0	0	0	0	0	0	0	0	0	0	0
江苏建康职业学院	52	0	0	0	0	0	0	0	0	0	0	0	0	0	0	0	0	0	0	0	0	0	0	0	0	0	0
苏州信息职业技术学院	53	0	0	0	0	0	0	0	0	0	0	0	0	0	0	0	0	0	0	0	0	0	0	0	0	0	0
苏州工业园区服务外包职业学院	54	0	0	0	0	0	0	0	0	0	0	0	0	0	0	0	0	0	0	0	0	0	0	0	0	0	0
徐州幼儿师范高等专科学校	55	0	0	0	0	0	0	0	0	0	0	0	0	0	0	0	0	0	0	0	0	0	0	0	0	0	0
徐州生物工程职业技术学院	56	0	0	0	0	0	0	0	0	0	0	0	0	0	0	0	0	0	0	0	0	0	0	0	0	0	0
江苏商贸职业学院	57	0	0	0	0	0	0	0	0	0	0	0	0	0	0	0	0	0	0	0	0	0	0	0	0	0	0
南通师范高等专科学校	58	0	0	0	0	0	0	0	0	0	0	0	0	0	0	0	0	0	0	0	0	0	0	0	0	0	0
江苏护理职业学院	59	0	0	0	0	0	0	0	0	0	0	0	0	0	0	0	0	0	0	0	0	0	0	0	0	0	0
江苏财会职业学院	60	0	0	0	0	0	0	0	0	0	0	0	0	0	0	0	0	0	0	0	0	0	0	0	0	0	0
江苏城乡建设职业学院	61	0	0	0	0	0	0	0	0	0	0	0	0	0	0	0	0	0	0	0	0	0	0	0	0	0	0
江苏城乡建设职业学院	62	0	0	0	0	0	0	0	0	0	0	0	0	0	0	0	0	0	0	0	0	0	0	0	0	0	0

3.12 经济学人文、社会科学研究与课题成果情况表

高校名称	编号	总数：课题数（项）	总数：当年投入人数（人年）	总数：其中：研究生（人年）	总数：当年投入经费（千元）	总数：当年支出经费（千元）	出版著作（部）：合计	出版著作（部）：专著	出版著作（部）：其中：被译成外文	出版著作（部）：编著教材	出版著作（部）：工具书参考书	出版著作（部）：皮书/发展报告	出版著作（部）：科普读物	古籍整理（部）	译著（部）	发表译文（篇）	电子出版物（件）	发表论文（篇）：合计	发表论文（篇）：国内学术刊物	发表论文（篇）：国外学术刊物	发表论文（篇）：港澳、台地区刊物	获奖成果数（项）：合计	获奖成果数（项）：国家级奖	获奖成果数（项）：部级奖	获奖成果数（项）：省级奖	研究与咨询报告（篇）：合计	研究与咨询报告（篇）：其中：被采纳数
		L01	L02	L03	L04	L05	L06	L07	L08	L09	L10	L11	L12	L13	L14	L15	L16	L17	L18	L19	L20	L21	L22	L23	L24	L25	L26
合计	/	587	142.6	0	3 786.57	4 475.59	108	73	4	30	2	0	3	0	2	4	3	1 737	1 635	102	0	43	0	1	42	301	163
盐城幼儿师范高等专科学校	1	0	0	0	0	0	0	0	0	0	0	0	0	0	0	0	0	0	0	0	0	0	0	0	0	0	0
苏州幼儿师范高等专科学校	2	0	0	0	0	0	0	0	0	0	0	0	0	0	0	0	0	0	0	0	0	0	0	0	0	0	0
无锡职业技术学院	3	20	2.6	0	99	92.67	0	0	0	0	0	0	0	0	0	0	0	33	33	0	0	0	0	0	0	2	0
江苏建筑职业技术学院	4	31	5.5	0	4	32.2	0	0	0	0	0	0	0	0	0	0	0	0	0	0	0	0	0	0	0	3	3
南京工业职业技术学院	5	27	7.5	0	496	1 155.1	1	0	0	1	0	0	0	0	0	0	0	17	17	0	0	0	0	0	0	9	0
江苏工程职业技术学院	6	20	3.2	0	102	64	0	0	0	0	0	0	0	0	0	0	0	20	20	0	0	0	0	0	0	0	0
苏州工艺美术职业技术学院	7	0	0	0	0	0	0	0	0	0	0	0	0	0	0	0	0	0	0	0	0	0	0	0	0	0	0
连云港职业技术学院	8	17	1.8	0	62	62	1	0	0	1	0	0	0	0	0	0	0	4	4	0	0	0	0	0	0	2	2
镇江市高等专科学校	9	4	2.2	0	54	31.5	1	0	0	0	0	1	0	0	0	0	0	1	0	1	0	0	0	0	0	0	0
南通职业大学	10	12	3.6	0	19	24	0	0	0	0	0	0	0	0	0	0	0	16	16	0	0	0	0	0	0	3	1
苏州市职业大学	11	19	4.5	0	95	69.65	1	0	0	1	0	0	0	0	0	0	0	22	22	0	0	0	0	0	0	6	5
沙洲职业工学院	12	8	1	0	31	29.3	0	0	0	0	0	0	0	0	0	0	0	17	17	0	0	0	0	0	0	2	0
扬州市职业大学	13	61	23.8	0	152.2	152.2	0	0	0	0	0	0	0	0	0	0	0	35	35	0	0	0	0	0	0	3	3
连云港师范高等专科学校	14	13	1.3	0	0	0	0	0	0	0	0	0	0	0	0	0	0	6	6	0	0	1	0	0	1	0	0
江苏经贸职业技术学院	15	19	3.8	0	65	76	4	0	0	4	0	0	0	0	0	0	0	1	1	0	0	0	0	0	0	1	1
泰州职业技术学院	16	5	1.3	0	200	153.15	2	0	0	2	0	0	0	0	0	0	0	3	3	0	0	0	0	0	0	1	1

续表

常州信息职业技术学院	17	4	1.3	0	15	11.5	0	0	0	0	0	0	0	0	0	0	0	12	12	0	0	0	0	0	0	0	0
江苏海事职业技术学院	18	9	2.1	0	44.8	38.88	0	0	0	0	0	0	0	0	0	0	0	8	8	0	0	0	0	0	0	0	0
无锡科技职业学院	19	7	1.5	0	2	12.8	2	0	0	2	0	0	0	0	0	0	0	3	3	0	0	0	0	0	0	0	0
盐城卫生职业技术学院	20	0	0	0	0	0	0	0	0	0	0	0	0	0	0	0	0	0	0	0	0	0	0	0	0	0	0
南通科技职业学院	21	11	3.7	0	77	69.95	0	0	0	0	0	0	0	0	0	0	0	4	4	0	0	0	0	0	0	0	0
苏州经贸职业技术学院	22	59	18	0	719.1	744.95	8	3	0	5	0	0	0	0	1	0	0	83	83	0	0	0	0	0	0	35	8
苏州工业职业技术学院	23	3	0.4	0	32	27.36	0	0	0	0	0	0	0	0	0	0	0	1	1	0	0	0	0	0	0	1	0
苏州卫生职业技术学院	24	1	0.1	0	0	1	0	0	0	0	0	0	0	0	0	0	0	0	0	0	0	0	0	0	0	0	0
无锡商业职业技术学院	25	16	3.5	0	69.5	49.1	2	0	0	2	0	0	0	0	0	0	0	39	39	0	0	0	0	0	0	3	3
南通航运职业技术学院	26	4	0.6	0	4	10.85	0	0	0	0	0	0	0	0	0	0	0	2	2	0	0	0	0	0	0	2	2
南京交通职业技术学院	27	4	0.4	0	40	16.17	0	0	0	0	0	0	0	0	0	0	0	1	1	0	0	0	0	0	0	1	0
淮安信息职业技术学院	28	2	0.2	0	10	6	0	0	0	0	0	0	0	0	0	0	0	6	6	0	0	0	0	0	0	0	0
常州纺织服装职业技术学院	29	4	1.9	0	18	3	1	0	0	1	0	0	0	0	0	0	0	34	34	0	0	0	0	0	0	0	0
苏州农业职业技术学院	30	7	1.2	0	0	31.3	0	0	0	0	0	0	0	0	0	0	0	4	4	0	0	0	0	0	0	0	0
南京科技职业学院	31	9	0.7	0	38	32	0	0	0	0	0	0	0	0	0	0	0	1	1	0	0	0	0	0	0	0	0
常州轻工职业技术学院	32	4	1.9	0	0	11.5	2	0	0	2	0	0	0	0	0	0	0	7	7	0	0	0	0	0	0	0	0

续表

高校名称		总数					出版著作(部)							古籍整理(部)	译著(部)	发表译文(篇)	电子出版物(件)	发表论文(篇)				获奖成果数(项)				研究与咨询报告(篇)	
		课题数(项)	当年投入人数(人年)	其中:研究生(人年)	当年投入经费(千元)	当年支出经费(千元)	合计	专著	其中:被译成外文	编著教材	工具书参考书	皮书/发展报告	科普读物					合计	国内学术刊物	国外学术刊物	港澳、台地区刊物	合计	国家级奖	部级奖	省级奖	合计	其中:被采纳数
	编号	L01	L02	L03	L04	L05	L06	L07	L08	L09	L10	L11	L12	L13	L14	L15	L16	L17	L18	L19	L20	L21	L22	L23	L24	L25	L26
常州工程职业技术学院	33	11	2.7	0	70	55.05	0	0	0	0	0	0	0	0	0	0	0	17	17	0	0	0	0	0	0	0	0
江苏农林职业技术学院	34	0	0	0	0	0	0	0	0	0	0	0	0	0	0	0	0	0	0	0	0	0	0	0	0	0	0
江苏食品药品职业技术学院	35	11	3.1	0	87	60	3	1	0	2	0	0	0	0	0	1	0	3	3	0	0	0	0	0	0	4	1
南京铁道职业技术学院	36	16	2	0	16.5	36.5	0	0	0	0	0	0	0	0	0	0	0	8	8	0	0	0	0	0	0	1	1
徐州工业职业技术学院	37	2	0.2	0	0	2	1	0	0	1	0	0	0	0	0	0	0	0	0	0	0	0	0	0	0	0	0
江苏信息职业技术学院	38	12	4.7	0	29	129.31	6	0	0	6	0	0	0	0	0	0	0	28	28	0	0	0	0	0	0	4	4
南京信息职业技术学院	39	1	0.1	0	0	1.5	0	0	0	0	0	0	0	0	0	0	0	9	9	0	0	0	0	0	0	0	0
常州机电职业技术学院	40	4	1	0	23	26	0	0	0	0	0	0	0	0	0	0	0	1	1	0	0	0	0	0	0	1	1
江阴职业技术学院	41	6	0.5	0	6	23	0	0	0	0	0	0	0	0	0	0	0	4	4	0	0	0	0	0	0	2	0
无锡城市职业技术学院	42	5	0.8	0	6	7.1	4	1	0	3	0	0	0	0	0	0	0	40	37	3	0	0	0	0	0	0	0
无锡工艺职业技术学院	43	5	0.5	0	71	50	1	0	0	1	0	0	0	0	0	0	0	1	1	0	0	0	0	0	0	0	0
苏州健雄职业技术学院	44	8	1.6	0	14	23	0	0	0	0	0	0	0	0	1	0	0	7	6	1	0	0	0	0	0	1	0
盐城工业职业技术学院	45	18	2.9	0	68.5	66.5	2	0	0	2	0	0	0	0	0	0	0	11	11	0	0	0	0	0	0	0	0
盐城工业职业技术学院	46	7	0.8	0	4	12.37	1	1	0	0	0	0	0	0	0	0	0	0	0	0	0	0	0	0	0	0	0

续表

扬州工业职业技术学院	47	19	2.6	0	68	87	0	0	0	0	0	0	0	0	0	0	0	15	15	0	0	0	0	0	0	2	2
江苏城市职业学院	48	9	2.4	0	20	19.45	0	0	0	0	0	0	0	0	0	0	0	4	4	0	0	0	0	0	0	0	0
南京城市职业学院	49	9	1.6	0	14.4	26.5	1	0	0	1	0	0	0	0	0	0	0	9	9	0	0	0	0	0	0	4	2
南京机电职业技术学院	50	0	0	0	0	0	0	0	0	0	0	0	0	0	0	0	0	2	2	0	0	0	0	0	0	0	0
南京旅游职业学院	51	11	4.7	0	0	8	0	0	0	0	0	0	0	0	0	0	0	4	4	0	0	0	0	0	0	0	0
江苏建康职业学院	52	1	0.4	0	0	2	0	0	0	0	0	0	0	0	0	0	0	3	3	0	0	0	0	0	0	0	0
苏州信息职业技术学院	53	1	0.2	0	0	1.81	0	0	0	0	0	0	0	0	0	0	0	8	8	0	0	0	0	0	0	1	0
苏州工业园区服务外包职业学院	54	19	4.1	0	767.07	770.82	0	0	0	0	0	0	0	0	0	0	0	28	28	0	0	0	0	0	0	7	7
徐州幼儿师范高等专科学校	55	0	0	0	0	0	0	0	0	0	0	0	0	0	0	0	0	0	0	0	0	0	0	0	0	0	0
徐州生物工程职业技术学院	56	0	0	0	0	0	0	0	0	0	0	0	0	0	0	0	0	11	11	0	0	0	0	0	0	1	0
江苏商贸职业学院	57	10	4.8	0	65.5	51.55	0	0	0	0	0	0	0	0	0	0	0	42	42	0	0	0	0	0	0	6	5
南通师范高等专科学校	58	0	0	0	0	0	0	0	0	0	0	0	0	0	0	0	0	0	0	0	0	0	0	0	0	0	0
江苏护理职业学院	59	0	0	0	0	0	0	0	0	0	0	0	0	0	0	0	0	0	0	0	0	0	0	0	0	0	0
江苏财会职业学院	60	2	1.3	0	8	8	1	0	0	1	0	0	0	0	0	0	0	10	10	0	0	0	0	0	0	2	0
江苏城乡建设职业学院	61	0	0	0	0	0	0	0	0	0	0	0	0	0	0	0	0	0	0	0	0	0	0	0	0	0	0
江苏城乡建设职业学院	62	0	0	0	0	0	0	0	0	0	0	0	0	0	0	0	0	0	0	0	0	0	0	0	0	0	0

3.13 政治学人文、社会科学研究与课题成果情况表

高校名称	编号	总数：课题数(项)	总数：当年投入人数(人年)	总数：其中：研究生(人年)	总数：当年投入经费(千元)	总数：当年支出经费(千元)	出版著作(部)：合计	出版著作(部)：专著	出版著作(部)：其中：被译成外文	出版著作(部)：编著教材	出版著作(部)：工具书参考书	出版著作(部)：皮书/发展报告	出版著作(部)：科普读物	古籍整理(部)	译著(部)	发表译文(篇)	电子出版物(件)	发表论文(篇)：合计	发表论文(篇)：国内学术刊物	发表论文(篇)：国外学术刊物	发表论文(篇)：港澳、台地区刊物	获奖成果数(项)：合计	获奖成果数(项)：国家级奖	获奖成果数(项)：部级奖	获奖成果数(项)：省级奖	研究与咨询报告(篇)：合计	研究与咨询报告(篇)：其中：被采纳数
		L01	L02	L03	L04	L05	L06	L07	L08	L09	L10	L11	L12	L13	L14	L15	L16	L17	L18	L19	L20	L21	L22	L23	L24	L25	L26
合计	/	53	12.6	0	140.9	146	19	12	0	5	0	1	1	0	0	0	1	301	295	5	1	10	0	0	10	17	10
盐城幼儿师范高等专科学校	1	0	0	0	0	0	0	0	0	0	0	0	0	0	0	0	0	0	0	0	0	0	0	0	0	0	0
苏州幼儿师范高等专科学校	2	0	0	0	0	0	0	0	0	0	0	0	0	0	0	0	0	0	0	0	0	0	0	0	0	0	0
无锡职业技术学院	3	2	0.4	0	0	7.2	0	0	0	0	0	0	0	0	0	0	0	0	0	0	0	0	0	0	0	0	0
江苏建筑职业技术学院	4	4	0.4	0	10	8.5	0	0	0	0	0	0	0	0	0	0	0	1	1	0	0	0	0	0	0	0	0
南京工业职业技术学院	5	2	0.9	0	0	1	0	0	0	0	0	0	0	0	0	0	0	6	6	0	0	0	0	0	0	1	0
江苏工程职业技术学院	6	0	0	0	0	0	0	0	0	0	0	0	0	0	0	0	0	1	1	0	0	0	0	0	0	0	0
苏州工艺美术职业技术学院	7	0	0	0	0	0	0	0	0	0	0	0	0	0	0	0	0	0	0	0	0	0	0	0	0	0	0
连云港职业技术学院	8	0	0	0	0	0	0	0	0	0	0	0	0	0	0	0	0	0	0	0	0	0	0	0	0	0	0
镇江市高等专科学校	9	0	0	0	0	0	0	0	0	0	0	0	0	0	0	0	0	0	0	0	0	0	0	0	0	0	0
南通职业大学	10	3	0.9	0	3	6	0	0	0	0	0	0	0	0	0	0	0	1	1	0	0	0	0	0	0	0	0
苏州市职业大学	11	0	0	0	0	0	0	0	0	0	0	0	0	0	0	0	0	0	0	0	0	0	0	0	0	0	0
沙洲职业工学院	12	1	0.1	0	0	1.3	0	0	0	0	0	0	0	0	0	0	0	2	2	0	0	0	0	0	0	0	0
扬州市职业大学	13	3	1.7	0	0	0	0	0	0	0	0	0	0	0	0	0	0	0	0	0	0	0	0	0	0	0	0
连云港师范高等专科学校	14	4	0.5	0	0	0	0	0	0	0	0	0	0	0	0	0	0	6	6	0	0	0	0	0	0	0	0
江苏经贸职业技术学院	15	0	0	0	0	0	0	0	0	0	0	0	0	0	0	0	0	0	0	0	0	0	0	0	0	0	0
泰州职业技术学院	16	0	0	0	0	0	0	0	0	0	0	0	0	0	0	0	0	3	3	0	0	0	0	0	0	0	0

续表

常州信息职业技术学院	17	1	0.3	0	0	1	0	0	0	0	0	0	0	0	0	0	0	1	1	0	0	0	0	0	0	0	0
江苏海事职业技术学院	18	0	0	0	0	0	0	0	0	0	0	0	0	0	0	0	0	0	0	0	0	0	0	0	0	0	0
无锡科技职业学院	19	0	0	0	0	0	0	0	0	0	0	0	0	0	0	0	0	0	0	0	0	0	0	0	0	0	0
盐城卫生职业技术学院	20	0	0	0	0	0	0	0	0	0	0	0	0	0	0	0	0	0	0	0	0	0	0	0	0	0	0
南通科技职业学院	21	2	0.6	0	4	2.7	1	0	0	1	0	0	0	0	0	0	0	0	0	0	0	0	0	0	0	0	0
苏州经贸职业技术学院	22	0	0	0	0	0	0	0	0	0	0	0	0	0	0	0	0	6	6	0	0	0	0	0	0	0	0
苏州工业职业技术学院	23	1	0.2	0	20	20	0	0	0	0	0	0	0	0	0	0	0	0	0	0	0	0	0	0	0	1	0
苏州卫生职业技术学院	24	0	0	0	0	0	0	0	0	0	0	0	0	0	0	0	0	1	1	0	0	0	0	0	0	0	0
无锡商业职业技术学院	25	1	0.2	0	6	4	0	0	0	0	0	0	0	0	0	0	0	1	1	0	0	0	0	0	0	0	0
南通航运职业技术学院	26	0	0	0	0	0	0	0	0	0	0	0	0	0	0	0	0	6	6	0	0	0	0	0	0	0	0
南京交通职业技术学院	27	0	0	0	0	0	0	0	0	0	0	0	0	0	0	0	0	10	10	0	0	0	0	0	0	0	0
淮安信息职业技术学院	28	3	0.3	0	9	7	1	1	0	0	0	0	0	0	0	0	0	1	1	0	0	0	0	0	0	0	0
常州纺织服装职业技术学院	29	1	0.2	0	0	1	0	0	0	0	0	0	0	0	0	0	0	2	2	0	0	0	0	0	0	0	0
苏州农业职业技术学院	30	0	0	0	0	0	0	0	0	0	0	0	0	0	0	0	0	0	0	0	0	0	0	0	0	0	0
南京科技职业学院	31	2	0.1	0	1.5	1.5	0	0	0	0	0	0	0	0	0	0	0	0	0	0	0	0	0	0	0	0	0
常州轻工职业技术学院	32	0	0	0	0	0	0	0	0	0	0	0	0	0	0	0	0	1	1	0	0	0	0	0	0	0	0

续表

高校名称		总数					出版著作(部)							古籍整理(部)	译著(部)	发表译文(篇)	电子出版物(件)	发表论文(篇)				获奖成果数(项)				研究与咨询报告(篇)	
		课题数(项)	当年投入人数(人年)	其中：研究生(人年)	当年投入经费(千元)	当年支出经费(千元)	合计	专著	其中：被译成外文	编著教材	工具书参考书	皮书/发展报告	科普读物					合计	国内学术刊物	国外学术刊物	港澳台地区刊物	合计	国家级奖	部级奖	省级奖	合计	其中：被采纳数
	编号	L01	L02	L03	L04	L05	L06	L07	L08	L09	L10	L11	L12	L13	L14	L15	L16	L17	L18	L19	L20	L21	L22	L23	L24	L25	L26
常州工程职业技术学院	33	0	0	0	0	0	0	0	0	0	0	0	0	0	0	0	0	0	0	0	0	0	0	0	0	0	0
江苏农林职业技术学院	34	3	0.6	0	18	23.4	0	0	0	0	0	0	0	0	0	0	0	4	4	0	0	0	0	0	0	0	0
江苏食品药品职业技术学院	35	1	0.2	0	5	5	2	1	0	1	0	0	0	0	0	0	1	1	1	0	0	0	0	0	0	2	0
南京铁道职业技术学院	36	1	0.1	0	2	2	0	0	0	0	0	0	0	0	0	0	0	1	1	0	0	0	0	0	0	0	0
徐州工业职业技术学院	37	0	0	0	0	0	0	0	0	0	0	0	0	0	0	0	0	0	0	0	0	0	0	0	0	0	0
江苏信息职业技术学院	38	2	0.7	0	6	4.3	1	0	0	1	0	0	0	0	0	0	0	2	2	0	0	0	0	0	0	0	0
南京信息职业技术学院	39	0	0	0	0	0	0	0	0	0	0	0	0	0	0	0	0	0	0	0	0	0	0	0	0	0	0
常州机电职业技术学院	40	0	0	0	0	0	0	0	0	0	0	0	0	0	0	0	0	0	0	0	0	0	0	0	0	0	0
江阴职业技术学院	41	0	0	0	0	0	0	0	0	0	0	0	0	0	0	0	0	0	0	0	0	0	0	0	0	0	0
无锡城市职业技术学院	42	0	0	0	0	0	0	0	0	0	0	0	0	0	0	0	0	0	0	0	0	0	0	0	0	0	0
无锡工艺职业技术学院	43	2	0	0	0	7	1	0	0	1	0	0	0	0	0	0	0	0	0	0	0	0	0	0	0	0	0
苏州健雄职业技术学院	44	0	0	0	0	0	0	0	0	0	0	0	0	0	0	0	0	3	3	0	0	0	0	0	0	0	0
盐城工业职业技术学院	45	0	0	0	0	0	0	0	0	0	0	0	0	0	0	0	0	0	0	0	0	0	0	0	0	0	0
盐城工业职业技术学院	46	3	0.4	0	19	11	0	0	0	0	0	0	0	0	0	0	0	0	0	0	0	0	0	0	0	0	0

续表

扬州工业职业技术学院	47	1	0.1	0	3	3	0	0	0	0	0	0	0	0	0	0	0	0	0	0	0	0	0	0	0	0	0
江苏城市职业学院	48	2	0.7	0	0	16.8	0	0	0	0	0	0	0	0	0	0	0	1	1	0	0	0	0	0	0	0	0
南京城市职业学院	49	1	0.3	0	2	5	0	0	0	0	0	0	0	0	0	0	0	0	0	0	0	0	0	0	0	0	0
南京机电职业技术学院	50	0	0	0	0	0	0	0	0	0	0	0	0	0	0	0	0	0	0	0	0	0	0	0	0	0	0
南京旅游职业学院	51	0	0	0	0	0	0	0	0	0	0	0	0	0	0	0	0	0	0	0	0	0	0	0	0	0	0
江苏建康职业学院	52	0	0	0	0	0	0	0	0	0	0	0	0	0	0	0	0	0	0	0	0	0	0	0	0	0	0
苏州信息职业技术学院	53	0	0	0	0	0	0	0	0	0	0	0	0	0	0	0	0	0	0	0	0	0	0	0	0	0	0
苏州工业园区服务外包职业学院	54	1	0.3	0	2	0.1	0	0	0	0	0	0	0	0	0	0	0	2	2	0	0	0	0	0	0	0	0
徐州幼儿师范高等专科学校	55	0	0	0	0	0	0	0	0	0	0	0	0	0	0	0	0	1	1	0	0	0	0	0	0	0	0
徐州生物工程职业技术学院	56	0	0	0	0	0	0	0	0	0	0	0	0	0	0	0	0	0	0	0	0	0	0	0	0	0	0
江苏商贸职业学院	57	4	1.7	0	20.4	5.2	0	0	0	0	0	0	0	0	0	0	0	3	3	0	0	0	0	0	0	0	0
南通师范高等专科学校	58	1	0.3	0	10	1	0	0	0	0	0	0	0	0	0	0	0	0	0	0	0	0	0	0	0	0	0
江苏护理职业学院	59	0	0	0	0	0	0	0	0	0	0	0	0	0	0	0	0	0	0	0	0	0	0	0	0	0	0
江苏财会职业学院	60	1	0.4	0	0	1	0	0	0	0	0	0	0	0	0	0	0	5	5	0	0	0	0	0	0	0	0
江苏城乡建设职业学院	61	0	0	0	0	0	0	0	0	0	0	0	0	0	0	0	0	0	0	0	0	0	0	0	0	0	0
江苏城乡建设职业学院	62	0	0	0	0	0	0	0	0	0	0	0	0	0	0	0	0	1	1	0	0	0	0	0	0	0	0

3.14 法学人文、社会科学研究与课题成果情况表

高校名称	编号	总数					出版著作(部)							古籍整理(部)	译著(部)	发表译文(篇)	电子出版物(件)	发表论文(篇)				获奖成果数(项)				研究与咨询报告(篇)	
		课题数(项)	当年投入人数(人年)	其中：研究生(人年)	当年投入经费(千元)	当年支出经费(千元)	合计	专著	其中：被译成外文	编著教材	工具书参考书	皮书/发展报告	科普读物					合计	国内学术刊物	国外学术刊物	港、澳、台地区刊物	合计	国家级奖	部级奖	省级奖	合计	其中：被采纳数
	编号	L01	L02	L03	L04	L05	L06	L07	L08	L09	L10	L11	L12	L13	L14	L15	L16	L17	L18	L19	L20	L21	L22	L23	L24	L25	L26
合计	/	54	12.2	0	96.5	113.73	106	69	2	33	1	0	3	0	9	1	0	844	825	16	3	17	0	1	16	56	40
盐城幼儿师范高等专科学校	1	0	0	0	0	0	0	0	0	0	0	0	0	0	0	0	0	0	0	0	0	0	0	0	0	0	0
苏州幼儿师范高等专科学校	2	0	0	0	0	0	0	0	0	0	0	0	0	0	0	0	0	0	0	0	0	0	0	0	0	0	0
无锡职业技术学院	3	4	0.7	0	0	18.98	0	0	0	0	0	0	0	0	0	0	0	0	0	0	0	0	0	0	0	0	0
江苏建筑职业技术学院	4	4	0.7	0	0	4.5	0	0	0	0	0	0	0	0	0	0	0	1	1	0	0	0	0	0	0	0	0
南京工业职业技术学院	5	2	0.3	0	0	0	0	0	0	0	0	0	0	0	0	0	0	5	5	0	0	0	0	0	0	0	0
江苏工程职业技术学院	6	0	0	0	0	0	0	0	0	0	0	0	0	0	0	0	0	8	8	0	0	0	0	0	0	0	0
苏州工艺美术职业技术学院	7	0	0	0	0	0	0	0	0	0	0	0	0	0	0	0	0	2	2	0	0	0	0	0	0	0	0
连云港职业技术学院	8	2	0.3	0	0	0	0	0	0	0	0	0	0	0	0	0	0	0	0	0	0	0	0	0	0	0	0
镇江市高等专科学校	9	5	1.3	0	6.5	7.4	0	0	0	0	0	0	0	0	0	0	0	4	4	0	0	0	0	0	0	0	0
南通职业大学	10	0	0	0	0	0	0	0	0	0	0	0	0	0	0	0	0	0	0	0	0	0	0	0	0	0	0
苏州市职业大学	11	3	1.2	0	21	21	0	0	0	0	0	0	0	0	0	0	0	4	4	0	0	0	0	0	0	0	0
沙洲职业工学院	12	0	0	0	0	0	0	0	0	0	0	0	0	0	0	0	0	0	0	0	0	0	0	0	0	0	0
扬州市职业大学	13	1	0.3	0	0	0	0	0	0	0	0	0	0	0	0	0	0	1	1	0	0	0	0	0	0	0	0
连云港师范高等专科学校	14	0	0	0	0	0	0	0	0	0	0	0	0	0	0	0	0	1	1	0	0	0	0	0	0	0	0
江苏经贸职业技术学院	15	5	1	0	6	6	0	0	0	0	0	0	0	0	0	0	0	2	2	0	0	0	0	0	0	0	0
泰州职业技术学院	16	0	0	0	0	0	0	0	0	0	0	0	0	0	0	0	0	2	2	0	0	0	0	0	0	0	0

续表

常州信息职业技术学院	17	0	0	0	0	0	0	0	0	0	0	0	0	0	0	0	0	0	0	0	0	0	0	0	0	0	0
江苏海事职业技术学院	18	1	0.3	0	0	6	0	0	0	0	0	0	0	0	0	0	0	0	0	0	0	0	0	0	0	0	0
无锡科技职业学院	19	1	0.1	0	0	2	0	0	0	0	0	0	0	0	0	0	0	0	0	0	0	0	0	0	0	0	0
盐城卫生职业技术学院	20	0	0	0	0	0	0	0	0	0	0	0	0	0	0	0	0	0	0	0	0	0	0	0	0	0	0
南通科技职业学院	21	1	0.3	0	0	0	0	0	0	0	0	0	0	0	0	0	0	1	1	0	0	0	0	0	0	0	0
苏州经贸职业技术学院	22	0	0	0	0	0	0	0	0	0	0	0	0	0	0	0	0	0	0	0	0	0	0	0	0	0	0
苏州工业职业技术学院	23	0	0	0	0	0	0	0	0	0	0	0	0	0	0	0	0	0	0	0	0	0	0	0	0	0	0
苏州卫生职业技术学院	24	0	0	0	0	0	0	0	0	0	0	0	0	0	0	0	0	0	0	0	0	0	0	0	0	0	0
无锡商业职业技术学院	25	0	0	0	0	0	0	0	0	0	0	0	0	0	0	0	0	0	0	0	0	0	0	0	0	0	0
南通航运职业技术学院	26	5	0.9	0	10	7.55	0	0	0	0	0	0	0	0	0	0	0	4	4	0	0	0	0	0	0	0	0
南京交通职业技术学院	27	1	0.2	0	0	0	0	0	0	0	0	0	0	0	0	0	0	0	0	0	0	0	0	0	0	0	0
淮安信息职业技术学院	28	1	0.1	0	8	8	0	0	0	0	0	0	0	0	0	0	0	0	0	0	0	0	0	0	0	0	0
常州纺织服装职业技术学院	29	0	0	0	0	0	0	0	0	0	0	0	0	0	0	0	0	0	0	0	0	0	0	0	0	0	0
苏州农业职业技术学院	30	0	0	0	0	0	0	0	0	0	0	0	0	0	0	0	0	0	0	0	0	0	0	0	0	0	0
南京科技职业学院	31	2	0.4	0	11	8	0	0	0	0	0	0	0	0	0	0	0	0	0	0	0	0	0	0	0	0	0
常州轻工职业技术学院	32	0	0	0	0	0	0	0	0	0	0	0	0	0	0	0	0	1	1	0	0	0	0	0	0	0	0

续表

高校名称	编号	总数					出版著作(部)							古籍整理(部)	译著(部)	发表译文(篇)	电子出版物(件)	发表论文(篇)				获奖成果数(项)				研究与咨询报告(篇)	
		课题数(项)	当年投入人数(人年)	其中：研究生(人年)	当年投入经费(千元)	当年支出经费(千元)	合计	专著	其中：被译成外文	编著教材	工具书参考书	皮书/发展报告	科普读物					合计	国内学术刊物	国外学术刊物	港澳、台地区刊物	合计	国家级奖	部级奖	省级奖	合计	其中：被采纳数
		L01	L02	L03	L04	L05	L06	L07	L08	L09	L10	L11	L12	L13	L14	L15	L16	L17	L18	L19	L20	L21	L22	L23	L24	L25	L26
常州工程职业技术学院	33	0	0	0	0	0	0	0	0	0	0	0	0	0	0	0	0	0	0	0	0	0	0	0	0	0	0
江苏农林职业技术学院	34	0	0	0	0	0	0	0	0	0	0	0	0	0	0	0	0	1	1	0	0	0	0	0	0	0	0
江苏食品药品职业技术学院	35	0	0	0	0	0	0	0	0	0	0	0	0	0	0	0	0	0	0	0	0	0	0	0	0	0	0
南京铁道职业技术学院	36	0	0	0	0	0	0	0	0	0	0	0	0	0	0	0	0	0	0	0	0	0	0	0	0	0	0
徐州工业职业技术学院	37	0	0	0	0	0	0	0	0	0	0	0	0	0	0	0	0	0	0	0	0	0	0	0	0	0	0
江苏信息职业技术学院	38	0	0	0	0	0	0	0	0	0	0	0	0	0	0	0	0	0	0	0	0	0	0	0	0	0	0
南京信息职业技术学院	39	0	0	0	0	0	0	0	0	0	0	0	0	0	0	0	0	0	0	0	0	0	0	0	0	0	0
常州机电职业技术学院	40	0	0	0	0	0	0	0	0	0	0	0	0	0	0	0	0	0	0	0	0	0	0	0	0	0	0
江阴职业技术学院	41	0	0	0	0	0	0	0	0	0	0	0	0	0	0	0	0	0	0	0	0	0	0	0	0	0	0
无锡城市职业技术学院	42	0	0	0	0	0	0	0	0	0	0	0	0	0	0	0	0	2	2	0	0	0	0	0	0	0	0
无锡工艺职业技术学院	43	0	0	0	0	0	0	0	0	0	0	0	0	0	0	0	0	0	0	0	0	0	0	0	0	0	0
苏州健雄职业技术学院	44	0	0	0	0	0	0	0	0	0	0	0	0	0	0	0	0	0	0	0	0	0	0	0	0	0	0
盐城工业职业技术学院	45	1	0.1	0	0	1	0	0	0	0	0	0	0	0	0	0	0	1	1	0	0	0	0	0	0	0	0
盐城工业职业技术学院	46	6	0.7	0	6	7	0	0	0	0	0	0	0	0	0	0	0	0	0	0	0	0	0	0	0	0	0

续表

扬州工业职业技术学院	47	0	0	0	0	0	0	0	0	0	0	0	0	0	0	0	0	0	0	0	0	0	0	0	0	0	0
江苏城市职业学院	48	5	1.2	0	20	8.7	0	0	0	0	0	0	0	0	0	0	0	6	6	0	0	0	0	0	0	0	0
南京城市职业学院	49	0	0	0	0	0	0	0	0	0	0	0	0	0	0	0	0	0	0	0	0	0	0	0	0	0	0
南京机电职业技术学院	50	0	0	0	0	0	0	0	0	0	0	0	0	0	0	0	0	0	0	0	0	0	0	0	0	0	0
南京旅游职业学院	51	1	0.2	0	0	1	0	0	0	0	0	0	0	0	0	0	0	2	2	0	0	0	0	0	0	0	0
江苏建康职业学院	52	0	0	0	0	0	0	0	0	0	0	0	0	0	0	0	0	0	0	0	0	0	0	0	0	0	0
苏州信息职业技术学院	53	0	0	0	0	0	0	0	0	0	0	0	0	0	0	0	0	0	0	0	0	0	0	0	0	0	0
苏州工业园区服务外包职业学院	54	0	0	0	0	0	0	0	0	0	0	0	0	0	0	0	0	4	4	0	0	0	0	0	0	0	0
徐州幼儿师范高等专科学校	55	0	0	0	0	0	0	0	0	0	0	0	0	0	0	0	0	0	0	0	0	0	0	0	0	0	0
徐州生物工程职业技术学院	56	0	0	0	0	0	0	0	0	0	0	0	0	0	0	0	0	0	0	0	0	0	0	0	0	0	0
江苏商贸职业学院	57	2	1.1	0	4	2.6	0	0	0	0	0	0	0	0	0	0	0	3	3	0	0	0	0	0	0	2	2
南通师范高等专科学校	58	0	0	0	0	0	0	0	0	0	0	0	0	0	0	0	0	0	0	0	0	0	0	0	0	0	0
江苏护理职业学院	59	0	0	0	0	0	0	0	0	0	0	0	0	0	0	0	0	0	0	0	0	0	0	0	0	0	0
江苏财会职业学院	60	1	0.8	0	4	4	0	0	0	0	0	0	0	0	0	0	0	1	1	0	0	0	0	0	0	0	0
江苏城乡建设职业学院	61	0	0	0	0	0	0	0	0	0	0	0	0	0	0	0	0	0	0	0	0	0	0	0	0	0	0
江苏城乡建设职业学院	62	0	0	0	0	0	0	0	0	0	0	0	0	0	0	0	0	0	0	0	0	0	0	0	0	0	0

3.15 社会学人文、社会科学研究与课题成果情况表

高校名称	编号	总数					出版著作(部)							古籍整理(部)	译著(部)	发表译文(篇)	电子出版物(件)	发表论文(篇)				获奖成果数(项)				研究与咨询报告(篇)	
		课题数(项)	当年投入人数(人年)	其中:研究生(人年)	当年投入经费(千元)	当年支出经费(千元)	合计	专著	其中:被译成外文	编著教材	工具书参考书	皮书/发展报告	科普读物					合计	国内学术刊物	国外学术刊物	港澳、台地区刊物	合计	国家级奖	部级奖	省级奖	合计	其中:被采纳数
		L01	L02	L03	L04	L05	L06	L07	L08	L09	L10	L11	L12	L13	L14	L15	L16	L17	L18	L19	L20	L21	L22	L23	L24	L25	L26
合计	/	284	70.2	0	1 689.75	1 679.75	36	28	0	4	0	1	3	0	3	0	5	672	629	43	0	16	0	1	15	166	100
盐城幼儿师范高等专科学校	1	0	0	0	0	0	0	0	0	0	0	0	0	0	0	0	0	0	0	0	0	0	0	0	0	0	0
苏州幼儿师范高等专科学校	2	0	0	0	0	0	0	0	0	0	0	0	0	0	0	0	0	0	0	0	0	0	0	0	0	0	0
无锡职业技术学院	3	2	0.3	0	0	7.5	0	0	0	0	0	0	0	0	0	0	0	4	4	0	0	0	0	0	0	0	0
江苏建筑职业技术学院	4	24	3.8	0	54	73.1	1	1	0	0	0	0	0	0	0	0	0	10	10	0	0	0	0	0	0	5	5
南京工业职业技术学院	5	12	6	0	117.75	109.02	1	1	0	0	0	0	0	0	0	0	0	15	15	0	0	0	0	0	0	13	0
江苏工程职业技术学院	6	7	1.5	0	0	6.5	0	0	0	0	0	0	0	0	0	0	0	7	7	0	0	0	0	0	0	0	0
苏州工艺美术职业技术学院	7	1	0.4	0	0	1	0	0	0	0	0	0	0	0	0	0	0	0	0	0	0	0	0	0	0	0	0
连云港职业技术学院	8	0	0	0	0	0	0	0	0	0	0	0	0	0	0	0	0	0	0	0	0	0	0	0	0	0	0
镇江市高等专科学校	9	0	0	0	0	0	0	0	0	0	0	0	0	0	0	0	0	2	2	0	0	0	0	0	0	0	0
南通职业大学	10	14	4	0	41	41	0	0	0	0	0	0	0	0	0	0	0	3	3	0	0	0	0	0	0	5	0
苏州市职业大学	11	7	2	0	22	22.75	0	0	0	0	0	0	0	0	0	0	0	7	7	0	0	0	0	0	0	0	0
沙洲职业工学院	12	5	0.6	0	16	16	0	0	0	0	0	0	0	0	0	0	0	5	5	0	0	0	0	0	0	1	0
扬州市职业大学	13	0	0	0	0	0	0	0	0	0	0	0	0	0	0	0	0	4	4	0	0	0	0	0	0	1	1
连云港师范高等专科学校	14	4	0.4	0	5	5	0	0	0	0	0	0	0	0	0	0	0	1	1	0	0	0	0	0	0	0	0
江苏经贸职业技术学院	15	0	0	0	0	0	0	0	0	0	0	0	0	0	0	0	0	3	3	0	0	0	0	0	0	0	0
泰州职业技术学院	16	1	0.2	0	6	0	1	0	0	1	0	0	0	0	0	0	0	2	2	0	0	0	0	0	0	0	0

续表

常州信息职业技术学院	17	0	0	0	0	0	0	0	0	0	0	0	0	0	0	0	0	4	4	0	0	0	0	0	0	0	0
江苏海事职业技术学院	18	0	0	0	0	0	1	1	0	0	0	0	0	0	0	0	0	0	0	0	0	0	0	0	0	0	0
无锡科技职业学院	19	1	0.3	0	0	3.2	0	0	0	0	0	0	0	0	0	0	0	0	0	0	0	0	0	0	0	0	0
盐城卫生职业技术学院	20	15	3.5	0	49	24.75	0	0	0	0	0	0	0	0	0	0	0	6	6	0	0	0	0	0	0	0	0
南通科技职业学院	21	7	2.4	0	13	12.5	0	0	0	0	0	0	0	0	0	0	0	3	3	0	0	0	0	0	0	0	0
苏州经贸职业技术学院	22	35	11.6	0	635.5	633.67	1	1	0	0	0	0	0	0	0	0	0	12	12	0	0	0	0	0	0	22	3
苏州工业职业技术学院	23	11	2.2	0	192	191.56	0	0	0	0	0	0	0	0	0	0	0	13	13	0	0	0	0	0	0	0	0
苏州卫生职业技术学院	24	17	2.1	0	25	31.32	0	0	0	0	0	0	0	0	0	0	0	15	15	0	0	0	0	0	0	0	0
无锡商业职业技术学院	25	7	2	0	10	13	0	0	0	0	0	0	0	0	0	0	0	6	6	0	0	0	0	0	0	0	0
南通航运职业技术学院	26	3	0.4	0	26	10	0	0	0	0	0	0	0	0	0	0	0	0	0	0	0	0	0	0	0	1	1
南京交通职业技术学院	27	15	1.7	0	118	35.23	0	0	0	0	0	0	0	0	0	0	0	4	4	0	0	0	0	0	0	0	0
淮安信息职业技术学院	28	0	0	0	0	0	0	0	0	0	0	0	0	0	0	0	0	1	1	0	0	0	0	0	0	0	0
常州纺织服装职业技术学院	29	2	0.4	0	5	1	0	0	0	0	0	0	0	0	0	0	0	3	3	0	0	0	0	0	0	0	0
苏州农业职业技术学院	30	2	0.2	0	15	9	0	0	0	0	0	0	0	0	0	0	0	3	3	0	0	0	0	0	0	0	0
南京科技职业学院	31	3	0.5	0	26.5	26.5	0	0	0	0	0	0	0	0	0	0	0	1	1	0	0	0	0	0	0	0	0
常州轻工职业技术学院	32	10	4.3	0	0	86	0	0	0	0	0	0	0	0	0	0	0	3	3	0	0	0	0	0	0	0	0

续表

高校名称	编号	总数 课题数(项) L01	当年投入人数(人年) L02	其中：研究生(人年) L03	当年投入经费(千元) L04	当年支出经费(千元) L05	出版著作(部) 合计 L06	专著 L07	其中：被译成外文 L08	编著教材 L09	工具书参考书 L10	皮书/发展报告 L11	科普读物 L12	古籍整理(部) L13	译著(部) L14	发表译文(篇) L15	电子出版物(件) L16	发表论文(篇) 合计 L17	国内学术刊物 L18	国外学术刊物 L19	港澳、台地区刊物 L20	获奖成果数(项) 合计 L21	国家级奖 L22	部级奖 L23	省级奖 L24	研究与咨询报告(篇) 合计 L25	其中：被采纳数 L26
常州工程职业技术学院	33	1	0.3	0	5	5	0	0	0	0	0	0	0	0	0	0	0	4	4	0	0	0	0	0	0	0	0
江苏农林职业技术学院	34	0	0	0	0	0	0	0	0	0	0	0	0	0	0	0	0	0	0	0	0	0	0	0	0	0	0
江苏食品药品职业技术学院	35	14	4.4	0	45	82.3	0	0	0	0	0	0	0	0	0	0	0	6	6	0	0	0	0	0	0	3	2
南京铁道职业技术学院	36	0	0	0	0	0	0	0	0	0	0	0	0	0	0	0	0	1	1	0	0	0	0	0	0	0	0
徐州工业职业技术学院	37	11	1.3	0	6	25.75	0	0	0	0	0	0	0	0	0	0	0	3	3	0	0	0	0	0	0	0	0
江苏信息职业技术学院	38	1	0.3	0	0	3.9	0	0	0	0	0	0	0	0	0	0	0	5	5	0	0	0	0	0	0	0	0
南京信息职业技术学院	39	1	0.2	0	0	1.5	0	0	0	0	0	0	0	0	0	0	0	3	3	0	0	0	0	0	0	0	0
常州机电职业技术学院	40	4	1.1	0	13	12.8	0	0	0	0	0	0	0	0	0	0	0	2	2	0	0	0	0	0	0	0	0
江阴职业技术学院	41	1	0.1	0	10	10	0	0	0	0	0	0	0	0	0	0	0	0	0	0	0	0	0	0	0	0	0
无锡城市职业技术学院	42	0	0	0	0	0	0	0	0	0	0	0	0	0	0	0	0	0	0	0	0	0	0	0	0	0	0
无锡工艺职业技术学院	43	1	0	0	0	0	0	0	0	0	0	0	0	0	0	0	0	6	6	0	0	0	0	0	0	4	0
苏州健雄职业技术学院	44	4	0.7	0	53	23	0	0	0	0	0	0	0	0	0	0	0	4	4	0	0	0	0	0	0	0	0
盐城工业职业技术学院	45	1	0.1	0	8	4	0	0	0	0	0	0	0	0	0	0	0	0	0	0	0	0	0	0	0	0	0
盐城工业职业技术学院	46	1	0.1	0	0	1	0	0	0	0	0	0	0	0	0	0	0	0	0	0	0	0	0	0	0	0	0

续表

扬州工业职业技术学院	47	7	0.9	0	25	21	0	0	0	0	0	0	0	0	0	0	0	7	7	0	0	0	0	0	0	0	0
江苏城市职业学院	48	2	0.8	0	0	10.1	0	0	0	0	0	0	0	0	0	0	0	1	1	0	0	0	0	0	0	0	0
南京城市职业学院	49	1	0.3	0	0	0	0	0	0	0	0	0	0	0	0	0	0	0	0	0	0	0	0	0	0	0	0
南京机电职业技术学院	50	0	0	0	0	0	0	0	0	0	0	0	0	0	0	0	0	0	0	0	0	0	0	0	0	0	0
南京旅游职业学院	51	0	0	0	0	0	0	0	0	0	0	0	0	0	0	0	0	0	0	0	0	0	0	0	0	0	0
江苏建康职业学院	52	8	2.4	0	70	63.5	0	0	0	0	0	0	0	0	0	0	0	3	3	0	0	0	0	0	0	0	0
苏州信息职业技术学院	53	0	0	0	0	0	0	0	0	0	0	0	0	0	0	0	0	0	0	0	0	0	0	0	0	0	0
苏州工业园区服务外包职业学院	54	0	0	0	0	0	0	0	0	0	0	0	0	0	0	0	0	0	0	0	0	0	0	0	0	0	0
徐州幼儿师范高等专科学校	55	2	0.4	0	18	8	0	0	0	0	0	0	0	0	0	0	0	8	8	0	0	0	0	0	0	0	0
徐州生物工程职业技术学院	56	1	0.1	0	0	0	0	0	0	0	0	0	0	0	0	0	0	0	0	0	0	0	0	0	0	1	0
江苏商贸职业学院	57	2	0.8	0	12	4.5	0	0	0	0	0	0	0	0	0	0	0	4	4	0	0	0	0	0	0	0	0
南通师范高等专科学校	58	0	0	0	0	0	0	0	0	0	0	0	0	0	0	0	0	0	0	0	0	0	0	0	0	0	0
江苏护理职业学院	59	4	1.2	0	0	6.8	4	1	0	3	0	0	0	0	0	0	0	22	22	0	0	0	0	0	0	0	0
江苏财会职业学院	60	8	3.1	0	33	22	0	0	0	0	0	0	0	0	0	0	0	6	6	0	0	0	0	0	0	0	0
江苏城乡建设职业学院	61	3	0.8	0	15	15	0	0	0	0	0	0	0	0	0	0	0	5	5	0	0	0	0	0	0	0	0
江苏城乡建设职业学院	62	0	0	0	0	0	0	0	0	0	0	0	0	0	0	0	0	3	3	0	0	0	0	0	0	0	0

3.16 民族学与文化学人文、社会科学研究与课题成果情况表

高校名称	编号	总数 课题数(项)	总数 当年投入人数(人年)	总数 其中：研究生(人年)	总数 当年投入经费(千元)	总数 当年支出经费(千元)	出版著作(部) 合计	出版著作(部) 专著	出版著作(部) 其中：被译成外文	出版著作(部) 编著教材	出版著作(部) 工具书参考书	出版著作(部) 皮书/发展报告	出版著作(部) 科普读物	古籍整理(部)	译著(部)	发表译文(篇)	电子出版物(件)	发表论文(篇) 合计	发表论文(篇) 国内学术刊物	发表论文(篇) 国外学术刊物	发表论文(篇) 港、澳、台地区刊物	获奖成果数(项) 合计	获奖成果数(项) 国家级奖	获奖成果数(项) 部级奖	获奖成果数(项) 省级奖	研究与咨询报告(篇) 合计	研究与咨询报告(篇) 其中：被采纳数
		L01	L02	L03	L04	L05	L06	L07	L08	L09	L10	L11	L12	L13	L14	L15	L16	L17	L18	L19	L20	L21	L22	L23	L24	L25	L26
合计	/	83	17.7	0	182.6	238.15	12	3	0	5	0	0	4	0	1	0	0	49	48	1	0	0	0	0	0	23	2
盐城幼儿师范高等专科学校	1	0	0	0	0	0	0	0	0	0	0	0	0	0	0	0	0	0	0	0	0	0	0	0	0	0	0
苏州幼儿师范高等专科学校	2	0	0	0	0	0	0	0	0	0	0	0	0	0	0	0	0	0	0	0	0	0	0	0	0	0	0
无锡职业技术学院	3	0	0	0	0	0	0	0	0	0	0	0	0	0	0	0	0	0	0	0	0	0	0	0	0	0	0
江苏建筑职业技术学院	4	13	2.1	0	3	15.1	0	0	0	0	0	0	0	0	0	0	0	4	4	0	0	0	0	0	0	2	2
南京工业职业技术学院	5	3	1.4	0	11.8	10.35	0	0	0	0	0	0	0	0	0	0	0	12	12	0	0	0	0	0	0	0	0
江苏工程职业技术学院	6	0	0	0	0	0	0	0	0	0	0	0	0	0	0	0	0	4	4	0	0	0	0	0	0	0	0
苏州工艺美术职业技术学院	7	0	0	0	0	0	0	0	0	0	0	0	0	0	0	0	0	0	0	0	0	0	0	0	0	0	0
连云港职业技术学院	8	0	0	0	0	0	0	0	0	0	0	0	0	0	0	0	0	0	0	0	0	0	0	0	0	0	0
镇江市高等专科学校	9	0	0	0	0	0	0	0	0	0	0	0	0	0	0	0	0	1	1	0	0	0	0	0	0	0	0
南通职业大学	10	1	0.3	0	0	0	0	0	0	0	0	0	0	0	0	0	0	0	0	0	0	0	0	0	0	0	0
苏州市职业大学	11	0	0	0	0	0	0	0	0	0	0	0	0	0	0	0	0	0	0	0	0	0	0	0	0	0	0
沙洲职业工学院	12	0	0	0	0	0	0	0	0	0	0	0	0	0	0	0	0	0	0	0	0	0	0	0	0	0	0
扬州市职业大学	13	15	6.4	0	35	35	0	0	0	0	0	0	0	0	0	0	0	13	13	0	0	0	0	0	0	3	3
连云港师范高等专科学校	14	10	1.1	0	10.8	6	0	0	0	0	0	0	0	0	0	0	0	11	11	0	0	0	0	0	0	0	0
江苏经贸职业技术学院	15	1	0.3	0	0	0	0	0	0	0	0	0	0	0	0	0	0	0	0	0	0	0	0	0	0	0	0
泰州职业技术学院	16	0	0	0	0	0	0	0	0	0	0	0	0	0	0	0	0	0	0	0	0	0	0	0	0	0	0

续表

常州信息职业技术学院	17	0	0	0	0	0	0	0	0	0	0	0	0	0	0	0	0	0	0	0	0	0	0	0	0	0	0
江苏海事职业技术学院	18	0	0	0	0	0	0	0	0	0	0	0	0	0	0	0	0	0	0	0	0	0	0	0	0	0	0
无锡科技职业学院	19	2	0.6	0	0	4.8	0	0	0	0	0	0	0	0	0	0	0	0	0	0	0	0	0	0	0	0	0
盐城卫生职业技术学院	20	0	0	0	0	0	0	0	0	0	0	0	0	0	0	0	0	0	0	0	0	0	0	0	0	0	0
南通科技职业学院	21	3	0.7	0	3	2.2	0	0	0	0	0	0	0	0	0	0	0	0	0	0	0	0	0	0	0	0	0
苏州经贸职业技术学院	22	4	0.6	0	20	15.6	1	0	0	1	0	0	0	0	0	0	0	6	6	0	0	0	0	0	0	0	0
苏州工业职业技术学院	23	0	0	0	0	0	0	0	0	0	0	0	0	0	0	0	0	0	0	0	0	0	0	0	0	0	0
苏州卫生职业技术学院	24	2	0.4	0	0	8.5	0	0	0	0	0	0	0	0	0	0	0	3	3	0	0	0	0	0	0	0	0
无锡商业职业技术学院	25	0	0	0	0	0	0	0	0	0	0	0	0	0	0	0	0	1	1	0	0	0	0	0	0	0	0
南通航运职业技术学院	26	1	0.1	0	0	2	0	0	0	0	0	0	0	0	0	0	0	0	0	0	0	0	0	0	0	0	0
南京交通职业技术学院	27	1	0.1	0	0	0	0	0	0	0	0	0	0	0	0	0	0	0	0	0	0	0	0	0	0	0	0
淮安信息职业技术学院	28	8	0.7	0	40	53.5	0	0	0	0	0	0	0	0	0	0	0	0	0	0	0	0	0	0	0	0	0
常州纺织服装职业技术学院	29	0	0	0	0	0	0	0	0	0	0	0	0	0	0	0	0	1	1	0	0	0	0	0	0	0	0
苏州农业职业技术学院	30	1	0.1	0	0	2	0	0	0	0	0	0	0	0	0	0	0	0	0	0	0	0	0	0	0	0	0
南京科技职业学院	31	0	0	0	0	0	0	0	0	0	0	0	0	0	0	0	0	0	0	0	0	0	0	0	0	0	0
常州轻工职业技术学院	32	0	0	0	0	0	0	0	0	0	0	0	0	0	0	0	0	0	0	0	0	0	0	0	0	0	0

续表

高校名称	编号	总数：课题数（项）	总数：当年投入人数（人年）	总数：其中：研究生（人年）	总数：当年投入经费（千元）	总数：当年支出经费（千元）	出版著作（部）：合计	出版著作（部）：专著	出版著作（部）：其中：被译成外文	出版著作（部）：编著教材	出版著作（部）：工具书参考书	出版著作（部）：皮书/发展报告	出版著作（部）：科普读物	古籍整理（部）	译著（部）	发表译文（篇）	电子出版物（件）	发表论文（篇）：合计	发表论文（篇）：国内学术刊物	发表论文（篇）：国外学术刊物	发表论文（篇）：港澳台地区刊物	获奖成果数（项）：合计	获奖成果数（项）：国家级奖	获奖成果数（项）：部级奖	获奖成果数（项）：省级奖	研究与咨询报告（篇）：合计	研究与咨询报告（篇）：其中：被采纳数
		L01	L02	L03	L04	L05	L06	L07	L08	L09	L10	L11	L12	L13	L14	L15	L16	L17	L18	L19	L20	L21	L22	L23	L24	L25	L26
常州工程职业技术学院	33	0	0	0	0	0	0	0	0	0	0	0	0	0	0	0	0	0	0	0	0	0	0	0	0	0	0
江苏农林职业技术学院	34	0	0	0	0	0	0	0	0	0	0	0	0	0	0	0	0	0	0	0	0	0	0	0	0	0	0
江苏食品药品职业技术学院	35	0	0	0	0	0	0	0	0	0	0	0	0	0	0	0	0	0	0	0	0	0	0	0	0	0	0
南京铁道职业技术学院	36	1	0.1	0	6	2	0	0	0	0	0	0	0	0	0	0	0	1	1	0	0	0	0	0	0	0	0
徐州工业职业技术学院	37	2	0.2	0	16	7.6	0	0	0	0	0	0	0	0	0	0	0	8	8	0	0	0	0	0	0	0	0
江苏信息职业技术学院	38	1	0.3	0	0	1	0	0	0	0	0	0	0	0	0	0	0	1	1	0	0	0	0	0	0	0	0
南京信息职业技术学院	39	0	0	0	0	0	1	0	0	1	0	0	0	0	0	0	0	2	2	0	0	0	0	0	0	0	0
常州机电职业技术学院	40	0	0	0	0	0	0	0	0	0	0	0	0	0	0	0	0	0	0	0	0	0	0	0	0	0	0
江阴职业技术学院	41	0	0	0	0	0	0	0	0	0	0	0	0	0	0	0	0	3	3	0	0	0	0	0	0	0	0
无锡城市职业技术学院	42	1	0.1	0	0	4.2	0	0	0	0	0	0	0	0	0	0	0	0	0	0	0	0	0	0	0	0	0
无锡工艺职业技术学院	43	0	0	0	0	0	0	0	0	0	0	0	0	0	0	0	0	0	0	0	0	0	0	0	0	0	0
苏州健雄职业技术学院	44	0	0	0	0	0	0	0	0	0	0	0	0	0	0	0	0	0	0	0	0	0	0	0	0	0	0
盐城工业职业技术学院	45	0	0	0	0	0	0	0	0	0	0	0	0	0	0	0	0	0	0	0	0	0	0	0	0	0	0
盐城工业职业技术学院	46	0	0	0	0	0	0	0	0	0	0	0	0	0	0	0	0	0	0	0	0	0	0	0	0	0	0

续表

扬州工业职业技术学院	47	10	1.1	0	29	27.5	0	0	0	0	0	0	0	0	0	0	0	1	1	0	0	0	0	0	0	0	0
江苏城市职业学院	48	0	0	0	0	0	0	0	0	0	0	0	0	0	0	0	0	2	2	0	0	0	0	0	0	0	0
南京城市职业学院	49	0	0	0	0	0	0	0	0	0	0	0	0	0	0	0	0	0	0	0	0	0	0	0	0	0	0
南京机电职业技术学院	50	0	0	0	0	0	0	0	0	0	0	0	0	0	0	0	0	0	0	0	0	0	0	0	0	0	0
南京旅游职业学院	51	2	0.7	0	0	36.8	0	0	0	0	0	0	0	0	0	0	0	0	0	0	0	0	0	0	0	0	0
江苏建康职业学院	52	0	0	0	0	0	0	0	0	0	0	0	0	0	0	0	0	1	1	0	0	0	0	0	0	0	0
苏州信息职业技术学院	53	0	0	0	0	0	0	0	0	0	0	0	0	0	0	0	0	0	0	0	0	0	0	0	0	0	0
苏州工业园区服务外包职业学院	54	0	0	0	0	0	0	0	0	0	0	0	0	0	0	0	0	0	0	0	0	0	0	0	0	0	0
徐州幼儿师范高等专科学校	55	1	0.3	0	8	4	0	0	0	0	0	0	0	0	0	0	0	1	1	0	0	0	0	0	0	0	0
徐州生物工程职业技术学院	56	0	0	0	0	0	0	0	0	0	0	0	0	0	0	0	0	0	0	0	0	0	0	0	0	0	0
江苏商贸职业学院	57	0	0	0	0	0	0	0	0	0	0	0	0	0	0	0	0	2	2	0	0	0	0	0	0	0	0
南通师范高等专科学校	58	0	0	0	0	0	0	0	0	0	0	0	0	0	0	0	0	0	0	0	0	0	0	0	0	0	0
江苏护理职业学院	59	0	0	0	0	0	0	0	0	0	0	0	0	0	0	0	0	0	0	0	0	0	0	0	0	0	0
江苏财会职业学院	60	0	0	0	0	0	0	0	0	0	0	0	0	0	0	0	0	0	0	0	0	0	0	0	0	0	0
江苏城乡建设职业学院	61	0	0	0	0	0	0	0	0	0	0	0	0	0	0	0	0	0	0	0	0	0	0	0	0	0	0
江苏城乡建设职业学院	62	0	0	0	0	0	0	0	0	0	0	0	0	0	0	0	0	0	0	0	0	0	0	0	0	0	0

3.17 新闻学与传播学人文、社会科学研究与课题成果情况表

高校名称	编号	总数：课题数(项)	总数：当年投入人数(人年)	其中：研究生(人年)	当年投入经费(千元)	当年支出经费(千元)	出版著作(部)：合计	专著	其中：被译成外文	编著教材	工具书参考书	皮书/发展报告	科普读物	古籍整理(部)	译著(部)	发表译文(篇)	电子出版物(件)	发表论文(篇)：合计	国内学术刊物	国外学术刊物	港澳、台地区刊物	获奖成果数(项)：合计	国家级奖	部级奖	省级奖	研究与咨询报告(篇)：合计	其中：被采纳数
		L01	L02	L03	L04	L05	L06	L07	L08	L09	L10	L11	L12	L13	L14	L15	L16	L17	L18	L19	L20	L21	L22	L23	L24	L25	L26
合计	/	26	5.7	0	99.4	149.27	23	15	0	6	0	0	2	0	2	1	1	444	435	9	0	11	0	0	11	14	9
盐城幼儿师范高等专科学校	1	0	0	0	0	0	0	0	0	0	0	0	0	0	0	0	0	0	0	0	0	0	0	0	0	0	0
苏州幼儿师范高等专科学校	2	0	0	0	0	0	0	0	0	0	0	0	0	0	0	0	0	0	0	0	0	0	0	0	0	0	0
无锡职业技术学院	3	0	0	0	0	0	0	0	0	0	0	0	0	0	0	0	0	0	0	0	0	0	0	0	0	0	0
江苏建筑职业技术学院	4	4	0.8	0	14	14.2	0	0	0	0	0	0	0	0	0	0	0	0	0	0	0	0	0	0	0	2	2
南京工业职业技术学院	5	1	0	0	0	0	0	0	0	0	0	0	0	0	0	0	0	0	0	0	0	0	0	0	0	0	0
江苏工程职业技术学院	6	0	0	0	0	0	0	0	0	0	0	0	0	0	0	0	0	3	3	0	0	0	0	0	0	0	0
苏州工艺美术职业技术学院	7	0	0	0	0	0	0	0	0	0	0	0	0	0	0	0	0	0	0	0	0	0	0	0	0	0	0
连云港职业技术学院	8	0	0	0	0	0	0	0	0	0	0	0	0	0	0	0	0	0	0	0	0	0	0	0	0	0	0
镇江市高等专科学校	9	0	0	0	0	0	0	0	0	0	0	0	0	0	0	0	0	2	2	0	0	0	0	0	0	0	0
南通职业大学	10	0	0	0	0	0	0	0	0	0	0	0	0	0	0	0	0	0	0	0	0	0	0	0	0	0	0
苏州市职业大学	11	1	0	0	0	0	0	0	0	0	0	0	0	0	0	0	0	2	2	0	0	0	0	0	0	0	0
沙洲职业工学院	12	0	0	0	0	0	0	0	0	0	0	0	0	0	0	0	0	1	1	0	0	0	0	0	0	0	0
扬州市职业大学	13	1	0.3	0	0	0	0	0	0	0	0	0	0	0	0	0	0	0	0	0	0	0	0	0	0	0	0
连云港师范高等专科学校	14	2	0.3	0	0	0	0	0	0	0	0	0	0	0	0	0	0	0	0	0	0	0	0	0	0	0	0
江苏经贸职业技术学院	15	1	0.3	0	0	0	0	0	0	0	0	0	0	0	0	0	0	0	0	0	0	0	0	0	0	0	0
泰州职业技术学院	16	0	0	0	0	0	0	0	0	0	0	0	0	0	0	0	0	0	0	0	0	0	0	0	0	0	0

续表

常州信息职业技术学院	17	1	0.3	0	0	3	0	0	0	0	0	0	0	0	0	0	0	1	1	0	0	0	0	0	0	0	0
江苏海事职业技术学院	18	0	0	0	0	0	0	0	0	0	0	0	0	0	0	0	0	0	0	0	0	0	0	0	0	0	0
无锡科技职业学院	19	0	0	0	0	0	0	0	0	0	0	0	0	0	0	0	0	0	0	0	0	0	0	0	0	0	0
盐城卫生职业技术学院	20	0	0	0	0	0	0	0	0	0	0	0	0	0	0	0	0	0	0	0	0	0	0	0	0	0	0
南通科技职业学院	21	0	0	0	0	0	0	0	0	0	0	0	0	0	0	0	0	0	0	0	0	0	0	0	0	0	0
苏州经贸职业技术学院	22	1	0.5	0	5	4	0	0	0	0	0	0	0	0	0	0	0	4	4	0	0	0	0	0	0	0	0
苏州工业职业技术学院	23	2	0.4	0	0	14.97	0	0	0	0	0	0	0	0	0	0	0	0	0	0	0	0	0	0	0	0	0
苏州卫生职业技术学院	24	0	0	0	0	0	0	0	0	0	0	0	0	0	0	0	0	2	2	0	0	0	0	0	0	0	0
无锡商业职业技术学院	25	0	0	0	0	0	0	0	0	0	0	0	0	0	0	0	0	0	0	0	0	0	0	0	0	0	0
南通航运职业技术学院	26	1	0.2	0	0	10	0	0	0	0	0	0	0	0	0	0	0	1	1	0	0	0	0	0	0	0	0
南京交通职业技术学院	27	0	0	0	0	0	0	0	0	0	0	0	0	0	0	0	0	0	0	0	0	0	0	0	0	0	0
淮安信息职业技术学院	28	1	0.1	0	4	4	0	0	0	0	0	0	0	0	0	0	0	4	4	0	0	0	0	0	0	0	0
常州纺织服装职业技术学院	29	0	0	0	0	0	0	0	0	0	0	0	0	0	0	0	0	0	0	0	0	0	0	0	0	0	0
苏州农业职业技术学院	30	0	0	0	0	0	0	0	0	0	0	0	0	0	0	0	0	0	0	0	0	0	0	0	0	0	0
南京科技职业学院	31	1	0.2	0	16	10	0	0	0	0	0	0	0	0	0	0	0	0	0	0	0	0	0	0	0	0	0
常州轻工职业技术学院	32	0	0	0	0	0	0	0	0	0	0	0	0	0	0	0	0	1	1	0	0	0	0	0	0	0	0

续表

高校名称	编号	总数：课题数(项)	总数：当年投入人数(人年)	总数：其中：研究生(人年)	总数：当年投入经费(千元)	总数：当年支出经费(千元)	出版著作(部)：合计	出版著作(部)：专著	出版著作(部)：其中：被译成外文	出版著作(部)：编著教材	出版著作(部)：工具书参考书	出版著作(部)：皮书/发展报告	出版著作(部)：科普读物	古籍整理(部)	译著(部)	发表译文(篇)	电子出版物(件)	发表论文(篇)：合计	发表论文(篇)：国内学术刊物	发表论文(篇)：国外学术刊物	发表论文(篇)：港澳、台地区刊物	获奖成果数(项)：合计	获奖成果数(项)：国家级奖	获奖成果数(项)：部级奖	获奖成果数(项)：省级奖	研究与咨询报告(篇)：合计	研究与咨询报告(篇)：其中：被采纳数
		L01	L02	L03	L04	L05	L06	L07	L08	L09	L10	L11	L12	L13	L14	L15	L16	L17	L18	L19	L20	L21	L22	L23	L24	L25	L26
常州工程职业技术学院	33	0	0	0	0	0	0	0	0	0	0	0	0	0	0	0	0	0	0	0	0	0	0	0	0	0	0
江苏农林职业技术学院	34	0	0	0	0	0	0	0	0	0	0	0	0	0	0	0	0	0	0	0	0	0	0	0	0	0	0
江苏食品药品职业技术学院	35	0	0	0	0	0	0	0	0	0	0	0	0	0	0	0	0	0	0	0	0	0	0	0	0	0	0
南京铁道职业技术学院	36	0	0	0	0	0	0	0	0	0	0	0	0	0	0	0	0	0	0	0	0	0	0	0	0	0	0
徐州工业职业技术学院	37	0	0	0	0	0	0	0	0	0	0	0	0	0	0	0	0	0	0	0	0	0	0	0	0	0	0
江苏信息职业技术学院	38	1	0.4	0	15	15	0	0	0	0	0	0	0	0	0	0	0	0	0	0	0	0	0	0	0	0	0
南京信息职业技术学院	39	0	0	0	0	0	0	0	0	0	0	0	0	0	0	0	0	0	0	0	0	0	0	0	0	0	0
常州机电职业技术学院	40	0	0	0	0	0	0	0	0	0	0	0	0	0	0	0	0	0	0	0	0	0	0	0	0	0	0
江阴职业技术学院	41	0	0	0	0	0	0	0	0	0	0	0	0	0	0	0	0	0	0	0	0	0	0	0	0	0	0
无锡城市职业技术学院	42	0	0	0	0	0	0	0	0	0	0	0	0	0	0	0	0	1	1	0	0	0	0	0	0	0	0
无锡工艺职业技术学院	43	2	0.2	0	40	40	0	0	0	0	0	0	0	0	0	0	0	0	0	0	0	0	0	0	0	0	0
苏州健雄职业技术学院	44	0	0	0	0	0	0	0	0	0	0	0	0	0	0	0	0	0	0	0	0	0	0	0	0	0	0
盐城工业职业技术学院	45	0	0	0	0	0	0	0	0	0	0	0	0	0	0	0	0	0	0	0	0	0	0	0	0	0	0
盐城工业职业技术学院	46	0	0	0	0	0	0	0	0	0	0	0	0	0	0	0	0	0	0	0	0	0	0	0	0	0	0

续表

扬州工业职业技术学院	47	1	0.1	0	3	3	0	0	0	0	0	0	0	0	0	0	0	1	1	0	0	0	0	0	0	0	0
江苏城市职业学院	48	3	1.1	0	0	26.5	2	1	0	1	0	0	0	0	0	0	0	6	6	0	0	0	0	0	0	0	0
南京城市职业学院	49	1	0.2	0	2.4	4.1	0	0	0	0	0	0	0	0	0	0	0	0	0	0	0	0	0	0	0	0	0
南京机电职业技术学院	50	0	0	0	0	0	0	0	0	0	0	0	0	0	0	0	0	0	0	0	0	0	0	0	0	0	0
南京旅游职业学院	51	0	0	0	0	0	0	0	0	0	0	0	0	0	0	0	0	0	0	0	0	0	0	0	0	0	0
江苏建康职业学院	52	1	0.3	0	0	0.5	0	0	0	0	0	0	0	0	0	0	0	0	0	0	0	0	0	0	0	0	0
苏州信息职业技术学院	53	0	0	0	0	0	0	0	0	0	0	0	0	0	0	0	0	0	0	0	0	0	0	0	0	0	0
苏州工业园区服务外包职业学院	54	0	0	0	0	0	0	0	0	0	0	0	0	0	0	0	0	0	0	0	0	0	0	0	0	0	0
徐州幼儿师范高等专科学校	55	0	0	0	0	0	0	0	0	0	0	0	0	0	0	0	0	0	0	0	0	0	0	0	0	0	0
徐州生物工程职业技术学院	56	0	0	0	0	0	0	0	0	0	0	0	0	0	0	0	0	0	0	0	0	0	0	0	0	0	0
江苏商贸职业学院	57	0	0	0	0	0	0	0	0	0	0	0	0	0	0	0	0	1	1	0	0	0	0	0	0	0	0
南通师范高等专科学校	58	0	0	0	0	0	0	0	0	0	0	0	0	0	0	0	0	0	0	0	0	0	0	0	0	0	0
江苏护理职业学院	59	0	0	0	0	0	0	0	0	0	0	0	0	0	0	0	0	0	0	0	0	0	0	0	0	0	0
江苏财会职业学院	60	0	0	0	0	0	0	0	0	0	0	0	0	0	0	0	0	0	0	0	0	0	0	0	0	0	0
江苏城乡建设职业学院	61	0	0	0	0	0	0	0	0	0	0	0	0	0	0	0	0	0	0	0	0	0	0	0	0	0	0
江苏城乡建设职业学院	62	0	0	0	0	0	0	0	0	0	0	0	0	0	0	0	0	0	0	0	0	0	0	0	0	0	0

3.18 图书馆、情报与文献学人文、社会科学研究与课题成果情况表

高校名称	编号	总数 课题数(项)	当年投入人数(人年)	其中：研究生(人年)	当年投入经费(千元)	当年支出经费(千元)	出版著作(部) 合计	专著	其中：被译成外文	编著教材	工具书参考书	皮书/发展报告	科普读物	古籍整理(部)	译著(部)	发表译文(篇)	电子出版物(件)	发表论文(篇) 合计	国内学术刊物	国外学术刊物	港澳、台地区刊物	获奖成果数(项) 合计	国家级奖	部级奖	省级奖	研究与咨询报告(篇) 合计	其中：被采纳数
		L01	L02	L03	L04	L05	L06	L07	L08	L09	L10	L11	L12	L13	L14	L15	L16	L17	L18	L19	L20	L21	L22	L23	L24	L25	L26
合计	/	88	17.7	0	143.5	216.64	22	12	0	7	2	0	1	0	7	2	3	714	670	43	1	9	0	0	9	48	30
盐城幼儿师范高等专科学校	1	0	0	0	0	0	0	0	0	0	0	0	0	0	0	0	0	0	0	0	0	0	0	0	0	0	0
苏州幼儿师范高等专科学校	2	0	0	0	0	0	0	0	0	0	0	0	0	0	0	0	0	0	0	0	0	0	0	0	0	0	0
无锡职业技术学院	3	1	0.2	0	0	8.35	1	1	0	0	0	0	0	0	0	0	0	2	2	0	0	0	0	0	0	0	0
江苏建筑职业技术学院	4	4	0.7	0	6	5.5	0	0	0	0	0	0	0	0	0	0	0	0	0	0	0	0	0	0	0	0	0
南京工业职业技术学院	5	4	0.2	0	2	2	0	0	0	0	0	0	0	0	0	0	0	1	1	0	0	0	0	0	0	0	0
江苏工程职业技术学院	6	0	0	0	0	0	0	0	0	0	0	0	0	0	0	0	0	7	7	0	0	0	0	0	0	0	0
苏州工艺美术职业技术学院	7	1	0.3	0	0	0.66	0	0	0	0	0	0	0	0	0	0	0	0	0	0	0	0	0	0	0	0	0
连云港职业技术学院	8	2	0.2	0	2	2	0	0	0	0	0	0	0	0	0	0	0	1	1	0	0	0	0	0	0	0	0
镇江市高等专科学校	9	1	0.5	0	1.5	1.5	0	0	0	0	0	0	0	0	0	0	0	1	1	0	0	0	0	0	0	0	0
南通职业大学	10	3	0.7	0	4	4	0	0	0	0	0	0	0	0	0	0	0	5	5	0	0	0	0	0	0	0	0
苏州市职业大学	11	5	1.3	0	4	10.35	0	0	0	0	0	0	0	0	2	0	0	9	9	0	0	0	0	0	0	0	0
沙洲职业工学院	12	0	0	0	0	0	0	0	0	0	0	0	0	0	0	0	0	1	1	0	0	0	0	0	0	0	0
扬州市职业大学	13	5	1.4	0	3	3	0	0	0	0	0	0	0	0	0	0	0	2	2	0	0	0	0	0	0	0	0
连云港师范高等专科学校	14	4	0.5	0	3	3	0	0	0	0	0	0	0	0	0	0	0	2	2	0	0	0	0	0	0	0	0
江苏经贸职业技术学院	15	4	0.4	0	10	10	0	0	0	0	0	0	0	0	0	0	0	9	9	0	0	0	0	0	0	1	1
泰州职业技术学院	16	1	0.3	0	4	0	0	0	0	0	0	0	0	0	0	0	0	4	4	0	0	0	0	0	0	0	0

续表

常州信息职业技术学院	17	5	1.9	0	15	19.5	0	0	0	0	0	0	0	0	0	0	0	2	2	0	0	0	0	0	0	0	0
江苏海事职业技术学院	18	3	0.8	0	9	6.88	1	0	0	1	0	0	0	0	0	0	0	3	3	0	0	0	0	0	0	0	0
无锡科技职业学院	19	0	0	0	0	0	0	0	0	0	0	0	0	0	0	0	0	0	0	0	0	0	0	0	0	0	0
盐城卫生职业技术学院	20	2	0.9	0	8	2.4	0	0	0	0	0	0	0	0	0	0	0	0	0	0	0	0	0	0	0	0	0
南通科技职业学院	21	1	0.1	0	8	4.4	0	0	0	0	0	0	0	0	0	0	0	0	0	0	0	0	0	0	0	0	0
苏州经贸职业技术学院	22	1	0.1	0	2	1.8	0	0	0	0	0	0	0	0	0	0	0	9	9	0	0	0	0	0	0	0	0
苏州工业职业技术学院	23	0	0	0	0	0	0	0	0	0	0	0	0	0	0	0	0	0	0	0	0	0	0	0	0	0	0
苏州卫生职业技术学院	24	2	0.2	0	11	2.3	0	0	0	0	0	0	0	0	0	0	0	6	6	0	0	0	0	0	0	0	0
无锡商业职业技术学院	25	0	0	0	0	0	0	0	0	0	0	0	0	0	0	0	0	0	0	0	0	0	0	0	0	0	0
南通航运职业技术学院	26	2	0.2	0	0	7.6	0	0	0	0	0	0	0	0	0	0	0	11	11	0	0	0	0	0	0	0	0
南京交通职业技术学院	27	6	0.6	0	0	16	0	0	0	0	0	0	0	0	0	0	0	9	9	0	0	0	0	0	0	0	0
淮安信息职业技术学院	28	4	0.4	0	6	18	0	0	0	0	0	0	0	0	0	0	0	10	10	0	0	0	0	0	0	0	0
常州纺织服装职业技术学院	29	2	0.4	0	0	6.4	0	0	0	0	0	0	0	0	0	0	0	5	5	0	0	0	0	0	0	0	0
苏州农业职业技术学院	30	0	0	0	0	0	0	0	0	0	0	0	0	0	0	0	0	0	0	0	0	0	0	0	0	0	0
南京科技职业学院	31	0	0	0	0	0	0	0	0	0	0	0	0	0	0	0	0	0	0	0	0	0	0	0	0	0	0
常州轻工职业技术学院	32	0	0	0	0	0	0	0	0	0	0	0	0	0	0	0	0	1	1	0	0	0	0	0	0	0	0

续表

高校名称		总数					出版著作(部)							古籍整理(部)	译著(部)	发表译文(篇)	电子出版物(件)	发表论文(篇)				获奖成果数(项)				研究与咨询报告(篇)	
		课题数(项)	当年投入人数(人年)	其中：研究生(人年)	当年投入经费(千元)	当年支出经费(千元)	合计	专著	其中：被译成外文	编著教材	工具书参考书	皮书/发展报告	科普读物					合计	国内学术刊物	国外学术刊物	港澳、台地区刊物	合计	国家级奖	部级奖	省级奖	合计	其中：被采纳数
	编号	L01	L02	L03	L04	L05	L06	L07	L08	L09	L10	L11	L12	L13	L14	L15	L16	L17	L18	L19	L20	L21	L22	L23	L24	L25	L26
常州工程职业技术学院	33	1	0.2	0	5	2	0	0	0	0	0	0	0	0	0	0	0	2	2	0	0	0	0	0	0	0	0
江苏农林职业技术学院	34	0	0	0	0	0	0	0	0	0	0	0	0	0	0	0	0	3	3	0	0	0	0	0	0	0	0
江苏食品药品职业技术学院	35	4	1.1	0	10	15	0	0	0	0	0	0	0	0	0	0	0	2	2	0	0	0	0	0	0	3	0
南京铁道职业技术学院	36	4	0.5	0	0	4	0	0	0	0	0	0	0	0	0	0	0	5	5	0	0	0	0	0	0	0	0
徐州工业职业技术学院	37	0	0	0	0	0	0	0	0	0	0	0	0	0	0	0	0	2	2	0	0	0	0	0	0	0	0
江苏信息职业技术学院	38	0	0	0	0	0	0	0	0	0	0	0	0	0	0	0	0	3	3	0	0	0	0	0	0	0	0
南京信息职业技术学院	39	0	0	0	0	0	0	0	0	0	0	0	0	0	0	0	0	0	0	0	0	0	0	0	0	0	0
常州机电职业技术学院	40	2	0.3	0	15	15	0	0	0	0	0	0	0	0	0	0	0	0	0	0	0	0	0	0	0	2	2
江阴职业技术学院	41	2	0.2	0	4	3	0	0	0	0	0	0	0	0	0	0	0	2	2	0	0	0	0	0	0	0	0
无锡城市职业技术学院	42	1	0.2	0	0	16	0	0	0	0	0	0	0	0	0	0	0	4	4	0	0	0	0	0	0	0	0
无锡工艺职业技术学院	43	0	0	0	0	0	0	0	0	0	0	0	0	0	0	0	0	10	10	0	0	0	0	0	0	0	0
苏州健雄职业技术学院	44	1	0.2	0	6	1	0	0	0	0	0	0	0	0	0	0	0	1	1	0	0	0	0	0	0	0	0
盐城工业职业技术学院	45	2	0.5	0	5	4.5	0	0	0	0	0	0	0	0	0	0	0	0	0	0	0	0	0	0	0	0	0
盐城工业职业技术学院	46	0	0	0	0	0	0	0	0	0	0	0	0	0	0	0	0	0	0	0	0	0	0	0	0	0	0

续表

扬州工业职业技术学院	47	0	0	0	0	0	0	0	0	0	0	0	0	0	0	0	0	0	0	0	0	0	0	0	0	0	0
江苏城市职业学院	48	1	0.2	0	0	4.6	0	0	0	0	0	0	0	0	0	0	0	4	4	0	0	0	0	0	0	0	0
南京城市职业学院	49	2	0.3	0	0	0	0	0	0	0	0	0	0	0	0	0	0	1	1	0	0	0	0	0	0	0	0
南京机电职业技术学院	50	0	0	0	0	0	0	0	0	0	0	0	0	0	0	0	0	0	0	0	0	0	0	0	0	0	0
南京旅游职业学院	51	0	0	0	0	0	0	0	0	0	0	0	0	0	0	0	0	0	0	0	0	0	0	0	0	0	0
江苏建康职业学院	52	3	1.2	0	0	12.4	0	0	0	0	0	0	0	0	0	0	0	2	2	0	0	0	0	0	0	0	0
苏州信息职业技术学院	53	0	0	0	0	0	0	0	0	0	0	0	0	0	0	0	0	0	0	0	0	0	0	0	0	0	0
苏州工业园区服务外包职业学院	54	0	0	0	0	0	0	0	0	0	0	0	0	0	0	0	0	0	0	0	0	0	0	0	0	0	0
徐州幼儿师范高等专科学校	55	0	0	0	0	0	0	0	0	0	0	0	0	0	0	0	0	0	0	0	0	0	0	0	0	0	0
徐州生物工程职业技术学院	56	0	0	0	0	0	0	0	0	0	0	0	0	0	0	0	0	0	0	0	0	0	0	0	0	0	0
江苏商贸职业学院	57	2	0.5	0	0	3.5	0	0	0	0	0	0	0	0	0	0	0	4	4	0	0	0	0	0	0	0	0
南通师范高等专科学校	58	0	0	0	0	0	0	0	0	0	0	0	0	0	0	0	0	1	1	0	0	0	0	0	0	0	0
江苏护理职业学院	59	0	0	0	0	0	0	0	0	0	0	0	0	0	0	0	0	0	0	0	0	0	0	0	0	0	0
江苏财会职业学院	60	0	0	0	0	0	0	0	0	0	0	0	0	0	0	0	0	0	0	0	0	0	0	0	0	0	0
江苏城乡建设职业学院	61	0	0	0	0	0	0	0	0	0	0	0	0	0	0	0	0	0	0	0	0	0	0	0	0	0	0
江苏城乡建设职业学院	62	0	0	0	0	0	0	0	0	0	0	0	0	0	0	0	0	0	0	0	0	0	0	0	0	0	0

3.19 教育学人文、社会科学研究与课题成果情况表

高校名称	编号	总数 课题数(项)	总数 当年投入人数(人年)	总数 其中:研究生(人年)	总数 当年投入经费(千元)	总数 当年支出经费(千元)	出版著作(部) 合计	出版著作(部) 专著	出版著作(部) 其中:被译成外文	出版著作(部) 编著教材	出版著作(部) 工具书参考书	出版著作(部) 皮书/发展报告	出版著作(部) 科普读物	古籍整理(部)	译著(部)	发表译文(篇)	电子出版物(件)	发表论文(篇) 合计	发表论文(篇) 国内学术刊物	发表论文(篇) 国外学术刊物	发表论文(篇) 港澳、台地区刊物	获奖成果数(项) 合计	获奖成果数(项) 国家级奖	获奖成果数(项) 部级奖	获奖成果数(项) 省级奖	研究与咨询报告(篇) 合计	研究与咨询报告(篇) 其中:被采纳数
		L01	L02	L03	L04	L05	L06	L07	L08	L09	L10	L11	L12	L13	L14	L15	L16	L17	L18	L19	L20	L21	L22	L23	L24	L25	L26
合计	/	2 534	552.4	0	7 204.8	6 931.21	146	66	3	71	6	2	1	0	7	0	1	2 255	2 221	32	2	55	0	11	44	158	67
盐城幼儿师范高等专科学校	1	9	1.9	0	0	0	2	2	0	0	0	0	0	0	0	0	0	2	2	0	0	0	0	0	0	1	1
苏州幼儿师范高等专科学校	2	0	0	0	0	0	0	0	0	0	0	0	0	0	0	0	0	0	0	0	0	0	0	0	0	0	0
无锡职业技术学院	3	27	3.8	0	177	68.82	0	0	0	0	0	0	0	0	0	0	0	77	77	0	0	0	0	0	0	0	0
江苏建筑职业技术学院	4	69	11.9	0	639.8	698.3	1	1	0	0	0	0	0	0	0	0	0	62	62	0	0	0	0	0	0	4	4
南京工业职业技术学院	5	39	15.4	0	55	61	1	1	0	0	0	0	0	0	0	0	0	75	75	0	0	1	0	0	1	0	0
江苏工程职业技术学院	6	68	15.5	0	65.5	81.5	0	0	0	0	0	0	0	0	0	0	0	99	99	0	0	0	0	0	0	0	0
苏州工艺美术职业技术学院	7	74	17.7	0	217	143.2	0	0	0	0	0	0	0	0	0	0	0	72	71	1	0	0	0	0	0	0	0
连云港职业技术学院	8	11	1.1	0	7.5	7.5	2	1	0	1	0	0	0	0	0	0	0	16	16	0	0	0	0	0	0	0	0
镇江市高等专科学校	9	27	8.6	0	31.5	56	0	0	0	0	0	0	0	0	0	0	0	17	17	0	0	0	0	0	0	0	0
南通职业大学	10	21	6	0	236	121	0	0	0	0	0	0	0	0	0	0	0	76	76	0	0	0	0	0	0	0	0
苏州市职业大学	11	28	10.6	0	159	75.16	1	1	0	0	0	0	0	0	0	0	0	18	17	1	0	0	0	0	0	2	1
沙洲职业工学院	12	24	4.5	0	108	127.5	0	0	0	0	0	0	0	0	0	0	0	58	58	0	0	0	0	0	0	2	0
扬州市职业大学	13	48	17.4	0	175.6	175.6	0	0	0	0	0	0	0	0	0	0	0	33	33	0	0	0	0	0	0	5	5
连云港师范高等专科学校	14	37	4	0	69.8	60	2	0	0	2	0	0	0	0	0	0	0	39	39	0	0	0	0	0	0	4	0
江苏经贸职业技术学院	15	27	5.5	0	20	20	0	0	0	0	0	0	0	0	0	0	0	37	37	0	0	0	0	0	0	0	0
泰州职业技术学院	16	14	5.1	0	8	35.1	1	0	0	1	0	0	0	0	0	0	0	26	25	1	0	0	0	0	0	0	0

续表

常州信息职业技术学院	17	9	3.1	0	40	28.3	0	0	0	0	0	0	0	0	0	0	0	16	16	0	0	0	0	0	0	1	1
江苏海事职业技术学院	18	23	4.9	0	107.8	105.82	0	0	0	0	0	0	0	0	0	0	0	47	47	0	0	0	0	0	0	1	1
无锡科技职业学院	19	10	3.6	0	0	31.8	0	0	0	0	0	0	0	0	0	0	0	3	3	0	0	0	0	0	0	0	0
盐城卫生职业技术学院	20	110	28	0	166	180.8	2	0	0	2	0	0	0	0	0	0	0	47	47	0	0	0	0	0	0	0	0
南通科技职业学院	21	29	6.6	0	170	99.6	1	1	0	0	0	0	0	0	0	0	0	18	18	0	0	0	0	0	0	0	0
苏州经贸职业技术学院	22	45	13.1	0	274	315.25	4	0	0	4	0	0	0	0	0	0	0	66	66	0	0	0	0	0	0	9	4
苏州工业职业技术学院	23	7	1.4	0	55	51.98	0	0	0	0	0	0	0	0	0	0	0	1	1	0	0	0	0	0	0	1	0
苏州卫生职业技术学院	24	24	3.7	0	51	80.48	0	0	0	0	0	0	0	0	0	0	0	19	19	0	0	0	0	0	0	0	0
无锡商业职业技术学院	25	49	13.1	0	68	142.2	12	0	0	12	0	0	0	0	0	0	0	91	91	0	0	0	0	0	0	0	0
南通航运职业技术学院	26	143	19.6	0	166	261.7	0	0	0	0	0	0	0	0	0	0	0	133	132	1	0	0	0	0	0	21	5
南京交通职业技术学院	27	73	7.7	0	175	98.69	4	1	0	3	0	0	0	0	0	0	0	91	91	0	0	0	0	0	0	1	0
淮安信息职业技术学院	28	135	13.5	0	268	396.8	0	0	0	0	0	0	0	0	0	0	0	86	86	0	0	0	0	0	0	0	0
常州纺织服装职业技术学院	29	82	15.8	0	210	128.9	0	0	0	0	0	0	0	0	0	0	0	71	71	0	0	0	0	0	0	1	1
苏州农业职业技术学院	30	6	0.6	0	40.8	19	0	0	0	0	0	0	0	0	0	0	0	5	5	0	0	0	0	0	0	0	0
南京科技职业学院	31	71	7.2	0	120.5	81.5	0	0	0	0	0	0	0	0	0	0	0	8	8	0	0	0	0	0	0	0	0
常州轻工职业技术学院	32	89	45.2	0	151	210.5	3	0	0	3	0	0	0	0	0	0	0	47	46	1	0	0	0	0	0	0	0

续表

高校名称	编号	总数 课题数(项)	当年投入人数(人年)	其中：研究生(人年)	当年投入经费(千元)	当年支出经费(千元)	出版著作(部) 合计	专著	其中：被译成外文	编著教材	工具书参考书	皮书/发展报告	科普读物	古籍整理(部)	译著(部)	发表译文(篇)	电子出版物(件)	发表论文(篇) 合计	国内学术刊物	国外学术刊物	港、澳、台地区刊物	获奖成果数(项) 合计	国家级奖	部级奖	省级奖	研究与咨询报告(篇) 合计	其中：被采纳数
		L01	L02	L03	L04	L05	L06	L07	L08	L09	L10	L11	L12	L13	L14	L15	L16	L17	L18	L19	L20	L21	L22	L23	L24	L25	L26
常州工程职业技术学院	33	74	21.7	0	45	126	1	1	0	0	0	0	0	0	1	0	0	99	99	0	0	0	0	0	0	0	0
江苏农林职业技术学院	34	0	0	0	0	0	0	0	0	0	0	0	0	0	0	0	0	0	0	0	0	0	0	0	0	0	0
江苏食品药品职业技术学院	35	54	14	0	134	373.5	5	0	0	5	0	0	0	0	0	0	0	22	22	0	0	0	0	0	0	9	2
南京铁道职业技术学院	36	58	7.5	0	214	151	1	0	0	1	0	0	0	0	0	0	0	41	41	0	0	0	0	0	0	0	0
徐州工业职业技术学院	37	54	5.8	0	245	177	1	0	0	1	0	0	0	0	0	0	0	61	61	0	0	0	0	0	0	0	0
江苏信息职业技术学院	38	19	7	0	62	41.22	2	0	0	2	0	0	0	0	0	0	0	52	52	0	0	0	0	0	0	0	0
南京信息职业技术学院	39	52	5.7	0	148	101.6	1	0	0	1	0	0	0	0	0	0	0	56	56	0	0	0	0	0	0	3	3
常州机电职业技术学院	40	160	28.8	0	487	439.64	0	0	0	0	0	0	0	0	0	0	0	158	158	0	0	0	0	0	0	1	1
江阴职业技术学院	41	17	1.6	0	35	26	0	0	0	0	0	0	0	0	0	0	0	48	48	0	0	0	0	0	0	0	0
无锡城市职业技术学院	42	9	1.6	0	55	32.6	1	1	0	0	0	0	0	0	0	0	0	20	20	0	0	0	0	0	0	0	0
无锡工艺职业技术学院	43	30	0.9	0	122	141	1	0	0	1	0	0	0	0	0	0	0	69	69	0	0	0	0	0	0	10	4
苏州健雄职业技术学院	44	29	5.7	0	134	100.5	1	1	0	0	0	0	0	0	0	0	0	73	73	0	0	0	0	0	0	1	0
盐城工业职业技术学院	45	14	3.4	0	68	59	0	0	0	0	0	0	0	0	0	0	0	46	46	0	0	0	0	0	0	7	0
盐城工业职业技术学院	46	73	8.2	0	226.8	125.3	0	0	0	0	0	0	0	0	2	0	0	45	45	0	0	0	0	0	0	0	0

续表

扬州工业职业技术学院	47	22	2.9	0	107	86.4	1	1	0	0	0	0	0	0	0	0	0	85	85	0	0	0	0	0	0	0	0
江苏城市职业学院	48	103	33.9	0	317	315.21	0	0	0	0	0	0	0	0	0	0	0	55	55	0	0	0	0	0	0	0	0
南京城市职业学院	49	28	4.3	0	15.2	25	0	0	0	0	0	0	0	0	0	0	0	56	56	0	0	0	0	0	0	1	1
南京机电职业技术学院	50	33	6.9	0	83	42.8	1	0	0	1	0	0	0	0	0	0	0	5	5	0	0	0	0	0	0	0	0
南京旅游职业学院	51	17	4.5	0	25	42.34	0	0	0	0	0	0	0	0	0	0	0	57	57	0	0	0	0	0	0	0	0
江苏建康职业学院	52	46	12.8	0	88	104.6	0	0	0	0	0	0	0	0	0	0	0	21	21	0	0	0	0	0	0	0	0
苏州信息职业技术学院	53	8	1.4	0	4	12.6	0	0	0	0	0	0	0	0	0	0	0	28	28	0	0	0	0	0	0	1	0
苏州工业园区服务外包职业学院	54	15	3.6	0	17	29.15	2	2	0	0	0	0	0	0	0	0	0	46	46	0	0	0	0	0	0	0	0
徐州幼儿师范高等专科学校	55	49	10.6	0	130	115.9	6	1	0	5	0	0	0	0	0	0	0	105	105	0	0	0	0	0	0	0	0
徐州生物工程职业技术学院	56	43	4.3	0	90	50.4	2	0	0	2	0	0	0	0	0	0	0	34	34	0	0	0	0	0	0	13	0
江苏商贸职业学院	57	22	10.2	0	3	66.25	1	0	0	1	0	0	0	0	0	0	0	87	87	0	0	0	0	0	0	1	0
南通师范高等专科学校	58	3	1	0	4	0	3	2	0	1	0	0	0	0	0	0	0	73	73	0	0	0	0	0	0	0	0
江苏护理职业学院	59	2	0.6	0	0	1.7	0	0	0	0	0	0	0	0	0	0	0	22	22	0	0	0	0	0	0	0	0
江苏财会职业学院	60	29	15.6	0	200	81	2	1	0	1	0	0	0	0	0	0	0	65	65	0	0	0	0	0	0	1	0
江苏城乡建设职业学院	61	39	11	0	101	87.5	0	0	0	0	0	0	0	0	0	0	0	73	73	0	0	0	0	0	0	0	0
江苏城乡建设职业学院	62	4	0.8	0	12	12	0	0	0	0	0	0	0	0	0	0	0	14	14	0	0	0	0	0	0	0	0

3.20 统计学人文、社会科学研究与课题成果情况表

高校名称		总数					出版著作(部)							古籍整理(部)	译著(部)	发表译文(篇)	电子出版物(件)	发表论文(篇)				获奖成果数(项)				研究与咨询报告(篇)	
		课题数(项)	当年投入人数(人年)	其中:研究生(人年)	当年投入经费(千元)	当年支出经费(千元)	合计	专著	其中:被译成外文	编著教材	工具书参考书	皮书/发展报告	科普读物					合计	国内学术刊物	国外学术刊物	港澳、台地区刊物	合计	国家级奖	部级奖	省级奖	合计	其中:被采纳数
	编号	L01	L02	L03	L04	L05	L06	L07	L08	L09	L10	L11	L12	L13	L14	L15	L16	L17	L18	L19	L20	L21	L22	L23	L24	L25	L26
合计	/	28	5.9	0	381.2	372.77	4	1	0	1	1	1	0	0	0	0	4	88	80	8	0	2	0	0	2	15	11
盐城幼儿师范高等专科学校	1	0	0	0	0	0	0	0	0	0	0	0	0	0	0	0	0	0	0	0	0	0	0	0	0	0	0
苏州幼儿师范高等专科学校	2	0	0	0	0	0	0	0	0	0	0	0	0	0	0	0	0	0	0	0	0	0	0	0	0	0	0
无锡职业技术学院	3	0	0	0	0	0	0	0	0	0	0	0	0	0	0	0	0	0	0	0	0	0	0	0	0	0	0
江苏建筑职业技术学院	4	0	0	0	0	0	0	0	0	0	0	0	0	0	0	0	0	8	8	0	0	0	0	0	0	0	0
南京工业职业技术学院	5	0	0	0	0	0	0	0	0	0	0	0	0	0	0	0	0	6	6	0	0	0	0	0	0	0	0
江苏工程职业技术学院	6	0	0	0	0	0	0	0	0	0	0	0	0	0	0	0	0	2	2	0	0	0	0	0	0	0	0
苏州工艺美术职业技术学院	7	0	0	0	0	0	0	0	0	0	0	0	0	0	0	0	0	0	0	0	0	0	0	0	0	0	0
连云港职业技术学院	8	0	0	0	0	0	0	0	0	0	0	0	0	0	0	0	0	0	0	0	0	0	0	0	0	0	0
镇江市高等专科学校	9	0	0	0	0	0	0	0	0	0	0	0	0	0	0	0	0	0	0	0	0	0	0	0	0	0	0
南通职业大学	10	0	0	0	0	0	0	0	0	0	0	0	0	0	0	0	0	0	0	0	0	0	0	0	0	0	0
苏州市职业大学	11	0	0	0	0	0	0	0	0	0	0	0	0	0	0	0	0	0	0	0	0	0	0	0	0	0	0
沙洲职业工学院	12	0	0	0	0	0	0	0	0	0	0	0	0	0	0	0	0	0	0	0	0	0	0	0	0	0	0
扬州市职业大学	13	1	0.4	0	0	0	0	0	0	0	0	0	0	0	0	0	0	0	0	0	0	0	0	0	0	0	0
连云港师范高等专科学校	14	0	0	0	0	0	0	0	0	0	0	0	0	0	0	0	0	0	0	0	0	0	0	0	0	0	0
江苏经贸职业技术学院	15	0	0	0	0	0	0	0	0	0	0	0	0	0	0	0	0	0	0	0	0	0	0	0	0	0	0
泰州职业技术学院	16	0	0	0	0	0	0	0	0	0	0	0	0	0	0	0	0	0	0	0	0	0	0	0	0	0	0

续表

常州信息职业技术学院	17	0	0	0	0	0	0	0	0	0	0	0	0	0	0	0	0	0	0	0	0	0	0	0	0	0	0
江苏海事职业技术学院	18	0	0	0	0	0	0	0	0	0	0	0	0	0	0	0	0	0	0	0	0	0	0	0	0	0	0
无锡科技职业学院	19	1	0.3	0	0	1	0	0	0	0	0	0	0	0	0	0	0	2	0	2	0	0	0	0	0	0	0
盐城卫生职业技术学院	20	0	0	0	0	0	0	0	0	0	0	0	0	0	0	0	0	0	0	0	0	0	0	0	0	0	0
南通科技职业学院	21	1	0.2	0	10	5	0	0	0	0	0	0	0	0	0	0	0	1	1	0	0	0	0	0	0	0	0
苏州经贸职业技术学院	22	18	3.7	0	222	221	3	1	0	2	0	0	0	0	0	0	0	23	23	0	0	0	0	0	0	9	3
苏州工业职业技术学院	23	1	0.6	0	100	88	0	0	0	0	0	0	0	0	0	0	0	0	0	0	0	0	0	0	0	0	0
苏州卫生职业技术学院	24	0	0	0	0	0	0	0	0	0	0	0	0	0	0	0	0	0	0	0	0	0	0	0	0	0	0
无锡商业职业技术学院	25	1	0.2	0	0	3	0	0	0	0	0	0	0	0	0	0	0	0	0	0	0	0	0	0	0	0	0
南通航运职业技术学院	26	0	0	0	0	0	0	0	0	0	0	0	0	0	0	0	0	1	1	0	0	0	0	0	0	0	0
南京交通职业技术学院	27	2	0.2	0	0	3.87	0	0	0	0	0	0	0	0	0	0	0	0	0	0	0	0	0	0	0	0	0
淮安信息职业技术学院	28	0	0	0	0	0	0	0	0	0	0	0	0	0	0	0	0	0	0	0	0	0	0	0	0	0	0
常州纺织服装职业技术学院	29	0	0	0	0	0	1	0	0	1	0	0	0	0	0	0	0	2	2	0	0	0	0	0	0	0	0
苏州农业职业技术学院	30	0	0	0	0	0	0	0	0	0	0	0	0	0	0	0	0	0	0	0	0	0	0	0	0	0	0
南京科技职业学院	31	0	0	0	0	0	0	0	0	0	0	0	0	0	0	0	0	0	0	0	0	0	0	0	0	0	0
常州轻工职业技术学院	32	0	0	0	0	0	0	0	0	0	0	0	0	0	0	0	0	1	1	0	0	0	0	0	0	0	0

续表

高校名称	编号	总数：课题数(项)	总数：当年投入人数(人年)	总数：其中：研究生(人年)	总数：当年投入经费(千元)	总数：当年支出经费(千元)	出版著作(部)：合计	出版著作(部)：专著	出版著作(部)：其中：被译成外文	出版著作(部)：编著教材	出版著作(部)：工具书参考书	出版著作(部)：皮书/发展报告	出版著作(部)：科普读物	古籍整理(部)	译著(部)	发表译文(篇)	电子出版物(件)	发表论文(篇)：合计	发表论文(篇)：国内学术刊物	发表论文(篇)：国外学术刊物	发表论文(篇)：港澳、台地区刊物	获奖成果数(项)：合计	获奖成果数(项)：国家级奖	获奖成果数(项)：部级奖	获奖成果数(项)：省级奖	研究与咨询报告(篇)：合计	研究与咨询报告(篇)：其中：被采纳数
		L01	L02	L03	L04	L05	L06	L07	L08	L09	L10	L11	L12	L13	L14	L15	L16	L17	L18	L19	L20	L21	L22	L23	L24	L25	L26
常州工程职业技术学院	33	1	0.1	0	49.2	49.2	0	0	0	0	0	0	0	0	0	0	0	4	4	0	0	0	0	0	0	0	0
江苏农林职业技术学院	34	0	0	0	0	0	0	0	0	0	0	0	0	0	0	0	0	0	0	0	0	0	0	0	0	0	0
江苏食品药品职业技术学院	35	0	0	0	0	0	0	0	0	0	0	0	0	0	0	0	0	0	0	0	0	0	0	0	0	0	0
南京铁道职业技术学院	36	0	0	0	0	0	0	0	0	0	0	0	0	0	0	0	0	0	0	0	0	0	0	0	0	0	0
徐州工业职业技术学院	37	0	0	0	0	0	0	0	0	0	0	0	0	0	0	0	0	0	0	0	0	0	0	0	0	0	0
江苏信息职业技术学院	38	0	0	0	0	0	1	0	0	1	0	0	0	0	0	0	0	0	0	0	0	0	0	0	0	0	0
南京信息职业技术学院	39	2	0.2	0	0	1.7	1	0	0	1	0	0	0	0	0	0	0	0	0	0	0	0	0	0	0	0	0
常州机电职业技术学院	40	0	0	0	0	0	0	0	0	0	0	0	0	0	0	0	0	0	0	0	0	0	0	0	0	0	0
江阴职业技术学院	41	0	0	0	0	0	0	0	0	0	0	0	0	0	0	0	0	0	0	0	0	0	0	0	0	0	0
无锡城市职业技术学院	42	0	0	0	0	0	0	0	0	0	0	0	0	0	0	0	0	0	0	0	0	0	0	0	0	0	0
无锡工艺职业技术学院	43	0	0	0	0	0	0	0	0	0	0	0	0	0	0	0	0	0	0	0	0	0	0	0	0	0	0
苏州健雄职业技术学院	44	0	0	0	0	0	0	0	0	0	0	0	0	0	0	0	0	0	0	0	0	0	0	0	0	0	0
盐城工业职业技术学院	45	0	0	0	0	0	0	0	0	0	0	0	0	0	0	0	0	0	0	0	0	0	0	0	0	0	0
盐城工业职业技术学院	46	0	0	0	0	0	0	0	0	0	0	0	0	0	0	0	0	0	0	0	0	0	0	0	0	0	0

续表

扬州工业职业技术学院	47	0	0	0	0	0	0	0	0	0	0	0	0	0	0	0	0	0	0	0	0	0	0	0	0	0	0
江苏城市职业学院	48	0	0	0	0	0	0	0	0	0	0	0	0	0	0	0	0	0	0	0	0	0	0	0	0	0	0
南京城市职业学院	49	0	0	0	0	0	0	0	0	0	0	0	0	0	0	0	0	0	0	0	0	0	0	0	0	0	0
南京机电职业技术学院	50	0	0	0	0	0	0	0	0	0	0	0	0	0	0	0	0	0	0	0	0	0	0	0	0	0	0
南京旅游职业学院	51	0	0	0	0	0	0	0	0	0	0	0	0	0	0	0	0	0	0	0	0	0	0	0	0	0	0
江苏建康职业学院	52	0	0	0	0	0	0	0	0	0	0	0	0	0	0	0	0	4	4	0	0	0	0	0	0	0	0
苏州信息职业技术学院	53	0	0	0	0	0	0	0	0	0	0	0	0	0	0	0	0	1	1	0	0	0	0	0	0	0	0
苏州工业园区服务外包职业学院	54	0	0	0	0	0	0	0	0	0	0	0	0	0	0	0	0	0	0	0	0	0	0	0	0	0	0
徐州幼儿师范高等专科学校	55	0	0	0	0	0	0	0	0	0	0	0	0	0	0	0	0	0	0	0	0	0	0	0	0	0	0
徐州生物工程职业技术学院	56	0	0	0	0	0	0	0	0	0	0	0	0	0	0	0	0	0	0	0	0	0	0	0	0	0	0
江苏商贸职业学院	57	0	0	0	0	0	0	0	0	0	0	0	0	0	0	0	0	0	0	0	0	0	0	0	0	0	0
南通师范高等专科学校	58	0	0	0	0	0	0	0	0	0	0	0	0	0	0	0	0	0	0	0	0	0	0	0	0	0	0
江苏护理职业学院	59	0	0	0	0	0	0	0	0	0	0	0	0	0	0	0	0	0	0	0	0	0	0	0	0	0	0
江苏财会职业学院	60	0	0	0	0	0	0	0	0	0	0	0	0	0	0	0	0	0	0	0	0	0	0	0	0	0	0
江苏城乡建设职业学院	61	0	0	0	0	0	0	0	0	0	0	0	0	0	0	0	0	0	0	0	0	0	0	0	0	0	0
江苏城乡建设职业学院	62	0	0	0	0	0	0	0	0	0	0	0	0	0	0	0	0	0	0	0	0	0	0	0	0	0	0

3.21 心理学人文、社会科学研究与课题成果情况表

高校名称	编号	总数：课题数（项）	总数：当年投入人数（人年）	总数：其中：研究生（人年）	总数：当年投入经费（千元）	总数：当年支出经费（千元）	出版著作（部）：合计	出版著作（部）：专著	出版著作（部）：其中：被译成外文	出版著作（部）：编著教材	出版著作（部）：工具书参考书	出版著作（部）：皮书/发展报告	出版著作（部）：科普读物	古籍整理（部）	译著（部）	发表译文（篇）	电子出版物（件）	发表论文（篇）：合计	发表论文（篇）：国内学术刊物	发表论文（篇）：国外学术刊物	发表论文（篇）：港澳、台地区刊物	获奖成果数（项）：合计	获奖成果数（项）：国家级奖	获奖成果数（项）：部级奖	获奖成果数（项）：省级奖	研究与咨询报告（篇）：合计	研究与咨询报告（篇）：其中：被采纳数
		L01	L02	L03	L04	L05	L06	L07	L08	L09	L10	L11	L12	L13	L14	L15	L16	L17	L18	L19	L20	L21	L22	L23	L24	L25	L26
合计	/	85	18.2	0	208.6	186.8	23	18	0	3	0	0	2	0	0	0	1	259	209	50	0	7	0	1	6	8	3
盐城幼儿师范高等专科学校	1	0	0	0	0	0	0	0	0	0	0	0	0	0	0	0	0	0	0	0	0	0	0	0	0	0	0
苏州幼儿师范高等专科学校	2	0	0	0	0	0	0	0	0	0	0	0	0	0	0	0	0	0	0	0	0	0	0	0	0	0	0
无锡职业技术学院	3	0	0	0	0	0	0	0	0	0	0	0	0	0	0	0	0	1	1	0	0	0	0	0	0	0	0
江苏建筑职业技术学院	4	9	1.4	0	4	9.1	1	0	0	1	0	0	0	0	0	0	0	4	4	0	0	0	0	0	0	0	0
南京工业职业技术学院	5	1	0.4	0	0	0	0	0	0	0	0	0	0	0	0	0	0	2	2	0	0	0	0	0	0	0	0
江苏工程职业技术学院	6	0	0	0	0	0	0	0	0	0	0	0	0	0	0	0	0	1	1	0	0	0	0	0	0	0	0
苏州工艺美术职业技术学院	7	2	0.3	0	3	0.6	0	0	0	0	0	0	0	0	0	0	0	0	0	0	0	0	0	0	0	0	0
连云港职业技术学院	8	0	0	0	0	0	0	0	0	0	0	0	0	0	0	0	0	1	1	0	0	0	0	0	0	0	0
镇江市高等专科学校	9	0	0	0	0	0	0	0	0	0	0	0	0	0	0	0	0	0	0	0	0	0	0	0	0	0	0
南通职业大学	10	1	0.3	0	3	3	0	0	0	0	0	0	0	0	0	0	0	5	5	0	0	0	0	0	0	0	0
苏州市职业大学	11	5	1	0	4	2.2	0	0	0	0	0	0	0	0	0	0	0	1	1	0	0	0	0	0	0	0	0
沙洲职业工学院	12	0	0	0	0	0	0	0	0	0	0	0	0	0	0	0	0	3	3	0	0	0	0	0	0	0	0
扬州市职业大学	13	2	1	0	0	0	0	0	0	0	0	0	0	0	0	0	0	1	1	0	0	0	0	0	0	0	0
连云港师范高等专科学校	14	3	0.3	0	0	0	0	0	0	0	0	0	0	0	0	0	0	2	2	0	0	0	0	0	0	0	0
江苏经贸职业技术学院	15	3	0.5	0	16.6	16.6	0	0	0	0	0	0	0	0	0	0	0	1	1	0	0	0	0	0	0	0	0
泰州职业技术学院	16	1	0.1	0	0	0	0	0	0	0	0	0	0	0	0	0	0	1	1	0	0	0	0	0	0	0	0

续表

常州信息职业技术学院	17	1	0.4	0	0	0.8	0	0	0	0	0	0	0	0	0	0	0	2	2	0	0	0	0	0	0	0	0
江苏海事职业技术学院	18	0	0	0	0	0	0	0	0	0	0	0	0	0	0	0	0	0	0	0	0	0	0	0	0	0	0
无锡科技职业学院	19	2	0.3	0	0	1.8	0	0	0	0	0	0	0	0	0	0	0	0	0	0	0	0	0	0	0	0	0
盐城卫生职业技术学院	20	3	1.4	0	4	0	0	0	0	0	0	0	0	0	0	0	0	7	7	0	0	0	0	0	0	0	0
南通科技职业学院	21	4	1	0	22	11.7	0	0	0	0	0	0	0	0	0	0	0	2	2	0	0	0	0	0	0	0	0
苏州经贸职业技术学院	22	3	1.1	0	2	4.3	0	0	0	0	0	0	0	0	0	0	0	6	6	0	0	0	0	0	0	0	0
苏州工业职业技术学院	23	1	0.2	0	40	40	0	0	0	0	0	0	0	0	0	0	0	0	0	0	0	0	0	0	0	0	0
苏州卫生职业技术学院	24	6	0.6	0	6	9	0	0	0	0	0	0	0	0	0	0	0	7	7	0	0	0	0	0	0	0	0
无锡商业职业技术学院	25	2	0.5	0	10	5	0	0	0	0	0	0	0	0	0	0	0	0	0	0	0	0	0	0	0	0	0
南通航运职业技术学院	26	5	0.6	0	8	8	0	0	0	0	0	0	0	0	0	0	0	4	4	0	0	0	0	0	0	0	0
南京交通职业技术学院	27	1	0.1	0	5	0	0	0	0	0	0	0	0	0	0	0	0	2	2	0	0	0	0	0	0	0	0
淮安信息职业技术学院	28	3	0.3	0	20	27	0	0	0	0	0	0	0	0	0	0	0	1	1	0	0	0	0	0	0	0	0
常州纺织服装职业技术学院	29	3	0.4	0	11	3.2	0	0	0	0	0	0	0	0	0	0	0	9	9	0	0	0	0	0	0	0	0
苏州农业职业技术学院	30	0	0	0	0	0	0	0	0	0	0	0	0	0	0	0	0	0	0	0	0	0	0	0	0	0	0
南京科技职业学院	31	0	0	0	0	0	0	0	0	0	0	0	0	0	0	0	0	0	0	0	0	0	0	0	0	0	0
常州轻工职业技术学院	32	3	1.4	0	4	7.5	0	0	0	0	0	0	0	0	0	0	0	4	4	0	0	0	0	0	0	0	0

续表

高校名称	编号	总数 课题数(项) L01	总数 当年投入人数(人年) L02	总数 其中:研究生(人年) L03	总数 当年投入经费(千元) L04	总数 当年支出经费(千元) L05	出版著作(部) 合计 L06	出版著作(部) 专著 L07	出版著作(部) 其中:被译成外文 L08	出版著作(部) 编著教材 L09	出版著作(部) 工具书参考书 L10	出版著作(部) 皮书/发展报告 L11	出版著作(部) 科普读物 L12	古籍整理(部) L13	译著(部) L14	发表译文(篇) L15	电子出版物(件) L16	发表论文(篇) 合计 L17	发表论文(篇) 国内学术刊物 L18	发表论文(篇) 国外学术刊物 L19	发表论文(篇) 港澳、台地区刊物 L20	获奖成果数(项) 合计 L21	获奖成果数(项) 国家级奖 L22	获奖成果数(项) 部级奖 L23	获奖成果数(项) 省级奖 L24	研究与咨询报告(篇) 合计 L25	研究与咨询报告(篇) 其中:被采纳数 L26
常州工程职业技术学院	33	0	0	0	0	0	0	0	0	0	0	0	0	0	0	0	0	0	0	0	0	0	0	0	0	0	0
江苏农林职业技术学院	34	0	0	0	0	0	0	0	0	0	0	0	0	0	0	0	0	0	0	0	0	0	0	0	0	0	0
江苏食品药品职业技术学院	35	0	0	0	0	0	1	0	0	1	0	0	0	0	0	0	0	0	0	0	0	0	0	0	0	0	0
南京铁道职业技术学院	36	2	0.2	0	0	8	0	0	0	0	0	0	0	0	0	0	0	0	0	0	0	0	0	0	0	0	0
徐州工业职业技术学院	37	1	0.1	0	0	0.5	0	0	0	0	0	0	0	0	0	0	0	1	1	0	0	0	0	0	0	0	0
江苏信息职业技术学院	38	0	0	0	0	0	0	0	0	0	0	0	0	0	0	0	0	0	0	0	0	0	0	0	0	0	0
南京信息职业技术学院	39	2	0.3	0	0	4.2	0	0	0	0	0	0	0	0	0	0	0	4	4	0	0	0	0	0	0	0	0
常州机电职业技术学院	40	1	0.1	0	0	1.5	0	0	0	0	0	0	0	0	0	0	0	0	0	0	0	0	0	0	0	0	0
江阴职业技术学院	41	0	0	0	0	0	0	0	0	0	0	0	0	0	0	0	0	0	0	0	0	0	0	0	0	0	0
无锡城市职业技术学院	42	0	0	0	0	0	0	0	0	0	0	0	0	0	0	0	0	4	4	0	0	0	0	0	0	0	0
无锡工艺职业技术学院	43	0	0	0	0	0	0	0	0	0	0	0	0	0	0	0	0	1	1	0	0	0	0	0	0	0	0
苏州健雄职业技术学院	44	1	0.2	0	0	2	0	0	0	0	0	0	0	0	0	0	0	0	0	0	0	0	0	0	0	0	0
盐城工业职业技术学院	45	1	0.1	0	10	0	0	0	0	0	0	0	0	0	0	0	0	0	0	0	0	0	0	0	0	0	0
盐城工业职业技术学院	46	0	0	0	0	0	0	0	0	0	0	0	0	0	0	0	0	0	0	0	0	0	0	0	0	0	0

续表

扬州工业职业技术学院	47	0	0	0	0	0	0	0	0	0	0	0	0	0	0	0	0	0	0	0	0	0	0	0	0	0	0
江苏城市职业学院	48	0	0	0	0	0	0	0	0	0	0	0	0	0	0	0	0	0	0	0	0	0	0	0	0	0	0
南京城市职业学院	49	3	0.3	0	9.6	1.5	0	0	0	0	0	0	0	0	0	0	0	0	0	0	0	0	0	0	0	0	0
南京机电职业技术学院	50	1	0.4	0	0	1.3	0	0	0	0	0	0	0	0	0	0	0	0	0	0	0	0	0	0	0	0	0
南京旅游职业学院	51	3	0.9	0	0	7	0	0	0	0	0	0	0	0	0	0	0	0	0	0	0	0	0	0	0	0	0
江苏建康职业学院	52	4	1.1	0	12	5.5	0	0	0	0	0	0	0	0	0	0	0	2	2	0	0	0	0	0	0	0	0
苏州信息职业技术学院	53	0	0	0	0	0	0	0	0	0	0	0	0	0	0	0	0	0	0	0	0	0	0	0	0	0	0
苏州工业园区服务外包职业学院	54	0	0	0	0	0	0	0	0	0	0	0	0	0	0	0	0	0	0	0	0	0	0	0	0	0	0
徐州幼儿师范高等专科学校	55	1	0.3	0	8	3	0	0	0	0	0	0	0	0	1	0	0	0	0	0	0	0	0	0	0	0	0
徐州生物工程职业技术学院	56	0	0	0	0	0	0	0	0	0	0	0	0	0	0	0	0	0	0	0	0	0	0	0	0	0	0
江苏商贸职业学院	57	1	0.6	0	6.4	2.5	0	0	0	0	0	0	0	0	0	0	0	4	4	0	0	0	0	0	0	0	0
南通师范高等专科学校	58	0	0	0	0	0	0	0	0	0	0	0	0	0	0	0	0	0	0	0	0	0	0	0	0	0	0
江苏护理职业学院	59	0	0	0	0	0	0	0	0	0	0	0	0	0	0	0	0	0	0	0	0	0	0	0	0	0	0
江苏财会职业学院	60	0	0	0	0	0	0	0	0	0	0	0	0	0	0	0	0	0	0	0	0	0	0	0	0	0	0
江苏城乡建设职业学院	61	0	0	0	0	0	0	0	0	0	0	0	0	0	0	0	0	1	1	0	0	0	0	0	0	0	0
江苏城乡建设职业学院	62	0	0	0	0	0	0	0	0	0	0	0	0	0	0	0	0	0	0	0	0	0	0	0	0	0	0

3.22 体育科学人文、社会科学研究与课题成果情况表

高校名称	编号	总数：课题数（项）	总数：当年投入人数（人年）	总数：其中：研究生（人年）	总数：当年投入经费（千元）	总数：当年支出经费（千元）	出版著作（部）：合计	出版著作（部）：专著	出版著作（部）：其中：被译成外文	出版著作（部）：编著教材	出版著作（部）：工具书参考书	出版著作（部）：皮书/发展报告	出版著作（部）：科普读物	古籍整理（部）	译著（部）	发表译文（篇）	电子出版物（件）	发表论文（篇）：合计	发表论文（篇）：国内学术刊物	发表论文（篇）：国外学术刊物	发表论文（篇）：港、澳、台地区刊物	获奖成果数（项）：合计	获奖成果数（项）：国家级奖	获奖成果数（项）：部级奖	获奖成果数（项）：省级奖	研究与咨询报告（篇）：合计	研究与咨询报告（篇）：其中：被采纳数
		L01	L02	L03	L04	L05	L06	L07	L08	L09	L10	L11	L12	L13	L14	L15	L16	L17	L18	L19	L20	L21	L22	L23	L24	L25	L26
合计	/	133	28.7	0	487.15	419.75	59	38	1	19	1	0	1	0	0	1	0	673	633	39	1	10	0	1	9	43	13
盐城幼儿师范高等专科学校	1	0	0	0	0	0	0	0	0	0	0	0	0	0	0	0	0	0	0	0	0	0	0	0	0	0	0
苏州幼儿师范高等专科学校	2	0	0	0	0	0	0	0	0	0	0	0	0	0	0	0	0	0	0	0	0	0	0	0	0	0	0
无锡职业技术学院	3	5	0.5	0	2	0.85	0	0	0	0	0	0	0	0	0	0	0	12	12	0	0	0	0	0	0	0	0
江苏建筑职业技术学院	4	3	0.2	0	2	1	0	0	0	0	0	0	0	0	0	0	0	7	7	0	0	0	0	0	0	0	0
南京工业职业技术学院	5	11	2.4	0	9.75	9.75	1	0	0	1	0	0	0	0	0	0	0	29	29	0	0	0	0	0	0	4	0
江苏工程职业技术学院	6	2	0.7	0	1.5	1	1	1	0	0	0	0	0	0	0	0	0	3	3	0	0	0	0	0	0	0	0
苏州工艺美术职业技术学院	7	2	0.6	0	0	2.9	0	0	0	0	0	0	0	0	0	0	0	10	10	0	0	0	0	0	0	0	0
连云港职业技术学院	8	0	0	0	0	0	0	0	0	0	0	0	0	0	0	0	0	0	0	0	0	0	0	0	0	1	1
镇江市高等专科学校	9	4	1.2	0	19	17	1	1	0	0	0	0	0	0	0	0	0	1	1	0	0	0	0	0	0	0	0
南通职业大学	10	0	0	0	0	0	0	0	0	0	0	0	0	0	0	0	0	2	2	0	0	0	0	0	0	0	0
苏州市职业大学	11	6	1.7	0	12.5	15.6	0	0	0	0	0	0	0	0	0	0	0	7	7	0	0	0	0	0	0	1	0
沙洲职业工学院	12	0	0	0	0	0	0	0	0	0	0	0	0	0	0	0	0	6	6	0	0	0	0	0	0	0	0
扬州市职业大学	13	2	1.2	0	3	3	0	0	0	0	0	0	0	0	0	0	0	2	2	0	0	0	0	0	0	0	0
连云港师范高等专科学校	14	3	0.3	0	0	0	0	0	0	0	0	0	0	0	0	0	0	2	2	0	0	0	0	0	0	0	0
江苏经贸职业技术学院	15	1	0.4	0	10	10	0	0	0	0	0	0	0	0	0	0	0	6	6	0	0	0	0	0	0	1	1
泰州职业技术学院	16	0	0	0	0	0	0	0	0	0	0	0	0	0	0	0	0	1	1	0	0	0	0	0	0	0	0

续表

常州信息职业技术学院	17	5	1.7	0	51	43	0	0	0	0	0	0	0	0	0	0	0	15	15	0	0	0	0	0	0	0	0
江苏海事职业技术学院	18	4	0.6	0	5.4	5.7	0	0	0	0	0	0	0	0	0	0	0	6	6	0	0	0	0	0	0	1	1
无锡科技职业学院	19	2	1.4	0	12	8.4	1	0	0	1	0	0	0	0	0	0	0	2	2	0	0	0	0	0	0	0	0
盐城卫生职业技术学院	20	0	0	0	0	0	0	0	0	0	0	0	0	0	0	0	0	1	1	0	0	0	0	0	0	0	0
南通科技职业学院	21	2	0.8	0	0	2	0	0	0	0	0	0	0	0	0	0	0	8	8	0	0	0	0	0	0	0	0
苏州经贸职业技术学院	22	4	2	0	26	25.5	1	0	0	1	0	0	0	0	0	0	0	5	5	0	0	0	0	0	0	2	0
苏州工业职业技术学院	23	0	0	0	0	0	0	0	0	0	0	0	0	0	0	0	0	0	0	0	0	0	0	0	0	0	0
苏州卫生职业技术学院	24	2	0.2	0	0	4.3	0	0	0	0	0	0	0	0	0	0	0	4	4	0	0	0	0	0	0	0	0
无锡商业职业技术学院	25	0	0	0	0	0	0	0	0	0	0	0	0	0	0	0	0	0	0	0	0	0	0	0	0	0	0
南通航运职业技术学院	26	5	0.9	0	6	11.5	0	0	0	0	0	0	0	0	0	0	0	0	0	0	0	0	0	0	0	0	0
南京交通职业技术学院	27	2	0.2	0	15	0	0	0	0	0	0	0	0	0	0	0	0	3	3	0	0	0	0	0	0	0	0
淮安信息职业技术学院	28	1	0.1	0	0	0	0	0	0	0	0	0	0	0	0	0	0	5	5	0	0	0	0	0	0	0	0
常州纺织服装职业技术学院	29	2	0.2	0	5	0	0	0	0	0	0	0	0	0	0	0	0	1	1	0	0	0	0	0	0	0	0
苏州农业职业技术学院	30	3	0.3	0	0	4	0	0	0	0	0	0	0	0	0	0	0	0	0	0	0	0	0	0	0	0	0
南京科技职业学院	31	8	0.7	0	3	3	0	0	0	0	0	0	0	0	0	0	0	6	6	0	0	0	0	0	0	0	0
常州轻工职业技术学院	32	0	0	0	0	0	0	0	0	0	0	0	0	0	0	0	0	2	2	0	0	0	0	0	0	0	0

续表

高校名称		总数					出版著作(部)							古籍整理(部)	译著(部)	发表译文(篇)	电子出版物(件)	发表论文(篇)				获奖成果数(项)				研究与咨询报告(篇)	
		课题数(项)	当年投入人数(人年)	其中:研究生(人年)	当年投入经费(千元)	当年支出经费(千元)	合计	专著	其中:被译成外文	编著教材	工具书参考书	皮书/发展报告	科普读物					合计	国内学术刊物	国外学术刊物	港澳、台地区刊物	合计	国家级奖	部级奖	省级奖	合计	其中:被采纳数
	编号	L01	L02	L03	L04	L05	L06	L07	L08	L09	L10	L11	L12	L13	L14	L15	L16	L17	L18	L19	L20	L21	L22	L23	L24	L25	L26
常州工程职业技术学院	33	1	0.1	0	16	2	0	0	0	0	0	0	0	0	0	0	0	4	4	0	0	0	0	0	0	0	0
江苏农林职业技术学院	34	0	0	0	0	0	0	0	0	0	0	0	0	0	0	0	0	3	3	0	0	0	0	0	0	0	0
江苏食品药品职业技术学院	35	1	0.4	0	0	9	0	0	0	0	0	0	0	0	0	0	0	0	0	0	0	0	0	0	0	0	0
南京铁道职业技术学院	36	7	0.7	0	11	8.5	0	0	0	0	0	0	0	0	0	0	0	1	1	0	0	0	0	0	0	0	0
徐州工业职业技术学院	37	1	0.1	0	0	0.4	0	0	0	0	0	0	0	0	0	0	0	3	3	0	0	0	0	0	0	0	0
江苏信息职业技术学院	38	0	0	0	0	0	0	0	0	0	0	0	0	0	0	0	0	2	2	0	0	0	0	0	0	1	1
南京信息职业技术学院	39	1	0.1	0	10	4	0	0	0	0	0	0	0	0	0	0	0	4	4	0	0	0	0	0	0	0	0
常州机电职业技术学院	40	4	1.5	0	2	4.8	0	0	0	0	0	0	0	0	0	0	0	8	8	0	0	0	0	0	0	0	0
江阴职业技术学院	41	7	0.6	0	8	14	0	0	0	0	0	0	0	0	0	0	0	7	7	0	0	0	0	0	0	0	0
无锡城市职业技术学院	42	0	0	0	0	0	1	0	0	1	0	0	0	0	0	0	0	7	7	0	0	0	0	0	0	0	0
无锡工艺职业技术学院	43	1	0.1	0	10	10	0	0	0	0	0	0	0	0	0	0	0	0	0	0	0	0	0	0	0	0	0
苏州健雄职业技术学院	44	1	0.2	0	0	2	0	0	0	0	0	0	0	0	0	0	0	9	9	0	0	0	0	0	0	1	0
盐城工业职业技术学院	45	6	0.6	0	148	98.2	0	0	0	0	0	0	0	0	0	0	0	0	0	0	0	0	0	0	0	0	0
盐城工业职业技术学院	46	2	0.2	0	3	1.8	0	0	0	0	0	0	0	0	0	0	0	0	0	0	0	0	0	0	0	0	0

续表

扬州工业职业技术学院	47	2	0.6	0	60	60	0	0	0	0	0	0	0	0	0	0	0	7	7	0	0	0	0	0	0	2	2
江苏城市职业学院	48	1	0.2	0	0	0.65	0	0	0	0	0	0	0	0	0	0	0	1	1	0	0	0	0	0	0	0	0
南京城市职业学院	49	2	0.7	0	0	0	0	0	0	0	0	0	0	0	0	0	0	1	1	0	0	0	0	0	0	0	0
南京机电职业技术学院	50	2	0.5	0	0	2.5	0	0	0	0	0	0	0	0	0	0	0	2	2	0	0	0	0	0	0	0	0
南京旅游职业学院	51	2	0.7	0	0	0	0	0	0	0	0	0	0	0	0	0	0	1	1	0	0	0	0	0	0	0	0
江苏建康职业学院	52	1	0.1	0	15	5	0	0	0	0	0	0	0	0	0	0	0	0	0	0	0	0	0	0	0	0	0
苏州信息职业技术学院	53	0	0	0	0	0	1	0	0	1	0	0	0	0	0	0	0	4	4	0	0	0	0	0	0	0	0
苏州工业园区服务外包职业学院	54	3	0.8	0	0	11	0	0	0	0	0	0	0	0	0	0	0	15	15	0	0	0	0	0	0	0	0
徐州幼儿师范高等专科学校	55	2	0.5	0	8	5	0	0	0	0	0	0	0	0	0	0	0	5	5	0	0	0	0	0	0	0	0
徐州生物工程职业技术学院	56	4	0.4	0	8	5.4	0	0	0	0	0	0	0	0	0	0	0	1	1	0	0	0	0	0	0	1	0
江苏商贸职业学院	57	2	1	0	0	4	0	0	0	0	0	0	0	0	0	0	0	15	15	0	0	0	0	0	0	0	0
南通师范高等专科学校	58	0	0	0	0	0	1	1	0	0	0	0	0	0	0	0	0	15	15	0	0	0	0	0	0	0	0
江苏护理职业学院	59	0	0	0	0	0	0	0	0	0	0	0	0	0	0	0	0	0	0	0	0	0	0	0	0	0	0
江苏财会职业学院	60	0	0	0	0	0	1	0	0	1	0	0	0	0	0	0	0	4	4	0	0	0	0	0	0	1	0
江苏城乡建设职业学院	61	1	0.3	0	5	3	0	0	0	0	0	0	0	0	0	0	0	3	3	0	0	0	0	0	0	0	0
江苏城乡建设职业学院	62	0	0	0	0	0	0	0	0	0	0	0	0	0	0	0	0	4	4	0	0	0	0	0	0	0	0

4. 民办与中外合作办学高等学校人文、社会科学研究与课题成果情况表

高校名称	编号	总数：课题数(项)	总数：当年投入人数(人年)	总数：其中：研究生(人年)	总数：当年投入经费(千元)	总数：当年支出经费(千元)	出版著作(部)：合计	出版著作(部)：专著	出版著作(部)：其中：被译成外文	出版著作(部)：编著教材	出版著作(部)：工具书参考书	出版著作(部)：皮书/发展报告	出版著作(部)：科普读物	古籍整理(部)	译著(部)	发表译文(篇)	电子出版物(件)	发表论文(篇)：合计	发表论文(篇)：国内学术刊物	发表论文(篇)：国外学术刊物	发表论文(篇)：港澳、台地区刊物	获奖成果数(项)：合计	获奖成果数(项)：国家级奖	获奖成果数(项)：部级奖	获奖成果数(项)：省级奖	研究与咨询报告(篇)：合计	研究与咨询报告(篇)：其中：被采纳数
	编号	L01	L02	L03	L04	L05	L06	L07	L08	L09	L10	L11	L12	L13	L14	L15	L16	L17	L18	L19	L20	L21	L22	L23	L24	L25	L26
合计	/	1 263	344.9	0	5 704.22	4 275.27	60	13	4	47	0	0	0	2	1	2	2	2 271	2 186	85	0	4	0	0	4	39	13
管理学	1	241	58.6	0	1 268.5	1 034.57	9	3	2	6	0	0	0	0	0	1	0	405	367	38	0	0	0	0	0	13	5
马克思主义	2	36	10.4	0	76.5	43.8	1	0	0	1	0	0	0	0	0	0	0	117	117	0	0	0	0	0	0	2	2
哲学	3	7	2	0	4.5	4.4	0	0	0	0	0	0	0	0	0	0	0	7	7	0	0	0	0	0	0	0	0
逻辑学	4	0	0	0	0	0	0	0	0	0	0	0	0	0	0	0	0	0	0	0	0	0	0	0	0	0	0
宗教学	5	0	0	0	0	0	0	0	0	0	0	0	0	0	0	0	0	0	0	0	0	0	0	0	0	0	0
语言学	6	95	28.2	0	361.6	133.73	6	1	0	5	0	0	0	0	0	0	0	259	255	4	0	2	0	0	2	2	1
中国文学	7	21	5.8	0	35.6	20.8	1	0	0	1	0	0	0	2	0	0	0	52	52	0	0	2	0	0	2	0	0
外国文学	8	8	2.6	0	12.8	9.3	0	0	0	0	0	0	0	0	1	0	0	47	47	0	0	0	0	0	0	0	0
艺术学	9	141	36.9	0	441.9	270.1	8	2	0	6	0	0	0	0	0	0	1	262	261	1	0	0	0	0	0	2	0
历史学	10	12	2.3	0	1 206.06	644.46	0	0	0	0	0	0	0	0	0	0	0	7	7	0	0	0	0	0	0	0	0
考古学	11	0	0	0	0	0	0	0	0	0	0	0	0	0	0	0	0	1	1	0	0	0	0	0	0	0	0
经济学	12	153	40.5	0	700.7	519.72	16	4	0	12	0	0	0	0	0	1	0	369	340	29	0	0	0	0	0	7	3
政治学	13	15	5.5	0	2.6	20	0	0	0	0	0	0	0	0	0	0	0	10	10	0	0	0	0	0	0	0	0
法学	14	24	7.9	0	153	55.55	0	0	0	0	0	0	0	0	0	0	0	59	59	0	0	0	0	0	0	1	0
社会学	15	47	10.8	0	265.76	193.56	4	1	1	3	0	0	0	0	0	0	0	28	26	2	0	0	0	0	0	3	0
民族学与文化学	16	8	1.9	0	47	28.5	1	1	1	0	0	0	0	0	0	0	0	4	1	3	0	0	0	0	0	0	0
新闻学与传播学	17	32	6.8	0	36.5	46.96	1	0	0	1	0	0	0	0	0	0	0	34	30	4	0	0	0	0	0	0	0
图书馆、情报与文献学	18	8	1.8	0	54	33.1	0	0	0	0	0	0	0	0	0	0	0	23	22	1	0	0	0	0	0	0	0
教育学	19	358	107.3	0	827	733.13	10	1	0	9	0	0	0	0	0	0	1	451	450	1	0	0	0	0	0	6	1
统计学	20	6	1.3	0	98	406.82	0	0	0	0	0	0	0	0	0	0	0	4	3	1	0	0	0	0	0	1	1
心理学	21	21	3.9	0	44.2	34.42	0	0	0	0	0	0	0	0	0	0	0	17	17	0	0	0	0	0	0	0	0
体育科学	22	30	10.4	0	68	42.35	3	0	0	3	0	0	0	0	0	0	0	115	114	1	0	0	0	0	0	2	0

注:由于篇幅限制,此节不对民办与中外合作办学高等学校人文、社会科学研究与课题成果情况细分说明。

八、社科研究、课题与成果(来源情况)

1. 全省高等学校人文、社会科学研究与课题成果来源情况表

	编号	合计	国家社科基金项目	国家社科基金单列学科项目	教育部人文社科研究项目	高校古籍整理研究项目	国家自然科学基金项目	中央其他部门社科专门项目	省、市、自治区社科基金项目	省教育厅社科项目	地、市、厅、局等政府部门项目	国际合作研究项目	与港、澳、台地区合作研究项目	企事业单位委托项目	学校社科项目	外资项目	其他
		课题来源															
	编号	L01	L02	L03	L04	L05	L06	L07	L08	L09	L10	L11	L12	L13	L14	L15	L16
课题数(项)	1	28 636	1 740	144	1 759	44	491	862	2 138	5 855	4 940	46	7	4 087	6 410	5	108
当年投入人数(人年)	2	6 712.6	644.7	48.8	532.2	9.9	126.8	202.2	546.4	1 387.7	1 137.4	13.3	1.2	843.6	1 190.7	2.2	25.5
其中:研究生(人年)	3	702.8	99.4	7.4	74.6	2	45.2	38.4	63.4	49.3	72.2	3.7	0.2	128	114.8	0.7	3.5
当年拨入经费(千元)	4	572 090.4	85 140.92	5 082.4	25 791.8	235	37 866	22 447.13	25 740.8	20 954.7	56 682.62	11 340.8	459.56	250 088	28 900.2	163	1 197
其中:当年立项项目拨入经费(千元)	5	487 502.8	78 654	3 799	13 320	225	20 874	18 706.83	20 309.9	18 368.5	46 970.65	9 959.86	359.56	227 570.3	27 146.1	89	1 150
当年支出经费(千元)	6	498 017.6	62 629.37	3 334.32	23 518.75	336.82	35 307	20 196.44	19 083.69	18 671.1	55 407.76	12 777.2	495.56	217 104.4	27 392.64	349	1 413.6
当年新开课题数(项)	7	10 194	354	24	270	5	114	218	603	1 877	2 175	11	4	2 399	2 078	2	60
当年新开课题批准经费(千元)	8	597 597.1	86 165	4 770	35 724	225	38 196	22 541.46	28 026	22 040.4	52 343.52	11 015.7	605	244 943.8	49 589.3	109	1 303
当年完成课题数(项)	9	8138	207	13	314	8	75	197	325	1 317	2 031	18	6	1 846	1 740	2	39

续表

			编号	课题来源 合计	国家社科基金项目	国家社科基金单列学科项目	教育部人文社科研究项目	高校古籍整理研究项目	国家自然科学基金项目	中央其他部门社科专门项目	省、市、自治区社科基金项目	省教育厅社科项目	地、市、厅、局等政府部门项目	国际合作研究项目	与港、澳、台地区合作研究项目	企事业单位委托项目	学校社科项目	外资项目	其他
				L01	L02	L03	L04	L05	L06	L07	L08	L09	L10	L11	L12	L13	L14	L15	L16
出版著作(部)	合计		10	1 027	181	9	114	1	45	36	109	141	149	5	1	46	177	0	13
	专著	合计	11	673	146	9	85	1	40	22	83	81	85	2	1	23	90	0	5
		其中:被译成外文	12	26	2	0	4	0	3	0	4	3	5	1	0	1	3	0	0
	编著教材		13	313	31	0	26	0	4	8	23	56	57	1	0	21	80	0	6
	工具书参考书		14	8	0	0	0	0	1	3	0	1	2	0	0	1	0	0	0
	皮书/发展报告		15	6	0	0	1	0	0	1	1	1	2	0	0	0	0	0	0
	科普读物		16	27	4	0	2	0	0	2	2	2	3	2	0	1	7	0	2
古籍整理(部)			17	9	5	0	3	0	0	0	0	0	0	0	0	0	1	0	0
译著(部)			18	59	8	6	6	0	0	3	6	5	5	0	0	4	15	0	1
发表译文(篇)			19	24	9	1	1	0	5	0	1	2	1	0	0	2	2	0	0
电子出版物(件)			20	36	6	0	5	0	2	3	4	2	7	0	0	3	3	0	1
发表论文(篇)	合计		21	17 375	2 259	138	1 261	8	1 085	384	1 481	3 789	2 530	29	2	725	3 523	8	153
	国内学术刊物		22	16 753	2 182	136	1 192	8	883	368	1 435	3 734	2 484	23	2	707	3 446	7	146
	国外学术刊物		23	603	71	2	66	0	202	16	43	53	43	6	0	18	75	1	7
	港、澳、台地区刊物		24	19	6	0	3	0	0	0	3	2	3	0	0	0	2	0	0
研究与咨询报告(篇)	合计		25	2 166	48	1	38	0	25	32	54	50	608	13	2	1166	113	2	14
	其中:被采纳数		26	1 103	34	0	22	0	13	22	28	29	231	9	2	660	43	1	9

2. 公办本科高等学校人文、社会科学研究与课题成果来源情况表

		课题来源															
		合计	国家社科基金项目	国家社科基金单列学科项目	教育部人文社科研究项目	高校古籍整理研究项目	国家自然科学基金项目	中央其他部门社科专门项目	省、市、自治区社科基金项目	省教育厅社科项目	地、市、厅、局等政府部门项目	国际合作研究项目	与港、澳、台地区合作研究项目	企事业单位委托项目	学校社科项目	外资项目	其他
	编号	L01	L02	L03	L04	L05	L06	L07	L08	L09	L10	L11	L12	L13	L14	L15	L16
课题数(项)	1	21 381	1 731	143	1 705	44	484	845	1 915	3 787	3 265	43	6	3 272	4 098	5	38
当年投入人数(人年)	2	5 025	642.1	48.3	513.8	9.9	124.5	198.7	493.8	847.2	714.9	12.1	1.2	675.5	729	2.2	11.8
其中:研究生(人年)	3	702.8	99.4	7.4	74.6	2	45.2	38.4	63.4	49.3	72.2	3.7	0.2	128	114.8	0.7	3.5
当年拨入经费(千元)	4	536 558.4	84 598.92	5 082.4	24 733.6	235	37 666	22 229.13	24 681.4	14 977.2	49 734.82	11 136.7	345	235 273.5	24 692.3	163	1 009
其中:当年立项项目拨入经费(千元)	5	454 623.3	78 112	3 799	12 785	225	20 874	18 568.83	19 348.3	12 912.8	40 385.15	9 755.7	245	213 383.2	23 178.3	89	962
当年支出经费(千元)	6	465 287.4	62 289.87	3 314.32	22 702.34	336.82	34 992	20 103.94	18 194.69	13 350.3	47 898.97	12 664.8	415	203 731.3	23 709.68	349	1 234.5
当年新开课题数(项)	7	6 898	351	24	253	5	111	209	500	1 077	1 282	9	3	1 889	1 169	2	14
当年新开课题批准经费(千元)	8	560 596.7	85 565	4 770	34 564	225	37 483	22 218.46	26 607	15 906.6	45 446.82	10 755.7	245	23 0411.2	45 208.1	109	1 082
当年完成课题数(项)	9	5 626	206	13	305	8	74	193	263	806	1 220	18	6	1 455	1 037	2	20

续表

			课题来源															
			合计	国家社科基金项目	国家社科基金单列学科项目	教育部人文社科研究项目	高校古籍整理研究项目	国家自然科学基金项目	中央其他部门社科专门项目	省、市、自治区社科基金项目	省教育厅社科项目	地、市、厅、局等政府部门项目	国际合作研究项目	与港、澳、台地区合作研究项目	企事业单位委托项目	学校社科项目	外资项目	其他
		编号	L01	L02	L03	L04	L05	L06	L07	L08	L09	L10	L11	L12	L13	L14	L15	L16
出版著作(部)	合计	10	893	180	9	110	1	43	36	102	121	110	4	1	30	143	0	3
	专著 合计	11	623	145	9	83	1	39	22	79	72	72	1	1	17	81	0	1
	专著 其中:被译成外文	12	23	2	0	4	0	2	0	4	3	5	0	0	1	2	0	0
	编著教材	13	232	31	0	24	0	3	8	21	45	32	1	0	12	55	0	0
	工具书参考书	14	6	0	0	0	0	1	3	0	1	1	0	0	0	0	0	0
	皮书/发展报告	15	5	0	0	1	0	0	1	0	1	2	0	0	0	0	0	0
	科普读物	16	27	4	0	2	0	0	2	2	2	3	2	0	1	7	0	2
古籍整理(部)		17	9	5	0	3	0	0	0	0	0	0	0	0	0	1	0	0
译著(部)		18	49	8	6	5	0	0	3	5	3	3	0	0	2	13	0	1
发表译文(篇)		19	22	9	1	1	0	5	0	1	1	1	0	0	1	2	0	0
电子出版物(件)		20	33	6	0	5	0	2	3	4	2	5	0	0	2	3	0	1
发表论文(篇)	合计	21	12 445	2 243	138	1 180	8	1 073	361	1 249	2 166	1 472	29	1	485	2 000	8	32
	国内学术刊物	22	11 849	2 166	136	1 114	8	876	345	1 206	2 116	1 431	23	1	468	1 927	7	25
	国外学术刊物	23	578	71	2	63	0	197	16	40	48	38	6	0	17	72	1	7
	港、澳、台地区刊物	24	18	6	0	3	0	0	0	3	2	3	0	0	0	1	0	0
研究与咨询报告(篇)	合计	25	1 571	48	1	37	0	25	31	49	36	397	13	2	856	60	2	14
	其中:被采纳数	26	850	34	0	22	0	13	22	25	20	151	9	2	503	39	1	9

2.1 南京大学人文、社会科学研究与课题成果来源情况表

		课题来源															
		合计	国家社科基金项目	国家社科基金单列学科项目	教育部人文社科研究项目	高校古籍整理研究项目	国家自然科学基金项目	中央其他部门社科专门项目	省、市、自治区社科基金项目	省教育厅社科项目	地、市、厅、局等政府部门项目	国际合作研究项目	与港、澳、台地区合作研究项目	企事业单位委托项目	学校社科项目	外资项目	其他
	编号	L01	L02	L03	L04	L05	L06	L07	L08	L09	L10	L11	L12	L13	L14	L15	L16
课题数(项)	1	1 206	336	16	173	12	74	23	175	37	21	1	2	227	109	0	0
当年投入人数(人年)	2	171.2	54.1	1.6	27.3	1.3	10.2	4.1	21.6	4.2	3.9	0.1	0.2	31.7	10.9	0	0
其中:研究生(人年)	3	28.8	5.4	0	3	0.1	2.8	0.9	3.4	0.5	2.1	0	0	10.6	0	0	0
当年拨入经费(千元)	4	62 277.29	16 407.5	8	4 820	110	10 059	540	2 047	475	1 115	0	100	26 596.29	0	0	0
其中:当年立项项目拨入经费(千元)	5	53 670.6	15 945	0	4 025	100	7 408.5	520	1 858	438	1 115	0	0	22 261.1	0	0	0
当年支出经费(千元)	6	44 531.71	6 905	8	2 050	110	6 354.3	124	498.6	124.6	223	1 147.92	170	26 816.29	0	0	0
当年新开课题数(项)	7	288	54	0	30	1	28	9	34	5	21	0	0	106	0	0	0
当年新开课题批准经费(千元)	8	71 743.18	16 800	0	13 280	100	13 977	520	2 960	730	1 115	0	0	22 261.18	0	0	0
当年完成课题数(项)	9	267	33	1	18	5	24	10	27	4	21	1	2	121	0	0	0

续表

			编号	合计	国家社科基金项目	国家社科基金单列学科项目	教育部人文社科研究项目	高校古籍整理研究项目	国家自然科学基金项目	中央其他部门社科专门项目	省、市、自治区社科基金项目	省教育厅社科项目	地、市、厅、局等政府部门项目	国际合作研究项目	与港、澳、台地区合作研究项目	企事业单位委托项目	学校社科项目	外资项目	其他
				L01	L02	L03	L04	L05	L06	L07	L08	L09	L10	L11	L12	L13	L14	L15	L16
出版著作(部)	合计		10	54	30	0	9	0	6	4	0	0	1	0	1	2	1	0	0
	专著	合计	11	36	20	0	5	0	6	1	0	0	1	0	1	1	1	0	0
		其中:被译成外文	12	1	0	0	0	0	1	0	0	0	0	0	0	0	0	0	0
	编著教材		13	16	10	0	4	0	0	1	0	0	0	0	0	1	0	0	0
	工具书参考书		14	2	0	0	0	0	0	2	0	0	0	0	0	0	0	0	0
	皮书/发展报告		15	0	0	0	0	0	0	0	0	0	0	0	0	0	0	0	0
	科普读物		16	0	0	0	0	0	0	0	0	0	0	0	0	0	0	0	0
古籍整理(部)			17	2	2	0	0	0	0	0	0	0	0	0	0	0	0	0	0
译著(部)			18	10	4	5	0	0	0	0	1	0	0	0	0	0	0	0	0
发表译文(篇)			19	7	5	0	0	0	1	0	0	0	0	0	0	1	0	0	0
电子出版物(件)			20	0	0	0	0	0	0	0	0	0	0	0	0	0	0	0	0
发表论文(篇)	合计		21	979	543	6	83	3	238	13	54	13	3	1	0	2	20	0	0
	国内学术刊物		22	884	523	6	77	3	178	12	50	13	3	1	0	2	16	0	0
	国外学术刊物		23	93	18	0	6	0	60	1	4	0	0	0	0	0	4	0	0
	港、澳、台地区刊物		24	2	2	0	0	0	0	0	0	0	0	0	0	0	0	0	0
研究与咨询报告(篇)	合计		25	53	5	0	0	0	1	6	2	1	7	0	2	29	0	0	0
	其中:被采纳数		26	48	4	0	0	0	1	6	2	1	7	0	2	25	0	0	0

2.2 东南大学人文、社会科学研究与课题成果来源情况表

	编号	合计	国家社科基金项目	国家社科基金单列学科项目	教育部人文社科研究项目	高校古籍整理研究项目	国家自然科学基金项目	中央其他部门社科专门项目	省、市、自治区社科基金项目	省教育厅社科项目	地、市、厅、局等政府部门项目	国际合作研究项目	与港、澳、台地区合作研究项目	企事业单位委托项目	学校社科项目	外资项目	其他
		课题来源															
	编号	L01	L02	L03	L04	L05	L06	L07	L08	L09	L10	L11	L12	L13	L14	L15	L16
课题数(项)	1	1 028	106	6	88	0	0	51	119	86	128	7	0	56	381	0	0
当年投入人数(人年)	2	418.7	47.5	2.3	44.9	0	0	14.4	48.3	26.9	45	2.5	0	23.6	163.3	0	0
其中:研究生(人年)	3	154.1	14.5	0.7	11.4	0	0	3.3	17.6	4.7	15.8	0.3	0	9.9	75.9	0	0
当年拨入经费(千元)	4	26 421.03	5 148	612	1 674.3	0	0	2 052.7	6 425.6	802.4	5 742	75.27	0	3 888.76	0	0	0
其中:当年立项项目拨入经费(千元)	5	16 849.46	5 030	612	180	0	0	1 318.7	3 904	388	2 641.5	0	0	2 775.26	0	0	0
当年支出经费(千元)	6	17 817.42	3 519	204	437.06	0	0	1 875.05	3 472.32	652.87	5 021.82	57.88	0	2 547.26	30.16	0	0
当年新开课题数(项)	7	294	24	3	6	0	0	12	30	11	45	0	0	27	136	0	0
当年新开课题批准经费(千元)	8	23 796.92	5 300	680	580	0	0	1 335.2	4350	623	2 961	0	0	4 394.72	3 573	0	0
当年完成课题数(项)	9	318	6	0	7	0	0	4	12	14	19	0	0	11	245	0	0

续表

			编号	课题来源：合计	国家社科基金项目	国家社科基金单列学科项目	教育部人文社科研究项目	高校古籍整理研究项目	国家自然科学基金项目	中央其他部门社科专门项目	省、市、自治区社科基金项目	省教育厅社科项目	地、市、厅、局等政府部门项目	国际合作研究项目	与港、澳、台地区合作研究项目	企事业单位委托项目	学校社科项目	外资项目	其他
				L01	L02	L03	L04	L05	L06	L07	L08	L09	L10	L11	L12	L13	L14	L15	L16
出版著作(部)	合计		10	49	13	1	3	0	0	1	10	4	3	0	0	0	14	0	0
	专著	合计	11	30	7	1	1	0	0	1	8	1	2	0	0	0	9	0	0
		其中:被译成外文	12	0	0	0	0	0	0	0	0	0	0	0	0	0	0	0	0
	编著教材		13	19	6	0	2	0	0	0	2	3	1	0	0	0	5	0	0
	工具书参考书		14	0	0	0	0	0	0	0	0	0	0	0	0	0	0	0	0
	皮书/发展报告		15	0	0	0	0	0	0	0	0	0	0	0	0	0	0	0	0
	科普读物		16	0	0	0	0	0	0	0	0	0	0	0	0	0	0	0	0
古籍整理(部)			17	0	0	0	0	0	0	0	0	0	0	0	0	0	0	0	0
译著(部)			18	2	0	0	0	0	0	1	1	0	0	0	0	0	0	0	0
发表译文(篇)			19	0	0	0	0	0	0	0	0	0	0	0	0	0	0	0	0
电子出版物(件)			20	0	0	0	0	0	0	0	0	0	0	0	0	0	0	0	0
发表论文(篇)	合计		21	195	60	0	13	0	0	10	34	10	10	0	0	6	52	0	0
	国内学术刊物		22	169	58	0	9	0	0	9	31	9	7	0	0	5	41	0	0
	国外学术刊物		23	25	2	0	4	0	0	1	2	1	3	0	0	1	11	0	0
	港、澳、台地区刊物		24	1	0	0	0	0	0	0	1	0	0	0	0	0	0	0	0
研究与咨询报告(篇)	合计		25	14	2	0	1	0	0	0	2	0	1	0	0	5	3	0	0
	其中:被采纳数		26	12	2	0	1	0	0	0	2	0	1	0	0	5	1	0	0

2.3 江南大学人文、社会科学研究与课题成果来源情况表

		课题来源															
		合计	国家社科基金项目	国家社科基金单列学科项目	教育部人文社科研究项目	高校古籍整理研究项目	国家自然科学基金项目	中央其他部门社科专门项目	省、市、自治区社科基金项目	省教育厅社科项目	地、市、厅、局等政府部门项目	国际合作研究项目	与港、澳、台地区合作研究项目	企事业单位委托项目	学校社科项目	外资项目	其他
	编号	L01	L02	L03	L04	L05	L06	L07	L08	L09	L10	L11	L12	L13	L14	L15	L16
课题数(项)	1	1 016	40	14	145	0	17	26	92	124	155	2	3	237	161	0	0
当年投入人数(人年)	2	250.5	10	3.5	22.5	0	2.2	3.9	18.6	21.7	34.2	0.2	0.9	90.8	42	0	0
其中:研究生(人年)	3	34.8	1.6	0.7	3.3	0	0.7	0.5	2.6	2.3	4.9	0.1	0.2	14.8	3.1	0	0
当年拨入经费(千元)	4	23 124.25	1 352	800	1 906	0	1 020	2 055	319.4	133	1 376	40	245	11 675.85	2 202	0	0
其中:当年立项项目拨入经费(千元)	5	21 910.85	1 220	380	1 355	0	1 020	2 000	317	132	1 324	40	245	11 675.85	2 202	0	0
当年支出经费(千元)	6	23 101.85	2 060	624	2 279	0	940	1 307	664.5	135	1 149.5	40	245	11 455.85	2 202	0	0
当年新开课题数(项)	7	369	7	2	21	0	4	1	9	22	41	1	3	234	24	0	0
当年新开课题批准经费(千元)	8	24 193.85	1 280	400	2 610	0	1 020	2 000	440	132	1 403	40	245	12 383.85	2240	0	0
当年完成课题数(项)	9	344	1	2	22	0	0	4	14	19	7	1	3	226	45	0	0

续表

				课题来源															
				合计	国家社科基金项目	国家社科基金单列学科项目	教育部人文社科研究项目	高校古籍整理研究项目	国家自然科学基金项目	中央其他部门社科专门项目	省、市、自治区社科基金项目	省教育厅社科项目	地、市、厅、局等政府部门项目	国际合作研究项目	与港、澳、台地区合作研究项目	企事业单位委托项目	学校社科项目	外资项目	其他
			编号	L01	L02	L03	L04	L05	L06	L07	L08	L09	L10	L11	L12	L13	L14	L15	L16
出版著作(部)	合计		10	30	6	0	7	0	5	0	1	1	2	1	0	2	5	0	0
	专著	合计	11	21	5	0	4	0	4	0	1	1	1	1	0	1	3	0	0
		其中:被译成外文	12	0	0	0	0	0	0	0	0	0	0	0	0	0	0	0	0
	编著教材		13	9	1	0	3	0	1	0	0	0	1	0	0	1	2	0	0
	工具书参考书		14	0	0	0	0	0	0	0	0	0	0	0	0	0	0	0	0
	皮书/发展报告		15	0	0	0	0	0	0	0	0	0	0	0	0	0	0	0	0
	科普读物		16	0	0	0	0	0	0	0	0	0	0	0	0	0	0	0	0
古籍整理(部)			17	1	0	0	0	0	0	0	0	0	0	0	0	0	1	0	0
译著(部)			18	3	0	0	2	0	0	1	0	0	0	0	0	0	0	0	0
发表译文(篇)			19	2	2	0	0	0	0	0	0	0	0	0	0	0	0	0	0
电子出版物(件)			20	0	0	0	0	0	0	0	0	0	0	0	0	0	0	0	0
发表论文(篇)	合计		21	358	69	13	66	0	65	39	34	23	13	2	1	2	31	0	0
	国内学术刊物		22	332	62	13	63	0	53	38	34	22	13	2	1	2	29	0	0
	国外学术刊物		23	26	7	0	3	0	12	1	0	1	0	0	0	0	2	0	0
	港、澳、台地区刊物		24	0	0	0	0	0	0	0	0	0	0	0	0	0	0	0	0
研究与咨询报告(篇)	合计		25	18	7	0	2	0	0	2	1	0	2	0	0	4	0	0	0
	其中:被采纳数		26	18	7	0	2	0	0	2	1	0	2	0	0	4	0	0	0

2.4 南京农业大学人文、社会科学研究与课题成果来源情况表

		课题来源															
		合计	国家社科基金项目	国家社科基金单列学科项目	教育部人文社科研究项目	高校古籍整理研究项目	国家自然科学基金项目	中央其他部门社科专门项目	省、市、自治区社科基金项目	省教育厅社科项目	地、市、厅、局等政府部门项目	国际合作研究项目	与港、澳、台地区合作研究项目	企事业单位委托项目	学校社科项目	外资项目	其他
	编号	L01	L02	L03	L04	L05	L06	L07	L08	L09	L10	L11	L12	L13	L14	L15	L16
课题数(项)	1	1 424	41	0	53	0	65	133	80	97	201	10	0	159	585	0	0
当年投入人数(人年)	2	220.1	12.3	0	8.6	0	13.8	23.4	13.5	14.8	25.9	2	0	25.7	80.1	0	0
其中:研究生(人年)	3	62.6	5.4	0	2.5	0	5.7	9.8	4.1	3.7	5.5	0.7	0	9.3	15.9	0	0
当年拨入经费(千元)	4	29 252.86	2 617	0	894.4	0	5 634.6	5 246	521.6	787	6 390	36.3	0	6 435.96	690	0	0
其中:当年立项项目拨入经费(千元)	5	17 160.76	1 990	0	286	0	2 124	4 550	440	308	4 232	0	0	3 230.76	0	0	0
当年支出经费(千元)	6	28 755.86	2 490	0	942.9	0	5 566.6	5 270	576.6	720	5 993	78.3	0	6 523.46	595	0	0
当年新开课题数(项)	7	375	9	0	7	0	11	21	15	25	26	0	0	64	197	0	0
当年新开课题批准经费(千元)	8	32 859.56	2 100	0	656	0	4 110	4 810	650	658	6 206	0	0	5 170.76	8 498.8	0	0
当年完成课题数(项)	9	171	6	0	14	0	1	14	18	14	6	2	0	32	64	0	0

续表

		编号	合计	国家社科基金项目	国家社科基金单列学科项目	教育部人文社科研究项目	高校古籍整理研究项目	国家自然科学基金项目	中央其他部门社科专门项目	省、市、自治区社科基金项目	省教育厅社科项目	地、市、厅、局等政府部门项目	国际合作研究项目	与港、澳、台地区合作研究项目	企事业单位委托项目	学校社科项目	外资项目	其他
			课题来源															
			L01	L02	L03	L04	L05	L06	L07	L08	L09	L10	L11	L12	L13	L14	L15	L16
出版著作(部)	合计	10	7	2	0	0	0	1	2	0	2	0	0	0	0	0	0	0
	专著 合计	11	5	2	0	0	0	1	2	0	0	0	0	0	0	0	0	0
	专著 其中:被译成外文	12	0	0	0	0	0	0	0	0	0	0	0	0	0	0	0	0
	编著教材	13	2	0	0	0	0	0	0	0	2	0	0	0	0	0	0	0
	工具书参考书	14	0	0	0	0	0	0	0	0	0	0	0	0	0	0	0	0
	皮书/发展报告	15	0	0	0	0	0	0	0	0	0	0	0	0	0	0	0	0
	科普读物	16	0	0	0	0	0	0	0	0	0	0	0	0	0	0	0	0
古籍整理(部)		17	0	0	0	0	0	0	0	0	0	0	0	0	0	0	0	0
译著(部)		18	0	0	0	0	0	0	0	0	0	0	0	0	0	0	0	0
发表译文(篇)		19	0	0	0	0	0	0	0	0	0	0	0	0	0	0	0	0
电子出版物(件)		20	0	0	0	0	0	0	0	0	0	0	0	0	0	0	0	0
发表论文(篇)	合计	21	380	82	0	28	0	143	15	31	24	5	3	0	4	45	0	0
	国内学术刊物	22	361	81	0	27	0	133	12	29	24	5	2	0	4	44	0	0
	国外学术刊物	23	19	1	0	1	0	10	3	2	0	0	1	0	0	1	0	0
	港、澳、台地区刊物	24	0	0	0	0	0	0	0	0	0	0	0	0	0	0	0	0
研究与咨询报告(篇)	合计	25	43	1	0	2	0	2	0	2	0	3	0	0	33	0	0	0
	其中:被采纳数	26	30	1	0	0	0	1	0	1	0	2	0	0	25	0	0	0

2.5 中国矿业大学人文、社会科学研究与课题成果来源情况表

		课题来源															
		合计	国家社科基金项目	国家社科基金单列学科项目	教育部人文社科研究项目	高校古籍整理研究项目	国家自然科学基金项目	中央其他部门社科专门项目	省、市、自治区社科基金项目	省教育厅社科项目	地、市、厅、局等政府部门项目	国际合作研究项目	与港、澳、台地区合作研究项目	企事业单位委托项目	学校社科项目	外资项目	其他
	编号	L01	L02	L03	L04	L05	L06	L07	L08	L09	L10	L11	L12	L13	L14	L15	L16
课题数(项)	1	865	34	2	56	0	36	30	37	120	149	1	0	145	255	0	0
当年投入人数(人年)	2	153.8	22.8	0.1	26.2	0	4.3	6.1	18.7	17.8	31	0.1	0	9	17.7	0	0
其中:研究生(人年)	3	9	0.9	0	2.9	0	0	0	1.8	0.3	2.5	0	0	0.6	0	0	0
当年拨入经费(千元)	4	13 137.15	1 790	0	1 191	0	2 222	0	359.6	255	258.9	0	0	6 995.65	65	0	0
其中:当年立项项目拨入经费(千元)	5	6 310.25	1 520	0	360	0	1 046	0	280	102	176	0	0	2 781.25	45	0	0
当年支出经费(千元)	6	12 015.55	1 278	0	1 169.2	0	2 027	0	348.8	156	122	0	0	6 914.55	0	0	0
当年新开课题数(项)	7	153	5	0	12	0	6	4	9	33	40	0	0	43	1	0	0
当年新开课题批准经费(千元)	8	10 628.35	1 600	0	1 060	0	1 990	30	380	170	235	0	0	5 118.35	45	0	0
当年完成课题数(项)	9	173	2	0	2	0	6	3	1	17	38	0	0	20	84	0	0

续表

		编号	合计	国家社科基金项目	国家社科基金单列学科项目	教育部人文社科研究项目	高校古籍整理研究项目	国家自然科学基金项目	中央其他部门社科专门项目	省、市、自治区社科基金项目	省教育厅社科项目	地、市、厅、局等政府部门项目	国际合作研究项目	与港、澳、台地区合作研究项目	企事业单位委托项目	学校社科项目	外资项目	其他
			L01	L02	L03	L04	L05	L06	L07	L08	L09	L10	L11	L12	L13	L14	L15	L16
出版著作（部）	合计	10	48	3	0	5	0	5	5	2	3	5	0	0	3	17	0	0
	专著 合计	11	29	2	0	3	0	5	3	2	2	4	0	0	0	8	0	0
	专著 其中：被译成外文	12	0	0	0	0	0	0	0	0	0	0	0	0	0	0	0	0
	编著教材	13	19	1	0	2	0	0	2	0	1	1	0	0	3	9	0	0
	工具书 参考书	14	0	0	0	0	0	0	0	0	0	0	0	0	0	0	0	0
	皮书/发展报告	15	0	0	0	0	0	0	0	0	0	0	0	0	0	0	0	0
	科普读物	16	0	0	0	0	0	0	0	0	0	0	0	0	0	0	0	0
古籍整理（部）		17	0	0	0	0	0	0	0	0	0	0	0	0	0	0	0	0
译著（部）		18	3	0	0	0	0	0	0	1	1	0	0	0	0	1	0	0
发表译文（篇）		19	0	0	0	0	0	0	0	0	0	0	0	0	0	0	0	0
电子出版物（件）		20	0	0	0	0	0	0	0	0	0	0	0	0	0	0	0	0
发表论文（篇）	合计	21	541	40	3	43	0	125	6	34	26	32	0	0	60	172	0	0
	国内学术刊物	22	487	40	3	38	0	87	6	33	26	32	0	0	55	167	0	0
	国外学术刊物	23	54	0	0	5	0	38	0	1	0	0	0	0	5	5	0	0
	港、澳、台地区刊物	24	0	0	-0	0	0	0	0	0	0	0	0	0	0	0	0	0
研究与咨询报告（篇）	合计	25	53	0	0	2	0	0	0	3	0	3	0	0	45	0	0	0
	其中：被采纳数	26	40	0	0	0	0	0	0	0	0	2	0	0	38	0	0	0

2.6 河海大学人文、社会科学研究与课题成果来源情况表

		课题来源															
		合计	国家社科基金项目	国家社科基金单列学科项目	教育部人文社科研究项目	高校古籍整理研究项目	国家自然科学基金项目	中央其他部门社科专门项目	省、市、自治区社科基金项目	省教育厅社科项目	地、市、厅、局等政府部门项目	国际合作研究项目	与港、澳、台地区合作研究项目	企事业单位委托项目	学校社科项目	外资项目	其他
	编号	L01	L02	L03	L04	L05	L06	L07	L08	L09	L10	L11	L12	L13	L14	L15	L16
课题数(项)	1	644	46	2	25	0	44	30	57	32	97	21	0	134	126	4	26
当年投入人数(人年)	2	212.2	16.1	0.4	7.2	0	14	10.1	16.5	9.9	37.9	6.4	0	44.3	37.8	1.9	9.7
其中:研究生(人年)	3	69.7	4.5	0	2.2	0	4.4	3.1	4.1	2.7	12.8	2.6	0	15.7	13.4	0.7	3.5
当年拨入经费(千元)	4	41 889.43	2 461.3	0	857.4	0	1 930	2 349.6	597.7	852	7 494	10 885.1	0	13 296.33	0	163	1 003
其中:当年立项项目拨入经费(千元)	5	38 170.63	2 221	0	810	0	1 670	2 245.6	522	766	6 864	9 615.7	0	12 411.33	0	89	956
当年支出经费(千元)	6	43 934.04	2 330.3	12	991	0	2 824	2 494.6	926.7	969.4	7 971	11 306.7	0	12 477.34	170	277	1 184
当年新开课题数(项)	7	241	10	0	9	0	11	12	14	8	42	7	0	52	65	2	9
当年新开课题批准经费(千元)	8	45 498.13	2 580	0	1 070	0	1 960	2 575.6	655	858	7 689	10 615.7	0	13 309.83	3 000	109	1 076
当年完成课题数(项)	9	278	7	0	6	0	9	17	0	8	55	14	0	82	61	2	17

续表

			编号	课题来源：合计	国家社科基金项目	国家社科基金单列学科项目	教育部人文社科研究项目	高校古籍整理研究项目	国家自然科学基金项目	中央其他部门社科专门项目	省、市、自治区社科基金项目	省教育厅社科项目	地、市、厅、局等政府部门项目	国际合作研究项目	与港、澳、台地区合作研究项目	企事业单位委托项目	学校社科项目	外资项目	其他
				L01	L02	L03	L04	L05	L06	L07	L08	L09	L10	L11	L12	L13	L14	L15	L16
出版著作(部)	合计		10	67	11	0	8	0	3	6	6	7	8	2	0	1	12	0	3
	专著	合计	11	30	7	0	5	0	2	2	3	3	2	0	0	0	5	0	1
		其中:被译成外文	12	2	1	0	0	0	0	0	1	0	0	0	0	0	0	0	0
	编著教材		13	10	2	0	1	0	0	1	2	1	1	0	0	0	2	0	0
	工具书参考书		14	3	0	0	0	0	1	1	0	0	1	0	0	0	0	0	0
	皮书/发展报告		15	2	0	0	0	0	0	0	0	1	1	0	0	0	0	0	0
	科普读物		16	22	2	0	2	0	0	2	1	2	3	2	0	1	5	0	2
古籍整理(部)			17	0	0	0	0	0	0	0	0	0	0	0	0	0	0	0	0
译著(部)			18	2	0	0	0	0	0	0	1	0	0	0	0	0	0	0	1
发表译文(篇)			19	1	0	0	0	0	0	0	0	0	0	0	0	0	1	0	0
电子出版物(件)			20	29	6	0	5	0	2	3	4	2	2	0	0	1	3	0	1
发表论文(篇)	合计		21	864	82	5	51	0	72	37	102	61	97	21	0	143	155	7	31
	国内学术刊物		22	758	65	3	37	0	59	29	94	55	90	16	0	136	144	6	24
	国外学术刊物		23	106	17	2	14	0	13	8	8	6	7	5	0	7	11	1	7
	港、澳、台地区刊物		24	0	0	0	0	0	0	0	0	0	0	0	0	0	0	0	0
研究与咨询报告(篇)	合计		25	220	13	0	7	0	7	9	16	11	30	11	0	76	29	2	9
	其中:被采纳数		26	185	9	0	5	0	5	6	13	8	26	9	0	71	25	1	7

2.7 南京理工大学人文、社会科学研究与课题成果来源情况表

		课题来源															
		合计	国家社科基金项目	国家社科基金单列学科项目	教育部人文社科研究项目	高校古籍整理研究项目	国家自然科学基金项目	中央其他部门社科专门项目	省、市、自治区社科基金项目	省教育厅社科项目	地、市、厅、局等政府部门项目	国际合作研究项目	与港、澳、台地区合作研究项目	企事业单位委托项目	学校社科项目	外资项目	其他
	编号	L01	L02	L03	L04	L05	L06	L07	L08	L09	L10	L11	L12	L13	L14	L15	L16
课题数(项)	1	596	35	0	69	0	34	35	70	24	71	0	0	132	126	0	0
当年投入人数(人年)	2	65.5	7.6	0	6.7	0	3.5	4.1	9	2.4	5.6	0	0	11	15.6	0	0
其中:研究生(人年)	3	5.4	0.9	0	1.2	0	0	0	0.7	0	0.2	0	0	1	1.4	0	0
当年拨入经费(千元)	4	14 646.55	2 242	0	438.4	0	2 519.2	761.3	256.8	48	1 911	0	0	5 157.9	1 312	0	0
其中:当年立项项目拨入经费(千元)	5	8 810.05	1 512	0	127	0	739.55	353.5	80	48	880	0	0	4 300	770	0	0
当年支出经费(千元)	6	14 340.21	1 973.95	0	378.85	0	1 958.7	482.68	314.45	48	2 808.23	0	0	5 123.81	1 251.55	0	0
当年新开课题数(项)	7	147	8	0	6	0	11	6	17	11	16	0	0	32	40	0	0
当年新开课题批准经费(千元)	8	13 554.65	2 200	0	520	0	2 509.7	445	700	80	890	0	0	5 030	1 180	0	0
当年完成课题数(项)	9	116	8	0	5	0	8	12	13	8	11	0	0	39	12	0	0

续表

			编号	课题来源															
				合计	国家社科基金项目	国家社科基金单列学科项目	教育部人文社科研究项目	高校古籍整理研究项目	国家自然科学基金项目	中央其他部门社科专门项目	省、市、自治区社科基金项目	省教育厅社科项目	地、市、厅、局等政府部门项目	国际合作研究项目	与港、澳、台地区合作研究项目	企事业单位委托项目	学校社科项目	外资项目	其他
			编号	L01	L02	L03	L04	L05	L06	L07	L08	L09	L10	L11	L12	L13	L14	L15	L16
出版著作(部)	合计		10	29	0	0	2	0	0	1	6	3	8	1	0	0	8	0	0
	专著	合计	11	18	0	0	1	0	0	0	6	1	5	0	0	0	5	0	0
		其中:被译成外文	12	1	0	0	0	0	0	0	1	0	0	0	0	0	0	0	0
	编著教材		13	11	0	0	1	0	0	1	0	2	3	1	0	0	3	0	0
	工具书参考书		14	0	0	0	0	0	0	0	0	0	0	0	0	0	0	0	0
	皮书/发展报告		15	0	0	0	0	0	0	0	0	0	0	0	0	0	0	0	0
	科普读物		16	0	0	0	0	0	0	0	0	0	0	0	0	0	0	0	0
古籍整理(部)			17	0	0	0	0	0	0	0	0	0	0	0	0	0	0	0	0
译著(部)			18	1	0	0	0	0	0	0	0	0	0	0	0	0	1	0	0
发表译文(篇)			19	0	0	0	0	0	0	0	0	0	0	0	0	0	0	0	0
电子出版物(件)			20	0	0	0	0	0	0	0	0	0	0	0	0	0	0	0	0
发表论文(篇)	合计		21	236	39	0	10	0	41	8	16	7	66	0	0	17	32	0	0
	国内学术刊物		22	211	39	0	10	0	20	8	15	7	66	0	0	15	31	0	0
	国外学术刊物		23	25	0	0	0	0	21	0	1	0	0	0	0	2	1	0	0
	港、澳、台地区刊物		24	0	0	0	0	0	0	0	0	0	0	0	0	0	0	0	0
研究与咨询报告(篇)	合计		25	19	0	0	0	0	2	2	1	0	5	0	0	7	2	0	0
	其中:被采纳数		26	6	0	0	0	0	0	2	0	0	4	0	0	0	0	0	0

2.8 南京航空航天大学人文、社会科学研究与课题成果来源情况表

		课题来源															
		合计	国家社科基金项目	国家社科基金单列学科项目	教育部人文社科研究项目	高校古籍整理研究项目	国家自然科学基金项目	中央其他部门社科专门项目	省、市、自治区社科基金项目	省教育厅社科项目	地、市、厅、局等政府部门项目	国际合作研究项目	与港、澳、台地区合作研究项目	企事业单位委托项目	学校社科项目	外资项目	其他
	编号	L01	L02	L03	L04	L05	L06	L07	L08	L09	L10	L11	L12	L13	L14	L15	L16
课题数(项)	1	311	39	2	25	0	25	12	43	78	33	0	0	25	29	0	0
当年投入人数(人年)	2	82.4	15	1.6	6.2	0	6.1	2.1	11.4	15.2	6.6	0	0	13.6	4.6	0	0
其中:研究生(人年)	3	6.2	1.8	0	0	0	0.6	0	1.1	1.3	0.6	0	0	0.8	0	0	0
当年拨入经费(千元)	4	13 193.1	2 900	13	180	0	1 756.5	2 000	510.8	261	537	0	0	3 234.8	1800	0	0
其中:当年立项项目拨入经费(千元)	5	11 988.3	2 660	0	150	0	932.5	2 000	500	174	537	0	0	3 234.8	1 800	0	0
当年支出经费(千元)	6	11 817.31	2 481	13	163	0	1 482	1 864	416.8	238.6	437	0	0	2 963.96	1 758	0	0
当年新开课题数(项)	7	88	14	0	5	0	5	4	15	12	10	0	0	9	14	0	0
当年新开课题批准经费(千元)	8	14 969	3 420	0	390	0	1 610	2 000	1 040	278	561	0	0	3 870	1 800	0	0
当年完成课题数(项)	9	60	2	1	4	0	8	6	1	16	6	0	0	5	11	0	0

续表

			编号	课题来源 合计	国家社科基金项目	国家社科基金单列学科项目	教育部人文社科研究项目	高校古籍整理研究项目	国家自然科学基金项目	中央其他部门社科专门项目	省、市、自治区社科基金项目	省教育厅社科项目	地、市、厅、局等政府部门项目	国际合作研究项目	与港、澳、台地区合作研究项目	企事业单位委托项目	学校社科项目	外资项目	其他
				L01	L02	L03	L04	L05	L06	L07	L08	L09	L10	L11	L12	L13	L14	L15	L16
出版著作(部)	合计		10	37	3	0	3	0	4	0	1	12	8	0	0	0	6	0	0
	专著	合计	11	19	3	0	3	0	3	0	0	3	2	0	0	0	5	0	0
		其中:被译成外文	12	1	0	0	0	0	1	0	0	0	0	0	0	0	0	0	0
	编著教材		13	18	0	0	0	0	1	0	1	9	6	0	0	0	1	0	0
	工具书参考书		14	0	0	0	0	0	0	0	0	0	0	0	0	0	0	0	0
	皮书/发展报告		15	0	0	0	0	0	0	0	0	0	0	0	0	0	0	0	0
	科普读物		16	0	0	0	0	0	0	0	0	0	0	0	0	0	0	0	0
古籍整理(部)			17	0	0	0	0	0	0	0	0	0	0	0	0	0	0	0	0
译著(部)			18	2	0	0	0	0	0	0	0	0	2	0	0	0	0	0	0
发表译文(篇)			19	0	0	0	0	0	0	0	0	0	0	0	0	0	0	0	0
电子出版物(件)			20	0	0	0	0	0	0	0	0	0	0	0	0	0	0	0	0
发表论文(篇)	合计		21	286	44	4	26	0	34	4	19	77	35	0	0	0	43	0	0
	国内学术刊物		22	238	42	4	23	0	17	4	14	69	28	0	0	0	37	0	0
	国外学术刊物		23	48	2	0	3	0	17	0	5	8	7	0	0	0	6	0	0
	港、澳、台地区刊物		24	0	0	0	0	0	0	0	0	0	0	0	0	0	0	0	0
研究与咨询报告(篇)	合计		25	11	1	0	0	0	1	0	0	2	1	0	0	6	0	0	0
	其中:被采纳数		26	3	0	0	0	0	0	0	0	1	1	0	0	1	0	0	0

2.9 中国药科大学人文、社会科学研究与课题成果来源情况表

	编号	课题来源															
		合计	国家社科基金项目	国家社科基金单列学科项目	教育部人文社科研究项目	高校古籍整理研究项目	国家自然科学基金项目	中央其他部门社科专门项目	省、市、自治区社科基金项目	省教育厅社科项目	地、市、厅、局等政府部门项目	国际合作研究项目	与港、澳、台地区合作研究项目	企事业单位委托项目	学校社科项目	外资项目	其他
		L01	L02	L03	L04	L05	L06	L07	L08	L09	L10	L11	L12	L13	L14	L15	L16
课题数(项)	1	271	4	0	2	0	5	30	21	22	31	0	0	139	17	0	0
当年投入人数(人年)	2	58.7	3.6	0	0.9	0	3.8	7.7	5.2	3.6	4.6	0	0	27	2.3	0	0
其中:研究生(人年)	3	3.2	0	0	0	0	0	0.8	0	0	0.8	0	0	1.6	0	0	0
当年拨入经费(千元)	4	7 951.28	380	0	40	0	421	9 23.03	417.5	78	659.38	0	0	5 004.37	28	0	0
其中:当年立项项目拨入经费(千元)	5	7 361.28	380	0	40	0	421	773.03	217.5	78	609.38	0	0	4 814.37	28	0	0
当年支出经费(千元)	6	7 263.02	520	0	45	0	271	883.64	411.5	78	686.58	0	0	4 339.3	28	0	0
当年新开课题数(项)	7	126	2	0	1	0	3	21	3	13	14	0	0	65	4	0	0
当年新开课题批准经费(千元)	8	9 274.46	400	0	80	0	565	1 117.66	227.5	78	609.48	0	0	6 158.82	38	0	0
当年完成课题数(项)	9	46	0	0	0	0	2	4	2	3	11	0	0	20	4	0	0

续表

		编号	课题来源 合计	国家社科基金项目	国家社科基金单列学科项目	教育部人文社科研究项目	高校古籍整理研究项目	国家自然科学基金项目	中央其他部门社科专门项目	省、市、自治区社科基金项目	省教育厅社科项目	地、市、厅、局等政府部门项目	国际合作研究项目	与港、澳、台地区合作研究项目	企事业单位委托项目	学校社科项目	外资项目	其他
			L01	L02	L03	L04	L05	L06	L07	L08	L09	L10	L11	L12	L13	L14	L15	L16
出版著作(部)	合计	10	4	0	0	0	0	0	0	0	0	1	0	0	0	3	0	0
	专著 合计	11	3	0	0	0	0	0	0	0	0	1	0	0	0	2	0	0
	专著 其中:被译成外文	12	0	0	0	0	0	0	0	0	0	0	0	0	0	0	0	0
	编著教材	13	1	0	0	0	0	0	0	0	0	0	0	0	0	1	0	0
	工具书参考书	14	0	0	0	0	0	0	0	0	0	0	0	0	0	0	0	0
	皮书/发展报告	15	0	0	0	0	0	0	0	0	0	0	0	0	0	0	0	0
	科普读物	16	0	0	0	0	0	0	0	0	0	0	0	0	0	0	0	0
古籍整理(部)		17	0	0	0	0	0	0	0	0	0	0	0	0	0	0	0	0
译著(部)		18	0	0	0	0	0	0	0	0	0	0	0	0	0	0	0	0
发表译文(篇)		19	0	0	0	0	0	0	0	0	0	0	0	0	0	0	0	0
电子出版物(件)		20	0	0	0	0	0	0	0	0	0	0	0	0	0	0	0	0
发表论文(篇)	合计	21	99	15	0	3	0	9	15	14	3	18	0	0	12	10	0	0
	国内学术刊物	22	98	15	0	3	0	9	15	14	3	17	0	0	12	10	0	0
	国外学术刊物	23	1	0	0	0	0	0	0	0	0	1	0	0	0	0	0	0
	港、澳、台地区刊物	24	0	0	0	0	0	0	0	0	0	0	0	0	0	0	0	0
研究与咨询报告(篇)	合计	25	29	0	0	0	0	0	1	0	0	1	0	0	27	0	0	0
	其中:被采纳数	26	29	0	0	0	0	0	1	0	0	1	0	0	27	0	0	0

2.10 南京森林警察学院人文、社会科学研究与课题成果来源情况表

		课题来源															
		合计	国家社科基金项目	国家社科基金单列学科项目	教育部人文社科研究项目	高校古籍整理研究项目	国家自然科学基金项目	中央其他部门社科专门项目	省、市、自治区社科基金项目	省教育厅社科项目	地、市、厅、局等政府部门项目	国际合作研究项目	与港、澳、台地区合作研究项目	企事业单位委托项目	学校社科项目	外资项目	其他
	编号	L01	L02	L03	L04	L05	L06	L07	L08	L09	L10	L11	L12	L13	L14	L15	L16
课题数(项)	1	87	2	0	5	0	0	20	6	11	8	0	0	13	22	0	0
当年投入人数(人年)	2	17.5	0.6	0	1	0	0	4.6	1	2.4	1.3	0	0	2.2	4.4	0	0
其中:研究生(人年)	3	0	0	0	0	0	0	0	0	0	0	0	0	0	0	0	0
当年拨入经费(千元)	4	1 969.15	380	0	94	0	0	250	50	16	333.17	0	0	582.98	263	0	0
其中:当年立项项目拨入经费(千元)	5	988	380	0	30	0	0	200	50	16	0	0	0	49	263	0	0
当年支出经费(千元)	6	739.6	175.9	0	27.3	0	0	192.99	0	0	9.89	0	0	70.52	263	0	0
当年新开课题数(项)	7	28	2	0	1	0	0	5	1	2	1	0	0	2	14	0	0
当年新开课题批准经费(千元)	8	1 428	400	0	80	0	0	470	50	16	10	0	0	139	263	0	0
当年完成课题数(项)	9	18	0	0	0	0	0	1	0	2	0	0	0	2	13	0	0

续表

			编号	课题来源															
				合计	国家社科基金项目	国家社科基金单列学科项目	教育部人文社科研究项目	高校古籍整理研究项目	国家自然科学基金项目	中央其他部门社科专门项目	省、市、自治区社科基金项目	省教育厅社科项目	地、市、厅、局等政府部门项目	国际合作研究项目	与港、澳、台地区合作研究项目	企事业单位委托项目	学校社科项目	外资项目	其他
			编号	L01	L02	L03	L04	L05	L06	L07	L08	L09	L10	L11	L12	L13	L14	L15	L16
出版著作(部)	合计		10	0	0	0	0	0	0	0	0	0	0	0	0	0	0	0	0
	专著	合计	11	0	0	0	0	0	0	0	0	0	0	0	0	0	0	0	0
		其中:被译成外文	12	0	0	0	0	0	0	0	0	0	0	0	0	0	0	0	0
	编著教材		13	0	0	0	0	0	0	0	0	0	0	0	0	0	0	0	0
	工具书参考书		14	0	0	0	0	0	0	0	0	0	0	0	0	0	0	0	0
	皮书/发展报告		15	0	0	0	0	0	0	0	0	0	0	0	0	0	0	0	0
	科普读物		16	0	0	0	0	0	0	0	0	0	0	0	0	0	0	0	0
古籍整理(部)			17	0	0	0	0	0	0	0	0	0	0	0	0	0	0	0	0
译著(部)			18	2	0	0	0	0	0	0	0	0	0	0	0	0	2	0	0
发表译文(篇)			19	0	0	0	0	0	0	0	0	0	0	0	0	0	0	0	0
电子出版物(件)			20	0	0	0	0	0	0	0	0	0	0	0	0	0	0	0	0
发表论文(篇)	合计		21	72	1	0	7	0	0	14	3	7	0	0	0	0	40	0	0
	国内学术刊物		22	72	1	0	7	0	0	14	3	7	0	0	0	0	40	0	0
	国外学术刊物		23	0	0	0	0	0	0	0	0	0	0	0	0	0	0	0	0
	港、澳、台地区刊物		24	0	0	0	0	0	0	0	0	0	0	0	0	0	0	0	0
研究与咨询报告(篇)	合计		25	2	0	0	0	0	0	0	0	0	0	0	0	2	0	0	0
	其中:被采纳数		26	0	0	0	0	0	0	0	0	0	0	0	0	0	0	0	0

2.11 苏州大学人文、社会科学研究与课题成果来源情况表

	编号	合计	国家社科基金项目	国家社科基金单列学科项目	教育部人文社科研究项目	高校古籍整理研究项目	国家自然科学基金项目	中央其他部门社科专门项目	省、市、自治区社科基金项目	省教育厅社科项目	地、市、厅、局等政府部门项目	国际合作研究项目	与港、澳、台地区合作研究项目	企事业单位委托项目	学校社科项目	外资项目	其他
		课题来源															
	编号	L01	L02	L03	L04	L05	L06	L07	L08	L09	L10	L11	L12	L13	L14	L15	L16
课题数(项)	1	774	140	10	95	5	26	33	68	105	111	0	0	151	30	0	0
当年投入人数(人年)	2	106.6	25.9	1.6	13.2	0.6	3.8	3.7	10.1	12.5	13.7	0	0	18.5	3	0	0
其中:研究生(人年)	3	11.1	4.5	0.4	1.6	0	0.5	0	1.2	0.7	1.4	0	0	0.8	0	0	0
当年拨入经费(千元)	4	18 985.48	4 316.4	130	869	35	900	295	750	346	3 938.61	0	0	6 629.47	776	0	0
其中:当年立项项目拨入经费(千元)	5	18 546.08	4 302	130	710	35	720	270	730	310	3 933.61	0	0	6 629.47	776	0	0
当年支出经费(千元)	6	21 629.58	3 838.3	114.9	917.5	34.4	1 519	422.4	562.8	405.9	4 117.81	0	0	8 904.57	792	0	0
当年新开课题数(项)	7	239	17	2	13	2	3	13	19	13	54	0	0	82	21	0	0
当年新开课题批准经费(千元)	8	20 999.18	4 580	140	2 290	35	758.2	335	910	550	3 976.28	0	0	6 635.7	789	0	0
当年完成课题数(项)	9	229	18	0	15	2	6	15	16	25	41	0	0	70	21	0	0

续表

			编号	课题来源 合计 L01	国家社科基金项目 L02	国家社科基金单列学科项目 L03	教育部人文社科研究项目 L04	高校古籍整理研究项目 L05	国家自然科学基金项目 L06	中央其他部门社科专门项目 L07	省、市、自治区社科基金项目 L08	省教育厅社科项目 L09	地、市、厅、局等政府部门项目 L10	国际合作研究项目 L11	与港、澳、台地区合作研究项目 L12	企事业单位委托项目 L13	学校社科项目 L14	外资项目 L15	其他 L16
出版著作(部)	合计		10	74	19	2	10	0	1	2	15	7	9	0	0	5	4	0	0
	专著	合计	11	67	16	2	9	0	1	2	13	6	9	0	0	5	4	0	0
		其中:被译成外文	12	9	0	0	2	0	0	0	1	3	3	0	0	0	0	0	0
	编著教材		13	7	3	0	1	0	0	0	2	1	0	0	0	0	0	0	0
	工具书参考书		14	0	0	0	0	0	0	0	0	0	0	0	0	0	0	0	0
	皮书/发展报告		15	0	0	0	0	0	0	0	0	0	0	0	0	0	0	0	0
	科普读物		16	0	0	0	0	0	0	0	0	0	0	0	0	0	0	0	0
古籍整理(部)			17	3	1	0	2	0	0	0	0	0	0	0	0	0	0	0	0
译著(部)			18	1	1	0	0	0	0	0	0	0	0	0	0	0	0	0	0
发表译文(篇)			19	0	0	0	0	0	0	0	0	0	0	0	0	0	0	0	0
电子出版物(件)			20	0	0	0	0	0	0	0	0	0	0	0	0	0	0	0	0
发表论文(篇)	合计		21	576	99	5	90	3	48	31	97	58	70	0	0	55	20	0	0
	国内学术刊物		22	553	98	5	81	3	46	30	94	55	68	0	0	53	20	0	0
	国外学术刊物		23	17	0	0	7	0	2	1	3	1	1	0	0	2	0	0	0
	港、澳、台地区刊物		24	6	1	0	2	0	0	0	0	2	1	0	0	0	0	0	0
研究与咨询报告(篇)	合计		25	19	1	0	1	0	0	1	2	0	12	0	0	2	0	0	0
	其中:被采纳数		26	18	1	0	1	0	0	1	1	0	12	0	0	2	0	0	0

2.12 江苏科技大学人文、社会科学研究与课题成果来源情况表

	编号	课题来源															
		合计	国家社科基金项目	国家社科基金单列学科项目	教育部人文社科研究项目	高校古籍整理研究项目	国家自然科学基金项目	中央其他部门社科专门项目	省、市、自治区社科基金项目	省教育厅社科项目	地、市、厅、局等政府部门项目	国际合作研究项目	与港、澳、台地区合作研究项目	企事业单位委托项目	学校社科项目	外资项目	其他
	编号	L01	L02	L03	L04	L05	L06	L07	L08	L09	L10	L11	L12	L13	L14	L15	L16
课题数(项)	1	339	11	0	32	0	21	6	14	98	111	0	0	13	33	0	0
当年投入人数(人年)	2	136.9	10.2	0	19.3	0	20.4	2.4	5.5	38	28.6	0	0	4.3	8.2	0	0
其中:研究生(人年)	3	48.3	4.4	0	10.5	0	13.6	1	2.2	11	5.6	0	0	0	0	0	0
当年拨入经费(千元)	4	4 869	190	0	254	0	1 424.2	44	182.8	276	929	0	0	1 485	84	0	0
其中:当年立项项目拨入经费(千元)	5	3 750	190	0	130	0	450	34	172	276	929	0	0	1 485	84	0	0
当年支出经费(千元)	6	4 480.31	140	0	290.5	0	1 470.9	33.4	114.36	194	780.05	0	0	1 388.7	68.4	0	0
当年新开课题数(项)	7	113	1	0	5	0	3	2	5	33	40	0	0	13	11	0	0
当年新开课题批准经费(千元)	8	4 468	200	0	420	0	830	34	210	276	929	0	0	1 485	84	0	0
当年完成课题数(项)	9	112	0	0	4	0	2	1	1	19	63	0	0	13	9	0	0

续表

			编号	合计	国家社科基金项目	国家社科基金单列学科项目	教育部人文社科研究项目	高校古籍整理研究项目	国家自然科学基金项目	中央其他部门社科专门项目	省、市、自治区社科基金项目	省教育厅社科项目	地、市、厅、局等政府部门项目	国际合作研究项目	与港、澳、台地区合作研究项目	企事业单位委托项目	学校社科项目	外资项目	其他
				L01	L02	L03	L04	L05	L06	L07	L08	L09	L10	L11	L12	L13	L14	L15	L16
出版著作(部)	合计		10	7	1	0	2	0	1	0	0	1	1	0	0	0	1	0	0
	专著	合计	11	6	1	0	2	0	1	0	0	1	1	0	0	0	0	0	0
		其中:被译成外文	12	0	0	0	0	0	0	0	0	0	0	0	0	0	0	0	0
	编著教材		13	0	0	0	0	0	0	0	0	0	0	0	0	0	0	0	0
	工具书参考书		14	0	0	0	0	0	0	0	0	0	0	0	0	0	0	0	0
	皮书/发展报告		15	0	0	0	0	0	0	0	0	0	0	0	0	0	0	0	0
	科普读物		16	1	0	0	0	0	0	0	0	0	0	0	0	0	1	0	0
古籍整理(部)			17	0	0	0	0	0	0	0	0	0	0	0	0	0	0	0	0
译著(部)			18	0	0	0	0	0	0	0	0	0	0	0	0	0	0	0	0
发表译文(篇)			19	0	0	0	0	0	0	0	0	0	0	0	0	0	0	0	0
电子出版物(件)			20	0	0	0	0	0	0	0	0	0	0	0	0	0	0	0	0
发表论文(篇)	合计		21	154	9	0	18	0	18	1	10	18	69	0	0	0	11	0	0
	国内学术刊物		22	148	9	0	15	0	17	1	9	18	68	0	0	0	11	0	0
	国外学术刊物		23	6	0	0	3	0	1	0	1	0	1	0	0	0	0	0	0
	港、澳、台地区刊物		24	0	0	0	0	0	0	0	0	0	0	0	0	0	0	0	0
研究与咨询报告(篇)	合计		25	17	0	0	0	0	0	0	0	0	4	0	0	13	0	0	0
	其中:被采纳数		26	17	0	0	0	0	0	0	0	0	4	0	0	13	0	0	0

(The header group "课题来源" spans columns L01–L16.)

2.13 南京工业大学人文、社会科学研究与课题成果来源情况表

		课题来源															
		合计	国家社科基金项目	国家社科基金单列学科项目	教育部人文社科研究项目	高校古籍整理研究项目	国家自然科学基金项目	中央其他部门社科专门项目	省、市、自治区社科基金项目	省教育厅社科项目	地、市、厅、局等政府部门项目	国际合作研究项目	与港、澳、台地区合作研究项目	企事业单位委托项目	学校社科项目	外资项目	其他
	编号	L01	L02	L03	L04	L05	L06	L07	L08	L09	L10	L11	L12	L13	L14	L15	L16
课题数(项)	1	391	15	0	12	0	10	21	30	74	106	0	0	19	104	0	0
当年投入人数(人年)	2	59.2	5.7	0	3.2	0	1.8	3.1	5	10.4	14.7	0	0	2.6	12.7	0	0
其中:研究生(人年)	3	5.3	1.3	0	0.2	0	0	0.2	0.3	0.6	2	0	0	0.1	0.6	0	0
当年拨入经费(千元)	4	4 846.9	190	0	86	0	657	186	375	226	2 422.9	0	0	258	446	0	0
其中:当年立项项目拨入经费(千元)	5	2 449.9	190	0	70	0	342	116	140	196	853.9	0	0	123	419	0	0
当年支出经费(千元)	6	4 163.57	388.45	0	45	0	714.64	305.8	239.58	176.5	1 602.23	0	0	291.72	399.65	0	0
当年新开课题数(项)	7	148	1	0	3	0	2	4	6	25	33	0	0	7	67	0	0
当年新开课题批准经费(千元)	8	3 217.4	200	0	180	0	590	220	180	196	1 069.4	0	0	148	434	0	0
当年完成课题数(项)	9	101	1	0	2	0	2	8	5	13	27	0	0	8	35	0	0

续表

			编号	课题来源：合计	国家社科基金项目	国家社科基金单列学科项目	教育部人文社科研究项目	高校古籍整理研究项目	国家自然科学基金项目	中央其他部门社科专门项目	省、市、自治区社科基金项目	省教育厅社科项目	地、市、厅、局等政府部门项目	国际合作研究项目	与港、澳、台地区合作研究项目	企事业单位委托项目	学校社科项目	外资项目	其他
				L01	L02	L03	L04	L05	L06	L07	L08	L09	L10	L11	L12	L13	L14	L15	L16
出版著作(部)	合计		10	11	2	0	2	0	1	1	2	1	2	0	0	0	0	0	0
	专著	合计	11	10	2	0	2	0	1	0	2	1	2	0	0	0	0	0	0
		其中：被译成外文	12	0	0	0	0	0	0	0	0	0	0	0	0	0	0	0	0
	编著教材		13	1	0	0	0	0	0	1	0	0	0	0	0	0	0	0	0
	工具书参考书		14	0	0	0	0	0	0	0	0	0	0	0	0	0	0	0	0
	皮书/发展报告		15	0	0	0	0	0	0	0	0	0	0	0	0	0	0	0	0
	科普读物		16	0	0	0	0	0	0	0	0	0	0	0	0	0	0	0	0
古籍整理(部)			17	0	0	0	0	0	0	0	0	0	0	0	0	0	0	0	0
译著(部)			18	0	0	0	0	0	0	0	0	0	0	0	0	0	0	0	0
发表译文(篇)			19	0	0	0	0	0	0	0	0	0	0	0	0	0	0	0	0
电子出版物(件)			20	0	0	0	0	0	0	0	0	0	0	0	0	0	0	0	0
发表论文(篇)	合计		21	131	23	0	15	0	9	4	12	25	18	0	0	2	23	0	0
	国内学术刊物		22	125	21	0	15	0	9	4	11	23	18	0	0	2	22	0	0
	国外学术刊物		23	5	2	0	0	0	0	0	0	2	0	0	0	0	1	0	0
	港、澳、台地区刊物		24	1	0	0	0	0	0	0	1	0	0	0	0	0	0	0	0
研究与咨询报告(篇)	合计		25	12	0	0	0	0	0	0	1	3	5	0	0	3	0	0	0
	其中：被采纳数		26	11	0	0	0	0	0	0	1	3	4	0	0	3	0	0	0

2.14 常州大学人文、社会科学研究与课题成果来源情况表

		课题来源															
		合计	国家社科基金项目	国家社科基金单列学科项目	教育部人文社科研究项目	高校古籍整理研究项目	国家自然科学基金项目	中央其他部门社科专门项目	省、市、自治区社科基金项目	省教育厅社科项目	地、市、厅、局等政府部门项目	国际合作研究项目	与港、澳、台地区合作研究项目	企事业单位委托项目	学校社科项目	外资项目	其他
	编号	L01	L02	L03	L04	L05	L06	L07	L08	L09	L10	L11	L12	L13	L14	L15	L16
课题数(项)	1	352	38	1	24	0	0	6	38	86	111	0	0	32	16	0	0
当年投入人数(人年)	2	128.8	23.9	0.5	14.7	0	0	1.9	12.9	29.2	33.8	0	0	8.5	3.4	0	0
其中:研究生(人年)	3	2.7	1.4	0	0	0	0	0	0	0.3	1	0	0	0	0	0	0
当年拨入经费(千元)	4	6 541.97	2 862	0	108	0	0	155	340	225	1 250.4	0	0	1 585.57	16	0	0
其中:当年立项项目拨入经费(千元)	5	6 541.97	2 862	0	108	0	0	155	340	225	1 250.4	0	0	1 585.57	16	0	0
当年支出经费(千元)	6	5 584.97	1 888	17	233	0	0	155	313.3	223.8	1 773.3	0	0	965.57	16	0	0
当年新开课题数(项)	7	174	13	0	3	0	0	5	9	37	60	0	0	31	16	0	0
当年新开课题批准经费(千元)	8	6 931.97	3 030	0	260	0	0	155	410	225	1 250.4	0	0	1 585.57	16	0	0
当年完成课题数(项)	9	131	4	0	1	0	0	3	3	7	102	0	0	11	0	0	0

续表

			编号	合计	国家社科基金项目	国家社科基金单列学科项目	教育部人文社科研究项目	高校古籍整理研究项目	国家自然科学基金项目	中央其他部门社科专门项目	省、市、自治区社科基金项目	省教育厅社科项目	地、市、厅、局等政府部门项目	国际合作研究项目	与港、澳、台地区合作研究项目	企事业单位委托项目	学校社科项目	外资项目	其他
				L01	L02	L03	L04	L05	L06	L07	L08	L09	L10	L11	L12	L13	L14	L15	L16
出版著作(部)	合计		10	11	8	0	0	0	0	0	0	0	2	0	0	1	0	0	0
	专著	合计	11	11	8	0	0	0	0	0	0	0	2	0	0	1	0	0	0
		其中:被译成外文	12	1	0	0	0	0	0	0	0	0	1	0	0	0	0	0	0
	编著教材		13	0	0	0	0	0	0	0	0	0	0	0	0	0	0	0	0
	工具书参考书		14	0	0	0	0	0	0	0	0	0	0	0	0	0	0	0	0
	皮书/发展报告		15	0	0	0	0	0	0	0	0	0	0	0	0	0	0	0	0
	科普读物		16	0	0	0	0	0	0	0	0	0	0	0	0	0	0	0	0
古籍整理(部)			17	0	0	0	0	0	0	0	0	0	0	0	0	0	0	0	0
译著(部)			18	0	0	0	0	0	0	0	0	0	0	0	0	0	0	0	0
发表译文(篇)			19	1	0	0	0	0	0	0	0	0	1	0	0	0	0	0	0
电子出版物(件)			20	0	0	0	0	0	0	0	0	0	0	0	0	0	0	0	0
发表论文(篇)	合计		21	263	38	0	24	0	0	2	35	79	85	0	0	0	0	0	0
	国内学术刊物		22	260	37	0	24	0	0	2	35	78	84	0	0	0	0	0	0
	国外学术刊物		23	3	1	0	0	0	0	0	0	1	1	0	0	0	0	0	0
	港、澳、台地区刊物		24	0	0	0	0	0	0	0	0	0	0	0	0	0	0	0	0
研究与咨询报告(篇)	合计		25	38	0	0	0	0	0	0	0	0	5	0	0	33	0	0	0
	其中:被采纳数		26	33	0	0	0	0	0	0	0	0	5	0	0	28	0	0	0

2.15 南京邮电大学人文、社会科学研究与课题成果来源情况表

		课题来源															
		合计	国家社科基金项目	国家社科基金单列学科项目	教育部人文社科研究项目	高校古籍整理研究项目	国家自然科学基金项目	中央其他部门社科专门项目	省、市、自治区社科基金项目	省教育厅社科项目	地、市、厅、局等政府部门项目	国际合作研究项目	与港、澳、台地区合作研究项目	企事业单位委托项目	学校社科项目	外资项目	其他
	编号	L01	L02	L03	L04	L05	L06	L07	L08	L09	L10	L11	L12	L13	L14	L15	L16
课题数(项)	1	581	30	0	44	0	8	14	37	151	72	0	0	54	171	0	0
当年投入人数(人年)	2	120.4	15.6	0	17.2	0	5	2	11	22.9	13.1	0	0	12	21.6	0	0
其中:研究生(人年)	3	29.6	3.6	0	9.1	0	3.3	0.3	3.9	1.7	4.1	0	0	3.6	0	0	0
当年拨入经费(千元)	4	8 762.4	1 150	0	734	0	924.5	13	383.3	639	438.8	0	0	4 047.8	432	0	0
其中:当年立项项目拨入经费(千元)	5	6 233.3	1 140	0	180	0	246.5	13	350	529	397	0	0	2 945.8	432	0	0
当年支出经费(千元)	6	7 474.14	552	0	608	0	471.94	13	138.3	606.8	498.8	0	0	4 047.8	537.5	0	0
当年新开课题数(项)	7	167	6	0	7	0	1	3	9	39	36	0	0	33	33	0	0
当年新开课题批准经费(千元)	8	8 324	1 200	0	580	0	493	13	460	1 062	560	0	0	3 386	570	0	0
当年完成课题数(项)	9	123	2	0	10	0	0	0	2	33	20	0	0	29	27	0	0

续表

			编号	课题来源															
				合计	国家社科基金项目	国家社科基金单列学科项目	教育部人文社科研究项目	高校古籍整理研究项目	国家自然科学基金项目	中央其他部门社科专门项目	省、市、自治区社科基金项目	省教育厅社科项目	地、市、厅、局等政府部门项目	国际合作研究项目	与港、澳、台地区合作研究项目	企事业单位委托项目	学校社科项目	外资项目	其他
				L01	L02	L03	L04	L05	L06	L07	L08	L09	L10	L11	L12	L13	L14	L15	L16
出版著作(部)	合计		10	15	6	0	2	0	0	2	2	0	0	0	0	0	3	0	0
	专著	合计	11	15	6	0	2	0	0	2	2	0	0	0	0	0	3	0	0
		其中：被译成外文	12	0	0	0	0	0	0	0	0	0	0	0	0	0	0	0	0
	编著教材		13	0	0	0	0	0	0	0	0	0	0	0	0	0	0	0	0
	工具书参考书		14	0	0	0	0	0	0	0	0	0	0	0	0	0	0	0	0
	皮书/发展报告		15	0	0	0	0	0	0	0	0	0	0	0	0	0	0	0	0
	科普读物		16	0	0	0	0	0	0	0	0	0	0	0	0	0	0	0	0
古籍整理(部)			17	0	0	0	0	0	0	0	0	0	0	0	0	0	0	0	0
译著(部)			18	2	0	0	0	0	0	0	0	0	1	0	0	0	1	0	0
发表译文(篇)			19	0	0	0	0	0	0	0	0	0	0	0	0	0	0	0	0
电子出版物(件)			20	1	0	0	0	0	0	0	0	0	0	0	0	1	0	0	0
发表论文(篇)	合计		21	167	27	0	27	0	15	8	14	39	14	0	0	2	21	0	0
	国内学术刊物		22	167	27	0	27	0	15	8	14	39	14	0	0	2	21	0	0
	国外学术刊物		23	0	0	0	0	0	0	0	0	0	0	0	0	0	0	0	0
	港、澳、台地区刊物		24	0	0	0	0	0	0	0	0	0	0	0	0	0	0	0	0
研究与咨询报告(篇)	合计		25	28	0	0	0	0	0	0	0	0	0	0	0	28	0	0	0
	其中：被采纳数		26	9	0	0	0	0	0	0	0	0	0	0	0	9	0	0	0

2.16 南京林业大学人文、社会科学研究与课题成果来源情况表

		课题来源															
		合计	国家社科基金项目	国家社科基金单列学科项目	教育部人文社科研究项目	高校古籍整理研究项目	国家自然科学基金项目	中央其他部门社科专门项目	省、市、自治区社科基金项目	省教育厅社科项目	地、市、厅、局等政府部门项目	国际合作研究项目	与港、澳、台地区合作研究项目	企事业单位委托项目	学校社科项目	外资项目	其他
	编号	L01	L02	L03	L04	L05	L06	L07	L08	L09	L10	L11	L12	L13	L14	L15	L16
课题数(项)	1	348	7	3	23	0	5	7	26	115	36	0	0	4	122	0	0
当年投入人数(人年)	2	62.8	9.1	1.4	10.3	0	0.5	1.1	8.2	15.4	4.1	0	0	0.4	12.3	0	0
其中:研究生(人年)	3	0.8	0	0	0.8	0	0	0	0	0	0	0	0	0	0	0	0
当年拨入经费(千元)	4	1 673.7	190	180	213.7	0	0	100	345	314	26	0	0	200	105	0	0
其中:当年立项项目拨入经费(千元)	5	1 575	190	180	145	0	0	100	345	284	26	0	0	200	105	0	0
当年支出经费(千元)	6	2 066.16	286.2	109.24	274.04	0	160	92.2	222.1	411.27	268.9	0	0	28.1	214.11	0	0
当年新开课题数(项)	7	81	1	1	6	0	0	1	9	26	8	0	0	2	27	0	0
当年新开课题批准经费(千元)	8	2 097	200	180	500	0	0	100	420	316	26	0	0	250	105	0	0
当年完成课题数(项)	9	97	0	0	6	0	0	3	6	31	15	0	0	2	34	0	0

续表

			编号	课题来源 合计	国家社科基金项目	国家社科基金单列学科项目	教育部人文社科研究项目	高校古籍整理研究项目	国家自然科学基金项目	中央其他部门社科专门项目	省、市、自治区社科基金项目	省教育厅社科项目	地、市、厅、局等政府部门项目	国际合作研究项目	与港、澳、台地区合作研究项目	企事业单位委托项目	学校社科项目	外资项目	其他
				L01	L02	L03	L04	L05	L06	L07	L08	L09	L10	L11	L12	L13	L14	L15	L16
出版著作(部)	合计		10	1	0	0	0	0	0	0	0	0	0	0	0	0	1	0	0
	专著	合计	11	1	0	0	0	0	0	0	0	0	0	0	0	0	1	0	0
		其中:被译成外文	12	0	0	0	0	0	0	0	0	0	0	0	0	0	0	0	0
	编著教材		13	0	0	0	0	0	0	0	0	0	0	0	0	0	0	0	0
	工具书参考书		14	0	0	0	0	0	0	0	0	0	0	0	0	0	0	0	0
	皮书/发展报告		15	0	0	0	0	0	0	0	0	0	0	0	0	0	0	0	0
	科普读物		16	0	0	0	0	0	0	0	0	0	0	0	0	0	0	0	0
古籍整理(部)			17	0	0	0	0	0	0	0	0	0	0	0	0	0	0	0	0
译著(部)			18	0	0	0	0	0	0	0	0	0	0	0	0	0	0	0	0
发表译文(篇)			19	0	0	0	0	0	0	0	0	0	0	0	0	0	0	0	0
电子出版物(件)			20	0	0	0	0	0	0	0	0	0	0	0	0	0	0	0	0
发表论文(篇)	合计		21	292	15	2	33	0	32	13	31	108	28	0	0	0	30	0	0
	国内学术刊物		22	292	15	2	33	0	32	13	31	108	28	0	0	0	30	0	0
	国外学术刊物		23	0	0	0	0	0	0	0	0	0	0	0	0	0	0	0	0
	港、澳、台地区刊物		24	0	0	0	0	0	0	0	0	0	0	0	0	0	0	0	0
研究与咨询报告(篇)	合计		25	3	0	0	0	0	0	0	1	0	0	0	0	2	0	0	0
	其中:被采纳数		26	0	0	0	0	0	0	0	0	0	0	0	0	0	0	0	0

2.17 江苏大学人文、社会科学研究与课题成果来源情况表

	编号	合计	国家社科基金项目	国家社科基金单列学科项目	教育部人文社科研究项目	高校古籍整理研究项目	国家自然科学基金项目	中央其他部门社科专门项目	省、市、自治区社科基金项目	省教育厅社科项目	地、市、厅、局等政府部门项目	国际合作研究项目	与港、澳、台地区合作研究项目	企事业单位委托项目	学校社科项目	外资项目	其他
	编号	L01	L02	L03	L04	L05	L06	L07	L08	L09	L10	L11	L12	L13	L14	L15	L16
课题数(项)	1	739	43	3	65	0	28	26	70	113	85	0	0	239	67	0	0
当年投入人数(人年)	2	226.5	24.4	2	27.9	0	19.1	6.2	17.2	15.1	29	0	0	80.6	5	0	0
其中:研究生(人年)	3	83.2	5	0	7	0	12	0.5	3.1	3.9	4.4	0	0	44.9	2.4	0	0
当年拨入经费(千元)	4	17 257.5	2 085	108	702	0	1 048	118	374	476	1 226.5	0	0	10 715	405	0	0
其中:当年立项项目拨入经费(千元)	5	16 960.5	2 040	108	658	0	960	118	354	476	1 226.5	0	0	10 615	405	0	0
当年支出经费(千元)	6	17 228.5	2 075	108	682	0	1 086	128	334	466	1 232.5	0	0	10 685	432	0	0
当年新开课题数(项)	7	160	10	1	18	0	4	5	10	33	29	0	0	41	9	0	0
当年新开课题批准经费(千元)	8	20 983	2 140	180	1 828	0	1 930	133	435	478	1 382	0	0	12 052	425	0	0
当年完成课题数(项)	9	111	7	0	19	0	1	7	9	25	28	0	0	15	0	0	0

(Note: the columns from 合计 (L01) to 其他 (L16) are all under the spanning header 课题来源.)

续表

			编号	课题来源：合计	国家社科基金项目	国家社科基金单列学科项目	教育部人文社科研究项目	高校古籍整理研究项目	国家自然科学基金项目	中央其他部门社科专门项目	省、市、自治区社科基金项目	省教育厅社科项目	地、市、厅、局等政府部门项目	国际合作研究项目	与港、澳、台地区合作研究项目	企事业单位委托项目	学校社科项目	外资项目	其他
				L01	L02	L03	L04	L05	L06	L07	L08	L09	L10	L11	L12	L13	L14	L15	L16
出版著作(部)	合计		10	4	2	0	1	0	1	0	0	0	0	0	0	0	0	0	0
出版著作(部)	专著	合计	11	4	2	0	1	0	1	0	0	0	0	0	0	0	0	0	0
出版著作(部)	专著	其中:被译成外文	12	0	0	0	0	0	0	0	0	0	0	0	0	0	0	0	0
出版著作(部)	编著教材		13	0	0	0	0	0	0	0	0	0	0	0	0	0	0	0	0
出版著作(部)	工具书参考书		14	0	0	0	0	0	0	0	0	0	0	0	0	0	0	0	0
出版著作(部)	皮书/发展报告		15	0	0	0	0	0	0	0	0	0	0	0	0	0	0	0	0
出版著作(部)	科普读物		16	0	0	0	0	0	0	0	0	0	0	0	0	0	0	0	0
古籍整理(部)			17	0	0	0	0	0	0	0	0	0	0	0	0	0	0	0	0
译著(部)			18	0	0	0	0	0	0	0	0	0	0	0	0	0	0	0	0
发表译文(篇)			19	1	0	0	0	0	1	0	0	0	0	0	0	0	0	0	0
电子出版物(件)			20	0	0	0	0	0	0	0	0	0	0	0	0	0	0	0	0
发表论文(篇)	合计		21	148	35	1	12	0	35	8	22	19	15	0	0	1	0	0	0
发表论文(篇)	国内学术刊物		22	138	31	1	12	0	31	8	21	18	15	0	0	1	0	0	0
发表论文(篇)	国外学术刊物		23	9	4	0	0	0	4	0	0	1	0	0	0	0	0	0	0
发表论文(篇)	港、澳、台地区刊物		24	1	0	0	0	0	0	0	1	0	0	0	0	0	0	0	0
研究与咨询报告(篇)	合计		25	15	1	0	0	0	0	0	0	0	4	0	0	10	0	0	0
研究与咨询报告(篇)	其中:被采纳数		26	0	0	0	0	0	0	0	0	0	0	0	0	0	0	0	0

2.18 南京信息工程大学人文、社会科学研究与课题成果来源情况表

		课题来源															
		合计	国家社科基金项目	国家社科基金单列学科项目	教育部人文社科研究项目	高校古籍整理研究项目	国家自然科学基金项目	中央其他部门社科专门项目	省、市、自治区社科基金项目	省教育厅社科项目	地、市、厅、局等政府部门项目	国际合作研究项目	与港、澳、台地区合作研究项目	企事业单位委托项目	学校社科项目	外资项目	其他
	编号	L01	L02	L03	L04	L05	L06	L07	L08	L09	L10	L11	L12	L13	L14	L15	L16
课题数(项)	1	510	57	0	57	1	27	82	54	111	64	0	0	57	0	0	0
当年投入人数(人年)	2	133.3	18.7	0	19.8	0.1	5.6	23.3	13.2	26.1	14.6	0	0	11.9	0	0	0
其中:研究生(人年)	3	5.2	1.8	0	0.6	0	0	2.2	0	0	0	0	0	0.6	0	0	0
当年拨入经费(千元)	4	10 452.8	2 970	0	282	0	2 376	1 106.5	340	398.6	159.2	0	0	2 820.5	0	0	0
其中:当年立项项目拨入经费(千元)	5	7 444.1	2 470	0	80	0	1120	249	320	398.6	96	0	0	2 710.5	0	0	0
当年支出经费(千元)	6	8 981.91	1 988.16	0	315.06	8.4	3 045.6	885.75	269.2	288.75	341.3	0	0	1 839.68	0	0	0
当年新开课题数(项)	7	130	7	0	3	0	8	23	14	33	17	0	0	25	0	0	0
当年新开课题批准经费(千元)	8	10 433.5	2 600	0	260	0	2 030	537	860	567	629	0	0	2 950.5	0	0	0
当年完成课题数(项)	9	88	2	0	10	0	0	22	12	8	3	0	0	31	0	0	0

续表

			编号	课题来源															
				合计	国家社科基金项目	国家社科基金单列学科项目	教育部人文社科研究项目	高校古籍整理研究项目	国家自然科学基金项目	中央其他部门社科专门项目	省、市、自治区社科基金项目	省教育厅社科项目	地、市、厅、局等政府部门项目	国际合作研究项目	与港、澳、台地区合作研究项目	企事业单位委托项目	学校社科项目	外资项目	其他
				L01	L02	L03	L04	L05	L06	L07	L08	L09	L10	L11	L12	L13	L14	L15	L16
出版著作(部)	合计		10	19	5	0	4	0	5	2	1	2	0	0	0	0	0	0	0
	专著	合计	11	12	4	0	2	0	4	0	1	1	0	0	0	0	0	0	0
		其中:被译成外文	12	0	0	0	0	0	0	0	0	0	0	0	0	0	0	0	0
	编著教材		13	4	1	0	1	0	1	1	0	0	0	0	0	0	0	0	0
	工具书参考书		14	1	0	0	0	0	0	0	0	1	0	0	0	0	0	0	0
	皮书/发展报告		15	2	0	0	1	0	0	1	0	0	0	0	0	0	0	0	0
	科普读物		16	0	0	0	0	0	0	0	0	0	0	0	0	0	0	0	0
古籍整理(部)			17	0	0	0	0	0	0	0	0	0	0	0	0	0	0	0	0
译著(部)			18	2	1	0	0	0	0	0	0	0	0	0	0	1	0	0	0
发表译文(篇)			19	0	0	0	0	0	0	0	0	0	0	0	0	0	0	0	0
电子出版物(件)			20	0	0	0	0	0	0	0	0	0	0	0	0	0	0	0	0
发表论文(篇)	合计		21	391	65	0	65	0	21	18	41	93	77	0	0	11	0	0	0
	国内学术刊物		22	371	63	0	55	0	19	18	38	90	77	0	0	11	0	0	0
	国外学术刊物		23	20	2	0	10	0	2	0	3	3	0	0	0	0	0	0	0
	港、澳、台地区刊物		24	0	0	0	0	0	0	0	0	0	0	0	0	0	0	0	0
研究与咨询报告(篇)	合计		25	64	16	0	13	0	12	5	6	4	0	0	0	8	0	0	0
	其中:被采纳数		26	43	10	0	9	0	6	4	3	3	0	0	0	8	0	0	0

2.19 南通大学人文、社会科学研究与课题成果来源情况表

		课题来源															
		合计	国家社科基金项目	国家社科基金单列学科项目	教育部人文社科研究项目	高校古籍整理研究项目	国家自然科学基金项目	中央其他部门社科专门项目	省、市、自治区社科基金项目	省教育厅社科项目	地、市、厅、局等政府部门项目	国际合作研究项目	与港、澳、台地区合作研究项目	企事业单位委托项目	学校社科项目	外资项目	其他
	编号	L01	L02	L03	L04	L05	L06	L07	L08	L09	L10	L11	L12	L13	L14	L15	L16
课题数(项)	1	770	50	3	69	4	0	20	59	155	189	0	0	155	66	0	0
当年投入人数(人年)	2	165.1	15.9	1.3	24.9	0.7	0	4.2	18.7	40.4	31.7	0	0	18.6	8.7	0	0
其中:研究生(人年)	3	5.6	1.3	0	0.8	0	0	0.3	0.4	0.7	0.4	0	0	1.6	0.1	0	0
当年拨入经费(千元)	4	12 182	2 985	0	880	0	0	548	518	446	506	0	0	5 969	330	0	0
其中:当年立项项目拨入经费(千元)	5	10 672	2 655	0	384	0	0	476	289	414	458	0	0	5 666	330	0	0
当年支出经费(千元)	6	14 162.4	2 963.92	3.29	742.65	47.02	0	587.27	804.04	646.12	750.6	0	0	7 293.35	324.14	0	0
当年新开课题数(项)	7	286	14	0	8	0	0	6	11	31	59	0	0	119	38	0	0
当年新开课题批准经费(千元)	8	11 345	2 950	0	640	0	0	520	357	414	458	0	0	5 666	340	0	0
当年完成课题数(项)	9	368	7	0	21	0	0	7	7	37	119	0	0	148	22	0	0

续表

			编号	合计	国家社科基金项目	国家社科基金单列学科项目	教育部人文社科研究项目	高校古籍整理研究项目	国家自然科学基金项目	中央其他部门社科专门项目	省、市、自治区社科基金项目	省教育厅社科项目	地、市、厅、局等政府部门项目	国际合作研究项目	与港、澳、台地区合作研究项目	企事业单位委托项目	学校社科项目	外资项目	其他
				课题来源															
				L01	L02	L03	L04	L05	L06	L07	L08	L09	L10	L11	L12	L13	L14	L15	L16
出版著作(部)	合计		10	30	9	0	1	0	0	1	3	2	10	0	0	2	2	0	0
	专著	合计	11	23	7	0	0	0	0	1	3	2	8	0	0	0	2	0	0
		其中:被译成外文	12	1	0	0	0	0	0	0	0	0	0	0	0	0	1	0	0
	编著教材		13	5	0	0	1	0	0	0	0	0	2	0	0	2	0	0	0
	工具书参考书		14	0	0	0	0	0	0	0	0	0	0	0	0	0	0	0	0
	皮书/发展报告		15	0	0	0	0	0	0	0	0	0	0	0	0	0	0	0	0
	科普读物		16	2	2	0	0	0	0	0	0	0	0	0	0	0	0	0	0
古籍整理(部)			17	0	0	0	0	0	0	0	0	0	0	0	0	0	0	0	0
译著(部)			18	1	1	0	0	0	0	0	0	0	0	0	0	0	0	0	0
发表译文(篇)			19	0	0	0	0	0	0	0	0	0	0	0	0	0	0	0	0
电子出版物(件)			20	0	0	0	0	0	0	0	0	0	0	0	0	0	0	0	0
发表论文(篇)	合计		21	276	46	0	28	0	3	7	41	31	95	0	0	2	23	0	0
	国内学术刊物		22	264	42	0	28	0	0	7	41	30	92	0	0	2	22	0	0
	国外学术刊物		23	10	4	0	0	0	3	0	0	1	1	0	0	0	1	0	0
	港、澳、台地区刊物		24	2	0	0	0	0	0	0	0	0	2	0	0	0	0	0	0
研究与咨询报告(篇)	合计		25	171	1	0	0	0	0	2	0	0	24	0	0	144	0	0	0
	其中:被采纳数		26	2	0	0	0	0	0	0	0	0	1	0	0	1	0	0	0

2.20 盐城工学院人文、社会科学研究与课题成果来源情况表

		课题来源															
		合计	国家社科基金项目	国家社科基金单列学科项目	教育部人文社科研究项目	高校古籍整理研究项目	国家自然科学基金项目	中央其他部门社科专门项目	省、市、自治区社科基金项目	省教育厅社科项目	地、市、厅、局等政府部门项目	国际合作研究项目	与港、澳、台地区合作研究项目	企事业单位委托项目	学校社科项目	外资项目	其他
	编号	L01	L02	L03	L04	L05	L06	L07	L08	L09	L10	L11	L12	L13	L14	L15	L16
课题数(项)	1	284	5	2	8	0	1	7	24	74	62	0	0	44	57	0	0
当年投入人数(人年)	2	37.4	1.2	0.2	1.2	0	0.1	0.7	3.9	10.3	8.6	0	0	5.2	6	0	0
其中:研究生(人年)	3	0	0	0	0	0	0	0	0	0	0	0	0	0	0	0	0
当年拨入经费(千元)	4	2 378.4	190	162	60	0	0	176	170.8	302.5	326	0	0	947.8	43.3	0	0
其中:当年立项项目拨入经费(千元)	5	2 345.1	190	162	60	0	0	176	160	280	326	0	0	947.8	43.3	0	0
当年支出经费(千元)	6	2 110.8	125	110.8	89	0	2	168	220.8	280.6	304	0	0	761.8	48.8	0	0
当年新开课题数(项)	7	133	1	1	2	0	0	4	8	25	30	0	0	36	26	0	0
当年新开课题批准经费(千元)	8	2 681.1	200	180	160	0	0	248	200	376	326	0	0	947.8	43.3	0	0
当年完成课题数(项)	9	120	0	0	1	0	0	4	3	10	22	0	0	28	52	0	0

续表

			编号	课题来源															
				合计	国家社科基金项目	国家社科基金单列学科项目	教育部人文社科研究项目	高校古籍整理研究项目	国家自然科学基金项目	中央其他部门社科专门项目	省、市、自治区社科基金项目	省教育厅社科项目	地、市、厅、局等政府部门项目	国际合作研究项目	与港、澳、台地区合作研究项目	企事业单位委托项目	学校社科项目	外资项目	其他
			编号	L01	L02	L03	L04	L05	L06	L07	L08	L09	L10	L11	L12	L13	L14	L15	L16
出版著作(部)	合计		10	8	0	0	0	0	0	0	1	3	2	0	0	2	0	0	0
	专著	合计	11	8	0	0	0	0	0	0	1	3	2	0	0	2	0	0	0
		其中:被译成外文	12	0	0	0	0	0	0	0	0	0	0	0	0	0	0	0	0
	编著教材		13	0	0	0	0	0	0	0	0	0	0	0	0	0	0	0	0
	工具书参考书		14	0	0	0	0	0	0	0	0	0	0	0	0	0	0	0	0
	皮书/发展报告		15	0	0	0	0	0	0	0	0	0	0	0	0	0	0	0	0
	科普读物		16	0	0	0	0	0	0	0	0	0	0	0	0	0	0	0	0
古籍整理(部)			17	0	0	0	0	0	0	0	0	0	0	0	0	0	0	0	0
译著(部)			18	0	0	0	0	0	0	0	0	0	0	0	0	0	0	0	0
发表译文(篇)			19	0	0	0	0	0	0	0	0	0	0	0	0	0	0	0	0
电子出版物(件)			20	0	0	0	0	0	0	0	0	0	0	0	0	0	0	0	0
发表论文(篇)	合计		21	205	6	0	8	0	4	6	34	51	22	1	0	42	31	0	0
	国内学术刊物		22	202	5	0	7	0	4	6	34	50	22	1	0	42	31	0	0
	国外学术刊物		23	3	1	0	1	0	0	0	0	1	0	0	0	0	0	0	0
	港、澳、台地区刊物		24	0	0	0	0	0	0	0	0	0	0	0	0	0	0	0	0
研究与咨询报告(篇)	合计		25	77	0	0	0	0	0	1	0	0	31	0	0	24	21	0	0
	其中:被采纳数		26	67	0	0	0	0	0	0	0	0	30	0	0	24	13	0	0

2.21 南京医科大学人文、社会科学研究与课题成果来源情况表

	编号	课题来源															
		合计	国家社科基金项目	国家社科基金单列学科项目	教育部人文社科研究项目	高校古籍整理研究项目	国家自然科学基金项目	中央其他部门社科专门项目	省、市、自治区社科基金项目	省教育厅社科项目	地、市、厅、局等政府部门项目	国际合作研究项目	与港、澳、台地区合作研究项目	企事业单位委托项目	学校社科项目	外资项目	其他
		L01	L02	L03	L04	L05	L06	L07	L08	L09	L10	L11	L12	L13	L14	L15	L16
课题数(项)	1	104	6	0	5	0	3	0	2	20	18	0	0	0	50	0	0
当年投入人数(人年)	2	19.5	3.5	0	1.8	0	1.7	0	0.4	4.5	2.6	0	0	0	5	0	0
其中:研究生(人年)	3	3.1	1.7	0	0.6	0	0.8	0	0	0	0	0	0	0	0	0	0
当年拨入经费(千元)	4	1 993	0	0	40	0	0	0	50	61	1571	0	0	0	271	0	0
其中:当年立项项目拨入经费(千元)	5	1 993	0	0	40	0	0	0	50	61	1571	0	0	0	271	0	0
当年支出经费(千元)	6	2 039	185	0	36	0	60	0	25	39	1 567	0	0	0	127	0	0
当年新开课题数(项)	7	42	0	0	1	0	0	0	1	7	16	0	0	0	17	0	0
当年新开课题批准经费(千元)	8	2 033	0	0	80	0	0	0	50	61	1 571	0	0	0	271	0	0
当年完成课题数(项)	9	18	1	0	1	0	0	0	0	0	16	0	0	0	0	0	0

续表

			编号	课题来源															
				合计	国家社科基金项目	国家社科基金单列学科项目	教育部人文社科研究项目	高校古籍整理研究项目	国家自然科学基金项目	中央其他部门社科专门项目	省、市、自治区社科基金项目	省教育厅社科项目	地、市、厅、局等政府部门项目	国际合作研究项目	与港、澳、台地区合作研究项目	企事业单位委托项目	学校社科项目	外资项目	其他
				L01	L02	L03	L04	L05	L06	L07	L08	L09	L10	L11	L12	L13	L14	L15	L16
出版著作(部)	合计		10	8	0	0	0	0	0	0	0	3	0	0	0	0	5	0	0
	专著	合计	11	7	0	0	0	0	0	0	0	3	0	0	0	0	4	0	0
		其中:被译成外文	12	0	0	0	0	0	0	0	0	0	0	0	0	0	0	0	0
	编著教材		13	0	0	0	0	0	0	0	0	0	0	0	0	0	0	0	0
	工具书参考书		14	0	0	0	0	0	0	0	0	0	0	0	0	0	0	0	0
	皮书/发展报告		15	0	0	0	0	0	0	0	0	0	0	0	0	0	0	0	0
	科普读物		16	1	0	0	0	0	0	0	0	0	0	0	0	0	1	0	0
古籍整理(部)			17	0	0	0	0	0	0	0	0	0	0	0	0	0	0	0	0
译著(部)			18	1	0	0	0	0	0	0	0	0	0	0	0	0	1	0	0
发表译文(篇)			19	0	0	0	0	0	0	0	0	0	0	0	0	0	0	0	0
电子出版物(件)			20	0	0	0	0	0	0	0	0	0	0	0	0	0	0	0	0
发表论文(篇)	合计		21	90	8	0	0	0	1	0	1	21	0	0	0	0	59	0	0
	国内学术刊物		22	82	8	0	0	0	1	0	1	17	0	0	0	0	55	0	0
	国外学术刊物		23	8	0	0	0	0	0	0	0	4	0	0	0	0	4	0	0
	港、澳、台地区刊物		24	0	0	0	0	0	0	0	0	0	0	0	0	0	0	0	0
研究与咨询报告(篇)	合计		25	22	0	0	0	0	0	0	0	0	22	0	0	0	0	0	0
	其中:被采纳数		26	0	0	0	0	0	0	0	0	0	0	0	0	0	0	0	0

2.22 徐州医科大学人文、社会科学研究与课题成果来源情况表

		课题来源															
		合计	国家社科基金项目	国家社科基金单列学科项目	教育部人文社科研究项目	高校古籍整理研究项目	国家自然科学基金项目	中央其他部门社科专门项目	省、市、自治区社科基金项目	省教育厅社科项目	地、市、厅、局等政府部门项目	国际合作研究项目	与港、澳、台地区合作研究项目	企事业单位委托项目	学校社科项目	外资项目	其他
	编号	L01	L02	L03	L04	L05	L06	L07	L08	L09	L10	L11	L12	L13	L14	L15	L16
课题数(项)	1	65	0	0	2	0	0	0	1	54	5	0	0	3	0	0	0
当年投入人数(人年)	2	12.4	0	0	0.4	0	0	0	0.3	10.6	0.7	0	0	0.4	0	0	0
其中:研究生(人年)	3	0	0	0	0	0	0	0	0	0	0	0	0	0	0	0	0
当年拨入经费(千元)	4	141	0	0	50	0	0	0	20	66	5	0	0	0	0	0	0
其中:当年立项项目拨入经费(千元)	5	71	0	0	0	0	0	0	0	66	5	0	0	0	0	0	0
当年支出经费(千元)	6	112.4	0	0	12	0	0	0	12	82.4	5	0	0	1	0	0	0
当年新开课题数(项)	7	16	0	0	0	0	0	0	0	9	5	0	0	2	0	0	0
当年新开课题批准经费(千元)	8	71	0	0	0	0	0	0	0	66	5	0	0	0	0	0	0
当年完成课题数(项)	9	24	0	0	0	0	0	0	0	16	5	0	0	3	0	0	0

续表

			编号	课题来源															
				合计	国家社科基金项目	国家社科基金单列学科项目	教育部人文社科研究项目	高校古籍整理研究项目	国家自然科学基金项目	中央其他部门社科专门项目	省、市、自治区社科基金项目	省教育厅社科项目	地、市、厅、局等政府部门项目	国际合作研究项目	与港、澳、台地区合作研究项目	企事业单位委托项目	学校社科项目	外资项目	其他
				L01	L02	L03	L04	L05	L06	L07	L08	L09	L10	L11	L12	L13	L14	L15	L16
出版著作(部)	合计		10	0	0	0	0	0	0	0	0	0	0	0	0	0	0	0	0
	专著	合计	11	0	0	0	0	0	0	0	0	0	0	0	0	0	0	0	0
		其中:被译成外文	12	0	0	0	0	0	0	0	0	0	0	0	0	0	0	0	0
	编著教材		13	0	0	0	0	0	0	0	0	0	0	0	0	0	0	0	0
	工具书参考书		14	0	0	0	0	0	0	0	0	0	0	0	0	0	0	0	0
	皮书/发展报告		15	0	0	0	0	0	0	0	0	0	0	0	0	0	0	0	0
	科普读物		16	0	0	0	0	0	0	0	0	0	0	0	0	0	0	0	0
古籍整理(部)			17	0	0	0	0	0	0	0	0	0	0	0	0	0	0	0	0
译著(部)			18	0	0	0	0	0	0	0	0	0	0	0	0	0	0	0	0
发表译文(篇)			19	0	0	0	0	0	0	0	0	0	0	0	0	0	0	0	0
电子出版物(件)			20	0	0	0	0	0	0	0	0	0	0	0	0	0	0	0	0
发表论文(篇)	合计		21	69	0	0	0	0	0	0	0	69	0	0	0	0	0	0	0
	国内学术刊物		22	69	0	0	0	0	0	0	0	69	0	0	0	0	0	0	0
	国外学术刊物		23	0	0	0	0	0	0	0	0	0	0	0	0	0	0	0	0
	港、澳、台地区刊物		24	0	0	0	0	0	0	0	0	0	0	0	0	0	0	0	0
研究与咨询报告(篇)	合计		25	8	0	0	0	0	0	0	0	1	5	0	0	2	0	0	0
	其中:被采纳数		26	0	0	0	0	0	0	0	0	0	0	0	0	0	0	0	0

2.23 南京中医药大学人文、社会科学研究与课题成果来源情况表

		课题来源															
		合计	国家社科基金项目	国家社科基金单列学科项目	教育部人文社科研究项目	高校古籍整理研究项目	国家自然科学基金项目	中央其他部门社科专门项目	省、市、自治区社科基金项目	省教育厅社科项目	地、市、厅、局等政府部门项目	国际合作研究项目	与港、澳、台地区合作研究项目	企事业单位委托项目	学校社科项目	外资项目	其他
	编号	L01	L02	L03	L04	L05	L06	L07	L08	L09	L10	L11	L12	L13	L14	L15	L16
课题数(项)	1	204	9	1	15	1	1	18	24	81	16	0	0	9	29	0	0
当年投入人数(人年)	2	81.5	3.6	0.6	7.3	0.6	0.3	10.1	9.1	36.2	5.7	0	0	3.1	4.9	0	0
其中:研究生(人年)	3	2.2	0	0	0.3	0	0	0.7	0	0.4	0.8	0	0	0	0	0	0
当年拨入经费(千元)	4	1 505.8	200	0	219	0	102	0	264.8	443.5	157	0	0	117	2.5	0	0
其中:当年立项项目拨入经费(千元)	5	979.5	190	0	65	0	102	0	250	176	154	0	0	40	2.5	0	0
当年支出经费(千元)	6	1 285.26	238	39	192.85	0	1	264.7	136.92	194.18	91.45	0	0	63	64.16	0	0
当年新开课题数(项)	7	39	1	0	2	0	1	0	7	20	6	0	0	1	1	0	0
当年新开课题批准经费(千元)	8	1 294.5	200	0	180	0	170	0	300	248	154	0	0	40	2.5	0	0
当年完成课题数(项)	9	47	1	0	3	0	0	1	2	17	6	0	0	2	15	0	0

续表

		编号	合计 L01	国家社科基金项目 L02	国家社科基金单列学科项目 L03	教育部人文社科研究项目 L04	高校古籍整理研究项目 L05	国家自然科学基金项目 L06	中央其他部门社科专门项目 L07	省、市、自治区社科基金项目 L08	省教育厅社科项目 L09	地、市、厅、局等政府部门项目 L10	国际合作研究项目 L11	与港、澳、台地区合作研究项目 L12	企事业单位委托项目 L13	学校社科项目 L14	外资项目 L15	其他 L16
			课题来源															
出版著作(部)	合计	10	2	0	0	0	0	0	0	1	0	1	0	0	0	0	0	0
	专著 合计	11	2	0	0	0	0	0	0	1	0	1	0	0	0	0	0	0
	专著 其中:被译成外文	12	0	0	0	0	0	0	0	0	0	0	0	0	0	0	0	0
	编著教材	13	0	0	0	0	0	0	0	0	0	0	0	0	0	0	0	0
	工具书参考书	14	0	0	0	0	0	0	0	0	0	0	0	0	0	0	0	0
	皮书/发展报告	15	0	0	0	0	0	0	0	0	0	0	0	0	0	0	0	0
	科普读物	16	0	0	0	0	0	0	0	0	0	0	0	0	0	0	0	0
古籍整理(部)		17	0	0	0	0	0	0	0	0	0	0	0	0	0	0	0	0
译著(部)		18	0	0	0	0	0	0	0	0	0	0	0	0	0	0	0	0
发表译文(篇)		19	0	0	0	0	0	0	0	0	0	0	0	0	0	0	0	0
电子出版物(件)		20	0	0	0	0	0	0	0	0	0	0	0	0	0	0	0	0
发表论文(篇)	合计	21	114	15	2	14	0	4	6	18	38	8	0	0	3	6	0	0
	国内学术刊物	22	110	12	2	14	0	4	6	18	37	8	0	0	3	6	0	0
	国外学术刊物	23	4	3	0	0	0	0	0	0	1	0	0	0	0	0	0	0
	港、澳、台地区刊物	24	0	0	0	0	0	0	0	0	0	0	0	0	0	0	0	0
研究与咨询报告(篇)	合计	25	1	0	0	0	0	0	0	0	0	1	0	0	0	0	0	0
	其中:被采纳数	26	1	0	0	0	0	0	0	0	0	1	0	0	0	0	0	0

2.24　南京师范大学人文、社会科学研究与课题成果来源情况表

		课题来源															
		合计	国家社科基金项目	国家社科基金单列学科项目	教育部人文社科研究项目	高校古籍整理研究项目	国家自然科学基金项目	中央其他部门社科专门项目	省、市、自治区社科基金项目	省教育厅社科项目	地、市、厅、局等政府部门项目	国际合作研究项目	与港、澳、台地区合作研究项目	企事业单位委托项目	学校社科项目	外资项目	其他
	编号	L01	L02	L03	L04	L05	L06	L07	L08	L09	L10	L11	L12	L13	L14	L15	L16
课题数(项)	1	956	191	20	121	7	4	41	128	205	89	0	0	110	40	0	0
当年投入人数(人年)	2	210.4	83.7	4.2	31	0.9	1.2	6.2	20.8	30	13.7	0	0	14.4	4.3	0	0
其中:研究生(人年)	3	18.8	9	1	2.5	0	0.8	0.7	0.3	2.5	1.1	0	0	0.7	0.2	0	0
当年拨入经费(千元)	4	40 038	6 885	150	1 990	0	0	800	1 490	593	126	0	0	27 940	64	0	0
其中:当年立项项目拨入经费(千元)	5	34 717	6 330	0	770	0	0	550	1 390	579	65	0	0	25 033	0	0	0
当年支出经费(千元)	6	23 633.5	4 312.27	82	2 222	40	1	428.1	1 262	847	226.4	0	0	13 998.73	214	0	0
当年新开课题数(项)	7	229	31	1	15	0	0	7	28	45	7	0	0	95	0	0	0
当年新开课题批准经费(千元)	8	40 101.02	8 150	60	1 350	0	0	930	1 960	634	75	0	0	26 942.02	0	0	0
当年完成课题数(项)	9	180	29	3	17	0	2	6	26	45	17	0	0	33	2	0	0

续表

			编号	合计	国家社科基金项目	国家社科基金单列学科项目	教育部人文社科研究项目	高校古籍整理研究项目	国家自然科学基金项目	中央其他部门社科专门项目	省、市、自治区社科基金项目	省教育厅社科项目	地、市、厅、局等政府部门项目	国际合作研究项目	与港、澳、台地区合作研究项目	企事业单位委托项目	学校社科项目	外资项目	其他
				课题来源															
				L01	L02	L03	L04	L05	L06	L07	L08	L09	L10	L11	L12	L13	L14	L15	L16
出版著作(部)	合计		10	43	12	2	7	0	1	3	7	5	1	0	0	1	4	0	0
	专著	合计	11	31	10	2	6	0	1	3	5	2	0	0	0	0	2	0	0
		其中:被译成外文	12	0	0	0	0	0	0	0	0	0	0	0	0	0	0	0	0
	编著教材		13	12	2	0	1	0	0	0	2	3	1	0	0	1	2	0	0
	工具书参考书		14	0	0	0	0	0	0	0	0	0	0	0	0	0	0	0	0
	皮书/发展报告		15	0	0	0	0	0	0	0	0	0	0	0	0	0	0	0	0
	科普读物		16	0	0	0	0	0	0	0	0	0	0	0	0	0	0	0	0
古籍整理(部)			17	2	1	0	1	0	0	0	0	0	0	0	0	0	0	0	0
译著(部)			18	5	1	1	0	0	0	1	1	0	0	0	0	0	1	0	0
发表译文(篇)			19	5	1	1	1	0	0	0	1	1	0	0	0	0	0	0	0
电子出版物(件)			20	0	0	0	0	0	0	0	0	0	0	0	0	0	0	0	0
发表论文(篇)	合计		21	573	260	19	67	0	41	29	57	42	11	0	0	2	45	0	0
	国内学术刊物		22	539	255	19	64	0	31	28	53	38	10	0	0	2	39	0	0
	国外学术刊物		23	32	3	0	3	0	10	1	4	4	1	0	0	0	6	0	0
	港、澳、台地区刊物		24	2	2	0	0	0	0	0	0	0	0	0	0	0	0	0	0
研究与咨询报告(篇)	合计		25	7	0	0	0	0	0	0	0	0	0	0	0	7	0	0	0
	其中:被采纳数		26	7	0	0	0	0	0	0	0	0	0	0	0	7	0	0	0

2.25 江苏师范大学人文、社会科学研究与课题成果来源情况表

		课题来源															
		合计	国家社科基金项目	国家社科基金单列学科项目	教育部人文社科研究项目	高校古籍整理研究项目	国家自然科学基金项目	中央其他部门社科专门项目	省、市、自治区社科基金项目	省教育厅社科项目	地、市、厅、局等政府部门项目	国际合作研究项目	与港、澳、台地区合作研究项目	企事业单位委托项目	学校社科项目	外资项目	其他
	编号	L01	L02	L03	L04	L05	L06	L07	L08	L09	L10	L11	L12	L13	L14	L15	L16
课题数(项)	1	803	138	17	94	11	0	39	109	192	77	0	0	26	100	0	0
当年投入人数(人年)	2	332.4	93.2	8.5	41.5	4.5	0	21.6	52	70.2	16.5	0	0	3.8	20.6	0	0
其中:研究生(人年)	3	80.6	22.7	3.4	12.9	1.9	0	12.6	15.1	9.4	1.9	0	0	0	0.7	0	0
当年拨入经费(千元)	4	23 015.72	4 673	17	1 160	0	0	576	537	916	616.4	0	0	3 870.32	10650	0	0
其中:当年立项项目拨入经费(千元)	5	21 532.82	4 560	0	90	0	0	551	340	874	597.5	0	0	3 870.32	10 650	0	0
当年支出经费(千元)	6	22 064.11	4 349.45	241.25	1 682.55	32	0	349.13	675.75	583.2	581.36	0	0	3 870.32	9 699.1	0	0
当年新开课题数(项)	7	155	22	0	4	0	0	8	15	44	23	0	0	26	13	0	0
当年新开课题批准经费(千元)	8	28 064.3	4 835	0	90	0	0	860	630	914	710	0	0	3 875.3	16 150	0	0
当年完成课题数(项)	9	187	30	2	28	1	0	5	12	44	18	0	0	25	22	0	0

续表

			编号	课题来源															
				合计	国家社科基金项目	国家社科基金单列学科项目	教育部人文社科研究项目	高校古籍整理研究项目	国家自然科学基金项目	中央其他部门社科专门项目	省、市、自治区社科基金项目	省教育厅社科项目	地、市、厅、局等政府部门项目	国际合作研究项目	与港、澳、台地区合作研究项目	企事业单位委托项目	学校社科项目	外资项目	其他
				L01	L02	L03	L04	L05	L06	L07	L08	L09	L10	L11	L12	L13	L14	L15	L16
出版著作(部)	合计		10	33	10	2	6	0	3	0	2	1	1	0	0	2	6	0	0
	专著	合计	11	27	9	2	5	0	3	0	2	1	1	0	0	1	3	0	0
		其中:被译成外文	12	2	0	0	0	0	0	0	1	0	0	0	0	1	0	0	0
	编著教材		13	6	1	0	1	0	0	0	0	0	0	0	0	1	3	0	0
	工具书参考书		14	0	0	0	0	0	0	0	0	0	0	0	0	0	0	0	0
	皮书/发展报告		15	0	0	0	0	0	0	0	0	0	0	0	0	0	0	0	0
	科普读物		16	0	0	0	0	0	0	0	0	0	0	0	0	0	0	0	0
古籍整理(部)			17	0	0	0	0	0	0	0	0	0	0	0	0	0	0	0	0
译著(部)			18	1	0	0	0	0	0	0	0	0	0	0	0	0	1	0	0
发表译文(篇)			19	0	0	0	0	0	0	0	0	0	0	0	0	0	0	0	0
电子出版物(件)			20	0	0	0	0	0	0	0	0	0	0	0	0	0	0	0	0
发表论文(篇)	合计		21	463	173	33	31	0	16	14	45	68	17	0	0	3	63	0	0
	国内学术刊物		22	463	173	33	31	0	16	14	45	68	17	0	0	3	63	0	0
	国外学术刊物		23	0	0	0	0	0	0	0	0	0	0	0	0	0	0	0	0
	港、澳、台地区刊物		24	0	0	0	0	0	0	0	0	0	0	0	0	0	0	0	0
研究与咨询报告(篇)	合计		25	30	0	0	0	0	0	0	0	0	1	0	0	29	0	0	0
	其中:被采纳数		26	30	0	0	0	0	0	0	0	0	1	0	0	29	0	0	0

2.26 淮阴师范学院人文、社会科学研究与课题成果来源情况表

	编号	合计	国家社科基金项目	国家社科基金单列学科项目	教育部人文社科研究项目	高校古籍整理研究项目	国家自然科学基金项目	中央其他部门社科专门项目	省、市、自治区社科基金项目	省教育厅社科项目	地、市、厅、局等政府部门项目	国际合作研究项目	与港、澳、台地区合作研究项目	企事业单位委托项目	学校社科项目	外资项目	其他
		课题来源															
	编号	L01	L02	L03	L04	L05	L06	L07	L08	L09	L10	L11	L12	L13	L14	L15	L16
课题数(项)	1	339	23	0	26	1	0	4	39	88	89	0	0	68	1	0	0
当年投入人数(人年)	2	65.6	10.1	0	9.4	0.4	0	1.6	10.8	11	10.9	0	0	11.2	0.2	0	0
其中:研究生(人年)	3	0	0	0	0	0	0	0	0	0	0	0	0	0	0	0	0
当年拨入经费(千元)	4	6 105	1 080	0	437	0	0	40	577	375	628	0	0	2 968	0	0	0
其中:当年立项项目拨入经费(千元)	5	5 749	1 010	0	320	0	0	0	500	323	628	0	0	2 968	0	0	0
当年支出经费(千元)	6	4 357.58	847.5	0	358	12	0	24.4	370.48	320.12	481.3	0	0	1 943.78	0	0	0
当年新开课题数(项)	7	138	5	0	10	0	0	0	12	30	30	0	0	51	0	0	0
当年新开课题批准经费(千元)	8	6 329	1 050	0	860	0	0	0	500	323	628	0	0	2 968	0	0	0
当年完成课题数(项)	9	65	6	0	3	0	0	0	6	23	19	0	0	8	0	0	0

续表

			编号	课题来源 合计	国家社科基金项目	国家社科基金单列学科项目	教育部人文社科研究项目	高校古籍整理研究项目	国家自然科学基金项目	中央其他部门社科专门项目	省、市、自治区社科基金项目	省教育厅社科项目	地、市、厅、局等政府部门项目	国际合作研究项目	与港、澳、台地区合作研究项目	企事业单位委托项目	学校社科项目	外资项目	其他
				L01	L02	L03	L04	L05	L06	L07	L08	L09	L10	L11	L12	L13	L14	L15	L16
出版著作(部)	合计		10	23	2	0	4	1	0	0	6	6	2	0	0	2	0	0	0
	专著	合计	11	16	1	0	2	1	0	0	5	5	0	0	0	2	0	0	0
		其中:被译成外文	12	0	0	0	0	0	0	0	0	0	0	0	0	0	0	0	0
	编著教材		13	7	1	0	2	0	0	0	1	1	2	0	0	0	0	0	0
	工具书参考书		14	0	0	0	0	0	0	0	0	0	0	0	0	0	0	0	0
	皮书/发展报告		15	0	0	0	0	0	0	0	0	0	0	0	0	0	0	0	0
	科普读物		16	0	0	0	0	0	0	0	0	0	0	0	0	0	0	0	0
古籍整理(部)			17	0	0	0	0	0	0	0	0	0	0	0	0	0	0	0	0
译著(部)			18	3	0	0	3	0	0	0	0	0	0	0	0	0	0	0	0
发表译文(篇)			19	0	0	0	0	0	0	0	0	0	0	0	0	0	0	0	0
电子出版物(件)			20	3	0	0	0	0	0	0	0	0	3	0	0	0	0	0	0
发表论文(篇)	合计		21	262	42	0	37	2	0	0	24	84	36	0	0	8	29	0	0
	国内学术刊物		22	254	40	0	34	2	0	0	24	84	36	0	0	8	26	0	0
	国外学术刊物		23	6	1	0	2	0	0	0	0	0	0	0	0	0	3	0	0
	港、澳、台地区刊物		24	2	1	0	1	0	0	0	0	0	0	0	0	0	0	0	0
研究与咨询报告(篇)	合计		25	8	0	0	1	0	0	0	0	0	0	0	0	7	0	0	0
	其中:被采纳数		26	4	0	0	1	0	0	0	0	0	0	0	0	3	0	0	0

2.27 盐城师范学院人文、社会科学研究与课题成果来源情况表

		课题来源															
		合计	国家社科基金项目	国家社科基金单列学科项目	教育部人文社科研究项目	高校古籍整理研究项目	国家自然科学基金项目	中央其他部门社科专门项目	省、市、自治区社科基金项目	省教育厅社科项目	地、市、厅、局等政府部门项目	国际合作研究项目	与港、澳、台地区合作研究项目	企事业单位委托项目	学校社科项目	外资项目	其他
	编号	L01	L02	L03	L04	L05	L06	L07	L08	L09	L10	L11	L12	L13	L14	L15	L16
课题数(项)	1	385	24	2	19	0	0	3	44	95	38	0	0	114	46	0	0
当年投入人数(人年)	2	154.9	19.2	1.6	12.4	0	0	2.1	21.5	36.9	15.3	0	0	30.4	15.5	0	0
其中:研究生(人年)	3	0	0	0	0	0	0	0	0	0	0	0	0	0	0	0	0
当年拨入经费(千元)	4	25 312.24	1 010	162	250	0	0	20	826	338	296	0	0	22 282.24	128	0	0
其中:当年立项项目拨入经费(千元)	5	24 904.24	950	162	150	0	0	20	610	306	296	0	0	22 282.24	128	0	0
当年支出经费(千元)	6	15 736.92	970	114	240	0	0	29	619.5	307.9	294.6	0	0	12 984.02	177.9	0	0
当年新开课题数(项)	7	179	5	1	6	0	0	2	15	29	14	0	0	84	23	0	0
当年新开课题批准经费(千元)	8	25 534.24	1 000	180	520	0	0	20	770	338	296	0	0	22 282.24	128	0	0
当年完成课题数(项)	9	130	3	0	5	0	0	1	10	34	24	0	0	30	23	0	0

续表

			编号	课题来源 合计	国家社科基金项目	国家社科基金单列学科项目	教育部人文社科研究项目	高校古籍整理研究项目	国家自然科学基金项目	中央其他部门社科专门项目	省、市、自治区社科基金项目	省教育厅社科项目	地、市、厅、局等政府部门项目	国际合作研究项目	与港、澳、台地区合作研究项目	企事业单位委托项目	学校社科项目	外资项目	其他
				L01	L02	L03	L04	L05	L06	L07	L08	L09	L10	L11	L12	L13	L14	L15	L16
出版著作(部)	合计		10	28	3	0	5	0	0	0	9	8	3	0	0	0	0	0	0
	专著	合计	11	19	3	0	5	0	0	0	6	5	0	0	0	0	0	0	0
		其中:被译成外文	12	0	0	0	0	0	0	0	0	0	0	0	0	0	0	0	0
	编著教材		13	9	0	0	0	0	0	0	3	3	3	0	0	0	0	0	0
	工具书参考书		14	0	0	0	0	0	0	0	0	0	0	0	0	0	0	0	0
	皮书/发展报告		15	0	0	0	0	0	0	0	0	0	0	0	0	0	0	0	0
	科普读物		16	0	0	0	0	0	0	0	0	0	0	0	0	0	0	0	0
古籍整理(部)			17	0	0	0	0	0	0	0	0	0	0	0	0	0	0	0	0
译著(部)			18	0	0	0	0	0	0	0	0	0	0	0	0	0	0	0	0
发表译文(篇)			19	0	0	0	0	0	0	0	0	0	0	0	0	0	0	0	0
电子出版物(件)			20	0	0	0	0	0	0	0	0	0	0	0	0	0	0	0	0
发表论文(篇)	合计		21	404	39	3	23	0	0	3	63	109	50	0	0	0	114	0	0
	国内学术刊物		22	403	39	3	23	0	0	3	62	109	50	0	0	0	114	0	0
	国外学术刊物		23	1	0	0	0	0	0	0	1	0	0	0	0	0	0	0	0
	港、澳、台地区刊物		24	0	0	0	0	0	0	0	0	0	0	0	0	0	0	0	0
研究与咨询报告(篇)	合计		25	39	0	0	0	0	0	0	0	0	0	0	0	39	0	0	0
	其中:被采纳数		26	32	0	0	0	0	0	0	0	0	0	0	0	32	0	0	0

2.28 南京财经大学人文、社会科学研究与课题成果来源情况表

		课题来源															
		合计	国家社科基金项目	国家社科基金单列学科项目	教育部人文社科研究项目	高校古籍整理研究项目	国家自然科学基金项目	中央其他部门社科专门项目	省、市、自治区社科基金项目	省教育厅社科项目	地、市、厅、局等政府部门项目	国际合作研究项目	与港、澳、台地区合作研究项目	企事业单位委托项目	学校社科项目	外资项目	其他
	编号	L01	L02	L03	L04	L05	L06	L07	L08	L09	L10	L11	L12	L13	L14	L15	L16
课题数(项)	1	294	44	0	28	0	45	2	44	45	14	0	0	60	12	0	0
当年投入人数(人年)	2	49.2	9.5	0	5.8	0	5.9	0.4	10.1	4.5	3.7	0	0	6.2	3.1	0	0
其中:研究生(人年)	3	1.7	0	0	0	0	0	0	0	0	0.1	0	0	1.6	0	0	0
当年拨入经费(千元)	4	20 331.28	2 695	0	243	0	4 673	0	943	377	0	0	0	11 390.28	10	0	0
其中:当年立项项目拨入经费(千元)	5	16 694.28	2 695	0	180	0	1 572	0	480	377	0	0	0	11 390.28	0	0	0
当年支出经费(千元)	6	19 975.67	3 603.5	0	306.1	0	5 025.3	71.1	1 152.9	513.4	19	0	0	9 274.41	10	0	0
当年新开课题数(项)	7	127	14	0	7	0	10	0	12	26	0	0	0	58	0	0	0
当年新开课题批准经费(千元)	8	18 801.56	2 950	0	590	0	2 940	0	600	407	0	0	0	11 314.56	0	0	0
当年完成课题数(项)	9	35	9	0	6	0	2	0	10	5	0	0	0	3	0	0	0

续表

		编号	课题来源：合计	国家社科基金项目	国家社科基金单列学科项目	教育部人文社科研究项目	高校古籍整理研究项目	国家自然科学基金项目	中央其他部门社科专门项目	省、市、自治区社科基金项目	省教育厅社科项目	地、市、厅、局等政府部门项目	国际合作研究项目	与港、澳、台地区合作研究项目	企事业单位委托项目	学校社科项目	外资项目	其他
			L01	L02	L03	L04	L05	L06	L07	L08	L09	L10	L11	L12	L13	L14	L15	L16
出版著作(部)	合计	10	34	10	0	2	0	5	1	3	5	0	0	0	3	5	0	0
	专著 合计	11	24	10	0	2	0	5	1	1	2	0	0	0	2	1	0	0
	专著 其中：被译成外文	12	0	0	0	0	0	0	0	0	0	0	0	0	0	0	0	0
	编著教材	13	10	0	0	0	0	0	0	2	3	0	0	0	1	4	0	0
	工具书参考书	14	0	0	0	0	0	0	0	0	0	0	0	0	0	0	0	0
	皮书/发展报告	15	0	0	0	0	0	0	0	0	0	0	0	0	0	0	0	0
	科普读物	16	0	0	0	0	0	0	0	0	0	0	0	0	0	0	0	0
古籍整理(部)		17	0	0	0	0	0	0	0	0	0	0	0	0	0	0	0	0
译著(部)		18	0	0	0	0	0	0	0	0	0	0	0	0	0	0	0	0
发表译文(篇)		19	4	1	0	0	0	3	0	0	0	0	0	0	0	0	0	0
电子出版物(件)		20	0	0	0	0	0	0	0	0	0	0	0	0	0	0	0	0
发表论文(篇)	合计	21	346	80	9	31	0	94	7	26	46	11	1	0	16	25	0	0
	国内学术刊物	22	338	79	9	31	0	90	7	24	45	11	1	0	16	25	0	0
	国外学术刊物	23	8	1	0	0	0	4	0	2	1	0	0	0	0	0	0	0
	港、澳、台地区刊物	24	0	0	0	0	0	0	0	0	0	0	0	0	0	0	0	0
研究与咨询报告(篇)	合计	25	14	0	0	1	0	0	0	0	0	0	0	0	13	0	0	0
	其中：被采纳数	26	14	0	0	1	0	0	0	0	0	0	0	0	13	0	0	0

2.29 江苏警官学院人文、社会科学研究与课题成果来源情况表

		课题来源															
		合计	国家社科基金项目	国家社科基金单列学科项目	教育部人文社科研究项目	高校古籍整理研究项目	国家自然科学基金项目	中央其他部门社科专门项目	省、市、自治区社科基金项目	省教育厅社科项目	地、市、厅、局等政府部门项目	国际合作研究项目	与港、澳、台地区合作研究项目	企事业单位委托项目	学校社科项目	外资项目	其他
	编号	L01	L02	L03	L04	L05	L06	L07	L08	L09	L10	L11	L12	L13	L14	L15	L16
课题数(项)	1	262	4	0	6	0	1	18	10	40	73	0	0	7	92	0	11
当年投入人数(人年)	2	48	1.2	0	1.8	0	0.1	2.7	1.6	7.3	15.9	0	0	1.2	14.3	0	1.9
其中:研究生(人年)	3	0	0	0	0	0	0	0	0	0	0	0	0	0	0	0	0
当年拨入经费(千元)	4	754.3	190	0	0	0	0	120	80	165	31.3	0	0	0	162	0	6
其中:当年立项项目拨入经费(千元)	5	754.3	190	0	0	0	0	120	80	165	31.3	0	0	0	162	0	6
当年支出经费(千元)	6	1 164.97	99	0	36.32	0	0	336.7	11.7	105.1	312.86	0	0	45	168.42	0	49.87
当年新开课题数(项)	7	65	1	0	0	0	0	3	4	13	12	0	0	0	27	0	5
当年新开课题批准经费(千元)	8	784.3	200	0	0	0	0	120	100	165	31.3	0	0	0	162	0	6
当年完成课题数(项)	9	44	0	0	2	0	0	8	0	9	9	0	0	0	14	0	2

续表

			课题来源															
			合计	国家社科基金项目	国家社科基金单列学科项目	教育部人文社科研究项目	高校古籍整理研究项目	国家自然科学基金项目	中央其他部门社科专门项目	省、市、自治区社科基金项目	省教育厅社科项目	地、市、厅、局等政府部门项目	国际合作研究项目	与港、澳、台地区合作研究项目	企事业单位委托项目	学校社科项目	外资项目	其他
		编号	L01	L02	L03	L04	L05	L06	L07	L08	L09	L10	L11	L12	L13	L14	L15	L16
出版著作(部)	合计	10	6	0	0	0	0	0	2	0	1	0	0	0	0	3	0	0
出版著作(部)	专著 合计	11	4	0	0	0	0	0	1	0	1	0	0	0	0	2	0	0
出版著作(部)	专著 其中:被译成外文	12	0	0	0	0	0	0	0	0	0	0	0	0	0	0	0	0
出版著作(部)	编著教材	13	2	0	0	0	0	0	1	0	0	0	0	0	0	1	0	0
出版著作(部)	工具书参考书	14	0	0	0	0	0	0	0	0	0	0	0	0	0	0	0	0
出版著作(部)	皮书/发展报告	15	0	0	0	0	0	0	0	0	0	0	0	0	0	0	0	0
出版著作(部)	科普读物	16	0	0	0	0	0	0	0	0	0	0	0	0	0	0	0	0
古籍整理(部)		17	0	0	0	0	0	0	0	0	0	0	0	0	0	0	0	0
译著(部)		18	1	0	0	0	0	0	0	0	0	0	0	0	0	1	0	0
发表译文(篇)		19	0	0	0	0	0	0	0	0	0	0	0	0	0	0	0	0
电子出版物(件)		20	0	0	0	0	0	0	0	0	0	0	0	0	0	0	0	0
发表论文(篇)	合计	21	148	3	0	6	0	0	10	27	28	11	0	0	0	63	0	0
发表论文(篇)	国内学术刊物	22	147	3	0	6	0	0	10	27	28	11	0	0	0	62	0	0
发表论文(篇)	国外学术刊物	23	0	0	0	0	0	0	0	0	0	0	0	0	0	0	0	0
发表论文(篇)	港、澳、台地区刊物	24	1	0	0	0	0	0	0	0	0	0	0	0	0	1	0	0
研究与咨询报告(篇)	合计	25	8	0	0	0	0	0	2	1	0	1	0	0	0	0	0	4
研究与咨询报告(篇)	其中:被采纳数	26	2	0	0	0	0	0	0	0	0	0	0	0	0	0	0	2

2.30 南京体育学院人文、社会科学研究与课题成果来源情况表

		课题来源															
		合计	国家社科基金项目	国家社科基金单列学科项目	教育部人文社科研究项目	高校古籍整理研究项目	国家自然科学基金项目	中央其他部门社科专门项目	省、市、自治区社科基金项目	省教育厅社科项目	地、市、厅、局等政府部门项目	国际合作研究项目	与港、澳、台地区合作研究项目	企事业单位委托项目	学校社科项目	外资项目	其他
	编号	L01	L02	L03	L04	L05	L06	L07	L08	L09	L10	L11	L12	L13	L14	L15	L16
课题数(项)	1	97	3	0	2	0	0	2	6	14	24	0	0	1	45	0	0
当年投入人数(人年)	2	24.3	1.6	0	0.7	0	0	0.8	3.4	4.4	5.8	0	0	0.4	7.2	0	0
其中:研究生(人年)	3	2.3	0.2	0	0.2	0	0	0.2	0.4	0.5	0.7	0	0	0	0.1	0	0
当年拨入经费(千元)	4	541	190	0	0	0	0	0	15	70	140	0	0	0	126	0	0
其中:当年立项项目拨入经费(千元)	5	541	190	0	0	0	0	0	15	70	140	0	0	0	126	0	0
当年支出经费(千元)	6	274.85	60.39	0	5.79	0	0	71.5	1.4	12.32	101.74	0	0	0	21.71	0	0
当年新开课题数(项)	7	26	1	0	0	0	0	0	1	5	3	0	0	0	16	0	0
当年新开课题批准经费(千元)	8	872	200	0	0	0	0	0	15	80	351	0	0	0	226	0	0
当年完成课题数(项)	9	6	0	0	0	0	0	0	0	3	2	0	0	0	1	0	0

续表

			编号	课题来源 合计	国家社科基金项目	国家社科基金单列学科项目	教育部人文社科研究项目	高校古籍整理研究项目	国家自然科学基金项目	中央其他部门社科专门项目	省、市、自治区社科基金项目	省教育厅社科项目	地、市、厅、局等政府部门项目	国际合作研究项目	与港、澳、台地区合作研究项目	企事业单位委托项目	学校社科项目	外资项目	其他
				L01	L02	L03	L04	L05	L06	L07	L08	L09	L10	L11	L12	L13	L14	L15	L16
出版著作(部)	合计		10	0	0	0	0	0	0	0	0	0	0	0	0	0	0	0	0
	专著	合计	11	0	0	0	0	0	0	0	0	0	0	0	0	0	0	0	0
		其中:被译成外文	12	0	0	0	0	0	0	0	0	0	0	0	0	0	0	0	0
	编著教材		13	0	0	0	0	0	0	0	0	0	0	0	0	0	0	0	0
	工具书参考书		14	0	0	0	0	0	0	0	0	0	0	0	0	0	0	0	0
	皮书/发展报告		15	0	0	0	0	0	0	0	0	0	0	0	0	0	0	0	0
	科普读物		16	0	0	0	0	0	0	0	0	0	0	0	0	0	0	0	0
古籍整理(部)			17	0	0	0	0	0	0	0	0	0	0	0	0	0	0	0	0
译著(部)			18	0	0	0	0	0	0	0	0	0	0	0	0	0	0	0	0
发表译文(篇)			19	0	0	0	0	0	0	0	0	0	0	0	0	0	0	0	0
电子出版物(件)			20	0	0	0	0	0	0	0	0	0	0	0	0	0	0	0	0
发表论文(篇)	合计		21	33	5	0	2	0	0	5	4	11	2	0	0	0	4	0	0
	国内学术刊物		22	33	5	0	2	0	0	5	4	11	2	0	0	0	4	0	0
	国外学术刊物		23	0	0	0	0	0	0	0	0	0	0	0	0	0	0	0	0
	港、澳、台地区刊物		24	0	0	0	0	0	0	0	0	0	0	0	0	0	0	0	0
研究与咨询报告(篇)	合计		25	1	0	0	0	0	0	0	1	0	0	0	0	0	0	0	0
	其中:被采纳数		26	1	0	0	0	0	0	0	1	0	0	0	0	0	0	0	0

2.31 南京艺术学院人文、社会科学研究与课题成果来源情况表

		课题来源															
		合计	国家社科基金项目	国家社科基金单列学科项目	教育部人文社科研究项目	高校古籍整理研究项目	国家自然科学基金项目	中央其他部门社科专门项目	省、市、自治区社科基金项目	省教育厅社科项目	地、市、厅、局等政府部门项目	国际合作研究项目	与港、澳、台地区合作研究项目	企事业单位委托项目	学校社科项目	外资项目	其他
	编号	L01	L02	L03	L04	L05	L06	L07	L08	L09	L10	L11	L12	L13	L14	L15	L16
课题数(项)	1	419	2	22	17	0	0	32	30	79	40	0	0	25	172	0	0
当年投入人数(人年)	2	91.2	1	10.5	6.9	0	0	9.1	8.5	19.5	7.6	0	0	4.4	23.7	0	0
其中:研究生(人年)	3	2.9	0	0.2	0.2	0	0	1	0.3	0.4	0.1	0	0	0	0.7	0	0
当年拨入经费(千元)	4	3 783.4	0	1 387	118	0	0	1 040	244.4	300	218	0	0	358	118	0	0
其中:当年立项项目拨入经费(千元)	5	3 198	0	1 201	0	0	0	1 040	168	300	218	0	0	153	118	0	0
当年支出经费(千元)	6	2 837.87	0	605.18	344.81	0	0	293.42	258.04	144.76	164.32	0	0	875.95	151.39	0	0
当年新开课题数(项)	7	99	0	6	0	0	0	14	6	25	14	0	0	5	29	0	0
当年新开课题批准经费(千元)	8	3 934	0	1 690	0	0	0	1 100	240	364	236	0	0	183	121	0	0
当年完成课题数(项)	9	69	0	4	7	0	0	4	3	21	6	0	0	3	21	0	0

续表

			编号	课题来源															
				合计	国家社科基金项目	国家社科基金单列学科项目	教育部人文社科研究项目	高校古籍整理研究项目	国家自然科学基金项目	中央其他部门社科专门项目	省、市、自治区社科基金项目	省教育厅社科项目	地、市、厅、局等政府部门项目	国际合作研究项目	与港、澳、台地区合作研究项目	企事业单位委托项目	学校社科项目	外资项目	其他
				L01	L02	L03	L04	L05	L06	L07	L08	L09	L10	L11	L12	L13	L14	L15	L16
出版著作(部)	合计		10	5	1	0	0	0	0	0	0	0	1	0	0	1	2	0	0
	专著	合计	11	2	1	0	0	0	0	0	0	0	1	0	0	0	0	0	0
		其中:被译成外文	12	0	0	0	0	0	0	0	0	0	0	0	0	0	0	0	0
	编著教材		13	3	0	0	0	0	0	0	0	0	0	0	0	1	2	0	0
	工具书参考书		14	0	0	0	0	0	0	0	0	0	0	0	0	0	0	0	0
	皮书/发展报告		15	0	0	0	0	0	0	0	0	0	0	0	0	0	0	0	0
	科普读物		16	0	0	0	0	0	0	0	0	0	0	0	0	0	0	0	0
古籍整理(部)			17	0	0	0	0	0	0	0	0	0	0	0	0	0	0	0	0
译著(部)			18	0	0	0	0	0	0	0	0	0	0	0	0	0	0	0	0
发表译文(篇)			19	0	0	0	0	0	0	0	0	0	0	0	0	0	0	0	0
电子出版物(件)			20	0	0	0	0	0	0	0	0	0	0	0	0	0	0	0	0
发表论文(篇)	合计		21	238	16	16	25	0	0	6	11	78	17	0	0	0	69	0	0
	国内学术刊物		22	238	16	16	25	0	0	6	11	78	17	0	0	0	69	0	0
	国外学术刊物		23	0	0	0	0	0	0	0	0	0	0	0	0	0	0	0	0
	港、澳、台地区刊物		24	0	0	0	0	0	0	0	0	0	0	0	0	0	0	0	0
研究与咨询报告(篇)	合计		25	2	0	1	0	0	0	0	0	0	0	0	0	1	0	0	0
	其中:被采纳数		26	0	0	0	0	0	0	0	0	0	0	0	0	0	0	0	0

2.32 苏州科技大学人文、社会科学研究与课题成果来源情况表

		课题来源															
		合计	国家社科基金项目	国家社科基金单列学科项目	教育部人文社科研究项目	高校古籍整理研究项目	国家自然科学基金项目	中央其他部门社科专门项目	省、市、自治区社科基金项目	省教育厅社科项目	地、市、厅、局等政府部门项目	国际合作研究项目	与港、澳、台地区合作研究项目	企事业单位委托项目	学校社科项目	外资项目	其他
	编号	L01	L02	L03	L04	L05	L06	L07	L08	L09	L10	L11	L12	L13	L14	L15	L16
课题数(项)	1	417	26	3	14	0	0	1	36	100	115	0	0	76	46	0	0
当年投入人数(人年)	2	104.4	8.2	1.1	5.8	0	0	0.5	10.8	26.3	32.7	0	0	11.3	7.7	0	0
其中:研究生(人年)	3	13	2.5	0.1	0	0	0	0	0.7	1.5	3.2	0	0	4.7	0.3	0	0
当年拨入经费(千元)	4	8 896.34	1 520	322	240	0	0	360	360	320	1 190	0	0	4 495.34	89	0	0
其中:当年立项项目拨入经费(千元)	5	8 426.34	1 520	162	20	0	0	360	360	320	1 150	0	0	4 445.34	89	0	0
当年支出经费(千元)	6	8 882.34	1 651	302	240	0	0	280	315	320	1 190	0	0	4 495.34	89	0	0
当年新开课题数(项)	7	177	8	1	1	0	0	1	8	30	69	0	0	46	13	0	0
当年新开课题批准经费(千元)	8	9 605.84	1 600	180	80	0	0	1 200	460	400	1 151.5	0	0	4 445.34	89	0	0
当年完成课题数(项)	9	136	3	0	2	0	0	0	5	23	64	0	0	24	15	0	0

续表

			编号	课题来源：合计	国家社科基金项目	国家社科基金单列学科项目	教育部人文社科研究项目	高校古籍整理研究项目	国家自然科学基金项目	中央其他部门社科专门项目	省、市、自治区社科基金项目	省教育厅社科项目	地、市、厅、局等政府部门项目	国际合作研究项目	与港、澳、台地区合作研究项目	企事业单位委托项目	学校社科项目	外资项目	其他
				L01	L02	L03	L04	L05	L06	L07	L08	L09	L10	L11	L12	L13	L14	L15	L16
出版著作(部)	合计		10	20	3	2	2	0	0	0	5	4	4	0	0	0	0	0	0
	专著	合计	11	12	1	2	2	0	0	0	5	1	1	0	0	0	0	0	0
		其中:被译成外文	12	0	0	0	0	0	0	0	0	0	0	0	0	0	0	0	0
	编著教材		13	8	2	0	0	0	0	0	0	3	3	0	0	0	0	0	0
	工具书参考书		14	0	0	0	0	0	0	0	0	0	0	0	0	0	0	0	0
	皮书/发展报告		15	0	0	0	0	0	0	0	0	0	0	0	0	0	0	0	0
	科普读物		16	0	0	0	0	0	0	0	0	0	0	0	0	0	0	0	0
古籍整理(部)			17	0	0	0	0	0	0	0	0	0	0	0	0	0	0	0	0
译著(部)			18	0	0	0	0	0	0	0	0	0	0	0	0	0	0	0	0
发表译文(篇)			19	1	0	0	0	0	0	0	0	0	0	0	0	0	1	0	0
电子出版物(件)			20	0	0	0	0	0	0	0	0	0	0	0	0	0	0	0	0
发表论文(篇)	合计		21	325	34	6	20	0	0	0	54	79	65	0	0	21	46	0	0
	国内学术刊物		22	322	34	6	20	0	0	0	52	79	64	0	0	21	46	0	0
	国外学术刊物		23	3	0	0	0	0	0	0	2	0	1	0	0	0	0	0	0
	港、澳、台地区刊物		24	0	0	0	0	0	0	0	0	0	0	0	0	0	0	0	0
研究与咨询报告(篇)	合计		25	20	0	0	0	0	0	0	0	0	9	0	0	11	0	0	0
	其中:被采纳数		26	13	0	0	0	0	0	0	0	0	8	0	0	5	0	0	0

2.33 常熟理工学院人文、社会科学研究与课题成果来源情况表

		课题来源															
		合计	国家社科基金项目	国家社科基金单列学科项目	教育部人文社科研究项目	高校古籍整理研究项目	国家自然科学基金项目	中央其他部门社科专门项目	省、市、自治区社科基金项目	省教育厅社科项目	地、市、厅、局等政府部门项目	国际合作研究项目	与港、澳、台地区合作研究项目	企事业单位委托项目	学校社科项目	外资项目	其他
	编号	L01	L02	L03	L04	L05	L06	L07	L08	L09	L10	L11	L12	L13	L14	L15	L16
课题数(项)	1	223	11	0	17	0	0	5	11	59	54	0	0	46	20	0	0
当年投入人数(人年)	2	52.7	4.7	0	5.2	0	0	0.8	1.9	14.4	12.7	0	0	9.6	3.4	0	0
其中:研究生(人年)	3	0	0	0	0	0	0	0	0	0	0	0	0	0	0	0	0
当年拨入经费(千元)	4	4 404.69	860	0	254	0	0	60	142.7	264	453	0	0	2 370.99	0	0	0
其中:当年立项项目拨入经费(千元)	5	4 072.99	760	0	25	0	0	60	140	264	453	0	0	2 370.99	0	0	0
当年支出经费(千元)	6	3 811.3	450	0	235.3	0	0	83.9	174.7	257.05	443.6	0	0	2 150.75	16	0	0
当年新开课题数(项)	7	119	4	0	1	0	0	2	4	27	40	0	0	41	0	0	0
当年新开课题批准经费(千元)	8	4 594.59	800	0	80	0	0	60	180	328	473	0	0	2 673.59	0	0	0
当年完成课题数(项)	9	121	1	0	6	0	0	2	0	6	46	0	0	40	20	0	0

续表

			编号	课题来源 合计	国家社科基金项目	国家社科基金单列学科项目	教育部人文社科研究项目	高校古籍整理研究项目	国家自然科学基金项目	中央其他部门社科专门项目	省、市、自治区社科基金项目	省教育厅社科项目	地、市、厅、局等政府部门项目	国际合作研究项目	与港、澳、台地区合作研究项目	企事业单位委托项目	学校社科项目	外资项目	其他
				L01	L02	L03	L04	L05	L06	L07	L08	L09	L10	L11	L12	L13	L14	L15	L16
出版著作(部)	合计		10	7	3	0	2	0	0	0	0	0	1	0	0	0	1	0	0
	专著	合计	11	7	3	0	2	0	0	0	0	0	1	0	0	0	1	0	0
		其中:被译成外文	12	5	1	0	2	0	0	0	0	0	1	0	0	0	1	0	0
	编著教材		13	0	0	0	0	0	0	0	0	0	0	0	0	0	0	0	0
	工具书参考书		14	0	0	0	0	0	0	0	0	0	0	0	0	0	0	0	0
	皮书/发展报告		15	0	0	0	0	0	0	0	0	0	0	0	0	0	0	0	0
	科普读物		16	0	0	0	0	0	0	0	0	0	0	0	0	0	0	0	0
古籍整理(部)			17	0	0	0	0	0	0	0	0	0	0	0	0	0	0	0	0
译著(部)			18	1	0	0	0	0	0	0	0	0	0	0	0	1	0	0	0
发表译文(篇)			19	0	0	0	0	0	0	0	0	0	0	0	0	0	0	0	0
电子出版物(件)			20	0	0	0	0	0	0	0	0	0	0	0	0	0	0	0	0
发表论文(篇)	合计		21	213	18	0	24	0	0	5	10	74	49	0	0	0	33	0	0
	国内学术刊物		22	213	18	0	24	0	0	5	10	74	49	0	0	0	33	0	0
	国外学术刊物		23	0	0	0	0	0	0	0	0	0	0	0	0	0	0	0	0
	港、澳、台地区刊物		24	0	0	0	0	0	0	0	0	0	0	0	0	0	0	0	0
研究与咨询报告(篇)	合计		25	32	0	0	0	0	0	0	0	0	0	0	0	32	0	0	0
	其中:被采纳数		26	32	0	0	0	0	0	0	0	0	0	0	0	32	0	0	0

2.34 淮阴工学院人文、社会科学研究与课题成果来源情况表

		课题来源															
		合计	国家社科基金项目	国家社科基金单列学科项目	教育部人文社科研究项目	高校古籍整理研究项目	国家自然科学基金项目	中央其他部门社科专门项目	省、市、自治区社科基金项目	省教育厅社科项目	地、市、厅、局等政府部门项目	国际合作研究项目	与港、澳、台地区合作研究项目	企事业单位委托项目	学校社科项目	外资项目	其他
	编号	L01	L02	L03	L04	L05	L06	L07	L08	L09	L10	L11	L12	L13	L14	L15	L16
课题数(项)	1	483	3	0	5	0	1	12	31	98	81	0	0	202	50	0	0
当年投入人数(人年)	2	66.8	0.8	0	1	0	0.2	1.7	5.5	15.7	11.3	0	0	25.2	5.4	0	0
其中:研究生(人年)	3	0	0	0	0	0	0	0	0	0	0	0	0	0	0	0	0
当年拨入经费(千元)	4	18 095.8	380	0	70	0	0	20	380	396	1 415	0	0	15 219.8	215	0	0
其中:当年立项项目拨入经费(千元)	5	18 078.3	380	0	70	0	0	20	380	386	1 415	0	0	15 212.3	215	0	0
当年支出经费(千元)	6	15 267.14	82	0	109	0	1	21.97	231.75	300.4	866.15	0	0	13 508.67	146.2	0	0
当年新开课题数(项)	7	306	2	0	1	0	0	2	11	40	67	0	0	161	22	0	0
当年新开课题批准经费(千元)	8	18 378.3	400	0	100	0	0	20	470	386	1 415	0	0	15 372.3	215	0	0
当年完成课题数(项)	9	241	0	0	4	0	1	5	3	27	31	0	0	141	29	0	0

续表

			编号	课题来源															
				合计	国家社科基金项目	国家社科基金单列学科项目	教育部人文社科研究项目	高校古籍整理研究项目	国家自然科学基金项目	中央其他部门社科专门项目	省、市、自治区社科基金项目	省教育厅社科项目	地、市、厅、局等政府部门项目	国际合作研究项目	与港、澳、台地区合作研究项目	企事业单位委托项目	学校社科项目	外资项目	其他
			编号	L01	L02	L03	L04	L05	L06	L07	L08	L09	L10	L11	L12	L13	L14	L15	L16
出版著作(部)	合计		10	17	1	0	2	0	1	1	3	4	3	0	0	1	1	0	0
	专著	合计	11	14	1	0	1	0	1	1	3	4	2	0	0	1	0	0	0
		其中:被译成外文	12	0	0	0	0	0	0	0	0	0	0	0	0	0	0	0	0
	编著教材		13	2	0	0	1	0	0	0	0	0	0	0	0	0	1	0	0
	工具书参考书		14	0	0	0	0	0	0	0	0	0	0	0	0	0	0	0	0
	皮书/发展报告		15	1	0	0	0	0	0	0	0	0	1	0	0	0	0	0	0
	科普读物		16	0	0	0	0	0	0	0	0	0	0	0	0	0	0	0	0
古籍整理(部)			17	0	0	0	0	0	0	0	0	0	0	0	0	0	0	0	0
译著(部)			18	0	0	0	0	0	0	0	0	0	0	0	0	0	0	0	0
发表译文(篇)			19	0	0	0	0	0	0	0	0	0	0	0	0	0	0	0	0
电子出版物(件)			20	0	0	0	0	0	0	0	0	0	0	0	0	0	0	0	0
发表论文(篇)	合计		21	280	7	0	5	0	2	6	44	73	53	0	0	43	47	0	0
	国内学术刊物		22	253	6	0	5	0	2	6	43	63	48	0	0	43	37	0	0
	国外学术刊物		23	27	1	0	0	0	0	0	1	10	5	0	0	0	10	0	0
	港、澳、台地区刊物		24	0	0	0	0	0	0	0	0	0	0	0	0	0	0	0	0
研究与咨询报告(篇)	合计		25	56	0	0	0	0	0	0	0	0	1	0	0	55	0	0	0
	其中:被采纳数		26	1	0	0	0	0	0	0	0	0	1	0	0	0	0	0	0

2.35 常州工学院人文、社会科学研究与课题成果来源情况表

		课题来源															
		合计	国家社科基金项目	国家社科基金单列学科项目	教育部人文社科研究项目	高校古籍整理研究项目	国家自然科学基金项目	中央其他部门社科专门项目	省、市、自治区社科基金项目	省教育厅社科项目	地、市、厅、局等政府部门项目	国际合作研究项目	与港、澳、台地区合作研究项目	企事业单位委托项目	学校社科项目	外资项目	其他
	编号	L01	L02	L03	L04	L05	L06	L07	L08	L09	L10	L11	L12	L13	L14	L15	L16
课题数(项)	1	334	0	0	15	0	0	1	15	73	116	1	0	17	96	0	0
当年投入人数(人年)	2	50.3	0	0	2.9	0	0	0.4	2.4	13.8	15.8	0.8	0	3.3	10.9	0	0
其中:研究生(人年)	3	0	0	0	0	0	0	0	0	0	0	0	0	0	0	0	0
当年拨入经费(千元)	4	2 576.7	0	0	276	0	0	24	190	163	444	100	0	1 027.7	352	0	0
其中:当年立项项目拨入经费(千元)	5	2 418.3	0	0	120	0	0	24	190	163	441.6	100	0	1 027.7	352	0	0
当年支出经费(千元)	6	1 821.53	0	0	253.8	0	0	6.2	172.3	175	516.6	34	0	368.39	295.24	0	0
当年新开课题数(项)	7	127	0	0	4	0	0	1	5	20	57	1	0	7	32	0	0
当年新开课题批准经费(千元)	8	2 701.7	0	0	300	0	0	30	220	215	457	100	0	1 027.7	352	0	0
当年完成课题数(项)	9	115	0	0	2	0	0	0	4	19	67	0	0	2	21	0	0

续表

			编号	课题来源 合计	国家社科基金项目	国家社科基金单列学科项目	教育部人文社科研究项目	高校古籍整理研究项目	国家自然科学基金项目	中央其他部门社科专门项目	省、市、自治区社科基金项目	省教育厅社科项目	地、市、厅、局等政府部门项目	国际合作研究项目	与港、澳、台地区合作研究项目	企事业单位委托项目	学校社科项目	外资项目	其他
				L01	L02	L03	L04	L05	L06	L07	L08	L09	L10	L11	L12	L13	L14	L15	L16
出版著作(部)	合计		10	17	0	0	0	0	0	0	0	1	14	0	0	0	2	0	0
	专著	合计	11	16	0	0	0	0	0	0	0	1	13	0	0	0	2	0	0
		其中:被译成外文	12	0	0	0	0	0	0	0	0	0	0	0	0	0	0	0	0
	编著教材		13	1	0	0	0	0	0	0	0	0	1	0	0	0	0	0	0
	工具书参考书		14	0	0	0	0	0	0	0	0	0	0	0	0	0	0	0	0
	皮书/发展报告		15	0	0	0	0	0	0	0	0	0	0	0	0	0	0	0	0
	科普读物		16	0	0	0	0	0	0	0	0	0	0	0	0	0	0	0	0
古籍整理(部)			17	0	0	0	0	0	0	0	0	0	0	0	0	0	0	0	0
译著(部)			18	1	0	0	0	0	0	0	0	0	0	0	0	0	1	0	0
发表译文(篇)			19	0	0	0	0	0	0	0	0	0	0	0	0	0	0	0	0
电子出版物(件)			20	0	0	0	0	0	0	0	0	0	0	0	0	0	0	0	0
发表论文(篇)	合计		21	178	0	0	9	0	0	0	6	60	39	0	0	2	62	0	0
	国内学术刊物		22	177	0	0	9	0	0	0	6	60	39	0	0	2	61	0	0
	国外学术刊物		23	1	0	0	0	0	0	0	0	0	0	0	0	0	1	0	0
	港、澳、台地区刊物		24	0	0	0	0	0	0	0	0	0	0	0	0	0	0	0	0
研究与咨询报告(篇)	合计		25	65	0	0	1	0	0	0	7	1	45	2	0	8	1	0	0
	其中:被采纳数		26	5	0	0	0	0	0	0	0	0	3	0	0	2	0	0	0

2.36 扬州大学人文、社会科学研究与课题成果来源情况表

		课题来源															
		合计	国家社科基金项目	国家社科基金单列学科项目	教育部人文社科研究项目	高校古籍整理研究项目	国家自然科学基金项目	中央其他部门社科专门项目	省、市、自治区社科基金项目	省教育厅社科项目	地、市、厅、局等政府部门项目	国际合作研究项目	与港、澳、台地区合作研究项目	企事业单位委托项目	学校社科项目	外资项目	其他
	编号	L01	L02	L03	L04	L05	L06	L07	L08	L09	L10	L11	L12	L13	L14	L15	L16
课题数(项)	1	790	83	7	88	0	0	14	47	144	59	0	0	89	259	0	0
当年投入人数(人年)	2	127.9	25.1	2.9	17.2	0	0	2.4	8.5	21.2	7.7	0	0	17	25.9	0	0
其中:研究生(人年)	3	12	4.9	0.9	0.7	0	0	0.2	0	0.2	0.2	0	0	4.9	0	0	0
当年拨入经费(千元)	4	13 926.65	6 294.72	540	993	0	0	20	285	290	195	0	0	5 066.43	242.5	0	0
其中:当年立项项目拨入经费(千元)	5	11 816.93	5 030	540	265	0	0	20	260	290	188	0	0	5 066.43	157.5	0	0
当年支出经费(千元)	6	14 294.19	5 078.87	420.2	1 878.14	0	0	156.6	662.3	471.69	232.86	0	0	5 116.43	277.1	0	0
当年新开课题数(项)	7	238	25	4	10	0	0	1	7	32	7	0	0	89	63	0	0
当年新开课题批准经费(千元)	8	13 109.43	5 300	720	670	0	0	60	330	410	188	0	0	5 116.43	315	0	0
当年完成课题数(项)	9	191	7	0	20	0	0	0	9	22	9	0	0	89	35	0	0

续表

			编号	课题来源															
				合计	国家社科基金项目	国家社科基金单列学科项目	教育部人文社科研究项目	高校古籍整理研究项目	国家自然科学基金项目	中央其他部门社科专门项目	省、市、自治区社科基金项目	省教育厅社科项目	地、市、厅、局等政府部门项目	国际合作研究项目	与港、澳、台地区合作研究项目	企事业单位委托项目	学校社科项目	外资项目	其他
				L01	L02	L03	L04	L05	L06	L07	L08	L09	L10	L11	L12	L13	L14	L15	L16
出版著作(部)	合计		10	41	8	0	9	0	0	1	7	13	1	0	0	1	1	0	0
	专著	合计	11	23	7	0	6	0	0	1	1	6	1	0	0	0	1	0	0
		其中:被译成外文	12	0	0	0	0	0	0	0	0	0	0	0	0	0	0	0	0
	编著教材		13	18	1	0	3	0	0	0	6	7	0	0	0	1	0	0	0
	工具书参考书		14	0	0	0	0	0	0	0	0	0	0	0	0	0	0	0	0
	皮书/发展报告		15	0	0	0	0	0	0	0	0	0	0	0	0	0	0	0	0
	科普读物		16	0	0	0	0	0	0	0	0	0	0	0	0	0	0	0	0
古籍整理(部)			17	1	1	0	0	0	0	0	0	0	0	0	0	0	0	0	0
译著(部)			18	3	0	0	0	0	0	0	0	1	0	0	0	0	2	0	0
发表译文(篇)			19	0	0	0	0	0	0	0	0	0	0	0	0	0	0	0	0
电子出版物(件)			20	0	0	0	0	0	0	0	0	0	0	0	0	0	0	0	0
发表论文(篇)	合计		21	414	71	8	85	0	0	1	31	93	16	0	0	12	97	0	0
	国内学术刊物		22	413	71	8	85	0	0	1	31	92	16	0	0	12	97	0	0
	国外学术刊物		23	1	0	0	0	0	0	0	0	1	0	0	0	0	0	0	0
	港、澳、台地区刊物		24	0	0	0	0	0	0	0	0	0	0	0	0	0	0	0	0
研究与咨询报告(篇)	合计		25	60	0	0	0	0	0	0	0	0	0	0	0	60	0	0	0
	其中:被采纳数		26	60	0	0	0	0	0	0	0	0	0	0	0	60	0	0	0

2.37 南京工程学院人文、社会科学研究与课题成果来源情况表

		课题来源															
		合计	国家社科基金项目	国家社科基金单列学科项目	教育部人文社科研究项目	高校古籍整理研究项目	国家自然科学基金项目	中央其他部门社科专门项目	省、市、自治区社科基金项目	省教育厅社科项目	地、市、厅、局等政府部门项目	国际合作研究项目	与港、澳、台地区合作研究项目	企事业单位委托项目	学校社科项目	外资项目	其他
	编号	L01	L02	L03	L04	L05	L06	L07	L08	L09	L10	L11	L12	L13	L14	L15	L16
课题数(项)	1	134	2	0	8	0	0	3	4	53	2	0	0	14	48	0	0
当年投入人数(人年)	2	17.6	0.2	0	1	0	0	0.3	0.5	7.1	0.2	0	0	2.4	5.9	0	0
其中:研究生(人年)	3	0	0	0	0	0	0	0	0	0	0	0	0	0	0	0	0
当年拨入经费(千元)	4	2 645.04	190	0	100	0	0	20	120	281.6	0	0	0	1 422.44	511	0	0
其中:当年立项项目拨入经费(千元)	5	2 597.04	190	0	70	0	0	20	120	263.6	0	0	0	1 422.44	511	0	0
当年支出经费(千元)	6	2 560.33	208	0	100.5	0	0	18.5	89.2	235.76	3.25	0	0	1 375.44	529.68	0	0
当年新开课题数(项)	7	64	1	0	2	0	0	2	3	31	0	0	0	13	12	0	0
当年新开课题批准经费(千元)	8	4 062.44	200	0	180	0	0	20	150	350	0	0	0	2 372.44	790	0	0
当年完成课题数(项)	9	18	0	0	0	0	0	0	0	9	0	0	0	1	8	0	0

续表

			编号	合计	国家社科基金项目	国家社科基金单列学科项目	教育部人文社科研究项目	高校古籍整理研究项目	国家自然科学基金项目	中央其他部门社科专门项目	省、市、自治区社科基金项目	省教育厅社科项目	地、市、厅、局等政府部门项目	国际合作研究项目	与港、澳、台地区合作研究项目	企事业单位委托项目	学校社科项目	外资项目	其他
				课题来源															
				L01	L02	L03	L04	L05	L06	L07	L08	L09	L10	L11	L12	L13	L14	L15	L16
出版著作(部)	合计		10	3	0	0	0	0	0	0	0	0	0	0	0	1	2	0	0
	专著	合计	11	3	0	0	0	0	0	0	0	0	0	0	0	1	2	0	0
		其中:被译成外文	12	0	0	0	0	0	0	0	0	0	0	0	0	0	0	0	0
	编著教材		13	0	0	0	0	0	0	0	0	0	0	0	0	0	0	0	0
	工具书参考书		14	0	0	0	0	0	0	0	0	0	0	0	0	0	0	0	0
	皮书/发展报告		15	0	0	0	0	0	0	0	0	0	0	0	0	0	0	0	0
	科普读物		16	0	0	0	0	0	0	0	0	0	0	0	0	0	0	0	0
古籍整理(部)			17	0	0	0	0	0	0	0	0	0	0	0	0	0	0	0	0
译著(部)			18	0	0	0	0	0	0	0	0	0	0	0	0	0	0	0	0
发表译文(篇)			19	0	0	0	0	0	0	0	0	0	0	0	0	0	0	0	0
电子出版物(件)			20	0	0	0	0	0	0	0	0	0	0	0	0	0	0	0	0
发表论文(篇)	合计		21	116	1	0	31	0	0	0	10	27	0	0	0	0	47	0	0
	国内学术刊物		22	114	1	0	31	0	0	0	10	27	0	0	0	0	45	0	0
	国外学术刊物		23	2	0	0	0	0	0	0	0	0	0	0	0	0	2	0	0
	港、澳、台地区刊物		24	0	0	0	0	0	0	0	0	0	0	0	0	0	0	0	0
研究与咨询报告(篇)	合计		25	5	0	0	1	0	0	0	0	1	0	0	0	0	3	0	0
	其中:被采纳数		26	2	0	0	1	0	0	0	0	1	0	0	0	0	0	0	0

2.38 南京审计大学人文、社会科学研究与课题成果来源情况表

		课题来源															
		合计	国家社科基金项目	国家社科基金单列学科项目	教育部人文社科研究项目	高校古籍整理研究项目	国家自然科学基金项目	中央其他部门社科专门项目	省、市、自治区社科基金项目	省教育厅社科项目	地、市、厅、局等政府部门项目	国际合作研究项目	与港、澳、台地区合作研究项目	企事业单位委托项目	学校社科项目	外资项目	其他
	编号	L01	L02	L03	L04	L05	L06	L07	L08	L09	L10	L11	L12	L13	L14	L15	L16
课题数(项)	1	462	44	0	56	1	0	16	48	136	58	0	0	95	7	1	0
当年投入人数(人年)	2	150.7	19	0	25.4	0.3	0	4.7	11.3	48.5	15.6	0	0	24.4	1.2	0.3	0
其中:研究生(人年)	3	0.6	0.1	0	0.1	0	0	0.1	0.1	0	0	0	0	0.2	0	0	0
当年拨入经费(千元)	4	6 000.8	3 035	0	305	40	0	106	574	395	20.4	0	0	1 525.4	0	0	0
其中:当年立项项目拨入经费(千元)	5	4 520	2 560	0	245	40	0	56	544	290	12	0	0	773	0	0	0
当年支出经费(千元)	6	4 177.12	1 055.53	0	612.75	13	0	169.94	43.01	385.6	105.48	0	0	1 712.91	6.9	72	0
当年新开课题数(项)	7	107	12	0	8	1	0	2	20	32	7	0	0	25	0	0	0
当年新开课题批准经费(千元)	8	6 129	2 700	0	610	40	0	80	940	290	190	0	0	1 279	0	0	0
当年完成课题数(项)	9	118	9	0	12	0	0	9	6	40	17	0	0	25	0	0	0

续表

			编号	课题来源 合计	国家社科基金项目	国家社科基金单列学科项目	教育部人文社科研究项目	高校古籍整理研究项目	国家自然科学基金项目	中央其他部门社科专门项目	省、市、自治区社科基金项目	省教育厅社科项目	地、市、厅、局等政府部门项目	国际合作研究项目	与港、澳、台地区合作研究项目	企事业单位委托项目	学校社科项目	外资项目	其他
				L01	L02	L03	L04	L05	L06	L07	L08	L09	L10	L11	L12	L13	L14	L15	L16
出版著作(部)	合计		10	12	3	0	2	0	0	0	3	2	2	0	0	0	0	0	0
	专著	合计	11	12	3	0	2	0	0	0	3	2	2	0	0	0	0	0	0
		其中:被译成外文	12	0	0	0	0	0	0	0	0	0	0	0	0	0	0	0	0
	编著教材		13	0	0	0	0	0	0	0	0	0	0	0	0	0	0	0	0
	工具书参考书		14	0	0	0	0	0	0	0	0	0	0	0	0	0	0	0	0
	皮书/发展报告		15	0	0	0	0	0	0	0	0	0	0	0	0	0	0	0	0
	科普读物		16	0	0	0	0	0	0	0	0	0	0	0	0	0	0	0	0
古籍整理(部)			17	0	0	0	0	0	0	0	0	0	0	0	0	0	0	0	0
译著(部)			18	0	0	0	0	0	0	0	0	0	0	0	0	0	0	0	0
发表译文(篇)			19	0	0	0	0	0	0	0	0	0	0	0	0	0	0	0	0
电子出版物(件)			20	0	0	0	0	0	0	0	0	0	0	0	0	0	0	0	0
发表论文(篇)	合计		21	219	96	0	34	0	0	7	33	21	15	0	0	12	1	0	0
	国内学术刊物		22	216	95	0	33	0	0	7	33	20	15	0	0	12	1	0	0
	国外学术刊物		23	3	1	0	1	0	0	0	0	1	0	0	0	0	0	0	0
	港、澳、台地区刊物		24	0	0	0	0	0	0	0	0	0	0	0	0	0	0	0	0
研究与咨询报告(篇)	合计		25	23	0	0	5	0	0	0	3	8	1	0	0	6	0	0	0
	其中:被采纳数		26	3	0	0	1	0	0	0	0	2	0	0	0	0	0	0	0

2.39 南京晓庄学院人文、社会科学研究与课题成果来源情况表

		课题来源															
		合计	国家社科基金项目	国家社科基金单列学科项目	教育部人文社科研究项目	高校古籍整理研究项目	国家自然科学基金项目	中央其他部门社科专门项目	省、市、自治区社科基金项目	省教育厅社科项目	地、市、厅、局等政府部门项目	国际合作研究项目	与港、澳、台地区合作研究项目	企事业单位委托项目	学校社科项目	外资项目	其他
	编号	L01	L02	L03	L04	L05	L06	L07	L08	L09	L10	L11	L12	L13	L14	L15	L16
课题数(项)	1	138	6	0	9	0	0	2	31	61	13	0	0	1	15	0	0
当年投入人数(人年)	2	39.5	1.8	0	3.9	0	0	0.7	7.6	17.5	2.8	0	0	0.3	4.9	0	0
其中:研究生(人年)	3	0	0	0	0	0	0	0	0	0	0	0	0	0	0	0	0
当年拨入经费(千元)	4	1 968.6	760	0	78	0	0	0	462	435.6	40	0	0	193	0	0	0
其中:当年立项项目拨入经费(千元)	5	1 880.6	760	0	30	0	0	0	462	435.6	0	0	0	193	0	0	0
当年支出经费(千元)	6	400.6	65	0	32	0	0	4	63	122.6	20	0	0	50	44	0	0
当年新开课题数(项)	7	55	4	0	1	0	0	0	23	26	0	0	0	1	0	0	0
当年新开课题批准经费(千元)	8	2 129.6	800	0	100	0	0	0	564	435.6	0	0	0	230	0	0	0
当年完成课题数(项)	9	23	0	0	2	0	0	2	2	12	2	0	0	0	3	0	0

续表

			编号	课题来源															
				合计	国家社科基金项目	国家社科基金单列学科项目	教育部人文社科研究项目	高校古籍整理研究项目	国家自然科学基金项目	中央其他部门社科专门项目	省、市、自治区社科基金项目	省教育厅社科项目	地、市、厅、局等政府部门项目	国际合作研究项目	与港、澳、台地区合作研究项目	企事业单位委托项目	学校社科项目	外资项目	其他
				L01	L02	L03	L04	L05	L06	L07	L08	L09	L10	L11	L12	L13	L14	L15	L16
出版著作(部)	合计		10	30	0	0	0	0	0	0	0	7	3	0	0	0	20	0	0
	专著	合计	11	11	0	0	0	0	0	0	0	3	1	0	0	0	7	0	0
		其中:被译成外文	12	0	0	0	0	0	0	0	0	0	0	0	0	0	0	0	0
	编著教材		13	19	0	0	0	0	0	0	0	4	2	0	0	0	13	0	0
	工具书参考书		14	0	0	0	0	0	0	0	0	0	0	0	0	0	0	0	0
	皮书/发展报告		15	0	0	0	0	0	0	0	0	0	0	0	0	0	0	0	0
	科普读物		16	0	0	0	0	0	0	0	0	0	0	0	0	0	0	0	0
古籍整理(部)			17	0	0	0	0	0	0	0	0	0	0	0	0	0	0	0	0
译著(部)			18	2	0	0	0	0	0	0	0	1	0	0	0	0	1	0	0
发表译文(篇)			19	0	0	0	0	0	0	0	0	0	0	0	0	0	0	0	0
电子出版物(件)			20	0	0	0	0	0	0	0	0	0	0	0	0	0	0	0	0
发表论文(篇)	合计		21	177	1	0	0	0	0	0	1	31	11	0	0	0	133	0	0
	国内学术刊物		22	175	1	0	0	0	0	0	1	31	11	0	0	0	131	0	0
	国外学术刊物		23	2	0	0	0	0	0	0	0	0	0	0	0	0	2	0	0
	港、澳、台地区刊物		24	0	0	0	0	0	0	0	0	0	0	0	0	0	0	0	0
研究与咨询报告(篇)	合计		25	0	0	0	0	0	0	0	0	0	0	0	0	0	0	0	0
	其中:被采纳数		26	0	0	0	0	0	0	0	0	0	0	0	0	0	0	0	0

2.40 江苏理工学院人文、社会科学研究与课题成果来源情况表

		课题来源															
		合计	国家社科基金项目	国家社科基金单列学科项目	教育部人文社科研究项目	高校古籍整理研究项目	国家自然科学基金项目	中央其他部门社科专门项目	省、市、自治区社科基金项目	省教育厅社科项目	地、市、厅、局等政府部门项目	国际合作研究项目	与港、澳、台地区合作研究项目	企事业单位委托项目	学校社科项目	外资项目	其他
	编号	L01	L02	L03	L04	L05	L06	L07	L08	L09	L10	L11	L12	L13	L14	L15	L16
课题数(项)	1	515	11	2	41	0	0	4	33	111	101	0	0	147	64	0	1
当年投入人数(人年)	2	144.1	7.5	0.3	16.6	0	0	0.8	13.6	25.9	28.5	0	0	41.1	9.6	0	0.2
其中:研究生(人年)	3	0	0	0	0	0	0	0	0	0	0	0	0	0	0	0	0
当年拨入经费(千元)	4	17 200.59	760	0	942	0	0	29	544.8	353	1 206	0	0	12 922.79	443	0	0
其中:当年立项项目拨入经费(千元)	5	16 178.79	760	0	240	0	0	0	506	353	1204	0	0	12 672.79	443	0	0
当年支出经费(千元)	6	15 378.02	362.56	47.46	630.86	0	0	34.5	152.38	260.39	1 293.04	0	0	12 422.63	173.6	0	0.6
当年新开课题数(项)	7	233	4	0	8	0	0	0	14	36	55	0	0	81	35	0	0
当年新开课题批准经费(千元)	8	17 596.69	800	0	830	0	0	0	686	385	1204	0	0	13 228.69	463	0	0
当年完成课题数(项)	9	170	0	0	8	0	0	1	4	31	59	0	0	66	0	0	1

续表

			编号	课题来源：合计	国家社科基金项目	国家社科基金单列学科项目	教育部人文社科研究项目	高校古籍整理研究项目	国家自然科学基金项目	中央其他部门社科专门项目	省、市、自治区社科基金项目	省教育厅社科项目	地、市、厅、局等政府部门项目	国际合作研究项目	与港、澳、台地区合作研究项目	企事业单位委托项目	学校社科项目	外资项目	其他
				L01	L02	L03	L04	L05	L06	L07	L08	L09	L10	L11	L12	L13	L14	L15	L16
出版著作(部)	合计		10	12	0	0	3	0	0	0	0	5	1	0	0	0	3	0	0
	专著	合计	11	12	0	0	3	0	0	0	0	5	1	0	0	0	3	0	0
		其中:被译成外文	12	0	0	0	0	0	0	0	0	0	0	0	0	0	0	0	0
	编著教材		13	0	0	0	0	0	0	0	0	0	0	0	0	0	0	0	0
	工具书参考书		14	0	0	0	0	0	0	0	0	0	0	0	0	0	0	0	0
	皮书/发展报告		15	0	0	0	0	0	0	0	0	0	0	0	0	0	0	0	0
	科普读物		16	0	0	0	0	0	0	0	0	0	0	0	0	0	0	0	0
古籍整理(部)			17	0	0	0	0	0	0	0	0	0	0	0	0	0	0	0	0
译著(部)			18	0	0	0	0	0	0	0	0	0	0	0	0	0	0	0	0
发表译文(篇)			19	0	0	0	0	0	0	0	0	0	0	0	0	0	0	0	0
电子出版物(件)			20	0	0	0	0	0	0	0	0	0	0	0	0	0	0	0	0
发表论文(篇)	合计		21	373	18	2	45	0	0	2	35	125	64	0	0	0	81	0	1
	国内学术刊物		22	373	18	2	45	0	0	2	35	125	64	0	0	0	81	0	1
	国外学术刊物		23	0	0	0	0	0	0	0	0	0	0	0	0	0	0	0	0
	港、澳、台地区刊物		24	0	0	0	0	0	0	0	0	0	0	0	0	0	0	0	0
研究与咨询报告(篇)	合计		25	105	0	0	0	0	0	0	0	0	57	0	0	47	0	0	1
	其中:被采纳数		26	62	0	0	0	0	0	0	0	0	35	0	0	27	0	0	0

2.41 淮海工学院人文、社会科学研究与课题成果来源情况表

		课题来源															
		合计	国家社科基金项目	国家社科基金单列学科项目	教育部人文社科研究项目	高校古籍整理研究项目	国家自然科学基金项目	中央其他部门社科专门项目	省、市、自治区社科基金项目	省教育厅社科项目	地、市、厅、局等政府部门项目	国际合作研究项目	与港、澳、台地区合作研究项目	企事业单位委托项目	学校社科项目	外资项目	其他
	编号	L01	L02	L03	L04	L05	L06	L07	L08	L09	L10	L11	L12	L13	L14	L15	L16
课题数(项)	1	322	4	0	5	0	0	0	44	59	49	0	0	15	146	0	0
当年投入人数(人年)	2	34.7	0.6	0	0.7	0	0	0	4.5	5.8	5	0	0	1.6	16.5	0	0
其中:研究生(人年)	3	0	0	0	0	0	0	0	0	0	0	0	0	0	0	0	0
当年拨入经费(千元)	4	2 932.4	190	0	38	0	0	0	357.8	201	522	0	0	712.6	911	0	0
其中:当年立项项目拨入经费(千元)	5	2 646.8	190	0	0	0	0	0	289.8	201	522	0	0	588	856	0	0
当年支出经费(千元)	6	2 390.15	236	0	67	0	0	0	250.8	182.9	330.5	0	0	485.45	837.5	0	0
当年新开课题数(项)	7	143	1	0	0	0	0	0	35	24	29	0	0	11	43	0	0
当年新开课题批准经费(千元)	8	2 977	200	0	0	0	0	0	467.5	201	604	0	0	588	916.5	0	0
当年完成课题数(项)	9	69	0	0	1	0	0	0	3	13	14	0	0	0	38	0	0

续表

		编号	课题来源：合计	国家社科基金项目	国家社科基金单列学科项目	教育部人文社科研究项目	高校古籍整理研究项目	国家自然科学基金项目	中央其他部门社科专门项目	省、市、自治区社科基金项目	省教育厅社科项目	地、市、厅、局等政府部门项目	国际合作研究项目	与港、澳、台地区合作研究项目	企事业单位委托项目	学校社科项目	外资项目	其他
			L01	L02	L03	L04	L05	L06	L07	L08	L09	L10	L11	L12	L13	L14	L15	L16
出版著作(部)	合计	10	5	0	0	2	0	0	0	0	2	0	0	0	0	1	0	0
出版著作(部)	专著 合计	11	5	0	0	2	0	0	0	0	2	0	0	0	0	1	0	0
出版著作(部)	专著 其中：被译成外文	12	0	0	0	0	0	0	0	0	0	0	0	0	0	0	0	0
出版著作(部)	编著教材	13	0	0	0	0	0	0	0	0	0	0	0	0	0	0	0	0
出版著作(部)	工具书参考书	14	0	0	0	0	0	0	0	0	0	0	0	0	0	0	0	0
出版著作(部)	皮书/发展报告	15	0	0	0	0	0	0	0	0	0	0	0	0	0	0	0	0
出版著作(部)	科普读物	16	0	0	0	0	0	0	0	0	0	0	0	0	0	0	0	0
古籍整理(部)		17	0	0	0	0	0	0	0	0	0	0	0	0	0	0	0	0
译著(部)		18	0	0	0	0	0	0	0	0	0	0	0	0	0	0	0	0
发表译文(篇)		19	0	0	0	0	0	0	0	0	0	0	0	0	0	0	0	0
电子出版物(件)		20	0	0	0	0	0	0	0	0	0	0	0	0	0	0	0	0
发表论文(篇)	合计	21	166	3	0	4	0	0	0	26	38	20	0	0	0	75	0	0
发表论文(篇)	国内学术刊物	22	165	3	0	4	0	0	0	26	38	20	0	0	0	74	0	0
发表论文(篇)	国外学术刊物	23	1	0	0	0	0	0	0	0	0	0	0	0	0	1	0	0
发表论文(篇)	港、澳、台地区刊物	24	0	0	0	0	0	0	0	0	0	0	0	0	0	0	0	0
研究与咨询报告(篇)	合计	25	0	0	0	0	0	0	0	0	0	0	0	0	0	0	0	0
研究与咨询报告(篇)	其中：被采纳数	26	0	0	0	0	0	0	0	0	0	0	0	0	0	0	0	0

2.42 徐州工程学院人文、社会科学研究与课题成果来源情况表

		课题来源															
		合计	国家社科基金项目	国家社科基金单列学科项目	教育部人文社科研究项目	高校古籍整理研究项目	国家自然科学基金项目	中央其他部门社科专门项目	省、市、自治区社科基金项目	省教育厅社科项目	地、市、厅、局等政府部门项目	国际合作研究项目	与港、澳、台地区合作研究项目	企事业单位委托项目	学校社科项目	外资项目	其他
	编号	L01	L02	L03	L04	L05	L06	L07	L08	L09	L10	L11	L12	L13	L14	L15	L16
课题数(项)	1	467	3	2	10	1	0	2	18	83	162	0	0	19	167	0	0
当年投入人数(人年)	2	178.7	1.1	0.6	3.2	0.5	0	0.9	6.6	33	70.5	0	0	8.3	54	0	0
其中:研究生(人年)	3	0	0	0	0	0	0	0	0	0	0	0	0	0	0	0	0
当年拨入经费(千元)	4	3 560.7	0	0	15.6	50	0	0	380	200	1257	0	0	453.1	1 205	0	0
其中:当年立项项目拨入经费(千元)	5	3 545.1	0	0	0	50	0	0	380	200	1 257	0	0	453.1	1 205	0	0
当年支出经费(千元)	6	3 566.57	16	33	20.68	40	0	9	328.9	141.2	1 185.77	0	0	545.18	1 246.84	0	0
当年新开课题数(项)	7	253	0	0	0	1	0	0	8	25	155	0	0	6	58	0	0
当年新开课题批准经费(千元)	8	3 558.1	0	0	0	50	0	0	380	200	1 260	0	0	453.1	1215	0	0
当年完成课题数(项)	9	170	0	0	2	0	0	0	0	29	122	0	0	5	12	0	0

续表

			编号	课题来源															
				合计	国家社科基金项目	国家社科基金单列学科项目	教育部人文社科研究项目	高校古籍整理研究项目	国家自然科学基金项目	中央其他部门社科专门项目	省、市、自治区社科基金项目	省教育厅社科项目	地、市、厅、局等政府部门项目	国际合作研究项目	与港、澳、台地区合作研究项目	企事业单位委托项目	学校社科项目	外资项目	其他
				L01	L02	L03	L04	L05	L06	L07	L08	L09	L10	L11	L12	L13	L14	L15	L16
出版著作(部)	合计		10	17	3	0	3	0	0	0	4	2	2	0	0	0	3	0	0
	专著	合计	11	14	3	0	3	0	0	0	3	2	2	0	0	0	1	0	0
		其中:被译成外文	12	0	0	0	0	0	0	0	0	0	0	0	0	0	0	0	0
	编著教材		13	2	0	0	0	0	0	0	0	0	0	0	0	0	2	0	0
	工具书参考书		14	0	0	0	0	0	0	0	0	0	0	0	0	0	0	0	0
	皮书/发展报告		15	0	0	0	0	0	0	0	0	0	0	0	0	0	0	0	0
	科普读物		16	1	0	0	0	0	0	0	1	0	0	0	0	0	0	0	0
古籍整理(部)			17	0	0	0	0	0	0	0	0	0	0	0	0	0	0	0	0
译著(部)			18	0	0	0	0	0	0	0	0	0	0	0	0	0	0	0	0
发表译文(篇)			19	0	0	0	0	0	0	0	0	0	0	0	0	0	0	0	0
电子出版物(件)			20	0	0	0	0	0	0	0	0	0	0	0	0	0	0	0	0
发表论文(篇)	合计		21	295	2	0	9	0	0	0	9	76	102	0	0	0	97	0	0
	国内学术刊物		22	295	2	0	9	0	0	0	9	76	102	0	0	0	97	0	0
	国外学术刊物		23	0	0	0	0	0	0	0	0	0	0	0	0	0	0	0	0
	港、澳、台地区刊物		24	0	0	0	0	0	0	0	0	0	0	0	0	0	0	0	0
研究与咨询报告(篇)	合计		25	137	0	0	0	0	0	0	0	2	116	0	0	18	1	0	0
	其中:被采纳数		26	3	0	0	0	0	0	0	0	0	0	0	0	3	0	0	0

2.43 南京特殊教育师范学院人文、社会科学研究与课题成果来源情况表

		课题来源															
		合计	国家社科基金项目	国家社科基金单列学科项目	教育部人文社科研究项目	高校古籍整理研究项目	国家自然科学基金项目	中央其他部门社科专门项目	省、市、自治区社科基金项目	省教育厅社科项目	地、市、厅、局等政府部门项目	国际合作研究项目	与港、澳、台地区合作研究项目	企事业单位委托项目	学校社科项目	外资项目	其他
	编号	L01	L02	L03	L04	L05	L06	L07	L08	L09	L10	L11	L12	L13	L14	L15	L16
课题数(项)	1	78	0	0	8	0	0	11	3	46	7	0	0	3	0	0	0
当年投入人数(人年)	2	12.2	0	0	1.3	0	0	1.5	0.4	7.6	1.1	0	0	0.3	0	0	0
其中:研究生(人年)	3	0	0	0	0	0	0	0	0	0	0	0	0	0	0	0	0
当年拨入经费(千元)	4	685	0	0	105	0	0	75	80	215	0	0	0	210	0	0	0
其中:当年立项项目拨入经费(千元)	5	625	0	0	60	0	0	60	80	215	0	0	0	210	0	0	0
当年支出经费(千元)	6	512.9	0	0	100	0	0	86.5	42.5	176.4	2.5	0	0	105	0	0	0
当年新开课题数(项)	7	31	0	0	2	0	0	3	2	21	0	0	0	3	0	0	0
当年新开课题批准经费(千元)	8	895	0	0	200	0	0	120	100	215	0	0	0	260	0	0	0
当年完成课题数(项)	9	20	0	0	2	0	0	2	0	15	1	0	0	0	0	0	0

续表

			编号	课题来源 合计 L01	国家社科基金项目 L02	国家社科基金单列学科项目 L03	教育部人文社科研究项目 L04	高校古籍整理研究项目 L05	国家自然科学基金项目 L06	中央其他部门社科专门项目 L07	省、市、自治区社科基金项目 L08	省教育厅社科项目 L09	地、市、厅、局等政府部门项目 L10	国际合作研究项目 L11	与港、澳、台地区合作研究项目 L12	企事业单位委托项目 L13	学校社科项目 L14	外资项目 L15	其他 L16
出版著作(部)	合计		10	3	0	0	1	0	0	1	1	0	0	0	0	0	0	0	0
	专著	合计	11	3	0	0	1	0	0	1	1	0	0	0	0	0	0	0	0
		其中:被译成外文	12	0	0	0	0	0	0	0	0	0	0	0	0	0	0	0	0
	编著教材		13	0	0	0	0	0	0	0	0	0	0	0	0	0	0	0	0
	工具书参考书		14	0	0	0	0	0	0	0	0	0	0	0	0	0	0	0	0
	皮书/发展报告		15	0	0	0	0	0	0	0	0	0	0	0	0	0	0	0	0
	科普读物		16	0	0	0	0	0	0	0	0	0	0	0	0	0	0	0	0
古籍整理(部)			17	0	0	0	0	0	0	0	0	0	0	0	0	0	0	0	0
译著(部)			18	0	0	0	0	0	0	0	0	0	0	0	0	0	0	0	0
发表译文(篇)			19	0	0	0	0	0	0	0	0	0	0	0	0	0	0	0	0
电子出版物(件)			20	0	0	0	0	0	0	0	0	0	0	0	0	0	0	0	0
发表论文(篇)	合计		21	52	0	0	7	0	0	1	9	34	1	0	0	0	0	0	0
	国内学术刊物		22	52	0	0	7	0	0	1	9	34	1	0	0	0	0	0	0
	国外学术刊物		23	0	0	0	0	0	0	0	0	0	0	0	0	0	0	0	0
	港、澳、台地区刊物		24	0	0	0	0	0	0	0	0	0	0	0	0	0	0	0	0
研究与咨询报告(篇)	合计		25	0	0	0	0	0	0	0	0	0	0	0	0	0	0	0	0
	其中:被采纳数		26	0	0	0	0	0	0	0	0	0	0	0	0	0	0	0	0

2.44 泰州学院人文、社会科学研究与课题成果来源情况表

		课题来源															
		合计	国家社科基金项目	国家社科基金单列学科项目	教育部人文社科研究项目	高校古籍整理研究项目	国家自然科学基金项目	中央其他部门社科专门项目	省、市、自治区社科基金项目	省教育厅社科项目	地、市、厅、局等政府部门项目	国际合作研究项目	与港、澳、台地区合作研究项目	企事业单位委托项目	学校社科项目	外资项目	其他
	编号	L01	L02	L03	L04	L05	L06	L07	L08	L09	L10	L11	L12	L13	L14	L15	L16
课题数(项)	1	129	0	2	0	0	2	0	4	35	30	0	0	4	52	0	0
当年投入人数(人年)	2	35.4	0	1	0	0	0.7	0	1.9	10.2	7	0	0	1.5	13.1	0	0
其中:研究生(人年)	3	0	0	0	0	0	0	0	0	0	0	0	0	0	0	0	0
当年拨入经费(千元)	4	767	0	329.4	0	0	0	0	110	80	105	0	0	93.6	49	0	0
其中:当年立项项目拨入经费(千元)	5	407.6	0	0	0	0	0	0	80	80	105	0	0	93.6	49	0	0
当年支出经费(千元)	6	494.8	0	106	0	0	0	0	34	65.6	108.8	0	0	50	130.4	0	0
当年新开课题数(项)	7	29	0	0	0	0	0	0	2	10	8	0	0	4	5	0	0
当年新开课题批准经费(千元)	8	447.6	0	0	0	0	0	0	100	80	105	0	0	113.6	49	0	0
当年完成课题数(项)	9	11	0	0	0	0	0	0	0	2	7	0	0	0	2	0	0

续表

			编号	课题来源															
				合计	国家社科基金项目	国家社科基金单列学科项目	教育部人文社科研究项目	高校古籍整理研究项目	国家自然科学基金项目	中央其他部门社科专门项目	省、市、自治区社科基金项目	省教育厅社科项目	地、市、厅、局等政府部门项目	国际合作研究项目	与港、澳、台地区合作研究项目	企事业单位委托项目	学校社科项目	外资项目	其他
				L01	L02	L03	L04	L05	L06	L07	L08	L09	L10	L11	L12	L13	L14	L15	L16
出版著作(部)	合计		10	6	0	0	0	0	0	0	0	2	1	0	0	0	3	0	0
	专著	合计	11	3	0	0	0	0	0	0	0	1	0	0	0	0	2	0	0
		其中:被译成外文	12	0	0	0	0	0	0	0	0	0	0	0	0	0	0	0	0
	编著教材		13	3	0	0	0	0	0	0	0	1	1	0	0	0	1	0	0
	工具书参考书		14	0	0	0	0	0	0	0	0	0	0	0	0	0	0	0	0
	皮书/发展报告		15	0	0	0	0	0	0	0	0	0	0	0	0	0	0	0	0
	科普读物		16	0	0	0	0	0	0	0	0	0	0	0	0	0	0	0	0
古籍整理(部)			17	0	0	0	0	0	0	0	0	0	0	0	0	0	0	0	0
译著(部)			18	0	0	0	0	0	0	0	0	0	0	0	0	0	0	0	0
发表译文(篇)			19	0	0	0	0	0	0	0	0	0	0	0	0	0	0	0	0
电子出版物(件)			20	0	0	0	0	0	0	0	0	0	0	0	0	0	0	0	0
发表论文(篇)	合计		21	75	0	1	0	0	1	0	4	23	23	0	0	1	22	0	0
	国内学术刊物		22	75	0	1	0	0	1	0	4	23	23	0	0	1	22	0	0
	国外学术刊物		23	0	0	0	0	0	0	0	0	0	0	0	0	0	0	0	0
	港、澳、台地区刊物		24	0	0	0	0	0	0	0	0	0	0	0	0	0	0	0	0
研究与咨询报告(篇)	合计		25	0	0	0	0	0	0	0	0	0	0	0	0	0	0	0	0
	其中:被采纳数		26	0	0	0	0	0	0	0	0	0	0	0	0	0	0	0	0

2.45 金陵科技学院人文、社会科学研究与课题成果来源情况表

		课题来源															
		合计	国家社科基金项目	国家社科基金单列学科项目	教育部人文社科研究项目	高校古籍整理研究项目	国家自然科学基金项目	中央其他部门社科专门项目	省、市、自治区社科基金项目	省教育厅社科项目	地、市、厅、局等政府部门项目	国际合作研究项目	与港、澳、台地区合作研究项目	企事业单位委托项目	学校社科项目	外资项目	其他
	编号	L01	L02	L03	L04	L05	L06	L07	L08	L09	L10	L11	L12	L13	L14	L15	L16
课题数(项)	1	258	8	0	14	0	1	3	12	40	71	0	1	81	27	0	0
当年投入人数(人年)	2	37.4	1.8	0	3.5	0	0.2	0.3	2.1	4.4	10.5	0	0.1	11.4	3.1	0	0
其中:研究生(人年)	3	0	0	0	0	0	0	0	0	0	0	0	0	0	0	0	0
当年拨入经费(千元)	4	5 877.36	500	0	301.8	0	0	0	120.8	102	2 058.86	0	0	2 707.9	86	0	0
其中:当年立项项目拨入经费(千元)	5	5 538.26	380	0	137	0	0	0	110	96	2 056.46	0	0	2 675.8	83	0	0
当年支出经费(千元)	6	5 324.42	368.82	0	217.8	0	10	80	149.36	97.88	1 644.86	0	0	2 639.7	116	0	0
当年新开课题数(项)	7	121	2	0	4	0	0	0	3	16	35	0	0	56	5	0	0
当年新开课题批准经费(千元)	8	5 788.26	400	0	300	0	0	0	150	96	2 056.46	0	0	2 702.8	83	0	0
当年完成课题数(项)	9	127	1	0	3	0	0	2	6	14	42	0	1	42	16	0	0

续表

			编号	课题来源															
				合计	国家社科基金项目	国家社科基金单列学科项目	教育部人文社科研究项目	高校古籍整理研究项目	国家自然科学基金项目	中央其他部门社科专门项目	省、市、自治区社科基金项目	省教育厅社科项目	地、市、厅、局等政府部门项目	国际合作研究项目	与港、澳、台地区合作研究项目	企事业单位委托项目	学校社科项目	外资项目	其他
				L01	L02	L03	L04	L05	L06	L07	L08	L09	L10	L11	L12	L13	L14	L15	L16
出版著作(部)	合计		10	15	1	0	1	0	0	0	1	1	7	0	0	0	4	0	0
	专著	合计	11	7	1	0	1	0	0	0	1	0	3	0	0	0	1	0	0
		其中：被译成外文	12	0	0	0	0	0	0	0	0	0	0	0	0	0	0	0	0
	编著教材		13	8	0	0	0	0	0	0	0	1	4	0	0	0	3	0	0
	工具书参考书		14	0	0	0	0	0	0	0	0	0	0	0	0	0	0	0	0
	皮书/发展报告		15	0	0	0	0	0	0	0	0	0	0	0	0	0	0	0	0
	科普读物		16	0	0	0	0	0	0	0	0	0	0	0	0	0	0	0	0
古籍整理(部)			17	0	0	0	0	0	0	0	0	0	0	0	0	0	0	0	0
译著(部)			18	0	0	0	0	0	0	0	0	0	0	0	0	0	0	0	0
发表译文(篇)			19	0	0	0	0	0	0	0	0	0	0	0	0	0	0	0	0
电子出版物(件)			20	0	0	0	0	0	0	0	0	0	0	0	0	0	0	0	0
发表论文(篇)	合计		21	145	6	0	17	0	2	0	10	18	74	0	0	1	16	1	0
	国内学术刊物		22	136	6	0	17	0	2	0	10	18	65	0	0	1	16	1	0
	国外学术刊物		23	9	0	0	0	0	0	0	0	0	9	0	0	0	0	0	0
	港、澳、台地区刊物		24	0	0	0	0	0	0	0	0	0	0	0	0	0	0	0	0
研究与咨询报告(篇)	合计		25	22	0	0	0	0	0	0	0	2	0	0	0	20	0	0	0
	其中：被采纳数		26	7	0	0	0	0	0	0	0	1	0	0	0	6	0	0	0

2.46 江苏第二师范学院人文、社会科学研究与课题成果来源情况表

		课题来源															
		合计	国家社科基金项目	国家社科基金单列学科项目	教育部人文社科研究项目	高校古籍整理研究项目	国家自然科学基金项目	中央其他部门社科专门项目	省、市、自治区社科基金项目	省教育厅社科项目	地、市、厅、局等政府部门项目	国际合作研究项目	与港、澳、台地区合作研究项目	企事业单位委托项目	学校社科项目	外资项目	其他
	编号	L01	L02	L03	L04	L05	L06	L07	L08	L09	L10	L11	L12	L13	L14	L15	L16
课题数(项)	1	167	7	1	10	0	0	0	21	63	23	0	0	5	37	0	0
当年投入人数(人年)	2	55.6	4.5	0.5	3.9	0	0	0	8.2	21.5	7.2	0	0	0.8	9	0	0
其中:研究生(人年)	3	0	0	0	0	0	0	0	0	0	0	0	0	0	0	0	0
当年拨入经费(千元)	4	1 687.77	380	162	224	0	0	0	242.2	220	0	0	0	399.57	60	0	0
其中:当年立项项目拨入经费(千元)	5	999	380	162	0	0	0	0	195	220	0	0	0	0	42	0	0
当年支出经费(千元)	6	724.9	72.8	0	88.03	0	0	0	111.05	186.21	19.02	0	0	210.56	37.23	0	0
当年新开课题数(项)	7	40	2	1	0	0	0	0	7	17	1	0	0	0	12	0	0
当年新开课题批准经费(千元)	8	1 378	400	180	0	0	0	0	350	232	0	0	0	0	216	0	0
当年完成课题数(项)	9	20	0	0	2	0	0	0	0	14	3	0	0	0	1	0	0

续表

			编号	课题来源：合计	国家社科基金项目	国家社科基金单列学科项目	教育部人文社科研究项目	高校古籍整理研究项目	国家自然科学基金项目	中央其他部门社科专门项目	省、市、自治区社科基金项目	省教育厅社科项目	地、市、厅、局等政府部门项目	国际合作研究项目	与港、澳、台地区合作研究项目	企事业单位委托项目	学校社科项目	外资项目	其他
				L01	L02	L03	L04	L05	L06	L07	L08	L09	L10	L11	L12	L13	L14	L15	L16
出版著作(部)	合计		10	1	0	0	0	0	0	0	0	1	0	0	0	0	0	0	0
	专著	合计	11	1	0	0	0	0	0	0	0	1	0	0	0	0	0	0	0
		其中:被译成外文	12	0	0	0	0	0	0	0	0	0	0	0	0	0	0	0	0
	编著教材		13	0	0	0	0	0	0	0	0	0	0	0	0	0	0	0	0
	工具书参考书		14	0	0	0	0	0	0	0	0	0	0	0	0	0	0	0	0
	皮书/发展报告		15	0	0	0	0	0	0	0	0	0	0	0	0	0	0	0	0
	科普读物		16	0	0	0	0	0	0	0	0	0	0	0	0	0	0	0	0
古籍整理(部)			17	0	0	0	0	0	0	0	0	0	0	0	0	0	0	0	0
译著(部)			18	0	0	0	0	0	0	0	0	0	0	0	0	0	0	0	0
发表译文(篇)			19	0	0	0	0	0	0	0	0	0	0	0	0	0	0	0	0
电子出版物(件)			20	0	0	0	0	0	0	0	0	0	0	0	0	0	0	0	0
发表论文(篇)	合计		21	64	7	0	4	0	0	0	13	28	5	0	0	0	7	0	0
	国内学术刊物		22	64	7	0	4	0	0	0	13	28	5	0	0	0	7	0	0
	国外学术刊物		23	0	0	0	0	0	0	0	0	0	0	0	0	0	0	0	0
	港、澳、台地区刊物		24	0	0	0	0	0	0	0	0	0	0	0	0	0	0	0	0
研究与咨询报告(篇)	合计		25	0	0	0	0	0	0	0	0	0	0	0	0	0	0	0	0
	其中:被采纳数		26	0	0	0	0	0	0	0	0	0	0	0	0	0	0	0	0

3. 公办专科高等学校人文、社会科学研究与课题成果来源情况表

		课题来源															
		合计	国家社科基金项目	国家社科基金单列学科项目	教育部人文社科研究项目	高校古籍整理研究项目	国家自然科学基金项目	中央其他部门社科专门项目	省、市、自治区社科基金项目	省教育厅社科项目	地、市、厅、局等政府部门项目	国际合作研究项目	与港、澳、台地区合作研究项目	企事业单位委托项目	学校社科项目	外资项目	其他
	编号	L01	L02	L03	L04	L05	L06	L07	L08	L09	L10	L11	L12	L13	L14	L15	L16
课题数(项)	1	5 992	5	1	43	0	1	10	182	1 532	1 457	0	0	774	1 919	0	68
当年投入人数(人年)	2	1 342.7	1.3	0.5	15	0	0.4	2.4	42.5	378.8	366.7	0	0	161	360.9	0	13.2
其中:研究生(人年)	3	0	0	0	0	0	0	0	0	0	0	0	0	0	0	0	0
当年拨入经费(千元)	4	29 827.77	352	0	903	0	92	53	894.4	4 734.8	5 143.4	0	0	13 989.97	3 477.2	0	188
其中:当年立项项目拨入经费(千元)	5	27 857.32	352	0	480	0	0	53	806.6	4 360	4 884.4	0	0	13 402.62	3 330.7	0	188
当年支出经费(千元)	6	28 455.01	209.5	20	698.42	0	54	36.5	749.84	4 424.17	6 037.78	0	0	12 805.11	3 240.56	0	179.13
当年新开课题数(项)	7	2 596	2	0	13	0	0	5	82	527	750	0	0	481	692	0	44
当年新开课题批准经费(千元)	8	29 702.82	400	0	860	0	0	53	1 089	4 620.8	5 161.2	0	0	13 738.62	3 559.2	0	221
当年完成课题数(项)	9	2 207	1	0	8	0	0	3	51	411	728	0	0	377	609	0	19

续表

			编号	合计	国家社科基金项目	国家社科基金单列学科项目	教育部人文社科研究项目	高校古籍整理研究项目	国家自然科学基金项目	中央其他部门社科专门项目	省、市、自治区社科基金项目	省教育厅社科项目	地、市、厅、局等政府部门项目	国际合作研究项目	与港、澳、台地区合作研究项目	企事业单位委托项目	学校社科项目	外资项目	其他
				L01	L02	L03	L04	L05	L06	L07	L08	L09	L10	L11	L12	L13	L14	L15	L16
出版著作(部)	合计		10	120	1	0	4	0	0	0	7	18	39	0	0	16	25	0	10
	专著	合计	11	48	1	0	2	0	0	0	4	9	13	0	0	6	9	0	4
		其中:被译成外文	12	1	0	0	0	0	0	0	0	0	0	0	0	0	1	0	0
	编著教材		13	69	0	0	2	0	0	0	2	9	25	0	0	9	16	0	6
	工具书参考书		14	2	0	0	0	0	0	0	0	0	1	0	0	1	0	0	0
	皮书/发展报告		15	1	0	0	0	0	0	0	1	0	0	0	0	0	0	0	0
	科普读物		16	0	0	0	0	0	0	0	0	0	0	0	0	0	0	0	0
古籍整理(部)			17	0	0	0	0	0	0	0	0	0	0	0	0	0	0	0	0
译著(部)			18	10	0	0	1	0	0	0	1	2	2	0	0	2	2	0	0
发表译文(篇)			19	2	0	0	0	0	0	0	0	1	0	0	0	1	0	0	0
电子出版物(件)			20	1	0	0	0	0	0	0	0	0	1	0	0	0	0	0	0
发表论文(篇)	合计		21	4 133	15	0	74	0	6	19	203	1 251	943	0	0	229	1 272	0	121
	国内学术刊物		22	4 118	15	0	72	0	6	19	203	1 247	938	0	0	228	1 269	0	121
	国外学术刊物		23	14	0	0	2	0	0	0	0	4	5	0	0	1	2	0	0
	港、澳、台地区刊物		24	1	0	0	0	0	0	0	0	0	0	0	0	0	1	0	0
研究与咨询报告(篇)	合计		25	560	0	0	1	0	0	1	4	10	190	0	0	303	51	0	0
	其中:被采纳数		26	242	0	0	0	0	0	0	3	9	75	0	0	151	4	0	0

3.1 盐城幼儿师范高等专科学校人文、社会科学研究与课题成果来源情况表

		课题来源															
		合计	国家社科基金项目	国家社科基金单列学科项目	教育部人文社科研究项目	高校古籍整理研究项目	国家自然科学基金项目	中央其他部门社科专门项目	省、市、自治区社科基金项目	省教育厅社科项目	地、市、厅、局等政府部门项目	国际合作研究项目	与港、澳、台地区合作研究项目	企事业单位委托项目	学校社科项目	外资项目	其他
	编号	L01	L02	L03	L04	L05	L06	L07	L08	L09	L10	L11	L12	L13	L14	L15	L16
课题数(项)	1	11	0	0	0	0	0	0	1	0	10	0	0	0	0	0	0
当年投入人数(人年)	2	2.4	0	0	0	0	0	0	0.3	0	2.1	0	0	0	0	0	0
其中:研究生(人年)	3	0	0	0	0	0	0	0	0	0	0	0	0	0	0	0	0
当年拨入经费(千元)	4	0	0	0	0	0	0	0	0	0	0	0	0	0	0	0	0
其中:当年立项项目拨入经费(千元)	5	0	0	0	0	0	0	0	0	0	0	0	0	0	0	0	0
当年支出经费(千元)	6	0	0	0	0	0	0	0	0	0	0	0	0	0	0	0	0
当年新开课题数(项)	7	11	0	0	0	0	0	0	1	0	10	0	0	0	0	0	0
当年新开课题批准经费(千元)	8	0	0	0	0	0	0	0	0	0	0	0	0	0	0	0	0
当年完成课题数(项)	9	0	0	0	0	0	0	0	0	0	0	0	0	0	0	0	0

续表

				课题来源															
				合计	国家社科基金项目	国家社科基金单列学科项目	教育部人文社科研究项目	高校古籍整理研究项目	国家自然科学基金项目	中央其他部门社科专门项目	省、市、自治区社科基金项目	省教育厅社科项目	地、市、厅、局等政府部门项目	国际合作研究项目	与港、澳、台地区合作研究项目	企事业单位委托项目	学校社科项目	外资项目	其他
			编号	L01	L02	L03	L04	L05	L06	L07	L08	L09	L10	L11	L12	L13	L14	L15	L16
出版著作(部)	合计		10	4	0	0	0	0	0	0	0	0	0	0	0	0	0	0	4
	专著	合计	11	3	0	0	0	0	0	0	0	0	0	0	0	0	0	0	3
		其中:被译成外文	12	0	0	0	0	0	0	0	0	0	0	0	0	0	0	0	0
	编著教材		13	1	0	0	0	0	0	0	0	0	0	0	0	0	0	0	1
	工具书参考书		14	0	0	0	0	0	0	0	0	0	0	0	0	0	0	0	0
	皮书/发展报告		15	0	0	0	0	0	0	0	0	0	0	0	0	0	0	0	0
	科普读物		16	0	0	0	0	0	0	0	0	0	0	0	0	0	0	0	0
古籍整理(部)			17	0	0	0	0	0	0	0	0	0	0	0	0	0	0	0	0
译著(部)			18	0	0	0	0	0	0	0	0	0	0	0	0	0	0	0	0
发表译文(篇)			19	0	0	0	0	0	0	0	0	0	0	0	0	0	0	0	0
电子出版物(件)			20	0	0	0	0	0	0	0	0	0	0	0	0	0	0	0	0
发表论文(篇)	合计		21	2	0	0	0	0	0	0	0	0	2	0	0	0	0	0	0
	国内学术刊物		22	2	0	0	0	0	0	0	0	0	2	0	0	0	0	0	0
	国外学术刊物		23	0	0	0	0	0	0	0	0	0	0	0	0	0	0	0	0
	港、澳、台地区刊物		24	0	0	0	0	0	0	0	0	0	0	0	0	0	0	0	0
研究与咨询报告(篇)	合计		25	1	0	0	0	0	0	0	0	0	1	0	0	0	0	0	0
	其中:被采纳数		26	1	0	0	0	0	0	0	0	0	1	0	0	0	0	0	0

3.2 苏州幼儿师范高等专科学校人文、社会科学研究与课题成果来源情况表

		课题来源															
		合计	国家社科基金项目	国家社科基金单列学科项目	教育部人文社科研究项目	高校古籍整理研究项目	国家自然科学基金项目	中央其他部门社科专门项目	省、市、自治区社科基金项目	省教育厅社科项目	地、市、厅、局等政府部门项目	国际合作研究项目	与港、澳、台地区合作研究项目	企事业单位委托项目	学校社科项目	外资项目	其他
	编号	L01	L02	L03	L04	L05	L06	L07	L08	L09	L10	L11	L12	L13	L14	L15	L16
课题数(项)	1	0	0	0	0	0	0	0	0	0	0	0	0	0	0	0	0
当年投入人数(人年)	2	0	0	0	0	0	0	0	0	0	0	0	0	0	0	0	0
其中:研究生(人年)	3	0	0	0	0	0	0	0	0	0	0	0	0	0	0	0	0
当年拨入经费(千元)	4	0	0	0	0	0	0	0	0	0	0	0	0	0	0	0	0
其中:当年立项项目拨入经费(千元)	5	0	0	0	0	0	0	0	0	0	0	0	0	0	0	0	0
当年支出经费(千元)	6	0	0	0	0	0	0	0	0	0	0	0	0	0	0	0	0
当年新开课题数(项)	7	0	0	0	0	0	0	0	0	0	0	0	0	0	0	0	0
当年新开课题批准经费(千元)	8	0	0	0	0	0	0	0	0	0	0	0	0	0	0	0	0
当年完成课题数(项)	9	0	0	0	0	0	0	0	0	0	0	0	0	0	0	0	0

续表

				课题来源															
				合计	国家社科基金项目	国家社科基金单列学科项目	教育部人文社科研究项目	高校古籍整理研究项目	国家自然科学基金项目	中央其他部门社科专门项目	省、市、自治区社科基金项目	省教育厅社科项目	地、市、厅、局等政府部门项目	国际合作研究项目	与港、澳、台地区合作研究项目	企事业单位委托项目	学校社科项目	外资项目	其他
			编号	L01	L02	L03	L04	L05	L06	L07	L08	L09	L10	L11	L12	L13	L14	L15	L16
出版著作(部)	合计		10	0	0	0	0	0	0	0	0	0	0	0	0	0	0	0	0
	专著	合计	11	0	0	0	0	0	0	0	0	0	0	0	0	0	0	0	0
		其中:被译成外文	12	0	0	0	0	0	0	0	0	0	0	0	0	0	0	0	0
	编著教材		13	0	0	0	0	0	0	0	0	0	0	0	0	0	0	0	0
	工具书参考书		14	0	0	0	0	0	0	0	0	0	0	0	0	0	0	0	0
	皮书/发展报告		15	0	0	0	0	0	0	0	0	0	0	0	0	0	0	0	0
	科普读物		16	0	0	0	0	0	0	0	0	0	0	0	0	0	0	0	0
古籍整理(部)			17	0	0	0	0	0	0	0	0	0	0	0	0	0	0	0	0
译著(部)			18	0	0	0	0	0	0	0	0	0	0	0	0	0	0	0	0
发表译文(篇)			19	0	0	0	0	0	0	0	0	0	0	0	0	0	0	0	0
电子出版物(件)			20	0	0	0	0	0	0	0	0	0	0	0	0	0	0	0	0
发表论文(篇)	合计		21	0	0	0	0	0	0	0	0	0	0	0	0	0	0	0	0
	国内学术刊物		22	0	0	0	0	0	0	0	0	0	0	0	0	0	0	0	0
	国外学术刊物		23	0	0	0	0	0	0	0	0	0	0	0	0	0	0	0	0
	港、澳、台地区刊物		24	0	0	0	0	0	0	0	0	0	0	0	0	0	0	0	0
研究与咨询报告(篇)	合计		25	0	0	0	0	0	0	0	0	0	0	0	0	0	0	0	0
	其中:被采纳数		26	0	0	0	0	0	0	0	0	0	0	0	0	0	0	0	0

3.3 无锡职业技术学院人文、社会科学研究与课题成果来源情况表

		课题来源															
		合计	国家社科基金项目	国家社科基金单列学科项目	教育部人文社科研究项目	高校古籍整理研究项目	国家自然科学基金项目	中央其他部门社科专门项目	省、市、自治区社科基金项目	省教育厅社科项目	地、市、厅、局等政府部门项目	国际合作研究项目	与港、澳、台地区合作研究项目	企事业单位委托项目	学校社科项目	外资项目	其他
	编号	L01	L02	L03	L04	L05	L06	L07	L08	L09	L10	L11	L12	L13	L14	L15	L16
课题数(项)	1	96	1	0	5	0	0	1	3	38	18	0	0	0	30	0	0
当年投入人数(人年)	2	14.6	0.2	0	1.5	0	0	0.2	0.6	6.4	2.4	0	0	0	3.3	0	0
其中:研究生(人年)	3	0	0	0	0	0	0	0	0	0	0	0	0	0	0	0	0
当年拨入经费(千元)	4	670	190	0	110	0	0	30	50	90	21	0	0	0	179	0	0
其中:当年立项项目拨入经费(千元)	5	539	190	0	0	0	0	30	50	90	0	0	0	0	179	0	0
当年支出经费(千元)	6	431.55	38	0	53.13	0	0	4	31.87	210.35	8.35	0	0	0	85.85	0	0
当年新开课题数(项)	7	44	1	0	0	0	0	1	1	14	11	0	0	0	16	0	0
当年新开课题批准经费(千元)	8	549	200	0	0	0	0	30	50	90	0	0	0	0	179	0	0
当年完成课题数(项)	9	21	0	0	0	0	0	0	0	11	4	0	0	0	6	0	0

续表

			编号	课题来源 合计 L01	国家社科基金项目 L02	国家社科基金单列学科项目 L03	教育部人文社科研究项目 L04	高校古籍整理研究项目 L05	国家自然科学基金项目 L06	中央其他部门社科专门项目 L07	省、市、自治区社科基金项目 L08	省教育厅社科项目 L09	地、市、厅、局等政府部门项目 L10	国际合作研究项目 L11	与港、澳、台地区合作研究项目 L12	企事业单位委托项目 L13	学校社科项目 L14	外资项目 L15	其他 L16
出版著作(部)	合计		10	0	0	0	0	0	0	0	0	0	0	0	0	0	0	0	0
	专著	合计	11	0	0	0	0	0	0	0	0	0	0	0	0	0	0	0	0
		其中:被译成外文	12	0	0	0	0	0	0	0	0	0	0	0	0	0	0	0	0
	编著教材		13	0	0	0	0	0	0	0	0	0	0	0	0	0	0	0	0
	工具书参考书		14	0	0	0	0	0	0	0	0	0	0	0	0	0	0	0	0
	皮书/发展报告		15	0	0	0	0	0	0	0	0	0	0	0	0	0	0	0	0
	科普读物		16	0	0	0	0	0	0	0	0	0	0	0	0	0	0	0	0
古籍整理(部)			17	0	0	0	0	0	0	0	0	0	0	0	0	0	0	0	0
译著(部)			18	0	0	0	0	0	0	0	0	0	0	0	0	0	0	0	0
发表译文(篇)			19	0	0	0	0	0	0	0	0	0	0	0	0	0	0	0	0
电子出版物(件)			20	0	0	0	0	0	0	0	0	0	0	0	0	0	0	0	0
发表论文(篇)	合计		21	95	7	0	12	0	0	0	3	31	30	0	0	0	12	0	0
	国内学术刊物		22	95	7	0	12	0	0	0	3	31	30	0	0	0	12	0	0
	国外学术刊物		23	0	0	0	0	0	0	0	0	0	0	0	0	0	0	0	0
	港、澳、台地区刊物		24	0	0	0	0	0	0	0	0	0	0	0	0	0	0	0	0
研究与咨询报告(篇)	合计		25	2	0	0	1	0	0	0	1	0	0	0	0	0	0	0	0
	其中:被采纳数		26	0	0	0	0	0	0	0	0	0	0	0	0	0	0	0	0

3.4 江苏建筑职业技术学院人文、社会科学研究与课题成果来源情况表

		课题来源															
		合计	国家社科基金项目	国家社科基金单列学科项目	教育部人文社科研究项目	高校古籍整理研究项目	国家自然科学基金项目	中央其他部门社科专门项目	省、市、自治区社科基金项目	省教育厅社科项目	地、市、厅、局等政府部门项目	国际合作研究项目	与港、澳、台地区合作研究项目	企事业单位委托项目	学校社科项目	外资项目	其他
	编号	L01	L02	L03	L04	L05	L06	L07	L08	L09	L10	L11	L12	L13	L14	L15	L16
课题数(项)	1	250	0	0	2	0	0	0	8	41	113	0	0	6	80	0	0
当年投入人数(人年)	2	42.1	0	0	0.5	0	0	0	1.2	8.3	16.1	0	0	1.7	14.3	0	0
其中:研究生(人年)	3	0	0	0	0	0	0	0	0	0	0	0	0	0	0	0	0
当年拨入经费(千元)	4	887.8	0	0	50	0	0	0	9	88	0	0	0	155.8	585	0	0
其中:当年立项项目拨入经费(千元)	5	859.8	0	0	30	0	0	0	9	88	0	0	0	155.8	577	0	0
当年支出经费(千元)	6	1 049.6	0	0	67	0	0	0	7.5	137.6	46.2	0	0	155.8	635.5	0	0
当年新开课题数(项)	7	115	0	0	1	0	0	0	6	14	68	0	0	6	20	0	0
当年新开课题批准经费(千元)	8	859.8	0	0	30	0	0	0	9	88	0	0	0	155.8	577	0	0
当年完成课题数(项)	9	127	0	0	0	0	0	0	0	12	82	0	0	6	27	0	0

续表

			编号	课题来源															
				合计	国家社科基金项目	国家社科基金单列学科项目	教育部人文社科研究项目	高校古籍整理研究项目	国家自然科学基金项目	中央其他部门社科专门项目	省、市、自治区社科基金项目	省教育厅社科项目	地、市、厅、局等政府部门项目	国际合作研究项目	与港、澳、台地区合作研究项目	企事业单位委托项目	学校社科项目	外资项目	其他
			编号	L01	L02	L03	L04	L05	L06	L07	L08	L09	L10	L11	L12	L13	L14	L15	L16
出版著作(部)	合计		10	10	0	0	0	0	0	0	2	5	2	0	0	0	0	0	1
	专著	合计	11	8	0	0	0	0	0	0	2	3	2	0	0	0	0	0	1
		其中:被译成外文	12	0	0	0	0	0	0	0	0	0	0	0	0	0	0	0	0
	编著教材		13	2	0	0	0	0	0	0	0	2	0	0	0	0	0	0	0
	工具书参考书		14	0	0	0	0	0	0	0	0	0	0	0	0	0	0	0	0
	皮书/发展报告		15	0	0	0	0	0	0	0	0	0	0	0	0	0	0	0	0
	科普读物		16	0	0	0	0	0	0	0	0	0	0	0	0	0	0	0	0
古籍整理(部)			17	0	0	0	0	0	0	0	0	0	0	0	0	0	0	0	0
译著(部)			18	0	0	0	0	0	0	0	0	0	0	0	0	0	0	0	0
发表译文(篇)			19	0	0	0	0	0	0	0	0	0	0	0	0	0	0	0	0
电子出版物(件)			20	0	0	0	0	0	0	0	0	0	0	0	0	0	0	0	0
发表论文(篇)	合计		21	206	0	0	0	0	0	0	1	32	81	0	0	9	83	0	0
	国内学术刊物		22	206	0	0	0	0	0	0	1	32	81	0	0	9	83	0	0
	国外学术刊物		23	0	0	0	0	0	0	0	0	0	0	0	0	0	0	0	0
	港、澳、台地区刊物		24	0	0	0	0	0	0	0	0	0	0	0	0	0	0	0	0
研究与咨询报告(篇)	合计		25	21	0	0	0	0	0	0	0	0	14	0	0	6	1	0	0
	其中:被采纳数		26	21	0	0	0	0	0	0	0	0	14	0	0	6	1	0	0

3.5 南京工业职业技术学院人文、社会科学研究与课题成果来源情况表

		课题来源															
		合计	国家社科基金项目	国家社科基金单列学科项目	教育部人文社科研究项目	高校古籍整理研究项目	国家自然科学基金项目	中央其他部门社科专门项目	省、市、自治区社科基金项目	省教育厅社科项目	地、市、厅、局等政府部门项目	国际合作研究项目	与港、澳、台地区合作研究项目	企事业单位委托项目	学校社科项目	外资项目	其他
	编号	L01	L02	L03	L04	L05	L06	L07	L08	L09	L10	L11	L12	L13	L14	L15	L16
课题数(项)	1	244	0	0	2	0	1	0	5	46	22	0	0	46	122	0	0
当年投入人数(人年)	2	85.1	0	0	0.3	0	0.4	0	1.7	17.2	5.6	0	0	22.9	37	0	0
其中:研究生(人年)	3	0	0	0	0	0	0	0	0	0	0	0	0	0	0	0	0
当年拨入经费(千元)	4	4 168	0	0	0	0	92	0	54.8	68	81	0	0	3 610.7	261.5	0	0
其中:当年立项项目拨入经费(千元)	5	3 814.85	0	0	0	0	0	0	0	68	63	0	0	3 491.35	192.5	0	0
当年支出经费(千元)	6	4 300.84	0	0	0	0	54	0	45	66.72	125	0	0	3 760.72	249.4	0	0
当年新开课题数(项)	7	80	0	0	0	0	0	0	1	12	6	0	0	25	36	0	0
当年新开课题批准经费(千元)	8	4 302.55	0	0	0	0	0	0	50	68	153	0	0	3 691.55	340	0	0
当年完成课题数(项)	9	55	0	0	1	0	0	0	2	12	8	0	0	5	27	0	0

续表

			编号	课题来源 合计	国家社科基金项目	国家社科基金单列学科项目	教育部人文社科研究项目	高校古籍整理研究项目	国家自然科学基金项目	中央其他部门社科专门项目	省、市、自治区社科基金项目	省教育厅社科项目	地、市、厅、局等政府部门项目	国际合作研究项目	与港、澳、台地区合作研究项目	企事业单位委托项目	学校社科项目	外资项目	其他
				L01	L02	L03	L04	L05	L06	L07	L08	L09	L10	L11	L12	L13	L14	L15	L16
出版著作(部)	合计		10	0	0	0	0	0	0	0	0	0	0	0	0	0	0	0	0
	专著	合计	11	0	0	0	0	0	0	0	0	0	0	0	0	0	0	0	0
		其中:被译成外文	12	0	0	0	0	0	0	0	0	0	0	0	0	0	0	0	0
	编著教材		13	0	0	0	0	0	0	0	0	0	0	0	0	0	0	0	0
	工具书参考书		14	0	0	0	0	0	0	0	0	0	0	0	0	0	0	0	0
	皮书/发展报告		15	0	0	0	0	0	0	0	0	0	0	0	0	0	0	0	0
	科普读物		16	0	0	0	0	0	0	0	0	0	0	0	0	0	0	0	0
古籍整理(部)			17	0	0	0	0	0	0	0	0	0	0	0	0	0	0	0	0
译著(部)			18	1	0	0	1	0	0	0	0	0	0	0	0	0	0	0	0
发表译文(篇)			19	0	0	0	0	0	0	0	0	0	0	0	0	0	0	0	0
电子出版物(件)			20	0	0	0	0	0	0	0	0	0	0	0	0	0	0	0	0
发表论文(篇)	合计		21	115	0	0	2	0	6	0	5	27	13	0	0	0	62	0	0
	国内学术刊物		22	114	0	0	2	0	6	0	5	27	13	0	0	0	61	0	0
	国外学术刊物		23	0	0	0	0	0	0	0	0	0	0	0	0	0	0	0	0
	港、澳、台地区刊物		24	1	0	0	0	0	0	0	0	0	0	0	0	0	1	0	0
研究与咨询报告(篇)	合计		25	46	0	0	0	0	0	0	0	0	0	0	0	15	31	0	0
	其中:被采纳数		26	0	0	0	0	0	0	0	0	0	0	0	0	0	0	0	0

3.6 江苏工程职业技术学院人文、社会科学研究与课题成果来源情况表

		课题来源															
		合计	国家社科基金项目	国家社科基金单列学科项目	教育部人文社科研究项目	高校古籍整理研究项目	国家自然科学基金项目	中央其他部门社科专门项目	省、市、自治区社科基金项目	省教育厅社科项目	地、市、厅、局等政府部门项目	国际合作研究项目	与港、澳、台地区合作研究项目	企事业单位委托项目	学校社科项目	外资项目	其他
	编号	L01	L02	L03	L04	L05	L06	L07	L08	L09	L10	L11	L12	L13	L14	L15	L16
课题数(项)	1	107	0	0	0	0	0	0	0	23	21	0	0	0	63	0	0
当年投入人数(人年)	2	22.4	0	0	0	0	0	0	0	5.6	4.5	0	0	0	12.3	0	0
其中:研究生(人年)	3	0	0	0	0	0	0	0	0	0	0	0	0	0	0	0	0
当年拨入经费(千元)	4	174	0	0	0	0	0	0	0	61	62	0	0	0	51	0	0
其中:当年立项项目拨入经费(千元)	5	169	0	0	0	0	0	0	0	56	62	0	0	0	51	0	0
当年支出经费(千元)	6	165.5	0	0	0	0	0	0	0	49	57.5	0	0	0	59	0	0
当年新开课题数(项)	7	36	0	0	0	0	0	0	0	6	9	0	0	0	21	0	0
当年新开课题批准经费(千元)	8	169	0	0	0	0	0	0	0	56	62	0	0	0	51	0	0
当年完成课题数(项)	9	38	0	0	0	0	0	0	0	8	8	0	0	0	22	0	0

续表

			编号	课题来源 合计	国家社科基金项目	国家社科基金单列学科项目	教育部人文社科研究项目	高校古籍整理研究项目	国家自然科学基金项目	中央其他部门社科专门项目	省、市、自治区社科基金项目	省教育厅社科项目	地、市、厅、局等政府部门项目	国际合作研究项目	与港、澳、台地区合作研究项目	企事业单位委托项目	学校社科项目	外资项目	其他
				L01	L02	L03	L04	L05	L06	L07	L08	L09	L10	L11	L12	L13	L14	L15	L16
出版著作(部)	合计		10	4	0	0	0	0	0	0	0	0	0	0	0	0	4	0	0
	专著	合计	11	4	0	0	0	0	0	0	0	0	0	0	0	0	4	0	0
		其中:被译成外文	12	0	0	0	0	0	0	0	0	0	0	0	0	0	0	0	0
	编著教材		13	0	0	0	0	0	0	0	0	0	0	0	0	0	0	0	0
	工具书参考书		14	0	0	0	0	0	0	0	0	0	0	0	0	0	0	0	0
	皮书/发展报告		15	0	0	0	0	0	0	0	0	0	0	0	0	0	0	0	0
	科普读物		16	0	0	0	0	0	0	0	0	0	0	0	0	0	0	0	0
古籍整理(部)			17	0	0	0	0	0	0	0	0	0	0	0	0	0	0	0	0
译著(部)			18	0	0	0	0	0	0	0	0	0	0	0	0	0	0	0	0
发表译文(篇)			19	0	0	0	0	0	0	0	0	0	0	0	0	0	0	0	0
电子出版物(件)			20	0	0	0	0	0	0	0	0	0	0	0	0	0	0	0	0
发表论文(篇)	合计		21	119	0	0	0	0	0	0	2	21	23	0	0	0	73	0	0
	国内学术刊物		22	119	0	0	0	0	0	0	2	21	23	0	0	0	73	0	0
	国外学术刊物		23	0	0	0	0	0	0	0	0	0	0	0	0	0	0	0	0
	港、澳、台地区刊物		24	0	0	0	0	0	0	0	0	0	0	0	0	0	0	0	0
研究与咨询报告(篇)	合计		25	0	0	0	0	0	0	0	0	0	0	0	0	0	0	0	0
	其中:被采纳数		26	0	0	0	0	0	0	0	0	0	0	0	0	0	0	0	0

3.7 苏州工艺美术职业技术学院人文、社会科学研究与课题成果来源情况表

		课题来源															
		合计	国家社科基金项目	国家社科基金单列学科项目	教育部人文社科研究项目	高校古籍整理研究项目	国家自然科学基金项目	中央其他部门社科专门项目	省、市、自治区社科基金项目	省教育厅社科项目	地、市、厅、局等政府部门项目	国际合作研究项目	与港、澳、台地区合作研究项目	企事业单位委托项目	学校社科项目	外资项目	其他
	编号	L01	L02	L03	L04	L05	L06	L07	L08	L09	L10	L11	L12	L13	L14	L15	L16
课题数(项)	1	118	0	0	1	0	0	0	0	34	56	0	0	0	27	0	0
当年投入人数(人年)	2	27.6	0	0	0.2	0	0	0	0	10	11.4	0	0	0	6	0	0
其中:研究生(人年)	3	0	0	0	0	0	0	0	0	0	0	0	0	0	0	0	0
当年拨入经费(千元)	4	335	0	0	80	0	0	0	0	0	245	0	0	0	10	0	0
其中:当年立项项目拨入经费(千元)	5	335	0	0	80	0	0	0	0	0	245	0	0	0	10	0	0
当年支出经费(千元)	6	214.36	0	0	2.3	0	0	0	0	111.5	75.66	0	0	0	24.9	0	0
当年新开课题数(项)	7	39	0	0	1	0	0	0	0	0	33	0	0	0	5	0	0
当年新开课题批准经费(千元)	8	335	0	0	80	0	0	0	0	0	245	0	0	0	10	0	0
当年完成课题数(项)	9	23	0	0	0	0	0	0	0	11	7	0	0	0	5	0	0

续表

				课题来源															
				合计	国家社科基金项目	国家社科基金单列学科项目	教育部人文社科研究项目	高校古籍整理研究项目	国家自然科学基金项目	中央其他部门社科专门项目	省、市、自治区社科基金项目	省教育厅社科项目	地、市、厅、局等政府部门项目	国际合作研究项目	与港、澳、台地区合作研究项目	企事业单位委托项目	学校社科项目	外资项目	其他
			编号	L01	L02	L03	L04	L05	L06	L07	L08	L09	L10	L11	L12	L13	L14	L15	L16
出版著作(部)	合计		10	0	0	0	0	0	0	0	0	0	0	0	0	0	0	0	0
	专著	合计	11	0	0	0	0	0	0	0	0	0	0	0	0	0	0	0	0
		其中:被译成外文	12	0	0	0	0	0	0	0	0	0	0	0	0	0	0	0	0
	编著教材		13	0	0	0	0	0	0	0	0	0	0	0	0	0	0	0	0
	工具书参考书		14	0	0	0	0	0	0	0	0	0	0	0	0	0	0	0	0
	皮书/发展报告		15	0	0	0	0	0	0	0	0	0	0	0	0	0	0	0	0
	科普读物		16	0	0	0	0	0	0	0	0	0	0	0	0	0	0	0	0
古籍整理(部)			17	0	0	0	0	0	0	0	0	0	0	0	0	0	0	0	0
译著(部)			18	0	0	0	0	0	0	0	0	0	0	0	0	0	0	0	0
发表译文(篇)			19	0	0	0	0	0	0	0	0	0	0	0	0	0	0	0	0
电子出版物(件)			20	0	0	0	0	0	0	0	0	0	0	0	0	0	0	0	0
发表论文(篇)	合计		21	89	0	0	0	0	0	0	0	33	32	0	0	0	24	0	0
	国内学术刊物		22	89	0	0	0	0	0	0	0	33	32	0	0	0	24	0	0
	国外学术刊物		23	0	0	0	0	0	0	0	0	0	0	0	0	0	0	0	0
	港、澳、台地区刊物		24	0	0	0	0	0	0	0	0	0	0	0	0	0	0	0	0
研究与咨询报告(篇)	合计		25	0	0	0	0	0	0	0	0	0	0	0	0	0	0	0	0
	其中:被采纳数		26	0	0	0	0	0	0	0	0	0	0	0	0	0	0	0	0

3.8 连云港职业技术学院人文、社会科学研究与课题成果来源情况表

		课题来源															
		合计	国家社科基金项目	国家社科基金单列学科项目	教育部人文社科研究项目	高校古籍整理研究项目	国家自然科学基金项目	中央其他部门社科专门项目	省、市、自治区社科基金项目	省教育厅社科项目	地、市、厅、局等政府部门项目	国际合作研究项目	与港、澳、台地区合作研究项目	企事业单位委托项目	学校社科项目	外资项目	其他
	编号	L01	L02	L03	L04	L05	L06	L07	L08	L09	L10	L11	L12	L13	L14	L15	L16
课题数(项)	1	64	0	0	2	0	0	1	11	9	19	0	0	7	15	0	0
当年投入人数(人年)	2	7.5	0	0	0.2	0	0	0.1	1.1	1.1	2.5	0	0	0.8	1.7	0	0
其中:研究生(人年)	3	0	0	0	0	0	0	0	0	0	0	0	0	0	0	0	0
当年拨入经费(千元)	4	151	0	0	2	0	0	0	8	8	75	0	0	51	7	0	0
其中:当年立项项目拨入经费(千元)	5	135.5	0	0	0	0	0	0	8	8	66	0	0	51	2.5	0	0
当年支出经费(千元)	6	159	0	0	2	0	0	0	8	16	75	0	0	51	7	0	0
当年新开课题数(项)	7	33	0	0	1	0	0	1	8	3	8	0	0	5	7	0	0
当年新开课题批准经费(千元)	8	146.5	0	0	0	0	0	0	8	8	66	0	0	51	13.5	0	0
当年完成课题数(项)	9	40	0	0	1	0	0	0	8	6	14	0	0	3	8	0	0

续表

			编号	课题来源															
				合计	国家社科基金项目	国家社科基金单列学科项目	教育部人文社科研究项目	高校古籍整理研究项目	国家自然科学基金项目	中央其他部门社科专门项目	省、市、自治区社科基金项目	省教育厅社科项目	地、市、厅、局等政府部门项目	国际合作研究项目	与港、澳、台地区合作研究项目	企事业单位委托项目	学校社科项目	外资项目	其他
				L01	L02	L03	L04	L05	L06	L07	L08	L09	L10	L11	L12	L13	L14	L15	L16
出版著作(部)	合计		10	1	0	0	0	0	0	0	0	0	0	0	0	0	1	0	0
	专著	合计	11	0	0	0	0	0	0	0	0	0	0	0	0	0	0	0	0
		其中:被译成外文	12	0	0	0	0	0	0	0	0	0	0	0	0	0	0	0	0
	编著教材		13	1	0	0	0	0	0	0	0	0	0	0	0	0	1	0	0
	工具书参考书		14	0	0	0	0	0	0	0	0	0	0	0	0	0	0	0	0
	皮书/发展报告		15	0	0	0	0	0	0	0	0	0	0	0	0	0	0	0	0
	科普读物		16	0	0	0	0	0	0	0	0	0	0	0	0	0	0	0	0
古籍整理(部)			17	0	0	0	0	0	0	0	0	0	0	0	0	0	0	0	0
译著(部)			18	0	0	0	0	0	0	0	0	0	0	0	0	0	0	0	0
发表译文(篇)			19	0	0	0	0	0	0	0	0	0	0	0	0	0	0	0	0
电子出版物(件)			20	0	0	0	0	0	0	0	0	0	0	0	0	0	0	0	0
发表论文(篇)	合计		21	35	0	0	1	0	0	1	11	9	6	0	0	0	7	0	0
	国内学术刊物		22	35	0	0	1	0	0	1	11	9	6	0	0	0	7	0	0
	国外学术刊物		23	0	0	0	0	0	0	0	0	0	0	0	0	0	0	0	0
	港、澳、台地区刊物		24	0	0	0	0	0	0	0	0	0	0	0	0	0	0	0	0
研究与咨询报告(篇)	合计		25	7	0	0	0	0	0	0	1	0	4	0	0	2	0	0	0
	其中:被采纳数		26	6	0	0	0	0	0	0	1	0	3	0	0	2	0	0	0

3.9 镇江市高等专科学校人文、社会科学研究与课题成果来源情况表

		课题来源															
		合计	国家社科基金项目	国家社科基金单列学科项目	教育部人文社科研究项目	高校古籍整理研究项目	国家自然科学基金项目	中央其他部门社科专门项目	省、市、自治区社科基金项目	省教育厅社科项目	地、市、厅、局等政府部门项目	国际合作研究项目	与港、澳、台地区合作研究项目	企事业单位委托项目	学校社科项目	外资项目	其他
	编号	L01	L02	L03	L04	L05	L06	L07	L08	L09	L10	L11	L12	L13	L14	L15	L16
课题数(项)	1	88	0	0	0	0	0	0	6	15	19	0	0	7	41	0	0
当年投入人数(人年)	2	28	0	0	0	0	0	0	1.6	5.5	8.1	0	0	2.7	10.1	0	0
其中:研究生(人年)	3	0	0	0	0	0	0	0	0	0	0	0	0	0	0	0	0
当年拨入经费(千元)	4	381.5	0	0	0	0	0	0	51	92	147.5	0	0	52	39	0	0
其中:当年立项项目拨入经费(千元)	5	194	0	0	0	0	0	0	48	30	44.5	0	0	47	24.5	0	0
当年支出经费(千元)	6	312.1	0	0	0	0	0	0	40.5	58	111	0	0	55.5	47.1	0	0
当年新开课题数(项)	7	37	0	0	0	0	0	0	1	7	14	0	0	4	11	0	0
当年新开课题批准经费(千元)	8	238	0	0	0	0	0	0	80	33	48.5	0	0	52	24.5	0	0
当年完成课题数(项)	9	54	0	0	0	0	0	0	5	6	15	0	0	4	24	0	0

续表

			编号	课题来源															
				合计	国家社科基金项目	国家社科基金单列学科项目	教育部人文社科研究项目	高校古籍整理研究项目	国家自然科学基金项目	中央其他部门社科专门项目	省、市、自治区社科基金项目	省教育厅社科项目	地、市、厅、局等政府部门项目	国际合作研究项目	与港、澳、台地区合作研究项目	企事业单位委托项目	学校社科项目	外资项目	其他
			编号	L01	L02	L03	L04	L05	L06	L07	L08	L09	L10	L11	L12	L13	L14	L15	L16
出版著作(部)	合计		10	5	0	0	0	0	0	0	1	1	3	0	0	0	0	0	0
	专著	合计	11	1	0	0	0	0	0	0	0	1	0	0	0	0	0	0	0
		其中:被译成外文	12	0	0	0	0	0	0	0	0	0	0	0	0	0	0	0	0
	编著教材		13	3	0	0	0	0	0	0	0	0	3	0	0	0	0	0	0
	工具书参考书		14	0	0	0	0	0	0	0	0	0	0	0	0	0	0	0	0
	皮书/发展报告		15	1	0	0	0	0	0	0	1	0	0	0	0	0	0	0	0
	科普读物		16	0	0	0	0	0	0	0	0	0	0	0	0	0	0	0	0
古籍整理(部)			17	0	0	0	0	0	0	0	0	0	0	0	0	0	0	0	0
译著(部)			18	0	0	0	0	0	0	0	0	0	0	0	0	0	0	0	0
发表译文(篇)			19	0	0	0	0	0	0	0	0	0	0	0	0	0	0	0	0
电子出版物(件)			20	0	0	0	0	0	0	0	0	0	0	0	0	0	0	0	0
发表论文(篇)	合计		21	56	0	0	0	0	0	0	7	9	14	0	0	3	23	0	0
	国内学术刊物		22	54	0	0	0	0	0	0	7	8	13	0	0	3	23	0	0
	国外学术刊物		23	2	0	0	0	0	0	0	0	1	1	0	0	0	0	0	0
	港、澳、台地区刊物		24	0	0	0	0	0	0	0	0	0	0	0	0	0	0	0	0
研究与咨询报告(篇)	合计		25	0	0	0	0	0	0	0	0	0	0	0	0	0	0	0	0
	其中:被采纳数		26	0	0	0	0	0	0	0	0	0	0	0	0	0	0	0	0

3.10 南通职业大学人文、社会科学研究与课题成果来源情况表

		课题来源															
		合计	国家社科基金项目	国家社科基金单列学科项目	教育部人文社科研究项目	高校古籍整理研究项目	国家自然科学基金项目	中央其他部门社科专门项目	省、市、自治区社科基金项目	省教育厅社科项目	地、市、厅、局等政府部门项目	国际合作研究项目	与港、澳、台地区合作研究项目	企事业单位委托项目	学校社科项目	外资项目	其他
	编号	L01	L02	L03	L04	L05	L06	L07	L08	L09	L10	L11	L12	L13	L14	L15	L16
课题数(项)	1	70	0	0	0	0	0	1	1	18	42	0	0	2	6	0	0
当年投入人数(人年)	2	20.1	0	0	0	0	0	0.3	0.3	5.1	12.4	0	0	0.6	1.4	0	0
其中:研究生(人年)	3	0	0	0	0	0	0	0	0	0	0	0	0	0	0	0	0
当年拨入经费(千元)	4	386	0	0	0	0	0	0	0	34	126	0	0	210	16	0	0
其中:当年立项项目拨入经费(千元)	5	386	0	0	0	0	0	0	0	34	126	0	0	210	16	0	0
当年支出经费(千元)	6	259	0	0	0	0	0	10	3	34	111	0	0	85	16	0	0
当年新开课题数(项)	7	34	0	0	0	0	0	0	0	9	20	0	0	2	3	0	0
当年新开课题批准经费(千元)	8	386	0	0	0	0	0	0	0	34	126	0	0	210	16	0	0
当年完成课题数(项)	9	37	0	0	0	0	0	1	1	9	22	0	0	1	3	0	0

续表

	编号	课题来源：合计	国家社科基金项目	国家社科基金单列学科项目	教育部人文社科研究项目	高校古籍整理研究项目	国家自然科学基金项目	中央其他部门社科专门项目	省、市、自治区社科基金项目	省教育厅社科项目	地、市、厅、局等政府部门项目	国际合作研究项目	与港、澳、台地区合作研究项目	企事业单位委托项目	学校社科项目	外资项目	其他
		L01	L02	L03	L04	L05	L06	L07	L08	L09	L10	L11	L12	L13	L14	L15	L16
出版著作(部) 合计	10	1	0	0	0	0	0	0	0	0	1	0	0	0	0	0	0
出版著作(部) 专著 合计	11	1	0	0	0	0	0	0	0	0	1	0	0	0	0	0	0
出版著作(部) 专著 其中:被译成外文	12	0	0	0	0	0	0	0	0	0	0	0	0	0	0	0	0
出版著作(部) 编著教材	13	0	0	0	0	0	0	0	0	0	0	0	0	0	0	0	0
出版著作(部) 工具书参考书	14	0	0	0	0	0	0	0	0	0	0	0	0	0	0	0	0
出版著作(部) 皮书/发展报告	15	0	0	0	0	0	0	0	0	0	0	0	0	0	0	0	0
出版著作(部) 科普读物	16	0	0	0	0	0	0	0	0	0	0	0	0	0	0	0	0
古籍整理(部)	17	0	0	0	0	0	0	0	0	0	0	0	0	0	0	0	0
译著(部)	18	0	0	0	0	0	0	0	0	0	0	0	0	0	0	0	0
发表译文(篇)	19	0	0	0	0	0	0	0	0	0	0	0	0	0	0	0	0
电子出版物(件)	20	0	0	0	0	0	0	0	0	0	0	0	0	0	0	0	0
发表论文(篇) 合计	21	62	0	0	0	0	0	4	2	13	28	0	0	2	13	0	0
发表论文(篇) 国内学术刊物	22	62	0	0	0	0	0	4	2	13	28	0	0	2	13	0	0
发表论文(篇) 国外学术刊物	23	0	0	0	0	0	0	0	0	0	0	0	0	0	0	0	0
发表论文(篇) 港、澳、台地区刊物	24	0	0	0	0	0	0	0	0	0	0	0	0	0	0	0	0
研究与咨询报告(篇) 合计	25	9	0	0	0	0	0	0	0	0	9	0	0	0	0	0	0
研究与咨询报告(篇) 其中:被采纳数	26	2	0	0	0	0	0	0	0	0	2	0	0	0	0	0	0

3.11 苏州市职业大学人文、社会科学研究与课题成果来源情况表

		课题来源															
		合计	国家社科基金项目	国家社科基金单列学科项目	教育部人文社科研究项目	高校古籍整理研究项目	国家自然科学基金项目	中央其他部门社科专门项目	省、市、自治区社科基金项目	省教育厅社科项目	地、市、厅、局等政府部门项目	国际合作研究项目	与港、澳、台地区合作研究项目	企事业单位委托项目	学校社科项目	外资项目	其他
	编号	L01	L02	L03	L04	L05	L06	L07	L08	L09	L10	L11	L12	L13	L14	L15	L16
课题数(项)	1	174	0	0	4	0	0	0	5	35	51	0	0	34	45	0	0
当年投入人数(人年)	2	50.5	0	0	0.9	0	0	0	1.7	13.1	20.2	0	0	6.4	8.2	0	0
其中:研究生(人年)	3	0	0	0	0	0	0	0	0	0	0	0	0	0	0	0	0
当年拨入经费(千元)	4	794.7	0	0	39	0	0	0	32	58	375	0	0	290.7	0	0	0
其中:当年立项项目拨入经费(千元)	5	755.7	0	0	0	0	0	0	32	58	375	0	0	290.7	0	0	0
当年支出经费(千元)	6	610.31	0	0	22.75	0	0	0	20.6	38.1	273.12	0	0	237.19	18.55	0	0
当年新开课题数(项)	7	78	0	0	0	0	0	0	1	14	38	0	0	25	0	0	0
当年新开课题批准经费(千元)	8	767.7	0	0	0	0	0	0	40	62	375	0	0	290.7	0	0	0
当年完成课题数(项)	9	57	0	0	2	0	0	0	0	8	28	0	0	11	8	0	0

续表

			编号	课题来源															
				合计	国家社科基金项目	国家社科基金单列学科项目	教育部人文社科研究项目	高校古籍整理研究项目	国家自然科学基金项目	中央其他部门社科专门项目	省、市、自治区社科基金项目	省教育厅社科项目	地、市、厅、局等政府部门项目	国际合作研究项目	与港、澳、台地区合作研究项目	企事业单位委托项目	学校社科项目	外资项目	其他
				L01	L02	L03	L04	L05	L06	L07	L08	L09	L10	L11	L12	L13	L14	L15	L16
出版著作(部)	合计		10	9	0	0	0	0	0	0	2	2	2	0	0	1	2	0	0
	专著	合计	11	4	0	0	0	0	0	0	2	2	0	0	0	0	0	0	0
		其中:被译成外文	12	0	0	0	0	0	0	0	0	0	0	0	0	0	0	0	0
	编著教材		13	4	0	0	0	0	0	0	0	0	1	0	0	1	2	0	0
	工具书参考书		14	1	0	0	0	0	0	0	0	0	1	0	0	0	0	0	0
	皮书/发展报告		15	0	0	0	0	0	0	0	0	0	0	0	0	0	0	0	0
	科普读物		16	0	0	0	0	0	0	0	0	0	0	0	0	0	0	0	0
古籍整理(部)			17	0	0	0	0	0	0	0	0	0	0	0	0	0	0	0	0
译著(部)			18	3	0	0	0	0	0	0	0	1	1	0	0	0	1	0	0
发表译文(篇)			19	0	0	0	0	0	0	0	0	0	0	0	0	0	0	0	0
电子出版物(件)			20	0	0	0	0	0	0	0	0	0	0	0	0	0	0	0	0
发表论文(篇)	合计		21	116	3	0	3	0	0	0	6	22	48	0	0	4	30	0	0
	国内学术刊物		22	115	3	0	3	0	0	0	6	22	47	0	0	4	30	0	0
	国外学术刊物		23	1	0	0	0	0	0	0	0	0	1	0	0	0	0	0	0
	港、澳、台地区刊物		24	0	0	0	0	0	0	0	0	0	0	0	0	0	0	0	0
研究与咨询报告(篇)	合计		25	21	0	0	0	0	0	0	0	0	15	0	0	6	0	0	0
	其中:被采纳数		26	13	0	0	0	0	0	0	0	0	7	0	0	6	0	0	0

3.12 沙洲职业工学院人文、社会科学研究与课题成果来源情况表

		课题来源															
		合计	国家社科基金项目	国家社科基金单列学科项目	教育部人文社科研究项目	高校古籍整理研究项目	国家自然科学基金项目	中央其他部门社科专门项目	省、市、自治区社科基金项目	省教育厅社科项目	地、市、厅、局等政府部门项目	国际合作研究项目	与港、澳、台地区合作研究项目	企事业单位委托项目	学校社科项目	外资项目	其他
	编号	L01	L02	L03	L04	L05	L06	L07	L08	L09	L10	L11	L12	L13	L14	L15	L16
课题数(项)	1	39	0	0	0	0	0	0	2	15	13	0	0	3	6	0	0
当年投入人数(人年)	2	6.4	0	0	0	0	0	0	0.5	2.4	2	0	0	0.7	0.8	0	0
其中:研究生(人年)	3	0	0	0	0	0	0	0	0	0	0	0	0	0	0	0	0
当年拨入经费(千元)	4	155	0	0	0	0	0	0	0	30	45	0	0	80	0	0	0
其中:当年立项项目拨入经费(千元)	5	155	0	0	0	0	0	0	0	30	45	0	0	80	0	0	0
当年支出经费(千元)	6	182.1	0	0	0	0	0	0	9	24.5	51.5	0	0	85	12.1	0	0
当年新开课题数(项)	7	16	0	0	0	0	0	0	0	5	9	0	0	2	0	0	0
当年新开课题批准经费(千元)	8	155	0	0	0	0	0	0	0	30	45	0	0	80	0	0	0
当年完成课题数(项)	9	14	0	0	0	0	0	0	0	0	9	0	0	2	3	0	0

续表

			编号	课题来源 合计	国家社科基金项目	国家社科基金单列学科项目	教育部人文社科研究项目	高校古籍整理研究项目	国家自然科学基金项目	中央其他部门社科专门项目	省、市、自治区社科基金项目	省教育厅社科项目	地、市、厅、局等政府部门项目	国际合作研究项目	与港、澳、台地区合作研究项目	企事业单位委托项目	学校社科项目	外资项目	其他
				L01	L02	L03	L04	L05	L06	L07	L08	L09	L10	L11	L12	L13	L14	L15	L16
出版著作(部)	合计		10	0	0	0	0	0	0	0	0	0	0	0	0	0	0	0	0
	专著	合计	11	0	0	0	0	0	0	0	0	0	0	0	0	0	0	0	0
		其中:被译成外文	12	0	0	0	0	0	0	0	0	0	0	0	0	0	0	0	0
	编著教材		13	0	0	0	0	0	0	0	0	0	0	0	0	0	0	0	0
	工具书参考书		14	0	0	0	0	0	0	0	0	0	0	0	0	0	0	0	0
	皮书/发展报告		15	0	0	0	0	0	0	0	0	0	0	0	0	0	0	0	0
	科普读物		16	0	0	0	0	0	0	0	0	0	0	0	0	0	0	0	0
古籍整理(部)			17	0	0	0	0	0	0	0	0	0	0	0	0	0	0	0	0
译著(部)			18	0	0	0	0	0	0	0	0	0	0	0	0	0	0	0	0
发表译文(篇)			19	0	0	0	0	0	0	0	0	0	0	0	0	0	0	0	0
电子出版物(件)			20	0	0	0	0	0	0	0	0	0	0	0	0	0	0	0	0
发表论文(篇)	合计		21	107	0	0	0	0	0	0	12	37	40	0	0	1	17	0	0
	国内学术刊物		22	107	0	0	0	0	0	0	12	37	40	0	0	1	17	0	0
	国外学术刊物		23	0	0	0	0	0	0	0	0	0	0	0	0	0	0	0	0
	港、澳、台地区刊物		24	0	0	0	0	0	0	0	0	0	0	0	0	0	0	0	0
研究与咨询报告(篇)	合计		25	6	0	0	0	0	0	0	0	0	6	0	0	0	0	0	0
	其中:被采纳数		26	0	0	0	0	0	0	0	0	0	0	0	0	0	0	0	0

3.13 扬州市职业大学人文、社会科学研究与课题成果来源情况表

		课题来源															
		合计	国家社科基金项目	国家社科基金单列学科项目	教育部人文社科研究项目	高校古籍整理研究项目	国家自然科学基金项目	中央其他部门社科专门项目	省、市、自治区社科基金项目	省教育厅社科项目	地、市、厅、局等政府部门项目	国际合作研究项目	与港、澳、台地区合作研究项目	企事业单位委托项目	学校社科项目	外资项目	其他
	编号	L01	L02	L03	L04	L05	L06	L07	L08	L09	L10	L11	L12	L13	L14	L15	L16
课题数(项)	1	222	0	0	0	0	0	0	8	28	151	0	0	30	5	0	0
当年投入人数(人年)	2	84.1	0	0	0	0	0	0	2.7	10.9	61	0	0	8.4	1.1	0	0
其中:研究生(人年)	3	0	0	0	0	0	0	0	0	0	0	0	0	0	0	0	0
当年拨入经费(千元)	4	532.8	0	0	0	0	0	0	114	14	177	0	0	192.8	35	0	0
其中:当年立项项目拨入经费(千元)	5	532.8	0	0	0	0	0	0	114	14	177	0	0	192.8	35	0	0
当年支出经费(千元)	6	532.8	0	0	0	0	0	0	114	14	177	0	0	192.8	35	0	0
当年新开课题数(项)	7	150	0	0	0	0	0	0	5	13	107	0	0	20	5	0	0
当年新开课题批准经费(千元)	8	532.8	0	0	0	0	0	0	114	14	177	0	0	192.8	35	0	0
当年完成课题数(项)	9	52	0	0	0	0	0	0	0	8	36	0	0	8	0	0	0

续表

			编号	课题来源 合计	国家社科基金项目	国家社科基金单列学科项目	教育部人文社科研究项目	高校古籍整理研究项目	国家自然科学基金项目	中央其他部门社科专门项目	省、市、自治区社科基金项目	省教育厅社科项目	地、市、厅、局等政府部门项目	国际合作研究项目	与港、澳、台地区合作研究项目	企事业单位委托项目	学校社科项目	外资项目	其他
				L01	L02	L03	L04	L05	L06	L07	L08	L09	L10	L11	L12	L13	L14	L15	L16
出版著作(部)	合计		10	2	0	0	0	0	0	0	0	0	1	0	0	0	1	0	0
	专著	合计	11	2	0	0	0	0	0	0	0	0	1	0	0	0	1	0	0
		其中:被译成外文	12	1	0	0	0	0	0	0	0	0	0	0	0	0	1	0	0
	编著教材		13	0	0	0	0	0	0	0	0	0	0	0	0	0	0	0	0
	工具书参考书		14	0	0	0	0	0	0	0	0	0	0	0	0	0	0	0	0
	皮书/发展报告		15	0	0	0	0	0	0	0	0	0	0	0	0	0	0	0	0
	科普读物		16	0	0	0	0	0	0	0	0	0	0	0	0	0	0	0	0
古籍整理(部)			17	0	0	0	0	0	0	0	0	0	0	0	0	0	0	0	0
译著(部)			18	0	0	0	0	0	0	0	0	0	0	0	0	0	0	0	0
发表译文(篇)			19	0	0	0	0	0	0	0	0	0	0	0	0	0	0	0	0
电子出版物(件)			20	0	0	0	0	0	0	0	0	0	0	0	0	0	0	0	0
发表论文(篇)	合计		21	72	0	0	0	0	0	0	4	16	43	0	0	1	8	0	0
	国内学术刊物		22	72	0	0	0	0	0	0	4	16	43	0	0	1	8	0	0
	国外学术刊物		23	0	0	0	0	0	0	0	0	0	0	0	0	0	0	0	0
	港、澳、台地区刊物		24	0	0	0	0	0	0	0	0	0	0	0	0	0	0	0	0
研究与咨询报告(篇)	合计		25	23	0	0	0	0	0	0	0	1	18	0	0	4	0	0	0
	其中:被采纳数		26	23	0	0	0	0	0	0	0	1	18	0	0	4	0	0	0

3.14 连云港师范高等专科学校人文、社会科学研究与课题成果来源情况表

		课题来源															
		合计	国家社科基金项目	国家社科基金单列学科项目	教育部人文社科研究项目	高校古籍整理研究项目	国家自然科学基金项目	中央其他部门社科专门项目	省、市、自治区社科基金项目	省教育厅社科项目	地、市、厅、局等政府部门项目	国际合作研究项目	与港、澳、台地区合作研究项目	企事业单位委托项目	学校社科项目	外资项目	其他
	编号	L01	L02	L03	L04	L05	L06	L07	L08	L09	L10	L11	L12	L13	L14	L15	L16
课题数(项)	1	155	0	0	2	0	0	0	29	18	20	0	0	1	85	0	0
当年投入人数(人年)	2	16.4	0	0	0.4	0	0	0	3.3	2	2.1	0	0	0.1	8.5	0	0
其中:研究生(人年)	3	0	0	0	0	0	0	0	0	0	0	0	0	0	0	0	0
当年拨入经费(千元)	4	100.6	0	0	50	0	0	0	15.6	20	15	0	0	0	0	0	0
其中:当年立项项目拨入经费(千元)	5	98.6	0	0	50	0	0	0	15.6	20	13	0	0	0	0	0	0
当年支出经费(千元)	6	86	0	0	45	0	0	0	9	20	12	0	0	0	0	0	0
当年新开课题数(项)	7	70	0	0	1	0	0	0	14	7	7	0	0	0	41	0	0
当年新开课题批准经费(千元)	8	229	0	0	100	0	0	0	76	40	13	0	0	0	0	0	0
当年完成课题数(项)	9	44	0	0	0	0	0	0	12	3	6	0	0	0	23	0	0

续表

		编号	合计 L01	国家社科基金项目 L02	国家社科基金单列学科项目 L03	教育部人文社科研究项目 L04	高校古籍整理研究项目 L05	国家自然科学基金项目 L06	中央其他部门社科专门项目 L07	省、市、自治区社科基金项目 L08	省教育厅社科项目 L09	地、市、厅、局等政府部门项目 L10	国际合作研究项目 L11	与港、澳、台地区合作研究项目 L12	企事业单位委托项目 L13	学校社科项目 L14	外资项目 L15	其他 L16
出版著作（部）	合计	10	3	0	0	2	0	0	0	0	0	0	0	0	0	1	0	0
	专著 合计	11	0	0	0	0	0	0	0	0	0	0	0	0	0	0	0	0
	专著 其中：被译成外文	12	0	0	0	0	0	0	0	0	0	0	0	0	0	0	0	0
	编著教材	13	3	0	0	2	0	0	0	0	0	0	0	0	0	1	0	0
	工具书参考书	14	0	0	0	0	0	0	0	0	0	0	0	0	0	0	0	0
	皮书/发展报告	15	0	0	0	0	0	0	0	0	0	0	0	0	0	0	0	0
	科普读物	16	0	0	0	0	0	0	0	0	0	0	0	0	0	0	0	0
古籍整理（部）		17	0	0	0	0	0	0	0	0	0	0	0	0	0	0	0	0
译著（部）		18	0	0	0	0	0	0	0	0	0	0	0	0	0	0	0	0
发表译文（篇）		19	0	0	0	0	0	0	0	0	0	0	0	0	0	0	0	0
电子出版物（件）		20	0	0	0	0	0	0	0	0	0	0	0	0	0	0	0	0
发表论文（篇）	合计	21	53	0	0	3	0	0	0	18	6	4	0	0	0	22	0	0
	国内学术刊物	22	53	0	0	3	0	0	0	18	6	4	0	0	0	22	0	0
	国外学术刊物	23	0	0	0	0	0	0	0	0	0	0	0	0	0	0	0	0
	港、澳、台地区刊物	24	0	0	0	0	0	0	0	0	0	0	0	0	0	0	0	0
研究与咨询报告（篇）	合计	25	5	0	0	0	0	0	0	1	0	2	0	0	0	2	0	0
	其中：被采纳数	26	1	0	0	0	0	0	0	1	0	0	0	0	0	0	0	0

3.15 江苏经贸职业技术学院人文、社会科学研究与课题成果来源情况表

		课题来源															
		合计	国家社科基金项目	国家社科基金单列学科项目	教育部人文社科研究项目	高校古籍整理研究项目	国家自然科学基金项目	中央其他部门社科专门项目	省、市、自治区社科基金项目	省教育厅社科项目	地、市、厅、局等政府部门项目	国际合作研究项目	与港、澳、台地区合作研究项目	企事业单位委托项目	学校社科项目	外资项目	其他
	编号	L01	L02	L03	L04	L05	L06	L07	L08	L09	L10	L11	L12	L13	L14	L15	L16
课题数(项)	1	142	1	0	0	0	0	0	7	27	9	0	0	46	52	0	0
当年投入人数(人年)	2	26.3	0.1	0	0	0	0	0	2	6	2	0	0	6.8	9.4	0	0
其中:研究生(人年)	3	0	0	0	0	0	0	0	0	0	0	0	0	0	0	0	0
当年拨入经费(千元)	4	1 402.8	0	0	0	0	0	0	0	127	0	0	0	1 255.8	20	0	0
其中:当年立项项目拨入经费(千元)	5	1 402.8	0	0	0	0	0	0	0	127	0	0	0	1 255.8	20	0	0
当年支出经费(千元)	6	1 202.56	30	0	0	0	0	0	0	127	0	0	0	1 025.56	20	0	0
当年新开课题数(项)	7	45	0	0	0	0	0	0	0	13	3	0	0	25	4	0	0
当年新开课题批准经费(千元)	8	1 402.8	0	0	0	0	0	0	0	127	0	0	0	1 255.8	20	0	0
当年完成课题数(项)	9	54	0	0	0	0	0	0	1	3	1	0	0	38	11	0	0

续表

				课题来源															
				合计	国家社科基金项目	国家社科基金单列学科项目	教育部人文社科研究项目	高校古籍整理研究项目	国家自然科学基金项目	中央其他部门社科专门项目	省、市、自治区社科基金项目	省教育厅社科项目	地、市、厅、局等政府部门项目	国际合作研究项目	与港、澳、台地区合作研究项目	企事业单位委托项目	学校社科项目	外资项目	其他
			编号	L01	L02	L03	L04	L05	L06	L07	L08	L09	L10	L11	L12	L13	L14	L15	L16
出版著作（部）	合计		10	0	0	0	0	0	0	0	0	0	0	0	0	0	0	0	0
	专著	合计	11	0	0	0	0	0	0	0	0	0	0	0	0	0	0	0	0
		其中：被译成外文	12	0	0	0	0	0	0	0	0	0	0	0	0	0	0	0	0
	编著教材		13	0	0	0	0	0	0	0	0	0	0	0	0	0	0	0	0
	工具书参考书		14	0	0	0	0	0	0	0	0	0	0	0	0	0	0	0	0
	皮书/发展报告		15	0	0	0	0	0	0	0	0	0	0	0	0	0	0	0	0
	科普读物		16	0	0	0	0	0	0	0	0	0	0	0	0	0	0	0	0
古籍整理(部)			17	0	0	0	0	0	0	0	0	0	0	0	0	0	0	0	0
译著(部)			18	0	0	0	0	0	0	0	0	0	0	0	0	0	0	0	0
发表译文(篇)			19	0	0	0	0	0	0	0	0	0	0	0	0	0	0	0	0
电子出版物(件)			20	0	0	0	0	0	0	0	0	0	0	0	0	0	0	0	0
发表论文（篇）	合计		21	31	0	0	0	0	0	0	2	13	0	0	0	0	16	0	0
	国内学术刊物		22	31	0	0	0	0	0	0	2	13	0	0	0	0	16	0	0
	国外学术刊物		23	0	0	0	0	0	0	0	0	0	0	0	0	0	0	0	0
	港、澳、台地区刊物		24	0	0	0	0	0	0	0	0	0	0	0	0	0	0	0	0
研究与咨询报告（篇）	合计		25	25	0	0	0	0	0	0	0	0	1	0	0	24	0	0	0
	其中：被采纳数		26	25	0	0	0	0	0	0	0	0	1	0	0	24	0	0	0

3.16 泰州职业技术学院人文、社会科学研究与课题成果来源情况表

		课题来源															
		合计	国家社科基金项目	国家社科基金单列学科项目	教育部人文社科研究项目	高校古籍整理研究项目	国家自然科学基金项目	中央其他部门社科专门项目	省、市、自治区社科基金项目	省教育厅社科项目	地、市、厅、局等政府部门项目	国际合作研究项目	与港、澳、台地区合作研究项目	企事业单位委托项目	学校社科项目	外资项目	其他
	编号	L01	L02	L03	L04	L05	L06	L07	L08	L09	L10	L11	L12	L13	L14	L15	L16
课题数(项)	1	38	0	0	0	0	0	0	0	10	10	0	0	1	17	0	0
当年投入人数(人年)	2	11.5	0	0	0	0	0	0	0	3.5	2.8	0	0	0.3	4.9	0	0
其中:研究生(人年)	3	0	0	0	0	0	0	0	0	0	0	0	0	0	0	0	0
当年拨入经费(千元)	4	312	0	0	0	0	0	0	0	16	60	0	0	200	36	0	0
其中:当年立项项目拨入经费(千元)	5	112	0	0	0	0	0	0	0	16	60	0	0	0	36	0	0
当年支出经费(千元)	6	226.02	0	0	0	0	0	0	0	30.1	32.77	0	0	153.15	10	0	0
当年新开课题数(项)	7	13	0	0	0	0	0	0	0	2	4	0	0	0	7	0	0
当年新开课题批准经费(千元)	8	112	0	0	0	0	0	0	0	16	60	0	0	0	36	0	0
当年完成课题数(项)	9	11	0	0	0	0	0	0	0	5	5	0	0	0	1	0	0

续表

			编号	课题来源															
				合计	国家社科基金项目	国家社科基金单列学科项目	教育部人文社科研究项目	高校古籍整理研究项目	国家自然科学基金项目	中央其他部门社科专门项目	省、市、自治区社科基金项目	省教育厅社科项目	地、市、厅、局等政府部门项目	国际合作研究项目	与港、澳、台地区合作研究项目	企事业单位委托项目	学校社科项目	外资项目	其他
				L01	L02	L03	L04	L05	L06	L07	L08	L09	L10	L11	L12	L13	L14	L15	L16
出版著作(部)	合计		10	0	0	0	0	0	0	0	0	0	0	0	0	0	0	0	0
	专著	合计	11	0	0	0	0	0	0	0	0	0	0	0	0	0	0	0	0
		其中:被译成外文	12	0	0	0	0	0	0	0	0	0	0	0	0	0	0	0	0
	编著教材		13	0	0	0	0	0	0	0	0	0	0	0	0	0	0	0	0
	工具书参考书		14	0	0	0	0	0	0	0	0	0	0	0	0	0	0	0	0
	皮书/发展报告		15	0	0	0	0	0	0	0	0	0	0	0	0	0	0	0	0
	科普读物		16	0	0	0	0	0	0	0	0	0	0	0	0	0	0	0	0
古籍整理(部)			17	0	0	0	0	0	0	0	0	0	0	0	0	0	0	0	0
译著(部)			18	0	0	0	0	0	0	0	0	0	0	0	0	0	0	0	0
发表译文(篇)			19	0	0	0	0	0	0	0	0	0	0	0	0	0	0	0	0
电子出版物(件)			20	0	0	0	0	0	0	0	0	0	0	0	0	0	0	0	0
发表论文(篇)	合计		21	33	1	0	0	0	0	1	0	4	9	0	0	0	18	0	0
	国内学术刊物		22	32	1	0	0	0	0	1	0	4	9	0	0	0	17	0	0
	国外学术刊物		23	1	0	0	0	0	0	0	0	0	0	0	0	0	1	0	0
	港、澳、台地区刊物		24	0	0	0	0	0	0	0	0	0	0	0	0	0	0	0	0
研究与咨询报告(篇)	合计		25	3	0	0	0	0	0	0	0	0	3	0	0	0	0	0	0
	其中:被采纳数		26	3	0	0	0	0	0	0	0	0	3	0	0	0	0	0	0

3.17 常州信息职业技术学院人文、社会科学研究与课题成果来源情况表

		课题来源															
		合计	国家社科基金项目	国家社科基金单列学科项目	教育部人文社科研究项目	高校古籍整理研究项目	国家自然科学基金项目	中央其他部门社科专门项目	省、市、自治区社科基金项目	省教育厅社科项目	地、市、厅、局等政府部门项目	国际合作研究项目	与港、澳、台地区合作研究项目	企事业单位委托项目	学校社科项目	外资项目	其他
	编号	L01	L02	L03	L04	L05	L06	L07	L08	L09	L10	L11	L12	L13	L14	L15	L16
课题数(项)	1	45	0	0	2	0	0	0	1	31	11	0	0	0	0	0	0
当年投入人数(人年)	2	15.5	0	0	0.8	0	0	0	0.3	10.4	4	0	0	0	0	0	0
其中:研究生(人年)	3	0	0	0	0	0	0	0	0	0	0	0	0	0	0	0	0
当年拨入经费(千元)	4	210	0	0	30	0	0	0	5	113	62	0	0	0	0	0	0
其中:当年立项项目拨入经费(千元)	5	210	0	0	30	0	0	0	5	113	62	0	0	0	0	0	0
当年支出经费(千元)	6	396.9	0	0	20	0	0	0	5	101.9	270	0	0	0	0	0	0
当年新开课题数(项)	7	21	0	0	1	0	0	0	1	10	9	0	0	0	0	0	0
当年新开课题批准经费(千元)	8	272	0	0	80	0	0	0	5	125	62	0	0	0	0	0	0
当年完成课题数(项)	9	26	0	0	0	0	0	0	1	14	11	0	0	0	0	0	0

续表

			编号	课题来源：合计	国家社科基金项目	国家社科基金单列学科项目	教育部人文社科研究项目	高校古籍整理研究项目	国家自然科学基金项目	中央其他部门社科专门项目	省、市、自治区社科基金项目	省教育厅社科项目	地、市、厅、局等政府部门项目	国际合作研究项目	与港、澳、台地区合作研究项目	企事业单位委托项目	学校社科项目	外资项目	其他
				L01	L02	L03	L04	L05	L06	L07	L08	L09	L10	L11	L12	L13	L14	L15	L16
出版著作(部)	合计合计		10	0	0	0	0	0	0	0	0	0	0	0	0	0	0	0	0
	专著	合计	11	0	0	0	0	0	0	0	0	0	0	0	0	0	0	0	0
		其中：被译成外文	12	0	0	0	0	0	0	0	0	0	0	0	0	0	0	0	0
	编著教材		13	0	0	0	0	0	0	0	0	0	0	0	0	0	0	0	0
	工具书参考书		14	0	0	0	0	0	0	0	0	0	0	0	0	0	0	0	0
	皮书/发展报告		15	0	0	0	0	0	0	0	0	0	0	0	0	0	0	0	0
	科普读物		16	0	0	0	0	0	0	0	0	0	0	0	0	0	0	0	0
古籍整理(部)			17	0	0	0	0	0	0	0	0	0	0	0	0	0	0	0	0
译著(部)			18	0	0	0	0	0	0	0	0	0	0	0	0	0	0	0	0
发表译文(篇)			19	0	0	0	0	0	0	0	0	0	0	0	0	0	0	0	0
电子出版物(件)			20	0	0	0	0	0	0	0	0	0	0	0	0	0	0	0	0
发表论文(篇)	合计		21	80	0	0	3	0	0	0	0	66	11	0	0	0	0	0	0
	国内学术刊物		22	79	0	0	3	0	0	0	0	66	10	0	0	0	0	0	0
	国外学术刊物		23	1	0	0	0	0	0	0	0	0	1	0	0	0	0	0	0
	港、澳、台地区刊物		24	0	0	0	0	0	0	0	0	0	0	0	0	0	0	0	0
研究与咨询报告(篇)	合计		25	1	0	0	0	0	0	0	0	0	0	0	0	1	0	0	0
	其中：被采纳数		26	1	0	0	0	0	0	0	0	0	0	0	0	1	0	0	0

3.18 江苏海事职业技术学院人文、社会科学研究与课题成果来源情况表

		课题来源															
		合计	国家社科基金项目	国家社科基金单列学科项目	教育部人文社科研究项目	高校古籍整理研究项目	国家自然科学基金项目	中央其他部门社科专门项目	省、市、自治区社科基金项目	省教育厅社科项目	地、市、厅、局等政府部门项目	国际合作研究项目	与港、澳、台地区合作研究项目	企事业单位委托项目	学校社科项目	外资项目	其他
	编号	L01	L02	L03	L04	L05	L06	L07	L08	L09	L10	L11	L12	L13	L14	L15	L16
课题数(项)	1	57	0	0	0	0	0	0	2	35	8	0	0	12	0	0	0
当年投入人数(人年)	2	12.8	0	0	0	0	0	0	0.5	8	1.9	0	0	2.4	0	0	0
其中:研究生(人年)	3	0	0	0	0	0	0	0	0	0	0	0	0	0	0	0	0
当年拨入经费(千元)	4	249	0	0	0	0	0	0	0	142	55.8	0	0	51.2	0	0	0
其中:当年立项项目拨入经费(千元)	5	133.4	0	0	0	0	0	0	0	50.4	55.8	0	0	27.2	0	0	0
当年支出经费(千元)	6	236.16	0	0	0	0	0	0	1	125.16	60.9	0	0	49.1	0	0	0
当年新开课题数(项)	7	26	0	0	0	0	0	0	1	9	7	0	0	9	0	0	0
当年新开课题批准经费(千元)	8	252	0	0	0	0	0	0	50	84	83	0	0	35	0	0	0
当年完成课题数(项)	9	13	0	0	0	0	0	0	0	8	2	0	0	3	0	0	0

续表

			课题来源															
				合计	国家社科基金项目	国家社科基金单列学科项目	教育部人文社科研究项目	高校古籍整理研究项目	国家自然科学基金项目	中央其他部门社科专门项目	省、市、自治区社科基金项目	省教育厅社科项目	地、市、厅、局等政府部门项目	国际合作研究项目	与港、澳、台地区合作研究项目	企事业单位委托项目	学校社科项目	外资项目	其他
			编号	L01	L02	L03	L04	L05	L06	L07	L08	L09	L10	L11	L12	L13	L14	L15	L16
出版著作(部)	合计合计		10	0	0	0	0	0	0	0	0	0	0	0	0	0	0	0	0
	专著	合计	11	0	0	0	0	0	0	0	0	0	0	0	0	0	0	0	0
		其中:被译成外文	12	0	0	0	0	0	0	0	0	0	0	0	0	0	0	0	0
	编著教材		13	0	0	0	0	0	0	0	0	0	0	0	0	0	0	0	0
	工具书参考书		14	0	0	0	0	0	0	0	0	0	0	0	0	0	0	0	0
	皮书/发展报告		15	0	0	0	0	0	0	0	0	0	0	0	0	0	0	0	0
	科普读物		16	0	0	0	0	0	0	0	0	0	0	0	0	0	0	0	0
古籍整理(部)			17	0	0	0	0	0	0	0	0	0	0	0	0	0	0	0	0
译著(部)			18	0	0	0	0	0	0	0	0	0	0	0	0	0	0	0	0
发表译文(篇)			19	0	0	0	0	0	0	0	0	0	0	0	0	0	0	0	0
电子出版物(件)			20	0	0	0	0	0	0	0	0	0	0	0	0	0	0	0	0
发表论文(篇)	合计		21	13	0	0	0	0	0	0	1	11	1	0	0	0	0	0	0
	国内学术刊物		22	13	0	0	0	0	0	0	1	11	1	0	0	0	0	0	0
	国外学术刊物		23	0	0	0	0	0	0	0	0	0	0	0	0	0	0	0	0
	港、澳、台地区刊物		24	0	0	0	0	0	0	0	0	0	0	0	0	0	0	0	0
研究与咨询报告(篇)	合计		25	3	0	0	0	0	0	0	0	0	0	0	0	3	0	0	0
	其中:被采纳数		26	3	0	0	0	0	0	0	0	0	0	0	0	3	0	0	0

3.19 无锡科技职业学院人文、社会科学研究与课题成果来源情况表

		课题来源															
		合计	国家社科基金项目	国家社科基金单列学科项目	教育部人文社科研究项目	高校古籍整理研究项目	国家自然科学基金项目	中央其他部门社科专门项目	省、市、自治区社科基金项目	省教育厅社科项目	地、市、厅、局等政府部门项目	国际合作研究项目	与港、澳、台地区合作研究项目	企事业单位委托项目	学校社科项目	外资项目	其他
	编号	L01	L02	L03	L04	L05	L06	L07	L08	L09	L10	L11	L12	L13	L14	L15	L16
课题数(项)	1	64	0	0	1	0	0	0	0	32	7	0	0	24	0	0	0
当年投入人数(人年)	2	21.5	0	0	0.6	0	0	0	0	13.7	2.5	0	0	4.7	0	0	0
其中:研究生(人年)	3	0	0	0	0	0	0	0	0	0	0	0	0	0	0	0	0
当年拨入经费(千元)	4	215	0	0	20	0	0	0	0	78	11	0	0	106	0	0	0
其中:当年立项项目拨入经费(千元)	5	213	0	0	20	0	0	0	0	78	11	0	0	104	0	0	0
当年支出经费(千元)	6	224.4	0	0	10	0	0	0	0	107.2	18.8	0	0	88.4	0	0	0
当年新开课题数(项)	7	29	0	0	1	0	0	0	0	13	3	0	0	12	0	0	0
当年新开课题批准经费(千元)	8	254	0	0	20	0	0	0	0	78	14	0	0	142	0	0	0
当年完成课题数(项)	9	22	0	0	0	0	0	0	0	6	4	0	0	12	0	0	0

续表

			课题来源															
			合计	国家社科基金项目	国家社科基金单列学科项目	教育部人文社科研究项目	高校古籍整理研究项目	国家自然科学基金项目	中央其他部门社科专门项目	省、市、自治区社科基金项目	省教育厅社科项目	地、市、厅、局等政府部门项目	国际合作研究项目	与港、澳、台地区合作研究项目	企事业单位委托项目	学校社科项目	外资项目	其他
		编号	L01	L02	L03	L04	L05	L06	L07	L08	L09	L10	L11	L12	L13	L14	L15	L16
出版著作(部)	合计	10	2	0	0	0	0	0	0	0	0	0	0	0	2	0	0	0
	专著 合计	11	0	0	0	0	0	0	0	0	0	0	0	0	0	0	0	0
	专著 其中:被译成外文	12	0	0	0	0	0	0	0	0	0	0	0	0	0	0	0	0
	编著教材	13	1	0	0	0	0	0	0	0	0	0	0	0	1	0	0	0
	工具书参考书	14	1	0	0	0	0	0	0	0	0	0	0	0	1	0	0	0
	皮书/发展报告	15	0	0	0	0	0	0	0	0	0	0	0	0	0	0	0	0
	科普读物	16	0	0	0	0	0	0	0	0	0	0	0	0	0	0	0	0
古籍整理(部)		17	0	0	0	0	0	0	0	0	0	0	0	0	0	0	0	0
译著(部)		18	0	0	0	0	0	0	0	0	0	0	0	0	0	0	0	0
发表译文(篇)		19	0	0	0	0	0	0	0	0	0	0	0	0	0	0	0	0
电子出版物(件)		20	0	0	0	0	0	0	0	0	0	0	0	0	0	0	0	0
发表论文(篇)	合计	21	19	0	0	0	0	0	0	0	8	1	0	0	10	0	0	0
	国内学术刊物	22	17	0	0	0	0	0	0	0	6	1	0	0	10	0	0	0
	国外学术刊物	23	2	0	0	0	0	0	0	0	2	0	0	0	0	0	0	0
	港、澳、台地区刊物	24	0	0	0	0	0	0	0	0	0	0	0	0	0	0	0	0
研究与咨询报告(篇)	合计	25	0	0	0	0	0	0	0	0	0	0	0	0	0	0	0	0
	其中:被采纳数	26	0	0	0	0	0	0	0	0	0	0	0	0	0	0	0	0

3.20 盐城卫生职业技术学院人文、社会科学研究与课题成果来源情况表

		课题来源															
		合计	国家社科基金项目	国家社科基金单列学科项目	教育部人文社科研究项目	高校古籍整理研究项目	国家自然科学基金项目	中央其他部门社科专门项目	省、市、自治区社科基金项目	省教育厅社科项目	地、市、厅、局等政府部门项目	国际合作研究项目	与港、澳、台地区合作研究项目	企事业单位委托项目	学校社科项目	外资项目	其他
	编号	L01	L02	L03	L04	L05	L06	L07	L08	L09	L10	L11	L12	L13	L14	L15	L16
课题数(项)	1	141	0	0	0	0	0	0	4	25	55	0	0	1	56	0	0
当年投入人数(人年)	2	36.5	0	0	0	0	0	0	1.2	6.1	10.2	0	0	0.3	18.7	0	0
其中:研究生(人年)	3	0	0	0	0	0	0	0	0	0	0	0	0	0	0	0	0
当年拨入经费(千元)	4	254	0	0	0	0	0	0	20	48	73	0	0	20	93	0	0
其中:当年立项项目拨入经费(千元)	5	214	0	0	0	0	0	0	20	48	33	0	0	20	93	0	0
当年支出经费(千元)	6	216.25	0	0	0	0	0	0	12	76.25	128	0	0	0	0	0	0
当年新开课题数(项)	7	60	0	0	0	0	0	0	1	8	13	0	0	1	37	0	0
当年新开课题批准经费(千元)	8	254	0	0	0	0	0	0	20	57	57	0	0	20	100	0	0
当年完成课题数(项)	9	24	0	0	0	0	0	0	0	5	19	0	0	0	0	0	0

续表

			编号	合计	国家社科基金项目	国家社科基金单列学科项目	教育部人文社科研究项目	高校古籍整理研究项目	国家自然科学基金项目	中央其他部门社科专门项目	省、市、自治区社科基金项目	省教育厅社科项目	地、市、厅、局等政府部门项目	国际合作研究项目	与港、澳、台地区合作研究项目	企事业单位委托项目	学校社科项目	外资项目	其他
				课题来源															
				L01	L02	L03	L04	L05	L06	L07	L08	L09	L10	L11	L12	L13	L14	L15	L16
出版著作(部)	合计		10	0	0	0	0	0	0	0	0	0	0	0	0	0	0	0	0
	专著	合计	11	0	0	0	0	0	0	0	0	0	0	0	0	0	0	0	0
		其中:被译成外文	12	0	0	0	0	0	0	0	0	0	0	0	0	0	0	0	0
	编著教材		13	0	0	0	0	0	0	0	0	0	0	0	0	0	0	0	0
	工具书参考书		14	0	0	0	0	0	0	0	0	0	0	0	0	0	0	0	0
	皮书/发展报告		15	0	0	0	0	0	0	0	0	0	0	0	0	0	0	0	0
	科普读物		16	0	0	0	0	0	0	0	0	0	0	0	0	0	0	0	0
古籍整理(部)			17	0	0	0	0	0	0	0	0	0	0	0	0	0	0	0	0
译著(部)			18	0	0	0	0	0	0	0	0	0	0	0	0	0	0	0	0
发表译文(篇)			19	0	0	0	0	0	0	0	0	0	0	0	0	0	0	0	0
电子出版物(件)			20	0	0	0	0	0	0	0	0	0	0	0	0	0	0	0	0
发表论文(篇)	合计		21	45	0	0	0	0	0	0	0	16	25	0	0	0	4	0	0
	国内学术刊物		22	45	0	0	0	0	0	0	0	16	25	0	0	0	4	0	0
	国外学术刊物		23	0	0	0	0	0	0	0	0	0	0	0	0	0	0	0	0
	港、澳、台地区刊物		24	0	0	0	0	0	0	0	0	0	0	0	0	0	0	0	0
研究与咨询报告(篇)	合计		25	0	0	0	0	0	0	0	0	0	0	0	0	0	0	0	0
	其中:被采纳数		26	0	0	0	0	0	0	0	0	0	0	0	0	0	0	0	0

3.21 南通科技职业学院人文、社会科学研究与课题成果来源情况表

		课题来源															
		合计	国家社科基金项目	国家社科基金单列学科项目	教育部人文社科研究项目	高校古籍整理研究项目	国家自然科学基金项目	中央其他部门社科专门项目	省、市、自治区社科基金项目	省教育厅社科项目	地、市、厅、局等政府部门项目	国际合作研究项目	与港、澳、台地区合作研究项目	企事业单位委托项目	学校社科项目	外资项目	其他
	编号	L01	L02	L03	L04	L05	L06	L07	L08	L09	L10	L11	L12	L13	L14	L15	L16
课题数(项)	1	85	0	0	0	0	0	0	0	34	17	0	0	19	14	0	1
当年投入人数(人年)	2	22.9	0	0	0	0	0	0	0	11.9	4.9	0	0	2.6	3.3	0	0.2
其中:研究生(人年)	3	0	0	0	0	0	0	0	0	0	0	0	0	0	0	0	0
当年拨入经费(千元)	4	344	0	0	0	0	0	0	0	104	53	0	0	144	43	0	0
其中:当年立项项目拨入经费(千元)	5	344	0	0	0	0	0	0	0	104	53	0	0	144	43	0	0
当年支出经费(千元)	6	241.55	0	0	0	0	0	0	0	77.6	47.85	0	0	86.5	29.6	0	0
当年新开课题数(项)	7	48	0	0	0	0	0	0	0	14	5	0	0	19	10	0	0
当年新开课题批准经费(千元)	8	352	0	0	0	0	0	0	0	112	53	0	0	144	43	0	0
当年完成课题数(项)	9	21	0	0	0	0	0	0	0	6	8	0	0	2	4	0	1

续表

			编号	合计	国家社科基金项目	国家社科基金单列学科项目	教育部人文社科研究项目	高校古籍整理研究项目	国家自然科学基金项目	中央其他部门社科专门项目	省、市、自治区社科基金项目	省教育厅社科项目	地、市、厅、局等政府部门项目	国际合作研究项目	与港、澳、台地区合作研究项目	企事业单位委托项目	学校社科项目	外资项目	其他
				课题来源															
				L01	L02	L03	L04	L05	L06	L07	L08	L09	L10	L11	L12	L13	L14	L15	L16
出版著作(部)	合计		10	1	0	0	0	0	0	0	0	0	0	0	0	0	1	0	0
	专著	合计	11	0	0	0	0	0	0	0	0	0	0	0	0	0	0	0	0
		其中:被译成外文	12	0	0	0	0	0	0	0	0	0	0	0	0	0	0	0	0
	编著教材		13	1	0	0	0	0	0	0	0	0	0	0	0	0	1	0	0
	工具书参考书		14	0	0	0	0	0	0	0	0	0	0	0	0	0	0	0	0
	皮书/发展报告		15	0	0	0	0	0	0	0	0	0	0	0	0	0	0	0	0
	科普读物		16	0	0	0	0	0	0	0	0	0	0	0	0	0	0	0	0
古籍整理(部)			17	0	0	0	0	0	0	0	0	0	0	0	0	0	0	0	0
译著(部)			18	1	0	0	0	0	0	0	0	0	0	0	0	1	0	0	0
发表译文(篇)			19	0	0	0	0	0	0	0	0	0	0	0	0	0	0	0	0
电子出版物(件)			20	0	0	0	0	0	0	0	0	0	0	0	0	0	0	0	0
发表论文(篇)	合计		21	43	0	0	0	0	0	0	0	17	4	0	0	19	3	0	0
	国内学术刊物		22	43	0	0	0	0	0	0	0	17	4	0	0	19	3	0	0
	国外学术刊物		23	0	0	0	0	0	0	0	0	0	0	0	0	0	0	0	0
	港、澳、台地区刊物		24	0	0	0	0	0	0	0	0	0	0	0	0	0	0	0	0
研究与咨询报告(篇)	合计		25	0	0	0	0	0	0	0	0	0	0	0	0	0	0	0	0
	其中:被采纳数		26	0	0	0	0	0	0	0	0	0	0	0	0	0	0	0	0

3.22 苏州经贸职业技术学院人文、社会科学研究与课题成果来源情况表

		课题来源															
		合计	国家社科基金项目	国家社科基金单列学科项目	教育部人文社科研究项目	高校古籍整理研究项目	国家自然科学基金项目	中央其他部门社科专门项目	省、市、自治区社科基金项目	省教育厅社科项目	地、市、厅、局等政府部门项目	国际合作研究项目	与港、澳、台地区合作研究项目	企事业单位委托项目	学校社科项目	外资项目	其他
	编号	L01	L02	L03	L04	L05	L06	L07	L08	L09	L10	L11	L12	L13	L14	L15	L16
课题数(项)	1	205	0	0	9	0	0	0	0	42	71	0	0	39	44	0	0
当年投入人数(人年)	2	60	0	0	6.3	0	0	0	0	19.8	25.3	0	0	3.9	4.7	0	0
其中:研究生(人年)	3	0	0	0	0	0	0	0	0	0	0	0	0	0	0	0	0
当年拨入经费(千元)	4	2 049.2	0	0	210	0	0	0	0	118	1 299.1	0	0	386.1	36	0	0
其中:当年立项项目拨入经费(千元)	5	1 924.2	0	0	85	0	0	0	0	118	1 299.1	0	0	386.1	36	0	0
当年支出经费(千元)	6	2 221.25	0	0	241.5	0	0	0	0	113.75	1 378.2	0	0	435	52.8	0	0
当年新开课题数(项)	7	114	0	0	3	0	0	0	0	13	60	0	0	20	18	0	0
当年新开课题批准经费(千元)	8	2 099.2	0	0	260	0	0	0	0	118	1 299.1	0	0	386.1	36	0	0
当年完成课题数(项)	9	139	0	0	1	0	0	0	0	10	69	0	0	33	26	0	0

续表

			编号	课题来源 合计	国家社科基金项目	国家社科基金单列学科项目	教育部人文社科研究项目	高校古籍整理研究项目	国家自然科学基金项目	中央其他部门社科专门项目	省、市、自治区社科基金项目	省教育厅社科项目	地、市、厅、局等政府部门项目	国际合作研究项目	与港、澳、台地区合作研究项目	企事业单位委托项目	学校社科项目	外资项目	其他
				L01	L02	L03	L04	L05	L06	L07	L08	L09	L10	L11	L12	L13	L14	L15	L16
出版著作(部)	合计		10	8	0	0	1	0	0	0	0	0	6	0	0	0	1	0	0
	专著	合计	11	3	0	0	1	0	0	0	0	0	2	0	0	0	0	0	0
		其中:被译成外文	12	0	0	0	0	0	0	0	0	0	0	0	0	0	0	0	0
	编著教材		13	5	0	0	0	0	0	0	0	0	4	0	0	0	1	0	0
	工具书参考书		14	0	0	0	0	0	0	0	0	0	0	0	0	0	0	0	0
	皮书/发展报告		15	0	0	0	0	0	0	0	0	0	0	0	0	0	0	0	0
	科普读物		16	0	0	0	0	0	0	0	0	0	0	0	0	0	0	0	0
古籍整理(部)			17	0	0	0	0	0	0	0	0	0	0	0	0	0	0	0	0
译著(部)			18	0	0	0	0	0	0	0	0	0	0	0	0	0	0	0	0
发表译文(篇)			19	0	0	0	0	0	0	0	0	0	0	0	0	0	0	0	0
电子出版物(件)			20	0	0	0	0	0	0	0	0	0	0	0	0	0	0	0	0
发表论文(篇)	合计		21	115	0	0	15	0	0	0	0	43	26	0	0	2	29	0	0
	国内学术刊物		22	115	0	0	15	0	0	0	0	43	26	0	0	2	29	0	0
	国外学术刊物		23	0	0	0	0	0	0	0	0	0	0	0	0	0	0	0	0
	港、澳、台地区刊物		24	0	0	0	0	0	0	0	0	0	0	0	0	0	0	0	0
研究与咨询报告(篇)	合计		25	84	0	0	0	0	0	0	0	0	55	0	0	29	0	0	0
	其中:被采纳数		26	18	0	0	0	0	0	0	0	0	5	0	0	13	0	0	0

3.23 苏州工业职业技术学院人文、社会科学研究与课题成果来源情况表

		课题来源															
		合计	国家社科基金项目	国家社科基金单列学科项目	教育部人文社科研究项目	高校古籍整理研究项目	国家自然科学基金项目	中央其他部门社科专门项目	省、市、自治区社科基金项目	省教育厅社科项目	地、市、厅、局等政府部门项目	国际合作研究项目	与港、澳、台地区合作研究项目	企事业单位委托项目	学校社科项目	外资项目	其他
	编号	L01	L02	L03	L04	L05	L06	L07	L08	L09	L10	L11	L12	L13	L14	L15	L16
课题数(项)	1	87	0	0	0	0	0	0	3	14	28	0	0	42	0	0	0
当年投入人数(人年)	2	17.2	0	0	0	0	0	0	0.5	3.8	4.8	0	0	8.1	0	0	0
其中:研究生(人年)	3	0	0	0	0	0	0	0	0	0	0	0	0	0	0	0	0
当年拨入经费(千元)	4	1 601	0	0	0	0	0	0	115	18	545	0	0	923	0	0	0
其中:当年立项项目拨入经费(千元)	5	1 601	0	0	0	0	0	0	115	18	545	0	0	923	0	0	0
当年支出经费(千元)	6	1 576.16	0	0	0	0	0	0	37.6	24.98	602.84	0	0	910.74	0	0	0
当年新开课题数(项)	7	56	0	0	0	0	0	0	1	3	22	0	0	30	0	0	0
当年新开课题批准经费(千元)	8	1 611	0	0	0	0	0	0	125	18	545	0	0	923	0	0	0
当年完成课题数(项)	9	64	0	0	0	0	0	0	1	3	27	0	0	33	0	0	0

续表

			编号	课题来源 合计	国家社科基金项目	国家社科基金单列学科项目	教育部人文社科研究项目	高校古籍整理研究项目	国家自然科学基金项目	中央其他部门社科专门项目	省、市、自治区社科基金项目	省教育厅社科项目	地、市、厅、局等政府部门项目	国际合作研究项目	与港、澳、台地区合作研究项目	企事业单位委托项目	学校社科项目	外资项目	其他
				L01	L02	L03	L04	L05	L06	L07	L08	L09	L10	L11	L12	L13	L14	L15	L16
出版著作(部)	合计		10	1	0	0	0	0	0	0	0	0	0	0	0	1	0	0	0
	专著	合计	11	0	0	0	0	0	0	0	0	0	0	0	0	0	0	0	0
		其中:被译成外文	12	0	0	0	0	0	0	0	0	0	0	0	0	0	0	0	0
	编著教材		13	1	0	0	0	0	0	0	0	0	0	0	0	1	0	0	0
	工具书参考书		14	0	0	0	0	0	0	0	0	0	0	0	0	0	0	0	0
	皮书/发展报告		15	0	0	0	0	0	0	0	0	0	0	0	0	0	0	0	0
	科普读物		16	0	0	0	0	0	0	0	0	0	0	0	0	0	0	0	0
古籍整理(部)			17	0	0	0	0	0	0	0	0	0	0	0	0	0	0	0	0
译著(部)			18	0	0	0	0	0	0	0	0	0	0	0	0	0	0	0	0
发表译文(篇)			19	0	0	0	0	0	0	0	0	0	0	0	0	0	0	0	0
电子出版物(件)			20	0	0	0	0	0	0	0	0	0	0	0	0	0	0	0	0
发表论文(篇)	合计		21	39	0	0	0	0	0	0	6	8	18	0	0	7	0	0	0
	国内学术刊物		22	39	0	0	0	0	0	0	6	8	18	0	0	7	0	0	0
	国外学术刊物		23	0	0	0	0	0	0	0	0	0	0	0	0	0	0	0	0
	港、澳、台地区刊物		24	0	0	0	0	0	0	0	0	0	0	0	0	0	0	0	0
研究与咨询报告(篇)	合计		25	27	0	0	0	0	0	0	0	0	6	0	0	21	0	0	0
	其中:被采纳数		26	0	0	0	0	0	0	0	0	0	0	0	0	0	0	0	0

3.24 苏州卫生职业技术学院人文、社会科学研究与课题成果来源情况表

		课题来源															
		合计	国家社科基金项目	国家社科基金单列学科项目	教育部人文社科研究项目	高校古籍整理研究项目	国家自然科学基金项目	中央其他部门社科专门项目	省、市、自治区社科基金项目	省教育厅社科项目	地、市、厅、局等政府部门项目	国际合作研究项目	与港、澳、台地区合作研究项目	企事业单位委托项目	学校社科项目	外资项目	其他
	编号	L01	L02	L03	L04	L05	L06	L07	L08	L09	L10	L11	L12	L13	L14	L15	L16
课题数(项)	1	59	0	0	0	0	0	1	0	20	28	0	0	0	10	0	0
当年投入人数(人年)	2	7.9	0	0	0	0	0	0.1	0	2.7	4	0	0	0	1.1	0	0
其中:研究生(人年)	3	0	0	0	0	0	0	0	0	0	0	0	0	0	0	0	0
当年拨入经费(千元)	4	98	0	0	0	0	0	0	0	70	28	0	0	0	0	0	0
其中:当年立项项目拨入经费(千元)	5	98	0	0	0	0	0	0	0	70	28	0	0	0	0	0	0
当年支出经费(千元)	6	149.5	0	0	0	0	0	0	0	52.4	80.08	0	0	0	17.02	0	0
当年新开课题数(项)	7	15	0	0	0	0	0	1	0	8	6	0	0	0	0	0	0
当年新开课题批准经费(千元)	8	108	0	0	0	0	0	0	0	80	28	0	0	0	0	0	0
当年完成课题数(项)	9	23	0	0	0	0	0	0	0	5	11	0	0	0	7	0	0

续表

			编号	课题来源															
				合计	国家社科基金项目	国家社科基金单列学科项目	教育部人文社科研究项目	高校古籍整理研究项目	国家自然科学基金项目	中央其他部门社科专门项目	省、市、自治区社科基金项目	省教育厅社科项目	地、市、厅、局等政府部门项目	国际合作研究项目	与港、澳、台地区合作研究项目	企事业单位委托项目	学校社科项目	外资项目	其他
			编号	L01	L02	L03	L04	L05	L06	L07	L08	L09	L10	L11	L12	L13	L14	L15	L16
出版著作(部)	合计		10	0	0	0	0	0	0	0	0	0	0	0	0	0	0	0	0
	专著	合计	11	0	0	0	0	0	0	0	0	0	0	0	0	0	0	0	0
		其中:被译成外文	12	0	0	0	0	0	0	0	0	0	0	0	0	0	0	0	0
	编著教材		13	0	0	0	0	0	0	0	0	0	0	0	0	0	0	0	0
	工具书参考书		14	0	0	0	0	0	0	0	0	0	0	0	0	0	0	0	0
	皮书/发展报告		15	0	0	0	0	0	0	0	0	0	0	0	0	0	0	0	0
	科普读物		16	0	0	0	0	0	0	0	0	0	0	0	0	0	0	0	0
古籍整理(部)			17	0	0	0	0	0	0	0	0	0	0	0	0	0	0	0	0
译著(部)			18	0	0	0	0	0	0	0	0	0	0	0	0	0	0	0	0
发表译文(篇)			19	0	0	0	0	0	0	0	0	0	0	0	0	0	0	0	0
电子出版物(件)			20	0	0	0	0	0	0	0	0	0	0	0	0	0	0	0	0
发表论文(篇)	合计		21	26	0	0	0	0	0	0	0	8	17	0	0	0	1	0	0
	国内学术刊物		22	26	0	0	0	0	0	0	0	8	17	0	0	0	1	0	0
	国外学术刊物		23	0	0	0	0	0	0	0	0	0	0	0	0	0	0	0	0
	港、澳、台地区刊物		24	0	0	0	0	0	0	0	0	0	0	0	0	0	0	0	0
研究与咨询报告(篇)	合计		25	0	0	0	0	0	0	0	0	0	0	0	0	0	0	0	0
	其中:被采纳数		26	0	0	0	0	0	0	0	0	0	0	0	0	0	0	0	0

3.25 无锡商业职业技术学院人文、社会科学研究与课题成果来源情况表

		课题来源															
		合计	国家社科基金项目	国家社科基金单列学科项目	教育部人文社科研究项目	高校古籍整理研究项目	国家自然科学基金项目	中央其他部门社科专门项目	省、市、自治区社科基金项目	省教育厅社科项目	地、市、厅、局等政府部门项目	国际合作研究项目	与港、澳、台地区合作研究项目	企事业单位委托项目	学校社科项目	外资项目	其他
	编号	L01	L02	L03	L04	L05	L06	L07	L08	L09	L10	L11	L12	L13	L14	L15	L16
课题数(项)	1	101	0	1	1	0	0	0	11	54	6	0	0	8	20	0	0
当年投入人数(人年)	2	25.5	0	0.5	0.3	0	0	0	3.3	14.3	1.5	0	0	0.8	4.8	0	0
其中:研究生(人年)	3	0	0	0	0	0	0	0	0	0	0	0	0	0	0	0	0
当年拨入经费(千元)	4	262	0	0	0	0	0	0	0	138	3	0	0	71	50	0	0
其中:当年立项项目拨入经费(千元)	5	262	0	0	0	0	0	0	0	138	3	0	0	71	50	0	0
当年支出经费(千元)	6	478.03	0	20	10	0	0	0	43	132.9	5	0	0	217.13	50	0	0
当年新开课题数(项)	7	27	0	0	0	0	0	0	0	16	2	0	0	4	5	0	0
当年新开课题批准经费(千元)	8	262	0	0	0	0	0	0	0	138	3	0	0	71	50	0	0
当年完成课题数(项)	9	37	0	0	0	0	0	0	2	12	4	0	0	4	15	0	0

续表

			编号	合计	国家社科基金项目	国家社科基金单列学科项目	教育部人文社科研究项目	高校古籍整理研究项目	国家自然科学基金项目	中央其他部门社科专门项目	省、市、自治区社科基金项目	省教育厅社科项目	地、市、厅、局等政府部门项目	国际合作研究项目	与港、澳、台地区合作研究项目	企事业单位委托项目	学校社科项目	外资项目	其他
				课题来源															
				L01	L02	L03	L04	L05	L06	L07	L08	L09	L10	L11	L12	L13	L14	L15	L16
出版著作(部)	合计		10	0	0	0	0	0	0	0	0	0	0	0	0	0	0	0	0
	专著	合计	11	0	0	0	0	0	0	0	0	0	0	0	0	0	0	0	0
		其中:被译成外文	12	0	0	0	0	0	0	0	0	0	0	0	0	0	0	0	0
	编著教材		13	0	0	0	0	0	0	0	0	0	0	0	0	0	0	0	0
	工具书参考书		14	0	0	0	0	0	0	0	0	0	0	0	0	0	0	0	0
	皮书/发展报告		15	0	0	0	0	0	0	0	0	0	0	0	0	0	0	0	0
	科普读物		16	0	0	0	0	0	0	0	0	0	0	0	0	0	0	0	0
古籍整理(部)			17	0	0	0	0	0	0	0	0	0	0	0	0	0	0	0	0
译著(部)			18	0	0	0	0	0	0	0	0	0	0	0	0	0	0	0	0
发表译文(篇)			19	0	0	0	0	0	0	0	0	0	0	0	0	0	0	0	0
电子出版物(件)			20	0	0	0	0	0	0	0	0	0	0	0	0	0	0	0	0
发表论文(篇)	合计		21	113	0	0	5	0	0	0	12	32	9	0	0	0	55	0	0
	国内学术刊物		22	113	0	0	5	0	0	0	12	32	9	0	0	0	55	0	0
	国外学术刊物		23	0	0	0	0	0	0	0	0	0	0	0	0	0	0	0	0
	港、澳、台地区刊物		24	0	0	0	0	0	0	0	0	0	0	0	0	0	0	0	0
研究与咨询报告(篇)	合计		25	4	0	0	0	0	0	0	0	0	0	0	0	4	0	0	0
	其中:被采纳数		26	4	0	0	0	0	0	0	0	0	0	0	0	4	0	0	0

3.26 南通航运职业技术学院人文、社会科学研究与课题成果来源情况表

		课题来源															
		合计	国家社科基金项目	国家社科基金单列学科项目	教育部人文社科研究项目	高校古籍整理研究项目	国家自然科学基金项目	中央其他部门社科专门项目	省、市、自治区社科基金项目	省教育厅社科项目	地、市、厅、局等政府部门项目	国际合作研究项目	与港、澳、台地区合作研究项目	企事业单位委托项目	学校社科项目	外资项目	其他
	编号	L01	L02	L03	L04	L05	L06	L07	L08	L09	L10	L11	L12	L13	L14	L15	L16
课题数(项)	1	201	0	0	0	0	0	0	4	54	36	0	0	37	66	0	4
当年投入人数(人年)	2	28.3	0	0	0	0	0	0	0.5	8.6	5.8	0	0	4.1	8.9	0	0.4
其中:研究生(人年)	3	0	0	0	0	0	0	0	0	0	0	0	0	0	0	0	0
当年拨入经费(千元)	4	306	0	0	0	0	0	0	16	118	94	0	0	26	52	0	0
其中:当年立项项目拨入经费(千元)	5	306	0	0	0	0	0	0	16	118	94	0	0	26	52	0	0
当年支出经费(千元)	6	387.15	0	0	0	0	0	0	5	135.75	101.4	0	0	29.3	110	0	5.7
当年新开课题数(项)	7	70	0	0	0	0	0	0	4	15	13	0	0	13	25	0	0
当年新开课题批准经费(千元)	8	306	0	0	0	0	0	0	16	118	94	0	0	26	52	0	0
当年完成课题数(项)	9	100	0	0	0	0	0	0	0	22	12	0	0	22	41	0	3

续表

			编号	课题来源 合计	国家社科基金项目	国家社科基金单列学科项目	教育部人文社科研究项目	高校古籍整理研究项目	国家自然科学基金项目	中央其他部门社科专门项目	省、市、自治区社科基金项目	省教育厅社科项目	地、市、厅、局等政府部门项目	国际合作研究项目	与港、澳、台地区合作研究项目	企事业单位委托项目	学校社科项目	外资项目	其他
				L01	L02	L03	L04	L05	L06	L07	L08	L09	L10	L11	L12	L13	L14	L15	L16
出版著作(部)	合计		10	0	0	0	0	0	0	0	0	0	0	0	0	0	0	0	0
	专著	合计	11	0	0	0	0	0	0	0	0	0	0	0	0	0	0	0	0
		其中:被译成外文	12	0	0	0	0	0	0	0	0	0	0	0	0	0	0	0	0
	编著教材		13	0	0	0	0	0	0	0	0	0	0	0	0	0	0	0	0
	工具书参考书		14	0	0	0	0	0	0	0	0	0	0	0	0	0	0	0	0
	皮书/发展报告		15	0	0	0	0	0	0	0	0	0	0	0	0	0	0	0	0
	科普读物		16	0	0	0	0	0	0	0	0	0	0	0	0	0	0	0	0
古籍整理(部)			17	0	0	0	0	0	0	0	0	0	0	0	0	0	0	0	0
译著(部)			18	0	0	0	0	0	0	0	0	0	0	0	0	0	0	0	0
发表译文(篇)			19	0	0	0	0	0	0	0	0	0	0	0	0	0	0	0	0
电子出版物(件)			20	0	0	0	0	0	0	0	0	0	0	0	0	0	0	0	0
发表论文(篇)	合计		21	170	2	0	5	0	0	0	10	43	15	0	0	3	47	0	45
	国内学术刊物		22	170	2	0	5	0	0	0	10	43	15	0	0	3	47	0	45
	国外学术刊物		23	0	0	0	0	0	0	0	0	0	0	0	0	0	0	0	0
	港、澳、台地区刊物		24	0	0	0	0	0	0	0	0	0	0	0	0	0	0	0	0
研究与咨询报告(篇)	合计		25	36	0	0	0	0	0	0	0	0	4	0	0	32	0	0	0
	其中:被采纳数		26	13	0	0	0	0	0	0	0	0	4	0	0	9	0	0	0

3.27 南京交通职业技术学院人文、社会科学研究与课题成果来源情况表

		课题来源															
		合计	国家社科基金项目	国家社科基金单列学科项目	教育部人文社科研究项目	高校古籍整理研究项目	国家自然科学基金项目	中央其他部门社科专门项目	省、市、自治区社科基金项目	省教育厅社科项目	地、市、厅、局等政府部门项目	国际合作研究项目	与港、澳、台地区合作研究项目	企事业单位委托项目	学校社科项目	外资项目	其他
	编号	L01	L02	L03	L04	L05	L06	L07	L08	L09	L10	L11	L12	L13	L14	L15	L16
课题数(项)	1	157	0	0	3	0	0	0	0	42	27	0	0	17	67	0	1
当年投入人数(人年)	2	17	0	0	0.3	0	0	0	0	4.4	3.4	0	0	2	6.8	0	0.1
其中:研究生(人年)	3	0	0	0	0	0	0	0	0	0	0	0	0	0	0	0	0
当年拨入经费(千元)	4	1 233	0	0	56	0	0	0	0	148	89	0	0	810	130	0	0
其中:当年立项项目拨入经费(千元)	5	1 112	0	0	50	0	0	0	0	36	86	0	0	810	130	0	0
当年支出经费(千元)	6	310.98	0	0	50.74	0	0	0	0	76.4	34.95	0	0	94.82	46.07	0	8
当年新开课题数(项)	7	57	0	0	1	0	0	0	0	13	11	0	0	9	23	0	0
当年新开课题批准经费(千元)	8	1 381	0	0	100	0	0	0	0	152	113	0	0	860	156	0	0
当年完成课题数(项)	9	45	0	0	1	0	0	0	0	10	10	0	0	8	15	0	1

续表

			课题来源															
			合计	国家社科基金项目	国家社科基金单列学科项目	教育部人文社科研究项目	高校古籍整理研究项目	国家自然科学基金项目	中央其他部门社科专门项目	省、市、自治区社科基金项目	省教育厅社科项目	地、市、厅、局等政府部门项目	国际合作研究项目	与港、澳、台地区合作研究项目	企事业单位委托项目	学校社科项目	外资项目	其他
		编号	L01	L02	L03	L04	L05	L06	L07	L08	L09	L10	L11	L12	L13	L14	L15	L16
出版著作(部)	合计	10	3	0	0	0	0	0	0	0	0	1	0	0	2	0	0	0
	专著 合计	11	0	0	0	0	0	0	0	0	0	0	0	0	0	0	0	0
	专著 其中:被译成外文	12	0	0	0	0	0	0	0	0	0	0	0	0	0	0	0	0
	编著教材	13	3	0	0	0	0	0	0	0	0	1	0	0	2	0	0	0
	工具书参考书	14	0	0	0	0	0	0	0	0	0	0	0	0	0	0	0	0
	皮书/发展报告	15	0	0	0	0	0	0	0	0	0	0	0	0	0	0	0	0
	科普读物	16	0	0	0	0	0	0	0	0	0	0	0	0	0	0	0	0
古籍整理(部)		17	0	0	0	0	0	0	0	0	0	0	0	0	0	0	0	0
译著(部)		18	0	0	0	0	0	0	0	0	0	0	0	0	0	0	0	0
发表译文(篇)		19	0	0	0	0	0	0	0	0	0	0	0	0	0	0	0	0
电子出版物(件)		20	0	0	0	0	0	0	0	0	0	0	0	0	0	0	0	0
发表论文(篇)	合计	21	84	0	0	9	0	0	0	0	29	8	0	0	0	38	0	0
	国内学术刊物	22	83	0	0	9	0	0	0	0	29	8	0	0	0	37	0	0
	国外学术刊物	23	1	0	0	0	0	0	0	0	0	0	0	0	0	1	0	0
	港、澳、台地区刊物	24	0	0	0	0	0	0	0	0	0	0	0	0	0	0	0	0
研究与咨询报告(篇)	合计	25	4	0	0	0	0	0	0	0	0	0	0	0	4	0	0	0
	其中:被采纳数	26	0	0	0	0	0	0	0	0	0	0	0	0	0	0	0	0

3.28 淮安信息职业技术学院人文、社会科学研究与课题成果来源情况表

		课题来源															
		合计	国家社科基金项目	国家社科基金单列学科项目	教育部人文社科研究项目	高校古籍整理研究项目	国家自然科学基金项目	中央其他部门社科专门项目	省、市、自治区社科基金项目	省教育厅社科项目	地、市、厅、局等政府部门项目	国际合作研究项目	与港、澳、台地区合作研究项目	企事业单位委托项目	学校社科项目	外资项目	其他
	编号	L01	L02	L03	L04	L05	L06	L07	L08	L09	L10	L11	L12	L13	L14	L15	L16
课题数(项)	1	185	0	0	0	0	0	0	0	35	42	0	0	22	86	0	0
当年投入人数(人年)	2	18.6	0	0	0	0	0	0	0	3.5	4.3	0	0	2.2	8.6	0	0
其中:研究生(人年)	3	0	0	0	0	0	0	0	0	0	0	0	0	0	0	0	0
当年拨入经费(千元)	4	513	0	0	0	0	0	0	0	200	74	0	0	111	128	0	0
其中:当年立项项目拨入经费(千元)	5	473	0	0	0	0	0	0	0	160	74	0	0	111	128	0	0
当年支出经费(千元)	6	672.3	0	0	0	0	0	0	0	198	203.5	0	0	78.5	192.3	0	0
当年新开课题数(项)	7	74	0	0	0	0	0	0	0	12	9	0	0	14	39	0	0
当年新开课题批准经费(千元)	8	473	0	0	0	0	0	0	0	160	74	0	0	111	128	0	0
当年完成课题数(项)	9	51	0	0	0	0	0	0	0	9	18	0	0	6	18	0	0

续表

			编号	课题来源															
				合计	国家社科基金项目	国家社科基金单列学科项目	教育部人文社科研究项目	高校古籍整理研究项目	国家自然科学基金项目	中央其他部门社科专门项目	省、市、自治区社科基金项目	省教育厅社科项目	地、市、厅、局等政府部门项目	国际合作研究项目	与港、澳、台地区合作研究项目	企事业单位委托项目	学校社科项目	外资项目	其他
			编号	L01	L02	L03	L04	L05	L06	L07	L08	L09	L10	L11	L12	L13	L14	L15	L16
出版著作(部)	合计		10	1	0	0	0	0	0	0	0	0	1	0	0	0	0	0	0
	专著	合计	11	1	0	0	0	0	0	0	0	0	1	0	0	0	0	0	0
		其中:被译成外文	12	0	0	0	0	0	0	0	0	0	0	0	0	0	0	0	0
	编著教材		13	0	0	0	0	0	0	0	0	0	0	0	0	0	0	0	0
	工具书参考书		14	0	0	0	0	0	0	0	0	0	0	0	0	0	0	0	0
	皮书/发展报告		15	0	0	0	0	0	0	0	0	0	0	0	0	0	0	0	0
	科普读物		16	0	0	0	0	0	0	0	0	0	0	0	0	0	0	0	0
古籍整理(部)			17	0	0	0	0	0	0	0	0	0	0	0	0	0	0	0	0
译著(部)			18	0	0	0	0	0	0	0	0	0	0	0	0	0	0	0	0
发表译文(篇)			19	0	0	0	0	0	0	0	0	0	0	0	0	0	0	0	0
电子出版物(件)			20	0	0	0	0	0	0	0	0	0	0	0	0	0	0	0	0
发表论文(篇)	合计		21	95	0	0	0	0	0	0	0	25	19	0	0	21	30	0	0
	国内学术刊物		22	95	0	0	0	0	0	0	0	25	19	0	0	21	30	0	0
	国外学术刊物		23	0	0	0	0	0	0	0	0	0	0	0	0	0	0	0	0
	港、澳、台地区刊物		24	0	0	0	0	0	0	0	0	0	0	0	0	0	0	0	0
研究与咨询报告(篇)	合计		25	0	0	0	0	0	0	0	0	0	0	0	0	0	0	0	0
	其中:被采纳数		26	0	0	0	0	0	0	0	0	0	0	0	0	0	0	0	0

3.29 常州纺织服装职业技术学院人文、社会科学研究与课题成果来源情况表

		课题来源															
		合计	国家社科基金项目	国家社科基金单列学科项目	教育部人文社科研究项目	高校古籍整理研究项目	国家自然科学基金项目	中央其他部门社科专门项目	省、市、自治区社科基金项目	省教育厅社科项目	地、市、厅、局等政府部门项目	国际合作研究项目	与港、澳、台地区合作研究项目	企事业单位委托项目	学校社科项目	外资项目	其他
	编号	L01	L02	L03	L04	L05	L06	L07	L08	L09	L10	L11	L12	L13	L14	L15	L16
课题数(项)	1	126	0	0	0	0	0	0	2	18	30	0	0	6	70	0	0
当年投入人数(人年)	2	26.5	0	0	0	0	0	0	0.3	4.4	6.4	0	0	1.8	13.6	0	0
其中:研究生(人年)	3	0	0	0	0	0	0	0	0	0	0	0	0	0	0	0	0
当年拨入经费(千元)	4	386	0	0	0	0	0	0	0	68	65	0	0	70	183	0	0
其中:当年立项项目拨入经费(千元)	5	386	0	0	0	0	0	0	0	68	65	0	0	70	183	0	0
当年支出经费(千元)	6	205	0	0	0	0	0	0	1.4	48.2	62	0	0	12	81.4	0	0
当年新开课题数(项)	7	56	0	0	0	0	0	0	0	8	14	0	0	4	30	0	0
当年新开课题批准经费(千元)	8	386	0	0	0	0	0	0	0	68	65	0	0	70	183	0	0
当年完成课题数(项)	9	30	0	0	0	0	0	0	1	6	13	0	0	1	9	0	0

续表

			课题来源															
			合计	国家社科基金项目	国家社科基金单列学科项目	教育部人文社科研究项目	高校古籍整理研究项目	国家自然科学基金项目	中央其他部门社科专门项目	省、市、自治区社科基金项目	省教育厅社科项目	地、市、厅、局等政府部门项目	国际合作研究项目	与港、澳、台地区合作研究项目	企事业单位委托项目	学校社科项目	外资项目	其他
		编号	L01	L02	L03	L04	L05	L06	L07	L08	L09	L10	L11	L12	L13	L14	L15	L16
出版著作(部)	合计	10	1	0	0	0	0	0	0	0	0	1	0	0	0	0	0	0
	专著 合计	11	0	0	0	0	0	0	0	0	0	0	0	0	0	0	0	0
	专著 其中:被译成外文	12	0	0	0	0	0	0	0	0	0	0	0	0	0	0	0	0
	编著教材	13	1	0	0	0	0	0	0	0	0	1	0	0	0	0	0	0
	工具书参考书	14	0	0	0	0	0	0	0	0	0	0	0	0	0	0	0	0
	皮书/发展报告	15	0	0	0	0	0	0	0	0	0	0	0	0	0	0	0	0
	科普读物	16	0	0	0	0	0	0	0	0	0	0	0	0	0	0	0	0
古籍整理(部)		17	0	0	0	0	0	0	0	0	0	0	0	0	0	0	0	0
译著(部)		18	0	0	0	0	0	0	0	0	0	0	0	0	0	0	0	0
发表译文(篇)		19	0	0	0	0	0	0	0	0	0	0	0	0	0	0	0	0
电子出版物(件)		20	0	0	0	0	0	0	0	0	0	0	0	0	0	0	0	0
发表论文(篇)	合计	21	146	0	0	0	0	0	0	7	20	47	0	0	0	72	0	0
	国内学术刊物	22	146	0	0	0	0	0	0	7	20	47	0	0	0	72	0	0
	国外学术刊物	23	0	0	0	0	0	0	0	0	0	0	0	0	0	0	0	0
	港、澳、台地区刊物	24	0	0	0	0	0	0	0	0	0	0	0	0	0	0	0	0
研究与咨询报告(篇)	合计	25	2	0	0	0	0	0	0	0	0	0	0	0	2	0	0	0
	其中:被采纳数	26	2	0	0	0	0	0	0	0	0	0	0	0	2	0	0	0

3.30 苏州农业职业技术学院人文、社会科学研究与课题成果来源情况表

	编号	合计	国家社科基金项目	国家社科基金单列学科项目	教育部人文社科研究项目	高校古籍整理研究项目	国家自然科学基金项目	中央其他部门社科专门项目	省、市、自治区社科基金项目	省教育厅社科项目	地、市、厅、局等政府部门项目	国际合作研究项目	与港、澳、台地区合作研究项目	企事业单位委托项目	学校社科项目	外资项目	其他
		L01	L02	L03	L04	L05	L06	L07	L08	L09	L10	L11	L12	L13	L14	L15	L16
课题数(项)	1	21	0	0	0	0	0	0	7	2	10	0	0	0	2	0	0
当年投入人数(人年)	2	3.1	0	0	0	0	0	0	0.7	0.2	1.4	0	0	0	0.8	0	0
其中:研究生(人年)	3	0	0	0	0	0	0	0	0	0	0	0	0	0	0	0	0
当年拨入经费(千元)	4	55.8	0	0	0	0	0	0	0	20	35.8	0	0	0	0	0	0
其中:当年立项项目拨入经费(千元)	5	10.8	0	0	0	0	0	0	0	10	0.8	0	0	0	0	0	0
当年支出经费(千元)	6	69.8	0	0	0	0	0	0	24	12	27.8	0	0	0	6	0	0
当年新开课题数(项)	7	3	0	0	0	0	0	0	0	1	2	0	0	0	0	0	0
当年新开课题批准经费(千元)	8	10.8	0	0	0	0	0	0	0	10	0.8	0	0	0	0	0	0
当年完成课题数(项)	9	9	0	0	0	0	0	0	3	0	6	0	0	0	0	0	0

续表

			编号	课题来源															
				合计	国家社科基金项目	国家社科基金单列学科项目	教育部人文社科研究项目	高校古籍整理研究项目	国家自然科学基金项目	中央其他部门社科专门项目	省、市、自治区社科基金项目	省教育厅社科项目	地、市、厅、局等政府部门项目	国际合作研究项目	与港、澳、台地区合作研究项目	企事业单位委托项目	学校社科项目	外资项目	其他
			编号	L01	L02	L03	L04	L05	L06	L07	L08	L09	L10	L11	L12	L13	L14	L15	L16
出版著作(部)	合计		10	0	0	0	0	0	0	0	0	0	0	0	0	0	0	0	0
	专著	合计	11	0	0	0	0	0	0	0	0	0	0	0	0	0	0	0	0
		其中:被译成外文	12	0	0	0	0	0	0	0	0	0	0	0	0	0	0	0	0
	编著教材		13	0	0	0	0	0	0	0	0	0	0	0	0	0	0	0	0
	工具书参考书		14	0	0	0	0	0	0	0	0	0	0	0	0	0	0	0	0
	皮书/发展报告		15	0	0	0	0	0	0	0	0	0	0	0	0	0	0	0	0
	科普读物		16	0	0	0	0	0	0	0	0	0	0	0	0	0	0	0	0
古籍整理(部)			17	0	0	0	0	0	0	0	0	0	0	0	0	0	0	0	0
译著(部)			18	0	0	0	0	0	0	0	0	0	0	0	0	0	0	0	0
发表译文(篇)			19	0	0	0	0	0	0	0	0	0	0	0	0	0	0	0	0
电子出版物(件)			20	0	0	0	0	0	0	0	0	0	0	0	0	0	0	0	0
发表论文(篇)	合计		21	12	0	0	0	0	0	0	0	2	4	0	0	0	6	0	0
	国内学术刊物		22	12	0	0	0	0	0	0	0	2	4	0	0	0	6	0	0
	国外学术刊物		23	0	0	0	0	0	0	0	0	0	0	0	0	0	0	0	0
	港、澳、台地区刊物		24	0	0	0	0	0	0	0	0	0	0	0	0	0	0	0	0
研究与咨询报告(篇)	合计		25	0	0	0	0	0	0	0	0	0	0	0	0	0	0	0	0
	其中:被采纳数		26	0	0	0	0	0	0	0	0	0	0	0	0	0	0	0	0

3.31 南京科技职业学院人文、社会科学研究与课题成果来源情况表

		课题来源															
		合计	国家社科基金项目	国家社科基金单列学科项目	教育部人文社科研究项目	高校古籍整理研究项目	国家自然科学基金项目	中央其他部门社科专门项目	省、市、自治区社科基金项目	省教育厅社科项目	地、市、厅、局等政府部门项目	国际合作研究项目	与港、澳、台地区合作研究项目	企事业单位委托项目	学校社科项目	外资项目	其他
	编号	L01	L02	L03	L04	L05	L06	L07	L08	L09	L10	L11	L12	L13	L14	L15	L16
课题数(项)	1	109	0	0	0	0	0	0	0	54	8	0	0	12	35	0	0
当年投入人数(人年)	2	11.8	0	0	0	0	0	0	0	5.4	0	0	0	2.7	3.7	0	0
其中:研究生(人年)	3	0	0	0	0	0	0	0	0	0	0	0	0	0	0	0	0
当年拨入经费(千元)	4	320.5	0	0	0	0	0	0	0	133	0	0	0	166	21.5	0	0
其中:当年立项项目拨入经费(千元)	5	317	0	0	0	0	0	0	0	130	0	0	0	166	21	0	0
当年支出经费(千元)	6	266.5	0	0	0	0	0	0	0	79	0	0	0	166	21.5	0	0
当年新开课题数(项)	7	34	0	0	0	0	0	0	0	12	0	0	0	12	10	0	0
当年新开课题批准经费(千元)	8	317	0	0	0	0	0	0	0	130	0	0	0	166	21	0	0
当年完成课题数(项)	9	32	0	0	0	0	0	0	0	18	0	0	0	0	14	0	0

续表

			编号	课题来源															
				合计	国家社科基金项目	国家社科基金单列学科项目	教育部人文社科研究项目	高校古籍整理研究项目	国家自然科学基金项目	中央其他部门社科专门项目	省、市、自治区社科基金项目	省教育厅社科项目	地、市、厅、局等政府部门项目	国际合作研究项目	与港、澳、台地区合作研究项目	企事业单位委托项目	学校社科项目	外资项目	其他
			编号	L01	L02	L03	L04	L05	L06	L07	L08	L09	L10	L11	L12	L13	L14	L15	L16
出版著作(部)	合计		10	1	0	0	0	0	0	0	0	0	0	0	0	1	0	0	0
	专著	合计	11	1	0	0	0	0	0	0	0	0	0	0	0	1	0	0	0
		其中:被译成外文	12	0	0	0	0	0	0	0	0	0	0	0	0	0	0	0	0
	编著教材		13	0	0	0	0	0	0	0	0	0	0	0	0	0	0	0	0
	工具书参考书		14	0	0	0	0	0	0	0	0	0	0	0	0	0	0	0	0
	皮书/发展报告		15	0	0	0	0	0	0	0	0	0	0	0	0	0	0	0	0
	科普读物		16	0	0	0	0	0	0	0	0	0	0	0	0	0	0	0	0
古籍整理(部)			17	0	0	0	0	0	0	0	0	0	0	0	0	0	0	0	0
译著(部)			18	0	0	0	0	0	0	0	0	0	0	0	0	0	0	0	0
发表译文(篇)			19	0	0	0	0	0	0	0	0	0	0	0	0	0	0	0	0
电子出版物(件)			20	0	0	0	0	0	0	0	0	0	0	0	0	0	0	0	0
发表论文(篇)	合计		21	13	0	0	0	0	0	0	0	1	0	0	0	6	6	0	0
	国内学术刊物		22	13	0	0	0	0	0	0	0	1	0	0	0	6	6	0	0
	国外学术刊物		23	0	0	0	0	0	0	0	0	0	0	0	0	0	0	0	0
	港、澳、台地区刊物		24	0	0	0	0	0	0	0	0	0	0	0	0	0	0	0	0
研究与咨询报告(篇)	合计		25	0	0	0	0	0	0	0	0	0	0	0	0	0	0	0	0
	其中:被采纳数		26	0	0	0	0	0	0	0	0	0	0	0	0	0	0	0	0

3.32 常州轻工职业技术学院人文、社会科学研究与课题成果来源情况表

		课题来源															
		合计	国家社科基金项目	国家社科基金单列学科项目	教育部人文社科研究项目	高校古籍整理研究项目	国家自然科学基金项目	中央其他部门社科专门项目	省、市、自治区社科基金项目	省教育厅社科项目	地、市、厅、局等政府部门项目	国际合作研究项目	与港、澳、台地区合作研究项目	企事业单位委托项目	学校社科项目	外资项目	其他
	编号	L01	L02	L03	L04	L05	L06	L07	L08	L09	L10	L11	L12	L13	L14	L15	L16
课题数(项)	1	130	0	0	0	0	0	0	3	11	42	0	0	36	30	0	8
当年投入人数(人年)	2	67.1	0	0	0	0	0	0	1.5	9.5	22.9	0	0	16.4	12.5	0	4.3
其中:研究生(人年)	3	0	0	0	0	0	0	0	0	0	0	0	0	0	0	0	0
当年拨入经费(千元)	4	201	0	0	0	0	0	0	0	92	8	0	0	89	12	0	0
其中:当年立项项目拨入经费(千元)	5	201	0	0	0	0	0	0	0	92	8	0	0	89	12	0	0
当年支出经费(千元)	6	360.5	0	0	0	0	0	0	13	6	195	0	0	94	32.5	0	20
当年新开课题数(项)	7	34	0	0	0	0	0	0	0	11	8	0	0	12	3	0	0
当年新开课题批准经费(千元)	8	203	0	0	0	0	0	0	0	94	8	0	0	89	12	0	0
当年完成课题数(项)	9	49	0	0	0	0	0	0	2	0	21	0	0	4	19	0	3

续表

			编号	课题来源：合计	国家社科基金项目	国家社科基金单列学科项目	教育部人文社科研究项目	高校古籍整理研究项目	国家自然科学基金项目	中央其他部门社科专门项目	省、市、自治区社科基金项目	省教育厅社科项目	地、市、厅、局等政府部门项目	国际合作研究项目	与港、澳、台地区合作研究项目	企事业单位委托项目	学校社科项目	外资项目	其他
				L01	L02	L03	L04	L05	L06	L07	L08	L09	L10	L11	L12	L13	L14	L15	L16
出版著作(部)	合计		10	15	0	0	0	0	0	0	0	1	2	0	0	4	4	0	4
	专著	合计	11	1	0	0	0	0	0	0	0	0	0	0	0	1	0	0	0
		其中:被译成外文	12	0	0	0	0	0	0	0	0	0	0	0	0	0	0	0	0
	编著教材		13	14	0	0	0	0	0	0	0	1	2	0	0	3	4	0	4
	工具书参考书		14	0	0	0	0	0	0	0	0	0	0	0	0	0	0	0	0
	皮书/发展报告		15	0	0	0	0	0	0	0	0	0	0	0	0	0	0	0	0
	科普读物		16	0	0	0	0	0	0	0	0	0	0	0	0	0	0	0	0
古籍整理(部)			17	0	0	0	0	0	0	0	0	0	0	0	0	0	0	0	0
译著(部)			18	0	0	0	0	0	0	0	0	0	0	0	0	0	0	0	0
发表译文(篇)			19	0	0	0	0	0	0	0	0	0	0	0	0	0	0	0	0
电子出版物(件)			20	0	0	0	0	0	0	0	0	0	0	0	0	0	0	0	0
发表论文(篇)	合计		21	104	0	0	0	0	0	0	5	17	24	0	0	11	20	0	27
	国内学术刊物		22	104	0	0	0	0	0	0	5	17	24	0	0	11	20	0	27
	国外学术刊物		23	0	0	0	0	0	0	0	0	0	0	0	0	0	0	0	0
	港、澳、台地区刊物		24	0	0	0	0	0	0	0	0	0	0	0	0	0	0	0	0
研究与咨询报告(篇)	合计		25	0	0	0	0	0	0	0	0	0	0	0	0	0	0	0	0
	其中:被采纳数		26	0	0	0	0	0	0	0	0	0	0	0	0	0	0	0	0

3.33 常州工程职业技术学院人文、社会科学研究与课题成果来源情况表

	编号	合计	国家社科基金项目	国家社科基金单列学科项目	教育部人文社科研究项目	高校古籍整理研究项目	国家自然科学基金项目	中央其他部门社科专门项目	省、市、自治区社科基金项目	省教育厅社科项目	地、市、厅、局等政府部门项目	国际合作研究项目	与港、澳、台地区合作研究项目	企事业单位委托项目	学校社科项目	外资项目	其他
		课题来源															
		L01	L02	L03	L04	L05	L06	L07	L08	L09	L10	L11	L12	L13	L14	L15	L16
课题数(项)	1	109	0	0	0	0	0	0	9	37	29	0	0	0	34	0	0
当年投入人数(人年)	2	30.6	0	0	0	0	0	0	2.1	14.7	9	0	0	0	4.8	0	0
其中:研究生(人年)	3	0	0	0	0	0	0	0	0	0	0	0	0	0	0	0	0
当年拨入经费(千元)	4	308.2	0	0	0	0	0	0	48	94	42	0	0	0	124.2	0	0
其中:当年立项项目拨入经费(千元)	5	308.2	0	0	0	0	0	0	48	94	42	0	0	0	124.2	0	0
当年支出经费(千元)	6	308.25	0	0	0	0	0	0	28	97	73	0	0	0	110.25	0	0
当年新开课题数(项)	7	37	0	0	0	0	0	0	9	9	9	0	0	0	10	0	0
当年新开课题批准经费(千元)	8	308.2	0	0	0	0	0	0	48	94	42	0	0	0	124.2	0	0
当年完成课题数(项)	9	65	0	0	0	0	0	0	0	14	25	0	0	0	26	0	0

续表

			编号	课题来源：合计	国家社科基金项目	国家社科基金单列学科项目	教育部人文社科研究项目	高校古籍整理研究项目	国家自然科学基金项目	中央其他部门社科专门项目	省、市、自治区社科基金项目	省教育厅社科项目	地、市、厅、局等政府部门项目	国际合作研究项目	与港、澳、台地区合作研究项目	企事业单位委托项目	学校社科项目	外资项目	其他
				L01	L02	L03	L04	L05	L06	L07	L08	L09	L10	L11	L12	L13	L14	L15	L16
出版著作(部)	合计		10	1	0	0	0	0	0	0	0	1	0	0	0	0	0	0	0
	专著	合计	11	1	0	0	0	0	0	0	0	1	0	0	0	0	0	0	0
		其中:被译成外文	12	0	0	0	0	0	0	0	0	0	0	0	0	0	0	0	0
	编著教材		13	0	0	0	0	0	0	0	0	0	0	0	0	0	0	0	0
	工具书参考书		14	0	0	0	0	0	0	0	0	0	0	0	0	0	0	0	0
	皮书/发展报告		15	0	0	0	0	0	0	0	0	0	0	0	0	0	0	0	0
	科普读物		16	0	0	0	0	0	0	0	0	0	0	0	0	0	0	0	0
古籍整理(部)			17	0	0	0	0	0	0	0	0	0	0	0	0	0	0	0	0
译著(部)			18	1	0	0	0	0	0	0	1	0	0	0	0	0	0	0	0
发表译文(篇)			19	0	0	0	0	0	0	0	0	0	0	0	0	0	0	0	0
电子出版物(件)			20	0	0	0	0	0	0	0	0	0	0	0	0	0	0	0	0
发表论文(篇)	合计		21	166	0	0	0	0	0	0	54	49	31	0	0	0	32	0	0
	国内学术刊物		22	166	0	0	0	0	0	0	54	49	31	0	0	0	32	0	0
	国外学术刊物		23	0	0	0	0	0	0	0	0	0	0	0	0	0	0	0	0
	港、澳、台地区刊物		24	0	0	0	0	0	0	0	0	0	0	0	0	0	0	0	0
研究与咨询报告(篇)	合计		25	0	0	0	0	0	0	0	0	0	0	0	0	0	0	0	0
	其中:被采纳数		26	0	0	0	0	0	0	0	0	0	0	0	0	0	0	0	0

3.34 江苏农林职业技术学院人文、社会科学研究与课题成果来源情况表

		课题来源															
		合计	国家社科基金项目	国家社科基金单列学科项目	教育部人文社科研究项目	高校古籍整理研究项目	国家自然科学基金项目	中央其他部门社科专门项目	省、市、自治区社科基金项目	省教育厅社科项目	地、市、厅、局等政府部门项目	国际合作研究项目	与港、澳、台地区合作研究项目	企事业单位委托项目	学校社科项目	外资项目	其他
	编号	L01	L02	L03	L04	L05	L06	L07	L08	L09	L10	L11	L12	L13	L14	L15	L16
课题数(项)	1	5	0	0	0	0	0	0	0	5	0	0	0	0	0	0	0
当年投入人数(人年)	2	1	0	0	0	0	0	0	0	1	0	0	0	0	0	0	0
其中:研究生(人年)	3	0	0	0	0	0	0	0	0	0	0	0	0	0	0	0	0
当年拨入经费(千元)	4	36	0	0	0	0	0	0	0	36	0	0	0	0	0	0	0
其中:当年立项项目拨入经费(千元)	5	36	0	0	0	0	0	0	0	36	0	0	0	0	0	0	0
当年支出经费(千元)	6	39.6	0	0	0	0	0	0	0	39.6	0	0	0	0	0	0	0
当年新开课题数(项)	7	4	0	0	0	0	0	0	0	4	0	0	0	0	0	0	0
当年新开课题批准经费(千元)	8	36	0	0	0	0	0	0	0	36	0	0	0	0	0	0	0
当年完成课题数(项)	9	0	0	0	0	0	0	0	0	0	0	0	0	0	0	0	0

续表

			编号	课题来源															
				合计	国家社科基金项目	国家社科基金单列学科项目	教育部人文社科研究项目	高校古籍整理研究项目	国家自然科学基金项目	中央其他部门社科专门项目	省、市、自治区社科基金项目	省教育厅社科项目	地、市、厅、局等政府部门项目	国际合作研究项目	与港、澳、台地区合作研究项目	企事业单位委托项目	学校社科项目	外资项目	其他
				L01	L02	L03	L04	L05	L06	L07	L08	L09	L10	L11	L12	L13	L14	L15	L16
出版著作(部)	合计		10	0	0	0	0	0	0	0	0	0	0	0	0	0	0	0	0
	专著	合计	11	0	0	0	0	0	0	0	0	0	0	0	0	0	0	0	0
		其中:被译成外文	12	0	0	0	0	0	0	0	0	0	0	0	0	0	0	0	0
	编著教材		13	0	0	0	0	0	0	0	0	0	0	0	0	0	0	0	0
	工具书参考书		14	0	0	0	0	0	0	0	0	0	0	0	0	0	0	0	0
	皮书/发展报告		15	0	0	0	0	0	0	0	0	0	0	0	0	0	0	0	0
	科普读物		16	0	0	0	0	0	0	0	0	0	0	0	0	0	0	0	0
古籍整理(部)			17	0	0	0	0	0	0	0	0	0	0	0	0	0	0	0	0
译著(部)			18	0	0	0	0	0	0	0	0	0	0	0	0	0	0	0	0
发表译文(篇)			19	0	0	0	0	0	0	0	0	0	0	0	0	0	0	0	0
电子出版物(件)			20	0	0	0	0	0	0	0	0	0	0	0	0	0	0	0	0
发表论文(篇)	合计		21	3	0	0	0	0	0	0	0	3	0	0	0	0	0	0	0
	国内学术刊物		22	3	0	0	0	0	0	0	0	3	0	0	0	0	0	0	0
	国外学术刊物		23	0	0	0	0	0	0	0	0	0	0	0	0	0	0	0	0
	港、澳、台地区刊物		24	0	0	0	0	0	0	0	0	0	0	0	0	0	0	0	0
研究与咨询报告(篇)	合计		25	0	0	0	0	0	0	0	0	0	0	0	0	0	0	0	0
	其中:被采纳数		26	0	0	0	0	0	0	0	0	0	0	0	0	0	0	0	0

3.35 江苏食品药品职业技术学院人文、社会科学研究与课题成果来源情况表

		课题来源															
		合计	国家社科基金项目	国家社科基金单列学科项目	教育部人文社科研究项目	高校古籍整理研究项目	国家自然科学基金项目	中央其他部门社科专门项目	省、市、自治区社科基金项目	省教育厅社科项目	地、市、厅、局等政府部门项目	国际合作研究项目	与港、澳、台地区合作研究项目	企事业单位委托项目	学校社科项目	外资项目	其他
	编号	L01	L02	L03	L04	L05	L06	L07	L08	L09	L10	L11	L12	L13	L14	L15	L16
课题数(项)	1	86	0	0	0	0	0	0	0	37	30	0	0	0	19	0	0
当年投入人数(人年)	2	23.3	0	0	0	0	0	0	0	9.8	9	0	0	0	4.5	0	0
其中:研究生(人年)	3	0	0	0	0	0	0	0	0	0	0	0	0	0	0	0	0
当年拨入经费(千元)	4	281	0	0	0	0	0	0	0	185	96	0	0	0	0	0	0
其中:当年立项项目拨入经费(千元)	5	251	0	0	0	0	0	0	0	160	91	0	0	0	0	0	0
当年支出经费(千元)	6	545.8	0	0	0	0	0	0	0	171.3	346.3	0	0	0	28.2	0	0
当年新开课题数(项)	7	32	0	0	0	0	0	0	0	16	16	0	0	0	0	0	0
当年新开课题批准经费(千元)	8	251	0	0	0	0	0	0	0	160	91	0	0	0	0	0	0
当年完成课题数(项)	9	39	0	0	0	0	0	0	0	9	22	0	0	0	8	0	0

续表

			课题来源															
			合计	国家社科基金项目	国家社科基金单列学科项目	教育部人文社科研究项目	高校古籍整理研究项目	国家自然科学基金项目	中央其他部门社科专门项目	省、市、自治区社科基金项目	省教育厅社科项目	地、市、厅、局等政府部门项目	国际合作研究项目	与港、澳、台地区合作研究项目	企事业单位委托项目	学校社科项目	外资项目	其他
		编号	L01	L02	L03	L04	L05	L06	L07	L08	L09	L10	L11	L12	L13	L14	L15	L16
出版著作(部)	合计	10	12	0	0	0	0	0	0	0	1	7	0	0	0	4	0	0
出版著作(部)	专著 合计	11	2	0	0	0	0	0	0	0	0	1	0	0	0	1	0	0
出版著作(部)	专著 其中:被译成外文	12	0	0	0	0	0	0	0	0	0	0	0	0	0	0	0	0
出版著作(部)	编著教材	13	10	0	0	0	0	0	0	0	1	6	0	0	0	3	0	0
出版著作(部)	工具书参考书	14	0	0	0	0	0	0	0	0	0	0	0	0	0	0	0	0
出版著作(部)	皮书/发展报告	15	0	0	0	0	0	0	0	0	0	0	0	0	0	0	0	0
出版著作(部)	科普读物	16	0	0	0	0	0	0	0	0	0	0	0	0	0	0	0	0
古籍整理(部)		17	0	0	0	0	0	0	0	0	0	0	0	0	0	0	0	0
译著(部)		18	0	0	0	0	0	0	0	0	0	0	0	0	0	0	0	0
发表译文(篇)		19	1	0	0	0	0	0	0	0	1	0	0	0	0	0	0	0
电子出版物(件)		20	1	0	0	0	0	0	0	0	0	1	0	0	0	0	0	0
发表论文(篇)	合计	21	35	0	0	0	0	0	0	0	18	6	0	0	0	11	0	0
发表论文(篇)	国内学术刊物	22	35	0	0	0	0	0	0	0	18	6	0	0	0	11	0	0
发表论文(篇)	国外学术刊物	23	0	0	0	0	0	0	0	0	0	0	0	0	0	0	0	0
发表论文(篇)	港、澳、台地区刊物	24	0	0	0	0	0	0	0	0	0	0	0	0	0	0	0	0
研究与咨询报告(篇)	合计	25	21	0	0	0	0	0	0	0	0	21	0	0	0	0	0	0
研究与咨询报告(篇)	其中:被采纳数	26	5	0	0	0	0	0	0	0	0	5	0	0	0	0	0	0

3.36 南京铁道职业技术学院人文、社会科学研究与课题成果来源情况表

		课题来源															
		合计	国家社科基金项目	国家社科基金单列学科项目	教育部人文社科研究项目	高校古籍整理研究项目	国家自然科学基金项目	中央其他部门社科专门项目	省、市、自治区社科基金项目	省教育厅社科项目	地、市、厅、局等政府部门项目	国际合作研究项目	与港、澳、台地区合作研究项目	企事业单位委托项目	学校社科项目	外资项目	其他
	编号	L01	L02	L03	L04	L05	L06	L07	L08	L09	L10	L11	L12	L13	L14	L15	L16
课题数(项)	1	113	0	0	0	0	0	0	0	54	9	0	0	0	50	0	0
当年投入人数(人年)	2	13.7	0	0	0	0	0	0	0	6.5	1	0	0	0	6.2	0	0
其中:研究生(人年)	3	0	0	0	0	0	0	0	0	0	0	0	0	0	0	0	0
当年拨入经费(千元)	4	295.5	0	0	0	0	0	0	0	186	39	0	0	0	70.5	0	0
其中:当年立项项目拨入经费(千元)	5	284.5	0	0	0	0	0	0	0	186	36	0	0	0	62.5	0	0
当年支出经费(千元)	6	303	0	0	0	0	0	0	0	207	17.5	0	0	0	78.5	0	0
当年新开课题数(项)	7	44	0	0	0	0	0	0	0	13	4	0	0	0	27	0	0
当年新开课题批准经费(千元)	8	284.5	0	0	0	0	0	0	0	186	36	0	0	0	62.5	0	0
当年完成课题数(项)	9	42	0	0	0	0	0	0	0	17	5	0	0	0	20	0	0

续表

			编号	课题来源 合计	国家社科基金项目	国家社科基金单列学科项目	教育部人文社科研究项目	高校古籍整理研究项目	国家自然科学基金项目	中央其他部门社科专门项目	省、市、自治区社科基金项目	省教育厅社科项目	地、市、厅、局等政府部门项目	国际合作研究项目	与港、澳、台地区合作研究项目	企事业单位委托项目	学校社科项目	外资项目	其他
				L01	L02	L03	L04	L05	L06	L07	L08	L09	L10	L11	L12	L13	L14	L15	L16
出版著作(部)	合计		10	1	0	0	0	0	0	0	0	1	0	0	0	0	0	0	0
	专著	合计	11	0	0	0	0	0	0	0	0	0	0	0	0	0	0	0	0
		其中:被译成外文	12	0	0	0	0	0	0	0	0	0	0	0	0	0	0	0	0
	编著教材		13	1	0	0	0	0	0	0	0	1	0	0	0	0	0	0	0
	工具书参考书		14	0	0	0	0	0	0	0	0	0	0	0	0	0	0	0	0
	皮书/发展报告		15	0	0	0	0	0	0	0	0	0	0	0	0	0	0	0	0
	科普读物		16	0	0	0	0	0	0	0	0	0	0	0	0	0	0	0	0
古籍整理(部)			17	0	0	0	0	0	0	0	0	0	0	0	0	0	0	0	0
译著(部)			18	0	0	0	0	0	0	0	0	0	0	0	0	0	0	0	0
发表译文(篇)			19	0	0	0	0	0	0	0	0	0	0	0	0	0	0	0	0
电子出版物(件)			20	0	0	0	0	0	0	0	0	0	0	0	0	0	0	0	0
发表论文(篇)	合计		21	66	0	0	0	0	0	0	0	49	2	0	0	0	15	0	0
	国内学术刊物		22	66	0	0	0	0	0	0	0	49	2	0	0	0	15	0	0
	国外学术刊物		23	0	0	0	0	0	0	0	0	0	0	0	0	0	0	0	0
	港、澳、台地区刊物		24	0	0	0	0	0	0	0	0	0	0	0	0	0	0	0	0
研究与咨询报告(篇)	合计		25	1	0	0	0	0	0	0	0	0	1	0	0	0	0	0	0
	其中:被采纳数		26	1	0	0	0	0	0	0	0	0	1	0	0	0	0	0	0

3.37 徐州工业职业技术学院人文、社会科学研究与课题成果来源情况表

		课题来源															
		合计	国家社科基金项目	国家社科基金单列学科项目	教育部人文社科研究项目	高校古籍整理研究项目	国家自然科学基金项目	中央其他部门社科专门项目	省、市、自治区社科基金项目	省教育厅社科项目	地、市、厅、局等政府部门项目	国际合作研究项目	与港、澳、台地区合作研究项目	企事业单位委托项目	学校社科项目	外资项目	其他
	编号	L01	L02	L03	L04	L05	L06	L07	L08	L09	L10	L11	L12	L13	L14	L15	L16
课题数(项)	1	92	0	0	0	0	0	0	1	39	17	0	0	0	10	0	25
当年投入人数(人年)	2	9.9	0	0	0	0	0	0	0.1	3.9	1.9	0	0	0	1	0	3
其中:研究生(人年)	3	0	0	0	0	0	0	0	0	0	0	0	0	0	0	0	0
当年拨入经费(千元)	4	299	0	0	0	0	0	0	0	100	40	0	0	0	36	0	123
其中:当年立项项目拨入经费(千元)	5	299	0	0	0	0	0	0	0	100	40	0	0	0	36	0	123
当年支出经费(千元)	6	270.95	0	0	0	0	0	0	5	84.1	68.25	0	0	0	20.7	0	92.9
当年新开课题数(项)	7	42	0	0	0	0	0	0	0	13	2	0	0	0	6	0	21
当年新开课题批准经费(千元)	8	302	0	0	0	0	0	0	0	100	40	0	0	0	36	0	126
当年完成课题数(项)	9	31	0	0	0	0	0	0	0	11	9	0	0	0	2	0	9

续表

			编号	课题来源															
				合计	国家社科基金项目	国家社科基金单列学科项目	教育部人文社科研究项目	高校古籍整理研究项目	国家自然科学基金项目	中央其他部门社科专门项目	省、市、自治区社科基金项目	省教育厅社科项目	地、市、厅、局等政府部门项目	国际合作研究项目	与港、澳、台地区合作研究项目	企事业单位委托项目	学校社科项目	外资项目	其他
			编号	L01	L02	L03	L04	L05	L06	L07	L08	L09	L10	L11	L12	L13	L14	L15	L16
出版著作(部)	合计		10	1	0	0	0	0	0	0	0	0	0	0	0	0	0	0	1
	专著	合计	11	0	0	0	0	0	0	0	0	0	0	0	0	0	0	0	0
		其中:被译成外文	12	0	0	0	0	0	0	0	0	0	0	0	0	0	0	0	0
	编著教材		13	1	0	0	0	0	0	0	0	0	0	0	0	0	0	0	1
	工具书参考书		14	0	0	0	0	0	0	0	0	0	0	0	0	0	0	0	0
	皮书/发展报告		15	0	0	0	0	0	0	0	0	0	0	0	0	0	0	0	0
	科普读物		16	0	0	0	0	0	0	0	0	0	0	0	0	0	0	0	0
古籍整理(部)			17	0	0	0	0	0	0	0	0	0	0	0	0	0	0	0	0
译著(部)			18	0	0	0	0	0	0	0	0	0	0	0	0	0	0	0	0
发表译文(篇)			19	0	0	0	0	0	0	0	0	0	0	0	0	0	0	0	0
电子出版物(件)			20	0	0	0	0	0	0	0	0	0	0	0	0	0	0	0	0
发表论文(篇)	合计		21	66	0	0	0	0	0	0	1	24	18	0	0	0	3	0	20
	国内学术刊物		22	66	0	0	0	0	0	0	1	24	18	0	0	0	3	0	20
	国外学术刊物		23	0	0	0	0	0	0	0	0	0	0	0	0	0	0	0	0
	港、澳、台地区刊物		24	0	0	0	0	0	0	0	0	0	0	0	0	0	0	0	0
研究与咨询报告(篇)	合计		25	0	0	0	0	0	0	0	0	0	0	0	0	0	0	0	0
	其中:被采纳数		26	0	0	0	0	0	0	0	0	0	0	0	0	0	0	0	0

3.38 江苏信息职业技术学院人文、社会科学研究与课题成果来源情况表

		课题来源															
		合计	国家社科基金项目	国家社科基金单列学科项目	教育部人文社科研究项目	高校古籍整理研究项目	国家自然科学基金项目	中央其他部门社科专门项目	省、市、自治区社科基金项目	省教育厅社科项目	地、市、厅、局等政府部门项目	国际合作研究项目	与港、澳、台地区合作研究项目	企事业单位委托项目	学校社科项目	外资项目	其他
	编号	L01	L02	L03	L04	L05	L06	L07	L08	L09	L10	L11	L12	L13	L14	L15	L16
课题数(项)	1	56	1	0	0	0	0	0	0	34	11	0	0	10	0	0	0
当年投入人数(人年)	2	20.6	0.4	0	0	0	0	0	0	12.2	4.4	0	0	3.6	0	0	0
其中:研究生(人年)	3	0	0	0	0	0	0	0	0	0	0	0	0	0	0	0	0
当年拨入经费(千元)	4	234	0	0	0	0	0	0	0	92	40	0	0	102	0	0	0
其中:当年立项项目拨入经费(千元)	5	234	0	0	0	0	0	0	0	92	40	0	0	102	0	0	0
当年支出经费(千元)	6	309.46	106	0	0	0	0	0	0	77.76	23.7	0	0	102	0	0	0
当年新开课题数(项)	7	33	0	0	0	0	0	0	0	12	11	0	0	10	0	0	0
当年新开课题批准经费(千元)	8	234	0	0	0	0	0	0	0	92	40	0	0	102	0	0	0
当年完成课题数(项)	9	25	1	0	0	0	0	0	0	10	4	0	0	10	0	0	0

续表

			编号	课题来源															
				合计	国家社科基金项目	国家社科基金单列学科项目	教育部人文社科研究项目	高校古籍整理研究项目	国家自然科学基金项目	中央其他部门社科专门项目	省、市、自治区社科基金项目	省教育厅社科项目	地、市、厅、局等政府部门项目	国际合作研究项目	与港、澳、台地区合作研究项目	企事业单位委托项目	学校社科项目	外资项目	其他
				L01	L02	L03	L04	L05	L06	L07	L08	L09	L10	L11	L12	L13	L14	L15	L16
出版著作(部)	合计		10	7	1	0	0	0	0	0	0	2	3	0	0	1	0	0	0
	专著	合计	11	1	1	0	0	0	0	0	0	0	0	0	0	0	0	0	0
		其中:被译成外文	12	0	0	0	0	0	0	0	0	0	0	0	0	0	0	0	0
	编著教材		13	6	0	0	0	0	0	0	0	2	3	0	0	1	0	0	0
	工具书参考书		14	0	0	0	0	0	0	0	0	0	0	0	0	0	0	0	0
	皮书/发展报告		15	0	0	0	0	0	0	0	0	0	0	0	0	0	0	0	0
	科普读物		16	0	0	0	0	0	0	0	0	0	0	0	0	0	0	0	0
古籍整理(部)			17	0	0	0	0	0	0	0	0	0	0	0	0	0	0	0	0
译著(部)			18	0	0	0	0	0	0	0	0	0	0	0	0	0	0	0	0
发表译文(篇)			19	0	0	0	0	0	0	0	0	0	0	0	0	0	0	0	0
电子出版物(件)			20	0	0	0	0	0	0	0	0	0	0	0	0	0	0	0	0
发表论文(篇)	合计		21	45	0	0	0	0	0	0	0	25	13	0	0	7	0	0	0
	国内学术刊物		22	45	0	0	0	0	0	0	0	25	13	0	0	7	0	0	0
	国外学术刊物		23	0	0	0	0	0	0	0	0	0	0	0	0	0	0	0	0
	港、澳、台地区刊物		24	0	0	0	0	0	0	0	0	0	0	0	0	0	0	0	0
研究与咨询报告(篇)	合计		25	10	0	0	0	0	0	0	0	0	0	0	0	10	0	0	0
	其中:被采纳数		26	10	0	0	0	0	0	0	0	0	0	0	0	10	0	0	0

3.39 南京信息职业技术学院人文、社会科学研究与课题成果来源情况表

	编号	合计	国家社科基金项目	国家社科基金单列学科项目	教育部人文社科研究项目	高校古籍整理研究项目	国家自然科学基金项目	中央其他部门社科专门项目	省、市、自治区社科基金项目	省教育厅社科项目	地、市、厅、局等政府部门项目	国际合作研究项目	与港、澳、台地区合作研究项目	企事业单位委托项目	学校社科项目	外资项目	其他
		课题来源															
	编号	L01	L02	L03	L04	L05	L06	L07	L08	L09	L10	L11	L12	L13	L14	L15	L16
课题数(项)	1	162	0	0	0	0	0	1	6	41	19	0	0	2	93	0	0
当年投入人数(人年)	2	17.9	0	0	0	0	0	0.3	0.7	4.8	2.4	0	0	0.2	9.5	0	0
其中:研究生(人年)	3	0	0	0	0	0	0	0	0	0	0	0	0	0	0	0	0
当年拨入经费(千元)	4	330.5	0	0	0	0	0	0	10	184	25	0	0	0	111.5	0	0
其中:当年立项项目拨入经费(千元)	5	320.5	0	0	0	0	0	0	0	184	25	0	0	0	111.5	0	0
当年支出经费(千元)	6	196.9	0	0	0	0	0	2	11.4	116.6	22.4	0	0	3	41.5	0	0
当年新开课题数(项)	7	62	0	0	0	0	0	0	1	11	7	0	0	0	43	0	0
当年新开课题批准经费(千元)	8	340.5	0	0	0	0	0	0	20	184	25	0	0	0	111.5	0	0
当年完成课题数(项)	9	54	0	0	0	0	0	0	1	11	7	0	0	2	33	0	0

续表

			课题来源															
			合计	国家社科基金项目	国家社科基金单列学科项目	教育部人文社科研究项目	高校古籍整理研究项目	国家自然科学基金项目	中央其他部门社科专门项目	省、市、自治区社科基金项目	省教育厅社科项目	地、市、厅、局等政府部门项目	国际合作研究项目	与港、澳、台地区合作研究项目	企事业单位委托项目	学校社科项目	外资项目	其他
		编号	L01	L02	L03	L04	L05	L06	L07	L08	L09	L10	L11	L12	L13	L14	L15	L16
出版著作(部)	合计	10	0	0	0	0	0	0	0	0	0	0	0	0	0	0	0	0
	专著 合计	11	0	0	0	0	0	0	0	0	0	0	0	0	0	0	0	0
	专著 其中:被译成外文	12	0	0	0	0	0	0	0	0	0	0	0	0	0	0	0	0
	编著教材	13	0	0	0	0	0	0	0	0	0	0	0	0	0	0	0	0
	工具书参考书	14	0	0	0	0	0	0	0	0	0	0	0	0	0	0	0	0
	皮书/发展报告	15	0	0	0	0	0	0	0	0	0	0	0	0	0	0	0	0
	科普读物	16	0	0	0	0	0	0	0	0	0	0	0	0	0	0	0	0
古籍整理(部)		17	0	0	0	0	0	0	0	0	0	0	0	0	0	0	0	0
译著(部)		18	0	0	0	0	0	0	0	0	0	0	0	0	0	0	0	0
发表译文(篇)		19	0	0	0	0	0	0	0	0	0	0	0	0	0	0	0	0
电子出版物(件)		20	0	0	0	0	0	0	0	0	0	0	0	0	0	0	0	0
发表论文(篇)	合计	21	71	0	0	0	0	0	1	1	36	5	0	0	0	28	0	0
	国内学术刊物	22	71	0	0	0	0	0	1	1	36	5	0	0	0	28	0	0
	国外学术刊物	23	0	0	0	0	0	0	0	0	0	0	0	0	0	0	0	0
	港、澳、台地区刊物	24	0	0	0	0	0	0	0	0	0	0	0	0	0	0	0	0
研究与咨询报告(篇)	合计	25	3	0	0	0	0	0	0	1	0	0	0	0	2	0	0	0
	其中:被采纳数	26	3	0	0	0	0	0	0	1	0	0	0	0	2	0	0	0

3.40 常州机电职业技术学院人文、社会科学研究与课题成果来源情况表

	编号	课题来源															
		合计	国家社科基金项目	国家社科基金单列学科项目	教育部人文社科研究项目	高校古籍整理研究项目	国家自然科学基金项目	中央其他部门社科专门项目	省、市、自治区社科基金项目	省教育厅社科项目	地、市、厅、局等政府部门项目	国际合作研究项目	与港、澳、台地区合作研究项目	企事业单位委托项目	学校社科项目	外资项目	其他
		L01	L02	L03	L04	L05	L06	L07	L08	L09	L10	L11	L12	L13	L14	L15	L16
课题数(项)	1	222	0	0	1	0	0	0	0	40	53	0	0	44	73	0	11
当年投入人数(人年)	2	42.6	0	0	0.7	0	0	0	0	13	10.9	0	0	8.1	8.6	0	1.3
其中:研究生(人年)	3	0	0	0	0	0	0	0	0	0	0	0	0	0	0	0	0
当年拨入经费(千元)	4	1 175.2	0	0	100	0	0	0	0	208	145	0	0	569.2	139	0	14
其中:当年立项项目拨入经费(千元)	5	1 173.2	0	0	100	0	0	0	0	208	145	0	0	569.2	137	0	14
当年支出经费(千元)	6	1 104.62	0	0	50	0	0	0	0	161.5	188.08	0	0	604.25	87.59	0	13.2
当年新开课题数(项)	7	127	0	0	1	0	0	0	0	15	27	0	0	24	53	0	7
当年新开课题批准经费(千元)	8	1 173.2	0	0	100	0	0	0	0	208	145	0	0	569.2	137	0	14
当年完成课题数(项)	9	77	0	0	0	0	0	0	0	8	29	0	0	20	19	0	1

续表

				课题来源															
				合计	国家社科基金项目	国家社科基金单列学科项目	教育部人文社科研究项目	高校古籍整理研究项目	国家自然科学基金项目	中央其他部门社科专门项目	省、市、自治区社科基金项目	省教育厅社科项目	地、市、厅、局等政府部门项目	国际合作研究项目	与港、澳、台地区合作研究项目	企事业单位委托项目	学校社科项目	外资项目	其他
			编号	L01	L02	L03	L04	L05	L06	L07	L08	L09	L10	L11	L12	L13	L14	L15	L16
出版著作(部)	合计		10	0	0	0	0	0	0	0	0	0	0	0	0	0	0	0	0
	专著	合计	11	0	0	0	0	0	0	0	0	0	0	0	0	0	0	0	0
		其中:被译成外文	12	0	0	0	0	0	0	0	0	0	0	0	0	0	0	0	0
	编著教材		13	0	0	0	0	0	0	0	0	0	0	0	0	0	0	0	0
	工具书参考书		14	0	0	0	0	0	0	0	0	0	0	0	0	0	0	0	0
	皮书/发展报告		15	0	0	0	0	0	0	0	0	0	0	0	0	0	0	0	0
	科普读物		16	0	0	0	0	0	0	0	0	0	0	0	0	0	0	0	0
古籍整理(部)			17	0	0	0	0	0	0	0	0	0	0	0	0	0	0	0	0
译著(部)			18	0	0	0	0	0	0	0	0	0	0	0	0	0	0	0	0
发表译文(篇)			19	0	0	0	0	0	0	0	0	0	0	0	0	0	0	0	0
电子出版物(件)			20	0	0	0	0	0	0	0	0	0	0	0	0	0	0	0	0
发表论文(篇)	合计		21	164	0	0	0	0	0	0	0	28	29	0	0	17	78	0	12
	国内学术刊物		22	164	0	0	0	0	0	0	0	28	29	0	0	17	78	0	12
	国外学术刊物		23	0	0	0	0	0	0	0	0	0	0	0	0	0	0	0	0
	港、澳、台地区刊物		24	0	0	0	0	0	0	0	0	0	0	0	0	0	0	0	0
研究与咨询报告(篇)	合计		25	34	0	0	0	0	0	0	0	0	17	0	0	17	0	0	0
	其中:被采纳数		26	27	0	0	0	0	0	0	0	0	11	0	0	16	0	0	0

3.41 江阴职业技术学院人文、社会科学研究与课题成果来源情况表

		课题来源															
		合计	国家社科基金项目	国家社科基金单列学科项目	教育部人文社科研究项目	高校古籍整理研究项目	国家自然科学基金项目	中央其他部门社科专门项目	省、市、自治区社科基金项目	省教育厅社科项目	地、市、厅、局等政府部门项目	国际合作研究项目	与港、澳、台地区合作研究项目	企事业单位委托项目	学校社科项目	外资项目	其他
	编号	L01	L02	L03	L04	L05	L06	L07	L08	L09	L10	L11	L12	L13	L14	L15	L16
课题数(项)	1	49	0	0	0	0	0	0	0	4	6	0	0	7	32	0	0
当年投入人数(人年)	2	4.4	0	0	0	0	0	0	0	0.4	0.6	0	0	0.8	2.6	0	0
其中:研究生(人年)	3	0	0	0	0	0	0	0	0	0	0	0	0	0	0	0	0
当年拨入经费(千元)	4	152	0	0	0	0	0	0	0	34	18	0	0	60	40	0	0
其中:当年立项项目拨入经费(千元)	5	144	0	0	0	0	0	0	0	34	10	0	0	60	40	0	0
当年支出经费(千元)	6	158	0	0	0	0	0	0	0	18	28	0	0	80	32	0	0
当年新开课题数(项)	7	20	0	0	0	0	0	0	0	4	1	0	0	3	12	0	0
当年新开课题批准经费(千元)	8	144	0	0	0	0	0	0	0	34	10	0	0	60	40	0	0
当年完成课题数(项)	9	18	0	0	0	0	0	0	0	0	4	0	0	4	10	0	0

续表

			编号	课题来源 合计	国家社科基金项目	国家社科基金单列学科项目	教育部人文社科研究项目	高校古籍整理研究项目	国家自然科学基金项目	中央其他部门社科专门项目	省、市、自治区社科基金项目	省教育厅社科项目	地、市、厅、局等政府部门项目	国际合作研究项目	与港、澳、台地区合作研究项目	企事业单位委托项目	学校社科项目	外资项目	其他
				L01	L02	L03	L04	L05	L06	L07	L08	L09	L10	L11	L12	L13	L14	L15	L16
出版著作(部)	合计		10	0	0	0	0	0	0	0	0	0	0	0	0	0	0	0	0
	专著	合计	11	0	0	0	0	0	0	0	0	0	0	0	0	0	0	0	0
		其中:被译成外文	12	0	0	0	0	0	0	0	0	0	0	0	0	0	0	0	0
	编著教材		13	0	0	0	0	0	0	0	0	0	0	0	0	0	0	0	0
	工具书参考书		14	0	0	0	0	0	0	0	0	0	0	0	0	0	0	0	0
	皮书/发展报告		15	0	0	0	0	0	0	0	0	0	0	0	0	0	0	0	0
	科普读物		16	0	0	0	0	0	0	0	0	0	0	0	0	0	0	0	0
古籍整理(部)			17	0	0	0	0	0	0	0	0	0	0	0	0	0	0	0	0
译著(部)			18	0	0	0	0	0	0	0	0	0	0	0	0	0	0	0	0
发表译文(篇)			19	0	0	0	0	0	0	0	0	0	0	0	0	0	0	0	0
电子出版物(件)			20	0	0	0	0	0	0	0	0	0	0	0	0	0	0	0	0
发表论文(篇)	合计		21	42	0	0	0	0	0	0	0	7	7	0	0	1	27	0	0
	国内学术刊物		22	42	0	0	0	0	0	0	0	7	7	0	0	1	27	0	0
	国外学术刊物		23	0	0	0	0	0	0	0	0	0	0	0	0	0	0	0	0
	港、澳、台地区刊物		24	0	0	0	0	0	0	0	0	0	0	0	0	0	0	0	0
研究与咨询报告(篇)	合计		25	4	0	0	0	0	0	0	0	0	0	0	0	4	0	0	0
	其中:被采纳数		26	0	0	0	0	0	0	0	0	0	0	0	0	0	0	0	0

3.42 无锡城市职业技术学院人文、社会科学研究与课题成果来源情况表

		课题来源															
		合计	国家社科基金项目	国家社科基金单列学科项目	教育部人文社科研究项目	高校古籍整理研究项目	国家自然科学基金项目	中央其他部门社科专门项目	省、市、自治区社科基金项目	省教育厅社科项目	地、市、厅、局等政府部门项目	国际合作研究项目	与港、澳、台地区合作研究项目	企事业单位委托项目	学校社科项目	外资项目	其他
	编号	L01	L02	L03	L04	L05	L06	L07	L08	L09	L10	L11	L12	L13	L14	L15	L16
课题数(项)	1	45	0	0	2	0	0	0	1	29	13	0	0	0	0	0	0
当年投入人数(人年)	2	7.3	0	0	0.2	0	0	0	0.2	5.1	1.8	0	0	0	0	0	0
其中:研究生(人年)	3	0	0	0	0	0	0	0	0	0	0	0	0	0	0	0	0
当年拨入经费(千元)	4	134	0	0	41	0	0	0	0	82	11	0	0	0	0	0	0
其中:当年立项项目拨入经费(千元)	5	93	0	0	0	0	0	0	0	82	11	0	0	0	0	0	0
当年支出经费(千元)	6	143.35	0	0	55	0	0	0	16	60.85	11.5	0	0	0	0	0	0
当年新开课题数(项)	7	24	0	0	0	0	0	0	0	13	11	0	0	0	0	0	0
当年新开课题批准经费(千元)	8	93	0	0	0	0	0	0	0	82	11	0	0	0	0	0	0
当年完成课题数(项)	9	15	0	0	1	0	0	0	0	7	7	0	0	0	0	0	0

续表

			编号	课题来源															
				合计	国家社科基金项目	国家社科基金单列学科项目	教育部人文社科研究项目	高校古籍整理研究项目	国家自然科学基金项目	中央其他部门社科专门项目	省、市、自治区社科基金项目	省教育厅社科项目	地、市、厅、局等政府部门项目	国际合作研究项目	与港、澳、台地区合作研究项目	企事业单位委托项目	学校社科项目	外资项目	其他
			编号	L01	L02	L03	L04	L05	L06	L07	L08	L09	L10	L11	L12	L13	L14	L15	L16
出版著作(部)	合计		10	4	0	0	1	0	0	0	0	0	3	0	0	0	0	0	0
	专著	合计	11	3	0	0	1	0	0	0	0	0	2	0	0	0	0	0	0
		其中:被译成外文	12	0	0	0	0	0	0	0	0	0	0	0	0	0	0	0	0
	编著教材		13	1	0	0	0	0	0	0	0	0	1	0	0	0	0	0	0
	工具书参考书		14	0	0	0	0	0	0	0	0	0	0	0	0	0	0	0	0
	皮书/发展报告		15	0	0	0	0	0	0	0	0	0	0	0	0	0	0	0	0
	科普读物		16	0	0	0	0	0	0	0	0	0	0	0	0	0	0	0	0
古籍整理(部)			17	0	0	0	0	0	0	0	0	0	0	0	0	0	0	0	0
译著(部)			18	0	0	0	0	0	0	0	0	0	0	0	0	0	0	0	0
发表译文(篇)			19	0	0	0	0	0	0	0	0	0	0	0	0	0	0	0	0
电子出版物(件)			20	0	0	0	0	0	0	0	0	0	0	0	0	0	0	0	0
发表论文(篇)	合计		21	84	0	0	10	0	0	0	1	28	45	0	0	0	0	0	0
	国内学术刊物		22	80	0	0	8	0	0	0	1	28	43	0	0	0	0	0	0
	国外学术刊物		23	4	0	0	2	0	0	0	0	0	2	0	0	0	0	0	0
	港、澳、台地区刊物		24	0	0	0	0	0	0	0	0	0	0	0	0	0	0	0	0
研究与咨询报告(篇)	合计		25	0	0	0	0	0	0	0	0	0	0	0	0	0	0	0	0
	其中:被采纳数		26	0	0	0	0	0	0	0	0	0	0	0	0	0	0	0	0

3.43 无锡工艺职业技术学院人文、社会科学研究与课题成果来源情况表

		课题来源															
		合计	国家社科基金项目	国家社科基金单列学科项目	教育部人文社科研究项目	高校古籍整理研究项目	国家自然科学基金项目	中央其他部门社科专门项目	省、市、自治区社科基金项目	省教育厅社科项目	地、市、厅、局等政府部门项目	国际合作研究项目	与港、澳、台地区合作研究项目	企事业单位委托项目	学校社科项目	外资项目	其他
	编号	L01	L02	L03	L04	L05	L06	L07	L08	L09	L10	L11	L12	L13	L14	L15	L16
课题数(项)	1	107	0	0	0	0	0	0	0	27	0	0	0	60	20	0	0
当年投入人数(人年)	2	8.5	0	0	0	0	0	0	0	1.5	0	0	0	6.5	0.5	0	0
其中:研究生(人年)	3	0	0	0	0	0	0	0	0	0	0	0	0	0	0	0	0
当年拨入经费(千元)	4	1 443	0	0	0	0	0	0	0	219	0	0	0	1 211.5	12.5	0	0
其中:当年立项项目拨入经费(千元)	5	1 428	0	0	0	0	0	0	0	204	0	0	0	1 211.5	12.5	0	0
当年支出经费(千元)	6	1 389	0	0	0	0	0	0	0	165	0	0	0	1 211.5	12.5	0	0
当年新开课题数(项)	7	75	0	0	0	0	0	0	0	13	0	0	0	52	10	0	0
当年新开课题批准经费(千元)	8	1 449	0	0	0	0	0	0	0	204	0	0	0	1 221.5	23.5	0	0
当年完成课题数(项)	9	87	0	0	0	0	0	0	0	14	0	0	0	58	15	0	0

续表

			编号	课题来源															
				合计	国家社科基金项目	国家社科基金单列学科项目	教育部人文社科研究项目	高校古籍整理研究项目	国家自然科学基金项目	中央其他部门社科专门项目	省、市、自治区社科基金项目	省教育厅社科项目	地、市、厅、局等政府部门项目	国际合作研究项目	与港、澳、台地区合作研究项目	企事业单位委托项目	学校社科项目	外资项目	其他
				L01	L02	L03	L04	L05	L06	L07	L08	L09	L10	L11	L12	L13	L14	L15	L16
出版著作(部)	合计		10	0	0	0	0	0	0	0	0	0	0	0	0	0	0	0	0
	专著	合计	11	0	0	0	0	0	0	0	0	0	0	0	0	0	0	0	0
		其中:被译成外文	12	0	0	0	0	0	0	0	0	0	0	0	0	0	0	0	0
	编著教材		13	0	0	0	0	0	0	0	0	0	0	0	0	0	0	0	0
	工具书参考书		14	0	0	0	0	0	0	0	0	0	0	0	0	0	0	0	0
	皮书/发展报告		15	0	0	0	0	0	0	0	0	0	0	0	0	0	0	0	0
	科普读物		16	0	0	0	0	0	0	0	0	0	0	0	0	0	0	0	0
古籍整理(部)			17	0	0	0	0	0	0	0	0	0	0	0	0	0	0	0	0
译著(部)			18	0	0	0	0	0	0	0	0	0	0	0	0	0	0	0	0
发表译文(篇)			19	0	0	0	0	0	0	0	0	0	0	0	0	0	0	0	0
电子出版物(件)			20	0	0	0	0	0	0	0	0	0	0	0	0	0	0	0	0
发表论文(篇)	合计		21	80	0	0	0	0	0	0	0	28	0	0	0	0	52	0	0
	国内学术刊物		22	80	0	0	0	0	0	0	0	28	0	0	0	0	52	0	0
	国外学术刊物		23	0	0	0	0	0	0	0	0	0	0	0	0	0	0	0	0
	港、澳、台地区刊物		24	0	0	0	0	0	0	0	0	0	0	0	0	0	0	0	0
研究与咨询报告(篇)	合计		25	71	0	0	0	0	0	0	0	5	0	0	0	61	5	0	0
	其中:被采纳数		26	23	0	0	0	0	0	0	0	5	0	0	0	15	3	0	0

3.44 苏州健雄职业技术学院人文、社会科学研究与课题成果来源情况表

	编号	合计	国家社科基金项目	国家社科基金单列学科项目	教育部人文社科研究项目	高校古籍整理研究项目	国家自然科学基金项目	中央其他部门社科专门项目	省、市、自治区社科基金项目	省教育厅社科项目	地、市、厅、局等政府部门项目	国际合作研究项目	与港、澳、台地区合作研究项目	企事业单位委托项目	学校社科项目	外资项目	其他
		课题来源															
	编号	L01	L02	L03	L04	L05	L06	L07	L08	L09	L10	L11	L12	L13	L14	L15	L16
课题数(项)	1	79	0	0	1	0	0	0	0	34	32	0	0	11	1	0	0
当年投入人数(人年)	2	15.4	0	0	0.4	0	0	0	0	6.9	6.1	0	0	1.9	0.1	0	0
其中:研究生(人年)	3	0	0	0	0	0	0	0	0	0	0	0	0	0	0	0	0
当年拨入经费(千元)	4	391	0	0	14	0	0	0	0	126	134	0	0	112	5	0	0
其中:当年立项项目拨入经费(千元)	5	366	0	0	0	0	0	0	0	126	130	0	0	110	0	0	0
当年支出经费(千元)	6	343	0	0	23	0	0	0	0	87	142	0	0	87	4	0	0
当年新开课题数(项)	7	38	0	0	0	0	0	0	0	14	15	0	0	9	0	0	0
当年新开课题批准经费(千元)	8	488	0	0	0	0	0	0	0	158	220	0	0	110	0	0	0
当年完成课题数(项)	9	31	0	0	0	0	0	0	0	11	10	0	0	9	1	0	0

续表

			编号	课题来源 合计	国家社科基金项目	国家社科基金单列学科项目	教育部人文社科研究项目	高校古籍整理研究项目	国家自然科学基金项目	中央其他部门社科专门项目	省、市、自治区社科基金项目	省教育厅社科项目	地、市、厅、局等政府部门项目	国际合作研究项目	与港、澳、台地区合作研究项目	企事业单位委托项目	学校社科项目	外资项目	其他
				L01	L02	L03	L04	L05	L06	L07	L08	L09	L10	L11	L12	L13	L14	L15	L16
出版著作(部)	合计		10	1	0	0	0	0	0	0	0	0	1	0	0	0	0	0	0
	专著	合计	11	1	0	0	0	0	0	0	0	0	1	0	0	0	0	0	0
		其中：被译成外文	12	0	0	0	0	0	0	0	0	0	0	0	0	0	0	0	0
	编著教材		13	0	0	0	0	0	0	0	0	0	0	0	0	0	0	0	0
	工具书参考书		14	0	0	0	0	0	0	0	0	0	0	0	0	0	0	0	0
	皮书/发展报告		15	0	0	0	0	0	0	0	0	0	0	0	0	0	0	0	0
	科普读物		16	0	0	0	0	0	0	0	0	0	0	0	0	0	0	0	0
古籍整理(部)			17	0	0	0	0	0	0	0	0	0	0	0	0	0	0	0	0
译著(部)			18	1	0	0	0	0	0	0	0	0	1	0	0	0	0	0	0
发表译文(篇)			19	0	0	0	0	0	0	0	0	0	0	0	0	0	0	0	0
电子出版物(件)			20	0	0	0	0	0	0	0	0	0	0	0	0	0	0	0	0
发表论文(篇)	合计		21	108	0	0	2	0	0	0	0	59	25	0	0	19	3	0	0
	国内学术刊物		22	107	0	0	2	0	0	0	0	59	25	0	0	18	3	0	0
	国外学术刊物		23	1	0	0	0	0	0	0	0	0	0	0	0	1	0	0	0
	港、澳、台地区刊物		24	0	0	0	0	0	0	0	0	0	0	0	0	0	0	0	0
研究与咨询报告(篇)	合计		25	9	0	0	0	0	0	0	0	1	1	0	0	7	0	0	0
	其中：被采纳数		26	5	0	0	0	0	0	0	0	0	0	0	0	5	0	0	0

3.45　盐城工业职业技术学院人文、社会科学研究与课题成果来源情况表

		课题来源															
		合计	国家社科基金项目	国家社科基金单列学科项目	教育部人文社科研究项目	高校古籍整理研究项目	国家自然科学基金项目	中央其他部门社科专门项目	省、市、自治区社科基金项目	省教育厅社科项目	地、市、厅、局等政府部门项目	国际合作研究项目	与港、澳、台地区合作研究项目	企事业单位委托项目	学校社科项目	外资项目	其他
	编号	L01	L02	L03	L04	L05	L06	L07	L08	L09	L10	L11	L12	L13	L14	L15	L16
课题数(项)	1	184	0	0	2	0	0	1	3	30	40	0	0	82	21	0	5
当年投入人数(人年)	2	30.1	0	0	0.2	0	0	0.2	0.9	5.4	8.5	0	0	10.5	3.4	0	1
其中:研究生(人年)	3	0	0	0	0	0	0	0	0	0	0	0	0	0	0	0	0
当年拨入经费(千元)	4	1 187.2	0	0	10	0	0	0	40	115	95.5	0	0	861.7	40	0	25
其中:当年立项项目拨入经费(千元)	5	1 172.2	0	0	10	0	0	0	40	115	95.5	0	0	846.7	40	0	25
当年支出经费(千元)	6	1 058.62	0	0	4	0	0	1.5	32	105.5	144.3	0	0	720.82	30.5	0	20
当年新开课题数(项)	7	100	0	0	1	0	0	0	1	15	12	0	0	54	12	0	5
当年新开课题批准经费(千元)	8	1 182.2	0	0	10	0	0	0	50	115	95.5	0	0	846.7	40	0	25
当年完成课题数(项)	9	57	0	0	0	0	0	1	1	8	26	0	0	18	3	0	0

续表

			课题来源															
			合计	国家社科基金项目	国家社科基金单列学科项目	教育部人文社科研究项目	高校古籍整理研究项目	国家自然科学基金项目	中央其他部门社科专门项目	省、市、自治区社科基金项目	省教育厅社科项目	地、市、厅、局等政府部门项目	国际合作研究项目	与港、澳、台地区合作研究项目	企事业单位委托项目	学校社科项目	外资项目	其他
		编号	L01	L02	L03	L04	L05	L06	L07	L08	L09	L10	L11	L12	L13	L14	L15	L16
出版著作(部)	合计	10	0	0	0	0	0	0	0	0	0	0	0	0	0	0	0	0
出版著作(部)	专著 合计	11	0	0	0	0	0	0	0	0	0	0	0	0	0	0	0	0
出版著作(部)	专著 其中:被译成外文	12	0	0	0	0	0	0	0	0	0	0	0	0	0	0	0	0
出版著作(部)	编著教材	13	0	0	0	0	0	0	0	0	0	0	0	0	0	0	0	0
出版著作(部)	工具书参考书	14	0	0	0	0	0	0	0	0	0	0	0	0	0	0	0	0
出版著作(部)	皮书/发展报告	15	0	0	0	0	0	0	0	0	0	0	0	0	0	0	0	0
出版著作(部)	科普读物	16	0	0	0	0	0	0	0	0	0	0	0	0	0	0	0	0
古籍整理(部)		17	0	0	0	0	0	0	0	0	0	0	0	0	0	0	0	0
译著(部)		18	0	0	0	0	0	0	0	0	0	0	0	0	0	0	0	0
发表译文(篇)		19	0	0	0	0	0	0	0	0	0	0	0	0	0	0	0	0
电子出版物(件)		20	0	0	0	0	0	0	0	0	0	0	0	0	0	0	0	0
发表论文(篇)	合计	21	123	0	0	0	0	0	2	3	32	38	0	0	33	13	0	2
发表论文(篇)	国内学术刊物	22	123	0	0	0	0	0	2	3	32	38	0	0	33	13	0	2
发表论文(篇)	国外学术刊物	23	0	0	0	0	0	0	0	0	0	0	0	0	0	0	0	0
发表论文(篇)	港、澳、台地区刊物	24	0	0	0	0	0	0	0	0	0	0	0	0	0	0	0	0
研究与咨询报告(篇)	合计	25	14	0	0	0	0	0	0	0	0	0	0	0	14	0	0	0
研究与咨询报告(篇)	其中:被采纳数	26	1	0	0	0	0	0	0	0	0	0	0	0	1	0	0	0

3.46 江苏财经职业技术学院人文、社会科学研究与课题成果来源情况表

		课题来源															
		合计	国家社科基金项目	国家社科基金单列学科项目	教育部人文社科研究项目	高校古籍整理研究项目	国家自然科学基金项目	中央其他部门社科专门项目	省、市、自治区社科基金项目	省教育厅社科项目	地、市、厅、局等政府部门项目	国际合作研究项目	与港、澳、台地区合作研究项目	企事业单位委托项目	学校社科项目	外资项目	其他
	编号	L01	L02	L03	L04	L05	L06	L07	L08	L09	L10	L11	L12	L13	L14	L15	L16
课题数(项)	1	146	0	0	0	0	0	1	1	31	18	0	0	15	80	0	0
当年投入人数(人年)	2	17.9	0	0	0	0	0	0.1	0.1	4.8	2.8	0	0	2.1	8	0	0
其中:研究生(人年)	3	0	0	0	0	0	0	0	0	0	0	0	0	0	0	0	0
当年拨入经费(千元)	4	307.6	0	0	0	0	0	8	50	97.8	41.8	0	0	46	64	0	0
其中:当年立项项目拨入经费(千元)	5	307.6	0	0	0	0	0	8	50	97.8	41.8	0	0	46	64	0	0
当年支出经费(千元)	6	272.25	0	0	0	0	0	1	3	85.1	68.65	0	0	63	51.5	0	0
当年新开课题数(项)	7	54	0	0	0	0	0	1	1	12	10	0	0	6	24	0	0
当年新开课题批准经费(千元)	8	307.6	0	0	0	0	0	8	50	97.8	41.8	0	0	46	64	0	0
当年完成课题数(项)	9	45	0	0	0	0	0	0	0	8	12	0	0	2	23	0	0

续表

		编号	合计	国家社科基金项目	国家社科基金单列学科项目	教育部人文社科研究项目	高校古籍整理研究项目	国家自然科学基金项目	中央其他部门社科专门项目	省、市、自治区社科基金项目	省教育厅社科项目	地、市、厅、局等政府部门项目	国际合作研究项目	与港、澳、台地区合作研究项目	企事业单位委托项目	学校社科项目	外资项目	其他
			课题来源															
			L01	L02	L03	L04	L05	L06	L07	L08	L09	L10	L11	L12	L13	L14	L15	L16
出版著作(部)	合计	10	5	0	0	0	0	0	0	0	0	1	0	0	3	1	0	0
出版著作(部)	专著 合计	11	5	0	0	0	0	0	0	0	0	1	0	0	3	1	0	0
出版著作(部)	专著 其中:被译成外文	12	0	0	0	0	0	0	0	0	0	0	0	0	0	0	0	0
出版著作(部)	编著教材	13	0	0	0	0	0	0	0	0	0	0	0	0	0	0	0	0
出版著作(部)	工具书参考书	14	0	0	0	0	0	0	0	0	0	0	0	0	0	0	0	0
出版著作(部)	皮书/发展报告	15	0	0	0	0	0	0	0	0	0	0	0	0	0	0	0	0
出版著作(部)	科普读物	16	0	0	0	0	0	0	0	0	0	0	0	0	0	0	0	0
古籍整理(部)		17	0	0	0	0	0	0	0	0	0	0	0	0	0	0	0	0
译著(部)		18	3	0	0	0	0	0	0	0	1	0	0	0	1	1	0	0
发表译文(篇)		19	0	0	0	0	0	0	0	0	0	0	0	0	0	0	0	0
电子出版物(件)		20	0	0	0	0	0	0	0	0	0	0	0	0	0	0	0	0
发表论文(篇)	合计	21	152	0	0	0	0	0	0	0	57	11	0	0	39	45	0	0
发表论文(篇)	国内学术刊物	22	152	0	0	0	0	0	0	0	57	11	0	0	39	45	0	0
发表论文(篇)	国外学术刊物	23	0	0	0	0	0	0	0	0	0	0	0	0	0	0	0	0
发表论文(篇)	港、澳、台地区刊物	24	0	0	0	0	0	0	0	0	0	0	0	0	0	0	0	0
研究与咨询报告(篇)	合计	25	0	0	0	0	0	0	0	0	0	0	0	0	0	0	0	0
研究与咨询报告(篇)	其中:被采纳数	26	0	0	0	0	0	0	0	0	0	0	0	0	0	0	0	0

3.47 扬州工业职业技术学院人文、社会科学研究与课题成果来源情况表

	编号	课题来源															
		合计	国家社科基金项目	国家社科基金单列学科项目	教育部人文社科研究项目	高校古籍整理研究项目	国家自然科学基金项目	中央其他部门社科专门项目	省、市、自治区社科基金项目	省教育厅社科项目	地、市、厅、局等政府部门项目	国际合作研究项目	与港、澳、台地区合作研究项目	企事业单位委托项目	学校社科项目	外资项目	其他
		L01	L02	L03	L04	L05	L06	L07	L08	L09	L10	L11	L12	L13	L14	L15	L16
课题数(项)	1	76	0	0	0	0	0	0	1	37	31	0	0	7	0	0	0
当年投入人数(人年)	2	10.6	0	0	0	0	0	0	0.3	5.1	3.2	0	0	2	0	0	0
其中:研究生(人年)	3	0	0	0	0	0	0	0	0	0	0	0	0	0	0	0	0
当年拨入经费(千元)	4	394	0	0	0	0	0	0	40	84	95	0	0	175	0	0	0
其中:当年立项项目拨入经费(千元)	5	394	0	0	0	0	0	0	40	84	95	0	0	175	0	0	0
当年支出经费(千元)	6	395.4	0	0	0	0	0	0	18	109.4	93	0	0	175	0	0	0
当年新开课题数(项)	7	49	0	0	0	0	0	0	1	10	31	0	0	7	0	0	0
当年新开课题批准经费(千元)	8	404	0	0	0	0	0	0	50	84	95	0	0	175	0	0	0
当年完成课题数(项)	9	47	0	0	0	0	0	0	0	10	30	0	0	7	0	0	0

续表

				课题来源															
				合计	国家社科基金项目	国家社科基金单列学科项目	教育部人文社科研究项目	高校古籍整理研究项目	国家自然科学基金项目	中央其他部门社科专门项目	省、市、自治区社科基金项目	省教育厅社科项目	地、市、厅、局等政府部门项目	国际合作研究项目	与港、澳、台地区合作研究项目	企事业单位委托项目	学校社科项目	外资项目	其他
			编号	L01	L02	L03	L04	L05	L06	L07	L08	L09	L10	L11	L12	L13	L14	L15	L16
出版著作(部)	合计		10	0	0	0	0	0	0	0	0	0	0	0	0	0	0	0	0
	专著	合计	11	0	0	0	0	0	0	0	0	0	0	0	0	0	0	0	0
		其中:被译成外文	12	0	0	0	0	0	0	0	0	0	0	0	0	0	0	0	0
	编著教材		13	0	0	0	0	0	0	0	0	0	0	0	0	0	0	0	0
	工具书参考书		14	0	0	0	0	0	0	0	0	0	0	0	0	0	0	0	0
	皮书/发展报告		15	0	0	0	0	0	0	0	0	0	0	0	0	0	0	0	0
	科普读物		16	0	0	0	0	0	0	0	0	0	0	0	0	0	0	0	0
古籍整理(部)			17	0	0	0	0	0	0	0	0	0	0	0	0	0	0	0	0
译著(部)			18	0	0	0	0	0	0	0	0	0	0	0	0	0	0	0	0
发表译文(篇)			19	0	0	0	0	0	0	0	0	0	0	0	0	0	0	0	0
电子出版物(件)			20	0	0	0	0	0	0	0	0	0	0	0	0	0	0	0	0
发表论文(篇)	合计		21	48	0	0	0	0	0	0	0	30	18	0	0	0	0	0	0
	国内学术刊物		22	48	0	0	0	0	0	0	0	30	18	0	0	0	0	0	0
	国外学术刊物		23	0	0	0	0	0	0	0	0	0	0	0	0	0	0	0	0
	港、澳、台地区刊物		24	0	0	0	0	0	0	0	0	0	0	0	0	0	0	0	0
研究与咨询报告(篇)	合计		25	6	0	0	0	0	0	0	0	0	0	0	0	6	0	0	0
	其中:被采纳数		26	6	0	0	0	0	0	0	0	0	0	0	0	6	0	0	0

3.48 江苏城市职业学院人文、社会科学研究与课题成果来源情况表

		课题来源															
		合计	国家社科基金项目	国家社科基金单列学科项目	教育部人文社科研究项目	高校古籍整理研究项目	国家自然科学基金项目	中央其他部门社科专门项目	省、市、自治区社科基金项目	省教育厅社科项目	地、市、厅、局等政府部门项目	国际合作研究项目	与港、澳、台地区合作研究项目	企事业单位委托项目	学校社科项目	外资项目	其他
	编号	L01	L02	L03	L04	L05	L06	L07	L08	L09	L10	L11	L12	L13	L14	L15	L16
课题数(项)	1	169	0	0	0	0	0	0	20	36	6	0	0	11	96	0	0
当年投入人数(人年)	2	55.8	0	0	0	0	0	0	7.9	13.2	1.2	0	0	2.4	31.1	0	0
其中:研究生(人年)	3	0	0	0	0	0	0	0	0	0	0	0	0	0	0	0	0
当年拨入经费(千元)	4	522	0	0	0	0	0	0	155	25	8	0	0	18	316	0	0
其中:当年立项项目拨入经费(千元)	5	514	0	0	0	0	0	0	155	25	8	0	0	10	316	0	0
当年支出经费(千元)	6	545.78	0	0	0	0	0	0	82.9	87.72	10.85	0	0	52.9	311.41	0	0
当年新开课题数(项)	7	53	0	0	0	0	0	0	14	7	3	0	0	1	28	0	0
当年新开课题批准经费(千元)	8	546	0	0	0	0	0	0	187	25	8	0	0	10	316	0	0
当年完成课题数(项)	9	37	0	0	0	0	0	0	2	9	3	0	0	6	17	0	0

续表

	编号	课题来源：合计	国家社科基金项目	国家社科基金单列学科项目	教育部人文社科研究项目	高校古籍整理研究项目	国家自然科学基金项目	中央其他部门社科专门项目	省、市、自治区社科基金项目	省教育厅社科项目	地、市、厅、局等政府部门项目	国际合作研究项目	与港、澳、台地区合作研究项目	企事业单位委托项目	学校社科项目	外资项目	其他
		L01	L02	L03	L04	L05	L06	L07	L08	L09	L10	L11	L12	L13	L14	L15	L16
出版著作(部) 合计	10	4	0	0	0	0	0	0	1	1	0	0	0	0	2	0	0
出版著作(部) 专著 合计	11	2	0	0	0	0	0	0	0	0	0	0	0	0	2	0	0
出版著作(部) 专著 其中:被译成外文	12	0	0	0	0	0	0	0	0	0	0	0	0	0	0	0	0
出版著作(部) 编著教材	13	2	0	0	0	0	0	0	1	1	0	0	0	0	0	0	0
出版著作(部) 工具书参考书	14	0	0	0	0	0	0	0	0	0	0	0	0	0	0	0	0
出版著作(部) 皮书/发展报告	15	0	0	0	0	0	0	0	0	0	0	0	0	0	0	0	0
出版著作(部) 科普读物	16	0	0	0	0	0	0	0	0	0	0	0	0	0	0	0	0
古籍整理(部)	17	0	0	0	0	0	0	0	0	0	0	0	0	0	0	0	0
译著(部)	18	0	0	0	0	0	0	0	0	0	0	0	0	0	0	0	0
发表译文(篇)	19	0	0	0	0	0	0	0	0	0	0	0	0	0	0	0	0
电子出版物(件)	20	0	0	0	0	0	0	0	0	0	0	0	0	0	0	0	0
发表论文(篇) 合计	21	94	1	0	0	0	0	0	8	37	3	0	0	1	44	0	0
发表论文(篇) 国内学术刊物	22	94	1	0	0	0	0	0	8	37	3	0	0	1	44	0	0
发表论文(篇) 国外学术刊物	23	0	0	0	0	0	0	0	0	0	0	0	0	0	0	0	0
发表论文(篇) 港、澳、台地区刊物	24	0	0	0	0	0	0	0	0	0	0	0	0	0	0	0	0
研究与咨询报告(篇) 合计	25	2	0	0	0	0	0	0	0	0	0	0	0	2	0	0	0
研究与咨询报告(篇) 其中:被采纳数	26	2	0	0	0	0	0	0	0	0	0	0	0	2	0	0	0

3.49 南京城市职业学院人文、社会科学研究与课题成果来源情况表

		课题来源															
		合计	国家社科基金项目	国家社科基金单列学科项目	教育部人文社科研究项目	高校古籍整理研究项目	国家自然科学基金项目	中央其他部门社科专门项目	省、市、自治区社科基金项目	省教育厅社科项目	地、市、厅、局等政府部门项目	国际合作研究项目	与港、澳、台地区合作研究项目	企事业单位委托项目	学校社科项目	外资项目	其他
	编号	L01	L02	L03	L04	L05	L06	L07	L08	L09	L10	L11	L12	L13	L14	L15	L16
课题数(项)	1	61	0	0	0	0	0	0	1	19	1	0	0	2	38	0	0
当年投入人数(人年)	2	10.9	0	0	0	0	0	0	0.5	3.7	0.1	0	0	0.5	6.1	0	0
其中:研究生(人年)	3	0	0	0	0	0	0	0	0	0	0	0	0	0	0	0	0
当年拨入经费(千元)	4	47.6	0	0	0	0	0	0	0	21.6	0	0	0	10	16	0	0
其中:当年立项项目拨入经费(千元)	5	19.4	0	0	0	0	0	0	0	14.4	0	0	0	5	0	0	0
当年支出经费(千元)	6	76.4	0	0	0	0	0	0	6	27.9	0	0	0	10	32.5	0	0
当年新开课题数(项)	7	4	0	0	0	0	0	0	0	3	0	0	0	1	0	0	0
当年新开课题批准经费(千元)	8	29	0	0	0	0	0	0	0	24	0	0	0	5	0	0	0
当年完成课题数(项)	9	36	0	0	0	0	0	0	0	5	0	0	0	2	29	0	0

续表

			编号	课题来源															
				合计	国家社科基金项目	国家社科基金单列学科项目	教育部人文社科研究项目	高校古籍整理研究项目	国家自然科学基金项目	中央其他部门社科专门项目	省、市、自治区社科基金项目	省教育厅社科项目	地、市、厅、局等政府部门项目	国际合作研究项目	与港、澳、台地区合作研究项目	企事业单位委托项目	学校社科项目	外资项目	其他
				L01	L02	L03	L04	L05	L06	L07	L08	L09	L10	L11	L12	L13	L14	L15	L16
出版著作(部)	合计		10	0	0	0	0	0	0	0	0	0	0	0	0	0	0	0	0
	专著	合计	11	0	0	0	0	0	0	0	0	0	0	0	0	0	0	0	0
		其中:被译成外文	12	0	0	0	0	0	0	0	0	0	0	0	0	0	0	0	0
	编著教材		13	0	0	0	0	0	0	0	0	0	0	0	0	0	0	0	0
	工具书参考书		14	0	0	0	0	0	0	0	0	0	0	0	0	0	0	0	0
	皮书/发展报告		15	0	0	0	0	0	0	0	0	0	0	0	0	0	0	0	0
	科普读物		16	0	0	0	0	0	0	0	0	0	0	0	0	0	0	0	0
古籍整理(部)			17	0	0	0	0	0	0	0	0	0	0	0	0	0	0	0	0
译著(部)			18	0	0	0	0	0	0	0	0	0	0	0	0	0	0	0	0
发表译文(篇)			19	0	0	0	0	0	0	0	0	0	0	0	0	0	0	0	0
电子出版物(件)			20	0	0	0	0	0	0	0	0	0	0	0	0	0	0	0	0
发表论文(篇)	合计		21	24	0	0	0	0	0	0	0	5	0	0	0	0	19	0	0
	国内学术刊物		22	24	0	0	0	0	0	0	0	5	0	0	0	0	19	0	0
	国外学术刊物		23	0	0	0	0	0	0	0	0	0	0	0	0	0	0	0	0
	港、澳、台地区刊物		24	0	0	0	0	0	0	0	0	0	0	0	0	0	0	0	0
研究与咨询报告(篇)	合计		25	5	0	0	0	0	0	0	0	3	0	0	0	2	0	0	0
	其中:被采纳数		26	3	0	0	0	0	0	0	0	3	0	0	0	0	0	0	0

3.50 南京机电职业技术学院人文、社会科学研究与课题成果来源情况表

		课题来源															
		合计	国家社科基金项目	国家社科基金单列学科项目	教育部人文社科研究项目	高校古籍整理研究项目	国家自然科学基金项目	中央其他部门社科专门项目	省、市、自治区社科基金项目	省教育厅社科项目	地、市、厅、局等政府部门项目	国际合作研究项目	与港、澳、台地区合作研究项目	企事业单位委托项目	学校社科项目	外资项目	其他
	编号	L01	L02	L03	L04	L05	L06	L07	L08	L09	L10	L11	L12	L13	L14	L15	L16
课题数(项)	1	62	0	0	0	0	0	0	0	12	0	0	0	9	36	0	5
当年投入人数(人年)	2	13.6	0	0	0	0	0	0	0	3.8	0	0	0	1.5	7.2	0	1.1
其中:研究生(人年)	3	0	0	0	0	0	0	0	0	0	0	0	0	0	0	0	0
当年拨入经费(千元)	4	188	0	0	0	0	0	0	0	48	0	0	0	94	35	0	11
其中:当年立项项目拨入经费(千元)	5	188	0	0	0	0	0	0	0	48	0	0	0	94	35	0	11
当年支出经费(千元)	6	142.5	0	0	0	0	0	0	0	25.8	0	0	0	63.8	48	0	4.9
当年新开课题数(项)	7	29	0	0	0	0	0	0	0	8	0	0	0	7	10	0	4
当年新开课题批准经费(千元)	8	188	0	0	0	0	0	0	0	48	0	0	0	94	35	0	11
当年完成课题数(项)	9	13	0	0	0	0	0	0	0	2	0	0	0	7	3	0	1

续表

			编号	课题来源															
				合计	国家社科基金项目	国家社科基金单列学科项目	教育部人文社科研究项目	高校古籍整理研究项目	国家自然科学基金项目	中央其他部门社科专门项目	省、市、自治区社科基金项目	省教育厅社科项目	地、市、厅、局等政府部门项目	国际合作研究项目	与港、澳、台地区合作研究项目	企事业单位委托项目	学校社科项目	外资项目	其他
				L01	L02	L03	L04	L05	L06	L07	L08	L09	L10	L11	L12	L13	L14	L15	L16
出版著作(部)	合计		10	0	0	0	0	0	0	0	0	0	0	0	0	0	0	0	0
	专著	合计	11	0	0	0	0	0	0	0	0	0	0	0	0	0	0	0	0
		其中:被译成外文	12	0	0	0	0	0	0	0	0	0	0	0	0	0	0	0	0
	编著教材		13	0	0	0	0	0	0	0	0	0	0	0	0	0	0	0	0
	工具书参考书		14	0	0	0	0	0	0	0	0	0	0	0	0	0	0	0	0
	皮书/发展报告		15	0	0	0	0	0	0	0	0	0	0	0	0	0	0	0	0
	科普读物		16	0	0	0	0	0	0	0	0	0	0	0	0	0	0	0	0
古籍整理(部)			17	0	0	0	0	0	0	0	0	0	0	0	0	0	0	0	0
译著(部)			18	0	0	0	0	0	0	0	0	0	0	0	0	0	0	0	0
发表译文(篇)			19	0	0	0	0	0	0	0	0	0	0	0	0	0	0	0	0
电子出版物(件)			20	0	0	0	0	0	0	0	0	0	0	0	0	0	0	0	0
发表论文(篇)	合计		21	9	0	0	0	0	0	0	0	2	0	0	0	3	3	0	1
	国内学术刊物		22	9	0	0	0	0	0	0	0	2	0	0	0	3	3	0	1
	国外学术刊物		23	0	0	0	0	0	0	0	0	0	0	0	0	0	0	0	0
	港、澳、台地区刊物		24	0	0	0	0	0	0	0	0	0	0	0	0	0	0	0	0
研究与咨询报告(篇)	合计		25	4	0	0	0	0	0	0	0	0	0	0	0	4	0	0	0
	其中:被采纳数		26	4	0	0	0	0	0	0	0	0	0	0	0	4	0	0	0

3.51 南京旅游职业学院人文、社会科学研究与课题成果来源情况表

		课题来源															
		合计	国家社科基金项目	国家社科基金单列学科项目	教育部人文社科研究项目	高校古籍整理研究项目	国家自然科学基金项目	中央其他部门社科专门项目	省、市、自治区社科基金项目	省教育厅社科项目	地、市、厅、局等政府部门项目	国际合作研究项目	与港、澳、台地区合作研究项目	企事业单位委托项目	学校社科项目	外资项目	其他
	编号	L01	L02	L03	L04	L05	L06	L07	L08	L09	L10	L11	L12	L13	L14	L15	L16
课题数(项)	1	86	2	0	0	0	0	0	2	34	11	0	0	12	19	0	6
当年投入人数(人年)	2	24.5	0.6	0	0	0	0	0	0.6	9.7	4.3	0	0	3.3	4.9	0	1.1
其中:研究生(人年)	3	0	0	0	0	0	0	0	0	0	0	0	0	0	0	0	0
当年拨入经费(千元)	4	481	162	0	0	0	0	0	0	70	0	0	0	234	0	0	15
其中:当年立项项目拨入经费(千元)	5	277	162	0	0	0	0	0	0	70	0	0	0	30	0	0	15
当年支出经费(千元)	6	721.5	35.5	0	0	0	0	0	47.27	96.67	15.83	0	0	493.96	17.84	0	14.43
当年新开课题数(项)	7	22	1	0	0	0	0	0	0	10	0	0	0	1	5	0	5
当年新开课题批准经费(千元)	8	335	200	0	0	0	0	0	0	70	0	0	0	30	20	0	15
当年完成课题数(项)	9	3	0	0	0	0	0	0	0	3	0	0	0	0	0	0	0

续表

			编号	课题来源															
				合计	国家社科基金项目	国家社科基金单列学科项目	教育部人文社科研究项目	高校古籍整理研究项目	国家自然科学基金项目	中央其他部门社科专门项目	省、市、自治区社科基金项目	省教育厅社科项目	地、市、厅、局等政府部门项目	国际合作研究项目	与港、澳、台地区合作研究项目	企事业单位委托项目	学校社科项目	外资项目	其他
				L01	L02	L03	L04	L05	L06	L07	L08	L09	L10	L11	L12	L13	L14	L15	L16
出版著作(部)	合计		10	0	0	0	0	0	0	0	0	0	0	0	0	0	0	0	0
	专著	合计	11	0	0	0	0	0	0	0	0	0	0	0	0	0	0	0	0
		其中:被译成外文	12	0	0	0	0	0	0	0	0	0	0	0	0	0	0	0	0
	编著教材		13	0	0	0	0	0	0	0	0	0	0	0	0	0	0	0	0
	工具书参考书		14	0	0	0	0	0	0	0	0	0	0	0	0	0	0	0	0
	皮书/发展报告		15	0	0	0	0	0	0	0	0	0	0	0	0	0	0	0	0
	科普读物		16	0	0	0	0	0	0	0	0	0	0	0	0	0	0	0	0
古籍整理(部)			17	0	0	0	0	0	0	0	0	0	0	0	0	0	0	0	0
译著(部)			18	0	0	0	0	0	0	0	0	0	0	0	0	0	0	0	0
发表译文(篇)			19	0	0	0	0	0	0	0	0	0	0	0	0	0	0	0	0
电子出版物(件)			20	0	0	0	0	0	0	0	0	0	0	0	0	0	0	0	0
发表论文(篇)	合计		21	83	1	0	0	0	0	0	4	25	9	0	0	6	26	0	12
	国内学术刊物		22	82	1	0	0	0	0	0	4	24	9	0	0	6	26	0	12
	国外学术刊物		23	1	0	0	0	0	0	0	0	1	0	0	0	0	0	0	0
	港、澳、台地区刊物		24	0	0	0	0	0	0	0	0	0	0	0	0	0	0	0	0
研究与咨询报告(篇)	合计		25	0	0	0	0	0	0	0	0	0	0	0	0	0	0	0	0
	其中:被采纳数		26	0	0	0	0	0	0	0	0	0	0	0	0	0	0	0	0

3.52 江苏建康职业学院人文、社会科学研究与课题成果来源情况表

		课题来源															
		合计	国家社科基金项目	国家社科基金单列学科项目	教育部人文社科研究项目	高校古籍整理研究项目	国家自然科学基金项目	中央其他部门社科专门项目	省、市、自治区社科基金项目	省教育厅社科项目	地、市、厅、局等政府部门项目	国际合作研究项目	与港、澳、台地区合作研究项目	企事业单位委托项目	学校社科项目	外资项目	其他
	编号	L01	L02	L03	L04	L05	L06	L07	L08	L09	L10	L11	L12	L13	L14	L15	L16
课题数(项)	1	75	0	0	0	0	0	0	3	12	19	0	0	3	38	0	0
当年投入人数(人年)	2	22.1	0	0	0	0	0	0	0.7	4.1	5.4	0	0	0.9	11	0	0
其中:研究生(人年)	3	0	0	0	0	0	0	0	0	0	0	0	0	0	0	0	0
当年拨入经费(千元)	4	190.5	0	0	0	0	0	0	20	18	51	0	0	0	101.5	0	0
其中:当年立项项目拨入经费(千元)	5	165.5	0	0	0	0	0	0	0	18	46	0	0	0	101.5	0	0
当年支出经费(千元)	6	239	0	0	0	0	0	0	35	87.6	47.4	0	0	11	58	0	0
当年新开课题数(项)	7	24	0	0	0	0	0	0	0	2	4	0	0	0	18	0	0
当年新开课题批准经费(千元)	8	173.5	0	0	0	0	0	0	0	18	54	0	0	0	101.5	0	0
当年完成课题数(项)	9	11	0	0	0	0	0	0	1	3	4	0	0	0	3	0	0

续表

			编号	课题来源：合计	国家社科基金项目	国家社科基金单列学科项目	教育部人文社科研究项目	高校古籍整理研究项目	国家自然科学基金项目	中央其他部门社科专门项目	省、市、自治区社科基金项目	省教育厅社科项目	地、市、厅、局等政府部门项目	国际合作研究项目	与港、澳、台地区合作研究项目	企事业单位委托项目	学校社科项目	外资项目	其他
				L01	L02	L03	L04	L05	L06	L07	L08	L09	L10	L11	L12	L13	L14	L15	L16
出版著作(部)	合计		10	0	0	0	0	0	0	0	0	0	0	0	0	0	0	0	0
	专著	合计	11	0	0	0	0	0	0	0	0	0	0	0	0	0	0	0	0
		其中：被译成外文	12	0	0	0	0	0	0	0	0	0	0	0	0	0	0	0	0
	编著教材		13	0	0	0	0	0	0	0	0	0	0	0	0	0	0	0	0
	工具书参考书		14	0	0	0	0	0	0	0	0	0	0	0	0	0	0	0	0
	皮书/发展报告		15	0	0	0	0	0	0	0	0	0	0	0	0	0	0	0	0
	科普读物		16	0	0	0	0	0	0	0	0	0	0	0	0	0	0	0	0
古籍整理(部)			17	0	0	0	0	0	0	0	0	0	0	0	0	0	0	0	0
译著(部)			18	0	0	0	0	0	0	0	0	0	0	0	0	0	0	0	0
发表译文(篇)			19	0	0	0	0	0	0	0	0	0	0	0	0	0	0	0	0
电子出版物(件)			20	0	0	0	0	0	0	0	0	0	0	0	0	0	0	0	0
发表论文(篇)	合计		21	38	0	0	0	0	0	0	6	18	7	0	0	0	7	0	0
	国内学术刊物		22	38	0	0	0	0	0	0	6	18	7	0	0	0	7	0	0
	国外学术刊物		23	0	0	0	0	0	0	0	0	0	0	0	0	0	0	0	0
	港、澳、台地区刊物		24	0	0	0	0	0	0	0	0	0	0	0	0	0	0	0	0
研究与咨询报告(篇)	合计		25	0	0	0	0	0	0	0	0	0	0	0	0	0	0	0	0
	其中：被采纳数		26	0	0	0	0	0	0	0	0	0	0	0	0	0	0	0	0

3.53 苏州信息职业技术学院人文、社会科学研究与课题成果来源情况表

		课题来源															
		合计	国家社科基金项目	国家社科基金单列学科项目	教育部人文社科研究项目	高校古籍整理研究项目	国家自然科学基金项目	中央其他部门社科专门项目	省、市、自治区社科基金项目	省教育厅社科项目	地、市、厅、局等政府部门项目	国际合作研究项目	与港、澳、台地区合作研究项目	企事业单位委托项目	学校社科项目	外资项目	其他
	编号	L01	L02	L03	L04	L05	L06	L07	L08	L09	L10	L11	L12	L13	L14	L15	L16
课题数(项)	1	15	0	0	0	0	0	0	1	7	5	0	0	1	1	0	0
当年投入人数(人年)	2	3	0	0	0	0	0	0	0.4	1.3	1.1	0	0	0.1	0.1	0	0
其中:研究生(人年)	3	0	0	0	0	0	0	0	0	0	0	0	0	0	0	0	0
当年拨入经费(千元)	4	28.5	0	0	0	0	0	0	10	6	11.5	0	0	1	0	0	0
其中:当年立项项目拨入经费(千元)	5	28.5	0	0	0	0	0	0	10	6	11.5	0	0	1	0	0	0
当年支出经费(千元)	6	34.41	0	0	0	0	0	0	5.8	13.86	13.75	0	0	1	0	0	0
当年新开课题数(项)	7	5	0	0	0	0	0	0	1	1	2	0	0	1	0	0	0
当年新开课题批准经费(千元)	8	28.5	0	0	0	0	0	0	10	6	11.5	0	0	1	0	0	0
当年完成课题数(项)	9	4	0	0	0	0	0	0	0	0	2	0	0	1	1	0	0

续表

			编号	课题来源 合计	国家社科基金项目	国家社科基金单列学科项目	教育部人文社科研究项目	高校古籍整理研究项目	国家自然科学基金项目	中央其他部门社科专门项目	省、市、自治区社科基金项目	省教育厅社科项目	地、市、厅、局等政府部门项目	国际合作研究项目	与港、澳、台地区合作研究项目	企事业单位委托项目	学校社科项目	外资项目	其他
				L01	L02	L03	L04	L05	L06	L07	L08	L09	L10	L11	L12	L13	L14	L15	L16
出版著作(部)	合计		10	0	0	0	0	0	0	0	0	0	0	0	0	0	0	0	0
	专著	合计	11	0	0	0	0	0	0	0	0	0	0	0	0	0	0	0	0
		其中:被译成外文	12	0	0	0	0	0	0	0	0	0	0	0	0	0	0	0	0
	编著教材		13	0	0	0	0	0	0	0	0	0	0	0	0	0	0	0	0
	工具书参考书		14	0	0	0	0	0	0	0	0	0	0	0	0	0	0	0	0
	皮书/发展报告		15	0	0	0	0	0	0	0	0	0	0	0	0	0	0	0	0
	科普读物		16	0	0	0	0	0	0	0	0	0	0	0	0	0	0	0	0
古籍整理(部)			17	0	0	0	0	0	0	0	0	0	0	0	0	0	0	0	0
译著(部)			18	0	0	0	0	0	0	0	0	0	0	0	0	0	0	0	0
发表译文(篇)			19	1	0	0	0	0	0	0	0	0	0	0	0	1	0	0	0
电子出版物(件)			20	0	0	0	0	0	0	0	0	0	0	0	0	0	0	0	0
发表论文(篇)	合计		21	9	0	0	0	0	0	0	0	5	3	0	0	0	1	0	0
	国内学术刊物		22	9	0	0	0	0	0	0	0	5	3	0	0	0	1	0	0
	国外学术刊物		23	0	0	0	0	0	0	0	0	0	0	0	0	0	0	0	0
	港、澳、台地区刊物		24	0	0	0	0	0	0	0	0	0	0	0	0	0	0	0	0
研究与咨询报告(篇)	合计		25	2	0	0	0	0	0	0	0	0	2	0	0	0	0	0	0
	其中:被采纳数		26	0	0	0	0	0	0	0	0	0	0	0	0	0	0	0	0

3.54 苏州工业园区服务外包职业学院人文、社会科学研究与课题成果来源情况表

		课题来源															
		合计	国家社科基金项目	国家社科基金单列学科项目	教育部人文社科研究项目	高校古籍整理研究项目	国家自然科学基金项目	中央其他部门社科专门项目	省、市、自治区社科基金项目	省教育厅社科项目	地、市、厅、局等政府部门项目	国际合作研究项目	与港、澳、台地区合作研究项目	企事业单位委托项目	学校社科项目	外资项目	其他
	编号	L01	L02	L03	L04	L05	L06	L07	L08	L09	L10	L11	L12	L13	L14	L15	L16
课题数(项)	1	78	0	0	0	0	0	0	0	14	12	0	0	12	40	0	0
当年投入人数(人年)	2	20.3	0	0	0	0	0	0	0	3.8	3.5	0	0	1.8	11.2	0	0
其中:研究生(人年)	3	0	0	0	0	0	0	0	0	0	0	0	0	0	0	0	0
当年拨入经费(千元)	4	1 162.97	0	0	0	0	0	0	0	75	80	0	0	793.97	214	0	0
其中:当年立项项目拨入经费(千元)	5	1 157.97	0	0	0	0	0	0	0	75	80	0	0	793.97	209	0	0
当年支出经费(千元)	6	1 155.67	0	0	0	0	0	0	0	30.25	55.5	0	0	793.97	275.95	0	0
当年新开课题数(项)	7	39	0	0	0	0	0	0	0	7	8	0	0	12	12	0	0
当年新开课题批准经费(千元)	8	1 157.97	0	0	0	0	0	0	0	75	80	0	0	793.97	209	0	0
当年完成课题数(项)	9	36	0	0	0	0	0	0	0	4	7	0	0	12	13	0	0

续表

				课题来源															
				合计	国家社科基金项目	国家社科基金单列学科项目	教育部人文社科研究项目	高校古籍整理研究项目	国家自然科学基金项目	中央其他部门社科专门项目	省、市、自治区社科基金项目	省教育厅社科项目	地、市、厅、局等政府部门项目	国际合作研究项目	与港、澳、台地区合作研究项目	企事业单位委托项目	学校社科项目	外资项目	其他
			编号	L01	L02	L03	L04	L05	L06	L07	L08	L09	L10	L11	L12	L13	L14	L15	L16
出版著作(部)	合计		10	1	0	0	0	0	0	0	0	1	0	0	0	0	0	0	0
	专著	合计	11	1	0	0	0	0	0	0	0	1	0	0	0	0	0	0	0
		其中：被译成外文	12	0	0	0	0	0	0	0	0	0	0	0	0	0	0	0	0
	编著教材		13	0	0	0	0	0	0	0	0	0	0	0	0	0	0	0	0
	工具书参考书		14	0	0	0	0	0	0	0	0	0	0	0	0	0	0	0	0
	皮书/发展报告		15	0	0	0	0	0	0	0	0	0	0	0	0	0	0	0	0
	科普读物		16	0	0	0	0	0	0	0	0	0	0	0	0	0	0	0	0
古籍整理(部)			17	0	0	0	0	0	0	0	0	0	0	0	0	0	0	0	0
译著(部)			18	0	0	0	0	0	0	0	0	0	0	0	0	0	0	0	0
发表译文(篇)			19	0	0	0	0	0	0	0	0	0	0	0	0	0	0	0	0
电子出版物(件)			20	0	0	0	0	0	0	0	0	0	0	0	0	0	0	0	0
发表论文(篇)	合计		21	72	0	0	0	0	0	0	0	16	8	0	0	0	48	0	0
	国内学术刊物		22	72	0	0	0	0	0	0	0	16	8	0	0	0	48	0	0
	国外学术刊物		23	0	0	0	0	0	0	0	0	0	0	0	0	0	0	0	0
	港、澳、台地区刊物		24	0	0	0	0	0	0	0	0	0	0	0	0	0	0	0	0
研究与咨询报告(篇)	合计		25	7	0	0	0	0	0	0	0	0	0	0	0	7	0	0	0
	其中：被采纳数		26	7	0	0	0	0	0	0	0	0	0	0	0	7	0	0	0

3.55 徐州幼儿师范高等专科学校人文、社会科学研究与课题成果来源情况表

		课题来源															
		合计	国家社科基金项目	国家社科基金单列学科项目	教育部人文社科研究项目	高校古籍整理研究项目	国家自然科学基金项目	中央其他部门社科专门项目	省、市、自治区社科基金项目	省教育厅社科项目	地、市、厅、局等政府部门项目	国际合作研究项目	与港、澳、台地区合作研究项目	企事业单位委托项目	学校社科项目	外资项目	其他
	编号	L01	L02	L03	L04	L05	L06	L07	L08	L09	L10	L11	L12	L13	L14	L15	L16
课题数(项)	1	70	0	0	1	0	0	1	7	32	29	0	0	0	0	0	0
当年投入人数(人年)	2	16.3	0	0	0.5	0	0	0.3	1	8.4	6.1	0	0	0	0	0	0
其中:研究生(人年)	3	0	0	0	0	0	0	0	0	0	0	0	0	0	0	0	0
当年拨入经费(千元)	4	234	0	0	25	0	0	15	21	128	45	0	0	0	0	0	0
其中:当年立项项目拨入经费(千元)	5	234	0	0	25	0	0	15	21	128	45	0	0	0	0	0	0
当年支出经费(千元)	6	184.3	0	0	10	0	0	5	21	83.3	65	0	0	0	0	0	0
当年新开课题数(项)	7	36	0	0	1	0	0	1	7	16	11	0	0	0	0	0	0
当年新开课题批准经费(千元)	8	289	0	0	80	0	0	15	21	128	45	0	0	0	0	0	0
当年完成课题数(项)	9	23	0	0	0	0	0	0	7	8	8	0	0	0	0	0	0

续表

			课题来源															
			合计	国家社科基金项目	国家社科基金单列学科项目	教育部人文社科研究项目	高校古籍整理研究项目	国家自然科学基金项目	中央其他部门社科专门项目	省、市、自治区社科基金项目	省教育厅社科项目	地、市、厅、局等政府部门项目	国际合作研究项目	与港、澳、台地区合作研究项目	企事业单位委托项目	学校社科项目	外资项目	其他
		编号	L01	L02	L03	L04	L05	L06	L07	L08	L09	L10	L11	L12	L13	L14	L15	L16
出版著作(部)	合计	10	6	0	0	0	0	0	0	1	1	4	0	0	0	0	0	0
	专著 合计	11	1	0	0	0	0	0	0	0	0	1	0	0	0	0	0	0
	专著 其中:被译成外文	12	0	0	0	0	0	0	0	0	0	0	0	0	0	0	0	0
	编著教材	13	5	0	0	0	0	0	0	1	1	3	0	0	0	0	0	0
	工具书参考书	14	0	0	0	0	0	0	0	0	0	0	0	0	0	0	0	0
	皮书/发展报告	15	0	0	0	0	0	0	0	0	0	0	0	0	0	0	0	0
	科普读物	16	0	0	0	0	0	0	0	0	0	0	0	0	0	0	0	0
古籍整理(部)		17	0	0	0	0	0	0	0	0	0	0	0	0	0	0	0	0
译著(部)		18	0	0	0	0	0	0	0	0	0	0	0	0	0	0	0	0
发表译文(篇)		19	0	0	0	0	0	0	0	0	0	0	0	0	0	0	0	0
电子出版物(件)		20	0	0	0	0	0	0	0	0	0	0	0	0	0	0	0	0
发表论文(篇)	合计	21	73	0	0	1	0	0	0	5	40	25	0	0	0	1	0	1
	国内学术刊物	22	73	0	0	1	0	0	0	5	40	25	0	0	0	1	0	1
	国外学术刊物	23	0	0	0	0	0	0	0	0	0	0	0	0	0	0	0	0
	港、澳、台地区刊物	24	0	0	0	0	0	0	0	0	0	0	0	0	0	0	0	0
研究与咨询报告(篇)	合计	25	0	0	0	0	0	0	0	0	0	0	0	0	0	0	0	0
	其中:被采纳数	26	0	0	0	0	0	0	0	0	0	0	0	0	0	0	0	0

3.56 徐州生物工程职业技术学院人文、社会科学研究与课题成果来源情况表

		课题来源															
		合计	国家社科基金项目	国家社科基金单列学科项目	教育部人文社科研究项目	高校古籍整理研究项目	国家自然科学基金项目	中央其他部门社科专门项目	省、市、自治区社科基金项目	省教育厅社科项目	地、市、厅、局等政府部门项目	国际合作研究项目	与港、澳、台地区合作研究项目	企事业单位委托项目	学校社科项目	外资项目	其他
	编号	L01	L02	L03	L04	L05	L06	L07	L08	L09	L10	L11	L12	L13	L14	L15	L16
课题数(项)	1	55	0	0	0	0	0	0	0	0	19	0	0	0	36	0	0
当年投入人数(人年)	2	5.5	0	0	0	0	0	0	0	0	1.9	0	0	0	3.6	0	0
其中:研究生(人年)	3	0	0	0	0	0	0	0	0	0	0	0	0	0	0	0	0
当年拨入经费(千元)	4	98	0	0	0	0	0	0	0	0	24	0	0	0	74	0	0
其中:当年立项项目拨入经费(千元)	5	98	0	0	0	0	0	0	0	0	24	0	0	0	74	0	0
当年支出经费(千元)	6	62.4	0	0	0	0	0	0	0	0	26.4	0	0	0	36	0	0
当年新开课题数(项)	7	25	0	0	0	0	0	0	0	0	9	0	0	0	16	0	0
当年新开课题批准经费(千元)	8	98	0	0	0	0	0	0	0	0	24	0	0	0	74	0	0
当年完成课题数(项)	9	21	0	0	0	0	0	0	0	0	9	0	0	0	12	0	0

续表

				课题来源															
				合计	国家社科基金项目	国家社科基金单列学科项目	教育部人文社科研究项目	高校古籍整理研究项目	国家自然科学基金项目	中央其他部门社科专门项目	省、市、自治区社科基金项目	省教育厅社科项目	地、市、厅、局等政府部门项目	国际合作研究项目	与港、澳、台地区合作研究项目	企事业单位委托项目	学校社科项目	外资项目	其他
			编号	L01	L02	L03	L04	L05	L06	L07	L08	L09	L10	L11	L12	L13	L14	L15	L16
出版著作(部)	合计		10	1	0	0	0	0	0	0	0	0	0	0	0	0	1	0	0
	专著	合计	11	0	0	0	0	0	0	0	0	0	0	0	0	0	0	0	0
		其中:被译成外文	12	0	0	0	0	0	0	0	0	0	0	0	0	0	0	0	0
	编著教材		13	1	0	0	0	0	0	0	0	0	0	0	0	0	1	0	0
	工具书参考书		14	0	0	0	0	0	0	0	0	0	0	0	0	0	0	0	0
	皮书/发展报告		15	0	0	0	0	0	0	0	0	0	0	0	0	0	0	0	0
	科普读物		16	0	0	0	0	0	0	0	0	0	0	0	0	0	0	0	0
古籍整理(部)			17	0	0	0	0	0	0	0	0	0	0	0	0	0	0	0	0
译著(部)			18	0	0	0	0	0	0	0	0	0	0	0	0	0	0	0	0
发表译文(篇)			19	0	0	0	0	0	0	0	0	0	0	0	0	0	0	0	0
电子出版物(件)			20	0	0	0	0	0	0	0	0	0	0	0	0	0	0	0	0
发表论文(篇)	合计		21	11	0	0	0	0	0	0	0	0	4	0	0	0	7	0	0
	国内学术刊物		22	11	0	0	0	0	0	0	0	0	4	0	0	0	7	0	0
	国外学术刊物		23	0	0	0	0	0	0	0	0	0	0	0	0	0	0	0	0
	港、澳、台地区刊物		24	0	0	0	0	0	0	0	0	0	0	0	0	0	0	0	0
研究与咨询报告(篇)	合计		25	21	0	0	0	0	0	0	0	0	9	0	0	0	12	0	0
	其中:被采纳数		26	0	0	0	0	0	0	0	0	0	0	0	0	0	0	0	0

3.57 江苏商贸职业学院人文、社会科学研究与课题成果来源情况表

		课题来源															
		合计	国家社科基金项目	国家社科基金单列学科项目	教育部人文社科研究项目	高校古籍整理研究项目	国家自然科学基金项目	中央其他部门社科专门项目	省、市、自治区社科基金项目	省教育厅社科项目	地、市、厅、局等政府部门项目	国际合作研究项目	与港、澳、台地区合作研究项目	企事业单位委托项目	学校社科项目	外资项目	其他
	编号	L01	L02	L03	L04	L05	L06	L07	L08	L09	L10	L11	L12	L13	L14	L15	L16
课题数(项)	1	72	0	0	0	0	0	1	1	13	8	0	0	13	36	0	0
当年投入人数(人年)	2	30.5	0	0	0	0	0	0.2	0.7	6.9	4.4	0	0	5.8	12.5	0	0
其中:研究生(人年)	3	0	0	0	0	0	0	0	0	0	0	0	0	0	0	0	0
当年拨入经费(千元)	4	168.3	0	0	0	0	0	0	0	34.4	29.4	0	0	70.5	34	0	0
其中:当年立项项目拨入经费(千元)	5	166.3	0	0	0	0	0	0	0	34.4	29.4	0	0	70.5	32	0	0
当年支出经费(千元)	6	194.95	0	0	0	0	0	3	5	39	46.75	0	0	46.7	54.5	0	0
当年新开课题数(项)	7	32	0	0	0	0	0	0	0	4	3	0	0	13	12	0	0
当年新开课题批准经费(千元)	8	175.5	0	0	0	0	0	0	0	36	31	0	0	70.5	38	0	0
当年完成课题数(项)	9	28	0	0	0	0	0	1	0	3	2	0	0	8	14	0	0

续表

			编号	课题来源															
				合计	国家社科基金项目	国家社科基金单列学科项目	教育部人文社科研究项目	高校古籍整理研究项目	国家自然科学基金项目	中央其他部门社科专门项目	省、市、自治区社科基金项目	省教育厅社科项目	地、市、厅、局等政府部门项目	国际合作研究项目	与港、澳、台地区合作研究项目	企事业单位委托项目	学校社科项目	外资项目	其他
			编号	L01	L02	L03	L04	L05	L06	L07	L08	L09	L10	L11	L12	L13	L14	L15	L16
出版著作(部)	合计		10	2	0	0	0	0	0	0	0	0	0	0	0	0	2	0	0
	专著	合计	11	0	0	0	0	0	0	0	0	0	0	0	0	0	0	0	0
		其中:被译成外文	12	0	0	0	0	0	0	0	0	0	0	0	0	0	0	0	0
	编著教材		13	2	0	0	0	0	0	0	0	0	0	0	0	0	2	0	0
	工具书参考书		14	0	0	0	0	0	0	0	0	0	0	0	0	0	0	0	0
	皮书/发展报告		15	0	0	0	0	0	0	0	0	0	0	0	0	0	0	0	0
	科普读物		16	0	0	0	0	0	0	0	0	0	0	0	0	0	0	0	0
古籍整理(部)			17	0	0	0	0	0	0	0	0	0	0	0	0	0	0	0	0
译著(部)			18	0	0	0	0	0	0	0	0	0	0	0	0	0	0	0	0
发表译文(篇)			19	0	0	0	0	0	0	0	0	0	0	0	0	0	0	0	0
电子出版物(件)			20	0	0	0	0	0	0	0	0	0	0	0	0	0	0	0	0
发表论文(篇)	合计		21	46	0	0	0	0	0	0	4	6	10	0	0	1	25	0	0
	国内学术刊物		22	46	0	0	0	0	0	0	4	6	10	0	0	1	25	0	0
	国外学术刊物		23	0	0	0	0	0	0	0	0	0	0	0	0	0	0	0	0
	港、澳、台地区刊物		24	0	0	0	0	0	0	0	0	0	0	0	0	0	0	0	0
研究与咨询报告(篇)	合计		25	10	0	0	0	0	0	1	0	0	1	0	0	8	0	0	0
	其中:被采纳数		26	8	0	0	0	0	0	0	0	0	0	0	0	8	0	0	0

3.58 南通师范高等专科学校人文、社会科学研究与课题成果来源情况表

		课题来源															
		合计	国家社科基金项目	国家社科基金单列学科项目	教育部人文社科研究项目	高校古籍整理研究项目	国家自然科学基金项目	中央其他部门社科专门项目	省、市、自治区社科基金项目	省教育厅社科项目	地、市、厅、局等政府部门项目	国际合作研究项目	与港、澳、台地区合作研究项目	企事业单位委托项目	学校社科项目	外资项目	其他
	编号	L01	L02	L03	L04	L05	L06	L07	L08	L09	L10	L11	L12	L13	L14	L15	L16
课题数(项)	1	6	0	0	1	0	0	0	1	4	0	0	0	0	0	0	0
当年投入人数(人年)	2	1.8	0	0	0.3	0	0	0	0.3	1.2	0	0	0	0	0	0	0
其中:研究生(人年)	3	0	0	0	0	0	0	0	0	0	0	0	0	0	0	0	0
当年拨入经费(千元)	4	30	0	0	16	0	0	0	10	4	0	0	0	0	0	0	0
其中:当年立项项目拨入经费(千元)	5	10	0	0	0	0	0	0	10	0	0	0	0	0	0	0	0
当年支出经费(千元)	6	3	0	0	2	0	0	0	1	0	0	0	0	0	0	0	0
当年新开课题数(项)	7	1	0	0	0	0	0	0	1	0	0	0	0	0	0	0	0
当年新开课题批准经费(千元)	8	10	0	0	0	0	0	0	10	0	0	0	0	0	0	0	0
当年完成课题数(项)	9	0	0	0	0	0	0	0	0	0	0	0	0	0	0	0	0

续表

			编号	课题来源															
				合计	国家社科基金项目	国家社科基金单列学科项目	教育部人文社科研究项目	高校古籍整理研究项目	国家自然科学基金项目	中央其他部门社科专门项目	省、市、自治区社科基金项目	省教育厅社科项目	地、市、厅、局等政府部门项目	国际合作研究项目	与港、澳、台地区合作研究项目	企事业单位委托项目	学校社科项目	外资项目	其他
				L01	L02	L03	L04	L05	L06	L07	L08	L09	L10	L11	L12	L13	L14	L15	L16
出版著作(部)	合计		10	1	0	0	0	0	0	0	0	1	0	0	0	0	0	0	0
	专著	合计	11	1	0	0	0	0	0	0	0	1	0	0	0	0	0	0	0
		其中:被译成外文	12	0	0	0	0	0	0	0	0	0	0	0	0	0	0	0	0
	编著教材		13	0	0	0	0	0	0	0	0	0	0	0	0	0	0	0	0
	工具书参考书		14	0	0	0	0	0	0	0	0	0	0	0	0	0	0	0	0
	皮书/发展报告		15	0	0	0	0	0	0	0	0	0	0	0	0	0	0	0	0
	科普读物		16	0	0	0	0	0	0	0	0	0	0	0	0	0	0	0	0
古籍整理(部)			17	0	0	0	0	0	0	0	0	0	0	0	0	0	0	0	0
译著(部)			18	0	0	0	0	0	0	0	0	0	0	0	0	0	0	0	0
发表译文(篇)			19	0	0	0	0	0	0	0	0	0	0	0	0	0	0	0	0
电子出版物(件)			20	0	0	0	0	0	0	0	0	0	0	0	0	0	0	0	0
发表论文(篇)	合计		21	4	0	0	1	0	0	0	0	3	0	0	0	0	0	0	0
	国内学术刊物		22	4	0	0	1	0	0	0	0	3	0	0	0	0	0	0	0
	国外学术刊物		23	0	0	0	0	0	0	0	0	0	0	0	0	0	0	0	0
	港、澳、台地区刊物		24	0	0	0	0	0	0	0	0	0	0	0	0	0	0	0	0
研究与咨询报告(篇)	合计		25	0	0	0	0	0	0	0	0	0	0	0	0	0	0	0	0
	其中:被采纳数		26	0	0	0	0	0	0	0	0	0	0	0	0	0	0	0	0

3.59 江苏护理职业学院人文、社会科学研究与课题成果来源情况表

		课题来源															
		合计	国家社科基金项目	国家社科基金单列学科项目	教育部人文社科研究项目	高校古籍整理研究项目	国家自然科学基金项目	中央其他部门社科专门项目	省、市、自治区社科基金项目	省教育厅社科项目	地、市、厅、局等政府部门项目	国际合作研究项目	与港、澳、台地区合作研究项目	企事业单位委托项目	学校社科项目	外资项目	其他
	编号	L01	L02	L03	L04	L05	L06	L07	L08	L09	L10	L11	L12	L13	L14	L15	L16
课题数(项)	1	7	0	0	0	0	0	0	1	0	6	0	0	0	0	0	0
当年投入人数(人年)	2	2.1	0	0	0	0	0	0	0.2	0	1.9	0	0	0	0	0	0
其中:研究生(人年)	3	0	0	0	0	0	0	0	0	0	0	0	0	0	0	0	0
当年拨入经费(千元)	4	0	0	0	0	0	0	0	0	0	0	0	0	0	0	0	0
其中:当年立项项目拨入经费(千元)	5	0	0	0	0	0	0	0	0	0	0	0	0	0	0	0	0
当年支出经费(千元)	6	8.5	0	0	0	0	0	0	2	0	6.5	0	0	0	0	0	0
当年新开课题数(项)	7	1	0	0	0	0	0	0	0	0	1	0	0	0	0	0	0
当年新开课题批准经费(千元)	8	0	0	0	0	0	0	0	0	0	0	0	0	0	0	0	0
当年完成课题数(项)	9	2	0	0	0	0	0	0	0	0	2	0	0	0	0	0	0

续表

			课题来源															
			合计	国家社科基金项目	国家社科基金单列学科项目	教育部人文社科研究项目	高校古籍整理研究项目	国家自然科学基金项目	中央其他部门社科专门项目	省、市、自治区社科基金项目	省教育厅社科项目	地、市、厅、局等政府部门项目	国际合作研究项目	与港、澳、台地区合作研究项目	企事业单位委托项目	学校社科项目	外资项目	其他
		编号	L01	L02	L03	L04	L05	L06	L07	L08	L09	L10	L11	L12	L13	L14	L15	L16
出版著作(部)	合计	10	0	0	0	0	0	0	0	0	0	0	0	0	0	0	0	0
出版著作(部)	专著 合计	11	0	0	0	0	0	0	0	0	0	0	0	0	0	0	0	0
出版著作(部)	专著 其中:被译成外文	12	0	0	0	0	0	0	0	0	0	0	0	0	0	0	0	0
出版著作(部)	编著教材	13	0	0	0	0	0	0	0	0	0	0	0	0	0	0	0	0
出版著作(部)	工具书参考书	14	0	0	0	0	0	0	0	0	0	0	0	0	0	0	0	0
出版著作(部)	皮书/发展报告	15	0	0	0	0	0	0	0	0	0	0	0	0	0	0	0	0
出版著作(部)	科普读物	16	0	0	0	0	0	0	0	0	0	0	0	0	0	0	0	0
古籍整理(部)		17	0	0	0	0	0	0	0	0	0	0	0	0	0	0	0	0
译著(部)		18	0	0	0	0	0	0	0	0	0	0	0	0	0	0	0	0
发表译文(篇)		19	0	0	0	0	0	0	0	0	0	0	0	0	0	0	0	0
电子出版物(件)		20	0	0	0	0	0	0	0	0	0	0	0	0	0	0	0	0
发表论文(篇)	合计	21	5	0	0	0	0	0	0	2	0	3	0	0	0	0	0	0
发表论文(篇)	国内学术刊物	22	5	0	0	0	0	0	0	2	0	3	0	0	0	0	0	0
发表论文(篇)	国外学术刊物	23	0	0	0	0	0	0	0	0	0	0	0	0	0	0	0	0
发表论文(篇)	港、澳、台地区刊物	24	0	0	0	0	0	0	0	0	0	0	0	0	0	0	0	0
研究与咨询报告(篇)	合计	25	0	0	0	0	0	0	0	0	0	0	0	0	0	0	0	0
研究与咨询报告(篇)	其中:被采纳数	26	0	0	0	0	0	0	0	0	0	0	0	0	0	0	0	0

3.60 江苏财会职业学院人文、社会科学研究与课题成果来源情况表

		课题来源															
		合计	国家社科基金项目	国家社科基金单列学科项目	教育部人文社科研究项目	高校古籍整理研究项目	国家自然科学基金项目	中央其他部门社科专门项目	省、市、自治区社科基金项目	省教育厅社科项目	地、市、厅、局等政府部门项目	国际合作研究项目	与港、澳、台地区合作研究项目	企事业单位委托项目	学校社科项目	外资项目	其他
	编号	L01	L02	L03	L04	L05	L06	L07	L08	L09	L10	L11	L12	L13	L14	L15	L16
课题数(项)	1	52	0	0	0	0	0	0	0	5	20	0	0	10	17	0	0
当年投入人数(人年)	2	26.9	0	0	0	0	0	0	0	2.2	12.9	0	0	3.4	8.4	0	0
其中:研究生(人年)	3	0	0	0	0	0	0	0	0	0	0	0	0	0	0	0	0
当年拨入经费(千元)	4	287	0	0	0	0	0	0	0	110	119	0	0	34	24	0	0
其中:当年立项项目拨入经费(千元)	5	281	0	0	0	0	0	0	0	110	116	0	0	31	24	0	0
当年支出经费(千元)	6	140.5	0	0	0	0	0	0	0	32	67.5	0	0	26	15	0	0
当年新开课题数(项)	7	32	0	0	0	0	0	0	0	5	16	0	0	3	8	0	0
当年新开课题批准经费(千元)	8	283	0	0	0	0	0	0	0	110	118	0	0	31	24	0	0
当年完成课题数(项)	9	24	0	0	0	0	0	0	0	0	13	0	0	5	6	0	0

续表

			编号	课题来源															
				合计	国家社科基金项目	国家社科基金单列学科项目	教育部人文社科研究项目	高校古籍整理研究项目	国家自然科学基金项目	中央其他部门社科专门项目	省、市、自治区社科基金项目	省教育厅社科项目	地、市、厅、局等政府部门项目	国际合作研究项目	与港、澳、台地区合作研究项目	企事业单位委托项目	学校社科项目	外资项目	其他
			编号	L01	L02	L03	L04	L05	L06	L07	L08	L09	L10	L11	L12	L13	L14	L15	L16
出版著作(部)	合计		10	1	0	0	0	0	0	0	0	0	0	0	0	1	0	0	0
	专著	合计	11	1	0	0	0	0	0	0	0	0	0	0	0	1	0	0	0
		其中:被译成外文	12	0	0	0	0	0	0	0	0	0	0	0	0	0	0	0	0
	编著教材		13	0	0	0	0	0	0	0	0	0	0	0	0	0	0	0	0
	工具书参考书		14	0	0	0	0	0	0	0	0	0	0	0	0	0	0	0	0
	皮书/发展报告		15	0	0	0	0	0	0	0	0	0	0	0	0	0	0	0	0
	科普读物		16	0	0	0	0	0	0	0	0	0	0	0	0	0	0	0	0
古籍整理(部)			17	0	0	0	0	0	0	0	0	0	0	0	0	0	0	0	0
译著(部)			18	0	0	0	0	0	0	0	0	0	0	0	0	0	0	0	0
发表译文(篇)			19	0	0	0	0	0	0	0	0	0	0	0	0	0	0	0	0
电子出版物(件)			20	0	0	0	0	0	0	0	0	0	0	0	0	0	0	0	0
发表论文(篇)	合计		21	21	0	0	0	0	0	0	0	0	11	0	0	3	7	0	0
	国内学术刊物		22	21	0	0	0	0	0	0	0	0	11	0	0	3	7	0	0
	国外学术刊物		23	0	0	0	0	0	0	0	0	0	0	0	0	0	0	0	0
	港、澳、台地区刊物		24	0	0	0	0	0	0	0	0	0	0	0	0	0	0	0	0
研究与咨询报告(篇)	合计		25	5	0	0	0	0	0	0	0	0	0	0	0	5	0	0	0
	其中:被采纳数		26	0	0	0	0	0	0	0	0	0	0	0	0	0	0	0	0

3.61 江苏城乡建设职业学院人文、社会科学研究与课题成果来源情况表

		课题来源															
		合计	国家社科基金项目	国家社科基金单列学科项目	教育部人文社科研究项目	高校古籍整理研究项目	国家自然科学基金项目	中央其他部门社科专门项目	省、市、自治区社科基金项目	省教育厅社科项目	地、市、厅、局等政府部门项目	国际合作研究项目	与港、澳、台地区合作研究项目	企事业单位委托项目	学校社科项目	外资项目	其他
	编号	L01	L02	L03	L04	L05	L06	L07	L08	L09	L10	L11	L12	L13	L14	L15	L16
课题数(项)	1	58	0	0	1	0	0	1	0	5	13	0	0	5	31	0	2
当年投入人数(人年)	2	17.6	0	0	0.4	0	0	0.6	0	1.6	3.8	0	0	2.2	8.3	0	0.7
其中:研究生(人年)	3	0	0	0	0	0	0	0	0	0	0	0	0	0	0	0	0
当年拨入经费(千元)	4	661	0	0	50	0	0	0	0	38	28	0	0	525	20	0	0
其中:当年立项项目拨入经费(千元)	5	611	0	0	0	0	0	0	0	38	28	0	0	525	20	0	0
当年支出经费(千元)	6	351.73	0	0	30	0	0	10	0	10	83.2	0	0	196	22.53	0	0
当年新开课题数(项)	7	27	0	0	0	0	0	0	0	5	6	0	0	4	10	0	2
当年新开课题批准经费(千元)	8	666	0	0	0	0	0	0	0	38	28	0	0	550	20	0	30
当年完成课题数(项)	9	20	0	0	1	0	0	0	0	0	8	0	0	0	11	0	0

续表

				课题来源															
				合计	国家社科基金项目	国家社科基金单列学科项目	教育部人文社科研究项目	高校古籍整理研究项目	国家自然科学基金项目	中央其他部门社科专门项目	省、市、自治区社科基金项目	省教育厅社科项目	地、市、厅、局等政府部门项目	国际合作研究项目	与港、澳、台地区合作研究项目	企事业单位委托项目	学校社科项目	外资项目	其他
			编号	L01	L02	L03	L04	L05	L06	L07	L08	L09	L10	L11	L12	L13	L14	L15	L16
出版著作(部)	合计		10	0	0	0	0	0	0	0	0	0	0	0	0	0	0	0	0
	专著	合计	11	0	0	0	0	0	0	0	0	0	0	0	0	0	0	0	0
		其中:被译成外文	12	0	0	0	0	0	0	0	0	0	0	0	0	0	0	0	0
	编著教材		13	0	0	0	0	0	0	0	0	0	0	0	0	0	0	0	0
	工具书参考书		14	0	0	0	0	0	0	0	0	0	0	0	0	0	0	0	0
	皮书/发展报告		15	0	0	0	0	0	0	0	0	0	0	0	0	0	0	0	0
	科普读物		16	0	0	0	0	0	0	0	0	0	0	0	0	0	0	0	0
古籍整理(部)			17	0	0	0	0	0	0	0	0	0	0	0	0	0	0	0	0
译著(部)			18	0	0	0	0	0	0	0	0	0	0	0	0	0	0	0	0
发表译文(篇)			19	0	0	0	0	0	0	0	0	0	0	0	0	0	0	0	0
电子出版物(件)			20	0	0	0	0	0	0	0	0	0	0	0	0	0	0	0	0
发表论文(篇)	合计		21	76	0	0	2	0	0	10	0	2	10	0	0	0	51	0	1
	国内学术刊物		22	76	0	0	2	0	0	10	0	2	10	0	0	0	51	0	1
	国外学术刊物		23	0	0	0	0	0	0	0	0	0	0	0	0	0	0	0	0
	港、澳、台地区刊物		24	0	0	0	0	0	0	0	0	0	0	0	0	0	0	0	0
研究与咨询报告(篇)	合计		25	1	0	0	0	0	0	0	0	0	0	0	0	1	0	0	0
	其中:被采纳数		26	1	0	0	0	0	0	0	0	0	0	0	0	1	0	0	0

3.62 江苏安全技术职业学院人文、社会科学研究与课题成果来源情况表

		课题来源															
		合计	国家社科基金项目	国家社科基金单列学科项目	教育部人文社科研究项目	高校古籍整理研究项目	国家自然科学基金项目	中央其他部门社科专门项目	省、市、自治区社科基金项目	省教育厅社科项目	地、市、厅、局等政府部门项目	国际合作研究项目	与港、澳、台地区合作研究项目	企事业单位委托项目	学校社科项目	外资项目	其他
	编号	L01	L02	L03	L04	L05	L06	L07	L08	L09	L10	L11	L12	L13	L14	L15	L16
课题数(项)	1	4	0	0	0	0	0	0	0	0	0	0	0	0	4	0	0
当年投入人数(人年)	2	0.8	0	0	0	0	0	0	0	0	0	0	0	0	0.8	0	0
其中:研究生(人年)	3	0	0	0	0	0	0	0	0	0	0	0	0	0	0	0	0
当年拨入经费(千元)	4	12	0	0	0	0	0	0	0	0	0	0	0	0	12	0	0
其中:当年立项项目拨入经费(千元)	5	0	0	0	0	0	0	0	0	0	0	0	0	0	0	0	0
当年支出经费(千元)	6	12	0	0	0	0	0	0	0	0	0	0	0	0	12	0	0
当年新开课题数(项)	7	0	0	0	0	0	0	0	0	0	0	0	0	0	0	0	0
当年新开课题批准经费(千元)	8	0	0	0	0	0	0	0	0	0	0	0	0	0	0	0	0
当年完成课题数(项)	9	4	0	0	0	0	0	0	0	0	0	0	0	0	4	0	0

续表

			编号	课题来源 合计	国家社科基金项目	国家社科基金单列学科项目	教育部人文社科研究项目	高校古籍整理研究项目	国家自然科学基金项目	中央其他部门社科专门项目	省、市、自治区社科基金项目	省教育厅社科项目	地、市、厅、局等政府部门项目	国际合作研究项目	与港、澳、台地区合作研究项目	企事业单位委托项目	学校社科项目	外资项目	其他
			编号	L01	L02	L03	L04	L05	L06	L07	L08	L09	L10	L11	L12	L13	L14	L15	L16
出版著作(部)	合计		10	0	0	0	0	0	0	0	0	0	0	0	0	0	0	0	0
	专著	合计	11	0	0	0	0	0	0	0	0	0	0	0	0	0	0	0	0
		其中:被译成外文	12	0	0	0	0	0	0	0	0	0	0	0	0	0	0	0	0
	编著教材		13	0	0	0	0	0	0	0	0	0	0	0	0	0	0	0	0
	工具书参考书		14	0	0	0	0	0	0	0	0	0	0	0	0	0	0	0	0
	皮书/发展报告		15	0	0	0	0	0	0	0	0	0	0	0	0	0	0	0	0
	科普读物		16	0	0	0	0	0	0	0	0	0	0	0	0	0	0	0	0
古籍整理(部)			17	0	0	0	0	0	0	0	0	0	0	0	0	0	0	0	0
译著(部)			18	0	0	0	0	0	0	0	0	0	0	0	0	0	0	0	0
发表译文(篇)			19	0	0	0	0	0	0	0	0	0	0	0	0	0	0	0	0
电子出版物(件)			20	0	0	0	0	0	0	0	0	0	0	0	0	0	0	0	0
发表论文(篇)	合计		21	7	0	0	0	0	0	0	0	0	0	0	0	0	7	0	0
	国内学术刊物		22	7	0	0	0	0	0	0	0	0	0	0	0	0	7	0	0
	国外学术刊物		23	0	0	0	0	0	0	0	0	0	0	0	0	0	0	0	0
	港、澳、台地区刊物		24	0	0	0	0	0	0	0	0	0	0	0	0	0	0	0	0
研究与咨询报告(篇)	合计		25	0	0	0	0	0	0	0	0	0	0	0	0	0	0	0	0
	其中:被采纳数		26	0	0	0	0	0	0	0	0	0	0	0	0	0	0	0	0

4. 民办及中外合作办学高等学校人文、社会科学研究与课题成果来源情况表

		课题来源															
		合计	国家社科基金项目	国家社科基金单列学科项目	教育部人文社科研究项目	高校古籍整理研究项目	国家自然科学基金项目	中央其他部门社科专门项目	省、市、自治区社科基金项目	省教育厅社科项目	地、市、厅、局等政府部门项目	国际合作研究项目	与港、澳、台地区合作研究项目	企事业单位委托项目	学校社科项目	外资项目	其他
	编号	L01	L02	L03	L04	L05	L06	L07	L08	L09	L10	L11	L12	L13	L14	L15	L16
课题数(项)	1	1 263	4	0	11	0	6	7	41	536	218	3	1	41	393	0	2
当年投入人数(人年)	2	344.9	1.3	0	3.4	0	1.9	1.1	10.1	161.7	55.8	1.2	0	7.1	100.8	0	0.5
其中:研究生(人年)	3	0	0	0	0	0	0	0	0	0	0	0	0	0	0	0	0
当年拨入经费(千元)	4	5 704.22	190	0	155.2	0	108	165	165	1 242.7	1 804.4	204.16	114.56	824.5	730.7	0	0
其中:当年立项项目拨入经费(千元)	5	5 022.12	190	0	55	0	0	85	155	1 095.7	1 701.1	204.16	114.56	784.5	637.1	0	0
当年支出经费(千元)	6	4 275.27	130	0	117.99	0	261.11	56	139.16	896.68	1 471.01	112.4	80.56	567.96	442.4	0	0
当年新开课题数(项)	7	700	1	0	4	0	3	4	21	273	143	2	1	29	217	0	2
当年新开课题批准经费(千元)	8	7 297.6	200	0	300	0	713.1	270	330	1 513	1 735.5	260	360	794	822	0	0
当年完成课题数(项)	9	305	0	0	1	0	1	1	11	100	83	0	0	14	94	0	0

续表

			编号	课题来源															
				合计	国家社科基金项目	国家社科基金单列学科项目	教育部人文社科研究项目	高校古籍整理研究项目	国家自然科学基金项目	中央其他部门社科专门项目	省、市、自治区社科基金项目	省教育厅社科项目	地、市、厅、局等政府部门项目	国际合作研究项目	与港、澳、台地区合作研究项目	企事业单位委托项目	学校社科项目	外资项目	其他
				L01	L02	L03	L04	L05	L06	L07	L08	L09	L10	L11	L12	L13	L14	L15	L16
出版著作(部)	合计		10	14	0	0	0	0	2	0	0	2	0	1	0	0	9	0	0
	专著	合计	11	2	0	0	0	0	1	0	0	0	0	1	0	0	0	0	0
		其中:被译成外文	12	2	0	0	0	0	1	0	0	0	0	1	0	0	0	0	0
	编著教材		13	12	0	0	0	0	1	0	0	2	0	0	0	0	9	0	0
	工具书参考书		14	0	0	0	0	0	0	0	0	0	0	0	0	0	0	0	0
	皮书/发展报告		15	0	0	0	0	0	0	0	0	0	0	0	0	0	0	0	0
	科普读物		16	0	0	0	0	0	0	0	0	0	0	0	0	0	0	0	0
古籍整理(部)			17	0	0	0	0	0	0	0	0	0	0	0	0	0	0	0	0
译著(部)			18	0	0	0	0	0	0	0	0	0	0	0	0	0	0	0	0
发表译文(篇)			19	0	0	0	0	0	0	0	0	0	0	0	0	0	0	0	0
电子出版物(件)			20	2	0	0	0	0	0	0	0	0	1	0	0	1	0	0	0
发表论文(篇)	合计		21	797	1	0	7	0	6	4	29	372	115	0	1	11	251	0	0
	国内学术刊物		22	786	1	0	6	0	1	4	26	371	115	0	1	11	250	0	0
	国外学术刊物		23	11	0	0	1	0	5	0	3	1	0	0	0	0	1	0	0
	港、澳、台地区刊物		24	0	0	0	0	0	0	0	0	0	0	0	0	0	0	0	0
研究与咨询报告(篇)	合计		25	35	0	0	0	0	0	0	1	4	21	0	0	7	2	0	0
	其中:被采纳数		26	11	0	0	0	0	0	0	0	0	5	0	0	6	0	0	0

注:由于篇幅限制,此节不对民办与中外合作办学人文、社会科学研究与课题成果情况(来源)细分说明。

九、社科研究成果获奖

成果名称		合计	成果形式	主要作者	课题来源	奖励名称	奖励等级	备注
	编号	L01	L02	L03	L04	L05	L06	L07
合计	/	/	/	/	/	/	/	/
1. 南京大学	/	/	/	/	/	/	/	/
A Social-structural Perspective on Employee-organization Relationships and Team Creativity（社会结构视角下的雇佣关系与团队创造力的关系研究）	001	/	论文	贾良定	教育部人文社科研究项目	江苏省第十四届哲学社会科学优秀成果奖	二等	/
Customer Involvement and Service Firm Internationalization Performance: An Integrative Framework（客户参与与服务业企业国际化绩效：一个整合框架）	002	/	论文	张骁	国家社科基金项目	江苏省第十四届哲学社会科学优秀成果奖	一等	/
Idéologie et Traduction ：la Réception Des Traductions de Lu Xun en France(意识形态与翻译：鲁迅在法国的译介研究)	003	/	论文	高方	省、市、自治区社科基金项目	江苏省第十四届哲学社会科学优秀成果奖	二等	/
“国家形象”研究的知识图谱及其政治学转向	004	/	论文	王海洲	国家社科基金项目	江苏省第十四届哲学社会科学优秀成果奖	三等	/
“新常态”下中国教育财政投入的可持续性与制度转型	005	/	论文	宗晓华	教育部人文社科研究项目	江苏省第十四届哲学社会科学优秀成果奖	三等	/
爱、自由与责任：中世纪哲学的道德阐释	006	/	著作	张荣	省、市、自治区社科基金项目	江苏省第十四届哲学社会科学优秀成果奖	三等	/
城市化理论重构与城市化战略研究	007	/	著作	张鸿雁	教育部人文社科研究项目	江苏省第十四届哲学社会科学优秀成果奖	一等	/
大学课程与教学：原理与问题	008	/	著作	张红霞	省、市、自治区社科基金项目	江苏省第十四届哲学社会科学优秀成果奖	二等	/
当代电影新势力：亚洲新电影大师研究	009	/	著作	周安华	国家社科基金项目	江苏省第十四届哲学社会科学优秀成果奖	一等	/
当代逻辑哲学前沿问题研究	010	/	著作	张建军	教育部人文社科研究项目	江苏省第十四届哲学社会科学优秀成果奖	一等	/

续表

成果名称	编号	合计 L01	成果形式 L02	主要作者 L03	课题来源 L04	奖励名称 L05	奖励等级 L06	备注 L07
东亚道教研究	011	/	著作	孙亦平	教育部人文社科研究项目	江苏省第十四届哲学社会科学优秀成果奖	二等	/
二战后期中国争取大国地位的努力及其历史经验教训	012	/	研究报告	张生	省、市、自治区社科基金项目	江苏省第十四届哲学社会科学优秀成果奖	三等	/
翻译批评研究	013	/	著作	刘云虹	教育部人文社科研究项目	江苏省第十四届哲学社会科学优秀成果奖	一等	/
非洲资源开发与中非能源合作安全研究丛书	014	/	著作	黄贤金	教育部人文社科研究项目	江苏省第十四届哲学社会科学优秀成果奖	二等	/
赋税甲天下:明清江南社会经济探析	015	/	著作	范金民	国家社科基金项目	江苏省第十四届哲学社会科学优秀成果奖	一等	/
高参与组织中的信任问题研究	016	/	著作	程德俊	教育部人文社科研究项目	江苏省第十四届哲学社会科学优秀成果奖	三等	/
葛中选《太律》的史实及其音系	017	/	著作	张玉来	国家社科基金项目	江苏省第十四届哲学社会科学优秀成果奖	三等	/
公共财政的政治过程	018	/	著作	高静	省、市、自治区社科基金项目	江苏省第十四届哲学社会科学优秀成果奖	二等	/
公共行政的行动主义	019	/	著作	张康之	省、市、自治区社科基金项目	江苏省第十四届哲学社会科学优秀成果奖	一等	/
激励与文化视角下的知识共享研究	020	/	著作	杨忠	教育部人文社科研究项目	江苏省第十四届哲学社会科学优秀成果奖	二等	/
进口引致型出口:中国出口成长的实现机制研究	021	/	著作	巫强	教育部人文社科研究项目	江苏省第十四届哲学社会科学优秀成果奖	三等	/
论诉权的人权属性——以历史演进为视角	022	/	论文	吴英姿	国家社科基金项目	江苏省第十四届哲学社会科学优秀成果奖	一等	/
马克思与20世纪美学问题	023	/	著作	汪正龙	教育部人文社科研究项目	江苏省第十四届哲学社会科学优秀成果奖	二等	/
马克思再生产理论及其哲学效应研究	024	/	著作	孙乐强	省、市、自治区社科基金项目	江苏省第十四届哲学社会科学优秀成果奖	一等	/
马克思主义的国际政治经济学研究逻辑	025	/	论文	李滨	国家社科基金项目	江苏省第十四届哲学社会科学优秀成果奖	三等	/

续表

毛泽东劳动观的历史生成及其当代价值	026	/	论文	尚庆飞	国家社科基金项目	江苏省第十四届哲学社会科学优秀成果奖	二等	/
美国文学经典与民族文化创新(1945—2010)	027	/	著作	江宁康	教育部人文社科研究项目	江苏省第十四届哲学社会科学优秀成果奖	二等	/
面向关联数据的语义数字图书馆资源描述与组织框架设计与实现	028	/	论文	欧石燕	教育部人文社科研究项目	江苏省第十四届哲学社会科学优秀成果奖	三等	/
面向知识服务的知识组织理论与方法	029	/	著作	苏新宁	省、市、自治区社科基金项目	江苏省第十四届哲学社会科学优秀成果奖	一等	/
民国大学的文脉	030	/	著作	沈卫威	省、市、自治区社科基金项目	江苏省第十四届哲学社会科学优秀成果奖	三等	/
南京大学图书馆藏稀见方志丛刊(全七十册)	031	/	著作	洪修平	国家社科基金项目	江苏省第十四届哲学社会科学优秀成果奖	二等	/
欧洲火山喷发印象的历史变迁:以百科全书为中心的考察	032	/	论文	王涛	国家社科基金项目	江苏省第十四届哲学社会科学优秀成果奖	三等	/
普鲁斯特的美学	033	/	著作	张新木	国家社科基金项目	江苏省第十四届哲学社会科学优秀成果奖	三等	/
企业高绩效工作系统的内容结构与测量	034	/	论文	张正堂	国家社科基金项目	江苏省第十四届哲学社会科学优秀成果奖	二等	/
青奥会:理想追寻与价值回归	035	/	著作	王成	省、市、自治区社科基金项目	江苏省第十四届哲学社会科学优秀成果奖	二等	/
区域社会发展与社会冲突比较研究:以江南淮北为中心(1680—1949)	036	/	著作	马俊亚	国家社科基金项目	江苏省第十四届哲学社会科学优秀成果奖	二等	/
让渡还是坚守:一体化语境中的欧洲人主权观研究	037	/	著作	洪邮生	国家社科基金项目	江苏省第十四届哲学社会科学优秀成果奖	三等	/
人口红利、收入分配与中国国际收支不平衡问题研究	038	/	著作	谢建国	国家社科基金项目	江苏省第十四届哲学社会科学优秀成果奖	二等	/
人情、面子与权力的再生产(第2版)	039	/	著作	翟学伟	教育部人文社科研究项目	江苏省第十四届哲学社会科学优秀成果奖	二等	/
融资约束与中国企业储蓄率:基于微观数据的考察	040	/	论文	江静	国家社科基金项目	江苏省第十四届哲学社会科学优秀成果奖	三等	/
社会变迁中的青年问题	041	/	著作	风笑天	省、市、自治区社科基金项目	江苏省第十四届哲学社会科学优秀成果奖	三等	/
时间、叙事与想象——将历史维度带回社会学	042	/	论文	成伯清	教育部人文社科研究项目	江苏省第十四届哲学社会科学优秀成果奖	二等	/

续表

成果名称		合计	成果形式	主要作者	课题来源	奖励名称	奖励等级	备注
	编号	L01	L02	L03	L04	L05	L06	L07
什么是我们的当代艺术	043	/	论文	周计武	国家社科基金项目	江苏省第十四届哲学社会科学优秀成果奖	二等	/
世界一流大学研究生培养模式和课程体系研究	044	/	著作	汪霞	教育部人文社科研究项目	第五届全国教育科学研究优秀成果奖	二等	/
数字出版物的营销模式研究	045	/	著作	袁勤俭	教育部人文社科研究项目	江苏省第十四届哲学社会科学优秀成果奖	三等	/
泰兴方言研究	046	/	著作	顾黔	国家社科基金项目	江苏省第十四届哲学社会科学优秀成果奖	一等	/
提升江苏区域软实力的政策建议	047	/	研究报告	刘金源	省、市、自治区社科基金项目	江苏省第十四届哲学社会科学优秀成果奖	二等	/
图书馆学学术规范与方法论研究	048	/	专著	叶继元	教育部人文社科研究项目	江苏省第十四届哲学社会科学优秀成果奖	二等	/
网络舆论调控政策研究	049	/	研究报告	陈堂发	教育部人文社科研究项目	江苏省第十四届哲学社会科学优秀成果奖	三等	/
文化反哺:变迁社会中的代际革命	050	/	著作	周晓虹	国家社科基金项目	江苏省第十四届哲学社会科学优秀成果奖	一等	/
西方民族——国家成长的历史与逻辑	051	/	论文	张凤阳	教育部人文社科研究项目	江苏省第十四届哲学社会科学优秀成果奖	一等	/
现金股利承诺制度与资源配置	052	/	论文	王国俊	国家社科基金项目	江苏省第十四届哲学社会科学优秀成果奖	三等	/
新形势下中国地方官员的治理效应研究	053	/	论文	皮建才	教育部人文社科研究项目	江苏省第十四届哲学社会科学优秀成果奖	一等	/
信贷量经济效应的期限结构研究	054	/	论文	范从来	教育部人文社科研究项目	江苏省第十四届哲学社会科学优秀成果奖	二等	/
行政许可条件研究	055	/	著作	王太高	省、市、自治区社科基金项目	江苏省第十四届哲学社会科学优秀成果奖	二等	/
询价机构报价中的意见分歧与 IPO 定价机制研究	056	/	论文	李冬昕	教育部人文社科研究项目	江苏省第十四届哲学社会科学优秀成果奖	三等	/
以“行”释义:儒家诠释文本的独特方式	057	/	论文	李承贵	省、市、自治区社科基金项目	江苏省第十四届哲学社会科学优秀成果奖	二等	/

续表

疫学因果关系及其证明	058	/	论文	陈伟	教育部人文社科研究项目	江苏省第十四届哲学社会科学优秀成果奖	三等	/
英国十九世纪手工艺运动研究	059	/	著作	于文杰	教育部人文社科研究项目	江苏省第十四届哲学社会科学优秀成果奖	三等	/
英国现代转型与工党重铸	060	/	著作	刘成	教育部人文社科研究项目	江苏省第十四届哲学社会科学优秀成果奖	三等	/
正确认识大学的运行逻辑与学术权力——关于大学“去行政化”的再思考	061	/	论文	龚放	国家社科基金项目	江苏省第十四届哲学社会科学优秀成果奖	一等	/
中国百年话语变迁	062	/	普及成果	姜迎春	教育部人文社科研究项目	江苏省第十四届哲学社会科学优秀成果奖	一等	/
中国产业布局调整的福利经济学分析	063	/	论文	吴福象	国家社科基金项目	江苏省第十四届哲学社会科学优秀成果奖	二等	/
中国城市底层群体的生存状态与救助机制	064	/	著作	朱力	国家社科基金项目	江苏省第十四届哲学社会科学优秀成果奖	二等	/
中国辞书发展状况报告:1978—2008	065	/	著作	魏向清	国家社科基金项目	江苏省第十四届哲学社会科学优秀成果奖	二等	/
中国宏观经济动态模型与校准分析	066	/	著作	孙宁华	省、市、自治区社科基金项目	江苏省第十四届哲学社会科学优秀成果奖	三等	/
中国无神论史论丛(第一辑)	067	/	著作	王友三	国家社科基金项目	江苏省第十四届哲学社会科学优秀成果奖	一等	/
中国宪法的成文性质与司法适用	068	/	著作	赵娟	教育部人文社科研究项目	江苏省第十四届哲学社会科学优秀成果奖	三等	/
中国信息传播国家竞争力研究	069	/	著作	丁和根	省、市、自治区社科基金项目	江苏省第十四届哲学社会科学优秀成果奖	三等	/
中国行政区划通史·三国两晋南朝卷(上、下)	070	/	著作	胡阿祥	国家社科基金项目	江苏省第十四届哲学社会科学优秀成果奖	二等	/
中国研究型大学本科生学习参与的特征分析——基于12所中外研究型大学调查资料的比较	071	/	论文	吕林海	国家社科基金项目	江苏省第十四届哲学社会科学优秀成果奖	二等	/
中国应急管理的结构变化及其理论概化	072	/	论文	张海波	省、市、自治区社科基金项目	江苏省第十四届哲学社会科学优秀成果奖	二等	/
中国影像史(10卷本)	073	/	著作	韩丛耀	国家社科基金项目	江苏省第十四届哲学社会科学优秀成果奖	二等	/
中华民国专题史(18卷本)	074	/	著作	张宪文	省、市、自治区社科基金项目	江苏省第十四届哲学社会科学优秀成果奖	一等	/

续表

成果名称	编号	合计 L01	成果形式 L02	主要作者 L03	课题来源 L04	奖励名称 L05	奖励等级 L06	备注 L07
中西哲学比较研究史	075	/	著作	许苏民	国家社科基金项目	江苏省第十四届哲学社会科学优秀成果奖	一等	/
朱彝尊年谱	076	/	著作	张宗友	国家社科基金项目	江苏省第十四届哲学社会科学优秀成果奖	三等	/
住房消费与扩大内需	077	/	著作	高波	教育部人文社科研究项目	江苏省第十四届哲学社会科学优秀成果奖	二等	/
尊严、交易转型与劳动组织治理:解读富士康	078	/	论文	汪和建	教育部人文社科研究项目	江苏省第十四届哲学社会科学优秀成果奖	二等	/
2. 东南大学	/	/	/	/	/	/	/	/
“四个全面”战略布局研究丛书・全面从严治党	001	/	著作	郭广银	省、市、自治区社科基金项目	江苏省第十四届哲学社会科学优秀成果奖	二等	/
《髹饰录》与东亚漆艺:传统髹饰工艺体系研究	002	/	著作	张燕	省、市、自治区社科基金项目	江苏省第十四届哲学社会科学优秀成果奖	三等	/
比较艺术学	003	/	著作	李蓓蕾	国家社科基金项目	江苏省第十四届哲学社会科学优秀成果奖	一等	/
承认哲学的历史逻辑:黑格尔、马克思与当代左翼政治思潮	004	/	著作	陈良斌	无依托项目研究成果	江苏省第十四届哲学社会科学优秀成果奖	三等	/
低碳经济背景下嵌入全面预算体系的企业碳预算构想	005	/	论文	涂建明	学校社科项目	江苏省第十四届哲学社会科学优秀成果奖	三等	/
反面的构成事实错误之辨伪	006	/	论文	梁云宝	省教育厅社科项目	江苏省第十四届哲学社会科学优秀成果奖	二等	/
高校哲学社会科学科研经费有效配置与科学管理研究	007	/	研究报告	陈志斌	省、市、自治区社科基金项目	江苏省第十四届哲学社会科学优秀成果奖	三等	/
基于网络理论的银行业系统性风险研究	008	/	著作	李守伟	企事业单位委托项目	江苏省第十四届哲学社会科学优秀成果奖	二等	/
科学发展观的价值维度	009	/	著作	许苏明	无依托项目研究成果	江苏省第十四届哲学社会科学优秀成果奖	三等	/
空间叙事研究	010	/	著作	龙迪勇	省、市、自治区社科基金项目	江苏省第十四届哲学社会科学优秀成果奖	一等	/

续表

曲学与中国戏剧学论稿	011	/	著作	徐子方	无依托项目研究成果	江苏省第十四届哲学社会科学优秀成果奖	二等	/
税制改革、工资跨期转移与公司价值	012	/	著作	王亮亮	无依托项目研究成果	江苏省第十四届哲学社会科学优秀成果奖	三等	/
苏南傩面具研究	013	/	著作	陶思炎	无依托项目研究成果	江苏省第十四届哲学社会科学优秀成果奖	三等	/
要素禀赋、制度红利与新型出口比较优势	014	/	论文	邱斌	省教育厅社科项目	江苏省第十四届哲学社会科学优秀成果奖	二等	/
医药之痛：药品安全和医药分开	015	/	著作	赵林度	国家社科基金项目	江苏省第十四届哲学社会科学优秀成果奖	二等	/
艺术品金融	016	/	著作	倪进	地、市、厅、局等政府部门项目	江苏省第十四届哲学社会科学优秀成果奖	三等	/
艺术学理论的使命与地位	017	/	论文	王廷信	省、市、自治区社科基金项目	江苏省第十四届哲学社会科学优秀成果奖	三等	/
早期气质对焦虑退缩行为的影响：社会适应的背景性作用	018	/	论文	张光珍	省、市、自治区社科基金项目	江苏省第十四届哲学社会科学优秀成果奖	二等	/
中国经济增长的真实性：基于全球夜间灯光数据的检验	019	/	论文	徐康宁	地、市、厅、局等政府部门项目	江苏省第十四届哲学社会科学优秀成果奖	一等	/
中国墓室壁画研究（系列论文）	020	/	论文	汪小洋	省、市、自治区社科基金项目	江苏省第十四届哲学社会科学优秀成果奖	三等	/
中国特色协商民主的完制研究	021	/	著作	汪进元	无依托项目研究成果	江苏省第十四届哲学社会科学优秀成果奖	三等	/
中国转型经济背景下的商业模式适应性：权变路径与演进机理	022	/	著作	吕鸿江	省、市、自治区社科基金项目	江苏省第十四届哲学社会科学优秀成果奖	三等	/
自主培育发展新兴产业的路径与政策	023	/	著作	仲伟俊	省、市、自治区社科基金项目	江苏省第十四届哲学社会科学优秀成果奖	一等	/
3. 江南大学	/	/	/	/	/	/	/	/
“十三五”期间我国食品安全风险的治理路径	001	/	研究报告	吴林海	无依托项目研究成果	江苏省第十四届哲学社会科学优秀成果	二等	/
从行政控制到专业引领：学校教学管理变革取向研究	002	/	著作	杜芳芳	无依托项目研究成果	江苏省第十四届哲学社会科学优秀成果	三等	/
当代体育教师专业发展研究：基于教师主体性的视角	003	/	著作	潘凌云	无依托项目研究成果	江苏省第十四届哲学社会科学优秀成果	三等	/

续表

成果名称	编号	合计 L01	成果形式 L02	主要作者 L03	课题来源 L04	奖励名称 L05	奖励等级 L06	备注 L07
电影的历程:电影生命周期研究	004	/	著作	李栋宁	无依托项目研究成果	江苏省第十四届哲学社会科学优秀成果	三等	/
风险投资与创业企业的匹配结构——来自中国的经验证据	005	/	论文	付辉	无依托项目研究成果	江苏省第十四届哲学社会科学优秀成果	三等	/
高校青年教师发展研究	006	/	著作	周萍	教育部人文社科研究项目	第五届全国教育科学研究优秀成果奖	二等	/
公平正义观的历史・传承・发展	007	/	著作	杨宝国	无依托项目研究成果	江苏省第十四届哲学社会科学优秀成果	二等	/
建构立体式反腐败体系研究	008	/	研究报告	徐玉生	无依托项目研究成果	江苏省第十四届哲学社会科学优秀成果	三等	/
江苏城市传统建筑研究系列丛书(全3册)	009	/	著作	过伟敏	无依托项目研究成果	江苏省第十四届哲学社会科学优秀成果	二等	/
列宁、卢森堡、考茨基与伯恩施坦主义	010	/	著作	贾淑品	无依托项目研究成果	江苏省第十四届哲学社会科学优秀成果	三等	/
吴梦窗研究	011	/	著作	孙虹	无依托项目研究成果	江苏省第十四届哲学社会科学优秀成果	三等	/
现代新儒家直觉观考察——以梁漱溟、冯友兰、熊十力、贺麟为中心	012	/	著作	陈永杰	无依托项目研究成果	江苏省第十四届哲学社会科学优秀成果	三等	/
心理教育论	013	/	著作	沈贵鹏	无依托项目研究成果	江苏省第十四届哲学社会科学优秀成果	二等	/
意匠图形	014	/	著作	魏洁	无依托项目研究成果	江苏省第十四届哲学社会科学优秀成果	二等	/
中国当代设计全集. 第13卷,工业类编. 百货篇	015	/	著作	张凌浩	无依托项目研究成果	江苏省第十四届哲学社会科学优秀成果	三等	/
中国饮食美学史	016	/	著作	赵建军	无依托项目研究成果	江苏省第十四届哲学社会科学优秀成果	三等	/
4. 南京农业大学	/	/	/	/	/	/	/	/
财政分权、地方政府偏好与城市土地利用	001	/	著作	吴群	国家自然科学基金项目	江苏省第十四届哲学社会科学优秀成果奖	三等	/

续表

城乡统筹发展背景下农村土地整治研究	002	/	研究报告	邹伟	省、市、自治区社科基金项目	江苏省第十四届哲学社会科学优秀成果奖	一等	/
国家社会科学基金及其学术成果统计报告：1991—2015	003	/	著作	王东波	国家自然科学基金项目	江苏省第十四届哲学社会科学优秀成果奖	三等	/
集体土地产权流转及其市场体系研究	004	/	著作	郭贯成	地、市、厅、局等政府部门项目	江苏省第十四届哲学社会科学优秀成果奖	三等	/
农村发展中土地资源保护机制	005	/	著作	曲福田	国家自然科学基金项目	江苏省第十四届哲学社会科学优秀成果奖	二等	/
农村土地制度变迁的社会福利效应：基于金融视角的分析	006	/	著作	林乐芬	国家社科基金项目	江苏省第十四届哲学社会科学优秀成果奖	三等	/
资源节约型环境友好型农业产业体系研究	007	/	著作	周曙东	国家社科基金项目	江苏省第十四届哲学社会科学优秀成果奖	一等	/
5. 中国矿业大学	/	/	/	/	/	/	/	/
文化错位视域下安全管理制度遵从机制研究	001	/	著作	芦慧	国家社科基金项目	江苏省第十四届哲学社会科学优秀成果奖	二等	/
行政精神的历史类型	002	/	论文	王锋	国家社科基金项目	江苏省第十四届哲学社会科学优秀成果奖	三等	/
6. 河海大学	/	/	/	/	/	/	/	/
How do Alumni Faculty Behave in Research Collaboration? An Analysis of Chang Jiang Scholars in China(海归校友教授如何开展科研合作？——基于长江学者的分析)	001	/	论文	李峰	国家自然科学基金项目	江苏省第十四届哲学社会科学优秀成果奖	三等	/
毛泽东意识形态理论研究	002	/	著作	黄世虎	教育部人文社科研究项目	江苏省第十四届哲学社会科学优秀成果奖	三等	/
思想政治教育现代转型研究	003	/	专著	孙其昂	教育部人文社科研究项目	江苏省第十四届哲学社会科学优秀成果奖	二等	/
地质灾害移民工程综合技术与应用研究	004	/	研究报告	施国庆	其他研究项目	水力发电科学技术奖	三等	/
淮河流域省际水污染补偿机制及实现路径研究	005	/	研究报告	黄涛珍	地、市、厅、局等政府部门项目	江苏省第十四届哲学社会科学优秀成果奖	二等	/
教育下乡：一个乡镇的教育治理实践	006	/	论文	沈洪成	省、市、自治区社科基金项目	江苏省第十四届哲学社会科学优秀成果奖	三等	/
	007	/	论文	沈洪成	省、市、自治区社科基金项目	第五届全国教育科学研究优秀成果奖	二等	/

续表

成果名称	编号	合计 L01	成果形式 L02	主要作者 L03	课题来源 L04	奖励名称 L05	奖励等级 L06	备注 L07
内河航道网规划与决策方法	008	/	著作	吴凤平	地、市、厅、局等政府部门项目	江苏省第十四届哲学社会科学优秀成果奖	三等	/
社会时空分析的类型、范例及特点	009	/	论文	顾金土	无依托项目研究成果	江苏省第十四届哲学社会科学优秀成果奖	三等	/
辛克莱·刘易斯小说的叙事空间研究(汉、英)	010	/	著作	张海榕	无依托项目研究成果	江苏省第十四届哲学社会科学优秀成果奖	二等	/
7. 南京理工大学	/	/	/	/	/	/	/	/
创新驱动发展论	001	/	著作	朱英明	国家社科基金项目	江苏省第十四届哲学社会科学优秀成果奖	三等	/
基于社会网络的科技咨询专家库的构建方案与流程设计	002	/	论文	王曰芬	企事业单位委托项目	江苏省第十四届哲学社会科学优秀成果奖	三等	/
基于视觉寓言的爱伦·坡小说研究	003	/	著作	于雷	地、市、厅、局等政府部门项目	江苏省第十四届哲学社会科学优秀成果奖	三等	/
加快建设知识产权强省——江苏建设创新型省份的必由之路	004	/	研究报告	钱建平	企事业单位委托项目	江苏省第十四届哲学社会科学优秀成果奖	一等	/
动商——人类全面发展的重要支脚	005	/	论文	王宗平	教育部人文社科研究项目	江苏省第十四届哲学社会科学优秀成果奖	三等	/
Prosodic Realization of Focus in Bilingual Production of Southern Min and Mandarin(闽南语和普通话双语焦点产出的韵律表现)	006	/	论文	陈莹	国家社科基金项目	江苏省第十四届哲学社会科学优秀成果奖	二等	/
企业家创业认知的积极情绪理论	007	/	论文	周小虎	国家社科基金项目	江苏省第十四届哲学社会科学优秀成果奖	三等	/
社会化媒体中用户体验设计的理论视角:动因支撑模型及其设计原则	008	/	论文	赵宇翔	地、市、厅、局等政府部门项目	江苏省第十四届哲学社会科学优秀成果奖	三等	/
Oil Price Shocks and Stock Market Activities: Evidence from Oil-importing and oil-exporting countries(油价冲击与股票市场活动:来自原油进口和出口国的证据)	009	/	论文	王玉东	省、市、自治区社科基金项目	江苏省第十四届哲学社会科学优秀成果奖	三等	/
语言规划与语言政策的驱动过程(译著)	010	/	著作	吴志杰	学校社科项目	江苏省第十四届哲学社会科学优秀成果奖	三等	/

续表

8. 南京航空航天大学	/	/	/	/	/	/	/	/
多属性决策分析方法与应用:基于属性间关联的研究	001	/	著作	章玲	学校社科项目	江苏省第十四届哲学社会科学优秀成果奖	三等	/
黑格尔传(译著)	002	/	著作	朱进东	学校社科项目	江苏省第十四届哲学社会科学优秀成果奖	三等	/
加快产业创新平台建设,推进江苏城乡经济一体化发展	003	/	研究报告	谭清美	省、市、自治区社科基金项目	江苏省第十四届哲学社会科学优秀成果奖	三等	/
竞技能力网络结构特征	004	/	著作	杜长亮	国家社科基金项目	江苏省第十四届哲学社会科学优秀成果奖	二等	/
能源使用、碳排放与我国全要素碳减排效率	005	/	论文	张伟	国家社科基金项目	江苏省第十四届哲学社会科学优秀成果奖	二等	/
社会转型背景下的中国非国有企业与工会关系的研究:双组织承诺的视角	006	/	著作	胡恩华	学校社科项目	江苏省第十四届哲学社会科学优秀成果奖	二等	/
信息化语境下大学英语课堂生态研究	007	/	著作	刘长江	学校社科项目	江苏省第十四届哲学社会科学优秀成果奖	三等	/
战略性新兴产业生长机理研究	008	/	著作	刘思峰	省教育厅社科项目	江苏省第十四届哲学社会科学优秀成果奖	一等	/
中国现代政治史(上、中、下)	009	/	著作	吴汉全	国家社科基金项目	江苏省第十四届哲学社会科学优秀成果奖	三等	/
终端空域规划理论与方法	010	/	著作	张明	学校社科项目	江苏省第十四届哲学社会科学优秀成果奖	三等	/
资本现代性的伦理批判——马克思《资本论》及手稿的伦理思想研究	011	/	著作	刘琳	无依托项目研究成果	江苏省第十四届哲学社会科学优秀成果奖	三等	/
9. 苏州大学	/	/	/	/	/	/	/	/
“一带一路”关键词	001	/	普及成果	尚虎平	国家社科基金项目	江苏省第十四届哲学社会科学优秀成果奖	二等	/
彬彬衣风馨千秋——宋代汉族服饰研究	002	/	著作	张蓓蓓	国家社科基金单列学科项目	江苏省第十四届哲学社会科学优秀成果奖	三等	/
二十世纪中西文论史:百年中的难题、主潮、多元探求、智慧与失误(六卷本)	003	/	著作	王锺陵	无依托项目研究成果	江苏省第十四届哲学社会科学优秀成果奖	三等	/
公众参与社会治理:基础、障碍与对策	004	/	论文	宋煜萍	教育部人文社科研究项目	江苏省第十四届哲学社会科学优秀成果奖	三等	/

续表

成果名称		合计	成果形式	主要作者	课题来源	奖励名称	奖励等级	备注
	编号	L01	L02	L03	L04	L05	L06	L07
《韩熙载夜宴图》图像志考	005	/	著作	张朋川	国家社科基金项目	江苏省第十四届哲学社会科学优秀成果奖	一等	/
《永乐大典》小学书辑佚与研究	006	/	著作	丁治民	高校古籍整理研究项目	江苏省第十四届哲学社会科学优秀成果奖	一等	/
当代传媒中的民粹主义问题研究	007	/	著作	陈龙	国家社科基金项目	江苏省第十四届哲学社会科学优秀成果奖	二等	/
当代俄罗斯人类中心论范式语言学理论研究	008	/	著作	赵爱国	学校社科项目	江苏省第十四届哲学社会科学优秀成果奖	二等	/
当代中国体育对外关系史	009	/	著作	罗时铭	国家社科基金项目	江苏省第十四届哲学社会科学优秀成果奖	一等	/
俄汉社会性别语言的语用对比研究	010	/	著作	周民权	国家社科基金项目	江苏省第十四届哲学社会科学优秀成果奖	二等	/
海外中国现代文学研究的再反思	011	/	论文	季进	国家社科基金项目	江苏省第十四届哲学社会科学优秀成果奖	三等	/
近代中国“打工妹”群体研究	012	/	著作	池子华	国家社科基金项目	江苏省第十四届哲学社会科学优秀成果奖	三等	/
历史唯物主义的当代反思与建构	013	/	论文	车玉玲	省、市、自治区社科基金项目	江苏省第十四届哲学社会科学优秀成果奖	三等	/
论行政审批的分类改革与替代性制度建设	014	/	论文	王克稳	国家社科基金项目	江苏省第十四届哲学社会科学优秀成果奖	二等	/
马克思环境思想与环境友好型社会研究	015	/	著作	方世南	无依托项目研究成果	江苏省第十四届哲学社会科学优秀成果奖	二等	/
马克思人学视野中的大学创新人才培养机制	016	/	论文	母小勇	国家社科基金项目	江苏省第十四届哲学社会科学优秀成果奖	三等	/
马克思主义虚拟资本理论与金融危机	017	/	著作	朱炳元	国家社科基金项目	江苏省第十四届哲学社会科学优秀成果奖	二等	/
明清钓鱼岛诗歌及其相关文献考述	018	/	论文	罗时进	无依托项目研究成果	江苏省第十四届哲学社会科学优秀成果奖	二等	/
农户过量施用农药的非理性均衡：来自中国苏南地区农户的证据	019	/	论文	朱淀	全国教育科学规划（教育部）项目	江苏省第十四届哲学社会科学优秀成果奖	三等	/

续表

企业社会责任与股价崩盘风险："价值利器"或"自利工具"？	020	/	论文	权小锋	国家自然科学基金项目	江苏省第十四届哲学社会科学优秀成果奖	三等	/
秦汉赋役与社会控制	021	/	著作	臧知非	国家社科基金项目	江苏省第十四届哲学社会科学优秀成果奖	三等	/
十九世纪下半期俄国反虚无主义文学研究	022	/	著作	朱建刚	国家社科基金项目	江苏省第十四届哲学社会科学优秀成果奖	三等	/
试论法律位阶的划分标准	023	/	论文	胡玉鸿	无依托项目研究成果	第六届钱端升法学研究成果奖	三等	/
天学与法律	024	/	著作	方潇	无依托项目研究成果	江苏省第十四届哲学社会科学优秀成果奖	一等	/
文件政治与乡村治理	025	/	专著	施从美	国家社科基金项目	江苏省第十四届哲学社会科学优秀成果奖	二等	/
我国民法上的占有保护——基于人民法院占有保护案例的实证分析	026	/	论文	章正璋	无依托项目研究成果	江苏省第十四届哲学社会科学优秀成果奖	三等	/
无法忽视的另一种力量：新媒介与青年亚文化研究	027	/	著作	马中红	国家社科基金项目	江苏省第十四届哲学社会科学优秀成果奖	二等	/
新中国成立前后苏州地区企业年奖制度的演变	028	/	论文	王卫平	国家社科基金项目	江苏省第十四届哲学社会科学优秀成果奖	二等	/
舆论监督与地方政府网络舆情应对	029	/	著作	叶战备	国家社科基金项目	江苏省第十四届哲学社会科学优秀成果奖	一等	/
中国宪法上国家所有的规范含义	030	/	论文	程雪阳	无依托项目研究成果	江苏省第十四届哲学社会科学优秀成果奖	二等	/
中国新时期小说的"城市想象"	031	/	著作	曾一果	省、市、自治区社科基金项目	江苏省第十四届哲学社会科学优秀成果奖	二等	/
10. 江苏科技大学	/	/	/	/	/	/	/	/
生产要素对企业收益贡献及分配研究	001	/	著作	吴君民	教育部人文社科研究项目	江苏省第十四届哲学社会科学优秀成果奖	二等	/
11. 常州大学	/	/	/	/	/	/	/	/
"第四方物流"与"全球城市"建设：以上海为例	001	/	论文	季小立	国家社科基金项目	江苏省第十四届哲学社会科学优秀成果奖	三等	/
公民参与、公民表达与政府信任关系研究——基于"批判性公民"的视角	002	/	论文	芮国强	地、市、厅、局等政府部门项目	江苏省第十四届哲学社会科学优秀成果奖	二等	/

续表

成果名称		合计	成果形式	主要作者	课题来源	奖励名称	奖励等级	备注
	编号	L01	L02	L03	L04	L05	L06	L07
规范和引导社会智库健康发展问题探析	003	/	论文	李丽	省、市、自治区社科基金项目	江苏省第十四届哲学社会科学优秀成果奖	三等	/
辽河流域城市化进程中设计形态研究	004	/	著作	陈玉飞	其他研究项目	江苏省第十四届哲学社会科学优秀成果奖	二等	/
泰国政治体制与政治现状	005	/	普及成果	史国栋	企事业单位委托项目	江苏省第十四届哲学社会科学优秀成果奖	二等	/
职业教育的阶梯——高职专科与应用型本科衔接	006	/	著作	鲁武霞	省教育厅社科项目	江苏省第十四届哲学社会科学优秀成果奖	三等	/
12. 南京邮电大学	/	/	/	/	/	/	/	/
产业技术创新战略联盟组建运行与管理创新	001	/	著作	殷群	省、市、自治区社科基金项目	江苏省第十四届哲学社会科学优秀成果奖	二等	/
动力学视域下的网络舆情演化研究	002	/	著作	黄卫东	省、市、自治区社科基金项目	江苏省第十四届哲学社会科学优秀成果奖	三等	/
吕凤子研究	003	/	著作	范建华	学校社科项目	江苏省第十四届哲学社会科学优秀成果奖	三等	/
人口发展与区域治理	004	/	著作	沙勇	国家社科基金项目	江苏省第十四届哲学社会科学优秀成果奖	一等	/
物联网与泛在社会的来临——物联网哲学与社会学问题研究	005	/	著作	叶美兰	国家社科基金项目	江苏省第十四届哲学社会科学优秀成果奖	三等	/
资源整合视域下的大学生思想政治教育	006	/	著作	钱晓田	省、市、自治区社科基金项目	江苏省第十四届哲学社会科学优秀成果奖	三等	/
13. 南京林业大学	/	/	/	/	/	/	/	/
《天工开物》的明代工艺文化	001	/	著作	李雪艳	无依托项目研究成果	江苏省第十四届哲学社会科学优秀成果奖	三等	/
三岁幼儿语言的语义研究	002	/	著作	祁文慧	无依托项目研究成果	江苏省第十四届哲学社会科学优秀成果奖	三等	/
森林生态系统智能管理	003	/	著作	温作民	中央其他部门社科专门项目	江苏省第十四届哲学社会科学优秀成果奖	三等	/

续表

14. 江苏大学	/	/	/	/	/	/	/	/
金融双轨制下融资担保链危机形成与治理研究	001	/	研究报告	马国建	国家社科基金项目	江苏省第十四届哲学社会科学优秀成果奖	二等	/
英国教育史学：创立与变革	002	/	著作	武翠红	无依托项目研究成果	江苏省第十四届哲学社会科学优秀成果奖	二等	/
承传与超越：当代德育理论发展研究	003	/	著作	张忠华	无依托项目研究成果	第五届全国教育科学研究优秀成果奖	三等	/
15. 南京信息工程大学	/	/	/	/	/	/	/	/
情感社会学(译著)	001	/	著作	张军	教育部人文社科研究项目	江苏省第十四届哲学社会科学优秀成果奖	三等	/
大学知识生产方式研究	002	/	著作	王骥	教育部人文社科研究项目	江苏省第十四届哲学社会科学优秀成果奖	二等	/
马克思主义关于历史规律及其实现方式研究	003	/	著作	龚培河	国家社科基金项目	江苏省第十四届哲学社会科学优秀成果奖	三等	/
气象服务效益与灾害风险评估	004	/	著作	吴先华	国家自然科学基金项目	江苏省第十四届哲学社会科学优秀成果奖	三等	/
应急协同决策理论与方法	005	/	著作	曹杰	国家自然科学基金项目	江苏省第十四届哲学社会科学优秀成果奖	一等	/
自然与道德：气候变化的伦理追问	006	/	著作	史军	国家社科基金项目	江苏省第十四届哲学社会科学优秀成果奖	三等	/
16. 南通大学	/	/	/	/	/	/	/	/
冒辟疆全集(上、下)(汇校)	001	/	专著	万久富	无依托项目研究成果	江苏省第十四届哲学社会科学优秀成果奖	二等	/
中国武术文化的保护与拯救	002	/	著作	刘军	省、市、自治区社科基金项目	江苏省第十四届哲学社会科学优秀成果奖	三等	/
刺激的编码效力对重复知盲的影响	003	/	论文	冷英	国家社科基金单列学科项目	江苏省第十四届哲学社会科学优秀成果奖	三等	/
和谐社会视阈下的榜样与偶像研究	004	/	著作	彭怀祖	国家社科基金项目	江苏省第十四届哲学社会科学优秀成果奖	三等	/
投资者情绪对企业资源配置效率的影响——基于过度投资的视角	005	/	论文	崔晓蕾	教育部人文社科研究项目	江苏省第十四届哲学社会科学优秀成果奖	三等	/
中国编辑思想史(全三册)	006	/	著作	钱荣贵	国家社科基金项目	江苏省第十四届哲学社会科学优秀成果奖	一等	/
中国传统学校教育生态系统的历史演化	007	/	著作	邓小泉	无依托项目研究成果	江苏省第十四届哲学社会科学优秀成果奖	二等	/

续表

成果名称		合计	成果形式	主要作者	课题来源	奖励名称	奖励等级	备注
	编号	L01	L02	L03	L04	L05	L06	L07
17. 徐州医科大学	/	/	/	/	/	/	/	/
共生融合成长:以家庭为核心的自闭症谱系障碍儿童社会生态系统探析	001	/	著作	熊絮茸	无依托项目研究成果	江苏省第十四届哲学社会科学优秀成果奖	三等	/
苏北三市医患纠纷调查报告	002	/	研究报告	胡斌	无依托项目研究成果	江苏省第十四届哲学社会科学优秀成果奖	三等	/
18. 南京师范大学	/	/	/	/	/	/	/	/
Syntactic Priming in Chinese Sentence Comprehension: Evidence from Event-Related Potentials(汉语句子理解中的句法启动:来自事件相关电位的证据)	001	/	论文	陈庆荣	无依托项目研究成果	江苏省第十四届哲学社会科学优秀成果奖	二等	/
“近亲繁殖”:一种拟制的宗族现象——我国优势项目教练员群体的社会学研究	002	/	论文	何俊	无依托项目研究成果	江苏省第十四届哲学社会科学优秀成果奖	三等	/
WTO规范特惠贸易协定问题研究	003	/	著作	许多	省、市、自治区社科基金项目	江苏省第十四届哲学社会科学优秀成果奖	三等	/
从刘宋元嘉二年石刻画像与敦煌本《瑞应图》看南朝绘画	004	/	论文	王菡薇	学校社科项目	江苏省第十四届哲学社会科学优秀成果奖	二等	/
浙藏敦煌文献校录整理	005	/	著作	黄征	无依托项目研究成果	江苏省第十四届哲学社会科学优秀成果奖	三等	/
俄罗斯现代文学史	006	/	著作	汪介之	无依托项目研究成果	江苏省第十四届哲学社会科学优秀成果奖	一等	/
“人与事”中的文学社群:现代中国文学社团和作家群体文化生态研究	007	/	著作	杨洪承	无依托项目研究成果	江苏省第十四届哲学社会科学优秀成果奖	二等	/
外语教学课堂话语对话性研究——主体间性外语教学课堂话语模式的构建	008	/	著作	王永祥	教育部人文社科研究项目	江苏省第十四届哲学社会科学优秀成果奖	一等	/
中国新闻法制通史(6卷本)	009	/	著作	倪延年	无依托项目研究成果	江苏省第十四届哲学社会科学优秀成果奖	一等	/
大象无形:中国狂草艺术的美学特质	010	/	著作	方凌波	无依托项目研究成果	江苏省第十四届哲学社会科学优秀成果奖	三等	/
当代大学课程秩序论——在“高深学问”和“个人知识”之间	011	/	著作	王一军	无依托项目研究成果	江苏省第十四届哲学社会科学优秀成果奖	二等	/

续表

当代道德教育的人学论域	012	/	著作	冯建军	国家社科基金单列学科项目	第五届全国教育科学研究优秀成果奖	二等	/
道德资本研究	013	/	著作	王小锡	省、市、自治区社科基金项目	江苏省第十四届哲学社会科学优秀成果奖	二等	/
儿童心理咨询与治疗丛书(全6册)	014	/	著作	傅宏	无依托项目研究成果	江苏省第十四届哲学社会科学优秀成果奖	二等	/
儿童艺术与教育	015	/	著作	边霞	国家社科基金单列学科项目	第五届全国教育科学研究优秀成果奖	三等	/
公共交往与公民教育	016	/	著作	叶飞	全国教育科学规划(教育部)项目	江苏省第十四届哲学社会科学优秀成果奖	一等	/
公民身份认同与学校公民教育	017	/	著作	冯建军	教育部人文社科研究项目	江苏省第十四届哲学社会科学优秀成果奖	一等	/
关于加快江苏科教资源转化,推进创新驱动发展的建议	018	/	研究报告	蒋伏心	无依托项目研究成果	江苏省第十四届哲学社会科学优秀成果奖	三等	/
国家治理的有效性与回应性:一个组织现实主义的视角	019	/	论文	王家峰	国家社科基金项目	江苏省第十四届哲学社会科学优秀成果奖	二等	/
建设高等教育强国	020	/	著作	胡建华	无依托项目研究成果	第五届全国教育科学研究优秀成果奖	一等	/
教育改革的"中国问题"	021	/	著作	吴康宁	教育部人文社科研究项目	第五届全国教育科学研究优秀成果奖	一等	/
中国教育技术学基础理论问题研究(系列论文)	022	/	论文	钟柏昌	无依托项目研究成果	江苏省第十四届哲学社会科学优秀成果奖	二等	/
教育制度转型的国际比较研究	023	/	著作	张蓉	学校社科项目	江苏省第十四届哲学社会科学优秀成果奖	三等	/
金圣叹史实研究	024	/	著作	陆林	国家社科基金项目	江苏省第十四届哲学社会科学优秀成果奖	二等	/
经典作家东方落后国家社会发展的重要著作和基本理论	025	/	著作	俞良早	国家社科基金项目	江苏省第十四届哲学社会科学优秀成果奖	一等	/
均衡的困境	026	/	著作	程晋宽	无依托项目研究成果	江苏省第十四届哲学社会科学优秀成果奖	二等	/
李太白全集校注	027	/	著作	郁贤皓	无依托项目研究成果	江苏省第十四届哲学社会科学优秀成果奖	一等	/
伦理视角下中国乡村社会变迁中的"礼"与"法"	028	/	论文	王露璐	国家社科基金项目	江苏省第十四届哲学社会科学优秀成果奖	二等	/

续表

成果名称	编号	合计 L01	成果形式 L02	主要作者 L03	课题来源 L04	奖励名称 L05	奖励等级 L06	备注 L07
马克思主义法律思想通史(4 卷本)	029	/	著作	公丕祥	国家社科基金项目	江苏省第十四届哲学社会科学优秀成果奖	一等	/
民国诗词学文献珍本整理与研究	030	/	著作	曹辛华	其他研究项目	江苏省第十四届哲学社会科学优秀成果奖	三等	/
农民工如何市民化	031	/	论文	邹农俭	国家社科基金项目	江苏省第十四届哲学社会科学优秀成果奖	二等	/
品特研究	032	/	著作	华明	国家社科基金项目	江苏省第十四届哲学社会科学优秀成果奖	一等	/
热钱流入、外汇冲销与汇率干预——基于资本管制和央行资产负债表的 DSGE 分析	033	/	论文	张勇	无依托项目研究成果	江苏省第十四届哲学社会科学优秀成果奖	二等	/
身体认知论	034	/	著作	张之沧	无依托项目研究成果	江苏省第十四届哲学社会科学优秀成果奖	三等	/
省以下财政转移支付保障义务教育发展的绩效、问题与改进	035	/	论文	姚继军	教育部人文社科研究项目	江苏省第十四届哲学社会科学优秀成果奖	三等	/
书话与现代中国文学	036	/	著作	赵普光	教育部人文社科研究项目	江苏省第十四届哲学社会科学优秀成果奖	三等	/
宋代地理学的观念、体系与知识兴趣	037	/	著作	潘晟	国家社科基金项目	江苏省第十四届哲学社会科学优秀成果奖	二等	/
文化变迁中的课程与教学:一个经济发达地区义务教育学校的实地研究	038	/	著作	吴亮奎	无依托项目研究成果	第五届全国教育科学研究优秀成果奖	三等	/
我国残疾儿童失学的现状与影响因素研究	039	/	论文	侯晶晶	国家社科基金项目	第五届全国教育科学研究优秀成果奖	二等	/
无伦理的道德与无道德的伦理——解码现代社会的伦理-道德悖论	040	/	论文	张志丹	国家社科基金项目	江苏省第十四届哲学社会科学优秀成果奖	三等	/
香江不设防——沦陷前后的香港新闻业及其管制	041	/	论文	张晓锋	国家社科基金项目	江苏省第十四届哲学社会科学优秀成果奖	二等	/
协同创新、空间关联与区域创新绩效	042	/	论文	白俊红	国家自然科学基金项目	江苏省第十四届哲学社会科学优秀成果奖	二等	/
心灵秩序与生活秩序:黑格尔《法哲学原理》释义	043	/	著作	高兆明	国家社科基金项目	江苏省第十四届哲学社会科学优秀成果奖	三等	/

刑法立法阻却事由的理论界定与制度前景	044	/	论文	姜涛	国家社科基金项目	江苏省第十四届哲学社会科学优秀成果奖	三等	/
行政法定原则及其法定范围	045	/	论文	杨登峰	学校社科项目	江苏省第十四届哲学社会科学优秀成果奖	二等	/
学科的境况与大学的遭遇	046	/	著作	王建华	国家社科基金单列学科项目	江苏省第十四届哲学社会科学优秀成果奖	一等	/
一人一票原则在我国的适用	047	/	论文	屠振宇	国家社科基金项目	江苏省第十四届哲学社会科学优秀成果奖	二等	/
意识形态领域新变化与坚持马克思主义指导地位研究	048	/	著作	王永贵	国家社科基金项目	江苏省第十四届哲学社会科学优秀成果奖	一等	/
义务教育优质学校办学标准研究	049	/	著作	张新平	国家社科基金项目	江苏省第十四届哲学社会科学优秀成果奖	一等	/
	050	/	著作	张新平	国家社科基金项目	第五届全国教育科学研究优秀成果奖	三等	/
语言变革对中国现代文学形式发展的深度影响	051	/	论文	朱晓进	无依托项目研究成果	江苏省第十四届哲学社会科学优秀成果奖	二等	/
责任与限度:高等教育办学主体研究	052	/	著作	祝爱武	全国教育科学规划(教育部)项目	第五届全国教育科学研究优秀成果奖	二等	/
	053	/	著作	祝爱武	全国教育科学规划(教育部)项目	江苏省第十四届哲学社会科学优秀成果奖	三等	/
智慧心理学的理论探索与应用研究	054	/	著作	汪凤炎	教育部人文社科研究项目	江苏省第十四届哲学社会科学优秀成果奖	二等	/
中国近代教育行政体制研究	055	/	著作	刘建	省、市、自治区社科基金项目	江苏省第十四届哲学社会科学优秀成果奖	三等	/
中国梅花名胜考	056	/	普及成果	程杰	无依托项目研究成果	江苏省第十四届哲学社会科学优秀成果奖	二等	/
中国农村能源消费的田野调查——以晋黔浙三省2253个农户调查为例	057	/	论文	彭小辉	国家社科基金项目	江苏省第十四届哲学社会科学优秀成果奖	三等	/
中国史前聚落群聚形态研究	058	/	著作	裴安平	国家社科基金项目	江苏省第十四届哲学社会科学优秀成果奖	二等	/
19. 江苏师范大学	/	/	/	/	/	/	/	/
“一带一路”区域合作背景下的江苏经济创新发展理论与对策研究	001	/	著作	朱舜	国家社科基金项目	江苏省第十四届哲学社会科学优秀成果奖	三等	/

续表

成果名称	编号	合计 L01	成果形式 L02	主要作者 L03	课题来源 L04	奖励名称 L05	奖励等级 L06	备注 L07
《汉语大词典》研究	002	/	著作	李申	国家社科基金项目	江苏省第十四届哲学社会科学优秀成果奖	二等	/
货币运行的逻辑：经济片段中的货币决定、效应与政策	003	/	著作	李子联	国家社科基金项目	江苏省第十四届哲学社会科学优秀成果奖	三等	/
江苏睢宁话BA式形容词一种表程度量级的重叠式	004	/	论文	袁伟	教育部人文社科研究项目	江苏省第十四届哲学社会科学优秀成果奖	二等	/
金文四要素铭文考释与研究（上、下）	005	/	著作	叶正渤	国家社科基金项目	江苏省第十四届哲学社会科学优秀成果奖	三等	/
类型演变视角下世界文化遗产认知动向研究——兼论我国世界文化遗产申报策略	006	/	论文	李永乐	教育部人文社科研究项目	江苏省第十四届哲学社会科学优秀成果奖	三等	/
民国时期大学区制度变迁研究	007	/	著作	赵峻岩	教育部人文社科研究项目	江苏省第十四届哲学社会科学优秀成果奖	三等	/
苏北新型城镇化的路径与政策调研报告	008	/	研究报告	沈正平	省教育厅社科项目	江苏省第十四届哲学社会科学优秀成果奖	三等	/
陶铸国魂：社会主义核心价值体系融入国民教育和精神文明建设全过程对策研究	009	/	著作	陈延斌	国家社科基金项目	江苏省第十四届哲学社会科学优秀成果奖	三等	/
微时代社会化学习力量	010	/	著作	王帆	国家社科基金项目	江苏省第十四届哲学社会科学优秀成果奖	三等	/
我国高校学术委员会制度的演进与展望	011	/	论文	蔡国春	教育部人文社科研究项目	江苏省第十四届哲学社会科学优秀成果奖	二等	/
现代汉语体貌系统的二元分析：动貌和视点体	012	/	著作	李明晶	无依托项目研究成果	江苏省第十四届哲学社会科学优秀成果奖	三等	/
修建颐和园挪用"海防经费"史料解读	013	/	论文	陈先松	无依托项目研究成果	江苏省第十四届哲学社会科学优秀成果奖	二等	/
徐州古方志丛书（全10册）	014	/	著作	赵明奇	地、市、厅、局等政府部门项目	江苏省第十四届哲学社会科学优秀成果奖	二等	/
一本书读懂魏晋南北朝	015	/	普及成果	薛海波	无依托项目研究成果	江苏省第十四届哲学社会科学优秀成果奖	三等	/
中国可耗竭资源型企业转移区位选择行为的实证研究	016	/	著作	李存芳	国家自然科学基金项目	江苏省第十四届哲学社会科学优秀成果奖	二等	/

续表

中国早期戏曲生成史论	017	/	著作	赵兴勤	国家社科基金项目	江苏省第十四届哲学社会科学优秀成果奖	一等	/
周诗体式生成论：文化文体学的视角	018	/	论文	李昌集	国家社科基金项目	江苏省第十四届哲学社会科学优秀成果奖	三等	/
左侧额下回在句子语义整合加工中的作用	019	/	论文	朱祖德	无依托项目研究成果	江苏省第十四届哲学社会科学优秀成果奖	三等	/
“文革”时期我国高校组织及制度变迁	020	/	著作	高田钦	无依托项目研究成果	第五届全国教育科学研究优秀成果奖	二等	/
20. 淮阴师范学院	/	/	/	/	/	/	/	/
陈独秀前期报刊实践与传播思想研究：1897—1921	001	/	著作	陈长松	国家社科基金项目	江苏省第十四届哲学社会科学优秀成果奖	三等	/
大学生创业方法	002	/	普及成果	张卫民	教育部人文社科研究项目	江苏省第十四届哲学社会科学优秀成果奖	三等	/
美国高校社会捐赠机制研究	003	/	著作	张继华	国家社科基金单列学科项目	江苏省第十四届哲学社会科学优秀成果奖	三等	/
孟郊诗研究	004	/	著作	范新阳	省教育厅社科项目	江苏省第十四届哲学社会科学优秀成果奖	三等	/
现代汉语紧缩构式的多维研究	005	/	著作	皇甫素飞	省、市、自治区社科基金项目	江苏省第十四届哲学社会科学优秀成果奖	三等	/
上海沦陷时期路易士诗歌论	006	/	论文	李相银	国家社科基金项目	江苏省第十四届哲学社会科学优秀成果奖	三等	/
运河名物与区域文化考论	007	/	著作	顾建国	无依托项目研究成果	江苏省第十四届哲学社会科学优秀成果奖	三等	/
21. 盐城师范学院	/	/	/	/	/	/	/	/
百年中国学校音乐课程变迁的文化哲学研究	001	/	著作	朱玉江	教育部人文社科研究项目	江苏省第十四届哲学社会科学优秀成果奖	三等	/
江苏欠发达地区农村教育热点问题研究	002	/	研究报告	乔晖	省、市、自治区社科基金项目	江苏省第十四届哲学社会科学优秀成果奖	二等	/
跳出西方经济学的束缚：关于我国职业体育产权问题的经济社会学分析	003	/	论文	张兵	国家社科基金项目	江苏省第十四届哲学社会科学优秀成果奖	二等	/
唯美主义与中国现代文学	004	/	著作	薛家宝	国家社科基金项目	江苏省第十四届哲学社会科学优秀成果奖	二等	/
中国共产党保障雇工权益的政策、实践与经验：1921—1956	005	/	著作	贾后明	国家社科基金项目	江苏省第十四届哲学社会科学优秀成果奖	二等	/

续表

成果名称	编号	合计 L01	成果形式 L02	主要作者 L03	课题来源 L04	奖励名称 L05	奖励等级 L06	备注 L07
22. 南京财经大学	/	/	/	/	/	/	/	/
The impacts of Top Management Team Characteristicson Entrepreneurial Strategic Orientation: Themoderating Effects of Industrial Environment and Corporate Ownership (高管团队特质对创业战略导向的影响:产业环境和企业所有制的调节效应)	001	/	论文	杨林	教育部人文社科研究项目	江苏省第十四届哲学社会科学优秀成果奖	二等	/
"中国制造"对全球经济"大稳健"的影响——基于价值链的实证检验	002	/	论文	杨继军	国家自然科学基金项目	江苏省第十四届哲学社会科学优秀成果奖	一等	/
从共识性仪式到冲突性实践:新媒体环境下"媒介事件"的解构与重构	003	/	论文	宋祖华	省、市、自治区社科基金项目	江苏省第十四届哲学社会科学优秀成果奖	三等	/
低碳经济与我国国际分工战略的调整	004	/	著作	张为付	国家社科基金项目	江苏省第十四届哲学社会科学优秀成果奖	三等	/
分工与创新:发展经济学的马克思主义复兴	005	/	著作	周绍东	国家社科基金项目	江苏省第十四届哲学社会科学优秀成果奖	一等	/
公共体育服务体系建设——比较研究与创新探索	006	/	著作	陈　刚(但是此人为江苏省体育局)	地、市、厅、局等政府部门项目	江苏省第十四届哲学社会科学优秀成果奖	二等	/
公众学习、通胀预期形成与最优货币政策研究	007	/	著作	卞志村	国家社科基金项目	江苏省第十四届哲学社会科学优秀成果奖	二等	/
基于 GERT 网络的创新科技人才成长机理与溢出效应研究	008	/	著作	程永波	国家自然科学基金项目	江苏省第十四届哲学社会科学优秀成果奖	三等	/
江苏省港澳客源市场营销计划	009	/	研究报告	万绪才	企事业单位委托项目	江苏省第十四届哲学社会科学优秀成果奖	三等	/
江苏文化产业发展现状分析	010	/	研究报告	朱云	企事业单位委托项目	江苏省第十四届哲学社会科学优秀成果奖	三等	/
区域经济增长与碳生产率——基于收敛及脱钩指数的分析	011	/	论文	张成	国家社科基金项目	江苏省第十四届哲学社会科学优秀成果奖	三等	/
要素禀赋、适宜性创新模式选择与全要素生产率提升	012	/	论文	余泳泽	国家自然科学基金项目	江苏省第十四届哲学社会科学优秀成果奖	二等	/
职工薪酬与企业绩效:来自中国企业的实证研究	013	/	著作	沈永建	无依托项目研究成果	江苏省第十四届哲学社会科学优秀成果奖	三等	/

续表

中国企业对最低工资政策的遵守——基于中国六省市企业与员工匹配数据的经验研究	014	/	论文	叶林祥	国家社科基金项目	江苏省第十四届哲学社会科学优秀成果奖	二等	/
中国政府间财政转移支付与县级地方义务教育财政支出	015	/	著作	黄斌	国家社科基金项目	第五届全国教育科学研究优秀成果奖	三等	/
						江苏省第十四届哲学社会科学优秀成果奖	一等	/
住户部门卫星账户构建的理论与方法研究	016	/	著作	韩中	国家社科基金项目	江苏省第十四届哲学社会科学优秀成果奖	三等	/
23.　南京体育学院	/	/	/	/	/	/	/	/
中国武术职业变迁研究	001	/	著作	唐芒果	省教育厅社科项目	江苏省第十四届哲学社会科学优秀成果奖	三等	/
24.　南京艺术学院	/	/	/	/	/	/	/	/
百年中国音乐史:1900—2000	001	/	著作	居其宏	无依托项目研究成果	江苏省第十四届哲学社会科学优秀成果奖	一等	/
江苏近代手工业艺人从业状况研究	002	/	著作	夏燕靖	无依托项目研究成果	江苏省第十四届哲学社会科学优秀成果奖	二等	/
美哉宋体字	003	/	著作	张抒	无依托项目研究成果	江苏省第十四届哲学社会科学优秀成果奖	三等	/
器以藏礼:中国古代设计制度研究	004	/	著作	熊嫕	无依托项目研究成果	江苏省第十四届哲学社会科学优秀成果奖	三等	/
阮元书学研究	005	/	著作	金丹	省教育厅社科项目	江苏省第十四届哲学社会科学优秀成果奖	三等	/
音乐的文化身份——以“藏彝走廊”为例的民族音乐学探索	006	/	著作	杨曦帆	教育部人文社科研究项目	江苏省第十四届哲学社会科学优秀成果奖	三等	/
中国古代毛笔研究	007	/	著作	朱友舟	无依托项目研究成果	江苏省第十四届哲学社会科学优秀成果奖	三等	/
中国美术制度与美术市场	008	/	著作	商勇	学校社科项目	江苏省第十四届哲学社会科学优秀成果奖	二等	/
25.　苏州科技大学	/	/	/	/	/	/	/	/
复合音程循环的构成与技术特征研究	001	/	论文	陈林	国家社科基金项目	江苏省第十四届哲学社会科学优秀成果评奖	三等	/
关于地方本科院校转型发展的思考	002	/	论文	张兄武	无依托项目研究成果	江苏省第十四届哲学社会科学优秀成果评奖	三等	/

续表

成果名称		合计	成果形式	主要作者	课题来源	奖励名称	奖励等级	备注
	编号	L01	L02	L03	L04	L05	L06	L07
马克思主义中国化的文化路径研究	003	/	著作	温波	国家社科基金项目	江苏省第十四届哲学社会科学优秀成果评奖	二等	/
我国城乡公共服务均等化:问题与对策	004	/	论文	陆道平	国家社科基金项目	江苏省第十四届哲学社会科学优秀成果评奖	三等	/
26. 常熟理工学院	/	/	/	/	/	/	/	/
媒体生态与中国散文的现代转型	001	/	论文	丁晓原	国家社科基金项目	江苏省第十四届哲学社会科学优秀成果奖	二等	/
苏皖区域方言语法比较研究	002	/	著作	王健	国家社科基金项目	江苏省第十四届哲学社会科学优秀成果奖	二等	/
27. 淮阴工学院	/	/	/	/	/	/	/	/
周恩来推进马克思主义中国化的贡献研究	001	/	著作	韩同友	省、市、自治区社科基金项目	江苏省第十四届哲学社会科学优秀成果奖	三等	/
28. 常州工学院	/	/	/	/	/	/	/	/
《晏子春秋》研究史	001	/	著作	刘文斌	国家社科基金项目	江苏省第十四届哲学社会科学优秀成果奖	三等	/
29. 扬州大学	/	/	/	/	/	/	/	/
宏观调控行为的可诉性研究	001	/	著作	陈承堂	国家社科基金项目	江苏省第十四届哲学社会科学优秀成果奖	三等	/
后汉书稽疑(上、中、下)	002	/	著作	曹金华	国家社科基金项目	江苏省第十四届哲学社会科学优秀成果奖	一等	/
清前《史通》学研究	003	/	著作	王嘉川	国家社科基金项目	江苏省第十四届哲学社会科学优秀成果奖	三等	/
社会组织的软法治理研究	004	/	著作	张清	国家社科基金项目	江苏省第十四届哲学社会科学优秀成果奖	三等	/
太谷学派史稿	005	/	著作	周新国	教育部人文社科研究项目	江苏省第十四届哲学社会科学优秀成果奖	三等	/
译者行为批评:理论框架	006	/	著作	周领顺	国家社科基金项目	江苏省第十四届哲学社会科学优秀成果奖	一等	/
中国传统文论话语存活论	007	/	著作	古风	国家社科基金项目	江苏省第十四届哲学社会科学优秀成果奖	一等	/

续表

中国独立学院发展的战略审视	008	/	著作	费坚	教育部人文社科研究项目	江苏省第十四届哲学社会科学优秀成果奖	三等	/
中国民间宝卷文献集成·江苏无锡卷(全15册)	009	/	著作	车锡伦	无依托项目研究成果	江苏省第十四届哲学社会科学优秀成果奖	二等	/
短语学视角下的二语词语知识研究	010	/	论文	陆军	学校社科项目	江苏省第十四届哲学社会科学优秀成果奖	三等	/
论赵清阁《红楼梦》话剧改编	011	/	论文	陈军	教育部人文社科研究项目	江苏省第十四届哲学社会科学优秀成果奖	三等	/
30. 南京审计大学	/	/	/	/	/	/	/	/
地区出口企业生产率、二元劳动力市场与中国的人力资本积累	001	/	论文	陈维涛	国家社科基金项目	江苏省第十四届哲学社会科学优秀成果奖	二等	/
列宁主义及其当代价值研究	002	/	著作	顾玉兰	教育部人文社科研究项目	江苏省第十四届哲学社会科学优秀成果奖	二等	/
清洁经营风险强弱传导效应比较研究:基于电子产业数据系统动力仿真	003	/	论文	李昆	国家自然科学基金项目	江苏省第十四届哲学社会科学优秀成果奖	二等	/
通货膨胀预期管理研究	004	/	著作	江世银	国家社科基金项目	江苏省第十四届哲学社会科学优秀成果奖	一等	/
行业信任危机的一个经济学解释:以食品安全为例	005	/	论文	李想	教育部人文社科研究项目	江苏省第十四届哲学社会科学优秀成果奖	二等	/
中国劳动报酬份额的演变趋势及其原因——基于最终需求和技术效率的视角	006	/	论文	孙文杰	国家社科基金项目	江苏省第十四届哲学社会科学优秀成果奖	二等	/
31. 南京晓庄学院	/	/	/	/	/	/	/	/
东晋南朝墓志研究(上、下)	001	/	著作	朱智武	无依托项目研究成果	江苏省第十四届哲学社会科学优秀成果奖	三等	/
青少年网络游戏行为意向研究	002	/	著作	魏婷	省教育厅社科项目	江苏省第十四届哲学社会科学优秀成果奖	三等	/
中国二胡演奏艺术	003	/	著作	吴晓勇	无依托项目研究成果	江苏省第十四届哲学社会科学优秀成果奖	二等	/
左联机关刊物《北斗》中的民族话语——兼谈左联叙事策略调整的内因	004	/	论文	秦林芳	无依托项目研究成果	江苏省第十四届哲学社会科学优秀成果奖	三等	/

续表

成果名称	编号	合计 L01	成果形式 L02	主要作者 L03	课题来源 L04	奖励名称 L05	奖励等级 L06	备注 L07
32. 江苏理工学院	/	/	/	/	/	/	/	/
地方高校国家社科基金青年项目培育对策研究	001	/	论文	周丽琴	地、市、厅、局等政府部门项目	江苏省第十四届哲学社会科学优秀成果奖	三等	/
积极职业教育范式导论	002	/	著作	崔景贵	国家社科基金单列学科项目	江苏省第十四届哲学社会科学优秀成果奖	二等	/
江苏现代职业教育体系研究	003	/	著作	崔景贵	地、市、厅、局等政府部门项目	第五届全国教育科学研究优秀成果奖	一等	/
马克思三大异化生成"人的本质"理论初探	004	/	论文	张立鹏	学校社科项目	江苏省第十四届哲学社会科学优秀成果奖	三等	/
区域职业教育发展模式创新的案例研究	005	/	著作	庄西真	地、市、厅、局等政府部门项目	江苏省第十四届哲学社会科学优秀成果奖	三等	/
生态化经济发展:实证与路径	006	/	著作	谢忠秋	地、市、厅、局等政府部门项目	江苏省第十四届哲学社会科学优秀成果奖	三等	/
新生代农民工职业心理实证研究	007	/	著作	谭明	教育部人文社科研究项目	江苏省第十四届哲学社会科学优秀成果奖	三等	/
职业教育视阈下的新型职业农民培育研究	008	/	著作	马建富	省教育厅社科项目	江苏省第十四届哲学社会科学优秀成果奖	三等	/
做一个胜任的校长:高职院校校长胜任力研究	009	/	著作	李德方	全国教育科学规划(教育部)项目	江苏省第十四届哲学社会科学优秀成果奖	三等	/
33. 淮海工学院	/	/	/	/	/	/	/	/
中国对外直接投资的动力机制及逆向技术溢出效应的研究	001	/	著作	张纪凤	省、市、自治区社科基金项目	江苏省第十四届哲学社会科学优秀成果奖	三等	/
环境公正的国家共振理论	002	/	论文	陈兴发	地、市、厅、局等政府部门项目	江苏省第十四届哲学社会科学优秀成果奖	三等	/
论《紫颜色》的生态社会思想	003	/	论文	杜业艳	省、市、自治区社科基金项目	江苏省第十四届哲学社会科学优秀成果奖	三等	/
中国戏曲文学本事取材研究	004	/	著作	伏涤修	教育部人文社科研究项目	江苏省第十四届哲学社会科学优秀成果奖	二等	/

续表

34. 徐州工程学院	/	/	/	/	/	/	/	/
德国高等教育管理及大学治理	001	/	著作	张新科	无依托项目研究成果	江苏省第十四届哲学社会科学优秀成果奖	二等	/
关键技术突破对新兴产业发展的创造效应研究	002	/	论文	赵红梅	省、市、自治区社科基金项目	江苏省第十四届哲学社会科学优秀成果奖	三等	/
现代物流产业集群的科学性研究	003	/	著作	梁子婧	地、市、厅、局等政府部门项目	江苏省第十四届哲学社会科学优秀成果奖	三等	/
新时期的中国高校法人治理	004	/	著作	孙伯琦	省教育厅社科项目	江苏省第十四届哲学社会科学优秀成果奖	三等	/
新中国高校思想政治理论课研究	005	/	著作	徐锋	省、市、自治区社科基金项目	江苏省第十四届哲学社会科学优秀成果奖	三等	/
中国共产党探索社会主义核心价值观的历程和经验	006	/	论文	蒋艳	省、市、自治区社科基金项目	江苏省第十四届哲学社会科学优秀成果奖	二等	/
35. 南京特殊教育师范学院	/	/	/	/	/	/	/	/
特殊儿童舞动治疗	001	/	著作	庞佳	中央其他部门社科专门项目	江苏省第十四届哲学社会科学优秀成果奖	二等	/
中国残疾人职业教育发展战略研究	002	/	研究报告	何侃	中央其他部门社科专门项目	江苏省第十四届哲学社会科学优秀成果奖	三等	/
36. 泰州学院	/	/	/	/	/	/	/	/
论一般给付诉讼之适用范围——《行政诉讼法》第 73 条评释	001	/	论文	杨东升	无依托项目研究成果	江苏省第十四届哲学社会成果奖	三等	/
象征行为与民族寓言：十七年历史剧创作话语形态论	002	/	著作	温潘亚	无依托项目研究成果	江苏省第十四届哲学社会成果奖	二等	/
37. 金陵科技学院	/	/	/	/	/	/	/	/
退耕还林背景下农户经济行为研究——基于陕南的实证	001	/	著作	朱长宁	省、市、自治区社科基金项目	江苏省第十四届哲学社会科学优秀成果奖	三等	/
知识产权发展与创新驱动	002	/	著作	顾晓燕	国家社科基金项目	江苏省第十四届哲学社会科学优秀成果奖	三等	/

续表

成果名称	编号	合计 L01	成果形式 L02	主要作者 L03	课题来源 L04	奖励名称 L05	奖励等级 L06	备注 L07
38. 江苏第二师范学院	/	/	/	/	/	/	/	/
儿童的一百种语言(第3版):转型时期的瑞吉欧·艾米利亚经验(译著)	001	/	著作	尹坚勤	无依托项目研究成果	江苏省第十四届哲学社会科学优秀成果奖	三等	/
文化视阈中的近古文学研究	002	/	著作	冯保善	无依托项目研究成果	江苏省第十四届哲学社科优秀成果奖	三等	/
39. 南京工业职业技术学院	/	/	/	/	/	/	/	/
未来五年江苏省战略性新兴产业对高端技能型人才需求趋势及对策研究	001	/	研究报告	孙爱武	省、市、自治区社科基金项目	江苏省第十四届哲学社会科学优秀成果奖	三等	/
40. 连云港师范高等专科学校	/	/	/	/	/	/	/	/
边际文化影响下的海州叙事文学	001	/	著作	李传江	学校社科项目	江苏省第十四届哲学社会科学优秀成果奖	三等	/
港城一体化战略下港口城市土地利用演化与模拟研究:以连云港市为例	002	/	著作	王丽萍	无依托项目研究成果	江苏省第十四届哲学社会科学优秀成果奖	三等	/
经济夹缝谈	003	/	著作	朱其训	省、市、自治区社科基金项目	江苏省第十四届哲学社会科学优秀成果奖	三等	/
41. 无锡太湖学院	/	/	/	/	/	/	/	/
道与中华典籍外译	001	/	著作	包通法	省、市、自治区社科基金项目	江苏省第十四届哲学社会科学优秀成果奖	二等	/
42. 宿迁学院	/	/	/	/	/	/	/	/
当代宿豫方言词语历时研究	001	/	著作	张进	省教育厅社科项目	江苏省第十四届哲学社会科学优秀成果奖	三等	/
经典宿迁	002	/	著作	程芳银	无依托项目研究成果	江苏省第十四届哲学社会科学优秀成果奖	三等	/
宋前文人入闽研究	003	/	著作	晁成林	无依托项目研究成果	江苏省第十四届哲学社会科学优秀成果奖	三等	/

十、社科学术交流

1. 全省高等学校人文、社会科学学术交流情况表

学术交流类别	编号	校办学术会议		参加学术会议			受聘讲学		社科考察		进修学习		合作研究		
		本校独办数	与外单位合办数	参加人次 合计	参加人次 其中：赴境外人次	提交论文（篇）	派出人次	来校人次	派出人次	来校人次	派出人次	来校人次	派出人次	来校人次	课题数（项）
		L01	L02	L03	L04	L05	L06	L07	L08	L09	L10	L11	L12	L13	L14
合计	/	765	276	11 160	940	9 141	1 827	3 962	3 717	3 223	4 451	1 877	1 024	1 050	487
国际学术交流	001	69	73	1 489	761	1 217	224	787	570	652	845	558	132	319	34
国内学术交流	002	678	189	9 289	0	7 669	1 460	3 009	2 986	2 357	3 355	1 253	852	679	444
与港、澳、台地区学校交流	003	18	14	382	179	255	143	166	161	214	251	66	40	52	9

2. 公办本科高等学校人文、社会科学学术交流情况表

学术交流类别	编号	校办学术会议		参加学术会议			受聘讲学		社科考察		进修学习		合作研究		
		本校独办数	与外单位合办数	参加人次 合计	参加人次 其中：赴境外人次	提交论文（篇）	派出人次	来校人次	派出人次	来校人次	派出人次	来校人次	派出人次	来校人次	课题数（项）
		L01	L02	L03	L04	L05	L06	L07	L08	L09	L10	L11	L12	L13	L14
合计	/	675	237	9 731	820	8 154	1 626	3 450	2 744	2 467	2 135	1 319	738	760	354
1. 南京大学	/	26	28	533	106	417	232	234	229	92	62	42	100	121	25
国际学术交流	001	5	11	110	80	77	31	79	42	21	45	16	28	34	2
国内学术交流	002	19	14	388	0	310	185	132	177	62	14	24	50	70	20

续表

学术交流类别	编号	校办学术会议		参加学术会议			受聘讲学		社科考察		进修学习		合作研究		
		本校独办数	与外单位合办数	参加人次		提交论文（篇）	派出人次	来校人次	派出人次	来校人次	派出人次	来校人次	派出人次	来校人次	课题数（项）
				合计	其中：赴境外人次										
		L01	L02	L03	L04	L05	L06	L07	L08	L09	L10	L11	L12	L13	L14
与港、澳、台地区学校交流	003	2	3	35	26	30	16	23	10	9	3	2	22	17	3
2. 东南大学	/	41	6	403	65	302	87	106	70	93	19	4	4	5	4
国际学术交流	001	5	1	65	60	19	15	32	1	2	19	2	3	3	3
国内学术交流	002	33	5	330	0	275	72	67	69	90	0	1	0	0	0
与港、澳、台地区学校交流	003	3	0	8	5	8	0	7	0	1	0	1	1	2	1
3. 江南大学	/	16	15	356	31	354	71	361	258	126	21	23	52	185	7
国际学术交流	001	4	13	27	21	20	14	199	58	19	19	23	26	160	2
国内学术交流	002	10	0	319	0	324	57	156	200	69	0	0	22	0	4
与港、澳、台地区学校交流	003	2	2	10	10	10	0	6	0	38	2	0	4	25	1
4. 南京农业大学	/	7	8	395	43	192	20	42	94	63	62	0	27	21	14
国际学术交流	001	0	5	106	36	59	2	14	2	17	20	0	12	12	2
国内学术交流	002	7	3	275	0	125	17	27	91	45	42	0	15	9	12
与港、澳、台地区学校交流	003	0	0	14	7	8	1	1	1	1	0	0	0	0	0
5. 中国矿业大学	/	5	7	314	3	285	24	34	92	37	49	10	0	0	0
国际学术交流	001	0	1	34	3	30	4	11	12	12	37	5	0	0	0
国内学术交流	002	5	6	280	0	255	20	23	80	25	12	5	0	0	0
与港、澳、台地区学校交流	003	0	0	0	0	0	0	0	0	0	0	0	0	0	0
6. 河海大学	/	10	12	426	55	300	52	98	103	87	33	22	79	59	75
国际学术交流	001	4	3	101	52	71	6	15	19	9	12	8	8	6	13

续表

	国内学术交流	002	6	8	316	0	225	43	81	81	76	19	13	71	53	62
	与港、澳、台地区学校交流	003	0	1	9	3	4	3	2	3	2	2	1	0	0	0
7.	南京理工大学	/	12	5	136	21	48	70	133	117	66	67	78	65	42	32
	国际学术交流	001	0	0	16	16	0	15	18	32	21	15	15	0	0	0
	国内学术交流	002	12	5	115	0	45	55	112	85	45	49	63	65	42	32
	与港、澳、台地区学校交流	003	0	0	5	5	3	0	3	0	0	3	0	0	0	0
8.	南京航空航天大学	/	5	3	141	50	139	12	88	0	0	6	0	2	5	5
	国际学术交流	001	2	2	51	50	51	2	34	0	0	0	0	0	0	0
	国内学术交流	002	3	1	90	0	88	10	54	0	0	6	0	2	5	5
	与港、澳、台地区学校交流	003	0	0	0	0	0	0	0	0	0	0	0	0	0	0
9.	中国药科大学	/	10	1	75	4	57	36	31	32	26	27	7	14	9	2
	国际学术交流	001	0	0	2	2	1	0	10	1	9	4	0	0	0	0
	国内学术交流	002	10	1	71	0	55	35	21	31	17	23	7	14	9	2
	与港、澳、台地区学校交流	003	0	0	2	2	1	1	0	0	0	0	0	0	0	0
10.	南京森林警察学院	/	1	0	21	0	19	0	0	0	0	0	0	0	0	0
	国际学术交流	001	0	0	0	0	0	0	0	0	0	0	0	0	0	0
	国内学术交流	002	1	0	21	0	19	0	0	0	0	0	0	0	0	0
	与港、澳、台地区学校交流	003	0	0	0	0	0	0	0	0	0	0	0	0	0	0
11.	苏州大学	/	50	9	704	75	727	175	416	55	413	121	129	58	32	10
	国际学术交流	001	2	1	72	28	80	12	28	9	31	12	11	0	0	0
	国内学术交流	002	46	7	533	0	545	114	317	41	326	95	98	58	32	10
	与港、澳、台地区学校交流	003	2	1	99	47	102	49	71	5	56	14	20	0	0	0
12.	江苏科技大学	/	0	0	37	2	50	5	19	23	21	18	11	8	8	9
	国际学术交流	001	0	0	15	0	32	0	3	0	0	10	0	2	0	3

续表

学术交流类别	编号	校办学术会议		参加学术会议			受聘讲学		社科考察		进修学习		合作研究		
		本校独办数	与外单位合办数	参加人次 合计	参加人次 其中:赴境外人次	提交论文(篇)	派出人次	来校人次	派出人次	来校人次	派出人次	来校人次	派出人次	来校人次	课题数(项)
		L01	L02	L03	L04	L05	L06	L07	L08	L09	L10	L11	L12	L13	L14
国内学术交流	002	0	0	20	0	18	5	16	23	21	8	11	6	8	6
与港、澳、台地区学校交流	003	0	0	2	2	0	0	0	0	0	0	0	0	0	0
13. 南京工业大学	/	1	0	29	3	16	0	0	9	15	1	0	8	9	5
国际学术交流	001	0	0	3	3	0	0	0	0	0	0	0	0	0	0
国内学术交流	002	1	0	26	0	16	0	0	9	15	1	0	8	9	5
与港、澳、台地区学校交流	003	0	0	0	0	0	0	0	0	0	0	0	0	0	0
14. 常州大学	/	7	14	157	19	126	53	68	166	139	65	11	3	5	3
国际学术交流	001	0	1	31	19	31	0	6	73	38	49	3	0	0	0
国内学术交流	002	7	13	126	0	95	53	62	93	101	16	8	3	5	3
与港、澳、台地区学校交流	003	0	0	0	0	0	0	0	0	0	0	0	0	0	0
15. 南京邮电大学	/	2	2	57	4	57	28	59	22	14	44	26	0	0	0
国际学术交流	001	0	0	6	4	6	0	3	6	6	7	2	0	0	0
国内学术交流	002	2	2	51	0	51	28	56	16	8	37	24	0	0	0
与港、澳、台地区学校交流	003	0	0	0	0	0	0	0	0	0	0	0	0	0	0
16. 南京林业大学	/	3	0	67	1	27	5	16	6	13	9	0	9	5	3
国际学术交流	001	1	0	5	1	12	0	0	0	0	0	0	0	0	0
国内学术交流	002	2	0	62	0	15	5	16	6	13	5	0	9	5	3
与港、澳、台地区学校交流	003	0	0	0	0	0	0	0	0	0	4	0	0	0	0

续表

17.	江苏大学	/	2	0	29	13	29	0	35	33	15	25	18	23	21	21
	国际学术交流	001	0	0	13	13	13	0	0	0	0	0	0	0	0	0
	国内学术交流	002	2	0	14	0	14	0	35	25	15	25	18	23	21	21
	与港、澳、台地区学校交流	003	0	0	2	0	2	0	0	8	0	0	0	0	0	0
18.	南京信息工程大学	/	9	1	416	29	325	48	106	109	84	113	93	16	12	1
	国际学术交流	001	1	1	73	29	68	4	33	19	5	22	0	0	0	0
	国内学术交流	002	8	0	328	0	257	44	68	90	79	85	93	16	12	1
	与港、澳、台地区学校交流	003	0	0	15	0	0	0	5	0	0	6	0	0	0	0
19.	南通大学	/	3	2	125	45	100	81	173	216	181	134	322	35	14	6
	国际学术交流	001	1	0	62	31	44	44	140	18	74	28	220	0	0	0
	国内学术交流	002	2	1	45	0	42	22	25	188	85	90	78	35	14	6
	与港、澳、台地区学校交流	003	0	1	18	14	14	15	8	10	22	16	24	0	0	0
20.	盐城工学院	/	0	25	24	1	22	2	7	10	3	11	3	2	0	2
	国际学术交流	001	0	5	5	1	4	0	0	0	0	0	0	0	0	0
	国内学术交流	002	0	20	19	0	18	2	7	10	3	11	3	2	0	2
	与港、澳、台地区学校交流	003	0	0	0	0	0	0	0	0	0	0	0	0	0	0
21.	南京医科大学	/	3	0	24	6	17	2	9	80	20	9	0	6	0	0
	国际学术交流	001	0	0	9	2	3	0	2	0	0	6	0	5	0	0
	国内学术交流	002	3	0	9	0	10	2	5	80	20	0	0	0	0	0
	与港、澳、台地区学校交流	003	0	0	6	4	4	0	2	0	0	3	0	1	0	0
22.	徐州医科大学	/	0	0	11	0	12	6	12	7	3	3	0	0	0	0
	国际学术交流	001	0	0	2	0	2	1	2	0	1	0	0	0	0	0
	国内学术交流	002	0	0	9	0	10	5	10	7	2	3	0	0	0	0

续表

学术交流类别	编号	校办学术会议		参加学术会议			受聘讲学		社科考察		进修学习		合作研究		
		本校独办数	与外单位合办数	参加人次		提交论文(篇)	派出人次	来校人次	派出人次	来校人次	派出人次	来校人次	派出人次	来校人次	课题数(项)
				合计	其中:赴境外人次										
		L01	L02	L03	L04	L05	L06	L07	L08	L09	L10	L11	L12	L13	L14
与港、澳、台地区学校交流	003	0	0	0	0	0	0	0	0	0	0	0	0	0	0
23. 南京中医药大学	/	5	2	80	0	82	5	25	30	22	10	3	2	2	0
国际学术交流	001	0	0	0	0	0	0	0	0	0	0	0	0	0	0
国内学术交流	002	5	2	80	0	82	5	25	30	22	10	3	2	2	0
与港、澳、台地区学校交流	003	0	0	0	0	0	0	0	0	0	0	0	0	0	0
24. 南京师范大学	/	54	43	756	102	670	117	48	27	55	101	73	28	15	8
国际学术交流	001	28	19	161	81	147	21	11	14	20	30	7	6	3	3
国内学术交流	002	24	21	560	0	492	65	31	6	20	58	63	15	9	3
与港、澳、台地区学校交流	003	2	3	35	21	31	31	6	7	15	13	3	7	3	2
25. 江苏师范大学	/	14	12	790	30	604	64	334	146	113	159	128	5	1	1
国际学术交流	001	3	2	140	24	140	13	9	35	23	45	90	0	0	0
国内学术交流	002	11	10	600	0	460	45	320	100	88	78	38	0	0	0
与港、澳、台地区学校交流	003	0	0	50	6	4	6	5	11	2	36	0	5	1	1
26. 淮阴师范学院	/	5	1	589	12	570	73	138	71	49	139	25	15	0	2
国际学术交流	001	0	0	15	10	12	1	12	24	11	42	11	0	0	0
国内学术交流	002	5	1	570	0	555	71	124	42	35	92	14	15	0	2
与港、澳、台地区学校交流	003	0	0	4	2	3	1	2	5	3	5	0	0	0	0
27. 盐城师范学院	/	2	0	180	13	180	66	98	67	46	87	41	40	31	27
国际学术交流	001	0	0	25	13	25	0	0	0	0	0	0	0	0	0

续表

国内学术交流	002	2	0	155	0	155	66	98	67	46	87	41	40	31	27
与港、澳、台地区学校交流	003	0	0	0	0	0	0	0	0	0	0	0	0	0	0
28. 南京财经大学	/	320	1	420	4	405	20	120	40	60	150	10	0	0	0
国际学术交流	001	0	1	10	4	5	0	0	0	0	0	0	0	0	0
国内学术交流	002	320	0	410	0	400	20	120	40	60	150	10	0	0	0
与港、澳、台地区学校交流	003	0	0	0	0	0	0	0	0	0	0	0	0	0	0
29. 江苏警官学院	/	3	5	234	24	210	4	54	10	24	15	0	0	2	3
国际学术交流	001	0	0	24	24	22	1	0	1	9	6	0	0	0	0
国内学术交流	002	3	5	210	0	188	3	54	9	15	9	0	0	2	3
与港、澳、台地区学校交流	003	0	0	0	0	0	0	0	0	0	0	0	0	0	0
30. 南京体育学院	/	1	0	13	0	13	12	4	13	7	11	1	11	9	16
国际学术交流	001	0	0	0	0	0	0	0	0	0	4	0	0	0	0
国内学术交流	002	1	0	13	0	13	12	4	13	7	7	1	11	9	16
与港、澳、台地区学校交流	003	0	0	0	0	0	0	0	0	0	0	0	0	0	0
31. 南京艺术学院	/	3	1	421	14	398	60	70	27	50	12	24	36	45	21
国际学术交流	001	0	0	18	11	15	5	12	7	15	4	18	0	0	0
国内学术交流	002	3	1	400	0	380	52	56	20	35	8	6	36	45	21
与港、澳、台地区学校交流	003	0	0	3	3	3	3	2	0	0	0	0	0	0	0
32. 苏州科技大学	/	0	3	133	0	101	15	19	17	16	19	14	0	0	0
国际学术交流	001	0	1	32	0	20	7	9	7	7	5	5	0	0	0
国内学术交流	002	0	2	101	0	81	8	10	10	9	14	9	0	0	0
与港、澳、台地区学校交流	003	0	0	0	0	0	0	0	0	0	0	0	0	0	0

续表

学术交流类别	编号	校办学术会议		参加学术会议			受聘讲学		社科考察		进修学习		合作研究		
		本校独办数	与外单位合办数	参加人次 合计	参加人次 其中：赴境外人次	提交论文（篇）	派出人次	来校人次	派出人次	来校人次	派出人次	来校人次	派出人次	来校人次	课题数（项）
		L01	L02	L03	L04	L05	L06	L07	L08	L09	L10	L11	L12	L13	L14
33. 常熟理工学院	/	3	3	19	5	16	8	13	15	13	16	5	0	0	0
国际学术交流	001	0	1	6	4	4	0	2	0	0	5	0	0	0	0
国内学术交流	002	3	2	11	0	10	8	9	15	13	11	5	0	0	0
与港、澳、台地区学校交流	003	0	0	2	1	2	0	2	0	0	0	0	0	0	0
34. 淮阴工学院	/	5	3	330	0	286	6	53	34	0	16	0	0	0	0
国际学术交流	001	0	0	0	0	32	0	0	0	0	0	0	0	0	0
国内学术交流	002	4	3	330	0	254	6	53	34	0	16	0	0	0	0
与港、澳、台地区学校交流	003	1	0	0	0	0	0	0	0	0	0	0	0	0	0
35. 常州工学院	/	1	1	66	6	65	16	43	53	73	41	9	4	3	1
国际学术交流	001	0	0	0	0	0	4	8	10	22	15	2	4	3	1
国内学术交流	002	1	0	60	0	60	7	30	35	40	18	5	0	0	0
与港、澳、台地区学校交流	003	0	1	6	6	5	5	5	8	11	8	2	0	0	0
36. 扬州大学	/	19	5	302	6	280	40	58	73	39	38	44	8	10	5
国际学术交流	001	2	0	24	6	29	8	8	8	5	38	44	0	0	0
国内学术交流	002	17	5	278	0	251	32	50	65	34	0	0	8	10	5
与港、澳、台地区学校交流	003	0	0	0	0	0	0	0	0	0	0	0	0	0	0
37. 南京工程学院	/	0	0	18	0	15	0	0	20	17	25	15	0	0	0
国际学术交流	001	0	0	18	0	0	0	0	0	0	0	0	0	0	0

续表

国内学术交流	002	0	0	0	0	15	0	0	20	17	25	15	0	0	0
与港、澳、台地区学校交流	003	0	0	0	0	0	0	0	0	0	0	0	0	0	0
38. 南京审计大学	/	7	16	188	27	114	3	134	82	104	152	10	0	0	0
国际学术交流	001	1	1	27	27	9	1	22	49	69	130	9	0	0	0
国内学术交流	002	5	15	151	0	101	0	109	30	22	22	0	0	0	0
与港、澳、台地区学校交流	003	1	0	10	0	4	2	3	3	13	0	1	0	0	0
39. 南京晓庄学院	/	2	0	215	0	200	26	0	12	18	33	69	0	0	0
国际学术交流	001	1	0	25	0	20	0	0	3	6	11	4	0	0	0
国内学术交流	002	1	0	190	0	180	26	0	9	12	22	65	0	0	0
与港、澳、台地区学校交流	003	0	0	0	0	0	0	0	0	0	0	0	0	0	0
40. 江苏理工学院	/	2	1	140	0	144	25	62	26	45	22	25	21	25	23
国际学术交流	001	0	0	0	0	0	0	0	0	0	0	0	0	0	0
国内学术交流	002	2	1	140	0	144	25	62	26	45	22	25	21	25	23
与港、澳、台地区学校交流	003	0	0	0	0	0	0	0	0	0	0	0	0	0	0
41. 淮海工学院	/	6	0	97	0	66	6	12	15	10	18	0	0	0	0
国际学术交流	001	1	0	5	0	1	0	0	0	0	0	0	0	0	0
国内学术交流	002	5	0	92	0	65	6	12	15	10	18	0	0	0	0
与港、澳、台地区学校交流	003	0	0	0	0	0	0	0	0	0	0	0	0	0	0
42. 徐州工程学院	/	2	2	68	0	32	3	18	28	18	69	0	6	6	2
国际学术交流	001	0	0	0	0	0	0	0	0	0	0	0	0	0	0
国内学术交流	002	2	2	68	0	32	3	18	28	18	69	0	6	6	2
与港、澳、台地区学校交流	003	0	0	0	0	0	0	0	0	0	0	0	0	0	0

续表

学术交流类别	编号	校办学术会议		参加学术会议			受聘讲学		社科考察		进修学习		合作研究		
		本校独办数	与外单位合办数	参加人次		提交论文（篇）	派出人次	来校人次	派出人次	来校人次	派出人次	来校人次	派出人次	来校人次	课题数（项）
				合计	其中：赴境外人次										
		L01	L02	L03	L04	L05	L06	L07	L08	L09	L10	L11	L12	L13	L14
43. 南京特殊教育师范学院	/	2	0	80	0	30	5	10	20	16	12	3	10	5	3
国际学术交流	001	0	0	0	0	0	0	0	0	0	0	0	0	0	0
国内学术交流	002	2	0	80	0	30	5	10	20	16	12	3	10	5	3
与港、澳、台地区学校交流	003	0	0	0	0	0	0	0	0	0	0	0	0	0	0
44. 泰州学院	/	0	0	32	1	15	25	57	155	142	55	17	30	45	15
国际学术交流	001	0	0	5	1	4	0	5	15	27	30	5	0	0	0
国内学术交流	002	0	0	27	0	11	25	52	120	100	25	12	30	45	15
与港、澳、台地区学校交流	003	0	0	0	0	0	0	0	20	15	0	0	0	0	0
45. 金陵科技学院	/	4	0	61	0	23	18	32	26	19	27	2	11	8	3
国际学术交流	001	0	0	0	0	0	0	7	0	0	0	0	0	0	0
国内学术交流	002	4	0	61	0	23	18	25	26	19	10	2	11	6	2
与港、澳、台地区学校交流	003	0	0	0	0	0	0	0	0	0	17	0	0	2	1
46. 江苏第二师范学院	/	2	0	19	0	14	0	1	6	0	9	2	0	0	0
国际学术交流	001	1	0	2	0	2	0	1	6	0	6	0	0	0	0
国内学术交流	002	0	0	17	0	12	0	0	0	0	3	2	0	0	0
与港、澳、台地区学校交流	003	1	0	0	0	0	0	0	0	0	0	0	0	0	0

3. 公办专科高等学校人文、社会科学学术交流情况表

学术交流类别	编号	校办学术会议		参加学术会议			受聘讲学		社科考察		进修学习		合作研究		
		本校独办数	与外单位合办数	参加人次 合计	参加人次 其中：赴境外人次	提交论文（篇）	派出人次	来校人次	派出人次	来校人次	派出人次	来校人次	派出人次	来校人次	课题数（项）
		L01	L02	L03	L04	L05	L06	L07	L08	L09	L10	L11	L12	L13	L14
合计	/	66	32	1 068	49	732	173	356	692	495	1 922	484	222	250	79
1. 盐城幼儿师范高等专科学校	/	0	0	0	0	0	0	0	0	0	0	0	0	0	0
国际学术交流	001	0	0	0	0	0	0	0	0	0	0	0	0	0	0
国内学术交流	002	0	0	0	0	0	0	0	0	0	0	0	0	0	0
与港、澳、台地区学校交流	003	0	0	0	0	0	0	0	0	0	0	0	0	0	0
2. 苏州幼儿师范高等专科学校	/	0	0	0	0	0	0	0	0	0	0	0	0	0	0
国际学术交流	001	0	0	0	0	0	0	0	0	0	0	0	0	0	0
国内学术交流	002	0	0	0	0	0	0	0	0	0	0	0	0	0	0
与港、澳、台地区学校交流	003	0	0	0	0	0	0	0	0	0	0	0	0	0	0
3. 无锡职业技术学院	/	0	0	0	0	0	0	2	29	24	24	0	0	0	0
国际学术交流	001	0	0	0	0	0	0	0	9	8	3	0	0	0	0
国内学术交流	002	0	0	0	0	0	0	2	16	13	21	0	0	0	0
与港、澳、台地区学校交流	003	0	0	0	0	0	0	0	4	3	0	0	0	0	0
4. 江苏建筑职业技术学院	/	1	3	15	0	13	10	12	13	20	18	22	21	18	13
国际学术交流	001	0	0	0	0	0	0	0	0	0	0	0	0	0	0
国内学术交流	002	1	3	15	0	13	10	12	13	20	18	22	21	18	13
与港、澳、台地区学校交流	003	0	0	0	0	0	0	0	0	0	0	0	0	0	0

续表

学术交流类别	编号	校办学术会议		参加学术会议			受聘讲学		社科考察		进修学习		合作研究		
		本校独办数	与外单位合办数	参加人次		提交论文（篇）	派出人次	来校人次	派出人次	来校人次	派出人次	来校人次	派出人次	来校人次	课题数（项）
				合计	其中：赴境外人次										
		L01	L02	L03	L04	L05	L06	L07	L08	L09	L10	L11	L12	L13	L14
5. 南京工业职业技术学院	/	5	15	22	2	14	40	30	60	0	42	120	26	33	13
国际学术交流	001	0	0	6	2	0	5	0	12	0	11	0	0	0	0
国内学术交流	002	5	15	16	0	14	35	30	32	0	25	120	26	33	13
与港、澳、台地区学校交流	003	0	0	0	0	0	0	0	16	0	6	0	0	0	0
6. 江苏工程职业技术学院	/	2	0	8	0	8	4	15	6	2	30	0	9	5	5
国际学术交流	001	0	0	0	0	0	0	0	0	0	0	0	0	0	0
国内学术交流	002	2	0	8	0	8	4	15	6	2	30	0	9	5	5
与港、澳、台地区学校交流	003	0	0	0	0	0	0	0	0	0	0	0	0	0	0
7. 苏州工艺美术职业技术学院	/	0	0	17	6	19	4	2	12	15	33	57	66	141	6
国际学术交流	001	0	0	6	6	8	0	0	8	10	23	32	32	89	2
国内学术交流	002	0	0	9	0	9	4	2	4	5	10	25	34	52	4
与港、澳、台地区学校交流	003	0	0	2	0	2	0	0	0	0	0	0	0	0	0
8. 连云港职业技术学院	/	0	0	0	0	0	0	0	0	0	0	0	0	0	0
国际学术交流	001	0	0	0	0	0	0	0	0	0	0	0	0	0	0
国内学术交流	002	0	0	0	0	0	0	0	0	0	0	0	0	0	0
与港、澳、台地区学校交流	003	0	0	0	0	0	0	0	0	0	0	0	0	0	0
9. 镇江市高等专科学校	/	0	0	0	0	0	0	0	20	0	43	0	0	0	0
国际学术交流	001	0	0	0	0	0	0	0	0	0	3	0	0	0	0
国内学术交流	002	0	0	0	0	0	0	0	20	0	40	0	0	0	0

续表

与港、澳、台地区学校交流	003	0	0	0	0	0	0	0	0	0	0	0	0	0	0
10. 南通职业大学	/	0	0	5	0	0	0	3	6	2	5	0	0	0	0
国际学术交流	001	0	0	0	0	0	0	0	0	0	0	0	0	0	0
国内学术交流	002	0	0	5	0	0	0	3	6	2	5	0	0	0	0
与港、澳、台地区学校交流	003	0	0	0	0	0	0	0	0	0	0	0	0	0	0
11. 苏州市职业大学	/	2	0	1	0	1	0	0	0	0	80	0	0	0	0
国际学术交流	001	0	0	0	0	0	0	0	0	0	2	0	0	0	0
国内学术交流	002	2	0	1	0	1	0	0	0	0	78	0	0	0	0
与港、澳、台地区学校交流	003	0	0	0	0	0	0	0	0	0	0	0	0	0	0
12. 沙洲职业工学院	/	0	7	23	0	0	0	0	15	0	51	0	7	0	3
国际学术交流	001	0	0	0	0	0	0	0	0	0	0	0	0	0	0
国内学术交流	002	0	7	23	0	0	0	0	15	0	51	0	7	0	3
与港、澳、台地区学校交流	003	0	0	0	0	0	0	0	0	0	0	0	0	0	0
13. 扬州市职业大学	/	2	0	21	0	21	4	12	31	8	52	0	13	9	13
国际学术交流	001	0	0	0	0	0	0	0	0	0	0	0	0	0	0
国内学术交流	002	2	0	21	0	21	4	12	31	8	52	0	13	9	13
与港、澳、台地区学校交流	003	0	0	0	0	0	0	0	0	0	0	0	0	0	0
14. 连云港师范高等专科学校	/	0	1	2	0	1	4	5	2	0	3	0	0	0	0
国际学术交流	001	0	0	0	0	0	0	0	0	0	0	0	0	0	0
国内学术交流	002	0	1	2	0	1	4	5	2	0	3	0	0	0	0
与港、澳、台地区学校交流	003	0	0	0	0	0	0	0	0	0	0	0	0	0	0
15. 江苏经贸职业技术学院	/	16	0	70	0	80	5	20	16	10	150	0	25	10	8
国际学术交流	001	0	0	0	0	0	0	0	0	0	0	0	0	0	0

续表

学术交流类别	编号	校办学术会议		参加学术会议			受聘讲学		社科考察		进修学习		合作研究		
		本校独办数	与外单位合办数	参加人次		提交论文（篇）	派出人次	来校人次	派出人次	来校人次	派出人次	来校人次	派出人次	来校人次	课题数（项）
				合计	其中：赴境外人次										
		L01	L02	L03	L04	L05	L06	L07	L08	L09	L10	L11	L12	L13	L14
国内学术交流	002	16	0	70	0	80	5	20	16	10	150	0	25	10	8
与港、澳、台地区学校交流	003	0	0	0	0	0	0	0	0	0	0	0	0	0	0
16. 泰州职业技术学院	/	0	0	2	0	0	1	0	43	29	45	0	0	0	0
国际学术交流	001	0	0	0	0	0	0	0	15	8	2	0	0	0	0
国内学术交流	002	0	0	2	0	0	1	0	8	16	30	0	0	0	0
与港、澳、台地区学校交流	003	0	0	0	0	0	0	0	20	5	13	0	0	0	0
17. 常州信息职业技术学院	/	0	0	0	0	0	0	0	0	0	10	8	0	0	0
国际学术交流	001	0	0	0	0	0	0	0	0	0	0	0	0	0	0
国内学术交流	002	0	0	0	0	0	0	0	0	0	10	8	0	0	0
与港、澳、台地区学校交流	003	0	0	0	0	0	0	0	0	0	0	0	0	0	0
18. 江苏海事职业技术学院	/	0	0	19	0	19	6	11	13	13	13	13	0	0	0
国际学术交流	001	0	0	3	0	3	2	3	5	4	7	5	0	0	0
国内学术交流	002	0	0	16	0	16	4	8	8	9	6	8	0	0	0
与港、澳、台地区学校交流	003	0	0	0	0	0	0	0	0	0	0	0	0	0	0
19. 无锡科技职业学院	/	1	0	3	0	2	4	4	5	3	3	0	0	0	0
国际学术交流	001	0	0	0	0	0	1	0	0	0	1	0	0	0	0
国内学术交流	002	1	0	3	0	2	3	4	5	3	2	0	0	0	0
与港、澳、台地区学校交流	003	0	0	0	0	0	0	0	0	0	0	0	0	0	0
20. 盐城卫生职业技术学院	/	2	0	8	0	3	0	0	0	0	26	0	0	0	0
国际学术交流	001	0	0	0	0	0	0	0	0	0	2	0	0	0	0

续表

国内学术交流	002	2	0	8	0	3	0	0	0	0	24	0	0	0	0
与港、澳、台地区学校交流	003	0	0	0	0	0	0	0	0	0	0	0	0	0	0
21.　南通科技职业学院	/	1	0	5	0	0	9	8	13	6	0	17	7	0	0
国际学术交流	001	0	0	0	0	0	0	0	0	0	0	0	2	0	0
国内学术交流	002	0	0	3	0	0	8	3	10	3	0	12	5	0	0
与港、澳、台地区学校交流	003	1	0	2	0	0	1	5	3	3	0	5	0	0	0
22. 苏州经贸职业技术学院	/	0	0	4	0	2	0	0	0	0	73	0	0	0	0
国际学术交流	001	0	0	0	0	0	0	0	0	0	0	0	0	0	0
国内学术交流	002	0	0	4	0	2	0	0	0	0	73	0	0	0	0
与港、澳、台地区学校交流	003	0	0	0	0	0	0	0	0	0	0	0	0	0	0
23. 苏州工业职业技术学院	/	0	0	0	0	0	0	0	0	0	0	0	0	0	0
国际学术交流	001	0	0	0	0	0	0	0	0	0	0	0	0	0	0
国内学术交流	002	0	0	0	0	0	0	0	0	0	0	0	0	0	0
与港、澳、台地区学校交流	003	0	0	0	0	0	0	0	0	0	0	0	0	0	0
24. 苏州卫生职业技术学院	/	0	0	4	0	4	0	0	1	0	35	5	0	0	0
国际学术交流	001	0	0	0	0	0	0	0	0	0	2	0	0	0	0
国内学术交流	002	0	0	4	0	4	0	0	1	0	33	5	0	0	0
与港、澳、台地区学校交流	003	0	0	0	0	0	0	0	0	0	0	0	0	0	0
25. 无锡商业职业技术学院	/	0	0	17	0	17	0	0	15	0	71	0	0	0	0
国际学术交流	001	0	0	0	0	0	0	0	0	0	0	0	0	0	0
国内学术交流	002	0	0	17	0	17	0	0	15	0	71	0	0	0	0
与港、澳、台地区学校交流	003	0	0	0	0	0	0	0	0	0	0	0	0	0	0
26. 南通航运职业技术学院	/	0	0	16	0	8	0	15	20	0	10	0	0	0	0
国际学术交流	001	0	0	0	0	0	0	0	0	0	0	0	0	0	0

续表

学术交流类别	编号	校办学术会议		参加学术会议			受聘讲学		社科考察		进修学习		合作研究		
		本校独办数	与外单位合办数	参加人次		提交论文（篇）	派出人次	来校人次	派出人次	来校人次	派出人次	来校人次	派出人次	来校人次	课题数（项）
				合计	其中:赴境外人次										
		L01	L02	L03	L04	L05	L06	L07	L08	L09	L10	L11	L12	L13	L14
国内学术交流	002	0	0	16	0	8	0	15	20	0	10	0	0	0	0
与港、澳、台地区学校交流	003	0	0	0	0	0	0	0	0	0	0	0	0	0	0
27. 南京交通职业技术学院	/	0	0	5	0	5	2	21	28	31	71	0	0	0	0
国际学术交流	001	0	0	0	0	0	0	1	0	0	2	0	0	0	0
国内学术交流	002	0	0	5	0	5	2	18	28	31	58	0	0	0	0
与港、澳、台地区学校交流	003	0	0	0	0	0	0	2	0	0	11	0	0	0	0
28. 淮安信息职业技术学院	/	3	0	210	0	176	8	28	51	68	96	25	6	6	7
国际学术交流	001	0	0	0	0	0	0	0	0	0	0	0	0	0	0
国内学术交流	002	3	0	210	0	176	8	28	51	68	96	25	6	6	7
与港、澳、台地区学校交流	003	0	0	0	0	0	0	0	0	0	0	0	0	0	0
29. 常州纺织服装职业技术学院	/	1	0	65	3	48	0	0	27	22	206	0	17	12	2
国际学术交流	001	0	0	3	3	1	0	0	0	0	13	0	0	0	0
国内学术交流	002	1	0	62	0	47	0	0	27	22	193	0	17	12	2
与港、澳、台地区学校交流	003	0	0	0	0	0	0	0	0	0	0	0	0	0	0
30. 苏州农业职业技术学院	/	0	0	0	0	0	0	0	0	0	0	0	0	0	0
国际学术交流	001	0	0	0	0	0	0	0	0	0	0	0	0	0	0
国内学术交流	002	0	0	0	0	0	0	0	0	0	0	0	0	0	0
与港、澳、台地区学校交流	003	0	0	0	0	0	0	0	0	0	0	0	0	0	0

续表

31. 南京科技职业学院	/	0	0	0	0	0	0	0	0	0	0	0	0	0	0
国际学术交流	001	0	0	0	0	0	0	0	0	0	0	0	0	0	0
国内学术交流	002	0	0	0	0	0	0	0	0	0	0	0	0	0	0
与港、澳、台地区学校交流	003	0	0	0	0	0	0	0	0	0	0	0	0	0	0
32. 常州轻工职业技术学院	/	0	0	6	0	0	0	3	3	0	5	0	0	0	0
国际学术交流	001	0	0	0	0	0	0	0	0	0	0	0	0	0	0
国内学术交流	002	0	0	6	0	0	0	3	3	0	5	0	0	0	0
与港、澳、台地区学校交流	003	0	0	0	0	0	0	0	0	0	0	0	0	0	0
33. 常州工程职业技术学院	/	2	0	15	2	10	0	10	8	10	2	0	2	2	0
国际学术交流	001	0	0	5	2	1	0	0	0	0	0	0	0	0	0
国内学术交流	002	2	0	10	0	9	0	8	8	10	2	0	2	2	0
与港、澳、台地区学校交流	003	0	0	0	0	0	0	2	0	0	0	0	0	0	0
34. 江苏农林职业技术学院	/	0	0	3	0	2	0	0	0	0	30	0	0	0	0
国际学术交流	001	0	0	0	0	0	0	0	0	0	6	0	0	0	0
国内学术交流	002	0	0	3	0	2	0	0	0	0	24	0	0	0	0
与港、澳、台地区学校交流	003	0	0	0	0	0	0	0	0	0	0	0	0	0	0
35. 江苏食品药品职业技术学院	/	0	0	17	3	8	16	12	20	16	20	18	0	0	0
国际学术交流	001	0	0	4	2	2	0	3	6	8	5	3	0	0	0
国内学术交流	002	0	0	10	0	5	13	7	9	6	10	12	0	0	0
与港、澳、台地区学校交流	003	0	0	3	1	1	3	2	5	2	5	3	0	0	0
36. 南京铁道职业技术学院	/	8	1	37	18	8	5	15	30	50	45	0	0	0	0
国际学术交流	001	0	1	10	6	2	2	5	0	0	0	0	0	0	0
国内学术交流	002	8	0	15	0	5	3	10	30	50	15	0	0	0	0
与港、澳、台地区学校交流	003	0	0	12	12	1	0	0	0	0	30	0	0	0	0

续表

学术交流类别	编号	校办学术会议		参加学术会议			受聘讲学		社科考察		进修学习		合作研究		
		本校独办数	与外单位合办数	参加人次		提交论文（篇）	派出人次	来校人次	派出人次	来校人次	派出人次	来校人次	派出人次	来校人次	课题数（项）
				合计	其中：赴境外人次										
		L01	L02	L03	L04	L05	L06	L07	L08	L09	L10	L11	L12	L13	L14
37. 徐州工业职业技术学院	/	2	0	10	0	3	3	12	18	19	16	14	3	4	1
国际学术交流	001	0	0	0	0	0	0	0	0	0	0	0	0	0	0
国内学术交流	002	2	0	10	0	3	3	12	18	19	16	14	3	4	1
与港、澳、台地区学校交流	003	0	0	0	0	0	0	0	0	0	0	0	0	0	0
38. 江苏信息职业技术学院	/	2	0	136	0	125	0	0	0	0	0	0	0	0	0
国际学术交流	001	0	0	0	0	0	0	0	0	0	0	0	0	0	0
国内学术交流	002	2	0	136	0	125	0	0	0	0	0	0	0	0	0
与港、澳、台地区学校交流	003	0	0	0	0	0	0	0	0	0	0	0	0	0	0
39. 南京信息职业技术学院	/	1	0	6	0	4	9	12	27	70	52	16	0	0	0
国际学术交流	001	0	0	0	0	0	0	0	17	38	17	16	0	0	0
国内学术交流	002	1	0	6	0	4	8	10	5	26	30	0	0	0	0
与港、澳、台地区学校交流	003	0	0	0	0	0	1	2	5	6	5	0	0	0	0
40. 常州机电职业技术学院	/	0	0	11	0	4	2	5	6	12	18	0	0	0	0
国际学术交流	001	0	0	0	0	0	0	0	0	0	0	0	0	0	0
国内学术交流	002	0	0	11	0	4	2	5	6	12	18	0	0	0	0
与港、澳、台地区学校交流	003	0	0	0	0	0	0	0	0	0	0	0	0	0	0
41. 江阴职业技术学院	/	0	0	18	0	18	5	10	5	0	17	0	0	0	0
国际学术交流	001	0	0	5	0	5	0	0	0	0	2	0	0	0	0
国内学术交流	002	0	0	13	0	13	5	10	5	0	15	0	0	0	0
与港、澳、台地区学校交流	003	0	0	0	0	0	0	0	0	0	0	0	0	0	0

续表

42. 无锡城市职业技术学院	/	0	0	0	0	0	0	10	15	0	47	0	0	0	0
国际学术交流	001	0	0	0	0	0	0	0	5	0	0	0	0	0	0
国内学术交流	002	0	0	0	0	0	0	10	0	0	35	0	0	0	0
与港、澳、台地区学校交流	003	0	0	0	0	0	0	0	10	0	12	0	0	0	0
43. 无锡工艺职业技术学院	/	1	1	12	2	3	3	6	10	4	40	10	0	0	0
国际学术交流	001	0	0	4	2	1	1	0	4	2	16	0	0	0	0
国内学术交流	002	1	1	8	0	2	2	6	6	2	16	8	0	0	0
与港、澳、台地区学校交流	003	0	0	0	0	0	0	0	0	0	8	2	0	0	0
44. 苏州健雄职业技术学院	/	0	0	6	0	6	0	0	0	0	12	0	0	0	0
国际学术交流	001	0	0	0	0	0	0	0	0	0	0	0	0	0	0
国内学术交流	002	0	0	6	0	6	0	0	0	0	12	0	0	0	0
与港、澳、台地区学校交流	003	0	0	0	0	0	0	0	0	0	0	0	0	0	0
45. 盐城工业职业技术学院	/	0	0	9	0	9	0	0	12	0	0	0	0	0	0
国际学术交流	001	0	0	0	0	0	0	0	0	0	0	0	0	0	0
国内学术交流	002	0	0	9	0	9	0	0	12	0	0	0	0	0	0
与港、澳、台地区学校交流	003	0	0	0	0	0	0	0	0	0	0	0	0	0	0
46. 江苏财经职业技术学院	/	5	0	10	0	12	16	22	31	6	86	79	6	0	6
国际学术交流	001	0	0	0	0	0	0	0	0	0	0	0	0	0	0
国内学术交流	002	5	0	10	0	12	16	22	31	6	86	79	6	0	6
与港、澳、台地区学校交流	003	0	0	0	0	0	0	0	0	0	0	0	0	0	0
47. 扬州工业职业技术学院	/	0	0	5	0	6	0	2	5	3	0	0	0	0	0
国际学术交流	001	0	0	0	0	0	0	0	0	0	0	0	0	0	0
国内学术交流	002	0	0	5	0	6	0	2	5	3	0	0	0	0	0

续表

学术交流类别	编号	校办学术会议		参加学术会议			受聘讲学		社科考察		进修学习		合作研究		
		本校独办数	与外单位合办数	参加人次 合计	参加人次 其中:赴境外人次	提交论文(篇)	派出人次	来校人次	派出人次	来校人次	派出人次	来校人次	派出人次	来校人次	课题数(项)
		L01	L02	L03	L04	L05	L06	L07	L08	L09	L10	L11	L12	L13	L14
与港、澳、台地区学校交流	003	0	0	0	0	0	0	0	0	0	0	0	0	0	0
48. 江苏城市职业学院	/	2	0	35	13	34	6	8	17	14	51	0	0	0	0
国际学术交流	001	0	0	11	11	10	0	0	5	2	13	0	0	0	0
国内学术交流	002	2	0	22	0	22	4	8	12	8	36	0	0	0	0
与港、澳、台地区学校交流	003	0	0	2	2	2	2	0	0	4	2	0	0	0	0
49. 南京城市职业学院	/	0	1	5	0	2	0	2	0	0	8	0	0	0	0
国际学术交流	001	0	0	0	0	0	0	0	0	0	0	0	0	0	0
国内学术交流	002	0	1	5	0	2	0	2	0	0	8	0	0	0	0
与港、澳、台地区学校交流	003	0	0	0	0	0	0	0	0	0	0	0	0	0	0
50. 南京机电职业技术学院	/	0	0	0	0	0	0	0	0	0	45	0	0	0	0
国际学术交流	001	0	0	0	0	0	0	0	0	0	2	0	0	0	0
国内学术交流	002	0	0	0	0	0	0	0	0	0	43	0	0	0	0
与港、澳、台地区学校交流	003	0	0	0	0	0	0	0	0	0	0	0	0	0	0
51. 南京旅游职业学院	/	0	0	0	0	0	0	0	0	0	0	0	0	0	0
国际学术交流	001	0	0	0	0	0	0	0	0	0	0	0	0	0	0
国内学术交流	002	0	0	0	0	0	0	0	0	0	0	0	0	0	0
与港、澳、台地区学校交流	003	0	0	0	0	0	0	0	0	0	0	0	0	0	0
52. 江苏建康职业学院	/	0	0	3	0	3	0	1	5	8	14	0	0	0	0
国际学术交流	001	0	0	0	0	0	0	0	0	2	3	0	0	0	0

续表

国内学术交流	002	0	0	3	0	3	0	1	5	6	11	0	0	0	0
与港、澳、台地区学校交流	003	0	0	0	0	0	0	0	0	0	0	0	0	0	0
53. 苏州信息职业技术学院	/	0	0	0	0	0	0	0	0	0	0	0	0	0	0
国际学术交流	001	0	0	0	0	0	0	0	0	0	0	0	0	0	0
国内学术交流	002	0	0	0	0	0	0	0	0	0	0	0	0	0	0
与港、澳、台地区学校交流	003	0	0	0	0	0	0	0	0	0	0	0	0	0	0
54. 苏州工业园区服务外包职业学院	/	1	0	2	0	2	0	3	1	0	21	0	0	0	0
国际学术交流	001	0	0	0	0	0	0	0	0	0	0	0	0	0	0
国内学术交流	002	1	0	2	0	2	0	3	1	0	21	0	0	0	0
与港、澳、台地区学校交流	003	0	0	0	0	0	0	0	0	0	0	0	0	0	0
55. 徐州幼儿师范高等专科学校	/	3	1	159	0	16	5	22	16	16	22	0	6	10	0
国际学术交流	001	0	0	15	0	0	0	0	0	0	5	0	0	0	0
国内学术交流	002	2	1	128	0	15	5	22	16	16	17	0	6	10	0
与港、澳、台地区学校交流	003	1	0	16	0	1	0	0	0	0	0	0	0	0	0
56. 徐州生物工程职业技术学院	/	0	0	2	0	2	0	2	9	5	10	0	0	0	0
国际学术交流	001	0	0	0	0	0	0	0	2	3	0	0	0	0	0
国内学术交流	002	0	0	2	0	2	0	2	2	2	10	0	0	0	0
与港、澳、台地区学校交流	003	0	0	0	0	0	0	0	5	0	0	0	0	0	0
57. 江苏商贸职业学院	/	0	1	2	0	2	0	5	20	0	105	0	6	0	1
国际学术交流	001	0	0	0	0	0	0	0	0	0	18	0	0	0	0
国内学术交流	002	0	1	2	0	2	0	5	20	0	87	0	6	0	1
与港、澳、台地区学校交流	003	0	0	0	0	0	0	0	0	0	0	0	0	0	0

续表

学术交流类别	编号	校办学术会议		参加学术会议			受聘讲学		社科考察		进修学习		合作研究		
		本校独办数	与外单位合办数	参加人次 合计	参加人次 其中:赴境外人次	提交论文(篇)	派出人次	来校人次	派出人次	来校人次	派出人次	来校人次	派出人次	来校人次	课题数(项)
		L01	L02	L03	L04	L05	L06	L07	L08	L09	L10	L11	L12	L13	L14
58. 南通师范高等专科学校	/	1	0	7	0	5	0	0	0	0	0	0	0	0	0
国际学术交流	001	0	0	0	0	0	0	0	0	0	0	0	0	0	0
国内学术交流	002	1	0	7	0	5	0	0	0	0	0	0	0	0	0
与港、澳、台地区学校交流	003	0	0	0	0	0	0	0	0	0	0	0	0	0	0
59. 江苏护理职业学院	/	0	0	0	0	0	0	0	0	0	0	0	0	0	0
国际学术交流	001	0	0	0	0	0	0	0	0	0	0	0	0	0	0
国内学术交流	002	0	0	0	0	0	0	0	0	0	0	0	0	0	0
与港、澳、台地区学校交流	003	0	0	0	0	0	0	0	0	0	0	0	0	0	0
60. 江苏财会职业学院	/	1	1	2	0	2	0	3	8	9	8	80	0	0	0
国际学术交流	001	0	0	0	0	0	0	0	0	0	0	0	0	0	0
国内学术交流	002	1	1	2	0	2	0	3	8	9	8	80	0	0	0
与港、澳、台地区学校交流	003	0	0	0	0	0	0	0	0	0	0	0	0	0	0
61. 江苏城乡建设职业学院	/	1	0	8	0	5	2	3	0	0	15	0	2	0	1
国际学术交流	001	0	0	0	0	0	0	0	0	0	0	0	0	0	0
国内学术交流	002	1	0	8	0	5	2	3	0	0	15	0	2	0	1
与港、澳、台地区学校交流	003	0	0	0	0	0	0	0	0	0	0	0	0	0	0
62. 江苏安全技术职业学院	/	0	0	0	0	0	0	0	0	0	43	0	0	0	0
国际学术交流	001	0	0	0	0	0	0	0	0	0	1	0	0	0	0
国内学术交流	002	0	0	0	0	0	0	0	0	0	30	0	0	0	0
与港、澳、台地区学校交流	003	0	0	0	0	0	0	0	0	0	12	0	0	0	0

4. 民办及中外合作办学高等学校人文、社会科学学术交流情况表

学术交流类别	编号	校办学术会议		参加学术会议			受聘讲学		社科考察		进修学习		合作研究		
		本校独办数	与外单位合办数	参加人次		提交论文（篇）	派出人次	来校人次	派出人次	来校人次	派出人次	来校人次	派出人次	来校人次	课题数（项）
				合计	其中：赴境外人次										
		L01	L02	L03	L04	L05	L06	L07	L08	L09	L10	L11	L12	L13	L14
合计	/	24	7	361	71	255	28	156	281	261	394	74	64	40	54
1. 民办明达职业技术学院	/	0	0	0	0	0	0	0	0	0	0	0	0	0	0
国际学术交流	001	0	0	0	0	0	0	0	0	0	0	0	0	0	0
国内学术交流	002	0	0	0	0	0	0	0	0	0	0	0	0	0	0
与港、澳、台地区学校交流	003	0	0	0	0	0	0	0	0	0	0	0	0	0	0
2. 三江学院	/	3	0	32	1	32	3	0	15	25	3	0	3	3	2
国际学术交流	001	0	0	2	1	2	0	0	0	0	3	0	0	0	0
国内学术交流	002	3	0	30	0	30	0	0	15	25	0	0	3	3	2
与港、澳、台地区学校交流	003	0	0	0	0	0	3	0	0	0	0	0	0	0	0
3. 九州职业技术学院	/	0	0	5	0	2	2	12	57	18	73	38	0	0	0
国际学术交流	001	0	0	0	0	0	0	0	0	0	0	0	0	0	0
国内学术交流	002	0	0	5	0	2	2	12	57	18	73	38	0	0	0
与港、澳、台地区学校交流	003	0	0	0	0	0	0	0	0	0	0	0	0	0	0
4. 南通理工学院	/	0	0	0	0	0	0	0	5	0	2	0	0	0	0
国际学术交流	001	0	0	0	0	0	0	0	0	0	0	0	0	0	0
国内学术交流	002	0	0	0	0	0	0	0	5	0	2	0	0	0	0
与港、澳、台地区学校交流	003	0	0	0	0	0	0	0	0	0	0	0	0	0	0
5. 硅湖职业技术学院	/	0	0	2	0	2	0	4	3	0	2	0	0	0	0
国际学术交流	001	0	0	0	0	0	0	0	0	0	0	0	0	0	0

续表

学术交流类别	编号	校办学术会议		参加学术会议			受聘讲学		社科考察		进修学习		合作研究		
		本校独办数	与外单位合办数	参加人次		提交论文(篇)	派出人次	来校人次	派出人次	来校人次	派出人次	来校人次	派出人次	来校人次	课题数(项)
				合计	其中:赴境外人次										
		L01	L02	L03	L04	L05	L06	L07	L08	L09	L10	L11	L12	L13	L14
国内学术交流	002	0	0	2	0	2	0	4	3	0	2	0	0	0	0
与港、澳、台地区学校交流	003	0	0	0	0	0	0	0	0	0	0	0	0	0	0
6. 应天职业技术学院	/	0	0	6	0	3	0	0	4	0	4	0	4	0	1
国际学术交流	001	0	0	0	0	0	0	0	0	0	0	0	0	0	0
国内学术交流	002	0	0	6	0	3	0	0	4	0	4	0	4	0	1
与港、澳、台地区学校交流	003	0	0	0	0	0	0	0	0	0	0	0	0	0	0
7. 苏州托普信息职业技术学院	/	2	0	1	0	1	0	0	0	0	1	0	0	0	0
国际学术交流	001	0	0	0	0	0	0	0	0	0	0	0	0	0	0
国内学术交流	002	2	0	1	0	1	0	0	0	0	1	0	0	0	0
与港、澳、台地区学校交流	003	0	0	0	0	0	0	0	0	0	0	0	0	0	0
8. 东南大学成贤学院	/	0	0	0	0	0	0	0	8	18	8	2	12	11	40
国际学术交流	001	0	0	0	0	0	0	0	6	15	0	0	0	0	0
国内学术交流	002	0	0	0	0	0	0	0	0	0	8	0	12	9	40
与港、澳、台地区学校交流	003	0	0	0	0	0	0	0	2	3	0	2	0	2	0
9. 苏州工业园区职业技术学院	/	0	0	0	0	0	0	0	0	0	0	0	0	0	0
国际学术交流	001	0	0	0	0	0	0	0	0	0	0	0	0	0	0
国内学术交流	002	0	0	0	0	0	0	0	0	0	0	0	0	0	0
与港、澳、台地区学校交流	003	0	0	0	0	0	0	0	0	0	0	0	0	0	0

续表

10. 炎黄职业技术学院	/	0	0	0	0	0	0	0	0	0	0	0	0	0	0
国际学术交流	001	0	0	0	0	0	0	0	0	0	0	0	0	0	0
国内学术交流	002	0	0	0	0	0	0	0	0	0	0	0	0	0	0
与港、澳、台地区学校交流	003	0	0	0	0	0	0	0	0	0	0	0	0	0	0
11. 正德职业技术学院	/	0	0	0	0	0	0	0	2	0	2	0	0	0	0
国际学术交流	001	0	0	0	0	0	0	0	0	0	0	0	0	0	0
国内学术交流	002	0	0	0	0	0	0	0	2	0	2	0	0	0	0
与港、澳、台地区学校交流	003	0	0	0	0	0	0	0	0	0	0	0	0	0	0
12. 钟山职业技术学院	/	0	0	4	0	4	0	3	0	0	2	0	0	0	0
国际学术交流	001	0	0	0	0	0	0	0	0	0	0	0	0	0	0
国内学术交流	002	0	0	4	0	4	0	3	0	0	2	0	0	0	0
与港、澳、台地区学校交流	003	0	0	0	0	0	0	0	0	0	0	0	0	0	0
13. 无锡南洋职业技术学院	/	0	0	2	0	1	0	8	0	0	36	11	8	0	2
国际学术交流	001	0	0	0	0	0	0	0	0	0	0	0	0	0	0
国内学术交流	002	0	0	2	0	1	0	8	0	0	36	11	8	0	2
与港、澳、台地区学校交流	003	0	0	0	0	0	0	0	0	0	0	0	0	0	0
14. 江南影视艺术职业学院	/	1	1	80	0	25	2	12	3	0	23	0	0	0	0
国际学术交流	001	0	0	0	0	0	0	0	0	0	0	0	0	0	0
国内学术交流	002	1	1	80	0	25	2	12	3	0	23	0	0	0	0
与港、澳、台地区学校交流	003	0	0	0	0	0	0	0	0	0	0	0	0	0	0
15. 金肯职业技术学院	/	0	0	0	0	0	0	0	0	0	0	0	0	0	0
国际学术交流	001	0	0	0	0	0	0	0	0	0	0	0	0	0	0
国内学术交流	002	0	0	0	0	0	0	0	0	0	0	0	0	0	0

续表

学术交流类别	编号	校办学术会议		参加学术会议			受聘讲学		社科考察		进修学习		合作研究		
		本校独办数	与外单位合办数	参加人次 合计	其中：赴境外人次	提交论文（篇）	派出人次	来校人次	派出人次	来校人次	派出人次	来校人次	派出人次	来校人次	课题数（项）
		L01	L02	L03	L04	L05	L06	L07	L08	L09	L10	L11	L12	L13	L14
与港、澳、台地区学校交流	003	0	0	0	0	0	0	0	0	0	0	0	0	0	0
16. 建东职业技术学院	/	0	0	0	0	0	0	0	0	0	30	0	0	0	0
国际学术交流	001	0	0	0	0	0	0	0	0	0	0	0	0	0	0
国内学术交流	002	0	0	0	0	0	0	0	0	0	30	0	0	0	0
与港、澳、台地区学校交流	003	0	0	0	0	0	0	0	0	0	0	0	0	0	0
17. 江海职业技术学院	/	2	0	2	0	2	0	0	0	0	0	0	0	0	0
国际学术交流	001	0	0	0	0	0	0	0	0	0	0	0	0	0	0
国内学术交流	002	2	0	2	0	2	0	0	0	0	0	0	0	0	0
与港、澳、台地区学校交流	003	0	0	0	0	0	0	0	0	0	0	0	0	0	0
18. 无锡太湖学院	/	0	0	0	0	0	0	0	0	0	0	0	0	0	0
国际学术交流	001	0	0	0	0	0	0	0	0	0	0	0	0	0	0
国内学术交流	002	0	0	0	0	0	0	0	0	0	0	0	0	0	0
与港、澳、台地区学校交流	003	0	0	0	0	0	0	0	0	0	0	0	0	0	0
19. 中国矿业大学徐海学院	/	0	0	0	0	0	0	0	0	0	0	0	0	0	0
国际学术交流	001	0	0	0	0	0	0	0	0	0	0	0	0	0	0
国内学术交流	002	0	0	0	0	0	0	0	0	0	0	0	0	0	0
与港、澳、台地区学校交流	003	0	0	0	0	0	0	0	0	0	0	0	0	0	0
20. 南京大学金陵学院	/	0	0	15	0	15	0	5	0	0	31	0	2	0	2
国际学术交流	001	0	0	0	0	0	0	0	0	0	3	0	0	0	0

续表

国内学术交流	002	0	0	15	0	15	0	5	0	0	28	0	2	0	2
与港、澳、台地区学校交流	003	0	0	0	0	0	0	0	0	0	0	0	0	0	0
21. 南京理工大学紫金学院	1	0	0	0	0	0	0	0	0	0	0	0	0	0	0
国际学术交流	2	0	0	0	0	0	0	0	0	0	0	0	0	0	0
国内学术交流	3	0	0	0	0	0	0	0	0	0	0	0	0	0	0
与港、澳、台地区学校交流	4	0	0	0	0	0	0	0	0	0	0	0	0	0	0
22. 南京航空航天大学金城学院	1	0	0	0	0	0	0	0	0	0	0	0	0	0	0
国际学术交流	2	0	0	0	0	0	0	0	0	0	0	0	0	0	0
国内学术交流	3	0	0	0	0	0	0	0	0	0	0	0	0	0	0
与港、澳、台地区学校交流	4	0	0	0	0	0	0	0	0	0	0	0	0	0	0
23. 中国传媒大学南广学院	/	3	0	55	3	22	11	22	37	6	9	3	0	0	0
国际学术交流	001	0	0	3	3	0	0	0	0	0	0	0	0	0	0
国内学术交流	002	3	0	52	0	22	11	22	37	6	9	3	0	0	0
与港、澳、台地区学校交流	003	0	0	0	0	0	0	0	0	0	0	0	0	0	0
24. 金山职业技术学院	/	0	0	0	0	0	4	5	8	12	12	0	0	0	0
国际学术交流	001	0	0	0	0	0	0	0	0	0	0	0	0	0	0
国内学术交流	002	0	0	0	0	0	4	5	8	12	12	0	0	0	0
与港、澳、台地区学校交流	003	0	0	0	0	0	0	0	0	0	0	0	0	0	0
25. 南京理工大学泰州科技学院	/	0	0	18	0	12	2	12	2	0	15	0	0	0	0
国际学术交流	001	0	0	0	0	0	0	0	0	0	0	0	0	0	0
国内学术交流	002	0	0	18	0	12	2	12	2	0	15	0	0	0	0
与港、澳、台地区学校交流	003	0	0	0	0	0	0	0	0	0	0	0	0	0	0

续表

学术交流类别	编号	校办学术会议		参加学术会议			受聘讲学		社科考察		进修学习		合作研究		
		本校独办数	与外单位合办数	参加人次		提交论文(篇)	派出人次	来校人次	派出人次	来校人次	派出人次	来校人次	派出人次	来校人次	课题数(项)
				合计	其中:赴境外人次										
		L01	L02	L03	L04	L05	L06	L07	L08	L09	L10	L11	L12	L13	L14
26. 南京师范大学泰州学院	/	0	0	0	0	0	0	0	0	0	0	0	0	0	0
国际学术交流	001	0	0	0	0	0	0	0	0	0	0	0	0	0	0
国内学术交流	002	0	0	0	0	0	0	0	0	0	0	0	0	0	0
与港、澳、台地区学校交流	003	0	0	0	0	0	0	0	0	0	0	0	0	0	0
27. 南京工业大学浦江学院	/	0	0	0	0	0	0	0	0	0	0	0	0	0	0
国际学术交流	001	0	0	0	0	0	0	0	0	0	0	0	0	0	0
国内学术交流	002	0	0	0	0	0	0	0	0	0	0	0	0	0	0
与港、澳、台地区学校交流	003	0	0	0	0	0	0	0	0	0	0	0	0	0	0
28. 昆山登云科技职业学院	/	2	2	10	0	10	0	0	0	0	15	0	0	0	0
国际学术交流	001	0	0	0	0	0	0	0	0	0	0	0	0	0	0
国内学术交流	002	0	0	0	0	0	0	0	0	0	0	0	0	0	0
与港、澳、台地区学校交流	003	2	2	10	0	10	0	0	0	0	15	0	0	0	0
29. 南京视觉艺术职业学院	/	1	1	0	0	0	2	4	8	7	3	2	0	0	0
国际学术交流	001	1	0	0	0	0	0	0	5	3	0	2	0	0	0
国内学术交流	002	0	1	0	0	0	2	4	3	4	3	0	0	0	0
与港、澳、台地区学校交流	003	0	0	0	0	0	0	0	0	0	0	0	0	0	0
30. 南京医科大学康达学院	/	4	0	2	0	1	0	0	60	50	10	0	0	0	0
国际学术交流	001	0	0	0	0	0	0	0	0	0	0	0	0	0	0
国内学术交流	002	4	0	2	0	1	0	0	60	50	10	0	0	0	0
与港、澳、台地区学校交流	003	0	0	0	0	0	0	0	0	0	0	0	0	0	0

续表

31. 南京中医药大学翰林学院	/	0	0	0	0	0	0	0	0	0	0	0	0	0	0
国际学术交流	001	0	0	0	0	0	0	0	0	0	0	0	0	0	0
国内学术交流	002	0	0	0	0	0	0	0	0	0	0	0	0	0	0
与港、澳、台地区学校交流	003	0	0	0	0	0	0	0	0	0	0	0	0	0	0
32. 南京信息工程大学滨江学院	/	0	0	0	0	0	0	0	0	0	3	0	0	0	0
国际学术交流	001	0	0	0	0	0	0	0	0	0	0	0	0	0	0
国内学术交流	002	0	0	0	0	0	0	0	0	0	3	0	0	0	0
与港、澳、台地区学校交流	003	0	0	0	0	0	0	0	0	0	0	0	0	0	0
33. 苏州大学文正学院	/	0	0	6	0	6	0	0	0	0	0	0	0	0	0
国际学术交流	001	0	0	0	0	0	0	0	0	0	0	0	0	0	0
国内学术交流	002	0	0	6	0	6	0	0	0	0	0	0	0	0	0
与港、澳、台地区学校交流	003	0	0	0	0	0	0	0	0	0	0	0	0	0	0
34. 苏州大学应用技术学院	/	0	0	7	0	7	0	0	8	5	0	0	0	0	0
国际学术交流	001	0	0	0	0	0	0	0	0	0	0	0	0	0	0
国内学术交流	002	0	0	7	0	7	0	0	8	5	0	0	0	0	0
与港、澳、台地区学校交流	003	0	0	0	0	0	0	0	0	0	0	0	0	0	0
35. 苏州科技大学天平学院	/	0	0	6	0	2	0	8	0	0	6	0	0	0	0
国际学术交流	001	0	0	0	0	0	0	0	0	0	0	0	0	0	0
国内学术交流	002	0	0	6	0	2	0	8	0	0	6	0	0	0	0
与港、澳、台地区学校交流	003	0	0	0	0	0	0	0	0	0	0	0	0	0	0
36. 江苏大学京江学院	/	0	0	0	0	0	0	0	0	0	0	0	0	0	0
国际学术交流	001	0	0	0	0	0	0	0	0	0	0	0	0	0	0
国内学术交流	002	0	0	0	0	0	0	0	0	0	0	0	0	0	0
与港、澳、台地区学校交流	003	0	0	0	0	0	0	0	0	0	0	0	0	0	0

续表

学术交流类别	编号	校办学术会议		参加学术会议			受聘讲学		社科考察		进修学习		合作研究		
		本校独办数	与外单位合办数	参加人次		提交论文（篇）	派出人次	来校人次	派出人次	来校人次	派出人次	来校人次	派出人次	来校人次	课题数（项）
				合计	其中：赴境外人次										
		L01	L02	L03	L04	L05	L06	L07	L08	L09	L10	L11	L12	L13	L14
37. 扬州大学广陵学院	/	0	0	0	0	0	0	0	0	0	0	0	0	0	0
国际学术交流	001	0	0	0	0	0	0	0	0	0	0	0	0	0	0
国内学术交流	002	0	0	0	0	0	0	0	0	0	0	0	0	0	0
与港、澳、台地区学校交流	003	0	0	0	0	0	0	0	0	0	0	0	0	0	0
38. 江苏师范大学科文学院	/	0	0	0	0	0	0	0	0	0	0	0	0	0	0
国际学术交流	001	0	0	0	0	0	0	0	0	0	0	0	0	0	0
国内学术交流	002	0	0	0	0	0	0	0	0	0	0	0	0	0	0
与港、澳、台地区学校交流	003	0	0	0	0	0	0	0	0	0	0	0	0	0	0
39. 南京邮电大学通达学院	/	0	0	0	0	0	0	0	0	0	0	0	0	0	0
国际学术交流	001	0	0	0	0	0	0	0	0	0	0	0	0	0	0
国内学术交流	002	0	0	0	0	0	0	0	0	0	0	0	0	0	0
与港、澳、台地区学校交流	003	0	0	0	0	0	0	0	0	0	0	0	0	0	0
40. 南京财经大学红山学院	/	0	0	8	0	5	0	0	0	0	6	0	5	2	1
国际学术交流	001	0	0	0	0	0	0	0	0	0	0	0	0	0	0
国内学术交流	002	0	0	8	0	5	0	0	0	0	6	0	5	2	1
与港、澳、台地区学校交流	003	0	0	0	0	0	0	0	0	0	0	0	0	0	0
41. 江苏科技大学苏州理工学院	/	0	0	0	0	0	0	0	0	0	0	0	0	0	0
国际学术交流	001	0	0	0	0	0	0	0	0	0	0	0	0	0	0
国内学术交流	002	0	0	0	0	0	0	0	0	0	0	0	0	0	0
与港、澳、台地区学校交流	003	0	0	0	0	0	0	0	0	0	0	0	0	0	0

续表

42. 南通大学杏林学院	/	0	0	2	0	2	0	0	0	0	0	0	0	0	0
国际学术交流	001	0	0	0	0	0	0	0	0	0	0	0	0	0	0
国内学术交流	002	0	0	2	0	2	0	0	0	0	0	0	0	0	0
与港、澳、台地区学校交流	003	0	0	0	0	0	0	0	0	0	0	0	0	0	0
43. 南京审计大学金审学院	/	0	0	10	0	5	0	0	3	0	61	0	26	15	3
国际学术交流	001	0	0	0	0	0	0	0	0	0	2	0	0	0	0
国内学术交流	002	0	0	10	0	5	0	0	3	0	59	0	26	15	3
与港、澳、台地区学校交流	003	0	0	0	0	0	0	0	0	0	0	0	0	0	0
44. 宿迁学院	/	0	0	10	0	10	0	2	6	0	8	0	0	0	0
国际学术交流	001	0	0	0	0	0	0	0	0	0	0	0	0	0	0
国内学术交流	002	0	0	10	0	10	0	2	6	0	8	0	0	0	0
与港、澳、台地区学校交流	003	0	0	0	0	0	0	0	0	0	0	0	0	0	0
45. 苏州高博软件技术职业学院	/	2	0	2	0	1	0	11	52	120	29	18	0	0	0
国际学术交流	001	2	0	0	0	0	0	0	0	70	2	0	0	0	0
国内学术交流	002	0	0	2	0	1	0	11	52	50	27	18	0	0	0
与港、澳、台地区学校交流	003	0	0	0	0	0	0	0	0	0	0	0	0	0	0
46. 扬州中瑞酒店职业学院	/	0	0	0	0	0	0	0	0	0	0	0	0	0	0
国际学术交流	001	0	0	0	0	0	0	0	0	0	0	0	0	0	0
国内学术交流	002	0	0	0	0	0	0	0	0	0	0	0	0	0	0
与港、澳、台地区学校交流	003	0	0	0	0	0	0	0	0	0	0	0	0	0	0
47. 西交利物浦大学	/	4	3	76	67	85	2	48	0	0	0	0	4	9	3
国际学术交流	001	4	3	67	67	72	2	40	0	0	0	0	4	9	3
国内学术交流	002	0	0	9	0	13	0	8	0	0	0	0	0	0	0
与港、澳、台地区学校交流	003	0	0	0	0	0	0	0	0	0	0	0	0	0	0

十一、社科专利

1. 全省高等学校人文、社会科学专利情况表

指标名称	专利申请数（件）	其中：发明专利(件)	有效发明专利数(件)	专利所有权转让及许可数(件)	专利所有权转让与许可收入(百元)	专利授权数（件）	其中：发明专利（件）	集成电路布图设计登记数(件)	植物新品种权授予数（项）	形成国家或行业标准数（项）
合计	1 061	381	75	5	100	749	36	0	0	0

2. 公办本科高等学校人文、社会科学专利情况表

指标名称	编号	专利申请数（件）	其中：发明专利(件)	有效发明专利数(件)	专利所有权转让及许可数(件)	专利所有权转让与许可收入(百元)	专利授权数（件）	其中：发明专利(件)	集成电路布图设计登记数(件)	植物新品种权授予数（项）	形成国家或行业标准数（项）
合计	/	778	366	61	5	100	531	27	0	0	0
南京大学	1	10	9	2	0	0	3	3	0	0	0
东南大学	2	7	5	0	0	0	5	5	0	0	0
江南大学	3	408	285	0	0	0	292	0	0	0	0
河海大学	4	42	19	15	2	40	39	9	0	0	0
南京理工大学	5	35	14	41	0	0	33	6	0	0	0
苏州大学	6	26	7	0	0	0	17	1	0	0	0
江苏师范大学	8	10	2	0	0	0	1	0	0	0	0
淮阴师范学院	9	42	0	0	2	30	26	0	0	0	0
南京艺术学院	10	22	0	0	0	0	18	0	0	0	0
淮阴工学院	11	10	4	0	0	0	3	0	0	0	0

续表

指标名称	编号	专利申请数（件）	其中：发明专利（件）	有效发明专利数（件）	专利所有权转让及许可数（件）	专利所有权转让与许可收入（百元）	专利授权数（件）	其中：发明专利（件）	集成电路布图设计登记数（件）	植物新品种权授予数（项）	形成国家或行业标准数（项）
徐州工程学院	12	97	0	0	0	0	55	0	0	0	0
金陵科技学院	13	68	21	3	1	30	30	3	0	0	0
江苏第二师范学院	14	1	0	0	0	0	9	0	0	0	0

注：此表删除了各类专利数均为 0 的高校，下同。

3. 公办专科高等学校人文、社会科学专利情况表

指标名称	编号	专利申请数（件）	其中：发明专利（件）	有效发明专利数（件）	专利所有权转让及许可数（件）	专利所有权转让与许可收入（百元）	专利授权数（件）	其中：发明专利（件）	集成电路布图设计登记数（件）	植物新品种权授予数（项）	形成国家或行业标准数（项）
合计	/	279	13	14	0	0	216	9	0	0	0
无锡职业技术学院	1	4	0	4	0	0	1	0	0	0	0
南京工业职业技术学院	2	34	0	0	0	0	14	0	0	0	0
苏州工艺美术职业技术学院	3	72	2	1	0	0	58	1	0	0	0
南通职业大学	4	8	0	0	0	0	8	0	0	0	0
苏州市职业大学	5	35	11	9	0	0	24	8	0	0	0
沙洲职业工学院	6	27	0	0	0	0	19	0	0	0	0
泰州职业技术学院	7	4	0	0	0	0	2	0	0	0	0
江苏海事职业技术学院	8	5	0	0	0	0	4	0	0	0	0
无锡科技职业学院	9	8	0	0	0	0	3	0	0	0	0
南通科技职业学院	10	6	0	0	0	0	4	0	0	0	0
南京交通职业技术学院	11	10	0	0	0	0	6	0	0	0	0
常州纺织服装职业技术学院	12	12	0	0	0	0	20	0	0	0	0
无锡工艺职业技术学院	13	49	0	0	0	0	48	0	0	0	0
江苏建康职业学院	14	1	0	0	0	0	1	0	0	0	0
江苏财会职业学院	15	4	0	0	0	0	4	0	0	0	0

4. 民办及中外合作办学高等学校人文、社会科学专利情况表

指标名称	编号	专利申请数（件）	其中:发明专利(件)	有效发明专利数(件)	专利所有权转让及许可数(件)	专利所有权转让与许可收入(百元)	专利授权数（件）	其中:发明专利(件)	集成电路布图设计登记数(件)	植物新品种权授予数（项）	形成国家或行业标准数（项）
合计	/	4	2	0	0	0	2	0	0	0	0
南京理工大学泰州科技学院	1	2	0	0	0	0	2	0	0	0	0
苏州高博软件技术职业学院	2	2	2	0	0	0	0	0	0	0	0